»Bewundert viel und viel gescholten«, haben Schillers Gedichte überlebt: die Konkurrenz Goethes; den Spott der Romantiker; die Verehrung bürgerlicher Bildungsphilister; ihre Geringschätzung durch literarisch ›Gebildete‹ einerseits und ihre ›Volkstümlichkeit‹ andererseits; ihre Ausbeutung als Zitatenschatz und Tugendkatalog des deutschen Bürgertums; ihren ›pädagogischen‹ Gebrauch zu Memorierübungen und als Quelle von Aufsatzthemen; ihre vielfache Parodierung und Travestierung. Was Schillers Gedichte auf ihre Weise faszinierend und einzigartig macht, ist die »intellektuelle Individualität« ihres Verfassers, die zu dessen Lebzeiten ebenso irritierend wirkte wie heute: »Das letzte, woraus sich alles erklären lässt, könnte man vielleicht die Alleinherrschaft des Geists, der innern Kraft nennen, die ihn sowohl gegen die äußern Einwirkungen des Zeitalters als gegen die innern der Sinnlichkeit, der bloßen Empfänglichkeit frei bewahrt.« (Wilhelm von Humboldt)

Mit dieser Jubiläumsausgabe wird die umfassendste Sammlung von Schillers Gedichten einem breiteren Publikum zugänglich gemacht. Textgrundlage ist Band 1 der Frankfurter Schillerausgabe im Deutschen Klassiker Verlag. Die Textanordnung folgt Schillers eigenen Gedichtausgabe von 1804 und 1805, ergänzt um die Erstfassungen dieser Texte. Alle Gedichte, die Schiller nicht in diese Sammlung aufnahm, werden in der Reihenfolge ihres Erscheinens gedruckt, ebenso die Gedichte aus dem Nachlaß. Ein alphabetisches Register der Titel und Gedichtanfänge erleichtert die Benutzung des Bandes.

FRIEDRICH SCHILLER SÄMTLICHE GEDICHTE UND BALLADEN

Herausgegeben von
Georg Kurscheidt

INSEL VERLAG

© Insel Verlag Frankfurt am Main und Leipzig 2004
Alle Rechte vorbehalten, insbesondere das der Übersetzung,
des öffentlichen Vortrags sowie der Übertragung
durch Rundfunk und Fernsehen, auch einzelner Teile.
Kein Teil des Werkes darf in irgendeiner Form
(durch Fotografie, Mikrofilm oder andere Verfahren)
ohne schriftliche Genehmigung des Verlages reproduziert
oder unter Verwendung elektronischer Systeme
verarbeitet, vervielfältigt oder verbreitet werden.
Satz: Libro, Kriftel
Druck: Ebner & Spiegel, Ulm
Printed in Germany
Erste Auflage 2004
ISBN 3-458-17235-1

1 2 3 4 5 6 – 09 08 07 06 05 04

INHALT

Gedichte nach der Gedichtausgabe von 1804
(1. Auflage 1800) und 1805 (1. Auflage 1803) 7
   Gedichte. Erster Teil. 1804 9
   Gedichte. Zweiter Teil. 1805 144

Erstfassungen der Gedichte nach der Gedichtausgabe
von 1804 und 1805 in der Reihenfolge ihres Erscheinens . . 295
Gedichte, die nicht in die Gedichtausgabe von 1804 und
1805 aufgenommen wurden, in der Reihenfolge ihres
Erscheinens 361
   1776-1781 363
   Aus der »Anthologie auf das Jahr 1782« 386
   1782-1785 423
   1795-1802 431
      Tabulae votivae 435
      Vielen 446
      Einer 447
      Xenien aus dem »Musen-Almanach für das Jahr 1797« 448
Gedichte aus dem Nachlaß und Stammbucheintragungen
in der Reihenfolge ihrer möglichen Entstehung 495
   1769-1781 497
   1783-1788 505
   1789-1794 526
   1795-1805 531
      Xenien Goethes und Schillers aus einer Sammel-
      handschrift, die nicht in den »Musen-Almanach für
      das Jahr 1797« aufgenommen wurden 532
      Xenien Schillers von Anfang 1796, die nicht in den
      »Musen-Almanach für das Jahr 1797« und nicht in
      die Sammelhandschrift aufgenommen wurden 546

Nachbemerkung 559
Alphabetisches Verzeichnis der Gedichtanfänge und
-überschriften 571

GEDICHTE NACH DER GEDICHTAUSGABE VON 1804 (1. AUFLAGE 1800) UND 1805 (1. AUFLAGE 1803)

GEDICHTE. ERSTER TEIL.
1804

DAS MÄDCHEN AUS DER FREMDE

In einem Tal bei armen Hirten
Erschien mit jedem jungen Jahr,
Sobald die ersten Lerchen schwirrten,
Ein Mädchen, schön und wunderbar.

Sie war nicht in dem Tal geboren,
Man wußte nicht, woher sie kam,
Doch schnell war ihre Spur verloren,
Sobald das Mädchen Abschied nahm.

Beseligend war ihre Nähe,
Und alle Herzen wurden weit,
Doch eine Würde, eine Höhe
Entfernte die Vertraulichkeit.

Sie brachte Blumen mit und Früchte,
Gereift auf einer andern Flur,
In einem andern Sonnenlichte,
In einer glücklichern Natur.

Und teilte jedem eine Gabe,
Dem Früchte, *jenem* Blumen aus,
Der Jüngling und der Greis am Stabe,
Ein jeder ging beschenkt nach Haus.

Willkommen waren alle Gäste,
Doch nahte sich ein liebend Paar,
Dem reichte sie der Gaben beste,
Der Blumen allerschönste dar.

KLAGE DER CERES

Ist der holde Lenz erschienen?
Hat die Erde sich verjüngt?
Die besonnten Hügel grünen,
Und des Eises Rinde springt.
Aus der Ströme blauem Spiegel
Lacht der unbewölkte Zeus,
Milder wehen Zephyrs Flügel,

Augen treibt das junge Reis.
In dem Hain erwachen Lieder,
Und die Oreade spricht:
Deine Blumen kehren wieder,
Deine Tochter kehret nicht.

Ach! wie lang ist's, daß ich walle
Suchend durch der Erde Flur,
Titan, deine Strahlen alle
Sandt' ich nach der teuren Spur,
Keiner hat mir noch verkündet
Von dem lieben Angesicht,
Und der Tag, der alles findet,
Die Verlorne fand er nicht.
Hast du Zeus! sie mir entrissen,
Hat, von ihrem Reiz gerührt,
Zu des Orkus schwarzen Flüssen
Pluto sie hinabgeführt?

Wer wird nach dem düstern Strande
Meines Grames Bote sein?
Ewig stößt der Kahn vom Lande,
Doch nur Schatten nimmt er ein.
Jedem sel'gen Aug' verschlossen
Bleibt das nächtliche Gefild',
Und so lang der Styx geflossen,
Trug er kein lebendig Bild.
Nieder führen tausend Steige,
Keiner führt zum Tag zurück,
Ihre Tränen bringt kein Zeuge
Vor der bangen Mutter Blick.

Mütter, die aus Pyrrhas Stamme
Sterbliche geboren sind,
Dürfen durch des Grabes Flamme
Folgen dem geliebten Kind,
Nur was Jovis Haus bewohnet,
Nahet nicht dem dunkeln Strand,
Nur die Seligen verschonet,
Parzen, eure strenge Hand.
Stürzt mich in die Nacht der Nächte
Aus des Himmels goldnem Saal,
Ehret nicht der Göttin Rechte,
Ach! sie sind der Mutter Qual!

Wo sie mit dem finstern Gatten
Freudlos thronet, stieg ich hin,
Träte mit den leisen Schatten
Leise vor die Herrscherin.
Ach ihr Auge, feucht von Zähren,
Sucht umsonst das goldne Licht,
Irret nach entfernten Sphären,
Auf die Mutter fällt es nicht,
Bis die Freude sie entdecket,
Bis sich Brust mit Brust vereint,
Und zum Mitgefühl erwecket,
Selbst der rauhe Orkus weint.

Eitler Wunsch! Verlorne Klagen!
Ruhig in dem gleichen Gleis
Rollt des Tages sichrer Wagen,
Ewig steht der Schluß des Zeus.
Weg von jenen Finsternissen
Wandt er sein beglücktes Haupt,
Einmal in die Nacht gerissen,
Bleibt sie ewig mir geraubt,
Bis des dunkeln Stromes Welle
Von Aurorens Farben glüht,
Iris mitten durch die Hölle
Ihren schönen Bogen zieht.

Ist mir nichts von ihr geblieben,
Nicht ein süß erinnernd Pfand,
Daß die Fernen sich noch lieben,
Keine Spur der teuren Hand?
Knüpfet sich kein Liebesknoten
Zwischen Kind und Mutter an?
Zwischen Lebenden und Toten
Ist kein Bündnis aufgetan?
Nein! Nicht ganz ist sie entflohen,
Nein! Wir sind nicht ganz getrennt!
Haben uns die ewig Hohen
Eine Sprache doch vergönnt!

Wenn des Frühlings Kinder sterben,
Wenn von Nordes kaltem Hauch
Blatt und Blume sich entfärben,
Traurig steht der nackte Strauch,
Nehm' ich mir das höchste Leben
Aus Vertumnus reichem Horn,
Opfernd es dem Styx zu geben,

Mir des Samens goldnes Korn.
Traurend senk' ich's in die Erde,
Leg' es an des Kindes Herz,
Daß es eine Sprache werde
Meiner Liebe, meinem Schmerz.

Führt der gleiche Tanz der Horen
Freudig nun den Lenz zurück,
Wird das Tote neu geboren
Von der Sonne Lebensblick!
Keime, die dem Auge starben
In der Erde kaltem Schoß,
In das heitre Reich der Farben
Ringen sie sich freudig los.
Wenn der Stamm zum Himmel eilet,
Sucht die Wurzel scheu die Nacht,
Gleich in ihre Pflege teilet
Sich des Styx, des Äthers Macht.

Halb berühren sie der Toten
Halb der Lebenden Gebiet,
Ach sie sind mir teure Boten
Süße Stimmen vom Cozyt!
Hält er gleich sie selbst verschlossen
In dem schauervollen Schlund,
Aus des Frühlings jungen Sprossen
Redet mir der holde Mund,
Daß auch fern vom goldnen Tage,
Wo die Schatten traurig ziehn,
Liebend noch der Busen schlage,
Zärtlich noch die Herzen glühn.

O so laßt euch froh begrüßen
Kinder der verjüngten Au,
Euer Kelch soll überfließen
Von des Nektars reinstem Tau.
Tauchen will ich euch in Strahlen,
Mit der Iris schönstem Licht
Will ich eure Blätter malen,
Gleich Aurorens Angesicht.
In des Lenzes heiterm Glanze
Lese jede zarte Brust,
In des Herbstes welkem Kranze
Meinen Schmerz und meine Lust.

DER TANZ

Siehe wie schwebenden Schritts im Wellenschwung sich die Paare
    Drehen, den Boden berührt kaum der geflügelte Fuß.
Seh' ich flüchtige Schatten, befreit von der Schwere des Leibes?
    Schlingen im Mondlicht dort Elfen den luftigen Reihn?
Wie, vom Zephyr gewiegt, der leichte Rauch in die Luft fließt,
    Wie sich leise der Kahn schaukelt auf silberner Flut,
Hüpft der gelehrige Fuß auf des Takts melodischer Woge,
    Säuselndes Saitengetön hebt den ätherischen Leib.
Jetzt, als wollt es mit Macht durchreißen die Kette des Tanzes
    Schwingt sich ein mutiges Paar dort in den dichtesten Reihn.
Schnell vor ihm her entsteht ihm die Bahn, die hinter ihm schwindet,
    Wie durch magische Hand öffnet und schließt sich der Weg.
Sieh! Jetzt schwand es dem Blick, in wildem Gewirr durch einander
    Stürzt der zierliche Bau dieser beweglichen Welt.
Nein, dort schwebt es frohlockend herauf, der Knoten entwirrt sich,
    Nur mit verändertem Reiz stellet die Regel sich her.
Ewig zerstört, es erzeugt sich ewig die drehende Schöpfung,
    Und ein stilles Gesetz lenkt der Verwandlungen Spiel.
Sprich wie geschieht's, daß rastlos erneut die Bildungen schwanken,
    Und die Ruhe besteht in der bewegten Gestalt?
Jeder ein Herrscher, frei, nur dem eigenen Herzen gehorchet,
    Und im eilenden Lauf findet die einzige Bahn?
Willst du es wissen? Es ist des Wohllauts mächtige Gottheit,
    Die zum geselligen Tanz ordnet den tobenden Sprung,
Die, der Nemesis gleich, an des Rhythmus goldenem Zügel
    Lenkt die brausende Lust und die verwilderte zähmt;
Und dir rauschen umsonst die Harmonieen des Weltalls,
    Dich ergreift nicht der Strom dieses erhabnen Gesangs,
Nicht der begeisternde Takt, den alle Wesen dir schlagen,
    Nicht der wirbelnde Tanz, der durch den ewigen Raum
Leuchtende Sonnen schwingt in kühn gewundenen Bahnen?
    Das du im Spiele doch ehrst, fliehst du im Handeln, das Maß.

DAS GEHEIMNIS

Sie konnte mir kein Wörtchen sagen,
    Zu viele Lauscher waren wach,
Den Blick nur durft ich schüchtern fragen,
    Und wohl verstand ich, was er sprach.
Leis komm' ich her in deine Stille,
    Du schön belaubtes Buchenzelt,
Verbirg in Deiner grünen Hülle
    Die Liebenden dem Aug' der Welt.

Von ferne mit verworrnem Sausen
  Arbeitet der geschäft'ge Tag,
Und durch der Stimmen hohles Brausen
  Erkenn' ich schwerer Hämmer Schlag.
So sauer ringt die kargen Lose
  Der Mensch dem harten Himmel ab,
Doch leicht erworben, aus dem Schoße
  Der Götter fällt das Glück herab.

Daß ja die Menschen nie es hören,
  Wie treue Lieb' uns still beglückt!
Sie können nur die Freude stören,
  Weil Freude nie sie selbst entzückt.
Die Welt wird nie das Glück erlauben,
  Als Beute wird es nur gehascht,
Entwenden mußt du's oder rauben,
  Eh dich die Mißgunst überrascht.

Leis auf den Zähen kommt's geschlichen,
  Die Stille liebt es und die Nacht,
Mit schnellen Füßen ist's entwichen,
  Wo des Verräters Auge wacht.
O schlinge dich, du sanfte Quelle,
  Ein breiter Strom um uns herum,
Und drohend mit empörter Welle
  Verteidige dies Heiligtum.

DAS GLÜCK

Selig, welchen die Götter, die gnädigen, vor der Geburt schon
  Liebten, welchen als Kind Venus im Arme gewiegt,
Welchem Phöbus die Augen, die Lippen Hermes gelöset,
  Und das Siegel der Macht Zeus auf die Stirne gedrückt!
Ein erhabenes Los, ein göttliches, ist ihm gefallen,
  Schon vor des Kampfes Beginn sind ihm die Schläfe bekränzt.
Ihm ist, eh er es lebte, das volle Leben gerechnet,
  Eh er die Mühe bestand, hat er die Charis erlangt.
Groß zwar nenn' ich den Mann, der sein eigner Bildner und Schöpfer
  Durch der Tugend Gewalt selber die Parze bezwingt,
Aber nicht erzwingt er das Glück, und was ihm die Charis
  Neidisch geweigert, erringt nimmer der strebende Mut.
Vor Unwürdigem kann dich der Wille, der ernste bewahren,
  Alles Höchste, es kommt frei von den Göttern herab.
Wie die Geliebte dich liebt, so kommen die himmlischen Gaben,
  Oben in Jupiters Reich herrscht wie in Amors die Gunst.

Neigungen haben die Götter, sie lieben der grünenden Jugend
    Lockigte Scheitel, es zieht Freude die Fröhlichen an.
Nicht der Sehende wird von ihrer Erscheinung beseligt,
    Ihrer Herrlichkeit Glanz hat nur der Blinde geschaut,
Gern erwählen sie sich der Einfalt kindliche Seele,
    In das bescheidne Gefäß schließen sie göttliches ein.
Ungehofft sind sie da, und täuschen die stolze Erwartung,
    Keines Bannes Gewalt zwinget die Freien herab.
Wem er geneigt, dem sendet der Vater der Menschen und Götter
    Seinen Adler herab, trägt ihn zu himmlischen Höhn,
Unter die Menge greift er mit Eigenwillen, und welches
    Haupt ihm gefället, um das flicht er mit liebender Hand
Jetzt den Lorbeer und jetzt die Herrschaftgebende Binde,
    Krönte doch selber den Gott nur das gewogene Glück.
Vor dem Glücklichen her tritt Phöbus, der pythische Sieger,
    Und der die Herzen bezwingt, Amor, der lächelnde Gott.
Vor ihm ebnet Poseidon das Meer, sanft gleitet des Schiffes
    Kiel, das den Cäsar führt und sein allmächtiges Glück,
Ihm zu Füßen legt sich der Leu, das brausende Delphin
    Steigt aus den Tiefen und fromm beut es den Rücken ihm an.
Zürne dem Glücklichen nicht, daß den leichten Sieg ihm die Götter
    Schenken, daß aus der Schlacht Venus den Liebling entrückt,
Ihn, den die lächelnde rettet, den Göttergeliebten beneid' ich,
    Jenen nicht, dem sie mit Nacht deckt den verdunkelten Blick.
War er weniger herrlich, Achilles, weil ihm Hephästos
    Selbst geschmiedet den Schild und das verderbliche Schwert,
Weil um den sterblichen Mann der große Olimp sich beweget?
    Das verherrlicht ihn, daß ihn die Götter geliebt,
Daß sie sein Zürnen geehrt, und Ruhm dem Liebling zu geben,
    Hellas bestes Geschlecht stürzten zum Orkus hinab.
Zürne der Schönheit nicht, daß sie schön ist, daß sie verdienstlos
    Wie der Lilie Kelch prangt durch der Venus Geschenk,
Laß sie die glückliche sein, du schaust sie, du bist der Beglückte,
    Wie sie ohne Verdienst glänzt, so entzücket sie dich.
Freue dich, daß die Gabe des Lieds vom Himmel herabkommt,
    Daß der Sänger dir singt, was ihn die Muse gelehrt,
Weil der Gott ihn beseelt, so wird er dem Hörer zum Gotte,
    Weil er der glückliche ist, kannst du der selige sein.
Auf dem geschäftigen Markt da führe Themis die Waage,
    Und es messe der Lohn streng an der Mühe sich ab,
Aber die Freude ruft nur ein Gott auf sterbliche Wangen,
    Wo kein Wunder geschieht, ist kein Beglückter zu sehn.
Alles Menschliche muß erst werden und wachsen und reifen,
    Und von Gestalt zu Gestalt führt es die bildende Zeit,
Aber das Glückliche siehest du nicht, das Schöne nicht werden,
    Fertig von Ewigkeit her steht es vollendet vor dir.

Jede irdische Venus ersteht wie die erste des Himmels
 Eine dunkle Geburt aus dem unendlichen Meer,
Wie die erste Minerva so tritt mit der Aegis gerüstet
 Aus des Donnerers Haupt jeder Gedanke des Lichts.

DER GENIUS

»Glaub' ich, sprichst du, dem Wort, das der Weisheit Meister
                                        mich lehren,
 Das der Lehrlinge Schar sicher und fertig beschwört;
Kann die Wissenschaft nur zum wahren Frieden mich führen,
 Nur des Systemes Gebälk' stützen das Glück und das Recht?
Muß ich dem Trieb mißtraun, der leise mich warnt, dem Gesetze,
 Das du selber, Natur, mir in den Busen geprägt,
Bis auf die ewige Schrift die *Schul'* ihr Siegel gedrücket,
 Und der Formel Gefäß bindet den flüchtigen Geist?
Sage du mir's, du bist in diese Tiefen gestiegen,
 Aus dem modrigten Grab kamst du erhalten zurück,
Dir ist bekannt, was die Gruft der dunklen Wörter bewahret,
 Ob der Lebenden Trost dort bei den Mumien wohnt?
Muß ich ihn wandeln den nächtlichen Weg? Mir graut, ich bekenn' es,
 Wandeln will ich ihn doch, führt er zu Wahrheit und Recht.« –
Freund, du kennst doch die goldene Zeit, es haben die Dichter
 Manche Sage von ihr rührend und kindlich erzählt.
Jene Zeit, da das Heilige noch im Leben gewandelt,
 Da jungfräulich und keusch noch das Gefühl sich bewahrt,
Da noch das große Gesetz, das oben im Sonnenlauf waltet,
 Und verborgen im Ei reget den hüpfenden Punkt,
Noch der Notwendigkeit stilles Gesetz, das stätige, gleiche,
 Auch der menschlichen Brust freiere Wellen bewegt,
Da nicht irrend der Sinn und treu, wie der Zeiger am Uhrwerk,
 Auf das Wahrhaftige nur, nur auf das Ewige wies? –
Da war kein Profaner, kein Eingeweihter zu sehen,
 Was man lebendig empfand, ward nicht bei Toten gesucht.
Gleich verständlich für jegliches Herz war die ewige Regel,
 Gleich verborgen der Quell, dem sie belebend entfloß.
Aber die glückliche Zeit ist dahin! Vermessene Willkür
 Hat der getreuen Natur göttlichen Frieden gestört.
Das entweihte Gefühl ist nicht mehr Stimme der Götter,
 Und das Orakel verstummt in der entadelten Brust.
Nur in dem stilleren Selbst vernimmt es der horchende Geist noch,
 Und den heiligen Sinn hütet das mystische Wort.
Hier beschwört es der Forscher, der reines Herzens hinabsteigt,
 Und die verlorne Natur gibt ihm die Weisheit zurück.
Hast du, Glücklicher, nie den schützenden Engel verloren,

Nie des frommen Instinkts liebende Warnung verwirkt,
Malt in dem keuschen Auge noch treu und rein sich die Wahrheit,
    Tönt ihr Rufen dir noch hell in der kindlichen Brust,
Schweigt noch in dem zufriednen Gemüt des Zweifels Empörung,
    Wird sie, weißt du's gewiß, schweigen auf ewig wie heut,
Wird der Empfindungen Streit nie eines Richters bedürfen,
    Nie den hellen Verstand trüben das tückische Herz –
O dann gehe du hin in deiner köstlichen Unschuld,
    Dich kann die Wissenschaft nichts lehren. Sie lerne von dir!
Jenes Gesetz, das mit ehrnem Stab den Sträubenden lenket,
    Dir nicht gilt's. Was du tust, was dir gefällt, ist Gesetz,
Und an alle Geschlechter ergeht ein göttliches Machtwort,
    Was du mit heiliger Hand bildest, mit heiligem Mund
Redest, wird den erstaunten Sinn allmächtig bewegen,
    Du nur merkst nicht den Gott, der dir im Busen gebeut,
Nicht des Siegels Gewalt, das alle Geister dir beuget,
    Einfach gehst du und still durch die eroberte Welt.

DIE WORTE DES GLAUBENS

Drei Worte nenn' ich euch, inhaltschwer,
    Sie gehen von Munde zu Munde,
Doch stammen sie nicht von außen her,
    Das Herz nur gibt davon Kunde,
Dem Menschen ist aller Wert geraubt,
Wenn er nicht mehr an die drei Worte glaubt.

Der Mensch ist frei geschaffen, ist frei,
    Und würd' er in Ketten geboren,
Laßt euch nicht irren des Pöbels Geschrei,
    Nicht den Mißbrauch rasender Toren.
Vor dem Sklaven, wenn er die Kette bricht,
Vor dem freien Menschen erzittert nicht.

Und die Tugend, sie ist kein leerer Schall,
    Der Mensch kann sie üben im Leben,
Und sollt er auch straucheln überall,
    Er kann nach der göttlichen streben,
Und was kein Verstand der Verständigen sieht,
Das übet in Einfalt ein kindlich Gemüt.

Und ein Gott ist, ein heiliger Wille lebt,
    Wie auch der menschliche wanke,
Hoch über der Zeit und dem Raume webt
    Lebendig der höchste Gedanke,

Und ob alles in ewigem Wechsel kreis't,
Es beharret im Wechsel ein ruhiger Geist.

Die drei Worte bewahret euch, inhaltschwer,
   Sie pflanzet von Munde zu Munde,
Und stammen sie gleich nicht von außen her,
   Euer Innres gibt davon Kunde,
Dem Menschen ist nimmer sein Wert geraubt,
So lang er noch an die drei Worte glaubt.

DIE TEILUNG DER ERDE

Nehmt hin die Welt! rief Zeus von seinen Höhen
   Den Menschen zu, nehmt, sie soll euer sein.
Euch schenk ich sie zum Erb' und ew'gen Lehen,
   Doch teilt euch brüderlich darein.

Da eilt was Hände hat, sich einzurichten,
   Es regte sich geschäftig jung und alt.
Der Ackermann griff nach des Feldes Früchten,
   Der Junker birschte durch den Wald.

Der Kaufmann nimmt, was seine Speicher fassen,
   Der Abt wählt sich den edeln Firnewein,
Der König sperrt die Brücken und die Straßen,
   Und sprach, der Zehente ist mein.

Ganz spät, nachdem die Teilung längst geschehen,
   Naht der Poet, er kam aus weiter Fern'.
Ach! da war überall nichts mehr zu sehen,
   Und alles hatte seinen Herrn!

Weh mir! So soll denn ich allein von allen
   Vergessen sein, ich, dein getreuster Sohn?
So ließ er laut der Klage Ruf erschallen,
   Und warf sich hin vor Jovis Thron.

Wenn du im Land der Träume dich verweilet,
   Versetzt der Gott, so hadre nicht mit mir.
Wo warst du denn, als man die Welt geteilet?
   Ich war, sprach der Poet, bei dir.

Mein Auge hing an deinem Angesichte,
   An deines Himmels Harmonie mein Ohr,
Verzeih dem Geiste, der, von deinem Lichte
   Berauscht, das Irdische verlor!

Was tun! spricht Zeus, die Welt ist weggegeben,
  Der Herbst, die Jagd, der Markt ist nicht mehr mein.
Willst du in meinem Himmel mit mir leben,
  So oft du kommst, er soll dir offen sein.

KOLUMBUS

Steure mutiger Segler! Es mag der Witz dich verhöhnen,
  Und der Schiffer am Steu'r senken die lässige Hand.
Immer, immer nach West! Dort muß die Küste sich zeigen,
  Liegt sie doch deutlich und liegt schimmernd vor deinem Verstand.
Traue dem leitenden Gott und folge dem schweigenden Weltmeer,
  Wär' sie noch nicht, sie stieg jetzt aus den Fluten empor.
Mit dem Genius steht die Natur in ewigem Bunde,
  Was der eine verspricht, leistet die andre gewiß.

ODYSSEUS

Alle Gewässer durchkreuzt', die Heimat zu finden, Odysseus,
  Durch der Scilla Gebell, durch der Charybde Gefahr,
Durch die Schrecken des feindlichen Meers, durch die Schrecken des Landes,
  Selber in Aidäs Reich führt ihn die irrende Fahrt.
Endlich trägt das Geschick ihn schlafend an Ithakas Küste,
  Er erwacht und erkennt jammernd das Vaterland nicht.

DIE BÜRGSCHAFT
Ballade

Zu *Dionys* dem Tyrannen schlich
Möros, den Dolch im Gewande,
Ihn schlugen die Häscher in Bande.
Was wolltest du mit dem Dolche, sprich!
Entgegnet ihm finster der Wüterich.
»Die Stadt vom Tyrannen befreien!«
Das sollst du am Kreuze bereuen.

»Ich bin, spricht jener, zu sterben bereit,
Und bitte nicht um mein Leben,
Doch willst du Gnade mir geben,
Ich flehe dich um drei Tage Zeit,
Bis ich die Schwester dem Gatten gefreit
Ich lasse den Freund dir als Bürgen,
Ihn magst du, entrinn' ich, erwürgen.«

Da lächelt der König mit arger List,
Und spricht nach kurzem Bedenken:
Drei Tage will ich dir schenken.
Doch wisse! Wenn sie verstrichen die Frist,
Eh du zurück mir gegeben bist,
So muß er statt deiner erblassen,
Doch dir ist die Strafe erlassen.

Und er kommt zum Freunde: »der König gebeut,
Daß ich am Kreuz mit dem Leben
Bezahle das frevelnde Streben,
Doch will er mir gönnen drei Tage Zeit,
Bis ich die Schwester dem Gatten gefreit,
So bleib du dem König zum Pfande,
Bis ich komme, zu lösen die Bande.«

Und schweigend umarmt ihn der treue Freund,
Und liefert sich aus dem Tyrannen,
Der andere ziehet von dannen.
Und ehe das dritte Morgenrot scheint,
Hat er schnell mit dem Gatten die Schwester vereint,
Eilt heim mit sorgender Seele,
Damit er die Frist nicht verfehle.

Da gießt unendlicher Regen herab,
Von den Bergen stürzen die Quellen,
Und die Bäche, die Ströme schwellen.
Und er kommt an's Ufer mit wanderndem Stab,
Da reißet die Brücke der Strudel hinab,
Und donnernd sprengen die Wogen
Des Gewölbes krachenden Bogen.

Und trostlos irrt er an Ufers Rand,
Wie weit er auch spähet und blicket,
Und die Stimme, die rufende, schicket,
Da stößet kein Nachen vom sichern Strand,
Der ihn setze an das gewünschte Land,
Kein Schiffer lenket die Fähre,
Und der wilde Strom wird zum Meere.

Da sinkt er ans Ufer und weint und fleht,
Die Hände zum Zeus erhoben:
»O hemme des Stromes Toben!
Es eilen die Stunden, im Mittag steht
Die Sonne und wenn sie niedergeht,
Und ich kann die Stadt nicht erreichen,
So muß der Freund mir erbleichen.«

Doch wachsend erneut sich des Stromes Wut,
Und Welle auf Welle zerrinnet,
Und Stunde an Stunde entrinnet,
Da treibt ihn die Angst, da faßt er sich Mut
Und wirft sich hinein in die brausende Flut,
Und teilt mit gewaltigen Armen
Den Strom, und ein Gott hat Erbarmen.

Und gewinnt das Ufer und eilet fort,
Und danket dem rettenden Gotte,
Da stürzet die raubende Rotte
Hervor aus des Waldes nächtlichem Ort,
Den Pfad ihm sperrend, und schnaubet Mord
Und hemmet des Wanderers Eile
Mit drohend geschwungener Keule.

»Was wollt ihr? ruft er für Schrecken bleich,
Ich habe nichts als mein Leben,
Das muß ich dem Könige geben!«
Und entreißt die Keule dem nächsten gleich:
»Um des Freundes Willen erbarmet euch!«
Und drei, mit gewaltigen Streichen,
Erlegt er, die andern entweichen.

Und die Sonne versendet glühenden Brand,
Und von der unendlichen Mühe
Ermattet sinken die Kniee:
»O hast du mich gnädig aus Räubershand,
Aus dem Strom mich gerettet ans heilige Land,
Und soll hier verschmachtend verderben,
Und der Freund mir, der liebende, sterben!«

Und horch! da sprudelt es silberhell
Ganz nahe, wie rieselndes Rauschen,
Und stille hält er zu lauschen,
Und sieh, aus dem Felsen, geschwätzig, schnell,
Springt murmelnd hervor ein lebendiger Quell,
Und freudig bückt er sich nieder,
Und erfrischet die brennenden Glieder.

Und die Sonne blickt durch der Zweige Grün,
Und malt auf den glänzenden Matten
Der Bäume gigantische Schatten;
Und zwei Wanderer sieht er die Straße ziehn,
Will eilenden Laufes vorüber fliehn,
Da hört er die Worte sie sagen:
Jetzt wird er ans Kreuz geschlagen.

Und die Angst beflügelt den eilenden Fuß,
Ihn jagen der Sorge Qualen,
Da schimmern in Abendrots Strahlen
Von ferne die Zinnen von Syrakus,
Und entgegen kommt ihm Philostratus,
Des Hauses redlicher Hüter,
Der erkennet entsetzt den Gebieter:

Zurück! du rettest den Freund nicht mehr,
So rette das eigene Leben!
Den Tod erleidet er eben.
Von Stunde zu Stunde gewartet' er
Mit hoffender Seele der Wiederkehr,
Ihm konnte den mutigen Glauben
Der Hohn des Tyrannen nicht rauben.

»Und ist es zu spät, und kann ich ihm nicht
Ein Retter willkommen erscheinen,
So soll mich der Tod ihm vereinen.
Des rühme der blut'ge Tyrann sich nicht,
Daß der Freund dem Freunde gebrochen die Pflicht,
Er schlachte der Opfer zweie,
Und glaube an Liebe und Treue.«

Und die Sonne geht unter, da steht er am Tor
Und sieht das Kreuz schon erhöhet,
Das die Menge gaffend umstehet,
An dem Seile schon zieht man den Freund empor,
Da zertrennt er gewaltig den dichten Chor:
»Mich Henker! ruft er, erwürget,
Da bin ich, für den er gebürget!«

Und Erstaunen ergreifet das Volk umher,
In den Armen liegen sich beide,
Und weinen für Schmerzen und Freude.
Da sieht man kein Auge tränenleer,
Und zum Könige bringt man die Wundermär,
Der fühlt ein menschliches Rühren,
Läßt schnell vor den Thron sie führen.

Und blicket sie lange verwundert an,
Drauf spricht er: Es ist euch gelungen,
Ihr habt das Herz mir bezwungen,
Und die Treue, sie ist doch kein leerer Wahn,
So nehmet auch mich zum Genossen an,
Ich sei, gewährt mir die Bitte,
In eurem Bunde der dritte.

DER ABEND
Nach einem Gemälde

Senke, strahlender Gott, die Fluren dürsten
Nach erquickendem Tau, der Mensch verschmachtet,
    Matter ziehen die Rosse,
        Senke den Wagen hinab.
Siehe, wer aus des Meers krystallner Woge
Lieblich lächelnd dir winkt! Erkennt dein Herz sie?
    Rascher fliegen die Rosse,
        Thetis, die göttliche, winkt.
Schnell vom Wagen herab in ihre Arme
Springt der Führer, den Zaum ergreift Kupido,
    Stille halten die Rosse,
        Trinken die kühlende Flut.
An dem Himmel herauf mit leisen Schritten
Kommt die duftende Nacht; ihr folgt die süße
    Liebe. Ruhet und liebet,
        Phöbus, der liebende, ruht.

DIE IDEALE

So willst du treulos von mir scheiden
Mit deinen holden Phantasien,
Mit deinen Schmerzen, deinen Freuden,
Mit allen unerbittlich fliehn?
Kann nichts dich, Fliehende! verweilen,
O! meines Lebens goldne Zeit?
Vergebens, deine Wellen eilen,
Hinab ins Meer der Ewigkeit.

Erloschen sind die heitern Sonnen,
Die meiner Jugend Pfad erhellt,
Die Ideale sind zerronnen,
Die einst das trunkne Herz geschwellt,
Er ist dahin, der süße Glaube
An Wesen, die mein Traum gebar,
Der rauhen Wirklichkeit zum Raube,
Was einst so schön, so göttlich war.

Wie einst mit flehendem Verlangen
Pygmalion den Stein umschloß,
Bis in des Marmors kalte Wangen
Empfindung glühend sich ergoß,
So schlang ich mich mit Liebesarmen

Um die Natur, mit Jugendlust,
Bis sie zu atmen, zu erwarmen
Begann an meiner Dichterbrust.

Und teilend meine Flammentriebe
Die Stumme eine Sprache fand,
Mir wiedergab den Kuß der Liebe,
Und meines Herzens Klang verstand;
Da lebte mir der Baum, die Rose,
Mir sang der Quellen Silberfall,
Es fühlte selbst das Seelenlose
Von meines Lebens Widerhall.

Es dehnte mit allmächt'gem Streben
Die enge Brust ein kreisend All,
Heraus zu treten in das Leben,
In Tat und Wort, in Bild und Schall.
Wie groß war diese Welt gestaltet,
So lang die Knospe sie noch barg,
Wie wenig, ach! hat sich entfaltet,
Dies wenige, wie klein und karg.

Wie sprang, von kühnem Mut beflügelt,
Beglückt in seines Traumes Wahn,
Von keiner Sorge noch gezügelt,
Der Jüngling in des Lebens Bahn.
Bis an des Äthers bleichste Sterne
Erhob ihn der Entwürfe Flug,
Nichts war so hoch, und nichts so ferne,
Wohin ihr Flügel ihn nicht trug.

Wie leicht ward er dahin getragen,
Was war dem Glücklichen zu schwer!
Wie tanzte vor des Lebens Wagen
Die luftige Begleitung her!
Die Liebe mit dem süßen Lohne,
Das Glück mit seinem goldnen Kranz,
Der Ruhm mit seiner Sternenkrone,
Die Wahrheit in der Sonne Glanz!

Doch ach! schon auf des Weges Mitte
Verloren die Begleiter sich,
Sie wandten treulos ihre Schritte,
Und einer nach dem andern wich.
Leichtfüßig war das Glück entflogen,
Des Wissens Durst blieb ungestillt,

Des Zweifels finstre Wetter zogen
Sich um der Wahrheit Sonnenbild.

Ich sah des Ruhmes heil'ge Kränze
Auf der gemeinen Stirn entweiht,
Ach! allzuschnell nach kurzem Lenze
Entfloh die schöne Liebeszeit.
Und immer stiller ward's und immer
Verlaßner auf dem rauhen Steg,
Kaum warf noch einen bleichen Schimmer
Die Hoffnung auf den finstern Weg.

Von all dem rauschenden Geleite,
Wer harrte liebend bei mir aus?
Wer steht mir tröstend noch zur Seite,
Und folgt mir bis zum finstern Haus?
Du, die du alle Wunden heilest,
Der Freundschaft leise zarte Hand,
Des Lebens Bürden liebend teilest,
Du, die ich frühe sucht' und fand.

Und du, die gern sich mit ihr gattet,
Wie sie, der Seele Sturm beschwört,
Beschäftigung, die nie ermattet,
Die langsam schafft, doch nie zerstört,
Die zu dem Bau der Ewigkeiten
Zwar Sandkorn nur für Sandkorn reicht,
Doch von der großen Schuld der Zeiten
Minuten, Tage, Jahre streicht.

DIE BLUMEN

Kinder der verjüngten Sonne,
   Blumen der geschmückten Flur,
Euch erzog zur Lust und Wonne,
   Ja euch liebte die Natur.
Schön das Kleid mit Licht gesticket,
Schön hat Flora euch geschmücket
   Mit der Farben Götterpracht,
Holde Frühlingskinder klaget,
Seele hat sie euch versaget,
   Und ihr selber wohnt in Nacht.

Nachtigall und Lerche singen
   Euch der Liebe selig Los,

Gaukelnde Sylphiden schwingen
   Buhlend sich auf eurem Schoß.
Wölbte eures Kelches Krone
Nicht die Tochter der Dione
   Schwellend zu der Liebe Pfühl?
Zarte Frühlingskinder weinet,
Liebe hat sie euch verneinet,
   Euch das selige Gefühl.

Aber hat aus Nannys Blicken
   Mich der Mutter Spruch verbannt,
Wenn euch meine Hände pflücken
   Ihr zum zarten Liebespfand,
Leben, Sprache, Seelen, Herzen,
Stumme Boten süßer Schmerzen
   Goß euch dies Berühren ein,
Und der mächtigste der Götter
Schließt in eure stillen Blätter
   Seine hohe Gottheit ein.

DER SPAZIERGANG

Sei mir gegrüßt mein Berg mit dem rötlich strahlenden Gipfel,
   Sei mir Sonne gegrüßt, die ihn so lieblich bescheint,
Dich auch grüß ich belebte Flur, euch säuselnde Linden,
   Und der fröhlichen Chor, der auf den Ästen sich wiegt,
Ruhige Bläue dich auch, die unermeßlich sich ausgießt
   Um das braune Gebirg, über den grünenden Wald,
Auch um mich, der endlich entflohn des Zimmers Gefängnis
   Und dem engen Gespräch freudig sich rettet zu dir,
Deiner Lüfte balsamischer Strom durchrinnt mich erquickend,
   Und den durstigen Blick labt das energische Licht,
Kräftig auf blühender Au erglänzen die wechselnden Farben,
   Aber der reizende Streit löset in Anmut sich auf,
Frei empfängt mich die Wiese mit weithin verbreitetem Teppich,
   Durch ihr freundliches Grün schlingt sich der ländliche Pfad,
Um mich summt die geschäftige Bien', mit zweifelndem Flügel
   Wiegt der Schmetterling sich über dem rötlichten Klee,
Glühend trifft mich der Sonne Pfeil, still liegen die Weste,
   Nur der Lerche Gesang wirbelt in heiterer Luft.
Doch jetzt braust's aus dem nahen Gebüsch, tief neigen der Erlen
   Kronen sich, und im Wind wogt das versilberte Gras,
Mich umfängt ambrosische Nacht; in duftende Kühlung
   Nimmt ein prächtiges Dach schattender Buchen mich ein,
In des Waldes Geheimnis entflieht mir auf einmal die Landschaft,

Und ein schlängelnder Pfad leitet mich steigend empor.
Nur verstohlen durchdringt der Zweige laubigtes Gitter
   Sparsames Licht, und es blickt lachend das Blaue herein.
Aber plötzlich zerreißt der Flor. Der geöffnete Wald gibt
   Überraschend des Tags blendendem Glanz mich zurück.
Unabsehbar ergießt sich vor meinen Blicken die Ferne,
   Und ein blaues Gebirg endigt im Dufte die Welt.
Tief an des Berges Fuß, der gählings unter mir abstürzt,
   Wallet des grünlichten Stroms fließender Spiegel vorbei.
Endlos unter mir seh' ich den Äther, über mir endlos,
   Blicke mit Schwindeln hinauf, blicke mit Schaudern hinab,
Aber zwischen der ewigen Höh' und der ewigen Tiefe
   Trägt ein geländerter Steig sicher den Wandrer dahin.
Lachend fliehen an mir die reichen Ufer vorüber,
   Und den fröhlichen Fleiß rühmet das prangende Tal.
Jene Linien, sieh! die des Landmanns Eigentum scheiden,
   In den Teppich der Flur hat sie Demeter gewirkt.
Freundliche Schrift des Gesetzes, des Menschenerhaltenden Gottes,
   Seit aus der ehernen Welt fliehend die Liebe verschwand,
Aber in freieren Schlangen durchkreuzt die geregelten Felder
   Jetzt verschlungen vom Wald, jetzt an den Bergen hinauf
Klimmend, ein schimmernder Streif, die Länder verknüpfende
                                        Straße,
   Auf dem ebenen Strom gleiten die Flöße dahin,
Vielfach ertönt der Herden Geläut im belebten Gefilde,
   Und den Widerhall weckt einsam des Hirten Gesang.
Muntre Dörfer bekränzen den Strom, in Gebüschen verschwinden
   Andre, vom Rücken des Bergs stürzen sie gäh dort herab.
Nachbarlich wohnet der Mensch noch mit dem Acker zusammen,
   Seine Felder umruhn friedlich sein ländliches Dach,
Traulich rankt sich die Reb' empor an dem niedrigen Fenster,
   Einen umarmenden Zweig schlingt um die Hütte der Baum,
Glückliches Volk der Gefilde! Noch nicht zur Freiheit erwachet,
   Teilst du mit deiner Flur fröhlich das enge Gesetz.
Deine Wünsche beschränkt der Ernten ruhiger Kreislauf,
   Wie dein Tagewerk, gleich, windet dein Leben sich ab!
Aber wer raubt mir auf einmal den lieblichen Anblick? Ein fremder
   Geist verbreitet sich schnell über die fremdere Flur!
Spröde sondert sich ab, was kaum noch liebend sich mischte,
   Und das Gleiche nur ist's, was an das Gleiche sich reiht.
Stände seh ich gebildet, der Pappeln stolze Geschlechter
   Ziehn in geordnetem Pomp vornehm und prächtig daher,
Regel wird alles und alles wird Wahl und alles Bedeutung,
   Dieses Dienergefolg meldet den Herrscher mir an.
Prangend verkündigen ihn von fern die beleuchteten Kuppeln,
   Aus dem felsigten Kern hebt sich die türmende *Stadt*.

In die Wildnis hinaus sind des Waldes Faunen verstoßen,
    Aber die Andacht leiht höheres Leben dem Stein.
Näher gerückt ist der Mensch an den Menschen. Enger wird um ihn,
    Reger erwacht, es umwälzt rascher sich in ihm die Welt.
Sieh, da entbrennen in feurigem Kampf die eifernden Kräfte,
    Großes wirket ihr Streit, größeres wirket ihr Bund.
Tausend Hände belebt Ein Geist, hoch schläget in tausend
    Brüsten, von einem Gefühl glühend, ein einziges Herz,
Schlägt für das Vaterland und glüht für der Ahnen Gesetze,
    Hier auf dem teuren Grund ruht ihr verehrtes Gebein.
Nieder steigen vom Himmel die seligen Götter, und nehmen
    In dem geweihten Bezirk festliche Wohnungen ein,
Herrliche Gaben bescherend erscheinen sie; Ceres vor allen
    Bringet des Pfluges Geschenk, Hermes den Anker herbei,
Bacchus die Traube, Minerva des Ölbaums grünende Reiser,
    Auch das kriegrische Roß führet Poseidon heran,
Mutter Cybele spannt an des Wagens Deichsel die Löwen,
    In das gastliche Tor zieht sie als Bürgerin ein.
Heilige Steine! Aus euch ergossen sich Pflanzer der Menschheit,
    Fernen Inseln des Meers sandtet ihr Sitten und Kunst,
Weise sprachen das Recht an diesen geselligen Toren,
    Helden stürzten zum Kampf für die Penaten heraus.
Auf den Mauren erschienen, den Säugling im Arme, die Mütter
    Blickten dem Heerzug nach, bis ihn die Ferne verschlang.
Betend stürzten sie dann vor der Götter Altären sich nieder,
    Flehten um Ruhm und Sieg, flehten um Rückkehr für euch.
Ehre ward euch und Sieg, doch der Ruhm nur kehrte zurücke,
    Eurer Taten Verdienst meldet der rührende Stein:
»Wanderer, kommst du nach Sparta, verkündige dorten, du habest
    Uns hier liegen gesehn, wie das Gesetz es befahl.«
Ruhet sanft ihr Geliebten! Von eurem Blute begossen
    Grünet der Ölbaum, es keimt lustig die köstliche Saat.
Munter entbrennt, des Eigentums froh, das freie Gewerbe,
    Aus dem Schilfe des Stroms winket der bläulichte Gott.
Zischend fliegt in den Baum die Axt, es erseufzt die Dryade,
    Hoch von des Berges Haupt stürzt sich die donnernde Last.
Aus dem Felsbruch wiegt sich der Stein, vom Hebel beflügelt,
    In der Gebirge Schlucht taucht sich der Bergmann hinab.
Mulcibers Amboß tönt von dem Takt geschwungener Hämmer,
    Unter der nervigten Faust sprützen die Funken des Stahls,
Glänzend umwindet der goldne Lein die tanzende Spindel,
    Durch die Saiten des Garns sauset das webende Schiff,
Fern auf der Reede ruft der Pilot, es warten die Flotten,
    Die in der Fremdlinge Land tragen den heimischen Fleiß,
Andre ziehn frohlockend dort ein, mit den Gaben der Ferne,
    Hoch von dem ragenden Mast wehet der festliche Kranz.

Siehe da wimmeln die Märkte, der Kran von fröhlichem Leben,
 Seltsamer Sprachen Gewirr braust in das wundernde Ohr.
Auf den Stapel schüttet die Ernten der Erde der Kaufmann,
 Was dem glühenden Strahl Afrikas Boden gebiert,
Was Arabien kocht, was die äußerste Thule bereitet,
 Hoch mit erfreuendem Gut füllt Amalthea das Horn.
Da gebieret das Glück dem Talente die göttlichen Kinder,
 Von der Freiheit gesäugt wachsen die Künste der Lust.
Mit nachahmendem Leben erfreuet der Bildner die Augen,
 Und vom Meißel beseelt redet der fühlende Stein,
Künstliche Himmel ruhn auf schlanken ionischen Säulen,
 Und den ganzen Olymp schließet ein Pantheon ein,
Leicht wie der Iris Sprung durch die Luft, wie der Pfeil von der Senne
 Hüpfet der Brücke Joch über den brausenden Strom.
Aber im stillen Gemach entwirft bedeutende Zirkel
 Sinnend der Weise, beschleicht forschend den schaffenden Geist,
Prüft der Stoffe Gewalt, der Magnete Hassen und Lieben,
 Folgt durch die Lüfte dem Klang, folgt durch den Äther
                                                     dem Strahl,
Sucht das vertraute Gesetz in des Zufalls grausenden Wundern,
 Sucht den ruhenden Pol in der Erscheinungen Flucht.
Körper und Stimme leiht die Schrift dem stummen Gedanken,
 Durch der Jahrhunderte Strom trägt ihn das redende Blatt.
Da zerrinnt vor dem wundernden Blick der Nebel des Wahnes,
 Und die Gebilde der Nacht weichen dem tagenden Licht.
Seine Fesseln zerbricht der Mensch. Der Beglückte! Zerriß er
 Mit den Fesseln der Furcht nur nicht den Zügel der Scham!
Freiheit ruft die Vernunft, Freiheit die wilde Begierde,
 Von der heil'gen Natur ringen sie lüstern sich los.
Ach, da reißen im Sturm die Anker, die an dem Ufer
 Warnend ihn hielten, ihn faßt mächtig der flutende Strom,
Ins Unendliche reißt er ihn hin, die Küste verschwindet,
 Hoch auf der Fluten Gebirg wiegt sich entmastet der Kahn,
Hinter Wolken erlöschen des Wagens beharrliche Sterne,
 Bleibend ist nichts mehr, es irrt selbst in dem Busen der Gott.
Aus dem Gespräche verschwindet die Wahrheit, Glauben und Treue
 Aus dem Leben, es lügt selbst auf der Lippe der Schwur.
In der Herzen vertraulichsten Bund, in der Liebe Geheimnis
 Drängt sich der Sykophant, reißt von dem Freunde den Freund,
Auf die Unschuld schielt der Verrat mit verschlingendem Blicke,
 Mit vergiftendem Biß tötet des Lästerers Zahn.
Feil ist in der geschändeten Brust der Gedanke, die Liebe
 Wirft des freien Gefühls göttlichen Adel hinweg,
Deiner heiligen Zeichen, o Wahrheit, hat der Betrug sich
 Angemaßt, der Natur köstlichste Stimmen entweiht,
Die das bedürftige Herz in der Freude Drang sich erfindet,

Kaum gibt wahres Gefühl noch durch Verstummen sich kund.
Auf der Tribune prahlet das Recht, in der Hütte die Eintracht,
    Des Gesetzes Gespenst steht an der Könige Thron,
Jahre lang mag, Jahrhunderte lang die Mumie dauern,
    Mag das trügende Bild lebender Fülle bestehn,
Bis die Natur erwacht, und mit schweren ehernen Händen
    An das hohle Gebäu rühret die Not und die Zeit,
Einer Tigerin gleich, die das eiserne Gitter durchbrochen
    Und des numidischen Wald's plötzlich und schrecklich gedenkt,
Aufsteht mit des Verbrechens Wut und des Elends die Menschheit,
    Und in der Asche der Stadt sucht die verlorne Natur.
O so öffnet euch Mauren, und gebt den Gefangenen ledig,
    Zu der verlassenen Flur kehr' er gerettet zurück!
Aber wo bin ich? Es birgt sich der Pfad. Abschüssige Gründe
    Hemmen mit gähnender Kluft hinter mir, vor mir den Schritt.
Hinter mir blieb der Gärten, der Hecken vertraute Begleitung,
    Hinter mir jegliche Spur menschlicher Hände zurück.
Nur die Stoffe seh' ich getürmt, aus welchen das Leben
    Keimet, der rohe Basalt hofft auf die bildende Hand,
Brausend stürzt der Gießbach herab durch die Rinne des Felsen
    Unter den Wurzeln des Baums bricht er entrüstet sich Bahn.
Wild ist es hier und schauerlich öd'. Im einsamen Luftraum
    Hängt nur der Adler, und knüpft an das Gewölke die Welt.
Hoch herauf bis zu mir trägt keines Windes Gefieder
    Den verlorenen Schall menschlicher Mühen und Lust.
Bin ich wirklich allein? In deinen Armen, an deinem
    Herzen wieder, Natur, ach! und es war nur ein Traum,
Der mich schaudernd ergriff, mit des Lebens furchtbarem Bilde,
    Mit dem stürzenden Tal stürzte der finstre hinab.
Reiner nehm' ich mein Leben von deinem reinen Altare,
    Nehme den fröhlichen Mut hoffender Jugend zurück!
Ewig wechselt der Wille den Zweck und die Regel, in ewig
    Wiederholter Gestalt wälzen die Taten sich um.
Aber jugendlich immer, in immer veränderter Schöne
    Ehrst du, fromme Natur, züchtig das alte Gesetz,
Immer dieselbe, bewahrst du in treuen Händen dem Manne,
    Was dir das gaukelnde Kind, was dir der Jüngling vertraut,
Nährest an gleicher Brust die vielfach wechselnden Alter;
    Unter demselben Blau, über dem nehmlichen Grün
Wandeln die nahen und wandeln vereint die fernen Geschlechter,
    Und die Sonne Homers, siehe! sie lächelt auch uns.

SPRUCH DES CONFUCIUS

Dreifach ist der Schritt der Zeit,
Zögernd kommt die Zukunft hergezogen,
Pfeilschnell ist das Jetzt entflogen,
Ewig still steht die Vergangenheit.

Keine Ungeduld beflügelt
Ihren Schritt, wenn sie verweilt.
Keine Furcht, kein Zweifeln zügelt
Ihren Lauf, wenn sie enteilt.
Keine Reu, kein Zaubersegen
Kann die stehende bewegen.

Möchtest du beglückt und weise
Endigen des Lebens Reise,
Nimm die Zögernde zum Rat,
Nicht zum Werkzeug deiner Tat.
Wähle nicht die Fliehende zum Freund,
Nicht die Bleibende zum Feind.

DES MÄDCHENS KLAGE

Der Eichwald brauset,
Die Wolken ziehn,
Das Mägdlein sitzet
An Ufers Grün,
Es bricht sich die Welle mit Macht, mit Macht,
Und sie seufzt hinaus in die finstre Nacht,
Das Auge von Weinen getrübet.

»Das Herz ist gestorben,
Die Welt ist leer,
Und weiter gibt sie
Dem Wunsche nichts mehr.
Du Heilige rufe dein Kind zurück,
Ich habe genossen das irdische Glück,
Ich habe gelebt und geliebet!«

Es rinnet der Tränen
Vergeblicher Lauf,
Die Klage sie wecket
Die Toten nicht auf,
Doch nenne, was tröstet und heilet die Brust
Nach der süßen Liebe verschwundener Lust,
Ich, die himmlische, wills nicht versagen.

    Laß rinnen der Tränen
Vergeblichen Lauf,
Es wecke die Klage
Den Toten nicht auf,
Das süßeste Glück für die traurende Brust,
Nach der schönen Liebe verschwundener Lust,
Sind der Liebe Schmerzen und Klagen.

DIE GESCHLECHTER

Sieh in dem zarten Kind zwei liebliche Blumen vereinigt,
    Jungfrau und Jüngling, sie deckt beide die Knospe noch zu.
Leise lös't sich das Band, es entzweien sich zart die Naturen,
    Und von der holden Scham trennet sich feurig die Kraft.
Gönne dem Knaben zu spielen, in wilder Begierde zu toben,
    Nur die gesättigte Kraft kehret zur Anmut zurück.
Aus der Knospe beginnt die doppelte Blume zu streben,
    Köstlich ist jede, doch stillt keine dein sehnendes Herz.
Reizende Fülle schwellt der Jungfrau blühende Glieder,
    Aber der Stolz bewacht streng wie der Gürtel den Reiz.
Scheu wie das zitternde Reh, das ihr Horn durch die Wälder verfolgt,
    Flieht sie im Mann nur den Feind, hasset noch, weil sie nicht liebt.
Trotzig schauet und kühn aus finstern Wimpern der Jüngling,
    Und gehärtet zum Kampf spannet die Sehne sich an.
Fern in der Speere Gewühl und auf die stäubende Rennbahn
    Ruft ihn der lockende Ruhm, reißt ihn der brausende Mut.
Jetzt beschütze dein Werk Natur! Auseinander auf immer
    Fliehet, wenn *Du* nicht vereinst, feindlich, was ewig sich sucht.
Aber da bist du, du mächtige schon, aus dem wildesten Streite
    Rufst du der Harmonie göttlichen Frieden hervor.
Tief verstummet die lärmende Jagd, des rauschenden Tages
    Tosen verhallet und leis sinken die Sterne herab.
Seufzend flüstert das Rohr, sanft murmelnd gleiten die Bäche,
    Und mit melodischem Lied füllt Philomela den Hain.
Was erreget zu Seufzern der Jungfrau steigenden Busen?
    Jüngling, was füllet den Blick schwellend mit Tränen dir an?
Ach sie suchet umsonst, was sie sanft anschmiegend umfasse,
    Und die schwellende Frucht beuget zur Erde die Last.
Ruhelos strebend verzehrt sich in eigenen Flammen der Jüngling,
    Ach, der brennenden Glut wehet kein lindernder Hauch.
Siehe, da finden sie sich, es führt sie Amor zusammen,
    Und dem geflügelten Gott folgt der geflügelte Sieg.
Göttliche Liebe, du bist's die der Menschheit Blumen vereinigt,
    Ewig getrennt, sind sie doch ewig verbunden durch dich.

MENSCHLICHES WISSEN

Weil du liesest in ihr, was du selber in sie geschrieben,
    Weil du in Gruppen fürs Aug' ihre Erscheinungen reihst,
Deine Schnüre gezogen auf ihrem unendlichen Felde,
    Wähnst du, es fasse dein Geist ahnend die große Natur.
So beschreibt mit Figuren der Astronome den Himmel,
    Daß in dem ewigen Raum leichter sich finde der Blick,
Knüpft entlegene Sonnen, durch Siriusfernen geschieden,
    Aneinander im Schwan, und in den Hörnern des Stiers.
Aber versteht er darum der Sphären mystische Tänze,
    Weil ihm das Sternengewölb sein Planiglobium zeigt?

RITTER TOGGENBURG
Ballade

»Ritter, treue Schwesterliebe
    Widmet euch dies Herz,
Fodert keine andre Liebe,
    Denn es macht mir Schmerz.
Ruhig mag ich euch erscheinen,
    Ruhig gehen sehn.
Eurer Augen stilles Weinen
    Kann ich nicht verstehn.«

Und er hörts mit stummem Harme,
    Reißt sich blutend los,
Preßt sie heftig in die Arme,
    Schwingt sich auf sein Roß,
Schickt zu seinen Mannen allen
    In dem Lande Schweiz,
Nach dem heil'gen Grab sie wallen,
    Auf der Brust das Kreuz.

Große Taten dort geschehen
    Durch der Helden Arm,
Ihres Helmes Büsche wehen
    In der Feinde Schwarm,
Und des Toggenburgers Name
    Schreckt den Muselmann,
Doch das Herz von seinem Grame
    Nicht genesen kann.

Und ein Jahr hat er's getragen,
    Trägt's nicht länger mehr,

Ruhe kann er nicht erjagen,
   Und verläßt das Heer,
Sieht ein Schiff an Joppe's Strande,
   Das die Segel bläht,
Schiffet heim zum teuren Lande,
   Wo ihr Atem weht.

Und an ihres Schlosses Pforte
   Klopft der Pilger an,
Ach! und mit dem Donnerworte
   Wird sie aufgetan:
»Die ihr suchet, trägt den Schleier,
   Ist des Himmels Braut,
Gestern war des Tages Feier
   Der sie Gott getraut.«

Da verlässet er auf immer
   Seiner Väter Schloß,
Seine Waffen sieht er nimmer,
   Noch sein treues Roß,
Von der Toggenburg hernieder
   Steigt er unbekannt,
Denn es deckt die edeln Glieder
   Härenes Gewand.

Und erbaut sich eine Hütte
   Jener Gegend nah,
Wo das Kloster aus der Mitte
   Düstrer Linden sah;
Harrend von des Morgens Lichte
Bis zu Abends Schein,
Stille Hoffnung im Gesichte,
   Saß er da allein.

Blickte nach dem Kloster drüben,
   Blickte Stundenlang
Nach dem Fenster seiner Lieben,
   Bis das Fenster klang,
Bis die Liebliche sich zeigte,
   Bis das teure Bild
Sich ins Tal herunter neigte,
   Ruhig, engelmild.

Und dann legt er froh sich nieder,
   Schlief getröstet ein,
Still sich freuend, wenn es wieder
   Morgen würde sein.

Und so saß er viele Tage,
   Saß viel Jahre lang,
Harrend ohne Schmerz und Klage,
   Bis das Fenster klang.

Bis die Liebliche sich zeigte,
   Bis das teure Bild
Sich ins Tal herunter neigte,
   Ruhig, engelmild.
Und so saß er, eine Leiche,
   Eines Morgens da,
Nach dem Fenster noch das bleiche
   Stille Antlitz sah.

DAS ELEUSISCHE FEST

Windet zum Kranze die goldenen Ähren,
Flechtet euch blaue Cyanen hinein,
Freude soll jedes Auge verklären,
Denn die Königin ziehet ein,
Die Bezähmerin wilder Sitten,
Die den Menschen zum Menschen gesellt,
Und in friedliche feste Hütten
Wandelte das bewegliche Zelt.

Scheu in des Gebürges Klüften
Barg der Troglodyte sich,
Der Nomade ließ die Triften
Wüste liegen, wo er strich,
Mit dem Wurfspieß, mit dem Bogen
Schritt der Jäger durch das Land,
Weh' dem Fremdling, den die Wogen
Warfen an den Unglücksstrand!

Und auf ihrem Pfad begrüßte
Irrend nach des Kindes Spur,
Ceres die verlaßne Küste,
Ach, da grünte keine Flur!
Daß sie hier vertraulich weile,
Ist kein Obdach ihr gewährt,
Keines Tempels heitre Säule
Zeuget, daß man Götter ehrt.

Keine Frucht der süßen Ähren
Lädt zum reinen Mahl sie ein,

Nur auf gräßlichen Altären
Dorret menschliches Gebein.
Ja, so weit sie wandernd kreis'te,
Fand sie Elend überall,
Und in ihrem großen Geiste
Jammert sie des Menschen Fall.

Find' ich so den Menschen wieder,
Dem wir unser Bild geliehn,
Dessen schöngestalte Glieder
Droben im Olympus blühn?
Gaben wir ihm zum Besitze
Nicht der Erde Götterschoß,
Und auf seinem Königsitze
Schweift er elend, heimatlos?

Fühlt kein Gott mit ihm Erbarmen,
Keiner aus der Sel'gen Chor
Hebet ihn mit Wunderarmen
Aus der tiefen Schmach empor?
In des Himmels sel'gen Höhen
Rühret sie nicht fremder Schmerz,
Doch der Menschheit Angst und Wehen
Fühlet mein gequältes Herz.

Daß der Mensch zum Menschen werde,
Stift' er einen ew'gen Bund
Gläubig mit der frommen Erde,
Seinem mütterlichen Grund,
Ehre das Gesetz der Zeiten
Und der Monde heil'gen Gang,
Welche still gemessen schreiten
Im melodischen Gesang.

Und den Nebel teilt sie leise,
Der den Blicken sie verhüllt,
Plötzlich in der Wilden Kreise
Steht sie da, ein Götterbild.
Schwelgend bei dem Siegesmahle
Findet sie die rohe Schar,
Und die blutgefüllte Schale
Bringt man ihr zum Opfer dar.

Aber schaudernd, mit Entsetzen,
Wendet sie sich weg und spricht:
Blut'ge Tigermahle netzen

Eines Gottes Lippen nicht.
Reine Opfer will er haben,
Früchte, die der Herbst beschert,
Mit des Feldes frommen Gaben
Wird der Heilige verehrt.

Und sie nimmt die Wucht des Speeres
Aus des Jägers rauher Hand,
Mit dem Schaft des Mordgewehres
Furchet sie den leichten Sand,
Nimmt von ihres Kranzes Spitze
Einen Kern, mit Kraft gefüllt,
Senkt ihn in die zarte Ritze,
Und der Trieb des Keimes schwillt.

Und mit grünen Halmen schmücket
Sich der Boden alsobald,
Und so weit das Auge blicket
Wogt es wie ein goldner Wald.
Lächelnd segnet sie die Erde,
Flicht der ersten Garbe Bund,
Wählt den Feldstein sich zum Herde,
Und es spricht der Göttin Mund:

Vater Zeus, der über alle
Götter herrscht in Äthers Höhn!
Daß dies Opfer dir gefalle,
Laß ein Zeichen jetzt geschehn!
Und dem unglücksel'gen Volke,
Das dich Hoher! noch nicht nennt,
Nimm hinweg des Auges Wolke,
Daß es seinen Gott erkennt!

Und es hört der Schwester Flehen
Zeus auf seinem hohen Sitz,
Donnernd aus den blauen Höhen
Wirft er den gezackten Blitz.
Prasselnd fängt es an zu lohen,
Hebt sich wirbelnd vom Altar,
Und darüber schwebt in hohen
Kreisen sein geschwinder Aar.

Und gerührt zu der Herrscherin Füßen
Stürzt sich der Menge freudig Gewühl,
Und die rohen Seelen zerfließen
In der Menschlichkeit erstem Gefühl,

Werfen von sich die blutige Wehre,
Öffnen den düstergebundenen Sinn,
Und empfangen die göttliche Lehre
Aus dem Munde der Königin.

Und von ihren Thronen steigen
Alle Himmlischen herab,
Themis selber führt den Reigen,
Und mit dem gerechten Stab
Mißt sie jedem seine Rechte,
Setzet selbst der Grenze Stein,
Und des Styx verborgne Mächte
Ladet sie zu Zeugen ein.

Und es kommt der Gott der Esse,
Zeus erfindungsreicher Sohn,
Bildner künstlicher Gefäße,
Hochgelehrt in Erzt und Ton.
Und er lehrt die Kunst der Zange
Und der Blasebälge Zug,
Unter seines Hammers Zwange
Bildet sich zuerst der Pflug.

Und Minerva, hoch vor allen
Ragend mit gewicht'gem Speer,
Läßt die Stimme mächtig schallen
Und gebeut dem Götterheer.
Feste Mauern will sie gründen,
Jedem Schutz und Schirm zu sein,
Die zerstreute Welt zu binden
In vertraulichem Verein.

Und sie lenkt die Herrscherschritte
Durch des Feldes weiten Plan,
Und an ihres Fußes Tritte
Heftet sich der Grenzgott an,
Messend führt sie die Kette
Um des Hügels grünen Saum,
Auch des wilden Stromes Bette
Schließt sie in den heil'gen Raum.

Alle Nymphen, Oreaden,
Die der schnellen Artemis
Folgen auf des Berges Pfaden,
Schwingend ihren Jägerspieß,
Alle kommen, alle legen

Hände an, der Jubel schallt,
Und von ihrer Äxte Schlägen
Krachend stürzt der Fichtenwald.

Auch aus seiner grünen Welle
Steigt der schilfbekränzte Gott,
Wälzt den schweren Floß zur Stelle
Auf der Göttin Machtgebot,
Und die leichtgeschürzten Stunden
Fliegen an's Geschäft, gewandt,
Und die rauhen Stämme runden
Zierlich sich in ihrer Hand.

Auch den Meergott sieht man eilen,
Rasch mit des Tridentes Stoß,
Bricht er die granitnen Säulen
Aus dem Erdgerippe los,
Schwingt sie in gewalt'gen Händen
Hoch wie einen leichten Ball,
Und mit Hermes dem behenden
Türmet er der Mauren Wall.

Aber aus den goldnen Saiten
Lockt Apoll die Harmonie
Und das holde Maß der Zeiten
Und die Macht der Melodie.
Mit neunstimmigem Gesange
Fallen die Kamönen ein,
Leise nach des Liedes Klange
Füget sich der Stein zum Stein.

Und der Tore weite Flügel
Setzet mit erfahrner Hand
Cybele und fügt die Riegel
Und der Schlösser festes Band.
Schnell durch rasche Götterhände
Ist der Wunderbau vollbracht,
Und der Tempel heitre Wände
Glänzen schon in Festes Pracht.

Und mit einem Kranz von Myrten
Naht die Götterkönigin,
Und sie führt den schönsten Hirten
Zu der schönsten Hirtin hin.
Venus mit dem holden Knaben
Schmücket selbst das erste Paar,

Alle Götter bringen Gaben
Segnend den Vermählten dar.

Und die neuen Bürger ziehen,
Von der Götter sel'gem Chor
Eingeführt, mit Harmonieen
In das gastlich offne Tor,
Und das Priesteramt verwaltet
Ceres am Altar des Zeus,
Segnend ihre Hand gefaltet
Spricht sie zu des Volkes Kreis.

Freiheit liebt das Tier der Wüste,
Frei im Äther herrscht der Gott,
Ihrer Brust gewalt'ge Lüste
Zähmet das Naturgebot,
Doch der Mensch, in ihrer Mitte,
Soll sich an den Menschen reih'n,
Und allein durch seine Sitte
Kann er frei und mächtig sein.

Windet zum Kranze die goldenen Ähren,
Flechtet auch blaue Cyanen hinein,
Freude soll jedes Auge verklären,
Denn die Königin ziehet ein,
Die uns die süße Heimat gegeben,
Die den Menschen zum Menschen gesellt,
Unser Gesang soll sie festlich erheben,
Die beglückende Mutter der Welt.

DIE BEGEGNUNG

Noch seh ich sie, umringt von ihren Frauen,
Die herrlichste von allen stand sie da,
Wie eine Sonne war sie anzuschauen,
Ich stand von fern und wagte mich nicht nah,
Es faßte mich mit wollustvollem Grauen,
Als ich den Glanz vor mir verbreitet sah,
Doch schnell, als hätten Flügel mich getragen,
Ergriff es mich, die Saiten anzuschlagen.

Was ich in jenem Augenblick empfunden,
Und was ich sang, vergebens sinn' ich nach,
Ein neu Organ hatt' ich in mir gefunden,
Das meines Herzens heil'ge Regung sprach,

Die Seele war's, die Jahre lang gebunden,
Durch alle Fesseln jetzt auf einmal brach,
Und Töne fand in ihren tiefsten Tiefen,
Die ungeahnt und göttlich in ihr schliefen.

Und als die Saiten lange schon geschwiegen,
Die Seele endlich mir zurücke kam,
Da sah ich in den engelgleichen Zügen
Die Liebe ringen mit der holden Scham,
Und alle Himmel glaubt' ich zu erfliegen,
Als ich das leise süße Wort vernahm –
O droben nur in sel'ger Geister Chören
Werd' ich des Tones Wohllaut wieder hören!

»Das treue Herz, das trostlos sich verzehrt,
Und still bescheiden nie gewagt zu sprechen,
Ich kenne den ihm selbst verborgnen Wert,
Am rohen Glück will ich das Edle rächen.
Dem Armen sei das schönste Los beschert,
Nur Liebe darf der Liebe Blumen brechen.
Der schönste Schatz gehört dem Herzen an,
Das ihn erwidern und empfinden kann.«

DAS LIED VON DER GLOCKE

>   Vivos voco. Mortuos plango. Fulgura frango.

>   Fest gemauert in der Erden,
>   Steht die Form, aus Lehm gebrannt.
>   Heute muß die Glocke werden,
>   Frisch, Gesellen! seid zur Hand.
>   Von der Stirne heiß
>   Rinnen muß der Schweiß,
>   Soll das Werk den Meister loben,
>   Doch der Segen kommt von oben.

Zum Werke, das wir ernst bereiten,
Geziemt sich wohl ein ernstes Wort;
Wenn gute Reden sie begleiten,
Dann fließt die Arbeit munter fort.
So laßt uns jetzt mit Fleiß betrachten,
Was durch die schwache Kraft entspringt,
Den schlechten Mann muß man verachten,
Der nie bedacht, was er vollbringt.
Das ist's ja, was den Menschen zieret,

Und dazu ward ihm der Verstand,
Daß er im innern Herzen spüret,
Was er erschafft mit seiner Hand.

  Nehmet Holz vom Fichtenstamme,
  Doch recht trocken laßt es sein,
  Daß die eingepreßte Flamme
  Schlage zu dem Schwalch hinein.
    Kocht des Kupfers Brei,
    Schnell das Zinn herbei.
  Daß die zähe Glockenspeise
  Fließe nach der rechten Weise.

Was in des Dammes tiefer Grube
Die Hand mit Feuers Hülfe baut,
Hoch auf des Turmes Glockenstube
Da wird es von uns zeugen laut.
Noch dauern wird's in späten Tagen
Und rühren vieler Menschen Ohr,
Und wird mit dem Betrübten klagen,
Und stimmen zu der Andacht Chor.
Was unten tief dem Erdensohne
Das wechselnde Verhängnis bringt,
Das schlägt an die metallne Krone,
Die es erbaulich weiter klingt.

  Weiße Blasen seh' ich springen,
  Wohl! die Massen sind im Fluß.
  Laßt's mit Aschensalz durchdringen,
  Das befördert schnell den Guß.
    Auch von Schaume rein
    Muß die Mischung sein,
  Daß vom reinlichen Metalle
  Rein und voll die Stimme schalle.

Denn mit der Freude Feierklange
Begrüßt sie das geliebte Kind
Auf seines Lebens erstem Gange,
Den es in Schlafes Arm beginnt;
Ihm ruhen noch im Zeitenschoße
Die schwarzen und die heitern Lose,
Der Mutterliebe zarte Sorgen
Bewachen seinen goldnen Morgen –
Die Jahre fliehen pfeilgeschwind.
Vom Mädchen reißt sich stolz der Knabe,
Er stürmt in's Leben wild hinaus,

Durchmißt die Welt am Wanderstabe,
Fremd kehrt er heim in's Vaterhaus,
Und herrlich, in der Jugend Prangen,
Wie ein Gebild aus Himmels Höh'n,
Mit züchtigen, verschämten Wangen
Sieht er die Jungfrau vor sich stehn.
Da faßt ein namenloses Sehnen
Des Jünglings Herz, er irrt allein,
Aus seinen Augen brechen Tränen,
Er flieht der Brüder wilden Reih'n.
Errötend folgt er ihren Spuren,
Und ist von ihrem Gruß beglückt,
Das schönste sucht er auf den Fluren,
Womit er seine Liebe schmückt.
O! zarte Sehnsucht, süßes Hoffen,
Der ersten Liebe goldne Zeit,
Das Auge sieht den Himmel offen,
Es schwelgt das Herz in Seligkeit,
O! daß sie ewig grünen bliebe,
Die schöne Zeit der jungen Liebe!

    Wie sich schon die Pfeifen bräunen!
    Dieses Stäbchen tauch' ich ein,
    Sehn wir's überglas't erscheinen
    Wird's zum Gusse zeitig sein.
        Jetzt, Gesellen, frisch!
        Prüft mir das Gemisch,
    Ob das Spröde mit dem Weichen
    Sich vereint zum guten Zeichen.

Denn wo das Strenge mit dem Zarten,
Wo Starkes sich und Mildes paarten,
Da gibt es einen guten Klang.
Drum prüfe, wer sich ewig bindet,
Ob sich das Herz zum Herzen findet!
Der Wahn ist kurz, die Reu ist lang.
Lieblich in der Bräute Locken
Spielt der jungfräuliche Kranz,
Wenn die hellen Kirchenglocken
Laden zu des Festes Glanz.
Ach! des Lebens schönste Feier
Endigt auch den Lebens-Mai,
Mit dem Gürtel, mit dem Schleier
Reißt der schöne Wahn entzwei.
Die Leidenschaft flieht!
Die Liebe muß bleiben,

Die Blume verblüht,
Die Frucht muß treiben.
Der Mann muß hinaus
In's feindliche Leben,
Muß wirken und streben
Und pflanzen und schaffen,
Erlisten, erraffen,
Muß wetten und wagen
Das Glück zu erjagen.
Da strömet herbei die unendliche Gabe,
Es füllt sich der Speicher mit köstlicher Habe,
Die Räume wachsen, es dehnt sich das Haus.
Und drinnen waltet
Die züchtige Hausfrau,
Die Mutter der Kinder,
Und herrschet weise
Im häuslichen Kreise,
Und lehret die Mädchen,
Und wehret den Knaben,
Und reget ohn' Ende
Die fleißigen Hände,
Und mehrt den Gewinn
Mit ordnendem Sinn.
Und füllet mit Schätzen die duftenden Laden,
Und dreht um die schnurrende Spindel den Faden,
Und sammelt im reinlich geglätteten Schrein
Die schimmernde Wolle, den schneeigten Lein,
Und füget zum Guten den Glanz und den Schimmer,
Und ruhet nimmer.

    Und der Vater mit frohem Blick
Von des Hauses weitschauendem Giebel
Überzählet sein blühend Glück,
Siehet der Pfosten ragende Bäume,
Und der Scheunen gefüllte Räume
Und die Speicher, vom Segen gebogen,
Und des Kornes bewegte Wogen,
Rühmt sich mit stolzem Mund:
Fest, wie der Erde Grund,
Gegen des Unglücks Macht
Steht mir des Hauses Pracht!
Doch mit des Geschickes Mächten
Ist kein ew'ger Bund zu flechten,
Und das Unglück schreitet schnell.

Wohl! Nun kann der Guß beginnen,
Schön gezacket ist der Bruch.
Doch, bevor wir's lassen rinnen,
Betet einen frommen Spruch!
   Stoßt den Zapfen aus!
   Gott bewahr' das Haus.
Rauchend in des Henkels Bogen
Schießt's mit feuerbraunen Wogen.

Wohltätig ist des Feuers Macht,
Wenn sie der Mensch bezähmt, bewacht,
Und was er bildet, was er schafft,
Das dankt er dieser Himmelskraft;
Doch furchtbar wird die Himmelskraft,
Wenn sie der Fessel sich entrafft,
Einhertritt auf der eignen Spur
Die freie Tochter der Natur.
Wehe, wenn sie losgelassen
Wachsend ohne Widerstand
Durch die volkbelebten Gassen
Wälzt den ungeheuren Brand!
Denn die Elemente hassen
Das Gebild' der Menschenhand.
Aus der Wolke
Quillt der Segen,
Strömt der Regen,
Aus der Wolke, ohne Wahl,
Zuckt der Strahl!
Hört ihr's wimmern hoch vom Turm!
Das ist Sturm!
Rot wie Blut
Ist der Himmel,
Das ist nicht des Tages Glut!
Welch Getümmel
Straßen auf!
Dampf wallt auf!
Flackernd steigt die Feuersäule,
Durch der Straße lange Zeile
Wächst es fort mit Windeseile,
Kochend wie aus Ofens Rachen
Glühn die Lüfte, Balken krachen,
Pfosten stürzen, Fenster klirren,
Kinder jammern, Mütter irren,
Tiere wimmern,
Unter Trümmern,
Alles rennet, rettet, flüchtet,

Taghell ist die Nacht gelichtet,
Durch der Hände lange Kette
Um die Wette
Fliegt der Eimer, hoch im Bogen
Sprützen Quellen, Wasserwogen.
Heulend kommt der Sturm geflogen,
Der die Flamme brausend sucht.
Prasselnd in die dürre Frucht
Fällt sie, in des Speichers Räume,
In der Sparren dürre Bäume,
Und als wollte sie im Wehen
Mit sich fort der Erde Wucht
Reißen, in gewalt'ger Flucht,
Wächst sie in des Himmels Höhen
Riesengroß!
Hoffnungslos
Weicht der Mensch der Götterstärke,
Müßig sieht er seine Werke
Und bewundernd untergehen.

Leergebrannt
Ist die Stätte,
Wilder Stürme rauhes Bette,
In den öden Fensterhöhlen
Wohnt das Grauen,
Und des Himmels Wolken schauen
Hoch hinein.

Einen Blick
Nach dem Grabe
Seiner Habe
Sendet noch der Mensch zurück –
Greift fröhlich dann zum Wanderstabe,
Was Feuers Wut ihm auch geraubt,
Ein süßer Trost ist ihm geblieben,
Er zählt die Häupter seiner Lieben
Und sieh! ihm fehlt kein teures Haupt.

In die Erd' ist's aufgenommen,
Glücklich ist die Form gefüllt,
Wird's auch schön zu Tage kommen,
Daß es Fleiß und Kunst vergilt?
  Wenn der Guß mißlang?
  Wenn die Form zersprang?
Ach! vielleicht, indem wir hoffen,
Hat uns Unheil schon getroffen.

DAS LIED VON DER GLOCKE

    Dem dunkeln Schoß der heil'gen Erde
Vertrauen wir der Hände Tat,
Vertraut der Sämann seine Saat
Und hofft, daß sie entkeimen werde
Zum Segen, nach des Himmels Rat.
Noch köstlicheren Samen bergen
Wir traurend in der Erde Schoß,
Und hoffen, daß er aus den Särgen
Erblühen soll zu schönerm Los.

    Von dem Dome,
Schwer und bang,
Tönt die Glocke
Grabgesang.
Ernst begleiten ihre Trauerschläge
Einen Wandrer auf dem letzten Wege.

    Ach! die Gattin ist's, die teure,
Ach! es ist die treue Mutter,
Die der schwarze Fürst der Schatten
Wegführt aus dem Arm des Gatten,
Aus der zarten Kinder Schar,
Die sie blühend ihm gebar,
Die sie an der treuen Brust
Wachsen sah mit Mutterlust –
Ach! des Hauses zarte Bande
Sind gelöst auf immerdar,
Denn sie wohnt im Schattenlande,
Die des Hauses Mutter war,
Denn es fehlt ihr treues Walten,
Ihre Sorge wacht nicht mehr,
An verwaister Stätte schalten
Wird die Fremde, liebeleer.

    Bis die Glocke sich verkühlet
Laßt die strenge Arbeit ruhn,
Wie im Laub der Vogel spielet
Mag sich jeder gütlich tun.
    Winkt der Sterne Licht,
    Ledig aller Pflicht,
Hört der Pursch die Vesper schlagen,
Meister muß sich immer plagen.

    Munter fördert seine Schritte
Fern im wilden Forst der Wandrer
Nach der lieben Heimathütte.

Blöckend ziehen heim die Schafe,
Und der Rinder
Breitgestirnte, glatte Scharen
Kommen brüllend,
Die gewohnten Ställe füllend.
Schwer herein
Schwankt der Wagen,
Kornbeladen,
Bunt von Farben
Auf den Garben
Liegt der Kranz,
Und das junge Volk der Schnitter
Fliegt zum Tanz.
Markt und Straße werden stiller,
Um des Licht's gesell'ge Flamme
Sammeln sich die Hausbewohner,
Und das Stadttor schließt sich knarrend.
Schwarz bedecket
Sich die Erde,
Doch den sichern Bürger schrecket
Nicht die Nacht,
Die den Bösen gräßlich wecket,
Denn das Auge des Gesetzes wacht.

 Heil'ge Ordnung, segenreiche
Himmelstochter, die das Gleiche
Frei und leicht und freudig bindet,
Die der Städte Bau gegründet,
Die herein von den Gefilden
Rief den ungesell'gen Wilden,
Eintrat in der Menschen Hütten,
Sie gewöhnt zu sanften Sitten,
Und das teuerste der Bande
Wob, den Trieb zum Vaterlande!

 Tausend fleiß'ge Hände regen,
Helfen sich in munterm Bund
Und in feurigem Bewegen
Werden alle Kräfte kund.
Meister rührt sich und Geselle
In der Freiheit heil'gem Schutz.
Jeder freut sich seiner Stelle,
Bietet dem Verächter Trutz.
Arbeit ist des Bürgers Zierde,
Segen ist der Mühe Preis,
Ehrt den König seine Würde,
Ehret *uns* der Hände Fleiß.

Holder Friede,
Süße Eintracht,
Weilet, weilet
Freundlich über dieser Stadt!
Möge nie der Tag erscheinen,
Wo des rauhen Krieges Horden
Dieses stille Tal durchtoben,
Wo der Himmel,
Den des Abends sanfte Röte
Lieblich malt,
Von der Dörfer, von der Städte
Wildem Brande schrecklich strahlt!

　Nun zerbrecht mir das Gebäude,
Seine Absicht hat's erfüllt,
Daß sich Herz und Auge weide
An dem wohlgelungnen Bild.
　　Schwingt den Hammer, schwingt,
　　Bis der Mantel springt,
Wenn die Glock' soll auferstehen,
Muß die Form in Stücken gehen.

　Der Meister kann die Form zerbrechen
Mit weiser Hand, zur rechten Zeit,
Doch wehe, wenn in Flammenbächen
Das glühnde Erz sich selbst befreit!
Blindwütend mit des Donners Krachen
Zersprengt es das geborstne Haus,
Und wie aus offnem Höllenrachen
Speit es Verderben zündend aus;
Wo rohe Kräfte sinnlos walten,
Da kann sich kein Gebild gestalten,
Wenn sich die Völker selbst befrein,
Da kann die Wohlfahrt nicht gedeihn.

　Weh, wenn sich in dem Schoß der Städte
Der Feuerzunder still gehäuft,
Das Volk, zerreißend seine Kette,
Zur Eigenhilfe schrecklich greift!
Da zerret an der Glocke Strängen
Der Aufruhr, daß sie heulend schallt,
Und nur geweiht zu Friedensklängen
Die Losung anstimmt zur Gewalt.

　Freiheit und Gleichheit! hört man schallen,
Der ruh'ge Bürger greift zur Wehr,

Die Straßen füllen sich, die Hallen,
Und Würgerbanden ziehn umher,
Da werden Weiber zu Hyänen
Und treiben mit Entsetzen Scherz,
Noch zuckend, mit des Panthers Zähnen,
Zerreißen sie des Feindes Herz.
Nichts Heiliges ist mehr, es lösen
Sich alle Bande frommer Scheu,
Der Gute räumt den Platz dem Bösen,
Und alle Laster walten frei.
Gefährlich ist's den Leu zu wecken,
Verderblich ist des Tigers Zahn,
Jedoch der schrecklichste der Schrecken
Das ist der Mensch in seinem Wahn.
Weh' denen, die dem Ewigblinden
Des Lichtes Himmelsfackel leihn!
Sie strahlt ihm nicht, sie kann nur zünden
Und äschert Städt' und Länder ein.

   Freude hat mir Gott gegeben!
   Sehet! wie ein goldner Stern
   Aus der Hülse, blank und eben,
   Schält sich der metallne Kern.
     Von dem Helm zum Kranz
     Spielt's wie Sonnenglanz,
   Auch des Wappens nette Schilder
   Loben den erfahrnen Bilder.

   Herein! herein!
Gesellen alle, schließt den Reihen,
Daß wir die Glocke taufend weihen,
Concordia soll ihr Name sein,
Zur Eintracht, zu herzinnigem Vereine
Versammle sie die liebende Gemeine.

   Und dies sei fortan ihr Beruf,
Wozu der Meister sie erschuf!
Hoch über'm niedern Erdenleben
Soll sie in blauem Himmelszelt
Die Nachbarin des Donners schweben
Und grenzen an die Sternenwelt,
Soll eine Stimme sein von oben,
Wie der Gestirne helle Schar,
Die ihren Schöpfer wandelnd loben
Und führen das bekränzte Jahr.
Nur ewigen und ernsten Dingen

Sei ihr metallner Mund geweiht,
Und stündlich mit den schnellen Schwingen
Berühr' im Fluge sie die Zeit,
Dem Schicksal leihe sie die Zunge,
Selbst herzlos, ohne Mitgefühl,
Begleite sie mit ihrem Schwunge
Des Lebens wechselvolles Spiel.
Und wie der Klang im Ohr vergehet,
Der mächtig tönend ihr entschallt,
So lehre sie, daß nichts bestehet,
Daß alles Irdische verhallt.

  Jetzo mit der Kraft des Stranges
  Wiegt die Glock' mir aus der Gruft,
  Daß sie in das Reich des Klanges
  Steige, in die Himmelsluft.
     Ziehet, ziehet, hebt!
     Sie bewegt sich, schwebt,
  Freude dieser Stadt bedeute,
  Friede sei ihr erst Geläute.

SPRUCH DES KONFUCIUS

Dreifach ist des Raumes Maß.
  Rastlos fort ohn' Unterlaß
  Strebt die *Länge*, fort ins weite
  Endlos gießet sich die *Breite*,
  Grundlos senkt die *Tiefe* sich.
Dir ein Bild sind sie gegeben,
  Rastlos vorwärts mußt du streben,
  Nie ermüdet stille stehn,
  Willst du die Vollendung sehn,
  Mußt ins Breite dich entfalten,
  Soll sich dir die Welt gestalten,
  In die Tiefe mußt du steigen,
  Soll sich dir das Wesen zeigen,
Nur Beharrung führt zum Ziel,
Nur die Fülle führt zur Klarheit
Und im Abgrund wohnt die Wahrheit.

DER KAMPF MIT DEM DRACHEN
Romanze

Was rennt das Volk, was wälzt sich dort
Die langen Gassen brausend fort?
Stürzt Rhodus unter Feuers Flammen?
Es rottet sich im Sturm zusammen,
Und einen Ritter, hoch zu Roß,
Gewahr' ich aus dem Menschentroß,
Und hinter ihm, welch Abenteuer!
Bringt man geschleppt ein Ungeheuer,
Ein Drache scheint es von Gestalt,
Mit weitem Krokodilesrachen,
Und alles blickt verwundert bald
Den Ritter an und bald den Drachen.

Und tausend Stimmen werden laut,
Das ist der Lindwurm, kommt und schaut!
Der Hirt und Herden uns verschlungen,
Das ist der Held, der ihn bezwungen!
Viel andre zogen vor ihm aus
Zu wagen den gewalt'gen Strauß,
Doch keinen sah man wiederkehren,
Den kühnen Ritter soll man ehren!
Und nach dem Kloster geht der Zug,
Wo Sankt Johann's des Täufers Orden,
Die Ritter des Spitals im Flug
Zu Rate sind versammelt worden.

Und vor den edeln Meister tritt
Der Jüngling mit bescheidnem Schritt,
Nachdrängt das Volk, mit wildem Rufen,
Erfüllend des Geländers Stufen,
Und jener nimmt das Wort und spricht:
Ich hab' erfüllt die Ritterpflicht,
Der Drache, der das Land verödet,
Er liegt von meiner Hand getödet,
Frei ist dem Wanderer der Weg,
Der Hirte treibe ins Gefilde,
Froh walle auf dem Felsensteg
Der Pilger zu dem Gnadenbilde.

Doch strenge blickt der Fürst ihn an
Und spricht: Du hast als Held getan,
Der Mut ist's, der den Ritter ehret,
Du hast den kühnen Geist bewähret.

Doch sprich! Was ist die erste Pflicht
Des Ritters, der für Christum ficht,
Sich schmücket mit des Kreuzes Zeichen?
Und alle rings herum erbleichen.
Doch er, mit edelm Anstand, spricht,
Indem er sich errötend neiget.
Gehorsam ist die erste Pflicht,
Die ihn des Schmuckes würdig zeiget.

Und diese Pflicht, mein Sohn, versetzt
Der Meister, hast du frech verletzt,
Den Kampf, den das Gesetz versaget,
Hast du mit frevlem Mut gewaget! –
»Herr, richte, wenn du alles weißt,
Spricht jener mit gesetztem Geist,
Denn des Gesetzes Sinn und Willen
Vermeint' ich treulich zu erfüllen,
Nicht unbedachtsam zog ich hin,
Das Ungeheuer zu bekriegen,
Durch List und kluggewandten Sinn
Versucht ich's, in dem Kampf zu siegen.

Fünf unsers Ordens waren schon,
Die Zierden der Religion,
Des kühnen Mutes Opfer worden,
Da wehrtest du den Kampf dem Orden.
Doch an dem Herzen nagte mir
Der Unmut und die Streitbegier,
Ja selbst im Traum der stillen Nächte
Fand ich mich keuchend im Gefechte,
Und wenn der Morgen dämmernd kam,
Und Kunde gab von neuen Plagen,
Da faßte mich ein wilder Gram,
Und ich beschloß, es frisch zu wagen.

Und zu mir selber sprach ich dann:
Was schmückt den Jüngling, ehrt den Mann,
Was leisteten die tapfern Helden
Von denen uns die Lieder melden?
Die zu der Götter Glanz und Ruhm
Erhub das blinde Heidentum?
Sie reinigten von Ungeheuern
Die Welt in kühnen Abenteuern,
Begegneten im Kampf dem Leu'n
Und rangen mit dem Minotauren,
Die armen Opfer zu befrein,
Und ließen sich das Blut nicht dauren.

Ist nur der Saracen es wert,
Daß ihn bekämpft des Christen Schwert?
Bekriegt er nur die falschen Götter?
Gesandt ist er der Welt zum Retter,
Von jeder Not und jedem Harm
Befreien muß sein starker Arm,
Doch seinen Mut muß Weisheit leiten
Und List muß mit der Stärke streiten.
So sprach ich oft und zog allein,
Des Raubtiers Fährte zu erkunden,
Da flößte mir der Geist es ein,
Froh rief ich aus, ich hab's gefunden.

Und trat zu dir und sprach dies Wort:
Mich zieht es nach der Heimat fort.
Du Herr willfahrtest meinen Bitten
Und glücklich war das Meer durchschnitten.
Kaum stieg ich aus am heimschen Strand,
Gleich ließ ich durch des Künstlers Hand
Getreu den wohlbemerkten Zügen
Ein Drachenbild zusammenfügen.
Auf kurzen Füßen wird die Last
Des langen Leibes aufgetürmet,
Ein schuppicht Panzerhemd umfaßt
Den Rücken, den es furchtbar schirmet.

Lang strecket sich der Hals hervor,
Und gräßlich wie ein Höllentor,
Als schnappt' es gierig nach der Beute,
Eröffnet sich des Rachens Weite,
Und aus dem schwarzen Schlunde dräun
Der Zähne stachelichte Reih'n,
Die Zunge gleicht des Schwertes Spitze,
Die kleinen Augen sprühen Blitze,
In einer Schlange endigt sich
Des Rückens ungeheure Länge,
Rollt um sich selber fürchterlich,
Daß es um Mann und Roß sich schlänge.

Und alles bild' ich nach, genau,
Und kleid' es in ein scheußlich Grau,
Halb Wurm erschien's, halb Molch und Drache,
Gezeuget in der gift'gen Lache,
Und als das Bild vollendet war,
Erwähl' ich mir ein Doggenpaar,
Gewaltig, schnell, von flinken Läufen,

Gewohnt den wilden Ur zu greifen,
Die hetz' ich auf den Lindwurm an,
Erhitze sie zu wildem Grimme,
Zu fassen ihn mit scharfem Zahn,
Und lenke sie mit meiner Stimme.

Und wo des Bauches weiches Vlies
Den scharfen Bissen Blöße ließ,
Da reiz ich sie den Wurm zu packen,
Die spitzen Zähne einzuhacken.
Ich selbst, bewaffnet mit Geschoß,
Besteige mein arabisch Roß,
Von adelicher Zucht entstammet,
Und als ich seinen Zorn entflammet,
Rasch auf den Drachen spreng ich's los,
Und stachl' es mit den scharfen Sporen,
Und werfe zielend mein Geschoß,
Als wollt' ich die Gestalt durchbohren.

Ob auch das Roß sich grauend bäumt
Und knirscht und in den Zügel schäumt,
Und meine Doggen ängstlich stöhnen,
Nicht rast ich, bis sie sich gewöhnen.
So üb' ich's aus mit Emsigkeit,
Bis dreimal sich der Mond erneut,
Und als sie jedes recht begriffen,
Führ ich sie her auf schnellen Schiffen.
Der dritte Morgen ist es nun,
Daß mir's gelungen hier zu landen,
Den Gliedern gönnt' ich kaum zu ruhn,
Bis ich das große Werk bestanden.

Denn heiß erregte mir das Herz
Des Landes frisch erneuter Schmerz,
Zerrissen fand man jüngst die Hirten,
Die nach dem Sumpfe sich verirrten,
Und ich beschließe rasch die Tat,
Nur von dem Herzen nehm ich Rat.
Flugs unterricht ich meine Knappen,
Besteige den versuchten Rappen,
Und von dem edeln Doggenpaar
Begleitet, auf geheimen Wegen,
Wo meiner Tat kein Zeuge war,
Reit' ich dem Feinde frisch entgegen.

Das Kirchlein kennst du Herr, das hoch
Auf eines Felsenberges Joch,
Der weit die Insel überschauet,
Des Meisters kühner Geist erbauet.
Verächtlich scheint es, arm und klein,
Doch ein Mirakel schließt es ein,
Die Mutter mit dem Jesusknaben,
Den die drei Könige begaben.
Auf dreimal dreißig Stufen steigt
Der Pilgrim nach der steilen Höhe,
Doch hat er schwindelnd sie erreicht,
Erquickt ihn seines Heilands Nähe.

Tief in den Fels, auf dem es hängt,
Ist eine Grotte eingesprengt,
Vom Tau des nahen Moors befeuchtet,
Wohin des Himmels Strahl nicht leuchtet,
Hier hausete der Wurm und lag,
Den Raub erspähend, Nacht und Tag,
So hielt er wie der Höllendrache
Am Fuß des Gotteshauses Wache,
Und kam der Pilgrim hergewallt,
Und lenkte in die Unglücksstraße,
Hervorbrach aus dem Hinterhalt
Der Feind und trug ihn fort zum Fraße.

Den Felsen stieg ich jetzt hinan,
Eh' ich den schweren Strauß begann,
Hin kniet' ich vor dem Christuskinde,
Und reinigte mein Herz von Sünde,
Drauf gürt' ich mir im Heiligtum
Den blanken Schmuck der Waffen um,
Bewehre mit dem Spieß die Rechte,
Und nieder steig' ich zum Gefechte.
Zurücke bleibt der Knappen Troß,
Ich gebe scheidend die Befehle,
Und schwinge mich behend auf's Roß
Und Gott empfehl' ich meine Seele.

Kaum seh' ich mich im ebnen Plan,
Flugs schlagen meine Doggen an,
Und bang beginnt das Roß zu keuchen,
Und bäumet sich und will nicht weichen,
Denn nahe liegt, zum Knäul geballt,
Des Feindes scheußliche Gestalt,
Und sonnet sich auf warmem Grunde,

Auf jagen ihn die flinken Hunde,
Doch wenden sie sich pfeilgeschwind,
Als es den Rachen gähnend teilet,
Und von sich haucht den gift'gen Wind
Und winselnd wie der Schakal heulet.

Doch schnell erfrisch ich ihren Mut,
Sie fassen ihren Feind mit Wut,
Indem ich nach des Tieres Lende
Aus starker Faust den Speer versende,
Doch machtlos wie ein dünner Stab
Prallt er vom Schuppenpanzer ab,
Und eh' ich meinen Wurf erneuet,
Da bäumet sich mein Roß und scheuet
An seinem Basiliskenblick
Und seines Atems gift'gem Wehen,
Und mit Entsetzen springt's zurück,
Und jetzo war's um mich geschehen –

Da schwing' ich mich behend vom Roß,
Schnell ist des Schwertes Schneide bloß,
Doch alle Streiche sind verloren,
Den Felsenharnisch zu durchbohren,
Und wütend mit des Schweifes Kraft
Hat es zur Erde mich gerafft,
Schon seh ich seinen Rachen gähnen,
Es haut nach mir mit grimmen Zähnen,
Als meine Hunde wutentbrannt
An seinen Bauch mit grimm'gen Bissen
Sich warfen, daß es heulend stand,
Von ungeheurem Schmerz zerrissen.

Und eh es ihren Bissen sich
Entwindet, rasch erheb' ich mich,
Erspähe mir des Feindes Blöße,
Und stoße tief ihm ins Gekröse
Nachbohrend bis ans Heft den Stahl,
Schwarzquellend springt des Blutes Strahl,
Hin sinkt es und begräbt im Falle
Mich mit des Leibes Riesenballe,
Daß schnell die Sinne mir vergehn,
Und als ich neugestärkt erwache,
Seh' ich die Knappen um mich stehn,
Und tot im Blute liegt der Drache.« –

Des Beifalls lang gehemmte Lust
Befreit jetzt aller Hörer Brust,
So wie der Ritter dies gesprochen,
Und zehnfach am Gewölb' gebrochen
Wälzt der vermischten Stimmen Schall
Sich brausend fort im Widerhall,
Laut fodern selbst des Ordens Söhne,
Daß man die Heldenstirne kröne,
Und dankbar im Triumphgepräng
Will ihn das Volk dem Volke zeigen,
Da faltet seine Stirne streng
Der Meister und gebietet Schweigen.

Und spricht: Den Drachen, der dies Land
Verheert, schlugst du mit tapfrer Hand,
Ein Gott bist du dem Volke worden,
Ein Feind kommst du zurück dem Orden,
Und einen schlimmern Wurm gebar
Dein Herz, als dieser Drache war.
Die Schlange, die das Herz vergiftet,
Die Zwietracht und Verderben stiftet,
Das ist der widerspenst'ge Geist,
Der gegen Zucht sich frech empöret,
Der Ordnung heilig Band zerreißt,
Denn der ist's, der die Welt zerstöret.

Mut zeiget auch der Mameluck,
Gehorsam ist des Christen Schmuck;
Denn wo der Herr in seiner Größe
Gewandelt hat in Knechtes Blöße,
Da stifteten, auf heil'gem Grund,
Die Väter dieses Ordens Bund,
Der Pflichten schwerste zu erfüllen,
Zu bändigen den eignen Willen!
Dich hat der eitle Ruhm bewegt,
Drum wende dich aus meinen Blicken,
Denn wer des Herren Joch nicht trägt,
Darf sich mit seinem Kreuz nicht schmücken.

Da bricht die Menge tobend aus,
Gewalt'ger Sturm bewegt das Haus,
Um Gnade flehen alle Brüder,
Doch schweigend blickt der Jüngling nieder,
Still legt er von sich das Gewand
Und küßt des Meisters strenge Hand
Und geht. Der folgt ihm mit dem Blicke,

Dann ruft er liebend ihn zurücke
Und spricht: Umarme mich mein Sohn!
Dir ist der härtre Kampf gelungen.
Nimm dieses Kreuz, es ist der Lohn
Der Demut, die sich selbst bezwungen.

DER TAUCHER
Ballade

Wer wagt es, Rittersmann oder Knapp,
Zu tauchen in diesen Schlund?
Einen goldnen Becher werf ich hinab,
Verschlungen schon hat ihn der schwarze Mund.
Wer mir den Becher kann wieder zeigen,
Er mag ihn behalten, er ist sein eigen.

Der König spricht es und wirft von der Höh
Der Klippe, die schroff und steil
Hinaushängt in die unendliche See,
Den Becher in der Charybde Geheul.
Wer ist der Beherzte, ich frage wieder,
Zu tauchen in diese Tiefe nieder?

Und die Ritter, die Knappen um ihn her,
Vernehmen's und schweigen still,
Sehen hinab in das wilde Meer,
Und keiner den Becher gewinnen will.
Und der König zum drittenmal wieder fraget:
Ist keiner, der sich hinunter waget?

Doch alles noch stumm bleibt wie zuvor,
Und ein Edelknecht, sanft und keck,
Tritt aus der Knappen zagendem Chor,
Und den Gürtel wirft er, den Mantel weg,
Und alle die Männer umher und Frauen
Auf den herrlichen Jüngling verwundert schauen.

Und wie er tritt an des Felsen Hang,
Und blickt in den Schlund hinab,
Die Wasser, die sie hinunter schlang,
Die Charybde jetzt brüllend wiedergab,
Und wie mit des fernen Donners Getose
Entstürzen sie schäumend dem finstern Schoße.

Und es wallet und siedet und brauset und zischt,
Wie wenn Wasser mit Feuer sich mengt,
Bis zum Himmel sprützet der dampfende Gischt,
Und Flut auf Flut sich ohn' Ende drängt,
Und will sich nimmer erschöpfen und leeren,
Als wollte das Meer noch ein Meer gebären,

Doch endlich, da legt sich die wilde Gewalt,
Und schwarz aus dem weißen Schaum
Klafft hinunter ein gähnender Spalt,
Grundlos als ging's in den Höllenraum,
Und reißend sieht man die brandenden Wogen
Hinab in den strudelnden Trichter gezogen.

Jetzt schnell, eh' die Brandung wiederkehrt,
Der Jüngling sich Gott befiehlt,
Und – ein Schrei des Entsetzens wird rings gehört,
Und schon hat ihn der Wirbel hinweggespült;
Und geheimnisvoll über dem kühnen Schwimmer
Schließt sich der Rachen, er zeigt sich nimmer.

Und stille wird's über dem Wasserschlund,
In der Tiefe nur brauset es hohl,
Und bebend hört man von Mund zu Mund:
Hochherziger Jüngling, fahre wohl!
Und hohler und hohler hört man's heulen,
Und es harrt noch mit bangem, mit schrecklichem Weilen.

Und wärfst du die Krone selber hinein,
Und sprächst: wer mir bringet die Kron,
Er soll sie tragen und König sein,
Mich gelüstete nicht nach dem teuren Lohn.
Was die heulende Tiefe da unten verhehle,
Das erzählt keine lebende glückliche Seele.

Wohl manches Fahrzeug, vom Strudel gefaßt,
Schoß gäh in die Tiefe hinab,
Doch zerschmettert nur rangen sich Kiel und Mast
Hervor aus dem alles verschlingenden Grab –
Und heller und heller wie Sturmes Sausen
Hört man's näher und immer näher brausen.

Und es wallet und siedet und brauset und zischt,
Wie wenn Wasser mit Feuer sich mengt,
Bis zum Himmel sprützet der dampfende Gischt,
Und Well' auf Well' sich ohn' Ende drängt,

Und wie mit des fernen Donners Getose
Entstürzt es brüllend dem finstern Schoße.

Und sieh! aus dem finster flutenden Schoß
Da hebet sich's schwanenweiß,
Und ein Arm und ein glänzender Nacken wird bloß
Und es rudert mit Kraft und mit emsigem Fleiß,
Und er ist's, und hoch in seiner Linken
Schwingt er den Becher mit freudigem Winken.

Und atmete lang und atmete tief,
Und begrüßte das himmlische Licht.
Mit Frohlocken es einer dem andern rief,
Er lebt! Er ist da! Es behielt ihn nicht.
Aus dem Grab, aus der strudelnden Wasserhöhle
Hat der Brave gerettet die lebende Seele.

Und er kommt, es umringt ihn die jubelnde Schar,
Zu des Königs Füßen er sinkt,
Den Becher reicht er ihm knieend dar,
Und der König der lieblichen Tochter winkt,
Die füllt ihn mit funkelndem Wein bis zum Rande,
Und der Jüngling sich also zum König wandte:

Lang lebe der König! Es freue sich,
Wer da atmet im rosigten Licht!
Da unten aber ist's fürchterlich,
Und der Mensch versuche die Götter nicht,
Und begehre nimmer und nimmer zu schauen,
Was sie gnädig bedecken mit Nacht und Grauen.

Es riß mich hinunter blitzesschnell,
Da stürzt' mir aus felsigtem Schacht,
Wildflutend entgegen ein reißender Quell,
Mich packte des Doppelstrom's wütende Macht,
Und wie einen Kreisel mit schwindelndem Drehen
Trieb mich's um, ich konnte nicht widerstehen.

Da zeigte mir Gott, zu dem ich rief,
In der höchsten schrecklichen Not,
Aus der Tiefe ragend ein Felsenriff,
Das erfaßt' ich behend und entrann dem Tod,
Und da hing auch der Becher an spitzen Korallen,
Sonst wär' er ins Bodenlose gefallen.

Denn unter mir lag's noch, Bergetief,
In purpurner Finsternis da,
Und ob's hier dem Ohre gleich ewig schlief,
Das Auge mit Schaudern hinunter sah,
Wie's von Salamandern und Molchen und Drachen
Sich regt' in dem furchtbaren Höllenrachen.

Schwarz wimmelten da, in grausem Gemisch,
Zu scheußlichen Klumpen geballt,
Der stachlichte Roche, der Klippenfisch,
Des Hammers greuliche Ungestalt,
Und dräuend wies mir die grimmigen Zähne
Der entsetzliche Hai, des Meeres Hyäne.

Und da hing ich und war's mir mit Grausen bewußt,
Von der menschlichen Hülfe so weit,
Unter Larven die einzige fühlende Brust,
Allein in der gräßlichen Einsamkeit,
Tief unter dem Schall der menschlichen Rede
Bei den Ungeheuern der traurigen Öde.

Und schaudernd dacht ich's, da kroch's heran,
Regte hundert Gelenke zugleich,
Will schnappen nach mir, in des Schreckens Wahn
Laß ich los der Koralle umklammerten Zweig,
Gleich faßt mich der Strudel mit rasendem Toben,
Doch es war mir zum Heil, er riß mich nach oben.

Der König darob sich verwundert schier,
Und spricht: Der Becher ist dein,
Und diesen Ring noch bestimm' ich dir,
Geschmückt mit dem köstlichsten Edelgestein,
Versuchst du's noch einmal und bringst mir Kunde,
Was du sahst auf des Meer's tief unterstem Grunde?

Das hörte die Tochter mit weichem Gefühl,
Und mit schmeichelndem Munde sie fleht:
Laßt Vater genug sein das grausame Spiel,
Er hat euch bestanden, was keiner besteht,
Und könnt ihr des Herzens Gelüsten nicht zähmen,
So mögen die Ritter den Knappen beschämen.

Drauf der König greift nach dem Becher schnell,
In den Strudel ihn schleudert hinein,
Und schaffst du den Becher mir wieder zur Stell,
So sollst du der trefflichste Ritter mir sein,

Und sollst sie als Ehgemahl heut noch umarmen,
Die jetzt für dich bittet mit zartem Erbarmen.

Da ergreift's ihm die Seele mit Himmelsgewalt,
Und es blitzt aus den Augen ihm kühn,
Und er siehet erröten die schöne Gestalt,
Und sieht sie erbleichen und sinken hin,
Da treibt's ihn, den köstlichen Preis zu erwerben,
Und stürzt hinunter auf Leben und Sterben.

Wohl hört man die Brandung, wohl kehrt sie zurück,
Sie verkündigt der donnernde Schall,
Da bückt sich's hinunter mit liebendem Blick,
Es kommen, es kommen die Wasser all,
Sie rauschen herauf, sie rauschen nieder,
Den Jüngling bringt keines wieder.

DER HANDSCHUH
Erzählung

Vor seinem Löwengarten,
Das Kampfspiel zu erwarten,
Saß König Franz,
Und um ihn die Großen der Krone,
Und rings auf hohem Balkone
Die Damen in schönem Kranz.

Und wie er winkt mit dem Finger,
Auftut sich der weite Zwinger,
Und hinein mit bedächtigem Schritt
Ein Löwe tritt,
Und sieht sich stumm
Rings um,
Mit langem Gähnen,
Und schüttelt die Mähnen,
Und streckt die Glieder,
Und legt sich nieder.

Und der König winkt wieder,
Da öffnet sich behend,
Ein zweites Tor,
Daraus rennt
Mit wildem Sprunge
Ein Tiger hervor,
Wie der den Löwen erschaut,

Brüllt er laut,
Schlägt mit dem Schweif
Einen furchtbaren Reif,
Und recket die Zunge,
Und im Kreise scheu
Umgeht er den Leu
Grimmig schnurrend,
Drauf streckt er sich murrend
Zur Seite nieder.

Und der König winkt wieder,
Da speit das doppelt geöffnete Haus
Zwei Leoparden auf einmal aus,
Die stürzen mit mutiger Kampfbegier
Auf das Tigertier,
Das packt sie mit seinen grimmigen Tatzen,
Und der Leu mit Gebrüll
Richtet sich auf, da wird's still,
Und herum im Kreis,
Von Mordsucht heiß,
Lagern sich die greulichen Katzen.

Da fällt von des Altans Rand
Ein Handschuh von schöner Hand
Zwischen den Tiger und den Leu'n
Mitten hinein.

Und zu Ritter Delorges spottender Weis'
Wendet sich Fräulein Kunigund:
»Herr Ritter, ist eure Lieb' so heiß
Wie ihr mir's schwört zu jeder Stund,
Ei so hebt mir den Handschuh auf.«

Und der Ritter in schnellem Lauf
Steigt hinab in den furchtbar'n Zwinger
Mit festem Schritte,
Und aus der Ungeheuer Mitte
Nimmt er den Handschuh mit keckem Finger.

Und mit Erstaunen und mit Grauen
Sehens die Ritter und Edelfrauen,
Und gelassen bringt er den Handschuh zurück,
Da schallt ihm sein Lob aus jedem Munde,
Aber mit zärtlichem Liebesblick –
Er verheißt ihm sein nahes Glück –
Empfängt ihn Fräulein Kunigunde.

Und er wirft ihr den Handschuh ins Gesicht:
»Den Dank, Dame, begehr' ich nicht,«
Und verläßt sie zur selben Stunde.

DER RING DES POLYKRATES
Ballade

Er stand auf seines Daches Zinnen,
Er schaute mit vergnügten Sinnen
Auf das beherrschte Samos hin.
Dies alles ist mir untertänig,
Begann er zu Egyptens König,
Gestehe, daß ich glücklich bin.

Du hast der Götter Gunst erfahren!
Die vormals deines Gleichen waren,
Sie zwingt jetzt deines Szepters Macht.
Doch einer lebt noch, sie zu rächen,
Dich kann mein Mund nicht glücklich sprechen,
So lang des Feindes Auge wacht.

Und eh' der König noch geendet,
Da stellt sich, von Milet gesendet,
Ein Bote dem Tyrannen dar:
Laß Herr! des Opfers Düfte steigen,
Und mit des Lorbeers muntern Zweigen
Bekränze dir dein festlich Haar.

Getroffen sank dein Feind vom Speere,
Mich sendet mit der frohen Märe,
Dein treuer Feldherr Polydor –
Und nimmt aus einem schwarzen Becken
Noch blutig, zu der Beiden Schrecken,
Ein wohlbekanntes Haupt hervor.

Der König tritt zurück mit Grauen:
»Doch warn' ich dich, dem Glück zu trauen,
Versetzt er mit besorgtem Blick.
Bedenk', auf ungetreuen Wellen,
Wie leicht kann sie der Sturm zerschellen,
Schwimmt deiner Flotte zweifelnd Glück.«

Und eh' er noch das Wort gesprochen,
Hat ihn der Jubel unterbrochen,
Der von der Reede jauchzend schallt.

Mit fremden Schätzen reich beladen
Kehrt zu den heimischen Gestaden
Der Schiffe mastenreicher Wald.

Der königliche Gast erstaunet:
Dein Glück ist heute gut gelaunet,
Doch fürchte seinen Unbestand.
Der Kreter waffenkund'ge Scharen
Bedräuen dich mit Kriegsgefahren,
Schon nahe sind sie diesem Strand.

Und eh' ihm noch das Wort entfallen,
Da sieht man's von den Schiffen wallen,
Und tausend Stimmen rufen: Sieg!
Von Feindesnot sind wir befreiet,
Die Kreter hat der Sturm zerstreuet,
Vorbei, geendet ist der Krieg.

Das hört der Gastfreund mit Entsetzen:
»Fürwahr, ich muß dich glücklich schätzen,
Doch, spricht er, zittr' ich für dein Heil.
Mir grauet vor der Götter Neide,
Des Lebens ungemischte Freude
Ward keinem Irdischen zu Teil.

Auch mir ist alles wohl geraten,
Bei allen meinen Herrschertaten
Begleitet mich des Himmels Huld,
Doch hatt' ich einen teuren Erben,
Den nahm mir Gott, ich sah ihn sterben,
Dem Glück bezahlt' ich meine Schuld.

Drum, willst du dich vor Leid bewahren,
So flehe zu den Unsichtbaren,
Daß sie zum Glück den Schmerz verleihn.
Noch keinen sah ich fröhlich enden,
Auf den mit immer vollen Händen
Die Götter ihre Gaben streun.

Und wenn's die Götter nicht gewähren,
So acht' auf eines Freundes Lehren
Und rufe selbst das Unglück her,
Und was von allen deinen Schätzen
Dein Herz am höchsten mag ergötzen,
Das nimm und wirf's in dieses Meer.«

Und jener spricht, von Furcht beweget:
»Von allem was die Insel heget,
Ist dieser Ring mein höchstes Gut.
Ihn will ich den Erinnen weihen,
Ob sie mein Glück mir dann verzeihen.«
Und wirft das Kleinod in die Flut.

Und bei des nächsten Morgens Lichte
Da tritt mit fröhlichem Gesichte
Ein Fischer vor den Fürsten hin:
Herr, diesen Fisch hab' ich gefangen,
Wie keiner noch ins Netz gegangen,
Dir zum Geschenke bring' ich ihn.

Und als der Koch den Fisch zerteilet,
Kommt er bestürzt herbeigeeilet,
Und ruft mit hoch erstauntem Blick:
»Sieh Herr, den Ring, den du getragen,
Ihn fand ich in des Fisches Magen,
O ohne Grenzen ist dein Glück!«

Hier wendet sich der Gast mit Grausen:
»So kann ich hier nicht ferner hausen,
Mein Freund kannst du nicht weiter sein.
Die Götter wollen dein Verderben,
Fort eil' ich, nicht mit dir zu sterben.«
Und sprach's und schiffte schnell sich ein.

ARCHIMEDES UND DER SCHÜLER

Zu Archimedes kam ein wißbegieriger Jüngling,
    Weihe mich, sprach er zu ihm, ein in die göttliche Kunst,
Die so herrliche Frucht dem Vaterlande getragen
    Und die Mauren der Stadt vor der Sambuca beschützt.
»Göttlich nennst du die Kunst? Sie ist's, versetzte der Weise,
    Aber das war sie, mein Sohn, eh' sie dem Staat noch gedient.
Willst du nur Früchte von ihr, die kann auch die sterbliche zeugen,
    Wer um die Göttin freit, suche in ihr nicht das Weib.«

DIE ANTIKE AN DEN NORDISCHEN WANDRER

Über Ströme hast du gesetzt und Meere durchschwommen,
    Über der Alpen Gebirg trug dich der schwindlichte Steg,
Mich in der Nähe zu schau'n und meine Schöne zu preisen,

Die der begeisterte Ruf rühmt durch die staunende Welt,
Und nun stehst du vor mir, du darfst mich heil'ge berühren,
Aber bist du mir jetzt näher und bin ich es dir?

DITHYRAMBE

Nimmer, das glaubt mir,
Erscheinen die Götter,
Nimmer allein.
Kaum daß ich Bacchus den lustigen habe,
Kommt auch schon Amor, der lächelnde Knabe,
Phöbus der Herrliche findet sich ein.
    Sie nahen, sie kommen
    Die Himmlischen alle,
    Mit Göttern erfüllt sich
    Die irdische Halle.

Sagt, wie bewirt' ich,
Der Erdegeborne,
Himmlischen Chor?
Schenket mir euer unsterbliches Leben,
Götter! Was kann euch der Sterbliche geben?
Hebet zu eurem Olymp mich empor.
    Die Freude, sie wohnt nur
    In Jupiters Saale,
    O füllet mit Nektar,
    O reicht mir die Schale!

Reich ihm die Schale!
Schenke dem Dichter
  Hebe nur ein.
  Netz' ihm die Augen mit himmlischem Taue,
  Daß er den Styx, den verhaßten, nicht schaue,
  Einer der Unsern sich dünke zu sein.
    Sie rauschet, sie perlet,
    Die himmlische Quelle,
    Der Busen wird ruhig,
    Das Auge wird helle.

POESIE DES LEBENS
An ***

»Wer möchte sich an Schattenbildern weiden,
Die mit erborgtem Schein das Wesen überkleiden,

Mit trügrischem Besitz die Hoffnung hintergehn?
Entblößt muß ich die Wahrheit sehn.
Soll gleich mit meinem Wahn mein ganzer Himmel schwinden,
Soll gleich den freien Geist, den der erhab'ne Flug
Ins grenzenlose Reich der Möglichkeiten trug,
Die Gegenwart mit strengen Fesseln binden,
Er lernt sich selber überwinden,
Ihn wird das heilige Gebot
Der Pflicht, das furchtbare der Not
Nur desto unterwürf'ger finden,
Wer schon der Wahrheit milde Herrschaft scheut,
Wie trägt er die Notwendigkeit?« –

So rufst du aus und blickst, mein strenger Freund,
Aus der Erfahrung sicherm Porte,
Verwerfend hin auf alles, was nur scheint.
Erschreckt von deinem ernsten Worte
Entflieht der Liebesgötter Schar,
Der Musen Spiel verstummt, es ruhn der Horen Tänze,
Still traurend nehmen ihre Kränze
Die Schwestergöttinnen vom schön gelockten Haar,
Apoll zerbricht die goldne Leier,
Und Hermes seinen Wunderstab,
Des Traumes rosenfarbner Schleier
Fällt von des Lebens bleichem Antlitz ab,
Die Welt scheint was sie ist, ein Grab.
Von seinen Augen nimmt die zauberische Binde
Cytherens Sohn, die Liebe sieht,
Sie sieht in ihrem Götterkinde
Den Sterblichen, erschrickt und flieht,
Der Schönheit Jugendbild veraltet,
Auf deinen Lippen selbst erkaltet
Der Liebe Kuß und in der Freude Schwung
Ergreift dich die Versteinerung.

DIE KRANICHE DES IBYCUS
Ballade

Zum Kampf der Wagen und Gesänge,
Der auf Corinthus Landesenge
Der Griechen Stämme froh vereint,
Zog Ibycus, der Götterfreund.
Ihm schenkte des Gesanges Gabe,
Der Lieder süßen Mund Apoll,
So wandert' er, an leichtem Stabe,
Aus Rhegium, des Gottes voll.

Schon winkt auf hohem Bergesrücken
Acrocorinth des Wandrers Blicken,
Und in Poseidons Fichtenhain
Tritt er mit frommem Schauder ein.
Nichts regt sich um ihn her, nur Schwärme
Von Kranichen begleiten ihn,
Die fernhin nach des Südens Wärme
In graulichtem Geschwader ziehn.

»Seid mir gegrüßt, befreundte Scharen!
Die mir zur See Begleiter waren,
Zum guten Zeichen nehm ich euch,
Mein Los, es ist dem euren gleich.
Von fernher kommen wir gezogen,
Und flehen um ein wirtlich Dach.
Sei uns der Gastliche gewogen,
Der von dem Fremdling wehrt die Schmach!«

Und munter fördert er die Schritte,
Und sieht sich in des Waldes Mitte,
Da sperren, auf gedrangem Steg,
Zwei Mörder plötzlich seinen Weg.
Zum Kampfe muß er sich bereiten,
Doch bald ermattet sinkt die Hand,
Sie hat der Leier zarte Saiten,
Doch nie des Bogens Kraft gespannt.

Er ruft die Menschen an, die Götter,
Sein Flehen dringt zu keinem Retter,
Wie weit er auch die Stimme schickt,
Nichts lebendes wird hier erblickt.
»So muß ich hier verlassen sterben,
Auf fremdem Boden, unbeweint,
Durch böser Buben Hand verderben,
Wo auch kein Rächer mir erscheint!«

Und schwer getroffen sinkt er nieder,
Da rauscht der Kraniche Gefieder,
Er hört, schon kann er nicht mehr sehn,
Die nahen Stimmen furchtbar krähn.
»Von euch ihr Kraniche dort oben!
Wenn keine andre Stimme spricht,
Sei meines Mordes Klag' erhoben!«
Er ruft es, und sein Auge bricht.

Der nackte Leichnam wird gefunden,
Und bald, obgleich entstellt von Wunden,
Erkennt der Gastfreund in Corinth,
Die Züge, die ihm teuer sind.
»Und muß ich so dich wiederfinden,
Und hoffte mit der Fichte Kranz
Des Sängers Schläfe zu umwinden,
Bestrahlt von seines Ruhmes Glanz!«

Und jammernd hören's alle Gäste,
Versammelt bei Poseidons Feste,
Ganz Griechenland ergreift der Schmerz,
Verloren hat ihn jedes Herz,
Und stürmend drängt sich zum Prytanen
Das Volk, es fodert seine Wut,
Zu rächen des Erschlag'nen Manen,
Zu sühnen mit des Mörders Blut.

Doch wo die Spur, die aus der Menge,
Der Völker flutendem Gedränge,
Gelocket von der Spiele Pracht,
Den schwarzen Täter kenntlich macht?
Sind's Räuber, die ihn feig erschlagen?
Tat's neidisch ein verborgner Feind?
Nur Helios vermag's zu sagen,
Der alles Irdische bescheint.

Er geht vielleicht mit frechem Schritte
Jetzt eben durch der Griechen Mitte,
Und während ihn die Rache sucht,
Genießt er seines Frevels Frucht.
Auf ihres eignen Tempels Schwelle
Trotzt er vielleicht den Göttern, mengt
Sich dreist in jene Menschenwelle,
Die dort sich zum Theater drängt.

Denn Bank an Bank gedränget sitzen,
Es brechen fast der Bühne Stützen,
Herbeigeströmt von Fern und Nah,
Der Griechen Völker wartend da,
Dumpfbrausend wie des Meeres Wogen,
Von Menschen wimmelnd, wächst der Bau,
In weiter stets geschweiftem Bogen
Hinauf bis in des Himmels Blau.

Wer zählt die Völker, nennt die Namen,
Die gastlich hier zusammen kamen?
Von Theseus Stadt, von Aulis Strand,
Von Phocis, vom Spartanerland,
Von Asiens entlegner Küste,
Von allen Inseln kamen sie,
Und horchen von dem Schaugerüste
Des *Chores* grauser Melodie,

Der streng und ernst, nach alter Sitte,
Mit langsam abgemeßnem Schritte,
Hervortritt aus dem Hintergrund,
Umwandelnd des Theaters Rund.
So schreiten keine ird'schen Weiber,
Die zeugete kein sterblich Haus!
Es steigt das Riesenmaß der Leiber
Hoch über menschliches hinaus.

Ein schwarzer Mantel schlägt die Lenden,
Sie schwingen in entfleischten Händen
Der Fackel düsterrote Glut,
In ihren Wangen fließt kein Blut.
Und wo die Haare lieblich flattern,
Um Menschenstirnen freundlich wehn,
Da sieht man Schlangen hier und Nattern
Die giftgeschwollnen Bäuche blähn.

Und schauerlich gedreht im Kreise,
Beginnen sie des Hymnus Weise,
Der durch das Herz zerreißend dringt,
Die Bande um den Sünder schlingt.
Besinnungraubend, Herzbetörend
Schallt der Erinnyen Gesang,
Er schallt, des Hörers Mark verzehrend,
Und duldet nicht der Leier Klang:

»Wohl dem, der frei von Schuld und Fehle
Bewahrt die kindlich reine Seele!
Ihm dürfen wir nicht rächend nahn,
Er wandelt frei des Lebens Bahn.
Doch wehe wehe, wer verstohlen
Des Mordes schwere Tat vollbracht,
Wir heften uns an seine Sohlen,
Das furchtbare Geschlecht der Nacht!

    Und glaubt er fliehend zu entspringen,
Geflügelt sind wir da, die Schlingen
Ihm werfend um den flücht'gen Fuß,
Daß er zu Boden fallen muß.
So jagen wir ihn, ohn' Ermatten,
Versöhnen kann uns keine Reu,
Ihn fort und fort bis zu den Schatten,
Und geben ihn auch dort nicht frei.«

So singend tanzen sie den Reigen,
Und Stille wie des Todes Schweigen
Liegt über'm ganzen Hause schwer,
Als ob die Gottheit nahe wär'.
Und feierlich, nach alter Sitte
Umwandelnd des Theaters Rund,
Mit langsam abgemeßnem Schritte,
Verschwinden sie im Hintergrund.

Und zwischen Trug und Wahrheit schwebet
Noch zweifelnd jede Brust und bebet,
Und huldiget der furchtbar'n Macht,
Die richtend im Verborg'nen wacht,
Die unerforschlich, unergründet,
Des Schicksals dunkeln Knäuel flicht,
Dem tiefen Herzen sich verkündet,
Doch fliehet vor dem Sonnenlicht.

Da hört man auf den höchsten Stufen
Auf einmal eine Stimme rufen:
»Sieh da! Sieh da, Timotheus,
Die Kraniche des Ibycus!« –
Und finster plötzlich wird der Himmel,
Und über dem Theater hin,
Sieht man, in schwärzlichtem Gewimmel
Ein Kranichheer vorüberziehn.

»Des Ibycus!« – Der teure Name
Rührt jede Brust mit neuem Grame,
Und, wie im Meere Well auf Well,
So läuft's von Mund zu Munde schnell:
»Des Ibycus, den wir beweinen,
Den eine Mörderhand erschlug!
Was ist's mit dem? Was kann er meinen?
Was ist's mit diesem Kranichzug?« –

Und lauter immer wird die Frage,
Und ahnend flieg'ts, mit Blitzesschlage,
Durch alle Herzen. »Gebet acht!
Das ist der Eumeniden Macht!
Der fromme Dichter wird gerochen,
Der Mörder bietet selbst sich dar!
Ergreift ihn, der das Wort gesprochen,
Und ihn, an den's gerichtet war.«

Doch dem war kaum das Wort entfahren,
Möcht' er's im Busen gern bewahren;
Umsonst, der schreckenbleiche Mund
Macht schnell die Schuldbewußten kund.
Man reißt und schleppt sie vor den Richter,
Die Szene wird zum Tribunal,
Und es gestehn die Bösewichter,
Getroffen von der Rache Strahl.

DIE ERWARTUNG

Hör' ich das Pförtchen nicht gehen?
Hat nicht der Riegel geklirrt?
   Nein, es war des Windes Wehen,
   Der durch diese Pappeln schwirrt.

O schmücke dich, du grün belaubtes Dach,
Du sollst die Anmutstrahlende empfangen,
Ihr Zweige, baut ein schattendes Gemach,
Mit holder Nacht sie heimlich zu umfangen,
Und all ihr Schmeichellüfte werdet wach
Und scherzt und spielt um ihre Rosenwangen,
Wenn seine schöne Bürde, leicht bewegt,
Der zarte Fuß zum Sitz der Liebe trägt.

   Stille, was schlüpft durch die Hecken
   Raschelnd mit eilendem Lauf?
      Nein, es scheuchte nur der Schrecken
      Aus dem Busch den Vogel auf.

O! lösche deine Fackel Tag! Hervor,
Du geist'ge Nacht, mit deinem holden Schweigen,
Breit' um uns her den purpurroten Flor,
Umspinn' uns mit geheimnisvollen Zweigen,
Der Liebe Wonne flieht des Lauschers Ohr,
Sie flieht des Strahles unbescheidnen Zeugen!

Nur Hesper, der verschwiegene, allein
Darf still herblickend ihr Vertrauter sein.

   Rief es von ferne nicht leise,
   Flüsternden Stimmen gleich?
     Nein, der Schwan ist's, der die Kreise
     Ziehet durch den Silberteich.

Mein Ohr umtönt ein Harmonieenfluß,
Der Springquell fällt mit angenehmem Rauschen,
Die Blume neigt sich bei des Westes Kuß,
Und alle Wesen seh' ich Wonne tauschen,
Die Traube winkt, die Pfirsche zum Genuß,
Die üppig schwellend hinter Blättern lauschen,
Die Luft, getaucht in der Gewürze Flut,
Trinkt von der heißen Wange mir die Glut.

   Hör' ich nicht Tritte erschallen?
   Rauscht's nicht den Laubgang daher?
     Nein, die Frucht ist dort gefallen,
     Von der eignen Fülle schwer.

Des Tages Flammenauge selber bricht
In süßem Tod und seine Farben blassen,
Kühn öffnen sich im holden Dämmerlicht
Die Kelche schon, die seine Gluten hassen,
Still hebt der Mond sein strahlend Angesicht,
Die Welt zerschmilzt in ruhig große Massen,
Der Gürtel ist von jedem Reiz gelöst,
Und alles Schöne zeigt sich mir entblößt.

   Seh' ich nichts weißes dort schimmern?
   Glänzt's nicht wie seidnes Gewand?
     Nein, es ist der Säule Flimmern
     An der dunkeln Taxuswand.

O! sehnend Herz, ergötze dich nicht mehr,
Mit süßen Bildern wesenlos zu spielen,
Der Arm, der sie umfassen will, ist leer,
Kein Schattenglück kann diesen Busen kühlen;
O! führe mir die Lebende daher,
Laß ihre Hand, die zärtliche, mich fühlen,
Den Schatten nur von ihres Mantels Saum,
Und in das Leben tritt der hohle Traum.

Und leis', wie aus himmlischen Höhen
Die Stunde des Glückes erscheint,
  So war sie genaht, ungesehen,
  Und weckte mit Küssen den Freund.

DIE SÄNGER DER VORWELT

Sagt, wo sind die Vortrefflichen hin, wo find' ich die Sänger,
  Die mit dem lebenden Wort horchende Völker entzückt,
Die vom Himmel den Gott, zum Himmel den Menschen gesungen,
  Und getragen den Geist hoch auf den Flügeln des Lieds?
Ach, noch leben die Sänger, nur fehlen die Taten, die Lyra
  Freudig zu wecken, es fehlt ach! ein empfangendes Ohr.
Glückliche Dichter der glücklichen Welt! Von Munde zu Munde
  Flog, von Geschlecht zu Geschlecht euer empfundenes Wort.
Wie man die Götter empfängt, so begrüßte jeder mit Andacht,
  Was der Genius ihm, redend und bildend, erschuf.
An der Glut des Gesangs entflammten des Hörers Gefühle,
  An des Hörers Gefühl nährte der Sänger die Glut.
Nährt' und reinigte sie! Der Glückliche, dem in des Volkes
  Stimme noch hell zurück tönte die Seele des Lieds.
Dem noch von außen erschien, im Leben, die himmlische Gottheit,
  Die der Neuere kaum, kaum noch im Herzen vernimmt.

DER GANG NACH DEM EISENHAMMER
Ballade

  Ein frommer Knecht war Fridolin,
  Und in der Furcht des Herrn
  Ergeben der Gebieterin,
  Der Gräfin von Savern.
  Sie war so sanft, sie war so gut,
  Doch auch der Launen Übermut
  Hätt' er geeifert zu erfüllen,
  Mit Freudigkeit, um Gotteswillen.

  Früh von des Tages erstem Schein
  Bis spät die Vesper schlug,
  Lebt er nur ihrem Dienst allein,
  Tat nimmer sich genug.
  Und sprach die Dame: mach dir's leicht!
  Da wurd' ihm gleich das Auge feucht,
  Und meinte, seiner Pflicht zu fehlen,
  Durft' er sich nicht im Dienste quälen.

Drum vor dem ganzen Dienertroß
Die Gräfin ihn erhob,
Aus ihrem schönen Munde floß
Sein unerschöpftes Lob.
Sie hielt ihn nicht als ihren Knecht,
Es gab sein Herz ihm Kindesrecht,
Ihr klares Auge mit Vergnügen
Hing an den wohlgestalten Zügen.

Darob entbrennt in Roberts Brust,
Des Jägers, gift'ger Groll,
Dem längst von böser Schadenlust
Die schwarze Seele schwoll.
Und trat zum Grafen, rasch zur Tat,
Und offen des Verführers Rat,
Als einst vom Jagen heim sie kamen,
Streut' ihm ins Herz des Argwohns Samen:

»Wie seid ihr glücklich, edler Graf,
Hub er voll Arglist an,
Euch raubet nicht den goldnen Schlaf
Des Zweifels gift'ger Zahn.
Denn ihr besitzt ein edles Weib,
Es gürtet Scham den keuschen Leib,
Die fromme Treue zu berücken
Wird nimmer dem Versucher glücken.«

Da rollt der Graf die finstern Brau'n:
Was redst du mir Gesell?
Werd' ich auf Weibestugend baun,
Beweglich wie die Well?
Leicht locket sie des Schmeichlers Mund,
Mein Glaube steht auf festerm Grund,
Vom Weib des Grafen von Saverne
Bleibt, hoff' ich, der Versucher ferne.

Der andere spricht »So denkt ihr recht.
Nur euren Spott verdient
Der Tor, der, ein geborner Knecht,
Ein solches sich erkühnt,
Und zu der Frau, die ihm gebeut,
Erhebt der Wünsche Lüsternheit« –
Was? fällt ihm jener ein und bebet,
Redst du von einem, der da lebet?

»Ja doch, was aller Mund erfüllt,
Das bärg' sich meinem Herrn!
Doch, weil ihr's denn mit Fleiß verhüllt,
So unterdrück' ichs gern« –
Du bist des Todes, Bube, sprich!
Ruft jener streng und fürchterlich.
Wer hebt das Aug' zu Kunigonden?
»Nun ja, ich spreche von dem Blonden.«

»Er ist nicht häßlich von Gestalt,«
Fährt er mit Arglist fort,
Indem's den Grafen heiß und kalt
Durchrieselt bei dem Wort.
»Ists möglich Herr? Ihr saht es nie,
Wie er nur Augen hat für sie?
Bei Tafel eurer selbst nicht achtet,
An ihren Stuhl gefesselt schmachtet?«

»Seht da die Verse, die er schrieb,
Und seine Glut gesteht« –
Gesteht! – »Und sie um Gegenlieb',
Der freche Bube! fleht.
Die gnäd'ge Gräfin, sanft und weich,
Aus Mitleid wohl verbarg sie's euch,
Mich reuet jetzt, daß mir's entfahren,
Denn Herr, was habt ihr zu befahren?«

Da ritt in seines Zornes Wut
Der Graf ins nahe Holz,
Wo ihm in hoher Öfen Glut
Die Eisenstufe schmolz.
Hier nährten früh und spat den Brand
Die Knechte mit geschäft'ger Hand,
Der Funke sprüht, die Bälge blasen,
Als gält es, Felsen zu verglasen.

Des Wassers und des Feuers Kraft
Verbündet sieht man hier,
Das Mühlrad von der Flut gerafft,
Umwälzt sich für und für.
Die Werke klappern Nacht und Tag,
Im Takte pocht der Hämmer Schlag,
Und bildsam von den mächt'gen Streichen
Muß selbst das Eisen sich erweichen.

Und zweien Knechten winket er,
Bedeutet sie und sagt:
Den ersten, den ich sende her,
Und der euch also fragt:
»Habt ihr befolgt des Herren Wort?«
Den werft mir in die Hölle dort,
Daß er zu Asche gleich vergehe,
Und ihn mein Aug' nicht weiter sehe.

Des freut sich das entmenschte Paar
Mit roher Henkerslust,
Denn fühllos wie das Eisen war
Das Herz in ihrer Brust.
Und frischer mit der Bälge Hauch
Erhitzen sie des Ofens Bauch,
Und schicken sich mit Mordverlangen
Das Todesopfer zu empfangen.

Drauf Robert zum Gesellen spricht
Mit falschem Heuchelschein:
Frisch auf Gesell und säume nicht,
Der Herr begehret dein.
Der Herr, der spricht zu Fridolin:
Mußt gleich zum Eisenhammer hin,
Und frage mir die Knechte dorten,
Ob sie getan nach meinen Worten?

Und jener spricht: es soll geschehn,
Und macht sich flugs bereit.
Doch sinnend bleibt er plötzlich stehn:
»Ob sie mir nichts gebeut?«
Und vor die Gräfin stellt er sich:
»Hinaus zum Hammer schickt man mich,
So sag, was kann ich dir verrichten?
Denn dir gehören meine Pflichten.«

Darauf die Dame von Savern
Versetzt mit sanftem Ton:
Die heil'ge Messe hört' ich gern,
Doch liegt mir krank der Sohn.
So gehe denn mein Kind und sprich
In Andacht ein Gebet für mich,
Und denkst du reuig deiner Sünden,
So laß auch mich die Gnade finden.

Und froh der vielwillkommnen Pflicht,
Macht er im Flug sich auf,
Hat noch des Dorfes Ende nicht
Erreicht im schnellen Lauf,
Da tönt ihm von dem Glockenstrang
Hellschlagend des Geläutes Klang,
Das alle Sünder, hochbegnadet,
Zum Sakramente festlich ladet.

»Dem lieben Gotte weich nicht aus,
Find'st du ihn auf dem Weg! –«
Er spricht's und tritt ins Gotteshaus,
Kein Laut ist hier noch reg'.
Denn um die Ernte war's, und heiß
Im Felde glüht' der Schnitter Fleiß,
Kein Chorgehilfe war erschienen,
Die Messe kundig zu bedienen.

Entschlossen ist er alsobald,
Und macht den Sakristan,
Das, spricht er, ist kein Aufenthalt,
Was fördert himmelan.
Die *Stola* und das *Cingulum*
Hängt er dem Priester dienend um,
Bereitet hurtig die Gefäße,
Geheiliget zum Dienst der Messe.

Und als er dies mit Fleiß getan,
Tritt er als Ministrant
Dem Priester zum Altar voran,
Das Meßbuch in der Hand,
Und knieet rechts und knieet links,
Und ist gewärtig jedes Winks,
Und als des *Sanctus* Worte kamen
Da schellt er dreimal bei dem Namen.

Drauf als der Priester fromm sich neigt
Und, zum Altar gewandt,
Den Gott, den gegenwärt'gen, zeigt,
In hocherhabner Hand,
Da kündet es der Sakristan
Mit hellem Glöcklein klingend an,
Und alles kniet und schlägt die Brüste,
Sich fromm bekreuzend vor dem Christe.

So übt er jedes pünktlich aus,
Mit schnell gewandtem Sinn,
Was Brauch ist in dem Gotteshaus,
Er hat es alles inn,
Und wird nicht müde bis zum Schluß,
Bis beim *Vobiscum Dominus*
Der Priester zur Gemein' sich wendet,
Die heil'ge Handlung segnend endet.

Da stellt er jedes wiederum
In Ordnung säuberlich,
Erst reinigt er das Heiligtum,
Und dann entfernt er sich,
Und eilt in des Gewissens Ruh
Den Eisenhütten heiter zu,
Spricht unterwegs, die Zahl zu füllen,
Zwölf Paternoster noch im Stillen.

Und als er rauchen sieht den Schlot,
Und sieht die Knechte stehn,
Da ruft er: Was der Graf gebot,
Ihr Knechte, ist's geschehn?
Und grinzend zerren sie den Mund,
Und deuten in des Ofens Schlund:
»Der ist besorgt und aufgehoben,
Der Graf wird seine Diener loben.«

Die Antwort bringt er seinem Herrn
In schnellem Lauf zurück.
Als der ihn kommen sieht von fern,
Kaum traut er seinem Blick:
Unglücklicher! wo kommst du her?
»Vom Eisenhammer« — Nimmermehr!
So hast du dich im Lauf verspätet?
»Herr, nur so lang, bis ich gebetet.«

»Denn als von eurem Angesicht
Ich heute ging, verzeiht!
Da fragt' ich erst, nach meiner Pflicht,
Bei der, die mir gebeut.
Die Messe, Herr, befahl sie mir
Zu hören, gern gehorcht' ich ihr,
Und sprach der Rosenkränze viere
Für euer Heil und für das ihre.«

In tiefes Staunen sinket hier
Der Graf, entsetzet sich.
Und welche Antwort wurde dir
Am Eisenhammer? Sprich!
»Herr, dunkel war der Rede Sinn,
Zum Ofen wies man lachend hin:
Der ist besorgt und aufgehoben,
Der Graf wird seine Diener loben.«

Und Robert? fällt der Graf ihm ein,
Es überläuft ihn kalt,
Sollt er dir nicht begegnet sein,
Ich sandt ihn doch zum Wald.
»Herr, nicht im Wald, nicht in der Flur
Fand ich von Robert eine Spur –«
Nun, ruft der Graf und steht vernichtet,
Gott selbst im Himmel hat gerichtet!

Und gütig, wie er nie gepflegt,
Nimmt er des Dieners Hand,
Bringt ihn der Gattin, tiefbewegt,
Die nichts davon verstand.
Dies Kind, kein Engel ist so rein,
Laßt's eurer Huld empfohlen sein,
Wie schlimm wir auch beraten waren,
Mit dem ist Gott und seine Scharen.

LICHT UND WÄRME

Der beßre Mensch tritt in die Welt
  Mit fröhlichem Vertrauen,
Er glaubt, was ihm die Seele schwellt,
  Auch außer sich zu schauen,
Und weiht, von edlem Eifer warm,
Der Wahrheit seinen treuen Arm.

Doch alles ist so klein so eng,
  Hat er es erst erfahren,
Da sucht er in dem Weltgedräng
  Sich selbst nur zu bewahren,
Das Herz in kalter stolzer Ruh
Schließt endlich sich der Liebe zu.

Sie geben, ach! nicht immer Glut
  Der Wahrheit helle Strahlen,

Wohl denen, die des Wissens Gut
  Nicht mit dem Herzen zahlen.
Drum paart zu eurem schönsten Glück
Mit Schwärmers Ernst des Weltmanns Blick.

DER KAUFMANN

Wohin segelt das Schiff? Es trägt sidonische Männer,
  Die von dem frierenden Nord bringen den Bernstein, das Zinn.
Trag es gnädig Neptun, und wiegt es schonend ihr Winde,
  In bewirtender Bucht rausch' ihm ein trinkbarer Quell.
Euch ihr Götter gehört der Kaufmann. Güter zu suchen
  Geht er, doch an sein Schiff, knüpfet das Gute sich an.

DER SÄMANN

Siehe, voll Hoffnung vertraust du der Erde den goldenen Samen
  Und erwartest im Lenz fröhlich die keimende Saat.
Nur in die Furche der Zeit bedenkst du dich Taten zu streuen,
  Die von der Weisheit gesät still für die Ewigkeit blühn?

PEGASUS IM JOCHE

  Auf einen Pferdemarkt – vielleicht zu Haymarket,
  Wo andre Dinge noch in Ware sich verwandeln,
  Bracht' einst ein hungriger Poet
  Der Musen Roß, es zu verhandeln.

  Hell wieherte der Hippogryph,
  Und bäumte sich in prächtiger Parade,
  Erstaunt blieb jeder stehn, und rief:
  Das edle, königliche Tier! Nur Schade,
  Daß seinen schlanken Wuchs ein häßlich Flügelpaar
  Entstellt! Den schönsten Postzug würd' es zieren.
  Die Race, sagen sie, sei rar,
  Doch wer wird durch die Luft kutschieren?
  Und keiner will sein Geld verlieren.
  Ein Pachter endlich faßte Mut.
  Die Flügel zwar, spricht er, die schaffen keinen Nutzen,
  Doch die kann man ja binden oder stutzen,
  Dann ist das Pferd zum Ziehen immer gut.
  Ein zwanzig Pfund, die will ich wohl dran wagen;
  Der Täuscher, hoch vergnügt die Ware loszuschlagen,

Schlägt hurtig ein. »Ein Mann, ein Wort,«
Und Hans trabt frisch mit seiner Beute fort.

Das edle Tier wird eingespannt.
Doch fühlt es kaum die ungewohnte Bürde,
So rennt es fort mit wilder Flugbegierde,
Und wirft, von edelm Grimm entbrannt,
Den Karren um an eines Abgrund's Rand.
Schon gut, denkt Hans. Allein darf ich dem tollen Tiere
Kein Fuhrwerk mehr vertraun. Erfahrung macht schon klug.
Doch morgen fahr' ich Passagiere,
Da stell' ich es als Vorspann in den Zug.
Die muntre Krabbe soll zwei Pferde mir ersparen,
Der Koller gibt sich mit den Jahren.

Der Anfang ging ganz gut. Das leicht beschwingte Pferd
Belebt der Klepper Schritt, und pfeilschnell fliegt der Wagen.
Doch was geschieht? Den Blick den Wolken zugekehrt,
Und ungewohnt, den Grund mit festem Huf zu schlagen,
Verläßt es bald der Räder sichre Spur,
Und treu der stärkeren Natur
Durchrennt es Sumpf und Moor, geackert Feld und Hecken,
Der gleiche Taumel faßt das ganze Postgespann,
Kein Rufen hilft, kein Zügel hält es an,
Bis endlich, zu der Wandrer Schrecken,
Der Wagen wohl gerüttelt und zerschellt,
Auf eines Berges steilem Gipfel hält.

Das geht nicht zu mit rechten Dingen,
Spricht Hans mit sehr bedenklichem Gesicht.
So wird es nimmermehr gelingen;
Laß sehn, ob wir den Tollwurm nicht
Durch magre Kost und Arbeit zwingen.
Die Probe wird gemacht. Bald ist das schöne Tier
Ehe noch drei Tage hingeschwunden,
Zum Schatten abgezehrt. Ich hab's, ich hab's gefunden,
Ruft Hans. Jetzt frisch, und spannt es mir
Gleich vor den Pflug mit meinem stärksten Stier.

Gesagt, getan. In lächerlichem Zuge
Erblickt man Ochs und Flügelpferd am Pfluge.
Unwillig steigt der Greif, und strengt die letzte Macht
Der Sehnen an, den alten Flug zu nehmen.
Umsonst, der Nachbar schreitet mit Bedacht,
Und Phöbus stolzes Roß muß sich dem Stier bequemen,
Bis nun, vom langen Widerstand verzehrt,

Die Kraft aus allen Gliedern schwindet,
Von Gram gebeugt das edle Götterpferd
Zu Boden stürzt, und sich im Staube windet.

Verwünschtes Tier! bricht endlich Hansens Grimm
Laut scheltend aus, indem die Hiebe flogen.
So bist du denn zum Ackern selbst zu schlimm,
Mich hat ein Schelm mit dir betrogen.

Indem er noch in seines Zornes Wut
Die Peitsche schwingt, kommt flink und wohlgemut
Ein lustiger Gesell die Straße hergezogen.
Die Zitter klingt in seiner leichten Hand,
Und durch den blonden Schmuck der Haare
Schlingt zierlich sich ein goldnes Band.
Wohin, Freund, mit dem wunderlichen Paare?
Ruft er den Bau'r von weitem an.
Der Vogel und der Ochs an Einem Seile,
Ich bitte dich, welch ein Gespann:
Willst du auf eine kleine Weile
Dein Pferd zur Probe mir vertraun,
Gib acht, du sollst dein Wunder schau'n!

Der Hippogryph wird ausgespannt,
Und lächelnd schwingt sich ihm der Jüngling auf den Rücken.
Kaum fühlt das Tier des Meisters sichre Hand,
So knirscht es in des Zügels Band,
Und steigt, und Blitze sprühn aus den beseelten Blicken.
Nicht mehr das vor'ge Wesen, königlich,
Ein Geist, ein Gott, erhebt es sich,
Entrollt mit einemmal in Sturmes Wehen
Der Schwingen Pracht, schießt brausend himmelan,
Und eh' der Blick ihm folgen kann,
Entschwebt es zu den blauen Höhen.

DER PHILOSOPHISCHE EGOIST

Hast du den Säugling gesehn, der, unbewußt noch der Liebe,
    Die ihn wärmet und wiegt, schlafend von Arme zu Arm
Wandert, bis bei der Leidenschaft Ruf der Jüngling erwachet,
    Und des Bewußtseins Blitz dämmernd die Welt ihm erhellt?
Hast du die Mutter gesehn, wenn sie süßen Schlummer dem Liebling
    Kauft mit dem eigenen Schlaf, und für das Träumende sorgt,
Mit dem eigenen Leben ernährt die zitternde Flamme,
    Und mit der Sorge selbst sich für die Sorge belohnt?

Und du lästerst die große Natur, die bald Kind und bald Mutter
 Jetzt empfänget, jetzt gibt, nur durch Bedürfnis besteht?
Selbst genügsam willst du dem schönen Ring dich entziehen,
 Der Geschöpf an Geschöpf reiht in vertraulichem Bund,
Willst, du Armer, stehen allein und allein durch dich selber,
 Wenn durch der Kräfte Tausch selbst das Unendliche steht?

WÜRDEN

Wie die Säule des Lichts auf des Baches Welle sich spiegelt,
 Hell wie von eigener Glut flammt der vergoldete Saum,
Aber die Well' entführet der Strom, durch die glänzende Straße
 Drängt eine andre sich schon, schnell wie die erste zu fliehn.
So beleuchtet der Würden Glanz den sterblichen Menschen,
 Nicht Er selbst, nur der Ort, den er durchwandelte, glänzt.

DAS GESCHENK

Ring und Stab o seid mir auf Rheinweinflaschen willkommen,
 Ja, wer die Schafe so tränket, der heißt mir ein Hirt.
Dreimal gesegneter Trank! Dich gewann mir die Muse, die Muse
 Schickt dich, die Kirche selbst drückte das Siegel dir auf.

MACHT DES WEIBES

Mächtig seid ihr, ihr seid's durch der Gegenwart ruhigen Zauber,
 Was die stille nicht wirkt, wirket die rauschende nie.
Kraft erwart' ich vom Mann, des Gesetzes Würde behaupt' er,
 Aber durch Anmut allein herrschet und herrsche das Weib.
Manche zwar haben geherrscht durch des Geistes Macht und
                                                   der Taten,
 Aber dann haben sie dich, höchste der Kronen, entbehrt.
Wahre Königin ist nur des Weibes weibliche Schönheit,
 Wo sie sich zeige, sie herrscht, herrschet bloß weil sie sich zeigt.

DIE JOHANNITER

Herrlich kleidet sie euch, des Kreuzes furchtbare Rüstung,
 Wenn ihr, Löwen der Schlacht, Akkon und Rhodus beschützt,
Durch die syrische Wüste den bangen Pilgrim geleitet,
 Und mit der Cherubim Schwert steht vor dem heiligen Grab.
Aber ein schönerer Schmuck umgibt euch die Schürze des Wärters,

Wenn ihr, Löwen der Schlacht, Söhne des edelsten Stamm's,
Dient an des Kranken Bett', dem Lechzenden Labung bereitet,
   Und die niedrige Pflicht christlicher Milde vollbringt.
Religion des Kreuzes, nur du verknüpftest, in Einem
   Kranze, der Demut und Kraft doppelte Palme zugleich!

AN DIE PROSELYTENMACHER

Nur ein weniges Erde beding ich mir außer der Erde,
   Sprach der göttliche Mann, und ich bewege sie leicht.
Einen Augenblick nur vergönnt mir außer mir selber
   Mich zu begeben und schnell will ich der Eurige sein.

DER METAPHYSIKER

»Wie tief liegt unter mir die Welt,
Kaum seh ich noch die Menschlein unten wallen!
Wie trägt mich meine Kunst, die *Höchste* unter allen,
So nahe an des Himmels Zelt!«
So ruft von seines Turmes Dache
Der Schieferdecker, so der kleine große Mann
Hans Metaphysikus in seinem Schreibgemache.
Sag an, du kleiner großer Mann,
Der Turm, von dem dein Blick so vornehm niederschauet,
Wovon ist er – *worauf* ist erbauet?
Wie kamst du selbst hinauf, – und seine kahlen Höh'n,
Wozu sind sie dir nütz, als in das Tal zu sehn?

DEUTSCHE TREUE

Um den Szepter Germaniens stritt mit Ludwig dem Bayer
   Fridrich aus Habspurgs Stamm, beide gerufen zum Thron;
Aber den Austrier führt, den Jüngling, das neidische Kriegsglück
   In die Fesseln des Feind's, der ihn im Kampfe bezwingt.
Mit dem Throne kauft er sich los, sein Wort muß er geben,
   Für den Sieger das Schwert gegen die Freunde zu ziehn;
Aber was er in Banden gelobt, kann er frei nicht erfüllen,
   Siehe, da stellt er aufs neu willig den Banden sich dar.
Tief gerührt umhalst ihn der Feind, sie wechseln von nun an
   Wie der Freund mit dem Freund traulich die Becher des Mahls,
Arm in Arme schlummern auf Einem Lager die Fürsten,
   Da noch blutiger Haß grimmig die Völker zerfleischt.
Gegen Friderichs Heer muß Ludwig ziehen. Zum Wächter

Bayerns läßt er den Feind, den er bestreitet, zurück.
»Wahrlich! So ist's! Es ist wirklich so. Man hat mir's geschrieben.«
Rief der Pontifex aus, als er die Kunde vernahm.

NADOWESSISCHE TOTENKLAGE

Seht! da sitzt er auf der Matte
   Aufrecht sitzt er da,
Mit dem Anstand den er hatte,
   Als er's Licht noch sah.

Doch wo ist die Kraft der Fäuste,
   Wo des Atems Hauch,
Der noch jüngst zum großen Geiste
   Blies der Pfeife Rauch?

Wo die Augen, Falkenhelle,
   Die des Rentiers Spur
Zählten auf des Grases Welle,
   Auf dem Tau der Flur.

Diese Schenkel, die behender
   Flohen durch den Schnee,
Als der Hirsch, der Zwanzigender,
   Als des Berges Reh.

Diese Arme, die den Bogen
   Spannten streng und straff!
Seht, das Leben ist entflogen,
   Seht, sie hängen schlaff!

Wohl ihm! Er ist hingegangen,
   Wo kein Schnee mehr ist,
Wo mit Mais die Felder prangen,
   Der von selber sprießt.

Wo mit Vögeln alle Sträuche,
   Wo der Wald mit Wild,
Wo mit Fischen alle Teiche
   Lustig sind gefüllt.

Mit den Geistern speist er droben,
   Ließ uns hier allein,
Daß wir seine Taten loben,
   Und ihn scharren ein.

Bringet her die letzten Gaben,
  Stimmt die Totenklag'!
Alles sei mit ihm begraben,
  Was ihn freuen mag.

Legt ihm unters Haupt die Beile,
  Die er tapfer schwang,
Auch des Bären fette Keule,
  Denn der Weg ist lang.

Auch das Messer scharf geschliffen,
  Das vom Feindeskopf
Rasch mit drei geschickten Griffen
  Schälte Haut und Schopf.

Farben auch, den Leib zu malen,
  Steckt ihm in die Hand,
Daß er rötlich möge strahlen
  In der Seelen Land.

HOFFNUNG

Es reden und träumen die Menschen viel
  Von bessern künftigen Tagen,
Nach einem glücklichen goldenen Ziel
  Sieht man sie rennen und jagen,
Die Welt wird alt und wird wieder jung,
Doch der Mensch hofft immer Verbesserung!

Die Hoffnung führt ihn ins Leben ein,
  Sie umflattert den fröhlichen Knaben,
Den Jüngling begeistert ihr Zauberschein,
  Sie wird mit dem Greis nicht begraben,
Denn beschließt er im Grabe den müden Lauf,
Noch am Grabe pflanzt er – die Hoffnung auf.

Es ist kein leerer schmeichelnder Wahn,
  Erzeugt im Gehirne des Toren.
Im Herzen kündet es laut sich an,
  Zu was besserm sind wir geboren,
Und was die innere Stimme spricht,
Das täuscht die hoffende Seele nicht.

DIE ZWEI TUGENDWEGE

Zwei sind der Wege, auf welchen der Mensch zur Tugend
                              emporstrebt,
  Schließt sich der eine dir zu, tut sich der andre dir auf.
Handelnd erringt der Glückliche sie, der Leidende duldend.
  Wohl ihm, den sein Geschick liebend auf beiden geführt.

DIE ZERSTÖRUNG VON TROJA
Freie Übersetzung des zweiten Buchs der Aeneide

Still war's, und jedes Ohr hing an Aeneens Munde,
Der also anhub vom erhab'nen Pfühl:
O Königin, du weckst der alten Wunde
Unnennbar schmerzliches Gefühl!
Von Trojas kläglichem Geschick verlangst du Kunde,
Wie durch der Griechen Hand die tränenwerte fiel,
Die Drangsal alle soll ich offenbaren,
Die ich gesehn und meistens selbst erfahren.

Wer, selbst ein Myrmidon und Kampfgenoß
Des grausamen Ulyß erzählte tränenlos!
Und schon entflieht die feuchte Nacht, es laden
Zum Schlaf die niedergehenden Pleiaden.
Doch treibt dich so gewaltige Begier,
Der Teukrer letzten Kampf und mein Geschick zu hören,
Sei's denn! Wie sehr auch die Erinnrung mir
Die Seele schaudernd mag empören!

Der Griechen Fürsten, aufgerieben
Vom langen Krieg, vom Glück zurückgetrieben,
Erbauen endlich durch Minervens Kunst
Ein Roß aus Fichtenholz, zum Berge aufgerichtet,
Beglückte Wiederkehr, wie ihre List erdichtet,
Dadurch zu flehen von der Götter Gunst.
Der Kern der tapfersten birgt sich in dem Gebäude,
Und Waffen sind sein Eingeweide.

Die Insel Tenedos ist aller Welt bekannt,
Von Priams Stadt getrennt durch wen'ge Meilen,
An Gütern reich, so lange Troja stand,
Jetzt ein verräterischer Strand,
Wo im Vorüberzug die Kaufmannsschiffe weilen.
Dort birgt der Griechen Heer sich auf verlaßnem Sand.
Wir wähnen es auf ewig abgezogen,
Und mit des Windes Hauch Mycenen zugeflogen.

Alsbald spannt von dem langen Harme
Die ganze Stadt der Teukrier sich los,
Heraus stürzt alles Volk in frohem Jubelschwarme,
Das Lager zu besehn, aus dem sein Leiden floß.
Dort, heißt es, wüteten der Myrmidonen Arme,
Hier schwang Achill das schreckliche Geschoß,
Dort lag der Schiffe zahlenlos Gedränge,
Hier tobete das Handgemenge.

Mit Staunen weilt der überraschte Blick
Beim Wunderbau des ungeheuren Rosses,
Thimät, sei's böser Wille, sei's Geschick,
Wünscht es im innern Raum des Schlosses.
Doch bang' vor dem versteckten Feind
Rät Capys an, und wer es redlich meint,
Den schlimmen Fund dem Meer, dem Feuer zu vertrauen,
Wo nicht, doch erst sein Inn'res zu beschauen.

Die Stimmen schwankten noch in ungewissem Streite,
Als ihn der Priester des Neptun vernahm,
Laokoon, mit mächtigem Geleite
Von Pergams Turm erhitzt herunter kam,
Ras't ihr Dardanier? ruft er voll banger Sorgen.
Unglückliche, ihr glaubt, die Feinde sein geflohn?
Ein griechisches Geschenk und kein Betrug verborgen?
So schlecht kennt ihr Laertens Sohn?

Wenn in dem Rosse nicht versteckte Feinde lauern,
So droht es sonst Verderben unsern Mauern,
So ist es aufgetürmt, die Stadt zu überblicken,
So sollen sich die Mauern bücken
Vor seinem stürzenden Gewicht,
So ist's ein anderer von ihren tausend Ränken,
Der hier sich birgt. Trojaner trauet nicht,
Die Griechen fürchte ich, und doppelt, wenn sie schenken.

Dies sagend, treibt er den gewalt'gen Speer
Mit starken Kräften in des Rosses Lende,
Es schüttert durch und durch, und weit umher
Antworten dumpf die vollgestopften Wände,
Und hätte nicht das Schicksal ihm gewehrt,
Nicht eines Gottes Macht umnebelt seine Sinne,
Jetzt hätte den Betrug sein Eisen aufgestört,
Noch stünde Ilium, und Pergams feste Zinne.

Indessen wird durch eine Schar von Hirten,
Die Hände auf dem Rücken zugeschnürt,
Mit lärmendem Geschrei ein Jüngling hergeführt.
Der Jüngling spielte den Verirrten,
Und bot freiwillig sich den Banden dar,
Durch falsche Botschaft Troja zu verderben,
Mit dreister Stirn, gefaßt auf jegliche Gefahr,
Und gleich bereit zum Lügen oder Sterben.

Ihn zu betrachten, sammelt um und um
Die wilde Jugend sich aus Ilium,
Wetteifernd höhnt mit herbem Spotte
Den eingebrachten Fang die rachbegier'ge Rotte,
Und wehrlos bloß gestellt so vieler Feinde Grimm
Fliegt er mit ängstlichscheuem Blicke
Die Reihen durch. Jetzt Königin vernimm
Aus Einer Freveltat der Griechen ganze Tücke!

Weh! ruft er aus, wo öffnet sich ein Port,
Wo tut ein Meer sich auf, mich zu empfangen?
Wo bleibt mir Elenden ein Zufluchtsort?
Dem Schwert der Griechen kaum entgangen,
Seh ich der Trojer Haß nach meinem Blut verlangen!
Schnell umgestimmt von diesem Wort
Legt sich der wilde Sturm der Scharen,
Und man ermahnt ihn fortzufahren.

Wes Stamm's er sei? Was ihn hieher gebracht,
Ihm Lebenshoffnung ließ, selbst in des Feindes Macht,
Soll er bekennen. Furcht und Angst verschwanden.
Was es auch sei, ruft er, dir König sei's gestanden,
Empfange den Beweis von Sinons Redlichkeit,
Ich leugne nicht, zum Volk der Griechen zu gehören.
Hat mein Verhängnis gleich dem Elend mich geweiht,
Zum Lügner soll es nimmer mich entehren.

Trug das Gerücht vielleicht den Namen und die Taten
Des großen Palamed zu deinem Ohr,
Der, boshaft angeklagt, weil er den Krieg mißraten,
Sein Leben durch der Griechen Spruch verlor,
Den sie im Grabe schmerzlich jetzt beklagen?
Mit diesem hat, er ist mir anverwandt,
Seit dieses Krieges ersten Tagen
Der dürft'ge Vater mich nach Asien gesandt.

So lange Palamed der Herrschaft sich erfreute,
Und in dem Rat der Könige mit saß,
Stand ich geehrt und glücklich ihm zur Seite.
Doch das verging, als ihn Ulyssens Haß,
Wer kennt den Schwätzer nicht? dem Orkus übergeben,
Da floß in Trauer hin mein unbemerktes Leben,
Und der verhalt'nen Rache Schmerz
Zernagte still mein wundes Herz.

Weh mir, daß ich sie nicht verschwieg,
Zu laut zu seinem Rächer mich erklärte,
Wenn einst ein Gott aus diesem Krieg
Siegreiche Heimkehr mir gewährte!
Mit eitler Rede weckt' ich schweren Groll.
Seitdem ermüdete, mir Feinde zu erwecken,
Ulysses nicht, und wußte rachevoll
Mit immer neuen Ränken mich zu schrecken.

Auch ruht er nimmermehr, bis Kalchas – doch warum
Mit widrigem Bericht fruchtlos die Zeit verlieren?
Verurteilt alle, die ihn führen,
Der Name Grieche schon in Ilium,
Wohlan, so würgt mich ohne Schonen!
Das wird dem Ithaker willkommne Botschaft sein,
Das wird die Söhne Atreus hoch erfreun,
Und herrlich werden sie's euch lohnen.

Ohn' Ahndung des Betrugs, der aus dem Griechen spricht,
Steigt unsre Neugier, ihm den Aufschluß abzufragen,
Und er, mit schlau verstelltem Zagen,
Vollendet so den täuschenden Bericht:
Oft, spricht er, war der Wunsch lebendig bei dem Heere,
Der langen Kriegesnot sich endlich zu entziehn,
Von Troja heimlich zu entfliehn,
O daß es doch geschehen wäre!

Stets hinderten die frohe Wiederkehr
Der rauhe Süd und das empörte Meer.
Dies Roß von Fichtenholz stand längst schon aufgetürmt,
Als, vom Orkan gepeitscht, die finstre Luft gestürmt.
Verlegen sendet man zuletzt Euripylus,
Zu fragen an des Schicksals Throne
Nach Delphi zu Latonens Sohne;
Der kommt zurück mit diesem traur'gen Schluß.

Mit Blut erkauftet ihr die Herfahrt von den Winden,
Und eine Jungfrau fiel an Deliens Altar.
Mit Blut allein könnt ihr den Rückweg finden,
Ein Grieche bringe sich zum Todesopfer dar.
Eiskalte Angst durchlief die zitternden Gebeine,
Als in dem Lager diese Post erklang,
Und jedes Auge fragte bang,
Wen wohl der Zorn der Gottheit meine?

Jetzt riß Ulyß mit lärmendem Geschrei
Den Seher Calchas in des Heeres Mitte,
Und dringt in ihn mit ungestümer Bitte,
Zu sagen, wessen Haupt zum Tod bezeichnet sei.
Schon ließen viele mich, mit ahndungsvollem Grauen,
Des Schalks verruchten Plan und mein Verderben schauen.
Zehn Tage schließt der Priester schlau sich ein,
Um keinen aus dem Volk dem Untergang zu weihn.

Zuletzt, als könnt er dem beredten Flehn
Ulyssens nicht mehr widerstehn,
Läßt er geschickt den Namen sich entreißen,
Und zeichnet *mich* dem Mördereisen.
Man stimmt ihm bei, und froh sieht jeder die Gefahr,
Die alle gleich bedroht, auf Einen abgeleitet.
Der Unglückstag ist da, die Binde schmückt mein Haar,
Man streut das Mehl, das Opfer ist bereitet.

Ja, da entriß ich mich dem Tod, zerbrach die Bande,
Und harrete des Nachts in eines Sumpfes Rohr,
Bis die Armee, wenn sie zum Vaterlande
Vielleicht sich eingeschifft, vom Ufer sich verlor.
Nie werd' ich ach! die Heimat mehr begrüßen,
Nie Vater, Kinder mehr in diese Arme schließen,
Und mein Entrinnen rächt vielleicht die Wut
Der Danaer an diesem teuren Blut.

Und nun bei allen himmlischen Dämonen,
Die in des Herzens tiefste Falten sehn,
Wenn Treu und Glaube noch auf Erden irgend wohnen,
Laß so viel Leiden dir zu Herzen gehn.
Hab' du Erbarmen mit dem Unglücksvollen,
Der, was er nicht verschuldete, erfuhr! –
Wir sehen jammernd seine Tränen rollen,
Es siegt in uns die Stimme der Natur.

Sogleich läßt Priamus der Hände Band ihm lösen,
Und spricht ihm Trost mit milden Worten ein.
Du bist, spricht er, ein Danaer *gewesen*,
Wer du auch seist, hinfort wirst du der Unsre sein.
Und jetzt laß Wahrheit mich auf meine Fragen hören.
Warum, wozu das ungeheure Roß?
Wer gab es an? Warum so riesengroß?
Zu welchem Brauch? Sprich! Welchem Gott zu Ehren?

Er sprach's und jener Bösewicht, gewandt
In jeder List, Pelasger im Betrügen,
Hebt himmelan die losgebundne Hand.
Dich, ruft er, ew'ges Licht, dich Rächer aller Lügen,
Dich Opferherd, dem ich durch Flucht entrann,
Dich frevelhafter Stahl, den Mordgier auf mich zückte,
Dich priesterliches Band, das meine Schläfe schmückte,
Euch ruf ich jetzt zu Zeugen an.

Von jeder Pflicht, die mich an Griechen band,
Erklär ich mich auf ewig losgezählet.
Für Sinon gibt's hinfort kein Vaterland,
Ich mache laut, was ihre List verhehlet.
Gedenke du nur deines Wortes, Fürst,
Und schone, Troja, den, der Rettung dir geschenket,
Ist's anders wahr, was du jetzt hören wirst,
Und wert, daß man es überdenket.

Von jeher barg im Krieg mit Ilium
Minervens Schutz der Myrmidonen Schwäche,
Doch seit Ulyß der Schalk und Diomed der Freche
Der Göttin Bild aus ihrem Heiligtum
Zu reißen sich erkühnt, die Hüter zu durchbohren,
Der Jungfrau Stirne selbst mit mordbefleckter Hand
Verwegen zu berühren, schwand
Der Griechen Glück dahin, ging ihre Kraft verloren.

Auf immer war Athenens Gunst entwichen,
Bald zeigte sich in fürchterlichen
Erscheinungen der Göttin Strafgericht.
Kaum steht das Bild im Lager still, so blitzen
Die offnen Augen und die Glieder schwitzen,
Und dreimal scheint (entsetzliches Gesicht!)
Die Göttin sich vom Boden zu erheben,
Und Schild und Lanze schütternd zu erbeben.

Ein Gott gebeut jetzt durch des Sehers Mund,
Auf schneller Flucht die Heimat zu gewinnen,
Denn nimmer fallen durch der Griechen Bund,
So spricht das Schicksal, Pergams feste Zinnen,
Sie hätten denn aufs neu der Heimat Strand berührt,
In wiederholter Feir die Götter zu befragen,
Zum alten Heiligtum das Bild zurückgetragen,
Das sie auf krummen Schiffen weggeführt.

Jetzt zwar sind sie nach Argos heimgefahren,
Doch führt sie Kalchas bald mit neuen Kriegerscharen
Und Göttern furchtbarer zurück. Dies Roß
Ward aufgetürmt, den Zorn der Pallas zu versöhnen,
Und nicht umsonst seht ihr's so riesengroß.
Es sollte der Koloß das enge Tor verhöhnen,
Nie sollt euch der Besitz des Wunderbild's erfreun,
Nie sollt es eurer Stadt den alten Schutz erneun.

Denn wagtet ihr's, Minervens Heiligtum
Mit Frevlerhänden zu versehren,
So traf der Göttin Fluch ganz Ilium,
(Möcht ihn ein Gott auf ihre Häupter kehren!)
Doch hättet ihr mit eigner Hand
Dies Roß in eure Stadt gezogen,
So wälzte Asien zu uns des Krieges Wogen
Und weh dann über Griechenland!

Von dieser Lügen schlau gewebten Banden
Ward unser redlich Herz umstrickt,
Der Zweifel wird in jeder Brust erstickt,
Die dem Tydiden männlich widerstanden,
Die der thessalische Achill nicht zwang,
Nicht zehenjähr'ge Kriegeslasten,
Nicht das Gewühl von tausend Masten,
Weint ein Betrüger in den Untergang!

Jetzt aber stellt sich den entsetzten Blicken
Ein unerwartet schrecklich Schauspiel dar.
Es stand, den Opferfarren zu zerstücken,
Laokoon am festlichen Altar.
Da kam, (mir bebt die Zung' es auszudrücken)
Von Tenedos ein gräßlich Schlangenpaar,
Den Schweif gerollt in fürchterlichem Bogen
Dahergeschwommen auf den stillen Wogen.

Die Brüste steigen aus dem Wellenbade,
Hoch aus den Wassern steigt der Kämme blut'ge Glut,
Und nachgeschleift in ungeheurem Rade
Netzt sich der lange Rücken in der Flut,
Lautrauschend schäumt es unter ihrem Pfade,
Im blut'gen Auge flammt des Hungers Wut,
Am Rachen wetzen zischend sich die Zungen,
So kommen sie ans Land gesprungen.

Der bloße Anblick bleicht schon alle Wangen,
Und auseinander flieht die furchtentseelte Schar,
Der pfeilgerade Schuß der Schlangen
Erwählt sich nur den Priester am Altar.
Der Knaben zitternd Paar sieht man sie schnell umwinden,
Den ersten Hunger stillt der Söhne Blut,
Der Unglückseligen Gebeine schwinden
Dahin von ihres Bisses Wut.

Zum Beistand schwingt der Vater sein Geschoß,
Doch in dem Augenblick ergreifen
Die Ungeheu'r ihn selbst, er steht bewegungslos,
Geklemmt von ihres Leibes Reifen,
Zwei Ringe sieht man sie um seinen Hals, und noch
Zwei andre schnell um Brust und Hüfte stricken,
Und furchtbar überragen sie ihn doch
Mit ihren hohen Hälsen und Genicken.

Der Knoten furchtbares Gewinde
Gewaltsam zu zerreißen, strengt
Der Arme Kraft sich an, des Geifers Schaum besprengt
Und schwarzes Gift die priesterliche Binde,
Des Schmerzens Höllenqual durchdringt
Der Wolken Schoß mit berstendem Geheule,
So brüllt der Stier, wenn er, gefehlt vom Beile
Und blutend, dem Altar entspringt.

Die Drachen bringt ein blitzgeschwinder Schuß
Zum Heiligtum der furchtbar'n Tritonide,
Dort legen sie sich zu der Göttin Fuß,
Beschirmt vom weiten Umkreis der Ägide.
Entsetzen bleibt in jeder Brust zurück,
Gerechte Büßung heißt Laokoons Geschick,
Der frech und kühn das Heilige und Hehre
Verletzt mit frevelhaftem Speere.

Zum Tempel, ruft das Volk, mit dem geweihten Bilde!
Und flehet an der Göttin Milde!
Sogleich strengt jeder Arm sich an,
Die Mauer wird geteilt, die Stadt ist aufgetan,
Und auf der Walze künstlichen Wogen
Rollt es dahin, von Strängen fortgezogen,
Verderbenträchtig, schwanger mit dem Blitz
Der Waffen, rollt's in Priams Königssitz.

Und hoch beglückt, den Strang berührt zu haben,
Der es bewegt, begleiten Jungfrauen und Knaben
Mit heil'gen Liedern die verehrte Last.
O meine Vaterstadt! So reich an Siegeskronen,
O heil'ges Land, wo so viel Götter thronen!
In deiner Mitte steht der fürchterliche Gast.
Viermal hat es am Eingang still gehalten,
Und viermal klang das Erz in seines Bauches Falten.

Uns warnt es nicht! Von wütender Begierde
Verblendet, setzen wir die unglückschwangre Bürde
Beim Tempel ab. Apolls Orakel spricht
Weissagend aus Kassandrens Munde,
Es spricht von Trojas letzter Stunde,
Wir glauben selbst der Gottheit nicht.
Von festlich grünem Laub muß jeder Tempel wehen,
Und – morgen ist's um uns geschehen!

Indessen wandelt sich des Himmels Bogen
Und Nacht stürzt auf des Meeres Wogen,
Mit breitem Schatten hüllt sie Land und Hain
Und den Betrug der Myrmidonen ein.
An Trojas Mauern fängt es an zu schweigen,
Der Schlummer spannt die müden Glieder los;
Da naht, den Mond allein zum stillen Zeugen,
Der Griechen Flotte sich von Tenedos.

Geleitet von dem Feuerbrande,
Der aus dem königlichen Schiffe blitzt,
Dringt sie hinan zum wohlbekannten Strande,
Und, von der Götter Grimm beschützt,
Eröffnet Sinon still den Bauch der Fichte,
Gehorsam gibt das aufgetane Roß
Die Krieger von sich, die sein Leib verschloß,
Und hoch erfreut entspringen sie zum Lichte.

Herab am Seile gleiten schnell die Fürsten
Thessandrus, Stenelus, Machaon, Acamas,
Ihm folgt mit Blicken, die nach Blute dürsten,
Ulyß, Neoptolem, drauf Thoas, Menelas,
Zuletzt Epeus, der das Roß gefügt,
Sie stürzen in die Stadt, die Wein und Schlaf besiegt,
Die Wachen würgt ihr Stahl, indes schon die Genossen,
Durchs Tor eindringend, zu den Fürsten stoßen.

Schon neigte aus der Götter Hand
Des ersten Schlummers Wohltat sich hernieder,
Und schloß mit süßem Zauberband
Die kummerschweren Augenlider.
Da sah ich Hektors Schattenbild
Im Traumgesichte mir erscheinen,
In tiefe Trauer eingehüllt,
Ergossen in ein lautes Weinen.

So wie ihn einst durch des Skamanders Feld
Des rauhen Siegers Zweigespann gerissen,
Von blut'gem Staub geschwärzt und mit durchbohrten Füßen,
Ihr Götter, wie von Schmach entstellt!
Der Hektor nicht mehr, der gleich einem Gotte
In des Peliden Rüstung heimgekehrt,
Den Feuerbrand von der Trojaner Herd
Geschleudert hatte in der Griechen Flotte.

Den Bart befleckt, der Locken schönes Wallen
Gehemmt von blut'gem Leime, stand er da,
Den Leib besät mit jenen Wunden allen,
Die Trojas Mauer ihn empfangen sah.
Den hohen Schatten zu besprechen,
Gebietet mir des Herzens feur'ger Drang,
Die Wange brennt von heißen Tränenbächen,
Und von den Lippen flieht der Trauerklang.

O Trojas Hoffnung, die uns nie betrogen,
O du, nach dem das Herz geschmachtet hat!
O sei willkommen, Licht der Vaterstadt!
Warum und wo hast du so lang verzogen?
So viele Kämpfe mußten wir bestehn,
Von so viel Not und Herzensangst ermatten,
So viel geliebte Leichname bestatten,
Eh dich die Freunde wieder sehn!

O sprich, und welcher Frevel durft es wagen,
Der Augen sonnenheitern Schein
Mit Blut und Staub unwürdig zu entweihn?
Was sollen diese Wundenmäler sagen?
Doch keinen Laut verlor der Geist,
Des Fragers eitle Neugier zu vergnügen,
Bis unter tief geholten Odemzügen
Ein schweres Ach der Zunge Band durchreißt.

Fort Göttinsohn! Fort, fort aus diesem Brand,
Die Mauern sind in Feindes Hand,
Die stolze Troja stürzt von ihren Höhen,
Genug, genug ist für das Vaterland
Genug für Priams Thron geschehen!
Wär's eines Mannes tapfre Hand,
Die Trojas letztes Schicksal wendet,
So hätt' es dieser Arm vollendet.

Die Heiligtümer sind dir übergeben,
Nimm zu Gefährten sie auf deiner flücht'gen Bahn!
Für sie wirst du ein neues Ilium erheben,
Nach langer Irrfahrt auf dem Ozean.
Er spricht's, und holt in schneller Eile
Mir vom Altar mit eig'ner Hand
Der mächt'gen Vesta heil'ge Säule,
Den Priesterschmuck, den ew'gen Feuerbrand.

Und draußen hört man schon ein tausendstimmig Heulen
Mit wachsendem Getön die bangen Lüfte teilen,
Es dringt der Waffen eisernes Gebrause
Bis zu Anchisens meines Vaters Hause,
Das hinter Bäumen einsam sich verlor,
Es donnert aus dem Schlummer mich empor,
Den höchsten Standort wähl' ich mir im Hause,
Und stehe da mit offnem Ohr.

So fallen Feuerflammen ins Getreide,
Gejagt vom Wind, so stürzt der Wetterbach
Sich rauschend nieder von des Berges Heide,
Zertreten liegt, so weit er Bahn sich brach,
Der Schweiß der Rinder und des Schnitters Freude,
Und umgerißne Wälder stürzen nach,
Es horcht der Hirt, unwissend wo es dröhne,
Vom fernen Fels verwundert dem Getöne.

Jetzt lag es kund und aufgetan,
Wie Danaer auf Treu und Glauben halten!
Das Truggeweb' sieht man jetzt schrecklich sich entfalten,
Schon liegt, besiegt vom prasselnden Vulkan,
Deiphobus erhab'ne Burg im Staube,
Schon wird Ucalegon's, ihr Nachbar, ihm zum Raube,
Und des sigäischen Sundes Flut
Scheint wider von des Feuers Glut.

Von lautem Kriegsgeschrei erzittern jetzt die Zinnen
Und schrecklich schmettert des Achaiers Horn.
Sinnlos bewaffn' ich mich. Bewaffnet was beginnen?
Ein Heer zu sammeln schnell treibt mich der edle Zorn,
Und mit der Freunde Schar die Feste zu gewinnen.
Verzweiflung selbst ist des Entschlusses Sporn.
Will, ruf' ich aus, das Schicksal mit uns enden,
So stirbt sich's schön, die Waffen in den Händen.

Indem seh' ich, entflohn der Feinde Pfeilen,
Den Priester des Apoll bei mir vorüber eilen,
Die überwund'nen Götter in der Hand,
Am Arm den kleinen Sohn, flieht er betäubt zum Strand.
Halt, rief ich, o halt an, mich zu belehren,
Mein Panthus, was beschließt das zürnende Geschick?
Welch festes Schloß wird uns noch Schutz gewähren?
Da gibt er seufzend mir zurück:

Der Tage letzter ist vorhanden,
Gekommen ist die unabwendbar böse Zeit,
Einst gab es Teukrer, Troja hat gestanden,
Und seines Ruhmes Schimmer strahlte weit.
Der grimme Zeus gab alles dem Argeier,
Der waltet jetzt in der entflammten Stadt,
Bewaffnete ergießt das Ungeheuer,
Und Sinon schürt die Glut, frohlockend seiner Tat.

Und durch die zweifach offnen Tore wogen
Schon tausende und tausende einher,
Als aus dem räumigen Mycene nie gezogen,
Es stehen andre mit gestrecktem Speer,
Mordlustig hingepflanzt auf engen Wegen,
Des Eisens Blitz starrt jeder Brust entgegen,
Kaum tun die ersten Wachen Widerstand
Und wagen das Gefecht mit ungewisser Hand.

Von diesen Reden feurig aufgefodert,
Und fortgezogen von der Götter Macht,
Flieg' ich dahin, wo's höher, heller lodert,
Der Donner stürzender Paläste kracht,
Wo vom Geschrei und vom Geklirr der Eisen
Die Luft erbebt, wohin die Furien mich reißen,
Der günst'ge Mond gibt mir den trefflichen Epyt
Und Ripheus Stärke zu Begleitern mit.

Dymas und Hypanis beseelen gleiche Triebe,
Auch Mygdons Sohn Choröbus folgt dem Zug,
Den für Kassandra die unsel'ge Liebe
Verhängnisvoll zu Trojas Ende trug!
Dem Vater seiner Braut bracht' er hilfreiche Scharen,
Und glaubte nicht dem warnungsvollen Laut,
Nicht den verkündigten Gefahren
Im Mund der Gottbeseelten Braut.

Wohlan, beginn' ich zu der kampfbegier'gen Jugend,
Ihr Herzen, jetzt umsonst voll Heldentugend,
Gewichen sind, ihr seht's, aus allen ihren Sitzen
Die Götter, welche Troja schützen,
Treibt euch der Mut, dem kühnen Führer nachzugehn,
Kommt, der entflammten Troja beizustehn,
Kommt mit mir, kommt und fechtend endigt euer Leben!
Besiegte rettet nichts, als Rettung aufzugeben.

Entflammet durch dies Wort ist ihres Eifers Glut,
Und, Wölfen gleich, die durch den Nebel spürend schleichen,
Herausgestachelt von des Hungers Wut,
Mit trocknem Gaum erwartet von der Brut,
Geht's zum gewissen Tod durch Schwerter und durch Leichen,
Der hohlen Nacht furchtbare Schatten streichen
Rings durch die Straßen, unser kühner Mut
Verschmäht, aus Trojas Mitte zu entweichen.

O Nacht des Grauens, welcher Mund
Spricht deine Schrecken aus, die Todesnot der Meinen!
Wer macht die Opfer, die du würgtest, kund,
Wo nehm' ich Tränen her, sie zu beweinen!
Sie fällt die hohe Stadt, seit grauem Altertum,
Gewohnt zu herrschen und zu siegen,
Auf Straßen, Schwellen, selbst im Heiligtum
Der Götter sieht man Totenkörper liegen.

Doch glaube nicht, daß nur trojanisch Blut
Der Nächte schrecklichste getrunken.
Auch meines Volks erstorb'ner Mut
Glimmt auf in manchem Heldenfunken,
Und dann fließt auch des Siegers Blut.
Der Angst, der Qual, des Jammers Stimmen spalten
Des Hörers Ohr, wo nur das Auge ruht,
Des Todes schrecklich wechselnde Gestalten!

Von Feinden warf zuerst mit einer großen Schar
Androgeos sich uns entgegen.
Sein Irrtum stellt in uns der Freunde Heer ihm dar.
Auf Brüder, eilt! ruft er. Woher so spät ihr trägen?
Die andern tragen schon das ganze Pergam fort,
Ihr habt erst jetzt den Schiffen euch entrissen?
Kaum endigt er, so sagt ihm ein verdächtig Wort,
Daß Feindeshaufen ihn umschließen.

Sein Fuß erstarrt, und auf den Lippen stirbt die Stimme.
So zittert, wer, in Dornen tief versteckt,
Die Natter unverhofft mit rauhem Fußtritt weckt.
Ihr blauer Hals schwillt an, mit gift'gem Grimme
Knirscht sie empor, und bleich flieht er zurück.
So wendet bei geschärftem Blick
Androgeos erschrocken um. Wir dringen
In seine dichte Schar, es mischen sich die Klingen.

In Troja fremd und halb von Furcht entseelt, erliegen
Sie unserm Arm. Den Anfang krönt das Glück.
Auf Freunde, ruft, erhitzt von diesen ersten Siegen,
Choröbus, voll von Mut. Es zeigt uns das Geschick
In diesem Zufall selbst den Weg zum Leben.
Vertauscht den Schild! Den griech'schen Helm aufs Haupt!
List oder Kraft – was wäre Feinden nicht erlaubt?
Die Toten werden Waffen geben.

Er spricht's, und schleunig weht auf seinem Haupt
Des fremden Helmes Busch, Androgeos geraubt.
Er eilt des Schildes Zierde zu vertauschen,
Und läßt ein griechisch Schwert von seinen Hüften rauschen.
Ihm folgt die ganze Jugend, und umhängt
Sich schnell die frisch gemachte Beute.
So stürzen wir, mit Danaern vermengt,
Doch ohne unsern Gott! zum Streite.

Begünstigt von der blinden Nacht,
Gelingt uns manche heiße Schlacht,
Und mancher Grieche fällt von unsern Streichen.
Schon fliehn sie scharenweis, dem drohenden Geschick
Am sichern Bord der Schiffe zu entweichen,
Bis in des Rosses Bauch scheucht sie die Furcht zurück.
Ach niemand schmeichle sich, im Dünkel großer Taten,
Der Götter Gnade zu entraten!

Was zeigt sich uns! Selbst an Tritoniens Altar
Erkühnt man sich, Kassandra zu ergreifen,
Wir sehn mit aufgelöstem Haar
Die Tochter Priams aus dem Tempel schleifen,
Zum tauben Himmel fleht ihr glühend Angesicht,
Denn, ach! die Fessel klemmt der Jungfrau zarte Hände.
Chorobus Wahnsinn trägt es nicht,
Er sucht im Schlachtgewühl ein Heldenende.

Ihm stürzt in dicht geschloss'nen Gliedern
Die ganze Schar der Freunde nach,
Doch ach! von unsern eig'nen Brüdern
Kommt hier vom höchsten Tempeldach
Ein mördrisch Pfeilgewölk auf uns herabgeflogen.
Des Federbusches fremde Zier,
Der Schilde Zeichen, welche wir
Verwechselt, hatte sie betrogen.

Die Priesterin uns abzuringen
(Verraten hat uns längst der Sterbenden Geschrei)
Umstürmt uns der Dolopen Schar. Es dringen
Mit Ajax die Atriden selbst herbei.
So wenn im Sturme sich die Winde heulend schlagen,
Der wilde Süd, des Nordes rauhe Macht,
Der mut'ge Ost, auf Titans raschem Wagen,
Es rauscht des Meeres Grund, des Waldes Eiche kracht.

Jetzt sehn wir noch zu ganzen Heeren,
Die uns'rer Waffen glücklicher Betrug
Vor kurzem noch im finstern Dunkel schlug,
Von ihrer Flucht zurückekehren.
Ihr schneller Blick erkennt in dunkler Schlacht
Des Helmes List, der Schilde falsche Zeichen.
Jetzt muß der Augen Wahn dem Klang der Stimmen weichen,
Jetzt siegt des Feindes Übermacht.

Es fällt zuerst, von Penelus durchstochen,
Choröbus an Tritoniens Altar.
Es fällt, der das Gesetz der Tugend nie gebrochen,
Ripheus, der redlichste, den Ilium gebar.
Die Götter richteten nicht so! Von Freundesstreichen
Liegt Hypanis, liegt Dymas hingestreckt;
Und kann der Priesterschmuck, der dich o Panthus deckt,
Kann selbst dein schuldlos Herz die Himmlischen erweichen?

Bezeugt mir's Trojas heil'ge Trümmer,
Du Flammengrab, das meine Stadt verschlang,
Daß ich an jenem Schreckenstage nimmer
Mich feig entzogen des Gefechtes Drang,
Und, war's mein Los an jenem Tag zu enden,
Daß ich's verdient mit meinen Würgerhänden!
Jetzt wich ich der Gewalt, mir folgt für Alter laß
Iphyt und schwer von Wunden Pelias.

Zu Priams Burg ruft uns der Stimmen lautster Hall.
Als ras'te nirgends sonst der Streitenden Gedränge,
Nicht durch ganz Ilium der Waffen wilder Schall,
Erblick' ich hier ein fürchterlich Gemenge,
Des Andrangs Ungestüm, ergrimmten Widerstand.
Den Feind seh' ich die hohen Dächer stürmen,
Und mit der Schilde dichtgeschloss'nem Band
Sich furchtbar vor den Eingang türmen.

Ich sehe Leitern an die Mauern legen,
Entschlossen klimmt der trotz'ge Sieger nach,
Die linke hält den Schild der Pfeile Sturm entgegen,
Fest klammert sich die rechte an das Dach.
Beschäftigt ist mein Volk, die Türme abzutragen,
Und mit den Trümmern wird der Stürmende bedroht,
Die letzte Zuflucht ihrer Not,
Wenn alles alles fehlgeschlagen!

Herabgestürzt seh' ich die übergoldten Zinnen,
Denkmäler alter königlicher Pracht.
Mit bloßem Schwert wird jeder Weg nach innen
Von einer dichten Schar Dardanier bewacht.
Ein frischer Mut lebt auf in unsern Seelen,
Der schwerbedrängten Burg des Königs beizustehn,
Mit Stärke Stärke zu vermählen,
Und der Besiegten Mut mitstreitend zu erhöhn.

Noch führten zum Palast, der Menge unbekannt,
Geheime abgeleg'ne Türen,
Durch deren nie entdecktes Band
Die Zimmer in einander sich verlieren.
Oft hatte, frei von des Gefolges Zwang,
Andromacha in Trojas schönen Tagen
Auf diesem unbemerkten Gang
Zum frohen Ahn den Enkel hingetragen.

Mich bringt er jetzt zum höchsten Dach hinauf,
Von wo die Teukrier mit segenleeren Händen
Verlor'ne Pfeile niedersenden.
Zum gähen Turm verfolg' ich meinen Lauf,
Der über's Dach empor zum Sternenhimmel schreitet,
Ganz Ilium liegt vor mir ausgebreitet,
Der feindlichen Gezelte ganzes Heer,
Das ganze Schiffbedeckte Meer.

Von Tod umringt, zerreißen wir voll Mut
Der Decke schon gewich'ne Fugen,
Und schleudern sie auf der Achiver Flut
Mit samt den Pfeilern, die sie trugen.
Herunter stürzen sie mit donnerndem Gekrach,
Und weh' den Stürmenden, die sich darunter stellten!
Doch frische Krieger dringen nach,
Der Streit brennt fort, und alle Waffen gelten.

Als wollt' er jeden Feind zermalmen
Pflanzt Pyrrhus sich im Glanz der Rüstung vor das Tor,
Der Schlange gleich, genährt von bösen Halmen,
Die giftgeschwollen schlief im Eisbedeckten Moor,
Und neuverjüngt jetzt von sich streift die Schale,
Den glatten Leib im Reif zusammenringt,
Sich mit erhab'ner Brust aufbäumt zum Sonnenstrahle,
Und dreier Zungen Blitz im Munde schwingt.

Dicht an ihm steht der hohe Periphas,
Nächst dem Avtomedon, Achillens Wagenwender,
Es drängt sich Skyros Jugend an den Paß,
Und nach dem Giebel fliegen Feuerbränder.
Vom Angel haut er selbst das erzbeschlag'ne Tor,
Und alle Bänder stürzt des Beiles Schwung zu Grunde,
Leicht wird das Holz durchbohrt, das seinen Schirm verlor,
Und weitgeöffnet klafft des Tores Wunde.

Des innern Hauses weiter Hof, die Schar
Der Trojer, die den Eingang hüten,
Der alten Könige geheimste Säle bieten
Dem überraschten Blick sich dar,
Und aus den innersten Gemächern dringet
Der Männer Schrein, der Weiber jammernd Ach,
Die ganze Wölbung hallt das Klaggeheule nach,
Das in den Wolken widerklinget.

Man sieht der Mütter Heer die weite Burg durchschweifen,
Zum letzten Lebewohl die Säulen noch umgreifen,
Und küssen den empfindungslosen Stein,
Ganz mit des Vaters Trotz bricht Pyrrhus schon herein.
Ihn hält kein Schloß, die Türe liegt in Trümmern
Vom Widder eingerannt, Gewalt macht Bahn,
Tod ist der erste Gruß, so fluten sie heran,
Von Waffen rauscht's in allen Zimmern.

So wütet nicht der hochgeschwoll'ne Bach,
Der schäumend seinen Damm durchbrach,
Der Felsen Kerkerwand mit wildem Grimm durchhauen.
Er stürzt ins Feld mit trüber Wogen Kraft,
Der Herden Schar auf den ertränkten Auen
Wird mit den Hürden fortgerafft.
Ich selbst sah, Mord im Blick, den Achilliden
Am Eingang stehn, und bei ihm die Atriden.

Ich sah auch Hekuba, sah ihre hundert Töchter,
Sah Priam selbst an den Altar gestreckt,
Den Vater blühender Geschlechter,
Noch mit dem Blut der Opfer frisch befleckt.
Es tritt der Feind die Saat von funfzig Ehen,
Der Enkel schöne Hoffnung in den Staub,
Die goldne Säule stürzt, behangen mit Trophäen,
Und was dem Brand entging, das wird des Würgers Raub.

Mitleidig, Fürstin, wirst du fragen,
Wie König Priam seine Tage schloß?
So wisse denn. Kaum hört er Trojens Stunde schlagen,
Und sah den Feind, der durch die Pforten sich ergoß,
So eilt' er, sich den Panzer anzuschnallen,
Der die entwöhnten Glieder niederzog,
Umhängt das Schwert, das längst der Scheide nicht entflog,
Und stürzt zur Schlacht, als Fürst zu fallen.

Es stieg in des Palastes mittler'm Raume
Ein hoher Altar in des Äthers Plan,
Ihn fächelte von einem alten Lorbeerbaume
Die nachbarliche Kühlung an.
Gleich scheuen Tauben, die das donnerschwüle Wetter
Zusammentrieb, lag dorten Hekuba
Mit allen Töchtern knieend da,
Und schloß in ihren Arm die unerweichten Götter.

Jetzt sah sie den Gemahl, bereit zur Gegenwehr,
Im jugendlichen Schmuck der Waffen sich bewegen.
Unglücklicher wohin, ruft sie ihm bang entgegen,
Was für ein Wahnsinn reichte dir den Speer?
Und wäre selbst mein Hektor noch zugegen,
Jetzt helfen Schwert und Lanzen uns nicht mehr.
Hieher tritt! Dieses Heiligtum schützt alle,
Wo nicht, vermählt uns doch im Falle!

Sie sprach's, und zog ihn zu sich hin, und ließ
Im Priesterstuhl den Greis sich niedersetzen,
Da kam, von Pyrrhus mörderischem Spieß
Durchbohrt, sein Sohn Polit, bluttriefend, voll Entsetzen,
Der Feinde Haufen durch, den weiten Bogengang
Daher gerannt. Sein Blick sucht in der öden Leere
Der weiten Zimmer Schutz, den schon gewissen Fang
Verfolgt Neoptolem mit mordbegier'gem Speere.

Schon hascht ihn sein furchtbarer Arm,
Und über ihm sieht schon den Stahl der Vater schweben,
Noch flieht er bis zu Priams Fuß, und warm
Entquillt in Strömen Bluts das junge Leben.
Nicht länger schweigt das Vaterherz,
Obgleich verurteilt von des Mörders Grimme,
Erhebt er fürchterlich des Zornes Donnerstimme,
Und heult in diese Worte seinen Schmerz:

Für diese Freveltat, für diesen bittern Hohn,
Für dies verfluchenswürdige Erkühnen,
Wenn noch Gerechtigkeit wohnt auf der Götter Thron,
Erwarte dich, wie solche Taten ihn verdienen,
Dich, Ungeheu'r, ein grausenvoller Lohn!
Dich, dich, der mit verruchtem Bubenstücke,
Mit dem erwürgten lieben Sohn
Gefoltert hat die väterlichen Blicke!

So wahrlich hielt's mit seinem Feinde nicht
Achill, den du zum Vater dir gelogen,
Es ehrte mit errötendem Gesicht
Der Held mein Alter und der Liebe Pflicht,
Als ich zu ihm, ein Flehender, gezogen.
Er weigerte mir Hektors Leichnam nicht,
Des Toten Feier würdig zu begehen,
Und ließ mich Troja wieder sehen.

Mit diesen Worten schleudert er den Schaft,
Der ohne Klang der schwachen Hand enteilet,
Und aufgefangen von des Gegners Kraft,
Des Schildes Spitze kaum zerteilet.
Geh denn, erwidert Pyrrhus ihm voll Hohn,
Sag dem Achill, wie sehr ihn meine Taten schänden!
Verklage dort den tiefgesunk'nen Sohn,
Jetzt aber stirb von meinen Händen!

Er reißt den Zitternden, dies sagend, zum Altare,
Der noch vom Blut des Kindes raucht,
Faßt mit der linken Hand die silbergrauen Haare,
Indes die Rechte tief sich in den Busen taucht.
So endigt' Priamus. Sein Aug' sah Troja brennen,
Die über Asien den Szepter ausgestreckt,
Jetzt ein gigant'scher Rumpf, am Meeresstrand entdeckt,
Es fehlt das Haupt und niemand kann ihn nennen.

Jetzt wird zum erstenmal von Furcht mein Herz erfüllt.
Des alten Königs letztes Blassen
Weckt mir des eig'nen teuren Vaters Bild,
Zeigt mir mein Haus im Schutt, Gemahlin, Kind verlassen;
Ich spähe rings um, wer mir folgen kann,
Ach, matt vom Streit sind alle längst verschwunden,
Hier hatten sie vom Turm den kühnen Sprung getan,
Dort in den Flammen ihren Tod gefunden.

So war ich denn der einzig übrige von allen,
Als meinem Blick, der durch die Gegend fleugt,
Des Brandes heller Schein in Vesta's Tempelhallen
Die Tochter Tyndars sprachlos sitzend zeigt.
Der Griechen Furie, der Phrygier Verderben,
Bang, durch des Gatten strenges Strafgericht,
Bang, durch der Teukrier gerechte Wut zu sterben,
Barg sie im Heiligtum ihr bleiches Angesicht.

Mein Zorn entbrennt, es reißt mich hin, sie zu durchbohren,
Zu rächen mein zerstörtes Vaterland.
Was? Troja setzte sie in Brand,
Und zöge prangend ein in Lacedämons Toren,
Die Teukrer hinter sich in sklavischem Gewand?
Sie sähe Gatten, Kinder, Eltern, Vaterland?
Sie dürfte mit das Siegesfest begehen?
Nein! das wird nimmermehr geschehen!

Mag's sein, daß des gestraften Weibes Blut
Des Mannes Schwert entehrt, den leichten Sieger schändet,
Genug, ich sättige der Rache heiße Glut,
Der Frevel wird gestraft, gerächt der Freunde Blut,
Und eine Schuldige dem Orkus zugesendet.
So sprach aus mir des eiteln Grimmes Wut,
Als plötzlich, schön, wie sie sich nimmer mir gezeiget,
Der Mutter Glanzgestalt sich zu mir neiget.

Ganz Göttin, ganz umflossen von dem Lichte,
Worin sie steht vor Jovis Angesichte,
Durchschimmerte ihr Glanz die Dunkelheit:
Von welcher Wut, mein Sohn, von welcher Wunde
Entbrennt dein Herz? ertönt's von ihrem Rosenmunde,
Indem ihr Arm zu stehen mir gebeut.
Wohin mit diesen wütenden Gebärden?
Was soll aus deiner Mutter werden?

Du willst nicht lieber sehn, ob dein Askan noch lebt,
Wo du des Vaters graues Haupt verlassen,
In welchen Nöten jetzt dein Weib Kreusa schwebt,
Die der Achaier Schwärme rings umfassen,
Längst, ohne mich, ein Raub des Feuers oder Schwerts?
Nicht die spartan'sche Helena laß büßen,
Nicht Paris klage an. Da! zürne himmelwärts!
Die Götter sind's, die Trojas Fall beschließen!

Blick auf! Der Nebel sei zerstreut,
Der noch mit Finsternis dein sterblich Aug' umhüllet,
Doch werde streng von dir erfüllet,
Was deine Mutter dir gebeut.
Du siehst, wie Qualm und Rauch in schwarzen Fluten steiget,
Siehst Schutt auf Schutt und Stein auf Stein gehäuft,
Das ist Neptun, der Trojas Feste schleift,
Und mit dem Dreizack ihre Mauren beuget.

Am Skäertor siehst du Saturnia
Die Unbarmherzige in rauhem Eisen blinken,
Siehst von den Schiffen sie stets neue Feinde winken,
Auf Pergams Turm siehst du Tritonia,
In ihrer Hand der Gorgo Schrecknis, blitzen,
Du siehst – o fliehe, fliehe, teurer Sohn!
Des Himmels König selbst auf Idas düsterm Thron
Den Feinden Kräfte leih'n, die Himmlischen erhitzen.

Gib auf die eitle Gegenwehr!
O säume nicht, noch zeitig zu entrinnen,
Noch unverletzt wirst du dein Haus gewinnen,
Ich bin mit dir – Sie sprach's, und Nacht war um mich her,
Und mir erschienen, mit des Grimmes Falten,
Der hohen Götter feindliche Gestalten,
Verwüstung, Einsturz, Grausen um und um,
In Asche sank vor mir ganz Ilium.

So, wenn der Pflüger Schar, auf hoher Bergesheide,
Der Äxte mörderische Schneide
Auf den bejahrten Stamm der wilden Esche zückt,
Sie murrt erzürnt herab, die schwanke Krone nickt,
Erschüttert rauscht der dichtbelaubte Wipfel,
Bis von der Wunden Macht besiegt,
Sie ächzend sich herunter wiegt,
Und sich zermalmend wälzt von des Gebirges Gipfel.

Jetzt eil' ich fort. Durch Flammen, Schwert und Leichen
Führt unbeschädigt mich ein Gott, es weichen
Die Lanzen vor mir aus, das Feuer macht mir Bahn.
Schon hab' ich mich zur Wohnung durchgeschlagen,
Mit dem verehrten Vater fang ich an,
Ihn will ich rettend erst auf das Gebirge tragen,
Umsonst bestürmt ihn seines Sohnes Flehn,
Mit Troja will er untergehn.

Ihr andern, ruft er aus, in deren festen Brüsten
Der Jugend üppige Gesundheit glüht,
Spart euch für beßre Tage – flieht!
War's mir von Zevs bestimmt, des Lebens Rest zu fristen,
So war er Gott genug, den Flammen selbst zum Hohn,
Ein Haus mir zu verleih'n. Genug, daß Einmal schon
Dies graue Haupt den Fall Dardaniens betrauert,
Genug, daß es ihn einmal überdauert!

So will ich es. Jetzt Kinder nehmt
Den letzten Abschied von Anchisen,
Den Weg zum Tode find' ich selbst, es schämt
Der Feind sich nicht, mein Blut mitleidig zu vergießen.
Er zieht mich aus, gleichviel, begraben oder nicht!
Die Götter hassen mich, wozu noch länger tragen
Des siechen Lebens lastendes Gewicht,
An Taten leer, seitdem mich Jovis Blitz geschlagen!

Er sprach's und unbeweglich blieb er stehn,
Ihn beugt nicht unser heißes Dringen,
Nicht seines Enkels, nicht Kreusens Händeringen,
Nicht unsrer Tränen Macht, die strömend zu ihm flehn,
Durch solchen Trotz doch nicht den Tod herbei zu rufen,
Nicht uns, uns alle, mit in seinen Fall zu ziehn,
Er bleibt auf seinem Nein, und weicht nicht von den Stufen,
Aufs neu muß ich dem Tod entgegen fliehn.

Denn, Götter, welche Wahl ward mir gegeben!
Dich Vater ließ ich fliehend hinter mir?
Solch grausames Begehren kam von dir?
Ist's Jovis Schluß, soll nichts die Heimat überleben,
Beharrest du darauf, daß uns derselbe Tod
Vereinige, wohlan, der Wunsch ist zu erhören.
Schon naht, von Priams Blut und seines Sohnes rot,
Neoptolem, bereit, der Opfer Zahl zu mehren.

Und darum führtest du durch Schwert und Feuer
Erhab'ne Mutter deinen Sohn? Ich soll den Feind
Auch hier noch wüten sehn, soll alles, was mir teuer
Und teuer ist, in Einem Fall vereint,
An seinem Speere sich verbluten sehen?
O Waffen, Waffen her! Der letzte Tag bricht an,
Laßt uns aufs neu dem Feinde stehen,
Nicht ungerochen stirbt, wer männlich fechten kann!

Sogleich gürt' ich das Schwert mir um den Leib,
Und in des Schildes Griff muß sich die Linke fügen.
So geht's zum Tor. Ach, hier seh' ich mein teures Weib,
Den Kleinen zu mir neigend, vor mir liegen.
Zum Tod gehst du, ruft sie, so nimm auch uns mit fort!
Doch hoffst du Rettung noch von deinen Heldenarmen,
So bleib, und schütze diesen Ort,
Was wird aus uns? Wer wird der deinen sich erbarmen?

So ruft sie heulend und erfüllt
Das ganze Haus mit ihren Schmerzen,
Als unverhofft, da wir den kleinen Julus herzen,
Dem überraschten Blick ein Wunder sich enthüllt.
Sieh! Von des Knaben Scheitel quillt
Helleuchtend eine Feuerflocke,
Sie wächst indem sie niederfällt, und mild
Durchkräuselt sie die unversehrte Locke.

Schnell schütteln wir sie weg, und eilen, für Askan
Besorgt, die heil'ge Glut mit Wasser zu ersticken,
Anchises aber streckt die Hände himmelan,
Und dankt hinauf mit freudehellen Blicken:
Jetzt endlich, großer Zevs! sind wir erhört!
O blick, wenn anders Bitten dich bewegen,
Mit Huld auf uns herab, und sind wir's wert,
Verleih uns Schutz, bekräft'ge diesen Segen.

Er spricht es, und zur Linken kracht
Ein lauter Donnerschlag. In schönem Strahlenbogen
Kommt durch die weit erhellte Nacht
Ein funkelndes Gestirn geflogen,
In unserm Zenit stieg es auf und zog
Die Silberfurche hin nach Idas Triften,
Den Weg uns zeigend, den es flog,
Die ganze Gegend raucht von Schwefeldüften.

Von dieser Zeichen Macht besiegt,
Rafft sich Anchises auf, und betet zu dem Sterne.
Fort, ruft er, fort, die Zeit ist kostbar, fliegt,
Führt mich von dannen, sei's auch noch so ferne.
Euch Götter, die dies Zeichen uns gesandt,
Vertrau ich dieses Kind, vertrau ich diese Beiden,
In eurer Obhut steht das Vaterland,
Jetzt komm mein Sohn, ich folge dir mit Freuden.

Und lauter, immer lauter hört man schon
Des Brandes nahe Feuerflammen krachen.
Auf Vater, ruf ich, auf! Ich trage dich, den Schwachen,
Leicht drückt des Vaters teure Last den Sohn.
Was nun auch kommen mag, wir teilen Tod und Leben,
Die Hand will ich dem Kleinen geben,
In ein'ger Ferne folgt Kreusa still.
Ihr Knechte merkt, was ich verkünden will.

Gleich vor der Stadt steht ihr an einem Felsenhange,
Den ein verlaß'ner Cerestempel schmückt,
Daneben ein Zypressenbaum; seit lange
Mit Andacht von den Vätern angeblickt.
Dort treffen wir uns, in verschied'nen Scharen!
Du Vater wirst die Heiligtümer wahren,
Wie dürfte sie, noch nicht genetzt von frischer Flut,
Berühren diese Hand voll Blut!

Sogleich wird ein Gewand den Schultern umgehangen,
Vom Rücken wallt noch eine Löwenhaut,
Ich neige mich, die Last des Vaters zu empfangen,
Der Rechten wird mein Julus anvertraut,
Der neben mir mit kürzern Schritten eilet,
Und hinter unserm Rücken weilet,
Zu hintergehn den laurenden Verdacht,
Kreusens Schritt – So flieh'n wir durch die Nacht.

Wie oft auch sonst im wildesten Gemenge
Der Schlacht mein Busen unerschüttert blieb,
Wie wenig mir der Feinde furchtbarstes Gedränge
Die Röte von den Wangen trieb,
Jetzt machte jeder Laut mich beben,
Mir schauerte vor jedes Lüftchens Zug,
Besorgt für des Begleiters Leben,
Bang für die Bürde, die ich trug.

Schon sehn wir uns mit raschen Schritten
Unfern dem Tore, frei von Feinds Gewalt,
Als ein Geräusch von Menschentritten
In die erschrock'nen Ohren schallt,
Und nahe hinter uns im Dunkeln
Sah meines Vaters Schrecken Schilde funkeln,
Und blank geschliffne Helme glühn,
Sie sinds, ruft er, o laß uns eilends fliehn!

Noch heute weiß ich nicht, welch feindliches Geschick
Den Mut mir nahm, die Sinne mir verwirrte
In diesem unglücksvollen Augenblick?
In unwegsame Gegenden verirrte
Mein Fuß, ach hielt ein Gott Kreusen mir zurück?
Verlor sie sich auf unbekannten Pfaden?
Blieb sie ermattet stehn? Ich hab' es nie erraten,
Verschwunden war sie ewig meinem Blick!

Und erst, als am bezeichneten Altar
Versammelt waren alle Seelen,
Ward ich den schrecklichen Verlust gewahr,
Sah ich von allen sie allein uns fehlen.
Wen im Olymp schalt nicht mein blutend Herz,
Wen klagt' mein Grimm nicht an auf Tellus weitem Runde!
Was war mir gegen diesen Schmerz
Des Reiches Fall und Trojas letzte Stunde!

In der Gefährten treuer Hand
Verlaß ich Julus und Anchisen
Und unsrer Götter heil'ges Pfand,
Im Tal wird ihnen Zuflucht angewiesen.
Ich selber wende mit dem blanken Stahl
Zur Stadt zurück. Gält's auch, ganz Troja zu durchspähen,
Mein Schluß steht fest, der Schrecken ganze Zahl
Und jegliche Gefahr von neuem zu bestehen.

Erst eil' ich nach dem Tor, das Rettung uns gewährt,
Und meiner Tritte Spur muß mir den Rückweg zeigen,
Mir graut bei jedem Schritt, es schreckt mich selbst das Schweigen,
Vielleicht daß sie zur Wohnung umgekehrt,
Drum eil' ich hin, was dort mich auch bedrohe.
Hier herrscht bereits der Feind, vom Wind gegeißelt wehn,
Die Flammen schon bis an des Giebels Höh'n,
Zum Himmel schlägt die fürchterliche Lohe.

Des Königs Burg wird jetzt aufs neu von mir besucht.
Hier hüten Phönix und Ulyß, von allen
Achaiern auserwählt, in den geräum'gen Hallen,
Wo Junos Freiheit ist, des blut'gen Raubes Frucht.
Hier seh' ich unter Trojas reichen Schätzen,
Dem Feuer abgejagt, der Tempel gold'ne Zier,
In langen Reih'n gelagert seh' ich hier
Der Mütter bleiches Heer, die Kinder voll Entsetzen.

Kühn ließ ich durch die totenstille Nacht,
Verlor'ne Müh! der Stimme Klang erschallen,
Ließ durch ganz Ilium den teuren Namen hallen,
In eitelm Suchen hab' ich Stunden hingebracht,
Als ein Gesicht, der ähnlich, die ich misse,
Nur größer von Gestalt, als sie im Leben war,
Daher tritt durch die Finsternisse,
Mir grausts, der Atem stockt, zu Berge steigt mein Haar.

Warum, ruft es mich an, mit Suchen dich ermüden?
Wozu, geliebtester Gemahl,
Des langen Forschens undankbare Qual?
Kreusens Schicksal hat ein Gott entschieden.
Nie, nie wirst du auf deinem irren Pfad
Von deiner Gattin dich begleitet sehen,
Dagegen setzt sich Jovis Rat,
Der droben herrscht in des Olympus Höhen.

Ein Flüchtling wirst du lang den Wogen dich vertrauen,
Bis dein geduld'ger Mut Hesperien erringt,
Durch dessen segenvolle Auen
Der lyd'sche Tiberstrom die stillen Fluten schlingt.
Dir winkt an seinen lachenden Gestaden
Ein Thron und einer Königstochter Hand,
Drum höre auf, in Tränen dich zu baden
Um das zerriss'ne Liebesband.

Ich werde nicht der Griechen Städte steigen
Nicht jubeln sehn der Stolzen Vaterland,
Nicht vor den Griechinnen die Sklavenkniee beugen,
Ich Dardans Enkelin, der Venus anverwandt!
Es hält bei Priams umgestürztem Throne
Der Götter hohe Mutter mich zurück,
Leb wohl! Dich grüßt mein letzter Blick!
Leb wohl und liebe mich in unserm teuren Sohne!

Auf meiner Zunge schwebt noch manches Wort,
Noch manchen Laut will ich von ihren Lippen saugen,
In dünne Lüfte war sie fort,
Ihr folgen weinend meine Augen;
Dreimal will ich in ihre Arme fliehn,
Dreimal entschlüpft das Bild dem feurigen Berühren,
Gleich leichten Nebeln, die am Hügel ziehn,
Ein Traum, den Titans Pferde rasch entführen.

Schnell wend' ich jetzt, (der Tag fing an zu grauen)
Zu den Gefährten um. Verwundert fand ich hier
Ein neues großes Heer von Jünglingen und Frauen,
Des Elend's Kinder! gleichgesinnt mit mir,
Auf fremdem Strand sich anzubauen.
Entschlossen strömten sie mit Hab und Gut herbei,
Bereit, durch welche Fluten es auch sei,
Sich meiner Führung zu vertrauen.

Der Stern des Morgens stieg empor
Auf Idas hoher Wolkenspitze,
Und leuchtete der Sonne Wagen vor.
Gesperrt hielt der Achaier jedes Tor,
Und nirgends Hoffnung mehr die väterlichen Sitze
Zu retten von der Feinde Flut.
Ich weiche dem Geschick. Die Schultern beugen
Sich unter meines Vaters Last, mit Mut
Raff' ich mich auf, den Ida zu besteigen.

DAS IDEAL UND DAS LEBEN

Ewigklar und spiegelrein und eben
Fließt das zephyrleichte Leben
Im Olymp den Seligen dahin.
Monde wechseln und Geschlechter fliehen,
Ihrer Götterjugend Rosen blühen
Wandellos im ewigen Ruin.
Zwischen Sinnenglück und Seelenfrieden
Bleibt dem Menschen nur die bange Wahl.
Auf der Stirn des hohen Uraniden
Leuchtet ihr vermählter Strahl.

Wollt ihr schon auf Erden Göttern gleichen,
Frei sein in des Todes Reichen,
Brechet nicht von seines Gartens Frucht.
An dem Scheine mag der Blick sich weiden,
Des Genusses wandelbare Freuden
Rächet schleunig der Begierde Flucht.
Selbst der Styx, der neunfach sie umwindet,
Wehrt die Rückkehr Ceres Tochter nicht,
Nach dem Apfel greift sie und es bindet
Ewig sie des Orkus Pflicht.

Nur der Körper eignet jenen Mächten,
Die das dunkle Schicksal flechten,
Aber frei von jeder Zeitgewalt,
Die Gespielin seliger Naturen
Wandelt oben in des Lichtes Fluren,
Göttlich unter Göttern, die *Gestalt*.
Wollt ihr hoch auf ihren Flügeln schweben,
Werft die Angst des Irdischen von euch,
Fliehet aus dem engen dumpfen Leben
In des Ideales Reich!

Jugendlich, von allen Erdenmalen
Frei, in der Vollendung Strahlen
Schwebet hier der Menschheit Götterbild,
Wie des Lebens schweigende Phantome
Glänzend wandeln an dem styg'schen Strome,
Wie sie stand im himmlischen Gefild,
Ehe noch zum traur'gen Sarkophage
Die Unsterbliche herunter stieg.
Wenn im Leben noch des Kampfes Waage
Schwankt, erscheinet hier der Sieg.

Nicht vom Kampf die Glieder zu entstricken,
Den Erschöpften zu erquicken,
Wehet hier des Sieges duft'ger Kranz.
Mächtig, selbst wenn eure Sehnen ruhten,
Reißt das Leben euch in seine Fluten,
Euch die Zeit in ihren Wirbeltanz.
Aber sinkt des Mutes kühner Flügel
Bei der Schranken peinlichem Gefühl,
Dann erblicket von der Schönheit Hügel
Freudig das erflog'ne Ziel.

Wenn es gilt, zu herrschen und zu schirmen,
Kämpfer gegen Kämpfer stürmen
Auf des Glückes, auf des Ruhmes Bahn,
Da mag Kühnheit sich an Kraft zerschlagen,
Und mit krachendem Getös die Wagen
Sich vermengen auf bestäubtem Plan.
Mut allein kann hier den Dank erringen,
Der am Ziel des Hippodromes winkt,
Nur der Starke wird das Schicksal zwingen,
Wenn der Schwächling untersinkt.

Aber der, von Klippen eingeschlossen,
Wild und schäumend sich ergossen,
Sanft und eben rinnt des Lebens Fluß
Durch der Schönheit stille Schattenlande,
Und auf seiner Wellen Silberrande
Malt Aurora sich und Hesperus.
Aufgelöst in zarter Wechselliebe,
In der Anmut freiem Bund vereint,
Ruhen hier die ausgesöhnten Triebe,
Und verschwunden ist der Feind.

Wenn das Tote bildend zu beseelen,
Mit dem Stoff sich zu vermählen

Tatenvoll der Genius entbrennt,
Da, da spanne sich des Fleißes Nerve,
Und beharrlich ringend unterwerfe
Der Gedanke sich das Element.
Nur dem Ernst, den keine Mühe bleichet,
Rauscht der Wahrheit tief versteckter Born,
Nur des Meißels schwerem Schlag erweichet
Sich des Marmors sprödes Korn.

Aber dringt bis in der Schönheit Sphäre,
Und im Staube bleibt die Schwere
Mit dem Stoff, den sie beherrscht, zurück.
Nicht der Masse qualvoll abgerungen,
Schlank und leicht, wie aus dem Nichts gesprungen,
Steht das Bild vor dem entzückten Blick.
Alle Zweifel, alle Kämpfe schweigen
In des Sieges hoher Sicherheit,
Ausgestoßen hat es jeden Zeugen
Menschlicher Bedürftigkeit.

Wenn ihr in der Menschheit traur'ger Blöße
Steht vor des Gesetzes Größe,
Wenn dem Heiligen die Schuld sich naht,
Da erblasse vor der Wahrheit Strahle
Eure Tugend, vor dem Ideale
Fliehe mutlos die beschämte Tat.
Kein Erschaff'ner hat dies Ziel erflogen,
Über diesen grauenvollen Schlund
Trägt kein Nachen, keiner Brücke Bogen,
Und kein Anker findet Grund.

Aber flüchtet aus der Sinne Schranken
In die Freiheit der Gedanken,
Und die Furchterscheinung ist entflohn,
Und der ew'ge Abgrund wird sich füllen;
Nehmt die Gottheit auf in euern Willen,
Und sie steigt von ihrem Weltenthron.
Des Gesetzes strenge Fessel bindet
Nur den Sklavensinn, der es verschmäht,
Mit des Menschen Widerstand verschwindet
Auch des Gottes Majestät.

Wenn der Menschheit Leiden euch umfangen,
Wenn dort Priams Sohn der Schlangen
Sich erwehrt mit namenlosem Schmerz,
Da empöre sich der Mensch! Es schlage

An des Himmels Wölbung seine Klage,
Und zerreiße euer fühlend Herz!
Der Natur furchtbare Stimme siege,
Und der Freude Wange werde bleich,
Und der heil'gen Sympathie erliege
Das Unsterbliche in euch!

Aber in den heitern Regionen,
Wo die reinen Formen wohnen,
Rauscht des Jammers trüber Sturm nicht mehr.
Hier darf Schmerz die Seele nicht durchschneiden,
Keine Träne fließt hier mehr dem Leiden,
Nur des Geistes tapf'rer Gegenwehr.
Lieblich wie der Iris Farbenfeuer
Auf der Donnerwolke duft'gem Tau,
Schimmert durch der Wehmut düstern Schleier
Hier der Ruhe heitres Blau.

Tief erniedrigt zu des Feigen Knechte
Ging in ewigem Gefechte
Einst Alcid des Lebens schwere Bahn,
Rang mit Hydern und umarmt' den Leuen,
Stürzte sich, die Freunde zu befreien,
Lebend in des Totenschiffers Kahn.
Alle Plagen, alle Erdenlasten
Wälzt der unversöhnten Göttin List
Auf die will'gen Schultern des Verhaßten,
Bis sein Lauf geendigt ist –

Bis der Gott, des Irdischen entkleidet,
Flammend sich vom Menschen scheidet,
Und des Äthers leichte Lüfte trinkt.
Froh des neuen ungewohnten Schwebens
Fließt er aufwärts und des Erdenlebens
Schweres Traumbild sinkt und sinkt und sinkt.
Des Olimpus Harmonien empfangen
Den Verklärten in Chronions Saal,
Und die Göttin mit den Rosenwangen
Reicht ihm lächelnd den Pokal.

AN GÖTHE

als er den Mahomet von Voltaire auf die Bühne brachte

Du selbst, der uns von falschem Regelzwange
Zu Wahrheit und Natur zurückgeführt,

Der, in der Wiege schon ein Held, die Schlange
Erstickt, die unsern Genius umschnürt,
Du, den die Kunst, die göttliche, schon lange
Mit ihrer reinen Priesterbinde ziert,
Du opferst auf zertrümmerten Altären
Der Aftermuse, die wir nicht mehr ehren?

Einheim'scher Kunst ist dieser Schauplatz eigen,
Hier wird nicht fremden Götzen mehr gedient,
Wir können mutig einen Lorbeer zeigen,
Der auf dem deutschen Pindus selbst gegrünt,
Selbst in der Künste Heiligtum zu steigen
Hat sich der deutsche Genius erkühnt,
Und auf der Spur des Griechen und des Britten
Ist er dem bessern Ruhme nachgeschritten.

Denn dort, wo Sklaven knien, Despoten walten,
Wo sich die eitle Aftergröße bläht,
Da kann die Kunst das Edle nicht gestalten,
Von keinem *Ludwig* wird es ausgesät,
Aus eig'ner Fülle muß es sich entfalten,
Es borget nicht von ird'scher Majestät,
Nur mit der Wahrheit wird es sich vermählen,
Und seine Glut durchflammt nur freie Seelen.

Drum nicht in alte Fesseln uns zu schlagen
Erneuerst du dies Spiel der alten Zeit,
Nicht uns zurück zu führen zu den Tagen
Charakterloser Minderjährigkeit,
Es wär' ein eitel und vergeblich Wagen,
Zu fallen ins bewegte Rad der Zeit,
Geflügelt fort entführen es die Stunden,
Das Neue kommt, das Alte ist verschwunden.

Erweitert jetzt ist des Theaters Enge,
In seinem Raume drängt sich eine Welt,
Nicht mehr der Worte rednerisch Gepränge,
Nur der Natur getreues Bild gefällt,
Verbannet ist der Sitten falsche Strenge,
Und menschlich handelt, menschlich fühlt der Held,
Die Leidenschaft erhebt die freien Töne,
Und in der Wahrheit findet man das Schöne.

Doch leicht gezimmert nur ist Thespis Wagen,
Und er ist gleich dem acheront'schen Kahn,
Nur Schatten und Idole kann er tragen,

Und drängt das rohe Leben sich heran,
So droht das leichte Fahrzeug umzuschlagen,
Das nur die flücht'gen Geister fassen kann,
Der Schein soll nie die Wirklichkeit erreichen,
Und siegt Natur, so muß die Kunst entweichen.

Denn auf dem bretternen Gerüst der Szene
Wird eine Idealwelt aufgetan,
Nichts sei hier wahr und wirklich als die Träne,
Die Rührung ruht auf keinem Sinnenwahn,
Aufrichtig ist die wahre Melpomene,
Sie kündigt nichts als eine Fabel an,
Und weiß durch tiefe Wahrheit zu entzücken,
Die falsche stellt sich wahr, um zu berücken.

Es droht die Kunst vom Schauplatz zu verschwinden,
Ihr wildes Reich behauptet Phantasie,
Die *Bühne* will sie, wie die *Welt*, entzünden,
Das niedrigste und höchste menget sie,
Nur bei dem Franken war noch Kunst zu finden,
Erschwang er gleich ihr hohes Urbild nie,
Gebannt in unveränderlichen Schranken
Hält er sie fest und nimmer darf sie wanken.

Ein heiliger Bezirk ist ihm die Szene,
Verbannt aus ihrem festlichen Gebiet
Sind der Natur nachlässig rohe Töne,
Die Sprache selbst erhebt sich ihm zum Lied,
Es ist ein Reich des Wohllauts und der Schöne,
In edler Ordnung greifet Glied in Glied,
Zum ernsten Tempel füget sich das Ganze
Und die Bewegung borgt Reiz vom Tanze.

Nicht Muster zwar darf uns der Franke werden,
Aus seiner Kunst spricht kein lebend'ger Geist,
Des falschen Anstands prunkende Gebärden
Verschmäht der Sinn, *der* nur das wahre preist,
Ein Führer nur zum Bessern soll er werden,
Er komme wie ein abgeschied'ner Geist,
Zu reinigen die oft entweihte Szene
Zum würd'gen Sitz der alten Melpomene.

SHAKESPEARS SCHATTEN
Parodie

Endlich erblickt' ich auch die hohe Kraft des Herakläs,
  Seinen Schatten. Er selbst leider war nicht mehr zu sehn.
Rings um schrie, wie Vögelgeschrei, das Geschrei der Tragöden
  Und das Hundegebell der Dramaturgen um ihn.
Schauerlich stand das Ungetüm da. Gespannt war der Bogen,
  Und der Pfeil auf der Senn' traf noch beständig das Herz.
»Welche noch kühnere Tat, Unglücklicher, wagest du jetzo,
  Zu den Verstorbenen selbst niederzusteigen, ins Grab!« –
Wegen Tiresias mußt ich herab, den Seher zu fragen,
  Wo ich den alten Kothurn fände, der nicht mehr zu sehn.
»Glauben sie nicht der Natur und den alten Griechen, so holst du
  Eine Dramaturgie ihnen vergeblich herauf.« –
O die Natur, die zeigt auf unsern Bühnen sich wieder,
  Splitternackend, daß man jegliche Rippe ihr zählt.
»Wie? So ist wirklich bei euch der alte Kothurnus zu sehen,
  Den zu holen ich selbst stieg in des Tartarus Nacht?« –
Nichts mehr von diesem tragischen Spuk. Kaum einmal im Jahre
  Geht dein geharnischter Geist über die Bretter hinweg.
»Auch gut! Philosophie hat eure Gefühle geläutert,
  Und vor dem heitern Humor fliehet der schwarze Affekt.« –
Ja, ein derber und trockener Spaß, nichts geht uns darüber,
  Aber der Jammer auch, wenn er nur naß ist, gefällt.
»Also sieht man bei euch den leichten Tanz der Thalia
  Neben dem ernsten Gang, welchen Melpomene geht?« –
Keines von beiden! Uns kann nur das christlich-moralische rühren,
  Und was recht populär, häuslich und bürgerlich ist.
»Was? Es dürfte kein Cäsar auf euren Bühnen sich zeigen,
  Kein Achill, kein Orest, keine Andromacha mehr?« –
Nichts! Man siehet bei uns nur Pfarrer, Kommerzienräte,
  Fähndriche, Sekretärs oder Husarenmajors.
»Aber ich bitte dich Freund, was kann denn dieser Misere
  Großes begegnen, was kann großes denn durch sie geschehn?« –
Was? Sie machen Kabale, sie leihen auf Pfänder, sie stecken
  Silberne Löffel ein, wagen den Pranger und mehr.
»Woher nehmt ihr denn aber das große gigantische Schicksal,
  Welches den Menschen erhebt, wenn es den Menschen
                                               zermalmt?« –
Das sind Grillen! Uns selbst und unsre guten Bekannten,
  Unsern Jammer und Not suchen und finden wir hier.
»Aber das habt ihr ja alles bequemer und besser zu Hause,
  Warum entfliehet ihr euch, wenn ihr euch selber nur sucht?« –
Nimm's nicht übel mein Heros. Das ist ein verschiedener Casus,
  Das Geschick, das ist blind, und der Poet ist gerecht.

»Also *eure* Natur, die erbärmliche, trifft man auf euern
    Bühnen, die große nur nicht, nicht die unendliche an?« –
Der Poet ist der Wirt und der letzte Actus die Zeche,
    Wenn sich das Laster erbricht, setzt sich die Tugend zu Tisch.

DER KAMPF

Nein, länger werd' ich diesen Kampf nicht kämpfen,
    Den Riesenkampf der Pflicht.
Kannst du des Herzens Flammentrieb nicht dämpfen,
    So fodre, Tugend, dieses Opfer nicht.

Geschworen hab' ich's, ja ich hab's geschworen,
    Mich selbst zu bändigen.
Hier ist dein Kranz, er sei auf ewig mir verloren,
    Nimm ihn zurück und laß mich sündigen.

Zerrissen sei, was wir bedungen haben,
    Sie liebt mich – deine Krone sei verscherzt.
Glückselig, wer in Wonnetrunkenheit begraben,
    So leicht wie ich den tiefen Fall verschmerzt.

Sie sieht den Wurm an meiner Jugend Blume nagen
    Und meinen Lenz entflohn,
Bewundert still mein heldenmütiges Entsagen
    Und großmutsvoll beschließt sie meinen Lohn.

Mißtraue, schöne Seele, dieser Engelgüte,
    Dein Mitleid waffnet zum Verbrechen mich.
Gibt's in des Lebens unermeßlichem Gebiete
    Gibt's einen andern schönern Lohn als *dich*?

Als das Verbrechen, das ich ewig fliehen wollte?
    Tyrannisches Geschick!
Der einz'ge Lohn, der meine Tugend krönen sollte,
    Ist meiner Tugend letzter Augenblick!

DIE GÖTTER GRIECHENLANDES

Da ihr noch die schöne Welt regieret,
    An der Freude leichtem Gängelband
Selige Geschlechter noch geführet,
    Schöne Wesen aus dem Fabelland!
Ach, da euer Wonnedienst noch glänzte,

Wie ganz anders, anders war es da!
Da man deine Tempel noch bekränzte,
Venus Amathusia!

Da der Dichtung zauberische Hülle
Sich noch lieblich um die Wahrheit wand –
Durch die Schöpfung floß da Lebensfülle,
Und was nie empfinden wird, empfand.
An der Liebe Busen sie zu drücken,
Gab man höhern Adel der Natur,
Alles wies den eingeweihten Blicken
Alles eines Gottes Spur.

Wo jetzt nur, wie unsre Weisen sagen,
Seelenlos ein Feuerball sich dreht,
Lenkte damals seinen gold'nen Wagen
Helios in stiller Majestät.
Diese Höhen füllten Oreaden,
Eine Dryas lebt' in jenem Baum,
Aus den Urnen lieblicher Najaden
Sprang der Ströme Silberschaum.

Jener Lorbeer wand sich einst um Hilfe,
Tantals Tochter schweigt in diesem Stein,
Syrinx Klage tönt' aus jenem Schilfe,
Philomelas Schmerz aus diesem Hain.
Jener Bach empfing Demeters Zähre,
Die sie um Persephonen geweint,
Und von diesem Hügel rief Cythere
Ach umsonst! dem schönen Freund.

Zu Deukalions Geschlechte stiegen
Damals noch die Himmlischen herab,
Pyrrhas schöne Töchter zu besiegen
Nahm der Läto Sohn den Hirtenstab.
Zwischen Menschen, Göttern und Heroen
Knüpfte Amor einen schönen Bund,
Sterbliche mit Göttern und Heroen
Huldigten in Amathunt.

Finstrer Ernst und trauriges Entsagen
War aus eurem heitern Dienst verbannt,
Glücklich sollten alle Herzen schlagen,
Denn euch war der glückliche verwandt.
Damals war nichts heilig als das Schöne,
Keiner Freude schämte sich der Gott,

Wo die keusch errötende Kamöne,
Wo die Grazie gebot.

Eure Tempel lachten gleich Palästen,
Euch verherrlichte das Heldenspiel
An des Isthmus kronenreichen Festen,
Und die Wagen donnerten zum Ziel.
Schön geschlung'ne seelenvolle Tänze
Kreis'ten um den prangenden Altar,
Eure Schläfe schmückten Siegeskränze,
Kronen euer duftend Haar.

Das Evoe muntrer Thyrsusschwinger
Und der Panther prächtiges Gespann
Meldeten den großen Freudebringer,
Faun und Satyr taumeln ihm voran,
Um ihn springen rasende Mänaden,
Ihre Tänze loben seinen Wein,
Und des Wirtes braune Wangen laden
Lustig zu dem Becher ein.

Damals trat kein gräßliches Gerippe
Vor das Bett des Sterbenden. Ein Kuß
Nahm das letzte Leben von der Lippe,
Seine Fackel senkt' ein Genius.
Selbst des Orkus strenge Richterwaage
Hielt der Enkel einer Sterblichen,
Und des Thrakers seelenvolle Klage
Rührte die Erinnyen.

Seine Freuden traf der frohe Schatten
In Elysiens Hainen wieder an,
Treue Liebe fand den treuen Gatten
Und der Wagenlenker seine Bahn,
Linus Spiel tönt die gewohnten Lieder,
In Alcestens Arme sinkt Admet,
Seinen Freund erkennt Orestes wieder,
Seine Pfeile Philoktet.

Höh're Preise stärkten da den Ringer
Auf der Tugend arbeitvoller Bahn,
Großer Taten herrliche Vollbringer
Klimmten zu den Seligen hinan.
Vor dem Wiederfoderer der Toten
Neigte sich der Götter stille Schar,
Durch die Fluten leuchtet dem Piloten
Vom Olimp das Zwillingspaar.

Schöne Welt, wo bist du? Kehre wieder
Holdes Blütenalter der Natur!
Ach nur in dem Feenland der Lieder
Lebt noch deine fabelhafte Spur.
Ausgestorben trauert das Gefilde,
Keine Gottheit zeigt sich meinem Blick,
Ach von jenem lebenwarmen Bilde
Blieb der Schatten nur zurück.

Alle jene Blüten sind gefallen
Von des Nordes schauerlichem Weh'n,
Einen zu bereichern unter allen
Mußte diese Götterwelt vergehn.
Traurig such' ich an dem Sternenbogen,
Dich Selene find' ich dort nicht mehr,
Durch die Wälder ruf' ich, durch die Wogen,
Ach! sie widerhallen leer!

Unbewußt der Freuden, die sie schenket,
Nie entzückt von ihrer Herrlichkeit,
Nie gewahr des Geistes, der sie lenket,
Sel'ger nie durch meine Seligkeit,
Fühllos selbst für ihres Künstlers Ehre,
Gleich dem toten Schlag der Pendeluhr,
Dient sie knechtisch dem Gesetz der Schwere
Die entgötterte Natur.

Morgen wieder neu sich zu entbinden,
Wühlt sie heute sich ihr eig'nes Grab,
Und an ewig gleicher Spindel winden
Sich von selbst die Monde auf und ab.
Müßig kehrten zu dem Dichterlande
Heim die Götter, unnütz einer Welt,
Die, entwachsen ihrem Gängelbande,
Sich durch eig'nes Schweben hält.

Ja sie kehrten heim und alles Schöne
Alles Hohe nahmen sie mit fort,
Alle Farben, alle Lebenstöne,
Und uns blieb nur das entseelte Wort.
Aus der Zeitflut weggerissen schweben
Sie gerettet auf des Pindus Höhn,
Was unsterblich im Gesang soll leben
Muß im Leben untergehn.

POMPEJI UND HERKULANUM

Welches Wunder begibt sich? Wir flehen um trinkbare Quellen
    Erde! dich an und was sendet dein Schoß uns herauf!
Lebt es im Abgrund auch? Wohnt unter der Lava verborgen
    Noch ein neues Geschlecht? Kehrt das entfloh'ne zurück?
Griechen! Römer! O kommt! O seht, das alte Pompeji
    Findet sich wieder, aufs neu bauet sich Herkules Stadt.
Giebel an Giebel steigt, der räumige Portikus öffnet
    Seine Hallen, o eilt ihn zu beleben herbei!
Aufgetan ist das weite Theater, es stürze durch seine
    Sieben Mündungen sich flutend die Menge herein.
Mimen wo bleibt ihr? Hervor! Das bereitete Opfer vollende
    Atreus Sohn, dem Orest folge der grausende Chor.
Wohin führet der Bogen des Sieg's? Erkennt ihr das Forum?
    Was für Gestalten sind das auf dem kurulischen Stuhl?
Traget Liktoren die Beile voran! Den Sessel besteige
    Richtend der Prätor, der Zeug' trete, der Kläger vor ihn.
Reinliche Gassen breiten sich aus, mit erhöhetem Pflaster
    Ziehet der schmälere Weg neben den Häusern sich hin.
Schützend springen die Dächer hervor, die zierlichen Zimmer
    Reih'n um den einsamen Hof heimlich und traulich sich her.
Öffnet die Läden geschwind und die lange verschütteten Türen,
    In die schaudrigte Nacht falle der lustige Tag.
Siehe, wie rings um den Rand die netten Bänke sich dehnen,
    Wie von buntem Gestein schimmernd das Estrich sich hebt!
Frisch noch erglänzt die Wand von heiter brennenden Farben,
    Wo ist der Künstler? Er warf eben den Pinsel hinweg.
Schwellender Früchte voll und lieblich geordneter Blumen
    Fasset der muntre Feston reizende Bildungen ein.
Mit beladenem Korb schlüpft hier ein Amor vorüber,
    Emsige Genien dort keltern den purpurnen Wein,
Hoch auf springt die Bacchantin im Tanz, dort ruhet sie
                                    schlummernd,
    Und der lauschende Faun hat sich nicht satt noch gesehn.
Flüchtig tummelt sie hier den raschen Kentauren, auf Einem
    Knie nur schwebend, und treibt frisch mit dem Thyrsus ihn an.
Knaben! Was säumt ihr? Herbei! Da stehn noch die schönen
                                    Geschirre,
    Frisch ihr Mädchen und schöpft in den etrurischen Krug.
Steht nicht der Dreifuß hier auf schön geflügelten Sphinxen,
    Schüret das Feuer! Geschwind Sklaven! Bestellet den Herd!
Kauft, hier geb' ich euch Münzen vom mächtigen Titus geprägt,
    Auch noch die Waage liegt hier, sehet, es fehlt kein Gewicht.
Stecket das brennende Licht auf die zierlich gebildeten Leuchter,
    Und mit glänzendem Öl fülle die Lampe sich an.

Was verwahret dies Kästchen? O seht, was der Bräutigam sendet
  Mädchen! Spangen von Gold, glänzende Pasten zum Schmuck!
Führet die Braut in das duftende Bad, hier stehn noch die Salben,
  Schminke find' ich noch hier in dem gehöhlten Crystall.
Aber wo bleiben die Männer? die Alten? Im ernsten Museum
  Liegt noch ein köstlicher Schatz seltener Rollen gehäuft.
Griffel findet ihr hier zum Schreiben, wächserne Tafeln,
  Nichts ist verloren, getreu hat es die Erde bewahrt.
Auch die Penaten sie stellen sich ein, es finden sich alle
  Götter wieder, warum bleiben die Priester nur aus?
Den Caduceus schwingt der zierlich geschenkelte Hermes,
  Und die Viktoria fliegt leicht aus der haltenden Hand.
Die Altäre, sie stehen noch da, o kommet, o zündet,
  Lang schon entbehrte der Gott, zündet die Opfer ihm an!

RESIGNATION

Auch ich war in Arkadien geboren,
  Auch mir hat die Natur
An meiner Wiege Freude zugeschworen,
Auch ich war in Arkadien geboren,
  Doch Tränen gab der kurze Lenz mir nur.

Des Lebens Mai blüht einmal und nicht wieder,
  Mir hat er abgeblüht.
Der stille Gott – o weinet meine Brüder –
Der stille Gott taucht meine Fackel nieder,
  Und die Erscheinung flieht.

Da steh' ich schon auf deiner finstern Brücke
  Furchtbare Ewigkeit.
Empfange meinen Vollmachtbrief zum Glücke!
Ich bring' ihn unerbrochen dir zurücke,
  Ich weiß nichts von Glückseligkeit.

Vor deinem Thron erheb' ich meine Klage,
  Verhüllte Richterin,
Auf jenem Stern ging eine frohe Sage,
Du thronest hier mit des Gerichtes Waage
  Und nennest dich Vergelterin.

Hier, spricht man, warten Schrecken auf den Bösen,
  Und Freuden auf den Redlichen.
Des Herzens Krümmen werdest du entblößen,
Der Vorsicht Rätsel werdest du mir lösen,
  Und Rechnung halten mit dem Leidenden.

Hier öffne sich die Heimat dem Verbannten,
  Hier endige des Dulders Dornenbahn.
Ein Götterkind, das sie mir *Wahrheit* nannten,
Die meisten flohen, wenige nur kannten,
  Hielt meines Lebens raschen Zügel an.

»Ich zahle dir in einem andern Leben,
  Gib deine Jugend mir,
Nichts kann ich dir als diese Weisung geben.«
Ich nahm die Weisung auf das andre Leben,
  Und meiner Jugend Freuden gab ich ihr.

»Gib mir das Weib, so teuer deinem Herzen,
  Gib deine Laura mir.
Jenseits der Gräber wuchern deine Schmerzen.« –
Ich riß sie blutend aus dem wunden Herzen,
  Und weinte laut, und gab sie ihr.

»Die Schuldverschreibung lautet an die Toten«,
  Hohnlächelte die Welt,
»Die Lügnerin, gedungen von Despoten,
Hat für die Wahrheit Schatten dir geboten,
  Du bist nicht mehr, wenn dieser Schein verfällt.«

Frech witzelte das Schlangenheer der Spötter:
  »Vor einem Wahn, den nur Verjährung weiht,
Erzitterst du? Was sollen deine Götter,
Des kranken Weltplans schlau erdachte Retter,
  Die Menschenwitz des Menschen Notdurft leiht?«

»Was heißt die Zukunft, die uns Gräber decken?
  Die Ewigkeit, mit der du eitel prangst?
Ehrwürdig nur, weil Hüllen sie verstecken,
Der Riesenschatten uns'rer eig'nen Schrecken
  Im hohlen Spiegel der Gewissensangst;«

»Ein Lügenbild lebendiger Gestalten,
  Die Mumie der Zeit
Vom Balsamgeist der Hoffnung in den kalten
Behausungen des Grabes hingehalten,
  Das nennt dein Fieberwahn Unsterblichkeit?«

»Für Hoffnungen – Verwesung straft sie Lügen –
  Gabst du *gewisse* Güter hin?
Sechstausend Jahre hat der Tod geschwiegen,
Kam je ein Leichnam aus der Gruft gestiegen,
  Der Meldung tat von der Vergelterin?« –

Ich sah die Zeit nach deinen Ufern fliegen,
  Die blühende Natur
Blieb hinter ihr, ein welker Leichnam, liegen,
Kein Toter kam aus seiner Gruft gestiegen,
  Und fest vertraut' ich auf den Götterschwur.

All meine Freuden hab' ich dir geschlachtet,
  Jetzt werf' ich mich vor deinen Richterthron.
Der Menge Spott hab' ich beherzt verachtet,
Nur *deine* Güter hab' ich groß geachtet,
  Vergelterin, ich fodre meinen Lohn.

»Mit gleicher Liebe lieb' ich meine Kinder
  Rief unsichtbar ein Genius.
Zwei Blumen, rief er – hört es Menschenkinder –
Zwei Blumen blühen für den weisen Finder,
  Sie heißen *Hoffnung* und *Genuß*.

Wer dieser Blumen Eine brach, begehre
  Die andre Schwester nicht.
Genieße wer nicht glauben kann. Die Lehre
Ist ewig wie die Welt. Wer glauben kann, entbehre.
  Die Weltgeschichte ist das Weltgericht.

Du hast *gehofft*, dein Lohn ist abgetragen,
  Dein *Glaube* war dein zugewog'nes Glück.
Du konntest deine Weisen fragen,
Was man von der Minute ausgeschlagen
  Gibt keine Ewigkeit zurück.«

DIE WORTE DES WAHNS

Drei Worte hört man bedeutungschwer
  Im Munde der Guten und Besten.
Sie schallen vergeblich, ihr Klang ist leer,
  Sie können nicht helfen und trösten.
Verscherzt ist dem Menschen des Lebens Frucht,
So lang' er die Schatten zu haschen sucht.

So lang' er glaubt an die goldene Zeit,
  Wo das Rechte, das Gute wird siegen, –
Das Rechte, das Gute führt ewig Streit,
  Nie wird der Feind ihm erliegen,
Und erstickst du ihn nicht in den Lüften frei,
Stets wächst ihm die Kraft auf der Erde neu.

So lang' er glaubt, daß das buhlende Glück
  Sich dem Edeln vereinigen werde.
Dem Schlechten folgt es mit Liebesblick,
  Nicht dem Guten gehöret die Erde.
Er ist ein Fremdling, er wandert aus,
Und suchet ein unvergänglich Haus.

So lang' er glaubt, daß dem ird'schen Verstand
  Die Wahrheit je wird erscheinen,
Ihren Schleier hebt keine sterbliche Hand,
  Wir können nur raten und meinen.
Du kerkerst den Geist in ein tönend Wort,
Doch der freie wandelt im Sturme fort.

Drum edle Seele, entreiß dich dem Wahn
  Und den himmlischen Glauben bewahre!
Was kein Ohr vernahm, was die Augen nicht sahn,
  Es ist dennoch das Schöne, das Wahre!
Es ist nicht draußen, da sucht es der Tor,
Es ist *in* dir, du bringst es ewig hervor.

AN EMMA

Weit in nebelgrauer Ferne
  Liegt mir das vergang'ne Glück,
Nur an Einem schönen Sterne
  Weilt mit Liebe noch der Blick,
Aber wie des Sternes Pracht
Ist es nur ein Schein der Nacht.

Deckte dir der lange Schlummer,
  Dir der Tod die Augen zu,
Dich besäße doch mein Kummer,
  Meinem Herzen lebtest du.
Aber ach! du lebst im Licht,
  Meiner Liebe lebst du nicht.

Kann der Liebe süß Verlangen,
  Emma, kann's vergänglich sein?
Was dahin ist und vergangen,
  Emma, kann's die Liebe sein?
Ihrer Flamme Himmelsglut
Stirbt sie, wie ein irdisch Gut?

HEKTORS ABSCHIED

Andromache
Will sich Hektor ewig von mir wenden,
Wo Achill mit den unnahbar'n Händen
Dem Patroklus schrecklich Opfer bringt?
Wer wird künftig deinen Kleinen lehren
Speere werfen und die Götter ehren,
Wenn der finstre Orkus dich verschlingt?

Hektor
Teures Weib gebiete deinen Tränen,
Nach der Feldschlacht ist mein feurig Sehnen,
Diese Arme schützen Pergamus.
Kämpfend für den heil'gen Herd der Götter
Fall ich, und des Vaterlandes Retter
Steig' ich nieder zu dem styg'schen Fluß.

Andromache
Nimmer lausch' ich deiner Waffen Schalle,
Müßig liegt dein Eisen in der Halle,
Priams großer Heldenstamm verdirbt.
Du wirst hingeh'n wo kein Tag mehr scheinet,
Der Cocytus durch die Wüsten weinet,
Deine Liebe in dem Lethe stirbt.

Hektor
All mein Sehnen will ich, all mein Denken,
In des Lethe stillen Strom versenken,
Aber meine Liebe nicht.
Horch! der Wilde tobt schon an den Mauern,
Gürte mir das Schwert um, laß das Trauern,
Hektors Liebe stirbt im Lethe nicht.

VOTIVTAFELN

⟨1⟩
Was der Gott mich gelehrt, was mir durchs Leben geholfen
   Häng' ich, dankbar und fromm, hier in dem Heiligtum auf.

⟨2⟩ *Die verschiedne Bestimmung*
Millionen beschäftigen sich, daß die Gattung bestehe,
   Aber durch wenige nur pflanzet die Menschheit sich fort.
Tausend Keime zerstreuet der Herbst, doch bringet kaum einer
   Früchte, zum Element kehren die meisten zurück.

Aber entfaltet sich auch nur einer, einer allein streut
   Eine lebendige Welt ewiger Bildungen aus.

⟨3⟩ *Das Belebende*
Nur an des Lebens Gipfel, der Blume, zündet sich neues
   In der organischen Welt, in der empfindenden an.

⟨4⟩ *Zweierlei Wirkungsarten*
Wirke Gutes, du *nährst* der Menschheit göttliche Pflanze,
   Bilde Schönes, du streust *Keime* der göttlichen aus.

⟨5⟩ *Unterschied der Stände*
Adel ist auch in der sittlichen Welt. Gemeine Naturen
   Zahlen mit dem was sie *tun*, edle mit dem was sie *sind*.

⟨6⟩ *Das Werte und Würdige*
Hast du etwas, so teile mir's mit und ich zahle was recht ist,
   Bist du etwas, o dann tauschen die Seelen wir aus.

⟨7⟩ *Die moralische Kraft*
Kannst du nicht schön empfinden, dir bleibt doch vernünftig zu
                                                              wollen,
   Und als ein Geist zu tun, was du als Mensch nicht vermagst.

⟨8⟩ *Mitteilung*
Aus der schlechtesten Hand kann Wahrheit mächtig noch wirken,
   Bei dem Schönen allein macht das Gefäß den Gehalt.

⟨9⟩ *An**
Teile mir mit, was du weißt, ich werd' es dankbar empfangen,
   Aber du gibst mir dich selbst, damit verschone mich, Freund.

⟨10⟩ *An***
Du willst wahres mich lehren? Bemühe dich nicht, nicht die Sache
   Will ich durch dich, ich will *dich* durch die Sache nur sehn.

⟨11⟩ *An****
Dich erwähl' ich zum Lehrer, zum Freund. Dein lebendiges Bilden
   Lehrt mich, dein lehrendes Wort rühret lebendig mein Herz.

⟨12⟩ *Jetzige Generation*
War es immer wie jetzt? Ich kann das Geschlecht nicht begreifen.
   Nur das Alter ist jung, ach! und die Jugend ist alt.

⟨13⟩ *An die Muse*
Was ich ohne dich wäre, ich weiß es nicht – aber mir grauet,
   Seh ich, was ohne *Dich* Hundert' und Tausende sind.

⟨14⟩ Der gelehrte Arbeiter
Nimmer labt ihn des Baumes Frucht, den er mühsam erziehet,
   Nur der Geschmack genießt, was die Gelehrsamkeit pflanzt.

⟨15⟩ Pflicht für jeden
Immer strebe zum Ganzen und kannst du selber kein Ganzes
   Werden, als dienendes Glied schließ' an ein Ganzes dich an.

⟨16⟩ Aufgabe
Keiner sei gleich dem andern, doch gleich sei jeder dem höchsten!
   Wie das zu machen? Es sei jeder vollendet in *sich*.

⟨17⟩ Das eigne Ideal
Allen gehört was du denkst, dein eigen ist nur was du fühlest,
   Soll er dein Eigentum sein, fühle den Gott, den du denkst.

⟨18⟩ An die Mystiker
Das ist eben das wahre Geheimnis, das allen vor Augen
   Liegt, euch ewig umgibt, aber von keinem gesehn.

⟨19⟩ Der Schlüssel
Willst du dich selber erkennen, so sieh' wie die andern es treiben,
   Willst du die andern versteh'n, blick in dein eigenes Herz.

⟨20⟩ Der Aufpasser
Strenge wie mein Gewissen bemerkst du, wo ich gefehlet,
   Darum hab' ich dich stets wie – mein Gewissen geliebt.

⟨21⟩ Weisheit und Klugheit
Willst du Freund die erhabensten Höh'n der Weisheit erfliegen,
   Wag' es auf die Gefahr, daß dich die Klugheit verlacht.
Die kurzsichtige sieht nur das Ufer, das dir zurückflieht,
   Jenes nicht, wo dereinst landet dein mutiger Flug.

⟨22⟩ Die Übereinstimmung
Wahrheit suchen wir beide, du außen im Leben, ich innen
   In dem Herzen, und so findet sie jeder gewiß.
Ist das Auge gesund, so begegnet es außen dem Schöpfer,
   Ist es das Herz, dann gewiß spiegelt es innen die Welt.

⟨23⟩ Politische Lehre
Alles sei recht was du tust, doch dabei laß es bewenden
   Freund, und enthalte dich ja, alles was recht ist zu tun.
Wahrem Eifer genügt, daß das Vorhandne *vollkommen*
   Sei, der falsche will stets, daß das Vollkommene *sei*.

⟨24⟩ *Majestas populi*

Majestät der Menschennatur! Dich soll ich beim Haufen
 Suchen? Bei wenigen nur hast du von jeher gewohnt.
Einzelne wenige zählen, die übrigen alle sind blinde
 Nieten, ihr leeres Gewühl hüllet die Treffer nur ein.

⟨25⟩ *An einen Weltverbesserer*

»Alles, opfert' ich hin, sprichst du, der Menschheit zu helfen,
 Eitel war der Erfolg, Haß und Verfolgung der Lohn« –
Soll ich dir sagen, Freund, wie ich mit Menschen es halte?
 Traue dem Spruche! Noch nie hat mich der Führer getäuscht.
Von der Menschheit – du kannst von ihr nie groß genug denken,
 Wie du im Busen sie trägst, prägst du in Taten sie aus.
Auch dem Menschen, der dir im engen Leben begegnet,
 Reich' ihm, wenn er sie mag, freundlich die helfende Hand.
Nur für Regen und Tau und fürs Wohl der Menschengeschlechter
 Laß du den Himmel, Freund, sorgen wie gestern so heut.

⟨26⟩ *Meine Antipathie*

Herzlich ist mir das Laster zuwider, doppelt zuwider
 Ist mir's, weil es soviel schwatzen von Tugend gemacht.
»Wie? Du hassest die Tugend?« – Ich wollte, wir übten sie alle,
 Und so spräche, will's Gott, ferner kein Mensch mehr davon.

⟨27⟩ *An die Astronomen*

Schwatzet mir nicht soviel von Nebelflecken und Sonnen,
 Ist die Natur nur groß, weil sie zu zählen euch gibt?
Euer Gegenstand ist der erhabenste freilich im Raume,
 Aber Freunde, im Raum wohnt das erhabene nicht.

⟨28⟩ *Astronomische Schriften*

So unermeßlich ist, so unendlich erhaben der Himmel!
 Aber der Kleinigkeitsgeist zog auch den Himmel herab.

⟨29⟩ *Der beste Staat*

»Woran erkenn' ich den besten Staat?« Woran du die beste
 Frau kennst! daran mein Freund, daß man von beiden nicht spricht.

⟨30⟩ *Mein Glaube*

Welche Religion ich bekenne? Keine von allen,
 Die du mir nennst! – Und warum keine? Aus Religion.

⟨31⟩ *Inneres und Äußeres*

»Gott nur siehet das Herz« – Drum eben, weil Gott nur das Herz
  sieht,
 Sorge, daß *wir* doch auch etwas erträgliches sehn.

⟨32⟩ Freund und Feind
Teuer ist mir der Freund, doch auch den Feind kann ich nützen,
  Zeigt mir der Freund was ich kann, lehrt mich der Feind was ich soll.

⟨33⟩ Licht und Farbe
Wohne du ewiglich Eines dort bei dem ewiglich Einen,
  Farbe, du wechselnde, komm freundlich zum Menschen herab.

⟨34⟩ Schöne Individualität
Einig sollst du zwar sein, doch Eines nicht mit dem Ganzen,
  Durch die Vernunft bist du eins, einig mit ihm durch das Herz.
Stimme des Ganzen ist deine Vernunft, dein Herz bist du selber,
  Wohl dir, wenn die Vernunft immer im Herzen dir wohnt.

⟨35⟩ Die idealische Freiheit
Aus dem Leben heraus sind der Wege zwei dir geöffnet,
  Zum Ideale führt einer, der andre zum Tod.
Siehe, daß du bei Zeiten noch frei auf dem ersten entspringest,
  Ehe die Parze mit Zwang dich auf dem andern entführt.

⟨36⟩ Die Mannigfaltigkeit
Viele sind gut und verständig, doch zählen für Einen nur alle,
  Denn sie regiert der Begriff, ach nicht das liebende Herz.
Traurig herrscht der Begriff, aus tausendfachwechselnden Formen
  Bringet er dürftig und leer ewig nur Eine hervor,
Aber von Leben rauscht es und Lust, wo bildend die Schönheit
  Herrschet, das ewige Eins wandelt sie tausendfach neu.

⟨37⟩ Die drei Alter der Natur
Leben gab ihr die Fabel, die Schule hat sie entseelet,
  Schaffendes Leben aufs neu gibt die Vernunft ihr zurück.

⟨38⟩ Der Genius
Wiederholen zwar kann der Verstand, was da schon gewesen,
  Was die Natur gebaut, bauet er wählend ihr nach.
Über Natur hinaus baut die Vernunft, doch nur in das Leere,
  Du nur Genius mehrst *in* der Natur die Natur.

⟨39⟩ Der Nachahmer
Gutes aus Gutem das kann jedweder Verständige bilden,
  Aber der Genius ruft Gutes aus Schlechtem hervor.
An Gebildetem nur darfst du, Nachahmer, dich üben,
  Selbst Gebildetes ist Stoff nur dem bildenden Geist.

⟨40⟩ *Genialität*
Wodurch gibt sich der Genius kund? Wodurch sich der Schöpfer
  Kund gibt in der Natur, in dem unendlichen All.
Klar ist der Äther und doch von unermeßlicher Tiefe,
  Offen dem Aug', dem Verstand bleibt er doch ewig geheim.

⟨41⟩ *Die Forscher*
Alles will jetzt den Menschen von innen von außen ergründen,
  Wahrheit wo rettest du dich hin vor der wütenden Jagd!
Dich zu fangen, ziehen sie aus mit Netzen und Stangen,
  Aber mit Geistestritt schreitest du mitten hindurch.

⟨42⟩ *Die schwere Verbindung*
Warum will sich Geschmack und Genie so selten vereinen?
  Jener fürchtet die Kraft, dieses verachtet den Zaum.

⟨43⟩ *Korrektheit*
Frei von Tadel zu sein ist der niedrigste Grad und der höchste,
  Denn nur die Ohnmacht führt oder die Größe dazu.

⟨44⟩ *Das Naturgesetz*
So war's immer mein Freund und so wird's bleiben, die Ohnmacht
  Hat die Regel für sich, aber die Kraft den Erfolg.

⟨45⟩ *Wahl*
Kannst du nicht allen gefallen durch deine Tat und dein
                                            Kunstwerk,
  Mach' es wenigen recht, vielen gefallen ist schlimm.

⟨46⟩ *Tonkunst*
Leben atme die bildende Kunst, Geist fodr' ich vom Dichter,
  Aber die Seele spricht nur Polyhymnia aus.

⟨47⟩ *Sprache*
Warum kann der lebendige Geist dem Geist nicht erscheinen!
  Spricht die Seele, so spricht ach! schon die *Seele* nicht mehr.

⟨48⟩ *An den Dichter*
Laß die Sprache dir sein, was der Körper den Liebenden. Er nur
  Ist's, der die Wesen trennt und der die Wesen vereint.

⟨49⟩ *Der Meister*
Jeden anderen Meister erkennt man an dem was er ausspricht,
  Was er weise verschweigt zeigt mir den Meister des Stils.

⟨50⟩ *Der Gürtel*

In dem Gürtel bewahrt Afrodite der Reize Geheimnis,
    Was ihr den Zauber verleiht, ist was sie bindet, die Scham.

⟨51⟩ *Dilettant*

Weil ein Vers dir gelingt in einer gebildeten Sprache,
    Die für dich dichtet und denkt, glaubst du schon Dichter zu sein?

⟨52⟩ *Die Kunstschwätzer*

Gutes in Künsten verlangt ihr? Seid ihr denn würdig des Guten,
    Das nur der ewige Krieg gegen euch selber erzeugt?

⟨53⟩ *Die Philosophieen*

Welche wohl bleibt von allen den Philosophieen? Ich weiß nicht.
    Aber die Philosophie hoff' ich soll ewig bestehn.

⟨54⟩ *Die Gunst der Musen*

Mit dem Philister stirbt auch sein Ruhm, du himmlische Muse
    Trägst die dich lieben, die du liebst, in Mnemosynens Schoß.

⟨55⟩ *Der Homeruskopf als Siegel*

Treuer alter Homer! Dir vertrau' ich das zarte Geheimnis,
    Um der Liebenden Glück wisse der Sänger allein.

NÄNIE

Auch das Schöne muß sterben! Das Menschen und Götter bezwinget,
    Nicht die eherne Brust rührt es des stygischen Zeus.
Einmal nur erweichte die Liebe den Schattenbeherrscher,
    Und an der Schwelle noch, streng, rief er zurück sein Geschenk.
Nicht stillt Afrodite dem schönen Knaben die Wunde,
    Die in den zierlichen Leib grausam der Eber geritzt.
Nicht errettet den göttlichen Held die unsterbliche Mutter,
    Wann er, am skäischen Tor fallend, sein Schicksal erfüllt.
Aber sie steigt aus dem Meer mit allen Töchtern des Nereus,
    Und die Klage hebt an um den verherrlichten Sohn.
Siehe! Da weinen die Götter, es weinen die Göttinnen alle,
    Daß das Schöne vergeht, daß das Vollkommene stirbt.
Auch ein Klaglied zu sein im Mund der Geliebten ist herrlich,
    Denn das Gemeine geht klanglos zum Orkus hinab.

DIE HOCHZEIT DER THETIS
Nach dem Euripides

Wie lieblich erklang
Der Hochzeitgesang
Den zu der Zither tanzlustigen Tönen,
Zur Schalmei und zum libyschen Rohr
Sang der Kamönen
Versammelter Chor
Auf Peleus Hochzeit und Thetis der Schönen.

Wo die Becher des Nektars erklangen,
Auf des Pelion wolkigten Kranz
Kamen die zierlich gelockten und schwangen
Goldene Sohlen im flüchtigen Tanz.
Mit dem melodischen Jubel der Lieder
Feierten sie der Verbundenen Glück,
Der Berg der Kentauren hallte sie wider,
Pelions Wald gab sie schmetternd zurück.

Unter den Freuden des festlichen Mahls
Schöpfte des Nektars himmlische Gabe
Jovis Liebling der phrygische Knabe
In die Bäuche des gold'nen Pokals.
Funfzig Schwestern der göttlichen hüpften
Lustig darneben im glänzenden Sand,
Tanzten den Hochzeitreigen und knüpften
Reizende Ring' mit verschlungener Hand.

Grüne Kronen in dem Haar
Und mit fichtenem Geschosse,
Menschen oben, unten Rosse,
Kam auch der Kentauren Schar,
Angelockt von Bromius Pokale
Kamen sie zum Göttermahle.

Heil dir, hohe Nereide!
Sang mit lautem Jubelliede
Der Thessalierinnen Chor,
Heil dir! sang der Mädchen Chor.
Heil dir! Heil dem schönen Sterne,
Der aus deinem Schoß ersteht!

Und Apoll, der in die Ferne
Der verborgnen Zukunft späht,
Und der auf den unbekannten

Stamm der Musen sich versteht,
Chiron der Kentaure, nannten
Beide schon mit Namen ihn,
Der zu Priams Königssitze
Kommen würde an der Spitze
Seiner Myrmidonenscharen,
In des Speeres Wurf erfahren,
Wüten dort mit Mord und Brand
In des Räubers Vaterland,
Auch die Rüstung, die er würde tragen,
Künstlich von Hephästos Hand
Aus gedieg'nem Gold geschlagen,
Ein Geschenk der Göttlichen,
Die den Göttlichen empfangen.
So ward von den Himmlischen
Thetis Hochzeitfest begangen.

WÜRDE DER FRAUEN

Ehret die Frauen! Sie flechten und weben
Himmlische Rosen ins irdische Leben,
Flechten der Liebe beglückendes Band,
Und, in der Grazie züchtigem Schleier,
Nähren sie wachsam das ewige Feuer
Schöner Gefühle mit heiliger Hand.

    Ewig aus der Wahrheit Schranken
    Schweift des Mannes wilde Kraft,
    Unstät treiben die Gedanken
    Auf dem Meer der Leidenschaft.
    Gierig greift er in die Ferne,
    Nimmer wird sein Herz gestillt,
    Rastlos durch entleg'ne Sterne
    Jagt er seines Traumes Bild.

Aber mit zauberisch fesselndem Blicke
Winken die Frauen den Flüchtling zurücke,
Warnend zurück in der Gegenwart Spur.
In der Mutter bescheidener Hütte
Sind sie geblieben mit schamhafter Sitte,
Treue Töchter der frommen Natur.

    Feindlich ist des Mannes Streben,
    Mit zermalmender Gewalt
    Geht der wilde durch das Leben,

Ohne Rast und Aufenthalt.
Was er schuf, zerstört er wieder,
Nimmer ruht der Wünsche Streit,
Nimmer, wie das Haupt der Hyder
Ewig fällt und sich erneut.

Aber, zufrieden mit stillerem Ruhme,
Brechen die Frauen des Augenblicks Blume,
Nähren sie sorgsam mit liebendem Fleiß,
Freier in ihrem gebundenen Wirken,
Reicher als er in des Wissens Bezirken
Und in der Dichtung unendlichem Kreis.

   Streng und stolz sich selbst genügend,
   Kennt des Mannes kalte Brust,
   Herzlich an ein Herz sich schmiegend,
   Nicht der Liebe Götterlust,
   Kennet nicht den Tausch der Seelen,
   Nicht in Tränen schmilzt er hin,
   Selbst des Lebens Kämpfe stählen
   Härter seinen harten Sinn.

Aber, wie leise vom Zephyr erschüttert,
Schnell die äolische Harfe erzittert,
Also die fühlende Seele der Frau.
Zärtlich geängstigt vom Bilde der Qualen
Wallet der liebende Busen, es strahlen
Perlend die Augen von himmlischem Tau.

   In der Männer Herrschgebiete
   Gilt der Stärke trotzig Recht,
   Mit dem Schwert beweist der Scythe
   Und der Perser wird zum Knecht.
   Es befehden sich im Grimme
   Die Begierden wild und roh,
   Und der Eris rauhe Stimme
   Waltet wo die Charis floh.

Aber mit sanft überredender Bitte
Führen die Frauen den Szepter der Sitte,
Löschen die Zwietracht, die tobend entglüht,
Lehren die Kräfte, die feindlich sich hassen,
Sich in der lieblichen Form zu umfassen,
Und vereinen was ewig sich flieht.

ABSCHIED VOM LESER

Die Muse schweigt, mit jungfräulichen Wangen,
Erröten im verschämten Angesicht,
Tritt sie vor dich, ihr Urteil zu empfangen,
Sie achtet es, doch fürchtet sie es nicht.
Des Guten Beifall wünscht sie zu erlangen,
Den Wahrheit rührt, den Flimmer nicht besticht,
Nur wem ein Herz empfänglich für das Schöne
Im Busen schlägt, ist wert, daß er sie kröne.

Nicht länger wollen diese Lieder leben,
Als bis ihr Klang ein fühlend Herz erfreut,
Mit schönern Phantasieen es umgeben,
Zu höheren Gefühlen es geweiht;
Zur fernen Nachwelt wollen sie nicht schweben,
Sie tönten, sie verhallen in der Zeit.
Des Augenblickes Lust hat sie geboren,
Sie fliehen fort im leichten Tanz der Horen.

Der Lenz erwacht, auf den erwärmten Triften
Schießt frohes Leben jugendlich hervor,
Die Staude würzt die Luft mit Nektardüften,
Den Himmel füllt ein muntrer Sängerchor,
Und jung und alt ergeht sich in den Lüften,
Und freuet sich, und schwelgt mit Aug' und Ohr.
Der Lenz entflieht! Die Blume schießt in Samen,
Und keine bleibt von allen, welche kamen.

GEDICHTE. ZWEITER TEIL.
1805

VORERINNERUNG

Vielleicht hätte bei Sammlung dieser Gedichte eine strengere Auswahl getroffen werden sollen. Die wilden Produkte eines jugendlichen Dilettantism, die unsichern Versuche einer anfangenden Kunst und eines mit sich selbst noch nicht einigen Geschmacks finden sich hier mit solchen zusammengestellt, die das Werk einer reifern Einsicht sind. Aber bei einer Sammlung von Gedichten, welche sich größtenteils schon in den Händen des Publikums befinden, konnte der poetische Wert nicht allein in Betrachtung kommen. Sie sind schon ein verjährtes Eigentum des Lesers, der sich oft auch das unvollkommene nicht gern entreißen läßt, weil es ihm durch irgend eine Beziehung oder Erinnerung lieb geworden ist, und selbst das Fehlerhafte bezeichnet wenigstens eine Stufe in der Geistesbildung des Dichters.

Der Verfasser dieser Gedichte hat sich, so wie alle seine übrigen Kunstgenossen, vor den Augen der Nation und mit derselben gebildet; er wüßte auch keinen, der schon vollendet aufgetreten wäre. Er trägt also kein Bedenken, sich dem Publikum auf *einmal* in der Gestalt darzustellen, in welcher er *nach und nach* vor demselben schon erschienen ist. Er freut sich, daß ihm das Vergangene vorüber ist, und in sofern er sie überwunden hat, mag er auch seine Schwächen nicht bereuen.

Möchte diese rechtmäßige, korrekte und ausgewählte Sammlung diejenige endlich verdrängen, welche vor einigen Jahren von den Gedichten des Verfassers in drei Bänden erschienen ist, und ungeachtet eines unverzeihlich fehlerhaften Drucks und eines schmutzigen Äußern zur Schande des guten Geschmacks und zum Schaden des rechtmäßigen Verlegers dennoch Käufer findet.

Weimar, in der Ostermesse 1803.

DER ANTRITT DES NEUEN JAHRHUNDERTS
An ***

Edler Freund! Wo öffnet sich dem Frieden,
  Wo der Freiheit sich ein Zufluchtsort?
Das Jahrhundert ist im Sturm geschieden,
  Und das neue öffnet sich mit Mord.

Und das Band der Länder ist gehoben,
  Und die alten Formen stürzen ein;

Nicht das Weltmeer hemmt des Krieges Toben,
   Nicht der Nilgott und der alte Rhein.

Zwo gewalt'ge Nationen ringen
   Um der Welt alleinigen Besitz,
Aller Länder Freiheit zu verschlingen
   Schwingen sie den Dreizack und den Blitz.

Gold muß ihnen jede Landschaft wägen,
   Und wie *Brennus* in der rohen Zeit
Legt der Franke seinen ehrnen Degen
   In die Waage der Gerechtigkeit.

Seine Handelsflotten streckt der Britte
   Gierig wie Polypenarme aus,
Und das Reich der freien Amphitrite
   Will er schließen wie sein eignes Haus.

Zu des Südpols nie erblickten Sternen
   Dringt sein rastlos ungehemmter Lauf,
Alle Inseln spürt er, alle fernen
   Küsten – nur das Paradies nicht auf.

Ach umsonst auf allen Ländercharten
   Spähst du nach dem seligen Gebiet,
Wo der Freiheit ewig grüner Garten,
   Wo der Menschheit schöne Jugend blüht.

Endlos liegt die Welt vor deinen Blicken,
   Und die Schiffahrt selbst ermißt sie kaum,
Doch auf ihrem unermeßnen Rücken
   Ist für zehen Glückliche nicht Raum.

In des Herzens heilig stille Räume
   Mußt du fliehen aus des Lebens Drang,
Freiheit ist nur in dem Reich der Träume,
   Und das Schöne blüht nur im Gesang.

HERO UND LEANDER
Ballade

   Seht ihr dort die altergrauen
   Schlösser sich entgegen schauen,
   Leuchtend in der Sonne Gold,
   Wo der Hellespont die Wellen

Brausend durch der Dardanellen
Hohe Felsenpforte rollt?
Hört ihr jene Brandung stürmen,
Die sich an den Felsen bricht?
Asien riß sie von Europen,
Doch die Liebe schreckt sie nicht.

Hero's und *Leander's* Herzen
Rührte mit dem Pfeil der Schmerzen
Amors heil'ge Göttermacht.
Hero, schön wie Hebe blühend,
Er, durch die Gebirge ziehend
Rüstig, im Geräusch der Jagd.
Doch der Väter feindlich Zürnen
Trennte das verbundne Paar,
Und die süße Frucht der Liebe
Hing am Abgrund der Gefahr.

Dort auf *Sestos* Felsenturme,
Den mit ew'gem Wogensturme
Schäumend schlägt der Hellespont,
Saß die Jungfrau, einsam grauend,
Nach *Abydos* Küste schauend,
Wo der Heißgeliebte wohnt.
Ach, zu dem entfernten Strande
Baut sich keiner Brücke Steg,
Und kein Fahrzeug stößt vom Ufer,
Doch die Liebe fand den Weg.

Aus des Labirinthes Pfaden
Leitet sie mit sicherm Faden,
Auch den Blöden macht sie klug,
Beugt ins Joch die wilden Tiere,
Spannt die Feuer sprüh'nden Stiere
An den diamant'nen Pflug.
Selbst der Styx, der neunfach fließet,
Schließt die wagende nicht aus,
Mächtig raubt sie das Geliebte
Aus des Pluto finsterm Haus.

Auch durch des Gewässers Fluten
Mit der Sehnsucht feur'gen Gluten
Stachelt sie Leanders Mut.
Wenn des Tages heller Schimmer
Bleichet, stürzt der kühne Schwimmer
In des Pontus finstre Flut,

Teilt mit starkem Arm die Woge,
Strebend nach dem teuren Strand,
Wo auf hohem Söller leuchtend
Winkt der Fackel heller Brand.

Und in weichen Liebesarmen
Darf der Glückliche erwarmen,
Von der schwer bestand'nen Fahrt,
Und den Götterlohn empfangen,
Den in seligem Umfangen
Ihm die Liebe aufgespart,
Bis den Säumenden Aurora
Aus der Wonne Träumen weckt,
Und ins kalte Bett' des Meeres
Aus dem Schoß der Liebe schreckt.

Und so flohen dreißig Sonnen
Schnell, im Raub verstohl'ner Wonnen,
Dem beglückten Paar dahin,
Wie der Brautnacht süße Freuden,
Die die Götter selbst beneiden,
Ewig jung und ewig grün.
Der hat nie das Glück gekostet,
Der die Frucht des Himmels nicht
Raubend an des Höllenflusses
Schauervollem Rande bricht.

Hesper und Aurora zogen
Wechselnd auf am Himmelsbogen,
Doch die Glücklichen, sie sahn
Nicht den Schmuck der Blätter fallen,
Nicht aus Nords beeisten Hallen
Den ergrimmten Winter nahn,
Freudig sahen sie des Tages
Immer kürzern, kürzern Kreis,
Für das läng're Glück der Nächte
Dankten sie betört dem Zeus.

Und es gleichte schon die Waage
An dem Himmel Nächt' und Tage,
Und die holde Jungfrau stand
Harrend auf dem Felsenschlosse,
Sah hinab die Sonnenrosse
Fliehen an des Himmels Rand.
Und das Meer lag still und eben,
Einem reinen Spiegel gleich,

Keines Windes leises Weben
Regte das krystallne Reich.

Lustige Delphinenscharen
Scherzten in dem silberklaren
Reinen Element umher,
Und in schwärzlicht grauen Zügen
Aus dem Meergrund aufgestiegen
Kam der Thetys buntes Heer.
Sie, die einzigen, bezeugten
Den verstohlnen Liebesbund,
Aber ihnen schloß auf ewig
Hekate den stummen Mund.

Und sie freute sich des schönen
Meeres, und mit Schmeicheltönen
Sprach sie zu dem Element:
»Schöner Gott! du solltest trügen!
Nein, den Frevler straf ich Lügen,
Der dich falsch und treulos nennt.
Falsch ist das Geschlecht der Menschen,
Grausam ist des Vaters Herz,
Aber du bist mild und gütig,
Und dich rührt der Liebe Schmerz.«

»In den öden Felsenmauern
Müßt' ich freudlos einsam trauern,
Und verblühn in ew'gem Harm,
Doch du trägst auf deinem Rücken,
Ohne Nachen, ohne Brücken,
Mir den Freund in meinen Arm.
Grauenvoll ist deine Tiefe,
Furchtbar deiner Wogen Flut,
Aber dich erfleht die Liebe,
Dich bezwingt der Heldenmut.«

»Denn auch dich, den Gott der Wogen,
Rührte Eros mächt'ger Bogen,
Als des gold'nen Widders Flug
Helle, mit dem Bruder fliehend,
Schön in Jugendfülle blühend,
Über deine Tiefe trug.
Schnell von ihrem Reiz besieget
Griffst du aus dem finstern Schlund,
Zogst sie von des Widders Rücken
Nieder in den Meeresgrund.«

»Eine Göttin mit dem Gotte,
In der tiefen Wassergrotte,
Lebt sie jetzt unsterblich fort,
Hilfreich der verfolgten Liebe
Zähmt sie deine wilden Triebe,
Führt den Schiffer in den Port.
Schöne Helle! Holde Göttin!
Selige, dich fleh ich an,
Bring auch heute den Geliebten
Mir auf der gewohnten Bahn.«

Und schon dunkelten die Fluten,
Und sie ließ der Fackel Gluten
Von dem hohen Söller wehn,
Leitend in den öden Reichen
Sollte das vertraute Zeichen
Der geliebte Wandrer sehn.
Und es saust und dröhnt von ferne,
Finster kräuselt sich das Meer,
Und es löscht das Licht der Sterne,
Und es naht gewitterschwer.

Auf des Pontus weite Fläche
Legt sich Nacht, und Wetterbäche
Stürzen aus der Wolken Schoß,
Blitze zucken in den Lüften,
Und aus ihren Felsengrüften
Werden alle Stürme los,
Wühlen ungeheu're Schlünde
In den weiten Wasserschlund,
Gähnend wie ein Höllenrachen
Öffnet sich des Meeres Grund.

»Wehe! Weh mir! ruft die Arme
Jammernd, großer Zeus erbarme!
Ach! Was wagt' ich zu erflehn!
Wenn die Götter mich erhören,
Wenn er sich den falschen Meeren
Preis gab in des Sturmes Wehn!
Alle Meergewohnten Vögel
Ziehen heim in eil'ger Flucht,
Alle Sturmerprobten Schiffe
Bergen sich in sich'rer Bucht.«

»Ach gewiß, der unverzagte
Unternahm das oft gewagte,

Denn ihn trieb ein mächt'ger Gott.
Er gelobte mirs beim Scheiden
Mit der Liebe heil'gen Eiden,
Ihn entbindet nur der Tod.
Ach! in diesem Augenblicke
Ringt er mit des Sturmes Wut,
Und hinab in ihre Schlünde
Reißt ihn die empörte Flut.«

»Falscher Pontus, deine Stille
War nur des Verrates Hülle,
Einem Spiegel warst du gleich,
Tückisch ruhten deine Wogen,
Bis du ihn heraus betrogen
In dein falsches Lügenreich.
Jetzt in deines Stromes Mitte,
Da die Rückkehr sich verschloß,
Lässest du auf den Verratnen
Alle deine Schrecken los.«

Und es wächst des Sturmes Toben,
Hoch zu Bergen aufgehoben
Schwillt das Meer, die Brandung bricht
Schäumend sich am Fuß der Klippen,
Selbst das Schiff mit Eichenrippen
Nahte unzerschmettert nicht.
Und im Wind erlischt die Fackel,
Die des Pfades Leuchte war,
Schrecken bietet das Gewässer,
Schrecken auch die Landung dar.

Und sie fleht zur Afrodite,
Daß sie dem Orkan gebiete,
Sänftige der Wellen Zorn,
Und gelobt den strengen Winden
Reiche Opfer anzuzünden,
Einen Stier mit gold'nem Horn.
Alle Göttinnen der Tiefe,
Alle Götter in der Höh,
Fleht sie, lindernd Öl zu gießen
In die sturmbewegte See.

»Höre meinen Ruf erschallen,
Steig aus deinen grünen Hallen,
Selige *Leucothea*!
Die der Schiffer in dem öden

Wellenreich, in Sturmesnöten,
Rettend oft erscheinen sah.
Reich' ihm deinen heil'gen Schleier,
Der, geheimnisvoll gewebt,
Die ihn tragen, unverletzlich
Aus dem Grab der Fluten hebt.«

Und die wilden Winde schweigen,
Hell an Himmels Rande steigen
Eos Pferde in die Höh.
Friedlich in dem alten Bette
Fließt das Meer in Spiegelsglätte,
Heiter lächeln Luft und See.
Sanfter brechen sich die Wellen
An des Ufers Felsenwand,
Und sie schwemmen, ruhig spielend
Einen Leichnam an den Strand.

Ja er ist's, der auch entseelet
Seinem heil'gen Schwur nicht fehlet!
Schnellen Blicks erkennt sie ihn,
Keine Klage läßt sie schallen,
Keine Träne sieht man fallen,
Kalt, verzweifelnd starrt sie hin.
Trostlos in die öde Tiefe
Blickt sie, in des Äthers Licht,
Und ein edles Feuer rötet
Das erbleichte Angesicht.

»Ich erkenn' euch ernste Mächte,
Strenge treibt ihr eure Rechte,
Furchtbar, unerbittlich ein.
Früh schon ist mein Lauf beschlossen,
Doch das Glück hab' ich genossen,
Und das schönste Los war mein.
Lebend hab ich deinem Tempel
Mich geweiht als Priesterin,
Dir ein freudig Opfer sterb' ich,
Venus, große Königin!«

Und mit fliegendem Gewande
Schwingt sie von des Turmes Rande
In die Meerflut sich hinab.
Hoch in seinen Flutenreichen
Wälzt der Gott die heil'gen Leichen,
Und er selber ist ihr Grab.

Und mit seinem Raub zufrieden
Zieht er freudig fort und gießt
Aus der unerschöpften Urne
Seinen Strom, der ewig fließt.

DIE GUNST DES AUGENBLICKS

Und so finden wir uns wieder
   In dem heitern bunten Reihn,
Und es soll der Kranz der Lieder
   Frisch und grün geflochten sein.

Aber wem der Götter bringen
   Wir des Liedes ersten Zoll?
Ihn vor allen laßt uns singen,
   Der die Freude schaffen soll.

Denn was frommt es, daß mit Leben
   Ceres den Altar geschmückt?
Daß den Purpursaft der Reben
   Bacchus in die Schale drückt?

Zückt vom Himmel nicht der Funken,
   Der den Herd in Flammen setzt,
Ist der Geist nicht feuertrunken,
   Und das Herz bleibt unergetzt.

Aus den Wolken muß es fallen,
   Aus der Götter Schoß das Glück,
Und der mächtigste von allen
   Herrschern ist der Augenblick.

Von dem allerersten Werden
   Der unendlichen Natur,
Alles Göttliche auf Erden
   Ist ein Lichtgedanke nur.

Langsam in dem Lauf der Horen,
   Füget sich der Stein zum Stein,
Schnell wie es der Geist geboren
   Will das Werk empfunden sein.

Wie im hellen Sonnenblicke
   Sich ein Farbenteppich webt,
Wie auf ihrer bunten Brücke
   Iris durch den Himmel schwebt,

So ist jede schöne Gabe
  Flüchtig wie des Blitzes Schein,
Schnell in ihrem düstern Grabe
  Schließt die Nacht sie wieder ein.

SEHNSUCHT

Ach, aus dieses Tales Gründen,
  Die der kalte Nebel drückt,
Könnt' ich doch den Ausgang finden,
  Ach wie fühlt' ich mich beglückt!
Dort erblick' ich schöne Hügel,
  Ewig jung und ewig grün!
Hätt' ich Schwingen, hätt' ich Flügel,
  Nach den Hügeln zög ich hin.

Harmonieen hör' ich klingen,
  Töne süßer Himmelsruh,
Und die leichten Winde bringen
  Mir der Düfte Balsam zu,
Gold'ne Früchte seh ich glühen
  Winkend zwischen dunkelm Laub,
Und die Blumen, die dort blühen,
  Werden keines Winters Raub.

Ach wie schön muß sich's ergehen
  Dort im ew'gen Sonnenschein,
Und die Luft auf jenen Höhen
  O wie labend muß sie sein!
Doch mir wehrt des Stromes Toben,
  Der ergrimmt dazwischen braust,
Seine Wellen sind gehoben,
  Daß die Seele mir ergraust.

Einen Nachen seh ich schwanken,
  Aber ach! der Fährmann fehlt.
Frisch hinein und ohne Wanken,
  Seine Segel sind beseelt.
Du mußt glauben, du mußt wagen,
  Denn die Götter leihn kein Pfand,
Nur ein Wunder kann dich tragen
  In das schöne Wunderland.

DIE ANTIKEN ZU PARIS

Was der Griechen Kunst erschaffen,
Mag der Franke mit den Waffen
　　Führen nach der *Seine* Strand,
Und in prangenden Museen
Zeig er seine Siegstrophäen
　　Dem erstaunten Vaterland!

Ewig werden sie ihm schweigen,
Nie von den Gestellen steigen
　　In des Lebens frischen Reihn.
Der allein besitzt die Musen,
Der sie trägt im warmen Busen,
　　Dem Vandalen sind sie Stein.

DIE DEUTSCHE MUSE

Kein Augustisch Alter blühte,
Keines Medizäers Güte
　　Lächelte der deutschen Kunst,
Sie ward nicht gepflegt vom Ruhme,
Sie entfaltete die Blume
　　Nicht am Strahl der Fürstengunst.

Von dem größten deutschen Sohne,
Von des großen Friedrichs Throne
　　Ging sie schutzlos, ungeehrt.
Rühmend darfs der Deutsche sagen,
Höher darf das Herz ihm schlagen,
　　Selbst erschuf er sich den Wert.

Darum steigt in höherm Bogen,
Darum strömt in vollern Wogen
　　Deutscher Barden Hochgesang,
Und in eig'ner Fülle schwellend,
Und aus Herzens Tiefen quellend
　　Spottet er der Regeln Zwang.

DEM ERBPRINZEN VON WEIMAR
als er nach Paris reis'te
in einem freundschaftlichen Zirkel gesungen

So bringet denn die letzte volle Schale
    Dem lieben Wandrer dar,
Der Abschied nimmt von diesem stillen Tale,
    Das seine Wiege war.

Er reißt sich aus den väterlichen Hallen,
    Aus lieben Armen los,
Nach jener stolzen Bürgerstadt zu wallen,
    Vom Raub der Länder groß.

Die Zwietracht flieht, die Donnerstürme schweigen,
    Gefesselt ist der Krieg,
Und in den Krater darf man niedersteigen,
    Aus dem die Lava stieg.

Dich führe durch das wild bewegte Leben,
    Ein gnädiges Geschick,
Ein reines Herz hat dir Natur gegeben,
    O bring es rein zurück.

Die Länder wirst du sehen, die das wilde
    Gespann des Kriegs zertrat,
Doch lächelnd grüßt der Friede die Gefilde
    Und streut die gold'ne Saat.

Den alten Vater Rhein wirst du begrüßen,
    Der deines großen Ahns
Gedenken wird, so lang sein Strom wird fließen
    Ins Bett' des Ozeans.

Dort huldige des Helden großen Manen
    Und opfere dem Rhein,
Dem alten Grenzenhüter der Germanen,
    Von seinem eig'nen Wein.

Daß dich der vaterländ'sche Geist begleite,
    Wenn dich das schwanke Bret
Hinüberträgt auf jene linke Seite,
    Wo deutsche Treu vergeht.

THEKLA
Eine Geisterstimme

Wo ich sei, und wo mich hingewendet,
Als mein flücht'ger Schatte dir entschwebt?
Hab' ich nicht beschlossen und geendet,
Hab' ich nicht geliebet und gelebt?

Willst du nach den Nachtigallen fragen,
Die mit seelenvoller Melodie
Dich entzückten in des Lenzes Tagen,
Nur so lang sie liebten, waren sie.

Ob ich den Verlorenen gefunden?
Glaube mir, ich bin mit ihm vereint,
Wo sich nicht mehr trennt, was sich verbunden,
Dort wo keine Träne wird geweint.

Dorten wirst auch du uns wieder finden,
Wenn dein Lieben unserm Lieben gleicht,
Dort ist auch der Vater frei von Sünden,
Den der blut'ge Mord nicht mehr erreicht.

Und er fühlt, daß ihn kein Wahn betrogen,
Als er aufwärts zu den Sternen sah,
Denn wie jeder wägt, wird ihm gewogen,
Wer es glaubt, dem ist das Heil'ge nah.

Wort gehalten wird in jenen Räumen
Jedem schönen gläubigen Gefühl,
Wage du, zu irren und zu träumen,
Hoher Sinn liegt oft in kind'schem Spiel.

DIE VIER WELTALTER

Wohl perlet im Glase der purpurne Wein,
  Wohl glänzen die Augen der Gäste,
Es zeigt sich der Sänger, er tritt herein,
  Zu dem Guten bringt er das Beste,
Denn ohne die Leier im himmlischen Saal
Ist die Freude gemein auch beim Nektarmahl.

Ihm gaben die Götter das reine Gemüt,
  Wo die Welt sich, die ewige, spiegelt,
Er hat alles gesehn, was auf Erden geschieht,

Und was uns die Zukunft versiegelt,
Er saß in der Götter urältestem Rat,
Und behorchte der Dinge geheimste Saat.

Er breitet es lustig und glänzend aus
   Das zusammengefaltete Leben,
Zum Tempel schmückt er das irdische Haus,
   Ihm hat es die Muse gegeben,
Kein Dach ist so niedrig, keine Hütte so klein,
Er führt einen Himmel voll Götter hinein.

Und wie der erfindende Sohn des Zeus
   Auf des Schildes einfachem Runde
Die Erde, das Meer und den Sternenkreis
   Gebildet mit göttlicher Kunde,
So drückt er ein Bild des unendlichen All
In des Augenblicks flüchtig verrauschenden Schall.

Er kommt aus dem kindlichen Alter der Welt,
   Wo die Völker sich jugendlich freuten,
Er hat sich, ein fröhlicher Wandrer, gesellt
   Zu allen Geschlechtern und Zeiten.
Vier Menschenalter hat er gesehn,
Und läßt sie am *Fünften* vorübergehn.

Erst regierte Saturnus schlicht und gerecht,
   Da war es Heute wie Morgen,
Da lebten die Hirten, ein harmlos Geschlecht,
   Und brauchten für gar nichts zu sorgen,
Sie liebten und taten weiter nichts mehr,
Die Erde gab alles freiwillig her.

Drauf kam die Arbeit, der Kampf begann
   Mit Ungeheuern und Drachen,
Und die Helden fingen, die Herrscher, an,
   Und den Mächtigen suchten die Schwachen,
Und der Streit zog in des Skamanders Feld,
Doch die Schönheit war immer der Gott der Welt.

Aus dem Kampf ging endlich der Sieg hervor,
   Und der Kraft entblühte die Milde,
Da sangen die Musen im himmlischen Chor,
   Da erhuben sich Göttergebilde!
Das Alter der göttlichen Phantasie,
Es ist verschwunden, es kehret nie.

Die Götter sanken vom Himmelsthron,
   Es stürzten die herrlichen Säulen,
Und geboren wurde der Jungfrau Sohn,
   Die Gebrechen der Erde zu heilen,
Verbannt ward der Sinne flüchtige Lust,
Und der Mensch griff *denkend* in seine Brust.

Und der eitle, der üppige Reiz entwich,
   Der die frohe Jugendwelt zierte,
Der Mönch und die Nonne zergeißelten sich,
   Und der eiserne Ritter turnierte.
Doch war das Leben auch finster und wild,
So blieb doch die Liebe lieblich und mild.

Und einen heiligen keuschen Altar
   Bewahrten sich stille die Musen,
Es lebte, was edel und sittlich war,
   In der Frauen züchtigem Busen,
Die Flamme des Liedes entbrannte neu
An der schönen Minne und Liebestreu.

Drum soll auch ein ewiges zartes Band
   Die Frauen, die Sänger umflechten,
Sie wirken und weben Hand in Hand
   Den Gürtel des Schönen und Rechten.
Gesang und Liebe in schönem Verein
Sie erhalten dem Leben den Jugendschein.

AN DIE FREUNDE

Lieben Freunde! Es gab schön're Zeiten,
Als die unsern – das ist nicht zu streiten!
Und ein edler Volk hat einst gelebt.
Könnte die Geschichte davon schweigen,
Tausend Steine würden redend zeugen,
Die man aus dem Schoß der Erde gräbt.
   Doch es ist dahin, es ist verschwunden
   Dieses hochbegünstigte Geschlecht.
   Wir, wir *leben*! Unser sind die Stunden,
   Und der Lebende hat Recht.

Freunde! Es gibt glücklichere Zonen,
Als das Land, worin wir leidlich wohnen,
Wie der weitgereiste Wandrer spricht.
Aber hat *Natur* uns viel entzogen,

War die *Kunst* uns freundlich doch gewogen,
Unser Herz erwarmt an *ihrem* Licht.
  Will der Lorbeer hier sich nicht gewöhnen,
  Wird die Myrte unsers Winters Raub,
  Grünet doch, die Schläfe zu bekrönen,
  Uns der Rebe muntres Laub.

Wohl von größerm Leben mag es rauschen,
Wo vier Welten ihre Schätze tauschen,
An der Themse, auf dem Markt der Welt.
Tausend Schiffe landen an, und gehen,
Da ist jedes Köstliche zu sehen,
Und es herrscht der Erde Gott, das Geld.
  Aber nicht im trüben Schlamm der Bäche,
  Der von wilden Regengüssen schwillt,
  Auf des stillen Baches eb'ner Fläche
  Spiegelt sich das Sonnenbild.

Prächtiger als *wir* in unserm Norden
Wohnt der Bettler an der Engelspforten,
Denn er sieht das ewig einzge Rom!
Ihn umgibt der Schönheit Glanzgewimmel,
Und ein zweiter Himmel in den Himmel
Steigt Sankt Peters wunderbarer Dom.
  Aber Rom in allem seinem Glanze
  Ist ein Grab nur der Vergangenheit,
  Leben duftet nur die frische Pflanze,
  Die die grüne Stunde streut.

Größ'res mag sich anderswo begeben,
Als bei uns, in unserm kleinen Leben,
Neues – hat die Sonne nie gesehn.
Sehn wir doch das Große *aller* Zeiten
Auf den Brettern, die die Welt bedeuten,
Sinnvoll, still an uns vorübergehn.
  Alles wiederholt sich nur im Leben,
  Ewig jung ist nur die Phantasie,
  Was sich nie und nirgends hat begeben,
  Das allein veraltet nie!

DIE KÜNSTLER

Wie schön, o Mensch, mit deinem Palmenzweige
Stehst du an des Jahrhunderts Neige,
In edler stolzer Männlichkeit,

Mit aufgeschloß'nem Sinn, mit Geistesfülle,
Voll milden Ernsts, in tatenreicher Stille,
Der reifste Sohn der Zeit,
Frei durch Vernunft, stark durch Gesetze
Durch Sanftmut groß, und reich durch Schätze,
Die lange Zeit dein Busen dir verschwieg,
Herr der Natur, die deine Fesseln liebet,
Die deine Kraft in tausend Kämpfen übet,
Und prangend unter dir aus der Verwildrung stieg!

Berauscht von dem errung'nen Sieg,
Verlerne nicht die Hand zu preisen,
Die an des Lebens ödem Strand
Den weinenden verlaß'nen Waisen
Des wilden Zufalls Beute fand,
Die frühe schon der künft'gen Geisterwürde,
Dein junges Herz im Stillen zugekehrt,
Und die befleckende Begierde
Von deinem zarten Busen abgewehrt,
Die Gütige, die deine Jugend
In hohen Pflichten spielend unterwies
Und das Geheimnis der erhab'nen Tugend
In leichten Rätseln dich erraten ließ,
Die, reifer nur ihn wieder zu empfangen,
In fremde Arme ihren Liebling gab,
O falle nicht mit ausgeartetem Verlangen
Zu ihren niedern Dienerinnen ab!
Im Fleiß kann dich die Biene meistern,
In der Geschicklichkeit ein Wurm dein Lehrer sein,
Dein Wissen teilest du mit vorgezog'nen Geistern,
Die Kunst, o Mensch, hast du allein.

Nur durch das Morgentor des Schönen
Drangst du in der Erkenntnis Land.
An höhern Glanz sich zu gewöhnen,
Übt sich am Reize der Verstand.
Was bei dem Saitenklang der Musen
Mit süßem Beben dich durchdrang,
Erzog die Kraft in deinem Busen,
Die sich dereinst zum Weltgeist schwang.

Was erst, nachdem Jahrtausende verflossen,
Die alternde Vernunft erfand,
Lag im Symbol des Schönen und des Großen
Voraus geoffenbart dem kindischen Verstand.
Ihr holdes Bild hieß uns die Tugend lieben,

Ein zarter Sinn hat vor dem Laster sich gesträubt,
Eh noch ein Solon das Gesetz geschrieben,
Das matte Blüten langsam treibt.
Eh vor des Denkers Geist der kühne
Begriff des ew'gen Raumes stand,
Wer sah hinauf zur Sternenbühne,
Der ihn nicht ahndend schon empfand?

Die, eine Glorie von Orionen
Um's Angesicht, in hehrer Majestät,
Nur angeschaut von reineren Dämonen
Verzehrend über Sternen geht,
Gefloh'n auf ihrem Sonnenthrone,
Die furchtbar herrliche Urania,
Mit abgelegter Feuerkrone,
Steht sie – als Schönheit vor uns da.
Der Anmut Gürtel umgewunden,
Wird sie zum Kind, daß Kinder sie verstehn,
Was wir als Schönheit hier empfunden,
Wird einst als Wahrheit uns entgegen gehn.

Als der Erschaffende von seinem Angesichte
Den Menschen in die Sterblichkeit verwies,
Und eine späte Wiederkehr zum Lichte
Auf schwerem Sinnenpfad ihn finden hieß,
Als alle Himmlischen ihr Antlitz von ihm wandten,
Schloß sie, die Menschliche, allein
Mit dem Verlassenen Verbannten
Großmütig in die Sterblichkeit sich ein.
Hier schwebt sie, mit gesenktem Fluge,
Um ihren Liebling, nah am Sinnenland,
Und malt mit lieblichem Betruge
Elysium auf seine Kerkerwand.

Als in den weichen Armen dieser Amme
Die zarte Menschheit noch geruht,
Da schürte heil'ge Mordsucht keine Flamme,
Da rauchte kein unschuldig Blut.
Das Herz, das sie an sanften Banden lenket,
Verschmäht der Pflichten knechtisches Geleit;
Ihr Lichtpfad, schöner nur geschlungen, senket
Sich in die Sonnenbahn der Sittlichkeit.
Die ihrem keuschen Dienste leben
Versucht kein nied'rer Trieb, bleicht kein Geschick;
Wie unter heilige Gewalt gegeben
Empfangen sie das reine Geisterleben,
Der Freiheit süßes Recht, zurück.

Glückselige, die sie – aus Millionen
Die reinsten – ihrem Dienst geweiht,
In deren Brust sie würdigte zu thronen,
Durch deren Mund die Mächtige gebeut,
Die sie auf ewig flammenden Altären
Erkor das heil'ge Feuer ihr zu nähren,
Vor deren Aug' allein sie hüllenlos erscheint,
Die sie in sanftem Bund um sich vereint!
Freut euch der ehrenvollen Stufe,
Worauf die hohe Ordnung euch gestellt!
In die erhab'ne Geisterwelt
War't ihr der Menschheit erste Stufe!

Eh' ihr das Gleichmaß in die Welt gebracht,
Dem alle Wesen freudig dienen –
Ein unermeß'ner Bau, im schwarzen Flor der Nacht
Nächst um ihn her, mit mattem Strahl beschienen,
Ein streitendes Gestaltenheer,
Die seinen Sinn in Sklavenbanden hielten,
Und ungesellig, rauh wie er,
Mit tausend Kräften auf ihn zielten,
– So stand die Schöpfung vor dem Wilden.
Durch der Begierde blinde Fessel nur
An die Erscheinungen gebunden,
Entfloh ihm, ungenossen, unempfunden,
Die schöne Seele der Natur.

Und wie sie fliehend jetzt vorüberfuhr,
Ergriffet ihr die nachbarlichen Schatten
Mit zartem Sinn, mit stiller Hand,
Und lerntet in harmon'schem Band
Gesellig sie zusammen gatten.
Leichtschwebend fühlte sich der Blick
Vom schlanken Wuchs der Zeder aufgezogen,
Gefällig strahlte der Krystall der Wogen
Die hüpfende Gestalt zurück.
Wie konntet ihr des schönen Winks verfehlen,
Womit euch die Natur hilfreich entgegen kam?
Die Kunst, den Schatten ihr nachahmend abzustehlen,
Wies euch das Bild, das auf der Woge schwamm.
Von ihrem Wesen abgeschieden,
Ihr eig'nes liebliches Phantom,
Warf sie sich in den Silberstrom,
Sich ihrem Räuber anzubieten.
Die schöne Bildkraft ward in eurem Busen wach.
Zu edel schon, nicht müßig zu empfangen,

Schuft ihr im Sand – im Ton den holden Schatten nach,
Im Umriß ward sein Dasein aufgefangen.
Lebendig regte sich des Wirkens süße Lust –
Die erste Schöpfung trat aus eurer Brust.

Von der Betrachtung angehalten,
Von eurem Späheraug umstrickt,
Verrieten die vertraulichen Gestalten
Den Talisman, wodurch sie euch entzückt.
Die wunderwirkenden Gesetze,
Des Reizes ausgeforschte Schätze
Verknüpfte der erfindende Verstand
In leichtem Bund in Werken eurer Hand.
Der Obeliske stieg, die Pyramide,
Die Herme stand, die Säule sprang empor,
Des Waldes Melodie floß aus dem Haberrohr,
Und Siegestaten lebten in dem Liede.

Die Auswahl einer Blumenflur
Mit weiser Wahl in einen Strauß gebunden,
So trat die erste Kunst aus der Natur;
Jetzt werden Sträuße schon in einen Kranz gewunden,
Und eine zweite höh're Kunst erstand
Aus Schöpfungen der Menschenhand.
Das Kind der Schönheit, sich allein genug,
Vollendet schon aus eurer Hand gegangen,
Verliert die Krone, die es trug,
Sobald es Wirklichkeit empfangen.
Die Säule muß, dem Gleichmaß untertan,
An ihre Schwestern nachbarlich sich schließen,
Der Held im Heldenheer zerfließen.
Des Mäoniden Harfe stimmt voran.

Bald drängten sich die staunenden Barbaren
Zu diesen neuen Schöpfungen heran.
Seht, riefen die erfreuten Scharen,
Seht an, das hat der Mensch getan!
In lustigen geselligeren Paaren
Riß sie des Sängers Leier nach,
Der von Titanen sang und Riesenschlachten,
Und Löwentötern, die, so lang der Sänger sprach,
Aus seinen Hörern Helden machten.
Zum erstenmal genießt der Geist;
Erquickt von ruhigeren Freuden,
Die aus der Ferne nur ihn weiden,
Die seine Gier nicht in sein Wesen reißt,
Die im Genusse nicht verscheiden.

Jetzt wand sich von dem Sinnenschlafe
Die freie schöne Seele los,
Durch euch entfesselt, sprang der Sklave
Der Sorge in der Freude Schoß.
Jetzt fiel der Tierheit dumpfe Schranke,
Und Menschheit trat auf die entwölkte Stirn,
Und der erhab'ne Fremdling, der Gedanke,
Sprang aus dem staunenden Gehirn.
Jetzt stand der Mensch, und wies den Sternen
Das königliche Angesicht,
Schon dankte nach erhab'nen Fernen
Sein sprechend Aug' dem Sonnenlicht.
Das Lächeln blühte auf der Wange,
Der Stimme seelenvolles Spiel
Entfaltete sich zum Gesange,
Im feuchten Auge schwamm Gefühl,
Und Scherz mit Huld in anmutsvollem Bunde
Entquollen dem beseelten Munde.

Begraben in des Wurmes Triebe,
Umschlungen von des Sinnes Lust,
Erkanntet ihr in seiner Brust
Den edlen Keim der Geisterliebe.
Daß von des Sinnes niederm Triebe
Der Liebe bess'rer Keim sich schied,
Dankt er dem ersten Hirtenlied.
Geadelt zur Gedankenwürde
Floß die verschämtere Begierde
Melodisch aus des Sängers Mund.
Sanft glühten die betauten Wangen,
Das überlebende Verlangen
Verkündigte der Seelen Bund.

Der Weisen weisestes, der Milden Milde,
Der Starken Kraft, der Edeln Grazie,
Vermähltet ihr in Einem Bilde
Und stelltet es in eine Glorie.
Der Mensch erbebte vor dem Unbekannten,
Er liebte seinen Widerschein;
Und herrliche Heroen brannten
Dem großen Wesen gleich zu sein,
Den ersten Klang vom Urbild alles Schönen
Ihr ließet ihn in der Natur ertönen.

Der Leidenschaften wilden Drang,
Des Glückes regellose Spiele,

Der Pflichten und Instinkte Zwang
Stellt ihr mit prüfendem Gefühle,
Mit strengem Richtscheid nach dem Ziele.
Was die Natur auf ihrem großen Gange
In weiten Fernen auseinander zieht,
Wird auf dem Schauplatz, im Gesange
Der Ordnung leicht gefaßtes Glied.
Vom Eumenidenchor geschrecket,
Zieht sich der Mord, auch nie entdecket,
Das Los des Todes aus dem Lied.
Lang, eh' die Weisen ihren Ausspruch wagen,
Löst eine Ilias des Schicksals Rätselfragen
Der jugendlichen Vorwelt auf;
Still wandelte von Thespis Wagen
Die Vorsicht in den Weltenlauf.

Doch in den großen Weltenlauf
Ward euer Ebenmaß zu früh getragen.
Als des Geschickes dunkle Hand,
Was sie vor eurem Auge schnürte,
Vor eurem Aug' nicht auseinander band,
Das Leben in die Tiefe schwand,
Eh' es den schönen Kreis vollführte –
Da führtet ihr aus kühner Eigenmacht
Den Bogen weiter durch der Zukunft Nacht;
Da stürztet ihr euch ohne Beben
In des Avernus schwarzen Ozean,
Und trafet das entfloh'ne Leben
Jenseits der Urne wieder an:
Da zeigte sich mit umgestürztem Lichte,
An Kastor angelehnt, ein blühend Polluxbild;
Der Schatten in des Mondes Angesichte,
Eh sich der schöne Silberkreis erfüllt.

Doch höher stets, zu immer höhern Höhen
Schwang sich der schaffende Genie.
Schon sieht man Schöpfungen aus Schöpfungen erstehen,
Aus Harmonien Harmonie.
Was hier allein das trunk'ne Aug' entzückt,
Dient unterwürfig dort der höhern Schöne;
Der Reiz, der diese Nymphe schmückt,
Schmilzt sanft in eine göttliche Athene:
Die Kraft, die in des Ringers Muskel schwillt,
Muß in des Gottes Schönheit lieblich schweigen;
Das Staunen seiner Zeit, das stolze Jovisbild
Im Tempel zu Olympia sich neigen.

Die Welt, verwandelt durch den Fleiß,
Das Menschenherz, bewegt von neuen Trieben,
Die sich in heißen Kämpfen üben,
Erweitern euren Schöpfungskreis.
Der fortgeschritt'ne Mensch trägt auf erhob'nen Schwingen
Dankbar die Kunst mit sich empor,
Und neue Schönheitswelten springen
Aus der bereicherten Natur hervor.
Des Wissens Schranken gehen auf,
Der Geist, in euren leichten Siegen
Geübt mit schnell gezeitigtem Vergnügen
Ein künstlich All von Reizen zu durcheilen,
Stellt der Natur entlegenere Säulen,
Ereilet sie auf ihrem dunkeln Lauf.
Jetzt wägt er sie mit menschlichen Gewichten,
Mißt sie mit Maßen, die sie ihm geliehn;
Verständlicher in seiner Schönheit Pflichten
Muß sie an seinem Aug' vorüber ziehn,
In selbstgefäll'ger jugendlicher Freude
Leiht er den Sphären seine Harmonie,
Und preiset er das Weltgebäude,
So prangt es durch die Symmetrie.

In allem, was ihn jetzt umlebet,
Spricht ihn das holde Gleichmaß an.
Der Schönheit gold'ner Gürtel webet
Sich mild in seine Lebensbahn;
Die selige Vollendung schwebet
In euren Werken siegend ihm voran.
Wohin die laute Freude eilet,
Wohin der stille Kummer flieht,
Wo die Betrachtung denkend weilet,
Wo er des Elends Tränen sieht,
Wo tausend Schrecken auf ihn zielen,
Folgt ihm ein Harmonienbach,
Sieht er die Huldgöttinnen spielen
Und ringt in still verfeinerten Gefühlen
Der lieblichen Begleitung nach.
Sanft, wie des Reizes Linien sich winden,
Wie die Erscheinungen um ihn
In weichem Umriß in einander schwinden,
Flieht seines Lebens leichter Hauch dahin.
Sein Geist zerrinnt im Harmonienmeere,
Das seine Sinne wollustreich umfließt,
Und der hinschmelzende Gedanke schließt
Sich still an die allgegenwärtige Cythere.

Mit dem Geschick in hoher Einigkeit,
Gelassen hingestützt auf Grazien und Musen,
Empfängt er das Geschoß, das ihn bedräut,
Mit freundlich dargebot'nem Busen
Vom sanften Bogen der Notwendigkeit.

Vertraute Lieblinge der sel'gen Harmonie,
Erfreuende Begleiter durch das Leben,
Das Edelste, das Teuerste, was sie,
Die Leben gab, zum Leben uns gegeben!
Daß der entjochte Mensch jetzt seine Pflichten denkt,
Die Fessel liebet, die ihn lenkt,
Kein Zufall mehr mit eh'rnem Zepter ihm gebeut,
Dies dankt euch – eure Ewigkeit,
Und ein erhab'ner Lohn in eurem Herzen.
Daß um den Kelch, worin uns Freiheit rinnt,
Der Freude Götter lustig scherzen,
Der holde Traum sich lieblich spinnt,
Dafür seid liebevoll umfangen!

Dem prangenden, dem heitern Geist,
Der die Notwendigkeit mit Grazie umzogen,
Der seinen Ether, seinen Sternenbogen
Mit Anmut uns bedienen heißt,
Der, wo er schreckt, noch durch Erhabenheit entzücket,
Und zum Verheeren selbst sich schmücket,
Dem großen Künstler ahmt ihr nach.
Wie auf dem spiegelhellen Bach
Die bunten Ufer tanzend schweben,
Das Abendrot, das Blütenfeld,
So schimmert auf dem dürft'gen Leben
Der Dichtung muntre Schattenwelt.
Ihr führet uns im Brautgewande
Die fürchterliche Unbekannte,
Die unerweichte Parze vor.
Wie eure Urnen die Gebeine,
Deckt ihr mit holdem Zauberscheine
Der Sorgen schauervollen Chor.
Jahrtausende hab' ich durcheilet,
Der Vorwelt unabsehlich Reich:
Wie lacht die Menschheit, wo ihr weilet,
Wie traurig liegt sie hinter euch!

Die einst mit flüchtigem Gefieder
Voll Kraft aus euren Schöpferhänden stieg,
In eurem Arm fand sie sich wieder,

Als durch der Zeiten stillen Sieg
Des Lebens Blüte von der Wange,
Die Stärke von den Gliedern wich,
Und traurig, mit entnervtem Gange,
Der Greis an seinem Stabe schlich.
Da reichtet ihr aus frischer Quelle
Dem Lechzenden die Lebenswelle,
Zweimal verjüngte sich die Zeit,
Zweimal von Samen, die ihr ausgestreut.

Vertrieben von Barbarenheeren,
Entrisset ihr den letzten Opferbrand
Des Orients entheiligten Altären,
Und brachtet ihn dem Abendland.
Da stieg der schöne Flüchtling aus dem Osten,
Der junge Tag, im Westen neu empor,
Und auf Hesperiens Gefilden sproßten
Verjüngte Blüten Joniens hervor.
Die schönere Natur warf in die Seelen
Sanft spiegelnd einen schönen Widerschein,
Und prangend zog in die geschmückten Seelen
Des Lichtes große Göttin ein.
Da sah man Millionen Ketten fallen
Und über Sklaven sprach jetzt Menschenrecht,
Wie Brüder friedlich mit einander wallen,
So mild erwuchs das jüngere Geschlecht.
Mit inn'rer hoher Freudenfülle
Genießt ihr das gegeb'ne Glück,
Und tretet in der Demut Hülle
Mit schweigendem Verdienst zurück.

Wenn auf des Denkens frei gegeb'nen Bahnen
Der Forscher jetzt mit kühnem Glücke schweift,
Und, trunken von siegrufenden Päanen,
Mit rascher Hand schon nach der Krone greift;
Wenn er mit niederm Söldnerslohne
Den edlen Führer zu entlassen glaubt;
Und neben dem geträumten Throne
Der Kunst den ersten Sklavenplatz erlaubt: –
Verzeiht ihm – der Vollendung Krone
Schwebt glänzend über eurem Haupt.
Mit Euch, des Frühlings erster Pflanze,
Begann die seelenbildende Natur,
Mit euch, dem freud'gen Erntekranze,
Schließt die vollendende Natur.

Die von dem Ton, dem Stein bescheiden aufgestiegen,
Die schöpferische Kunst umschließt mit stillen Siegen
Des Geistes unermeß'nes Reich.
Was in des Wissens Land Entdecker nur ersiegen,
Entdecken sie, ersiegen sie für euch.
Der Schätze, die der Denker aufgehäufet,
Wird er in euren Armen erst sich freun,
Wenn seine Wissenschaft, der Schönheit zugereifet,
Zum Kunstwerk wird geadelt sein –
Wenn er auf einen Hügel mit euch steiget,
Und seinem Auge sich, in mildem Abendschein,
Das malerische Tal – auf einmal zeiget.
Je reicher ihr den schnellen Blick vergnüget,
Je höh're schön're Ordnungen der Geist
In einem Zauberbund durchflieget,
In einem schwelgenden Genuß umkreist;
Je weiter sich Gedanken und Gefühle
Dem üppigeren Harmonienspiele,
Dem reichern Strom der Schönheit aufgetan –
Je schön're Glieder aus dem Weltenplan,
Die jetzt verstümmelt seine Schöpfung schänden,
Sieht er die hohen Formen dann vollenden,
Je schön're Rätsel treten aus der Nacht,
Je reicher wird die Welt, die er umschließet,
Je breiter strömt das Meer, mit dem er fließet,
Je schwächer wird des Schicksals blinde Macht,
Je höher streben seine Triebe,
Je kleiner wird er selbst, je größer seine Liebe.
So führt ihn, in verborg'nem Lauf,
Durch immer rein're Formen, reine Töne,
Durch immer höh're Höhn und immer schön're Schöne
Der Dichtung Blumenleiter still hinauf –
Zuletzt, am reifen Ziel der Zeiten,
Noch eine glückliche Begeisterung,
Des jüngsten Menschenalters Dichterschwung,
Und – in der Wahrheit Arme wird er gleiten.

Sie selbst, die sanfte Cypria,
Umleuchtet von der Feuerkrone
Steht dann vor ihrem münd'gen Sohne
Entschleiert – als Urania;
So schneller nur von ihm erhaschet,
Je schöner er von ihr geflohn!
So süß, so selig überraschet
Stand einst Ulyssens edler Sohn,
Da seiner Jugend himmlischer Gefährte
Zu Jovis Tochter sich verklärte.

Der Menschheit Würde ist in eure Hand gegeben,
Bewahret sie!
Sie sinkt mit euch! Mit euch wird sie sich heben!
Der Dichtung heilige Magie
Dient einem weisen Weltenplane,
Still lenke sie zum Ozeane
Der großen Harmonie!

Von ihrer Zeit verstoßen flüchte
Die ernste Wahrheit zum Gedichte,
Und finde Schutz in der Camönen Chor.
In ihres Glanzes höchster Fülle,
Furchtbarer in des Reizes Hülle,
Erstehe sie in dem Gesange
Und räche sich mit Siegesklange
An des Verfolgers feigem Ohr.

Der freisten Mutter freie Söhne
Schwingt euch mit festem Angesicht
Zum Strahlensitz der höchsten Schöne,
Um andre Kronen buhlet nicht.
Die Schwester, die euch hier verschwunden,
Holt ihr im Schoß der Mutter ein;
Was schöne Seelen schön empfunden,
Muß trefflich und vollkommen sein.
Erhebet euch mit kühnem Flügel
Hoch über euren Zeitenlauf;
Fern dämm're schon in eurem Spiegel
Das kommende Jahrhundert auf.
Auf tausendfach verschlung'nen Wegen
Der reichen Mannigfaltigkeit
Kommt dann umarmend euch entgegen
Am Thron der hohen Einigkeit.
Wie sich in sieben milden Strahlen
Der weiße Schimmer lieblich bricht,
Wie sieben Regenbogenstrahlen
Zerrinnen in das weiße Licht,
So spielt in tausendfacher Klarheit
Bezaubernd um den trunk'nen Blick,
So fließt in Einen Bund der Wahrheit,
In Einen Strom des Lichts zurück!

KASSANDRA

Freude war in Trojas Hallen,
Eh' die hohe Feste fiel,
Jubelhymnen hört man schallen
In der Saiten gold'nes Spiel.
Alle Hände ruhen müde
Von dem tränenvollen Streit,
Weil der herrliche Pelide
Priams schöne Tochter freit.

Und geschmückt mit Lorbeerreisern,
Festlich wallet Schar auf Schar
Nach der Götter heil'gen Häusern,
Zu des Thymbriers Altar.
Dumpferbrausend durch die Gassen
Wälzt sich die bacchant'sche Lust,
Und in ihrem Schmerz verlassen
War nur Eine traur'ge Brust.

Freudlos in der Freude Fülle,
Ungesellig und allein,
Wandelte Kassandra stille
In Apollo's Lorbeerhain.
In des Waldes tiefste Gründe
Flüchtete die Seherin,
Und sie warf die Priesterbinde
Zu der Erde zürnend hin:

»Alles ist der Freude offen,
Alle Herzen sind beglückt,
Und die alten Eltern hoffen,
Und die Schwester steht geschmückt.
Ich allein muß einsam trauern,
Denn mich flieht der süße Wahn,
Und geflügelt diesen Mauern
Seh ich das Verderben nahn.«

»Eine Fackel seh' ich glühen,
Aber nicht in Hymens Hand,
Nach den Wolken seh' ichs ziehen,
Aber nicht wie Opferbrand.
Feste seh' ich froh bereiten,
Doch im ahnungsvollen Geist
Hör' ich schon des Gottes Schreiten,
Der sie jammervoll zerreißt.«

»Und sie schelten meine Klagen,
Und sie höhnen meinen Schmerz,
Einsam in die Wüste tragen
Muß ich mein gequältes Herz,
Von den Glücklichen gemieden,
Und den Fröhlichen ein Spott!
Schweres hast du mir beschieden
Pythischer, du arger Gott!«

»Dein Orakel zu verkünden,
Warum warfest du mich hin
In die Stadt der ewig Blinden,
Mit dem aufgeschloß'nen Sinn?
Warum gabst du mir zu sehen,
Was ich doch nicht wenden kann?
Das Verhängte muß geschehen,
Das Gefürchtete muß nahn.«

»Frommt's, den Schleier aufzuheben,
Wo das nahe Schrecknis droht?
Nur der Irrtum ist das Leben,
Und das Wissen ist der Tod.
Nimm, o nimm die traur'ge Klarheit,
Mir vom Aug' den blut'gen Schein!
Schrecklich ist es, deiner Wahrheit
Sterbliches Gefäß zu sein.«

»Meine Blindheit gib mir wieder
Und den fröhlich dunkeln Sinn,
Nimmer sang' ich freud'ge Lieder,
Seit ich *deine* Stimme bin.
Zukunft hast du mir gegeben,
Doch du nahmst den Augenblick,
Nahmst der Stunde fröhlich Leben,
Nimm dein falsch Geschenk zurück.«

»Nimmer mit dem Schmuck der Bräute
Kränzt' ich mir das duft'ge Haar,
Seit ich deinem Dienst mich weihte
An dem traurigen Altar.
Meine Jugend war nur Weinen,
Und ich kannte nur den Schmerz,
Jede herbe Not der Meinen
Schlug an mein empfindend Herz.«

»Fröhlich seh' ich die Gespielen,
Alles um mich lebt und liebt
In der Jugend Lustgefühlen,
Mir nur ist das Herz getrübt.
Mir erscheint der Lenz vergebens,
Der die Erde festlich schmückt,
Wer erfreute sich des Lebens,
Der in seine Tiefen blickt!«

»Selig preis' ich Polyxenen
In des Herzens trunk'nem Wahn,
Denn den Besten der Hellenen
Hofft sie bräutlich zu umfah'n.
Stolz ist ihre Brust gehoben,
Ihre Wonne faßt sie kaum,
Nicht euch Himmlische dort oben
Neidet sie in ihrem Traum.«

»Und auch ich hab' ihn gesehen,
Den das Herz verlangend wählt,
Seine schönen Blicke flehen,
Von der Liebe Glut beseelt.
Gerne möcht' ich mit dem Gatten
In die heim'sche Wohnung ziehn,
Doch es tritt ein styg'scher Schatten
Nächtlich zwischen mich und ihn.«

»Ihre bleichen Larven alle
Sendet mir Proserpina,
Wo ich wand're, wo ich walle,
Stehen mir die Geister da.
In der Jugend frohe Spiele
Drängen sie sich grausend ein,
Ein entsetzliches Gewühle,
Nimmer kann ich fröhlich sein.«

»Und den Mordstahl seh' ich blinken,
Und das Mörderauge glühn,
Nicht zur Rechten, nicht zur Linken
Kann ich vor dem Schrecknis flieh'n,
Nicht die Blicke darf ich wenden,
Wissend, schauend, unverwandt
Muß ich mein Geschick vollenden
Fallend in dem fremden Land.« –

Und noch hallen ihre Worte,
Horch! Da dringt verworr'ner Ton
Fernher aus des Tempels Pforte,
Tot lag Thetis großer Sohn!
Eris schüttelt ihre Schlangen,
Alle Götter flieh'n davon,
Und des Donners Wolken hangen
Schwer herab auf Ilion.

DIE MACHT DES GESANGES

Ein Regenstrom aus Felsenrissen,
Er kommt mit Donners Ungestüm,
Bergtrümmer folgen seinen Güssen,
Und Eichen stürzen unter ihm,
Erstaunt mit wollustvollem Grausen
Hört ihn der Wanderer und lauscht,
Er hört die Flut vom Felsen brausen,
Doch weiß er nicht, woher sie rauscht,
So strömen des Gesanges Wellen
Hervor aus nie entdeckten Quellen.

Verbündet mit den furchtbar'n Wesen,
Die still des Lebens Faden drehn,
Wer kann des Sängers Zauber lösen,
Wer seinen Tönen widersteh'n?
Wie mit dem Stab des Götterboten
Beherrscht er das bewegte Herz,
Er taucht es in das Reich der Toten,
Er hebt es staunend himmelwärts
Und wiegt es zwischen Ernst und Spiele
Auf schwanker Leiter der Gefühle.

Wie wenn auf einmal in die Kreise
Der Freude, mit Gigantenschritt,
Geheimnisvoll nach Geisterweise
Ein ungeheures Schicksal tritt.
Da beugt sich jede Erdengröße
Dem Fremdling aus der andern Welt,
Des Jubels nichtiges Getöse
Verstummt, und jede Larve fällt,
Und vor der Wahrheit mächt'gem Siege
Verschwindet jedes Werk der Lüge.

So rafft von jeder eiteln Bürde,
Wenn des Gesanges Ruf erschallt,
Der Mensch sich auf zur Geisterwürde,
Und tritt in heilige Gewalt;
Den hohen Göttern ist er eigen,
Ihm darf nichts irdisches sich nahn,
Und jede and're Macht muß schweigen,
Und kein Verhängnis fällt ihn an,
Es schwinden jedes Kummers Falten,
So lang des Liedes Zauber walten.

Und wie nach hoffnungslosem Sehnen,
Nach langer Trennung bitterm Schmerz,
Ein Kind mit heißen Reuetränen
Sich stürzt an seiner Mutter Herz,
So führt zu seiner Jugend Hütten,
Zu seiner Unschuld reinem Glück,
Vom fernen Ausland fremder Sitten
Den Flüchtling der Gesang zurück,
In der Natur getreuen Armen
Von kalten Regeln zu erwarmen.

DAS MÄDCHEN VON ORLEANS

Das edle Bild der Menschheit zu verhöhnen,
Im tiefsten Staube wälzte dich der Spott,
Krieg führt der Witz auf ewig mit dem Schönen,
Er glaubt nicht an den Engel und den Gott,
Dem Herzen will er seine Schätze rauben,
Den Wahn bekriegt er und verletzt den Glauben.

Doch, wie du selbst, aus kindlichem Geschlechte,
Selbst eine fromme Schäferin wie du,
Reicht dir die Dichtkunst ihre Götterrechte,
Schwingt sich mit dir den ew'gen Sternen zu,
Mit einer Glorie hat sie dich umgeben,
Dich schuf das Herz, du wirst unsterblich leben.

Es liebt die Welt das Strahlende zu schwärzen,
Und das Erhab'ne in den Staub zu zieh'n,
Doch fürchte nicht! Es gibt noch schöne Herzen,
Die für das Hohe, Herrliche entglüh'n,
Den lauten Markt mag Momus unterhalten,
Ein edler Sinn liebt edlere Gestalten.

AMALIA

Schön wie Engel voll Wallhallas Wonne,
   Schön vor allen Jünglingen war er,
Himmlisch mild sein Blick wie Maiensonne,
   Rückgestrahlt vom blauen Spiegelmeer.

Seine Küsse – paradiesisch Fühlen!
   Wie zwo Flammen sich ergreifen, wie
Harfentöne in einander spielen
   Zu der himmelvollen Harmonie –

Stürzten, flogen, schmolzen Geist und Geist zusammen,
   Lippen, Wangen brannten, zitterten,
Seele rann in Seele – Erd und Himmel schwammen
   Wie zerronnen um die Liebenden!

Er ist hin – vergebens, ach vergebens
   Stöhnet ihm der bange Seufzer nach!
Er ist hin und alle Lust des Lebens
   Wimmert hin in ein verlor'nes Ach!

PHANTASIE AN LAURA

Meine Laura! Nenne mir den Wirbel,
   Der an Körper Körper mächtig reißt,
Nenne, meine Laura, mir den Zauber,
   Der zum Geist gewaltig zwingt den Geist.

Sieh! er lehrt die schwebenden Planeten
   Ew'gen Ringgangs um die Sonne fliehn,
Und gleich Kindern um die Mutter hüpfend
   Bunte Zirkel um die Fürstin ziehn.

Durstig trinkt den gold'nen Strahlenregen
   Jedes rollende Gestirn,
Trinkt aus ihrem Feuerkelch Erquickung
   Wie die Glieder Leben vom Gehirn.

Sonnenstäubchen paart mit Sonnenstäubchen
   Sich in trauter Harmonie,
Sphären in einander lenkt die Liebe,
   Weltsysteme dauren nur durch sie.

Tilge sie vom Uhrwerk der Naturen –
   Trümmernd auseinander springt das All,
In das Chaos donnern eure Welten,
   Weint, Newtone, ihren Riesenfall!

Tilg' die Göttin aus der Geister Orden,
   Sie erstarren in der Körper Tod,
Ohne Liebe kehrt kein Frühling wieder,
   Ohne Liebe preist kein Wesen Gott!

Und was ist's, das, wenn mich Laura küsset,
   Purpurflammen auf die Wangen geußt,
Meinem Herzen raschern Schwung gebietet,
   Fiebrisch wild mein Blut von hinnen reißt?

Aus den Schranken schwellen alle Sehnen,
   Seine Ufer überwallt das Blut,
Körper will in Körper über stürzen,
   Lodern Seelen in vereinter Glut;

Gleich allmächtig wie dort in der toten
   Schöpfung ew'gem Federtrieb,
Herrscht im arachneischen Gewebe
   Der empfindenden Natur die Lieb'.

Siehe Laura, Fröhlichkeit umarmet
   Wilder Schmerzen Überschwung,
An der Hoffnung Liebesbrust erwarmet
   Starrende Verzweifelung.

Schwesterliche Wollust mildert
   Düstrer Schwermut Schauernacht,
Und entbunden von den gold'nen Kindern,
   Strahlt das Auge Sonnenpracht.

Waltet nicht auch durch des Übels Reiche
   Fürchterliche Sympathie?
Mit der Hölle buhlen unsre Laster,
   Mit dem Himmel grollen sie.

Um die Sünde flechten Schlangenwirbel
   Scham und Reu', das Eumenidenpaar,
Um der Größe Adlerflügel windet
   Sich verrät'risch die Gefahr.

Mit dem Stolze pflegt der Sturz zu tändeln,
 Um das Glück zu klammern sich der Neid,
Ihrem Bruder Tode zuzuspringen
 Off'nen Armes, Schwester Lüsternheit.

Mit der Liebe Flügel eilt die Zukunft
 In die Arme der Vergangenheit,
Lange sucht der fliehende Saturnus
 Seine Braut – die Ewigkeit.

Einst – so hör' ich das Orakel sprechen,
 Einsten hascht Saturn die Braut,
Weltenbrand wird Hochzeitfackel werden,
 Wenn mit Ewigkeit die Zeit sich traut.

Eine schönere Aurora rötet,
 Laura, dann auch uns'rer Liebe sich,
Die so lang als jener Brautnacht dauert,
 Laura! Laura! freue dich!

LAURA AM KLAVIER

Wenn dein Finger durch die Saiten meistert –
Laura, itzt zur Statue entgeistert,
 Itzt entkörpert steh' ich da.
Du gebietest über Tod und Leben,
Mächtig wie von tausend Nervgeweben
 Seelen fordert Philadelphia –

Ehrerbietig leiser rauschen
Dann die Lüfte, dir zu lauschen
 Hingeschmiedet zum Gesang
 Stehn im ew'gen Wirbelgang,
Einzuziehn die Wonnefülle,
Lauschende Naturen stille,
 Zauberin! mit Tönen, wie
 Mich mit Blicken, zwingst du sie.

Seelenvolle Harmonieen wimmeln,
 Ein wollüstig Ungestüm,
Aus den Saiten, wie aus ihren Himmeln
 Neugebor'ne Seraphim;
Wie des Chaos Riesenarm entronnen,
Aufgejagt vom Schöpfungssturm die Sonnen
 Funkelnd fuhren aus der Nacht,
 Strömt der Töne Zaubermacht.

Lieblich itzt wie über glatten Kieseln
Silberhelle Fluten rieseln, –
   Majestätisch prächtig nun
   Wie des Donners Orgelton,
Stürmend von hinnen itzt wie sich von Felsen
Rauschende schäumende Gießbäche wälzen,
   Holdes Gesäusel bald,
      Schmeichlerisch linde
   Wie durch den Espenwald
      Buhlende Winde,
Schwerer nun und melancholisch düster
Wie durch toter Wüsten Schauernachtgeflüster,
   Wo verlor'nes Heulen schweift,
   Tränenwellen der Kozytus schleift.

   Mädchen sprich! Ich frage, gib mir Kunde,
Stehst mit höhern Geistern du im Bunde?
   Ist's die Sprache, lüg mir nicht,
   Die man in Elysen spricht?

DIE ENTZÜCKUNG AN LAURA

Laura, über diese Welt zu flüchten
Wähn ich – mich in Himmelmaienglanz zu lichten,
   Wenn dein Blick in meine Blicke flimmt,
Ätherlüfte träum' ich einzusaugen,
Wenn mein Bild in deiner sanften Augen
   Himmelblauem Spiegel schwimmt.

Leierklang aus Paradieses Fernen,
Harfenschwung aus angenehmern Sternen
   Ras' ich in mein trunknes Ohr zu ziehn,
Meine Muse fühlt die Schäferstunde,
Wenn von deinem wollustheißen Munde
   Silbertöne ungern fliehn –

Amoretten seh' ich Flügel schwingen,
Hinter dir die trunk'nen Fichten springen
   Wie von Orpheus Saitenruf belebt,
Rascher rollen um mich her die Pole,
Wenn im Wirbeltanze deine Sohle
   Flüchtig wie die Welle schwebt –

Deine Blicke – wenn sie Liebe lächeln,
Könnten Leben durch den Marmor fächeln,

Felsenadern Pulse leih'n,
Träume werden um mich her zu Wesen,
Kann ich nur in deinen Augen lesen:
　　Laura, Laura mein!

DIE KINDESMÖRDERIN

Horch – die Glocken hallen dumpf zusammen,
　　Und der Zeiger hat vollbracht den Lauf,
Nun, so sei's denn! – Nun, in Gottes Namen!
　　Grabgefährten brecht zum Richtplatz auf.
Nimm, o Welt, die letzten Abschiedsküsse!
　　Diese Tränen nimm o Welt noch hin.
Deine Gifte – o sie schmeckten süße! –
　　Wir sind quitt du Herzvergifterin.

Fahret wohl ihr Freuden dieser Sonne
　　Gegen schwarzen Moder umgetauscht!
Fahre wohl du Rosenzeit voll Wonne,
　　Die so oft das Mädchen lustberauscht;
Fahret wohl ihr goldgewebten Träume,
　　Paradieseskinder Phantasie'n!
Weh! sie starben schon im Morgenkeime,
　　Ewig nimmer an das Licht zu blüh'n.

Schön geschmückt mit rosenroten Schleifen
　　Deckte mich der Unschuld Schwanenkleid,
In der blonden Locken loses Schweifen
　　Waren junge Rosen eingestreut.
Wehe! – Die Geopferte der Hölle
　　Schmückt noch itzt das weißliche Gewand,
Aber ach! – der Rosenschleifen Stelle
　　Nahm ein schwarzes Totenband.

Weinet um mich, die ihr nie gefallen,
　　Denen noch der Unschuld Liljen blüh'n,
Denen zu dem weichen Busenwallen
　　Heldenstärke die Natur verliehn!
Wehe! – menschlich hat dies Herz empfunden!
　　Und Empfindung soll mein Richtschwert sein!
Weh! vom Arm des falschen Manns umwunden
　　Schlief Louisens Tugend ein.

Ach vielleicht umflattert eine and're
　　Mein vergessen dieses Schlangenherz,

Überfließt, wenn ich zum Grabe wand're,
  An dem Putztisch in verliebten Scherz?
Spielt vielleicht mit seines Mädchens Locke,
  Schlingt den Kuß, den sie entgegenbringt,
Wenn verspritzt auf diesem Todesblocke
  Hoch mein Blut vom Rumpfe springt.

Joseph! Joseph! auf entfernte Meilen
  Folge dir Louisens Totenchor,
Und des Glockenturmes dumpfes Heulen
  Schlage schrecklichmahnend an dein Ohr –
Wenn von eines Mädchens weichem Munde
  Dir der Liebe sanft Gelispel quillt,
Bohr es plötzlich eine Höllenwunde
  In der Wollust Rosenbild!

Ha Verräter! Nicht Louisens Schmerzen?
  Nicht des Weibes Schande, harter Mann?
Nicht das Knäblein unter meinem Herzen?
  Nicht was Löw' und Tiger schmelzen kann?
Seine Segel fliegen stolz vom Lande!
  Meine Augen zittern dunkel nach,
Um die Mädchen an der *Seine* Strande
  Winselt er sein falsches Ach!

Und das Kindlein – in der Mutter Schoße
  Lag es da in süßer gold'ner Ruh,
In dem Reiz der jungen Morgenrose
  Lachte mir der holde Kleine zu,
Tödlichlieblich sprach aus allen Zügen
  Sein geliebtes teures Bild mich an,
Den beklomm'nen Mutterbusen wiegen
  Liebe und – Verzweiflungswahn.

Weib, wo ist mein Vater? lallte
  Seiner Unschuld stumme Donnersprach',
Weib, wo ist dein Gatte? hallte
  Jeder Winkel meines Herzens nach –
Weh, umsonst wirst Waise du ihn suchen,
  Der vielleicht schon and're Kinder herzt,
Wirst der Stunde uns'res Glückes fluchen,
  Wenn dich einst der Name Bastard schwärzt.

Deine Mutter – o im Busen Hölle!
  Einsam sitzt sie in dem All der Welt,
Durstet ewig an der Freudenquelle,

Die dein Anblick fürchterlich vergällt,
Ach, mit jedem Laut von dir erklingen
  Schmerzgefühle des vergang'nen Glücks,
Und des Todes bitt're Pfeile dringen
  Aus dem Lächeln deines Kinderblicks.

Hölle, Hölle, wo ich dich vermisse,
  Hölle, wo mein Auge dich erblickt,
Eumenidenruten deine Küsse,
  Die von *seinen* Lippen mich entzückt,
Seine Eide donnern aus dem Grabe wider,
  Ewig, ewig würgt sein Meineid fort,
Ewig – hier umstrickte mich die Hyder –
  Und vollendet war der Mord.

Joseph! Joseph! auf entfernte Meilen
  Jage dir der grimme Schatten nach,
Mög' mit kalten Armen dich ereilen,
  Donn're dich aus Wonneträumen wach,
Im Geflimmer sanfter Sterne zucke
  Dir des Kindes grasser Sterbeblick,
Es begegne dir im blut'gen Schmucke,
  Geißle dich vom Paradies zurück.

Seht! da lag's entseelt zu meinen Füßen, –
  Kalt hinstarrend, mit verworr'nem Sinn
Sah' ich seines Blutes Ströme fließen,
  Und mein Leben floß mit ihm dahin; –
Schrecklich pocht schon des Gerichtes Bote,
  Schrecklicher mein Herz!
Freudig eilt' ich, in dem kalten Tode
  Auszulöschen meinen Flammenschmerz.

Joseph! Gott im Himmel kann verzeihen,
  Dir verzeiht die Sünderin.
Meinen Groll will ich der Erde weihen,
  Schlage Flamme durch den Holzstoß hin –
Glücklich! Glücklich! Seine Briefe lodern,
  Seine Eide frißt ein siegend Feu'r,
Seine Küsse! wie sie hochauf lodern! –
  Was auf Erden war mir einst so teu'r?

Trauet nicht den Rosen eurer Jugend,
  Trauet, Schwestern, Männerschwüren nie!
Schönheit war die Falle meiner Tugend,
  Auf der Richtstatt hier verfluch' ich sie! –

Zähren? Zähren in des Würgers Blicken?
  Schnell die Binde um mein Angesicht!
Henker, kannst du keine Lilje knicken?
  Bleicher Henker, zittre nicht!

DER TRIUMPH DER LIEBE
Eine Hymne

Selig durch die Liebe
Götter – durch die Liebe
  Menschen Göttern gleich!
Liebe macht den Himmel
Himmlischer – die Erde
  Zu dem Himmelreich.

Einstens hinter Pyrrhas Rücken,
  Stimmen Dichter ein,
Sprang die Welt aus Felsenstücken,
  Menschen aus dem Stein.

Stein und Felsen ihre Herzen,
  Ihre Seelen Nacht,
Von des Himmels Flammenkerzen
  Nie in Glut gefacht.

Noch mit sanften Rosenketten
Banden junge Amoretten
  Ihre Seelen nie –
Noch mit Liedern ihren Busen
Huben nicht die weichen Musen
  Nie mit Saitenharmonie.

Ach! noch wanden keine Kränze
  Liebende sich um!
Traurig flüchteten die Lenze
  Nach Elisium.

Ungegrüßet stieg Aurora
  Aus dem Schoß des Meers,
Ungegrüßet sank die Sonne
  In den Schoß des Meers.

Wild umirrten sie die Haine,
Unter Lunas Nebelscheine,
  Trugen eisern Joch.

Sehnend an der Sternenbühne
Suchte die geheime Träne
   Keine Götter noch.

*

Und sieh! der blauen Flut entquillt
Die Himmelstochter sanft und mild,
   Getragen von Najaden
   Zu trunkenen Gestaden.

Ein jugendlicher Maienschwung
Durchwebt, wie Morgendämmerung,
   Auf das allmächt'ge *Werde*
   Luft, Himmel, Meer und Erde.

Des holden Tages Auge lacht
In düst'rer Wälder Mitternacht,
   Balsamische Narzissen
   Blüh'n unter ihren Füßen.

Schon flötete die Nachtigall
   Den ersten Sang der Liebe,
Schon murmelte der Quellen Fall
   In weiche Busen Liebe.

   Glückseliger Pygmalion!
   Es schmilzt! es glüht dein Marmor schon!
Gott Amor Überwinder!
Umarme deine Kinder!

*

Selig durch die Liebe
Götter – durch die Liebe
   Menschen Göttern gleich.
Liebe macht den Himmel
Himmlischer – die Erde
   Zu dem Himmelreich.

*

Unter gold'nem Nektarschaum
Ein wollüst'ger Morgentraum
   Ewig Lustgelage
   Flieh'n der Götter Tage.

   Thronend auf erhab'nem Sitz
   Schwingt Chronion seinen Blitz,

Der Olympus schwankt erschrocken,
Wallen zürnend seine Locken –

  Göttern läßt er seine Throne,
  Niedert sich zum Erdensohne,
  Seufzt arkadisch durch den Hain,
Zahme Donner untern Füßen,
Schläft, gewiegt von Ledas Küssen,
  Schläft der Riesentöter ein.

Majestätsche Sonnenrosse
  Durch des Lichtes weiten Raum,
  Leitet Föbos gold'ner Zaum,
Völker stürzt sein rasselndes Geschosse;
  Seine weißen Sonnenrosse,
  Seine rasselnden Geschosse
Unter Lieb' und Harmonie
Ha! wie gern vergaß er sie!

Vor der Gattin des Chroniden
Beugen sich die Uraniden,
  Stolz vor ihrem Wagenthrone
Brüstet sich das Pfauenpaar,
  Mit der gold'nen Herrscherkrone
Schmückt sie ihr ambrosisch Haar.

Schöne Fürstin! ach die Liebe
Zittert mit dem süßen Triebe
  Deiner Majestät zu nah'n.
Und von ihren stolzen Höhen
  Muß die Götterkönigin
Um des Reizes Gürtel flehen,
  Bei der Herzenfeßlerin.

*

Selig durch die Liebe
Götter – durch die Liebe
  Menschen Göttern gleich.
Liebe macht den Himmel
Himmlischer – die Erde
  Zu dem Himmelreich.

*

Liebe sonnt das Reich der Nacht,
Amors süßer Zaubermacht
Ist der Orkus untertänig,

Freundlich blickt der schwarze König,
Wenn ihm Ceres Tochter lacht,
Liebe sonnt das Reich der Nacht.

Himmlisch in die Hölle klangen
Und den wilden Hüter zwangen
　Deine Lieder, Thrazier –
Minos, Tränen im Gesichte,
Milderte die Qualgerichte,
Zärtlich um Megärens Wangen
Küßten sich die wilden Schlangen,
　Keine Geißel klatschte mehr,
Aufgejagt von Orfeus Leier
Flog von Tityon der Geier,
Leiser hin am Ufer rauschten
Lethe und Kozytus, lauschten
　Deinen Liedern Thrazier,
　Liebe sangst du Thrazier.

*

Selig durch die Liebe
Götter – durch die Liebe
　Menschen Göttern gleich.
Liebe macht den Himmel
Himmlischer – die Erde
　Zu dem Himmelreich.

*

Durch die ewige Natur
　Düftet ihre Blumenspur,
Weht ihr gold'ner Flügel.
　Winkte mir vom Mondenlicht
　Afroditens Auge nicht,
Nicht vom Sonnenhügel,
　Lächelte vom Sternenmeer
　Nicht die Göttin zu mir her,
　Stern, und Sonn und Mondenlicht
　Regten mir die Seele nicht,
　Liebe Liebe lächelt nur
　Aus dem Auge der Natur
Wie aus einem Spiegel!

　Liebe rauscht der Silberbach,
Liebe lehrt ihn sanfter wallen,
　Seele haucht sie in das Ach
Klagenreicher Nachtigallen –

Liebe Liebe lispelt nur
　　　Auf der Laute der Natur.

　　Weisheit mit dem Sonnenblick,
　　Große Göttin tritt zurück,
　　　Weiche vor der Liebe.
　　Nie Erobrern, Fürsten nie
　　Beugtest du ein Sklavenknie,
　　　Beug' es itzt der Liebe.

　　Wer die steile Sternenbahn
　　Ging dir heldenkühn voran
　　　Zu der Gottheit Sitze?
　　Wer zerriß das Heiligtum,
　　Zeigte dir Elisium
　　　Durch des Grabes Ritze?
　　Lockte *sie* uns nicht hinein,
　　Möchten wir *unsterblich* sein?
　　Suchten auch die Geister
　　Ohne sie den Meister?
　　　Liebe Liebe leitet nur
　　　Zu dem Vater der Natur,
　　Liebe nur die Geister.

　　Selig durch die Liebe
　　Götter – durch die Liebe
　　　Menschen Göttern gleich.
　　Liebe macht den Himmel
　　Himmlischer – die Erde
　　　Zu dem Himmelreich.

DAS VERSCHLEIERTE BILD ZU SAIS

Ein Jüngling, den des Wissens heißer Durst
Nach Sais in Ägypten trieb, der Priester
Geheime Weisheit zu erlernen, hatte
Schon manchen Grad mit schnellem Geist durcheilt,
Stets riß ihn seine Forschbegierde weiter,
Und kaum besänftigte der Hierophant
Den ungeduldig strebenden. »Was hab' ich,
Wenn ich nicht Alles habe, sprach der Jüngling,
Gibts etwa hier ein Weniger und Mehr?
Ist deine Wahrheit wie der Sinne Glück
Nur eine Summe, die man größer, kleiner
Besitzen kann und immer doch besitzt?

Ist sie nicht eine einzge, ungeteilte?
Nimm einen Ton aus einer Harmonie,
Nimm eine Farbe aus dem Regenbogen,
Und alles was dir bleibt ist Nichts, so lang
Das schöne All der Töne fehlt und Farben.«

Indem sie einst so sprachen, standen sie
In einer einsamen Rotonde still,
Wo ein verschleiert Bild von Riesengröße
Dem Jüngling in die Augen fiel. Verwundert
Blickt er den Führer an und spricht: Was ist's,
Das hinter diesem Schleier sich verbirgt?
»Die Wahrheit«, ist die Antwort – Wie? ruft jener,
Nach Wahrheit streb' ich ja allein, und diese
Gerade ist es, die man mir verhüllt?

»Das mache mit der Gottheit aus, versetzt
Der Hierophant. Kein Sterblicher, sagt sie,
Rückt diesen Schleier, bis ich selbst ihn hebe.
Und wer mit ungeweihter schuld'ger Hand
Den heiligen, verbot'nen früher hebt,
Der, spricht die Gottheit« – Nun? »Der *sieht* die Wahrheit.«
Ein seltsamer Orakelspruch! Du selbst
Du hättest also niemals ihn gehoben?
»Ich? Wahrlich nicht! Und war auch nie dazu
Versucht« – Das faß ich nicht. Wenn von der Wahrheit
Nur diese dünne Scheidewand mich trennte –
»Und ein Gesetz, fällt ihm sein Führer ein.
Gewichtiger mein Sohn als du es meinst
Ist dieser dünne Flor – Für deine Hand
Zwar leicht, doch Zentner schwer für dein Gewissen.«

Der Jüngling ging gedankenvoll nach Hause,
Ihm raubt des Wissens brennende Begier
Den Schlaf, er wälzt sich glühend auf dem Lager,
Und rafft sich auf um Mitternacht. Zum Tempel
Führt unfreiwillig ihn der scheue Tritt.
Leicht ward es ihm die Mauer zu ersteigen,
Und mitten in das Inn're der Rotonde
Trägt ein beherzter Sprung den Wagenden.

Hier steht er nun, und grauenvoll umfängt
Den einsamen die lebenlose Stille,
Die nur der Tritte hohler Widerhall
In den geheimen Grüften unterbricht.
Von oben durch der Kuppel Öffnung wirft

Der Mond den bleichen silberblauen Schein,
Und furchtbar wie ein gegenwärt'ger Gott
Erglänzt durch des Gewölbes Finsternisse
In ihrem langen Schleier die Gestalt.

Er tritt hinan mit ungewissem Schritt,
Schon will die freche Hand das Heilige berühren,
Da zuckt es heiß und kühl durch sein Gebein,
Und stößt ihn weg mit unsichtbarem Arme.
Unglücklicher, was willst du tun? So ruft
In seinem Innern eine treue Stimme.
Versuchen den Allheiligen willst du?
Kein Sterblicher, sprach des Orakels Mund,
Rückt diesen Schleier, bis ich selbst ihn hebe.
Doch setzte nicht derselbe Mund hinzu:
Wer diesen Schleier hebt, soll Wahrheit schauen.
Sei hinter ihm, was will! Ich heb' ihn auf.
[Er rufts mit lauter Stimm] Ich will sie schauen.

     Schauen!
Gellt ihm ein langes Echo spottend nach.

Er spricht's und hat den Schleier aufgedeckt,
»Nun, fragt ihr, und was zeigte sich ihm hier?«
Ich weiß es nicht. Besinnungslos und bleich
So fanden ihn am andern Tag die Priester
Am Fußgestell der Isis ausgestreckt.
Was er allda gesehen und erfahren,
Hat seine Zunge nie bekannt. Auf ewig
War seines Lebens Heiterkeit dahin,
Ihn riß ein tiefer Gram zum frühen Grabe.
»Weh dem« dies war sein warnungsvolles Wort,
Wenn ungestüme Frager in ihn drangen,
»Weh dem, der zu der Wahrheit geht durch Schuld,
Sie wird ihm nimmermehr erfreulich sein.«

DIE WELTWEISEN

Der Satz, durch welchen alles Ding
Bestand und Form empfangen,
Der Kloben, woran Zeus den Ring
Der Welt, die sonst in Scherben ging,
Vorsichtig aufgehangen,
Den nenn' ich einen großen Geist,
Der mir ergründet, wie er heißt,

Wenn Ich ihm nicht drauf helfe –
Er heißt: Zehn ist nicht Zwölfe.

Der Schnee macht kalt, das Feuer brennt,
Der Mensch geht auf zwei Füßen,
Die Sonne scheint am Firmament,
Das kann, wer auch nicht Logik kennt,
Durch seine Sinne wissen.
Doch wer Metaphysik studiert,
Der weiß, daß wer verbrennt, nicht friert,
Weiß, daß das Nasse feuchtet
Und daß das Helle leuchtet.

Homerus singt sein Hochgedicht,
Der Held besteht Gefahren,
Der brave Mann tut seine Pflicht,
Und tat sie, ich verhehl es nicht,
Eh noch Weltweise waren;
Doch hat Genie und Herz vollbracht,
Was *Lock'* und *Des Cartes* nie gedacht,
Sogleich wird auch von diesen
Die Möglichkeit bewiesen.

Im Leben gilt der Stärke Recht,
Dem Schwachen trotzt der Kühne,
Wer nicht gebieten kann, ist Knecht,
Sonst geht es ganz erträglich schlecht
Auf dieser Erdenbühne.
Doch wie es wäre, fing der Plan
Der Welt nur erst von vornen an,
Ist in Moralsystemen
Ausführlich zu vernehmen.

»Der Mensch bedarf des Menschen sehr
Zu seinem großen Ziele,
Nur in dem Ganzen wirket er,
Viel Tropfen geben erst das Meer,
Viel Wasser treibt die Mühle.
Drum flieht der wilden Wölfe Stand
Und knüpft des Staates daurend Band.«
So lehren vom Katheder
Herr Puffendorf und Feder.

Doch weil, was ein Professor spricht,
Nicht gleich zu allen dringet,
So übt Natur die Mutterpflicht,

Und sorgt, daß nie die Kette bricht,
Und daß der Reif nie springet.
Einstweilen bis den Bau der Welt
Philosophie zusammenhält,
Erhält sie das Getriebe
Durch Hunger und durch Liebe.

DER SPIELENDE KNABE

Spiele, Kind, in der Mutter Schoß! Auf der heiligen Insel
    Findet der trübe Gram, findet die Sorge dich nicht,
Liebend halten die Arme der Mutter dich über dem Abgrund,
    Und in das flutende Grab lächelst du schuldlos hinab.
Spiele, liebliche Unschuld! Noch ist Arkadien um dich,
    Und die freie Natur folgt nur dem fröhlichen Trieb,
Noch erschafft sich die üppige Kraft erdichtete Schranken,
    Und dem willigen Mut fehlt noch die Pflicht und der Zweck.
Spiele, bald wird die Arbeit kommen, die hag're, die ernste,
    Und der gebietenden Pflicht mangeln die Lust und der Mut.

EINER JUNGEN FREUNDIN
INS STAMMBUCH

Ein blühend Kind, von Grazien und Scherzen
Umhüpft, so Freundin spielt um dich die Welt,
Doch so, wie sie sich malt in deinem Herzen,
In deiner Seele schönen Spiegel fällt,
So ist sie nicht. Die stillen Huldigungen,
Die deines Herzens Adel dir errungen,
Die Wunder, die du selbst getan,
Die Reize, die dein Dasein ihm gegeben,
Die rechnest du für Reize diesem Leben,
Für schöne Menschlichkeit uns an.
Dem holden Zauber nie entweihter Jugend,
Dem Talisman der Unschuld und der Tugend,
Den will ich sehn, der diesem trotzen kann.

Froh taumelst du im süßen Überzählen
Der Blumen, die um deine Pfade blühn,
Der Glücklichen, die du gemacht, der Seelen,
Die du gewonnen hast, dahin.
Sei glücklich in dem lieblichen Betruge,
Nie stürze von des Traumes stolzem Fluge
Ein trauriges Erwachen dich herab.

Den Blumen gleich, die deine Beete schmücken,
So pflanze sie – nur den entfernten Blicken!
Betrachte sie, doch pflücke sie nicht ab.
Geschaffen, nur die Augen zu vergnügen,
Welk werden sie zu deinen Füßen liegen.
Je näher dir, je näher ihrem Grab!

AN DIE FREUDE

Freude, schöner Götterfunken,
    Tochter aus Elisium,
Wir betreten feuertrunken,
    Himmlische, dein Heiligtum.
Deine Zauber binden wieder,
    Was die Mode streng geteilt,
Alle Menschen werden Brüder,
    Wo dein sanfter Flügel weilt.

Chor
Seid umschlungen Millionen!
    Diesen Kuß der ganzen Welt!
    Brüder – überm Sternenzelt
Muß ein lieber Vater wohnen.

Wem der große Wurf gelungen,
    Eines Freundes Freund zu sein,
Wer ein holdes Weib errungen,
    Mische seinen Jubel ein!
Ja – wer auch nur eine Seele
    Sein nennt auf dem Erdenrund!
Und wer's nie gekonnt, der stehle
    Weinend sich aus diesem Bund!

Chor
Was den großen Ring bewohnet
    Huldige der Simpathie!
    Zu den Sternen leitet sie,
Wo der *Unbekannte* thronet.

Freude trinken alle Wesen
    An den Brüsten der Natur,
Alle Guten, alle Bösen
    Folgen ihrer Rosenspur.
Küsse gab sie *uns* und *Reben*,
    Einen Freund, geprüft im Tod,

Wollust ward dem Wurm gegeben,
   Und der Cherub steht vor Gott.

Chor
Ihr stürzt nieder, Millionen?
   Ahndest du den Schöpfer, Welt?
   Such ihn überm Sternenzelt,
Über Sternen muß er wohnen.

Freude heißt die starke Feder
   In der ewigen Natur.
Freude, Freude treibt die Räder
   In der großen Weltenuhr.
Blumen lockt sie aus den Keimen,
   Sonnen aus dem Firmament,
Sphären rollt sie in den Räumen,
   Die des Sehers Rohr nicht kennt.

Chor
Froh, wie seine Sonnen fliegen,
   Durch des Himmels prächt'gen Plan,
   Laufet Brüder eure Bahn,
Freudig wie ein Held zum siegen.

Aus der Wahrheit Feuerspiegel
   Lächelt *sie* den Forscher an.
Zu der Tugend steilem Hügel
   Leitet *sie* des Dulders Bahn.
Auf des Glaubens Sonnenberge
   Sieht man *ihre* Fahnen wehn,
Durch den Riß gesprengter Särge
   Sie im Chor der Engel stehn.

Chor
Duldet mutig Millionen!
   Duldet für die bess're Welt!
   Droben überm Sternenzelt
Wird ein großer Gott belohnen.

Göttern kann man nicht vergelten,
   Schön ist's ihnen gleich zu sein.
Gram und Armut soll sich melden,
   Mit den Frohen sich erfreun.
Groll und Rache sei vergessen,
   Unserm Todfeind sei verziehn.
Keine Träne soll ihn pressen,
   Keine Reue nage ihn.

Chor
Unser Schuldbuch sei vernichtet!
 Ausgesöhnt die ganze Welt!
 Brüder – überm Sternenzelt
Richtet Gott, wie wir gerichtet.

Freude sprudelt in Pokalen,
 In der Traube gold'nem Blut
Trinken Sanftmut Kannibalen,
 Die Verzweiflung Heldenmut – –
Brüder fliegt von euren Sitzen,
 Wenn der volle Römer kreist,
Laßt den Schaum zum Himmel spritzen:
 Dieses Glas dem guten Geist!

Chor
Den der Sterne Wirbel loben,
 Den des Seraphs Hymne preist,
 Dieses Glas dem guten Geist,
Überm Sternenzelt dort oben!

Festen Mut in schwerem Leiden,
 Hülfe, wo die Unschuld weint,
Ewigkeit geschwor'nen Eiden,
 Wahrheit gegen Freund und Feind,
Männerstolz vor Königsthronen, –
 Brüder, gält es Gut und Blut –
Dem Verdienste seine Kronen,
 Untergang der Lügenbrut.

Chor
Schließt den heil'gen Zirkel dichter,
 Schwört bei diesem gold'nen Wein:
 Dem Gelübde treu zu sein,
Schwört es bei dem Sternenrichter!

DIE UNÜBERWINDLICHE FLOTTE
Nach einem ältern Dichter

Sie kömmt – sie kömmt des Mittags stolze Flotte,
 Das Weltmeer wimmert unter ihr,
Mit Kettenklang und einem neuen Gotte
 Und tausend Donnern, naht sie dir –
Ein schwimmend Heer furchtbarer Zitadellen
 (Der Ozean sah ihres Gleichen nie)

DIE UNÜBERWINDLICHE FLOTTE

Unüberwindlich nennt man sie,
   Zieht sie einher auf den erschrock'nen Wellen;
Den stolzen Namen weiht
   Der Schrecken, den sie um sich speit.

Mit majestätisch stillem Schritte
Trägt seine Last der zitternde Neptun,
   Weltuntergang in ihrer Mitte,
Naht sie heran und alle Stürme ruhn.

   Dir gegenüber steht sie da,
Glücksel'ge Insel – Herrscherin der Meere,
Dir drohen diese Gallionenheere,
   Großherzige Britannia.
Weh deinem freigebor'nen Volke!
Da steht sie, eine wetterschwang're Wolke.

Wer hat das hohe Kleinod dir errungen,
   Das zu der Länder Fürstin dich gemacht?
Hast du nicht selbst von stolzen Königen gezwungen,
   Der Reichsgesetze weisestes erdacht.
Das *große Blatt*, das deine Könige zu Bürgern,
   Zu Fürsten deine Bürger macht?
   Der Segel stolze Obermacht
Hast du sie nicht von Millionen Würgern
   Erstritten in der Wasserschlacht?
Wem dankst du sie – errötet Völker dieser Erde –
Wem sonst als deinem Geist und deinem Schwerte?

Unglückliche – blick hin auf diese feuerwerfenden Kolossen,
Blick hin und ahnde deines Ruhmes Fall,
   Bang' schaut auf dich der Erdenball,
Und aller freien Männer Herzen schlagen,
Und alle gute schöne Seelen klagen
   Teilnehmend deines Ruhmes Fall.

   Gott der Allmächt'ge sah herab,
Sah deines Feindes stolze Löwenflaggen wehen,
   Sah drohend offen dein gewisses Grab –
Soll, sprach er, soll mein Albion vergehen,
   Erlöschen meiner Helden Stamm,
Der Unterdrückung letzter Felsendamm
Zusammenstürzen, die *Tirannenwehre*
Vernichtet sein von dieser Hemisphäre?
   Nie, rief er, soll der Freiheit Paradies,
Der Menschenwürde starker Schirm verschwinden!

Gott der Allmächt'ge blies,
Und die Armada flog nach allen Winden.

Die zwei letzten Verse sind eine Anspielung auf die Medaille, welche Elisabeth zum Andenken ihres Sieges schlagen ließ. Es wird auf derselben eine Flotte vorgestellt, welche im Sturm untergeht, mit der bescheidenen Inschrift: Afflavit Deus et dissipati sunt.

EINEM JUNGEN FREUNDE
als er sich der Weltweisheit widmete

Schwere Prüfungen mußte der griechische Jüngling bestehen,
   Eh' das Eleusische Haus nun den Bewährten empfing.
Bist du bereitet und reif, das Heiligtum zu betreten,
   Wo den verdächtigen Schatz Pallas Athene verwahrt?
Weißt du schon, was deiner dort harrt? Wie teuer du kaufest?
   Daß du ein ungewiß Gut mit dem gewissen bezahlst?
Fühlst du dir Stärke genug, der Kämpfe schwersten zu kämpfen,
   Wenn sich Verstand und Herz, Sinn und Gedanken entzwein,
Mut genug, mit des Zweifels unsterblicher Hydra zu ringen,
   Und dem Feind in dir selbst männlich entgegen zu gehn,
Mit des Auges Gesundheit, des Herzens heiliger Unschuld
   Zu entlarven den Trug, der dich als Wahres versucht?
Fliehe, bist du des Führers im eigenen Busen nicht sicher,
   Fliehe den lockenden Rand, ehe der Schlund dich verschlingt.
Manche gingen nach Licht, und stürzten in tiefere Nacht nur,
   Sicher im Dämmerschein wandelt die Kindheit dahin.

KARTHAGO

Ausgeartetes Kind der bessern menschlichen Mutter,
   Das mit des Römers Gewalt paaret des Tyriers List!
Aber jener beherrschte mit Kraft die eroberte Erde,
   Dieser belehrte die Welt, die er mit Klugheit bestahl.
Sprich, was rühmt die Geschichte von dir? Wie der Römer erwarbst du
   Mit dem Eisen, was du tyrisch mit Golde regierst.

GRAF EBERHARD DER GREINER VON WIRTEMBERG
Kriegslied

Ihr – ihr dort außen in der Welt
   Die Nasen eingespannt!
Auch manchen Mann, auch manchen Held,

Im Frieden gut, und stark im Feld
　　Gebar das Schwabenland.

Prahlt nur mit Karl und Eduard,
　　Mit Friedrich, Ludewig.
Karl, Friedrich, Ludwig, Eduard
Ist uns der Graf, der Eberhard,
　　Ein Wettersturm im Krieg.

Und auch sein Bub', der Ulerich,
　　War gern, wo's eisern klang;
Des Grafen Bub der Ulerich,
Kein Fußbreit rückwärts zog er sich,
　　Wenns drauf und drunter sprang.

Die Reutlinger auf unsern Glanz
　　Erbittert, kochten Gift,
Und buhlten um den Siegeskranz,
Und wagten manchen Schwertertanz,
　　Und gürteten die Hüft –

Er griff sie an – und siegte nicht,
　　Und kam gepantscht nach Haus,
Der Vater schnitt ein falsch Gesicht,
Der junge Kriegsmann floh das Licht,
　　Und Tränen drangen raus.

Das wurmt ihm – Ha! Ihr Schurken wart!
　　Und trug's in seinem Kopf.
Auswetzen, bei des Vaters Bart!
Auswetzen wollt er diese Schart
　　Mit manchem Städtlerschopf.

Und Fehd entbrannte bald darauf,
　　Und zogen Roß und Mann
Bei Döffingen mit hellem Hauf,
Und heller ging's dem Junker auf,
　　Und hurra! heiß ging's an.

Und unsers Heeres Losungswort
　　War die verlor'ne Schlacht:
Das riss' uns wie die Windsbraut fort,
Und schmiss' uns tief in Blut und Mord
　　Und in die Lanzennacht.

Der junge Graf voll Löwengrimm
 Schwung seinen Heldenstab,
Wild vor ihm ging das Ungestüm,
Geheul und Winseln hinter ihm,
 Und um ihn her das Grab.

Doch weh! ach weh! ein Säbelhieb
 Sunk schwer auf sein Genick,
Schnell um ihn her der Helden Trieb,
Umsonst! Umsonst! erstarret blieb
 Und sterbend brach sein Blick.

Bestürzung hemmt des Sieges Bahn,
 Laut weinte Feind und Freund –
Hoch führt der Graf die Reuter an:
Mein Sohn ist wie ein and'rer Mann!
 Marsch! Kinder! In den Feind!

Und Lanzen sausen feuriger,
 Die Rache spornt sie all,
Rasch über Leichen ging's daher,
Die Städtler laufen kreuz und quer
 Durch Wald und Berg und Tal.

Und zogen wir mit Hörnerklang
 Ins Lager froh zurück.
Und Weib und Kind im Rundgesang
Beim Walzer und beim Becherklang
 Lustfeiern unser Glück.

Doch unser Graf – was tät er itzt?
 Vor ihm der tote Sohn.
Allein in seinem Zelte sitzt
Der Graf, und eine Träne blitzt
 Im Aug' auf seinen Sohn.

Drum hangen wir so treu und warm
 Am Grafen unserm Herrn.
Allein ist er ein Heldenschwarm,
Der Donner ras't in seinem Arm,
 Er ist des Landes Stern.

Drum ihr dort außen in der Welt
 Die Nasen eingespannt,
Auch manchen Mann, auch manchen Held,
Im Frieden gut und stark im Feld,
 Gebar das Schwabenland.

AN DEN FRÜHLING

Willkommen schöner Jüngling!
  Du Wonne der Natur!
Mit deinem Blumenkörbchen
  Willkommen auf der Flur!

Ei! Ei! Da bist ja wieder!
  Und bist so lieb und schön!
Und freun wir uns so herzlich,
  Entgegen dir zu gehn.

Denkst auch noch an mein Mädchen?
  Ei lieber denke doch!
Dort liebte mich das Mädchen,
  Und 's Mädchen liebt mich noch!

Fürs Mädchen manches Blümchen
  Erbat ich mir von dir –
Ich komm' und bitte wieder,
  Und du? – du gibst es mir?

Willkommen schöner Jüngling!
  Du Wonne der Natur!
Mit deinem Blumenkörbchen
  Willkommen auf der Flur.

DIE SCHLACHT

  Schwer und dumpfig,
    Eine Wetterwolke,
Durch die grüne Eb'ne schwankt der Marsch.
  Zum wilden eisernen Würfelspiel
Streckt sich unabsehlich das Gefilde,
  Blicke kriechen niederwärts,

An die Rippen pocht das Männerherz,
  Vorüber an hohlen Totengesichtern
    Niederjagt die Front der Major,
      Halt!
Und Regimenter fesselt das starre Kommando.

  Lautlos steht die Front.

Prächtig im glühenden Morgenrot
Was blitzt dorther vom Gebürge?
Seht ihr des Feindes Fahnen wehn?
Wir sehn des Feindes Fahnen wehn,
Gott mit euch Weib und Kinder.
Lustig! hört ihr den Gesang?
Trommelwirbel, Pfeifenklang
Schmettert durch die Glieder,
Wie braust es fort im schönen wilden Takt!
Und braust durch Mark und Bein.

    Gott befohlen Brüder!
    In einer andern Welt wieder.

Schon fleugt es fort wie Wetterleucht,
Dumpf brüllt der Donner schon dort,
Die Wimper zuckt, hier kracht er laut,
Die Losung braust von Heer zu Heer,
Laß brausen in Gottes Namen fort,
Freier schon atmet die Brust.

    Der Tod ist los – schon wogt sich der Kampf,
    Eisern im wolkigten Pulverdampf
    Eisern fallen die Würfel.

Nah umarmen die Heere sich,
Fertig! heult's von P'loton zu P'loton,
Auf die Kniee geworfen
Feur'n die Vordern, viele stehen nicht mehr auf,
Lücken reißt die streifende Kartetsche,
Auf Vormanns Rumpfe springt der Hintermann,
Verwüstung rechts und links und um und um
Bataillone niederwälzt der Tod.

    Die Sonne löscht aus – heiß brennt die Schlacht,
    Schwarz brütet auf dem Heer die Nacht –
    Gott befohlen Brüder!
    In einer andern Welt wieder.

Hoch spritzt an den Nacken das Blut,
Lebende wechseln mit Toten, der Fuß
Strauchelt über den Leichnamen –
»Und auch du Franz?« – »grüße mein Lottchen Freund;«
Wilder immer wütet der Streit,
»Grüßen will ich« – Gott! Kameraden! seht
Hinter uns wie die Kartetsche springt!

»Grüßen will ich dein Lottchen, Freund!
Schlumm're sanft! wo die Kugelsaat
Regnet, stürz ich Verlass'ner hinein.«

   Hierher, dorthin schwankt die Schlacht,
   Finst'rer brütet auf dem Heer die Nacht,
   Gott befohlen Brüder!
   In einer andern Welt wieder.

Horch, was strampft im Galopp vorbei?
   Die Adjutanten fliegen,
Dragoner rasseln in den Feind,
   Und seine Donner ruhen.
Victoria Brüder!
Schrecken reißt die feigen Glieder,
   Und seine Fahne sinkt —

Entschieden ist die scharfe Schlacht,
Der Tag blickt siegend durch die Nacht!
   Horch! Trommelwirbel, Pfeifenklang
   Stimmen schon Triumphgesang!
Lebt wohl ihr gebliebenen Brüder,
In einer andern Welt wieder.

DER FLÜCHTLING

Frisch atmet des Morgens lebendiger Hauch,
   Purpurisch zuckt durch düst'rer Tannen Ritzen
Das junge Licht, und äugelt aus dem Strauch,
   In gold'nen Flammen blitzen
   Der Berge Wolkenspitzen,
Mit freudig melodisch gewirbeltem Lied
   Begrüßen erwachende Lerchen die Sonne,
   Die schon in lachender Wonne
Jugendlich schön in Auroras Umarmungen glüht.

   Sei Licht mir gesegnet!
   Dein Strahlenguß regnet
Erwärmend hernieder auf Anger und Au.
   Wie silberfarb flittern
   Die Wiesen, wie zittern
Tausend Sonnen im perlenden Tau!
   In säuselnder Kühle
   Beginnen die Spiele
     Der jungen Natur,

Die Zephyre kosen
Und schmeicheln um Rosen,
Und Düfte beströmen die lachende Flur.

Wie hoch aus den Städten die Rauchwolken dampfen,
Laut wiehern und schnauben und knirschen und strampfen
  Die Rosse, die Farren,
  Die Wagen erknarren
   Ins ächzende Tal.
  Die Waldungen leben
Und Adler, und Falken und Habichte schweben,
Und wiegen die Flügel im blendenden Strahl.
  Den Frieden zu finden,
  Wohin soll ich wenden
   Am elenden Stab?
  Die lachende Erde
  Mit Jünglingsgebärde
   Für mich nur ein Grab?

Steig empor, o Morgenrot, und röte
 Mit purpurnem Kusse Hain und Feld,
Säus'le nieder Abendrot und flöte
 Sanft in Schlummer die erstorb'ne Welt.
  Morgen – ach! du rötest
   Eine Totenflur,
Ach! und du, o Abendrot! umflötest
  Meinen langen Schlummer nur.

GRUPPE AUS DEM TARTARUS

Horch – wie Murmeln des empörten Meeres,
 Wie durch hohler Felsen Becken weint ein Bach,
Stöhnt dort dumpfigtief ein schweres, leeres,
 Qualerpreßtes Ach!

  Schmerz verzerret
Ihr Gesicht, Verzweiflung sperret
 Ihre Rachen fluchend auf.
Hohl sind ihre Augen – ihre Blicke
Spähen bang' nach des Kozytus Brücke,
Folgen tränend seinem Trauerlauf.

Fragen sich einander ängstlich leise:
 Ob noch nicht Vollendung sei? –
Ewigkeit schwingt über ihnen Kreise,
 Bricht die Sense des Saturns entzwei.

ELISIUM

Vorüber die stöhnende Klage!
Elisiums Freudengelage
　　　Ersäufen jegliches Ach –
　　Elisiums Leben
　　Ewige Wonne, ewiges Schweben,
Durch lachende Fluren ein flötender Bach.

　　　Jugendlich milde
　　　Beschwebt die Gefilde
　　　　Ewiger Mai,
Die Stunden entfliehen in goldenen Träumen,
Die Seele schwillt aus in unendlichen Räumen,
　　Wahrheit reißt hier den Schleier entzwei.

　　　Unendliche Freude
　　　Durchwallet das Herz.
Hier mangelt der Name dem trauernden Leide,
Sanfter Entzücken nur heißet hier Schmerz.

Hier strecket der wallende Pilger die matten
Brennenden Glieder im säuselnden Schatten,
　　Leget die Bürde auf ewig dahin –
Seine Sichel entfällt hier dem Schnitter,
Eingesungen von Harfengezitter,
　　Träumt er geschnittene Halme zu sehn.

Dessen Fahne Donnerstürme wallte,
Dessen Ohren Mordgebrüll umhallte,
　　Berge bebten unter dessen Donnergang,
Schläft hier linde bei des Baches Rieseln,
Der wie Silber spielet über Kieseln,
　　Ihm verhallet wilder Speere Klang.

Hier umarmen sich getreue Gatten,
Küssen sich auf grünen samt'nen Matten
　　Liebgekost vom Balsamwest,
Ihre Krone findet hier die Liebe,
Sicher vor des Todes strengem Hiebe,
　　Feiert sie ein ewig Hochzeitfest.

AN MINNA

Träum' ich? Ist mein Auge trüber?
   Nebelt's mir ums Angesicht?
Meine Minna geht vorüber?
   Meine Minna kennt mich nicht?
Die am Arme seichter Toren
   Blähend mit dem Fächer ficht,
Eitel in sich selbst verloren –
   Meine Minna ist es nicht.

Von dem Sommerhute nicken
   Stolze Federn, mein Geschenk,
Schleifen, die den Busen schmücken,
   Rufen: Minna, sei gedenk!
Blumen, die ich selbst erzogen,
   Zieren Brust und Locken noch –
Ach die Brust, die mir gelogen!
   Und die Blumen blühen doch!

Geh! umhüpft von leeren Schmeichlern!
   Geh! vergiß auf ewig mich.
Überliefert feilen Heuchlern,
   Eitles Weib, veracht' ich dich.
Geh! Dir hat ein Herz geschlagen,
   Dir ein Herz, das edel schlug,
Groß genug, den Schmerz zu tragen,
   Daß es einer Törin schlug.

In den Trümmern deiner Schöne
   Seh ich dich verlassen stehn,
Weinend in die Blumenszene
   Deines Mais zurücke sehn.
Schwalben, die im Lenze minnen,
   Fliehen, wenn der Nordsturm weht,
Buhler scheucht dein Herbst von hinnen,
   Einen Freund hast du verschmäht.

Die mit heißem Liebesgeize
   Deinem Kuß entgegen flohn,
Zischen dem erloschnen Reize,
   Lachen deinem Winter Hohn.
Ha! wie will ich dann dich höhnen!
   Höhnen? Gott bewahre mich!
Weinen will ich bitt're Tränen,
   Weinen, Minna! über dich.

DAS GLÜCK UND DIE WEISHEIT

Entzweit mit einem Favoriten
   Flog einst *Fortun'* der Weisheit zu:
»Ich will dir meine Schätze bieten,
   Sei meine Freundin du!

Mit meinen reichsten schönsten Gaben
   Beschenkt' ich ihn so mütterlich,
Und sieh, er will noch immer haben,
   Und nennt noch geizig mich.

Komm Schwester, laß uns Freundschaft schließen,
   Du marterst dich an deinem Pflug,
In deinen Schoß will ich sie gießen,
   Hier ist für dich und mich genug.«

Sophia lächelt diesen Worten,
   Und wischt den Schweiß vom Angesicht;
»Dort eilt dein Freund, sich zu ermorden,
   Versöhnt euch, ich brauch' dich nicht.«

DIE BERÜHMTE FRAU
Epistel eines Ehemanns an einen andern

Beklagen soll ich dich? Mit Tränen bitt'rer Reue
Wird Hymens Band von dir verflucht?
Warum? Weil deine Ungetreue
In eines andern Armen sucht,
Was ihr die deinigen versagen?
Freund, höre fremde Leiden an,
Und lerne *Deine* leichter tragen.

Dich schmerzt, daß sich in deine Rechte
Ein zweiter teilt? – Beneidenswerter Mann!
Mein Weib gehört dem ganzen menschlichen Geschlechte.
Vom Belt bis an der Mosel Strand,
Bis an die Apenninenwand,
Bis in die Vaterstadt der Moden,
Wird sie in allen Buden feil geboten,
Muß sie auf Diligencen, Paketbooten
Von jedem Schulfuchs, jedem Hasen,
Kunstrichterlich sich mustern lassen,
Muß sie der Brille des Philisters stehn,
Und wie's ein schmutz'ger Aristarch befohlen,

Auf Blumen oder heißen Kohlen
Zum Ehrentempel oder Pranger gehn.
Ein Leipziger – daß Gott ihn strafen wollte!
Nimmt topographisch sie wie eine Festung auf,
Und bietet Gegenden dem Publikum zu Kauf,
Wovon ich billig doch *allein* nur sprechen sollte.

Dein Weib – Dank den kanonischen Gesetzen!
Weiß deiner *Gattin* Titel doch zu schätzen.
Sie weiß *warum*? und tut sehr wohl daran,
Mich kennt man nur als *Ninons* Mann.
Du klagst, daß im Parterr' und an den Pharotischen,
Erscheinst du, alle Zungen zischen?
O Mann des Glücks! Wer einmal das von sich
Zu rühmen hätte! – Mich, Herr Bruder, mich,
Beschert mir endlich eine Molkenkur
Das rare Glück – den Platz an ihrer Linken,
Mich merkt kein Aug', und alle Blicke winken
Auf meine stolze Hälfte nur.

Kaum ist der Morgen grau,
So kracht die Treppe schon von blau und gelben Röcken,
Mit Briefen, Ballen, unfrankierten Päcken,
Signiert: an die *berühmte* Frau.
Sie schläft so süß! – Doch *darf* ich sie nicht schonen.
»Die Zeitungen, Madame, aus Jena und Berlin!«
Rasch öffnet sich das Aug' der holden Schläferin,
Ihr erster Blick fällt auf Rezensionen.
Das schöne blaue Auge! – *Mir*
Nicht einen Blick! – durchirrt ein elendes Papier,
(Laut hört man in der Kinderstube weinen)
Sie legt es endlich weg, und frägt nach ihren Kleinen.

Die Toilette wartet schon,
Doch halbe Blicke nur beglücken ihren Spiegel.
Ein mürrisch ungeduldig Drohn
Gibt der erschrock'nen Zofe Flügel.
Von ihrem Putztisch sind die Grazien entflohn,
Und an der Stelle holder Amorinen
Sieht man Erinnyen den Lockenbau bedienen.

Karossen rasseln jetzt heran,
Und Mietlakaien springen von den Tritten,
Dem düftenden Abbe, dem Reichsbaron, dem Britten,
Der – nur nichts Deutsches lesen kann,
Großing und Compagnie, dem Z** Wundermann

Gehör bei der *Berühmten* zu erbitten.
Ein Ding, das demutsvoll sich in die Ecke drückt,
Und Ehmann heißt, wird vornehm angeblickt.
Hier darf ihr – wird *Dein* Hausfreund so viel wagen?
Der dümmste *Fat*, der ärmste Wicht,
Wir sehr er sie bewund're, sagen;
Und darfs vor meinem Angesicht!
Ich steh' dabei, und, will ich artig heißen,
Muß ich ihn bitten, mitzuspeisen.

Bei Tafel, Freund, beginnt erst meine Not,
Da geht es über meine Flaschen!
Mit Weinen von Burgund, die *mir* der Arzt verbot,
Muß ich die Kehlen ihrer Lober waschen.
Mein schwer verdienter Bissen Brot
Wird hungriger Schmarotzer Beute;
O diese leidige vermaledeite
Unsterblichkeit ist meines Nierensteiners Tod.
Den Wurm an alle Finger welche drucken!
Was, meinst du, sei mein Dank? Ein Achselzucken,
Ein Mienenspiel, ein ungeschliffenes Beklagen;
Errätst du's nicht? O ich versteh's genau!
Daß diesen Brillant von einer Frau
Ein solcher Pavian davon getragen.

Der Frühling kommt. Auf Wiesen und auf Feldern
Streut die Natur den bunten Teppich hin,
Die Blumen kleiden sich in angenehmes Grün,
Die Lerche singt, es lebt in allen Wäldern.
– Ihr ist der Frühling wonneleer.
Die Sängerin der süßesten Gefühle,
Der schöne Hain, der Zeuge uns'rer Spiele,
Sagt ihrem Herzen jetzt nichts mehr.
Die Nachtigallen haben nicht *gelesen*,
Die Lilien *bewundern* nicht.
Der allgemeine Jubelruf der Wesen
Begeistert *sie* – zu einem Sinngedicht.
Doch nein! Die Jahrszeit ist so schön – zum *reisen*
Wie drängend voll mags jetzt in Pyrmont sein!
Auch hört man überall das Karlsbad preisen.
Husch ist sie dort – in jenem bunten Reihn,
Wo Ordensbänder und Doktorenkragen
Zelebritäten *aller* Art,
Vertraulich wie in Charons Kahn gepaart,
Zur Schau sich geben und zu Markte tragen,
Wo eingeschickt von fernen Meilen,

Zerriss'ne Tugenden von ihren Wunden heilen,
Dort Freund – o lerne dein Verhängnis preisen!
Dort wandelt meine Frau, und läßt mir sieben Waisen.

O meiner Liebe erstes Flitterjahr!
Wie schnell – ach wie so schnell bist du entflogen!
Ein Weib, wie keines ist, und keines war,
Mir von des Reizes Göttinnen erzogen,
Mit hellem Geist, mit aufgetanem Sinn
Und weichen leicht beweglichen Gefühlen,
So sah ich sie, die Herzenseßlerin,
Gleich einem Maitag, mir zur Seite spielen,
Das süße Wort: Ich liebe dich!
Sprach aus dem holden Augenpaare,
So führt ich sie zum Traualtare,
O wer war glücklicher als ich!
Ein Blütenfeld beneidenswerter Jahre
Sah lachend mich aus diesem Spiegel an.
Mein Himmel war mir aufgetan.
Schon sah ich schöne Kinder um mich scherzen,
In ihrem Kreis die schönste *sie*,
Die glücklichste von allen *sie*,
Und *mein*, durch Seelenharmonie,
Durch ewig festen Bund der Herzen.
Und nun erscheint – o mög' ihn Gott verdammen!
Ein *großer* Mann – ein *schöner Geist*.
Der große Mann tut ein Tat! – und reißt
Mein Kartenhaus von Himmelreich zusammen.

Wen hab' ich *nun*? – Beweinenswerter Tausch!
Erwacht aus diesem Wonnerausch,
Was ist von diesem Engel mir geblieben?
Ein *starker* Geist in einem *zarten* Leib,
Ein Zwitter zwischen Mann und Weib,
Gleich ungeschickt zum Herrschen und zum Lieben.
Ein Kind mit eines Riesen Waffen,
Ein Mittelding von Weisen und von Affen!
Um kümmerlich dem *stärkern* nachzukriechen,
Dem *schöneren* Geschlecht entfloh'n,
Herabgestürzt von einem Thron,
Des Reizes heil'gen Mysterien entwichen,
Aus Cythereas *gold'nem Buch**   gestrichen
Für – einer Zeitung Gnadenlohn.

---

* *Goldnes Buch*; so wird in einigen italiänischen Republiken das Verzeichnis genannt, in welchem die adelichen Familien eingeschrieben stehen.

DIE GRÖSSE DER WELT

Die der schaffende Geist einst aus dem Chaos schlug,
Durch die schwebende Welt flieg ich des Windes Flug,
    Bis am Strande
      Ihrer Wogen ich lande,
Anker werf', wo kein Hauch mehr weht
Und der Markstein der Schöpfung steht.

Sterne sah ich bereits jugendlich auferstehn,
Tausendjährigen Gangs durchs Firmament zu gehn,
    Sah sie spielen
      Nach den lockenden Zielen,
Irrend suchte mein Blick umher,
Sah die Räume schon – sternenleer.

Anzufeuren den Flug weiter zum Reich des Nichts,
Steur' ich mutiger fort, nehme den Flug des Lichts,
    Neblicht trüber
      Himmel an mir vorüber,
Weltsysteme, Fluten im Bach,
Strudeln dem Sonnenwanderer nach.

Sieh, den einsamen Pfad wandelt ein Pilger mir
Rasch entgegen – »Halt an! Waller, was suchst du hier?«
    »Zum Gestade
      Seiner Welt meine Pfade,
Segle hin, wo kein Hauch mehr weht,
Und der Markstein der Schöpfung steht!«

»Steh! du segelst umsonst – vor dir Unendlichkeit!«
»Steh! du segelst umsonst – Pilger auch hinter mir! –
    Senke nieder
      Adlergedank dein Gefieder,
Kühne Seglerin, Phantasie,
Wirf ein mutloses Anker hie.«

MÄNNERWÜRDE

  Ich bin ein Mann! Wer ist es mehr?
    Wer's sagen kann, der springe
  Frei unter Gottes Sonn' einher
    Und hüpfe hoch und singe.

Zu Gottes schönem Ebenbild
  Kann ich den Stempel zeigen,
Zum Born, woraus der Himmel quillt,
  Darf ich hinunter steigen.

Und wohl mir, daß ichs darf und kann!
  Geht's Mädchen mir vorüber,
Ruf'ts laut in mir, du bist ein Mann!
  Und küsse sie so lieber.

Und röter wird das Mädchen dann,
  Und's Mieder wird ihr enge.
Das Mädchen weiß, ich bin ein Mann,
  Drum wird ihr's Mieder enge.

Wie wird sie erst um Gnade schrein,
  Ertapp' ich sie im Bade?
Ich bin ein Mann, das fällt ihr ein,
  Wie schrie sie sonst um Gnade!

Ich bin ein Mann, mit diesem Wort,
  Begegn' ich ihr alleine,
Jag' ich des Kaisers Tochter fort,
  So lumpicht ich erscheine.

Und dieses gold'ne Wörtchen macht
  Mir manche Fürstin holde.
Mich ruft sie – habt indessen Wacht
  Ihr Buben dort im Golde!

Ich bin ein Mann, das könnt ihr schon
  An meiner Leier riechen,
Sie braust dahin im Siegeston,
  Sonst würde sie ja kriechen.

Aus eben diesem Schöpferfluß,
  Woraus wir Menschen werden,
Quillt Götterkraft und Genius,
  Was mächtig ist auf Erden.

Tirannen haßt mein Talisman
  Und schmettert sie zu Boden,
Und kann er's nicht, führt er die Bahn
  Freiwillig zu den Toten.

Den Perser hat mein Talisman
    Am Granikus bezwungen,
Roms Wollüstlinge Mann für Mann
    Auf deutschen Sand gerungen.

Seht ihr den Römer stolz und kraus
    In Afrika dort sitzen?
Sein Aug' speit Feuerflammen aus,
    Als säht ihr Hekla blitzen.

Da kommt ein Bube wohlgemut,
    Gibt manches zu verstehen.
»Sprich, du hätt'st auf Karthago's Schutt
    Den *Marius* gesehen.« –

So spricht der stolze Römersmann,
    Noch groß in seinem Falle.
Er ist nichts weiter als ein Mann,
    Und vor ihm zittern alle.

Drauf täten seine Enkel sich
    Ihr Erbteil gar abdrehen,
Und huben jedermänniglich
    Anmutig an zu krähen.

Schmach dem kombabischen Geschlecht!
    Die Elenden, sie haben
Verscherzt ihr hohes Männerrecht,
    Des Himmels beste Gaben.

Und schlendern elend durch die Welt
    Wie Kürbisse von Buben
Zu Menschenköpfen ausgehöhlt,
    Die Schädel leere Stuben!

Wie Wein von einem Chemikus
    Durch die Retort' getrieben,
Zum Teufel ist der Spiritus
    Das Phlegma ist geblieben.

Und fliehen jedes Weibsgesicht,
    Und zittern es zu sehen –
Und dürften sie, und können nicht,
    Da möchten sie vergehen.

Drum flieh'n sie jeden Ehrenmann,
 Sein Glück wird sie betrüben,
Wer keinen Menschen machen kann,
 Der kann auch keinen lieben.

Drum tret ich frei und stolz einher
 Und brüste mich und singe:
Ich bin ein Mann, wer ist es mehr?
 Der hüpfe hoch und springe.

AN EINEN MORALISTEN

Was zürnst du uns'rer frohen Jugendweise,
 Und lehr'st, daß Lieben Tändeln sei?
Du starrest in des Winters Eise,
 Und schmälest auf den gold'nen Mai.

Einst als du noch das Nymphenvolk bekriegtest,
 Ein Held des Karnevals den deutschen Wirbel flogst,
Ein Himmelreich in beiden Armen wiegtest,
 Und Nektarduft von Mädchenlippen sogst!

Ha Seladon! Wenn damals aus den Achsen
 Gewichen wär' der Erde schwerer Ball,
Im Liebesknäul mit Julien verwachsen
 Du hättest überhört den Fall!

O denk zurück nach deinen Rosentagen,
 Und lerne, die Philosophie
Schlägt um, wie unsre Pulse anders schlagen,
 Zu Göttern schaffst du Menschen nie.

Wohl, wenn ins Eis des klügelnden Verstandes
 Das warme Blut ein bißchen munt'rer springt,
Laß den Bewohnern eines bessern Landes,
 Was nie dem Sterblichen gelingt.

Zwingt doch der irdische Gefährte
 Den gottgebornen Geist in Kerkermauren ein,
Er wehrt mir, daß ich Engel werde,
 Ich will ihm folgen Mensch zu sein.

GRIECHHEIT

Kaum hat das kalte Fieber der Gallomanie uns verlassen,
   Bricht in der Gräkomanie gar noch ein hitziges aus.
Griechheit, was war sie? Verstand und Maß und Klarheit! drum dächt'
                                                               ich
   Etwas Geduld noch, ihr Herrn, eh' ihr von Griechheit uns sprecht!
Eine würdige Sache verfechtet ihr, nur mit Verstande
   Bitt' ich, daß sie zum Spott und zum Gelächter nicht wird.

DIE SONNTAGSKINDER

Jahre lang bildet der Meister und kann sich nimmer genug tun,
   Dem genialen Geschlecht wird es im Traume beschert.
Was sie gestern gelernt, das wollen sie heute schon lehren,
   Ach was haben die Herrn doch für ein kurzes Gedärm!

DIE HOMERIDEN

Wer von euch ist der Sänger der Ilias? Weils ihm so gut schmeckt,
   Ist hier von *Heynen* ein Pack Göttinger Würste für ihn –
»Mir her! Ich sang der Könige Zwist!« – »Ich die Schlacht bei den
                                                               Schiffen!«
»Mir die Würste! Ich sang was auf dem Ida geschah!« –
Friede! Zerreißt mich nur nicht! Die Würste werden nicht reichen!
   Der sie schickte, er hat sich nur auf Einen versehn!

DIE PHILOSOPHEN

Lehrling
Gut, daß ich euch, ihr Herren, in pleno beisammen hier finde,
   Denn das Eine was Not treibt mich herunter zu euch.

Aristoteles
Gleich zur Sache mein Freund. Wir halten die Jenaer Zeitung
   Hier in der Hölle und sind längst schon von allem belehrt.

Lehrling
Desto besser! So gebt mir, ich gehe euch nicht eher vom Halse,
   Einen allgültigen Satz und der auch allgemein gilt.

Erster
Cogito ergo sum. Ich denke, und mithin so bin ich!
   Ist das Eine nur wahr, ist es das and're gewiß.

Lehrling
Denk ich, so bin ich! Wohl! Doch wer wird immer auch denken!
   Oft schon war ich und hab' wirklich an gar nichts gedacht.

Zweiter
Weil es Dinge doch gibt, so gibt es ein Ding aller Dinge,
   In dem Ding aller Ding schwimmen wir wie wir so sind.

Dritter
Just das Gegenteil sprech ich. Es gibt kein Ding als mich selber,
   Alles and're in mir steigt es als Blase nur auf.

Vierter
Zweierlei Dinge laß ich passieren, die Welt und die Seele,
   Keins weiß vom andern, und doch deuten sie beide auf Eins.

Fünfter
Von dem Ding weiß ich nichts und weiß auch nichts von der Seele,
   Beide erscheinen mir nur, aber sie sind doch kein Schein.

Sechster
Ich bin Ich und setze mich selbst, und setz ich mich selber
   Als *nicht* gesetzt, nun gut, hab' ich ein NichtIch gesetzt.

Siebenter
Vorstellung wenigstens ist! Ein Vorgestelltes ist also,
   Ein Vorstellendes auch, macht mit der Vorstellung *drei*.

Lehrling
Damit lock' ich, ihr Herrn, noch keinen Hund aus dem Ofen!
   Einen erklecklichen Satz will ich und der auch was setzt!

Achter
Auf theoretischem Feld ist weiter nichts mehr zu finden,
   Aber der praktische Satz gilt doch: Du kannst, denn du sollst!

Lehrling
Dacht' ichs doch! Wissen sie nichts vernünftiges mehr zu erwidern,
   Schieben sie's einem geschwind in das Gewissen hinein.

David Hume
Rede nicht mit dem Volk! Der Kant hat sie alle verwirret,
  Mich frag, ich bin mir selbst auch in der Hölle noch gleich.

Rechtsfrage
Jahre lang schon bedien' ich mich meiner Nase zum Riechen,
  Hab' ich denn wirklich an sie auch ein erweisliches Recht?

Puffendorf
Ein bedenklicher Fall! Doch die erste Possession scheint
  Für dich zu sprechen, und so brauche sie immerhin fort!

Gewissensskrupel
Gerne dien' ich den Freunden, doch tu ich es leider mit Neigung,
  Und so wurmt es mir oft, daß ich nicht tugendhaft bin.

Entscheidung
Da ist kein anderer Rat, du mußt suchen sie zu verachten,
  Und mit Abscheu alsdann tun, wie die Pflicht dir gebeut.

G. G.

Jeder, sieht man ihn einzeln, ist leidlich klug und verständig,
  Sind sie in corpore, gleich wird euch ein Dummkopf daraus.

DIE DANAIDEN

Jahre lang schöpfen wir schon in das Sieb und brüten den Stein aus,
  Aber der Stein wird nicht warm, aber das Sieb wird nicht voll.

DER ERHABENE STOFF

Deine Muse besingt, wie Gott sich der Menschen erbarmte,
  Aber ist *das* Poesie, daß er erbärmlich sie fand?

DER MORALISCHE DICHTER

Ja der Mensch ist ein ärmlicher Wicht, ich weiß – doch das wollt ich
  Eben vergessen und kam, ach wie gereut mich's, zu dir!

DER KUNSTGRIFF

Wollt ihr zugleich den Kindern der Welt und den Frommen gefallen?
   Malet die Wollust, – nur malet den Teufel dazu.

JEREMIADE

Alles in Deutschland hat sich in Prosa und Versen verschlimmert,
   Ach und hinter uns liegt weit schon die goldene Zeit!
Philosophen verderben die Sprache, Poeten die Logik,
   Und mit dem Menschenverstand kommt man durchs Leben nicht
         mehr.
Aus der Ästhetik, wohin sie gehört, verjagt man die Tugend,
   Jagt sie, den lästigen Gast, in die Politik hinein.
Wohin wenden wir uns? Sind wir natürlich, so sind wir
   Platt, und genieren wir uns, nennt man es abgeschmackt gar.
Schöne Naivetät der Stubenmädchen zu Leipzig,
   Komm doch wieder, o komm, witzige Einfalt zurück!
Komm Komödie wieder, du ehrbare Wochenvisite,
   Siegmund du süßer Amant, Maskarill spaßhafter Knecht!
Trauerspiele voll Salz, voll epigrammatischer Nadeln,
   Und du Menuettschritt unsers geborgten Kothurns!
Philosophischer Roman, du Gliedermann, der so geduldig
   Still hält, wenn die Natur gegen den Schneider sich wehrt.
Alte Prosa komm wieder, die alles so ehrlich heraus sagt,
   Was sie denkt und gedacht, auch was der Leser sich denkt.
Alles in Deutschland hat sich in Prosa und Versen verschlimmert,
   Ach und hinter uns liegt weit schon die goldene Zeit!

WISSENSCHAFT

Einem ist sie die hohe, die himmlische Göttin, dem andern
   Eine tüchtige Kuh, die ihn mit Butter versorgt.

KANT UND SEINE AUSLEGER

Wie doch ein einziger Reicher so viele Bettler in Nahrung
   Setzt! Wenn die Könige bau'n, haben die Kärrner zu tun.

DIE FLÜSSE

Rhein
Treu, wie dem Schweitzer gebührt, bewach ich Germaniens Grenze,
    Aber der Gallier hüpft über den duldenden Strom.

Rhein und Mosel
Schon so lang umarm' ich die lotharingische Jungfrau,
    Aber noch hat kein Sohn uns're Verbindung beglückt.

Donau in **
Mich umwohnt mit glänzendem Aug' das Volk der Fajaken,
    Immer ist's Sonntag, es dreht immer am Herd sich der Spieß.

Mayn
Meine Burgen zerfallen zwar, doch getröstet erblick ich
    Seit Jahrhunderten noch immer das alte Geschlecht.

Saale
Kurz ist mein Lauf, und begrüßt der Fürsten, der Völker so viele,
    Aber die Fürsten sind gut, aber die Völker sind frei.

Ilm
Meine Ufer sind arm, doch höret die leisere Welle,
    Führet der Strom sie vorbei, manches unsterbliche Lied.

Pleisse
Flach ist mein Ufer und seicht mein Bach, es schöpften zu durstig
    Meine Poeten mich, meine Prosaiker aus.

Elbe
All ihr andern ihr sprecht nur ein Kauderwelsch – Unter den Flüssen
    Deutschlands rede nur Ich, und auch in Meissen nur, deutsch.

Spree
Sprache gab mir einst Ramler und Stoff mein Cesar, da nahm ich
    Meinen Mund etwas voll, aber ich schweige seitdem.

Weser
Leider von mir ist gar nichts zu sagen, auch zu dem kleinsten
    Epigramme, bedenkt, geb' ich der Muse nicht Stoff.

Gesundbrunnen zu **
Seltsames Land! Hier haben die Flüsse Geschmack und die Quellen,
    Bei den Bewohnern allein hab' ich noch keinen verspürt.

Pegnitz
Ganz hypochondrisch bin ich vor langer Weile geworden,
  Und ich fließe nur fort, weil es so hergebracht ist.

Die **chen Flüsse
Unser einer hats halter gut in **cher Herren
  Ländern, ihr Joch ist sanft und ihre Lasten sind leicht.

Salzach
Aus Juvaviens Bergen ström' ich, das Erzstift zu salzen,
  Lenke dann Baiern zu, wo es an Salze gebricht.

Der anonyme Fluß
Fastenspeisen dem Tisch des frommen Bischofs zu liefern,
  Goß der Schöpfer mich aus durch das verhungerte Land.

Les fleuves indiscrets
Jetzt kein Wort mehr, ihr Flüsse! Man siehts, ihr wißt euch so wenig
  Zu bescheiden, als einst Diderots Schätzchen getan.

DIE FÜHRER DES LEBENS

Zweierlei Genien sind's, die dich durchs Leben geleiten,
  Wohl dir, wenn sie vereint helfend zur Seite dir stehn!
Mit erheitertem Spiel verkürzt dir der Eine die Reise,
  Leichter an seinem Arm werden dir Schicksal und Pflicht.
Unter Scherz und Gespräch begleitet er bis an die Kluft dich,
  Wo an der Ewigkeit Meer schaudernd der Sterbliche steht.
Hier empfängt dich entschlossen und ernst und schweigend der
                                                    And're,
  Trägt mit gigantischem Arm über die Tiefe dich hin.
Nimmer widme dich Einem allein. Vertraue dem erstern
  Deine *Würde* nicht an, nimmer dem andern dein *Glück*.

BREITE UND TIEFE

Es glänzen viele in der Welt,
Sie wissen von allem zu sagen,
Und wo was reizet und wo was gefällt,
Man kann es bei ihnen erfragen,
Man dächte, hört man sie reden laut,
Sie hätten wirklich erobert die Braut.

Doch gehn sie aus der Welt ganz still,
Ihr Leben war verloren,
Wer etwas treffliches leisten will,
Hätt' gern was Großes geboren,
Der sammle still und unerschlafft
Im kleinsten Punkte die höchste Kraft.

Der Stamm erhebt sich in die Luft
Mit üppig prangenden Zweigen,
Die Blätter glänzen und hauchen Duft,
Doch können sie Früchte nicht zeugen,
Der Kern allein im schmalen Raum
Verbirgt den Stolz des Waldes, den Baum.

KLEINIGKEITEN

Der epische Hexameter
Schwindelnd trägt er dich fort auf rastlos strömenden Wogen,
   Hinter dir siehst du, du siehst vor dir nur Himmel und Meer.

Das Distichon
Im Hexameter steigt des Springquells flüssige Säule,
   Im Pentameter drauf fällt sie melodisch herab.

Die achtzeilige Stanze
Stanze, dich schuf die Liebe, die zärtlich schmachtende – dreimal
   Fliehest du schamhaft und kehrst dreimal verlangend zurück.

Der Obelisk
Aufgerichtet hat mich auf hohem Gestelle der Meister,
   Stehe, sprach er, und ich steh' ihm mit Kraft und mit Lust.

Der Triumphbogen
Fürchte nicht, sagte der Meister, des Himmels Bogen, ich stelle
   Dich unendlich wie ihn in die Unendlichkeit hin.

Die schöne Brücke
Unter mir, über mir rennen die Wellen, die Wagen, und gütig
   Gönnte der Meister mir selbst, auch mit hinüber zu gehn.

Das Tor
Schmeichelnd locke das Tor den Wilden herein zum Gesetze,
   Froh in die freie Natur führ es den Bürger heraus.

Die Peterskirche
Suchst du das Unermeßliche hier, du hast dich geirret,
  Meine Größe ist die, größer zu machen dich selbst.

ZENIT UND NADIR

Wo du auch wandelst im Raum, es knüpft dein Zenit und Nadir,
  An den Himmel dich an, dich an die Achse der Welt.
Wie du auch handelst in dir, es berühre den Himmel der Wille,
  Durch die Achse der Welt gehe die Richtung der Tat.

AUSGANG AUS DEM LEBEN

Aus dem Leben heraus sind der Wege *zwei* dir geöffnet,
  Zum Ideale führt einer, der and're zum Tod.
Siehe, wie du bei Zeit noch frei auf dem ersten entspringest,
  Ehe die Parze mit Zwang dich auf dem andern entführt.

DAS KIND IN DER WIEGE

Glücklicher Säugling! Dir ist ein unendlicher Raum noch die Wiege,
  Werde Mann, und dir wird eng die unendliche Welt.

DAS UNWANDELBARE

»Unaufhaltsam enteilet die Zeit.« – Sie sucht das Beständ'ge.
  Sei getreu, und du legst ew'ge Fesseln ihr an.

THEOPHANIE

Zeigt sich der Glückliche mir, ich vergesse die Götter des Himmels,
  Aber sie stehn vor mir, wenn ich den Leidenden seh.

DIE GÖTTER GRIECHENLANDES
Für die Freunde der ersten Ausgabe abgedruckt

Da ihr noch die schöne Welt regiertet,
An der Freude leichtem Gängelband
Glücklichere Menschenalter führtet,
Schöne Wesen aus dem Fabelland!

Ach! da euer Wonnedienst noch glänzte,
Wie ganz anders, anders war es da!
Da man deine Tempel noch bekränzte,
Venus Amathusia!

Da der Dichtkunst malerische Hülle
Sich noch lieblich um die Wahrheit wand!
Durch die Schöpfung floß da Lebensfülle,
Und, was nie empfinden wird, empfand.
An der Liebe Busen sie zu drücken,
Gab man höhern Adel der Natur,
Alles wies den eingeweihten Blicken,
Alles eines Gottes Spur.

Wo jetzt nur, wie unsre Weisen sagen,
Seelenlos ein Feuerball sich dreht,
Lenkte damals seinen goldnen Wagen
Helios in stiller Majestät.
Diese Höhen füllten Oreaden,
Eine Dryas starb mit jenem Baum,
Aus den Urnen lieblicher Najaden
Sprang der Ströme Silberschaum.

Jener Lorbeer wand sich einst um Hülfe,
Tantals Tochter schweigt in diesem Stein,
Syrinx Klage tönt aus jenem Schilfe,
Philomelens Schmerz in diesem Hain.
Jener Bach empfing Demeters Zähre,
Die sie um Persephonen geweint,
Und von diesem Hügel rief Cythere,
Ach vergebens! ihrem schönen Freund.

Zu Deukalions Geschlechte stiegen
Damals noch die Himmlischen herab;
Pyrrha's schöne Tochter zu besiegen,
Nahm Hyperion den Hirtenstab.
Zwischen Menschen, Göttern und Heroen
Knüpfte Amor einen schönen Bund,
Sterbliche mit Göttern und Heroen
Huldigten in Amathunt.

Betend an der Grazien Altären
Kniete da die holde Priesterin,
Sandte stille Wünsche an Cytheren
Und Gelübde an die Charitin.
Hoher Stolz, auch droben zu gebieten,

Lehrte sie den göttergleichen Rang,
Und des Reizes heil'gen Gürtel hüten,
Der den *Donn'rer* selbst bezwang.

Himmlisch und unsterblich war das Feuer,
Das in Pindars stolzen Hymnen floß,
Niederströmte in Arions Leier,
In den Stein des Phidias sich goß.
Bess're Wesen, edlere Gestalten
Kündigten die hohe Abkunft an,
Götter, die vom Himmel niederwallten,
Sahen *hier* ihn wieder aufgetan.

Werter war von eines Gottes Güte,
Teurer jede Gabe der Natur.
Unter Iris schönem Bogen blühte
Reizender die perlenvolle Flur.
Prangender erschien die Morgenröte
In Himerens rosigtem Gewand,
Schmelzender erklang die Flöte
In des Hirtengottes Hand.

Liebenswerter malte sich die Jugend,
Blühender in Ganymeda's Bild,
Heldenkühner, göttlicher die Tugend
Mit Tritoniens Medusenschild.
Sanfter war, da Hymen es noch knüpfte,
Heiliger der Herzen ew'ges Band,
Selbst des Lebens zarter Faden schlüpfte
Weicher durch der Parzen Hand.

Das Evoe munt'rer Thyrsusschwinger,
Und der Panther prächtiges Gespann
Meldeten den großen Freudebringer,
Faun und Satyr taumeln ihm voran,
Um ihn springen rasende Mänaden,
Ihre Tänze loben seinen Wein,
Und die Wangen des Bewirters laden
Lustig zu dem Becher ein.

Höher war der Gabe Wert gestiegen,
Die der Geber freundlich mit genoß,
Näher war der Schöpfer dem Vergnügen,
Das im Busen des Geschöpfes floß.
Nennt der Meinige sich dem Verstande?
Birgt ihn etwa der Gewölke Zelt?

Mühsam späh' ich im Ideenlande,
Fruchtlos in der Sinnenwelt.

Eure Tempel lachten gleich Palästen,
Euch verherrlichte das Heldenspiel
An des Isthmus kronenreichen Festen,
Und die Wagen donnerten zum Ziel.
Schön geschlung'ne seelenvolle Tänze
Kreisten um den prangenden Altar,
Eure Schläfe schmückten Siegeskränze,
Kronen euer duftend Haar.

Seiner Güter schenkte man das Beste,
Seiner Lämmer liebstes gab der Hirt,
Und der Freudetaumel seiner Gäste
Lohnte dem erhabnen Wirt.
Wohin tret ich? Diese traur'ge Stille
Kündigt sie mir meinen Schöpfer an?
Finster, wie er selbst, ist seine Hülle,
Mein Entsagen – was ihn feiern kann.

Damals trat kein gräßliches Gerippe
Vor das Bett des Sterbenden. Ein Kuß
Nahm das letzte Leben von der Lippe,
Still und traurig senkt' ein Genius
Seine Fackel. Schöne lichte Bilder
Scherzten auch um die Notwendigkeit,
Und das ernste Schicksal blickte milder
Durch den Schleier sanfter Menschlichkeit.

Nach der Geister schrecklichen Gesetzen
Richtete kein heiliger Barbar,
Dessen Augen Tränen nie benetzen,
Zarte Wesen, die ein Weib gebar.
Selbst des Orkus strenge Richterwaage
Hielt der Enkel einer Sterblichen,
Und des Thrakers seelenvolle Klage
Rührte die Erinnyen.

Seine Freuden traf der frohe Schatten
In Elysiens Hainen wieder an;
Treue Liebe fand den treuen Gatten
Und der Wagenlenker seine Bahn;
Orpheus Spiel tönt die gewohnten Lieder,
In Alcestens Arme sinkt Admet,
Seinen Freund erkennt Orestes wieder,
Seine Waffen Philoktet.

Aber ohne Wiederkehr verloren
Bleibt, was ich auf dieser Welt verließ,
Jede Wonne hab ich abgeschworen,
Alle Bande, die ich selig pries.
Fremde, nie verstandene Entzücken,
Schaudern mich aus jenen Welten an,
Und für Freuden, die mich jetzt beglücken,
Tausch' ich neue, die ich missen kann.

Höh're Preise stärkten da den Ringer
Auf der Tugend arbeitvollen Bahn:
Großer Taten herrliche Vollbringer
Klimmten zu den Seligen hinan;
Vor dem Wiederforderer der Toten
Neigte sich der Götter stille Schar;
Durch die Fluten leuchtet dem Piloten
Vom Olymp das Zwillingspaar.

Schöne Welt, wo bist du? – Kehre wieder,
Holdes Blütenalter der Natur!
Ach nur in dem Feenland der Lieder
Lebt noch deine gold'ne Spur.
Ausgestorben trauert das Gefilde,
Keine Gottheit zeigt sich meinem Blick,
Ach! von jenem lebenwarmen Bilde
Blieb nur das Gerippe mir zurück.

Alle jene Blüten sind gefallen
Von des Nordes winterlichem Wehn.
Einen zu bereichern, unter allen,
Mußte diese Götterwelt vergehn.
Traurig such' ich an dem Sternenbogen,
Dich, Selene, find ich dort nicht mehr;
Durch die Wälder ruf ich, durch die Wogen,
Ach! sie widerhallen leer!

Unbewußt der Freuden, die sie schenket,
Nie entzückt von ihrer Trefflichkeit,
Nie gewahr des Armes, der sie lenket,
Reicher nie durch meine Dankbarkeit,
Fühllos selbst für ihres Künstlers Ehre,
Gleich dem toten Schlag der Penduhr,
Dient sie knechtisch dem Gesetz der Schwere
Die entgötterte Natur!

Morgen wieder neu sich zu entbinden,
Wühlt sie heute sich ihr eignes Grab,
Und an ewig gleicher Spindel winden
Sich von selbst die Monde auf und ab.
Müßig kehrten zu dem Dichterlande
Heim die Götter, unnütz einer Welt,
Die, entwachsen ihrem Gängelbande,
Sich durch eignes Schweben hält.

Freundlos, ohne Bruder, ohne Gleichen,
Keiner Göttin, keiner Irdschen Sohn,
Herrscht ein Andrer in des Äthers Reichen,
Auf Saturnus umgestürztem Thron.
Selig, eh sich Wesen um ihn freuten,
Selig im entvölkerten Gefild,
Sieht er in dem langen Strom der Zeiten
Ewig nur – sein eig'nes Bild.

Bürger des Olymps konnt' ich erreichen,
Jenem Gotte, den sein Marmor preist,
Konnte einst der hohe Bildner gleichen;
Was ist neben *Dir* der höchste Geist
Derer, welche Sterbliche gebaren?
Nur der Würmer Erster, Edelster.
Da die Götter menschlicher noch waren,
Waren Menschen göttlicher.

Dessen Strahlen mich darnieder schlagen,
Werk und Schöpfer des Verstandes! dir
Nachzuringen, gib mir Flügel, Waagen
Dich zu wägen – oder nimm von mir,
Nimm die ernste strenge Göttin wieder,
Die den Spiegel blendend vor mir hält,
Ihre sanft're Schwester sende nieder,
Spare jene für die andre Welt.

DAS SPIEL DES LEBENS

Wollt ihr in meinen Kasten sehn?
Des Lebens Spiel, die Welt im Kleinen,
Gleich soll sie eurem Aug' erscheinen,
Nur müßt ihr nicht zu nahe stehn,
Ihr müßt sie bei der Liebe Kerzen,
Und nur bei Amors Fackel sehn.

Schaut her! Nie wird die Bühne leer,
Dort bringen sie das Kind getragen,
Der Knabe hüpft, der Jüngling stürmt einher,
Es kämpft der Mann, und alles will er wagen.

Ein jeglicher versucht sein Glück,
Doch schmal nur ist die Bahn zum Rennen,
Der Wagen rollt, die Achsen brennen,
Der Held dringt kühn voran, der Schwächling bleibt zurück,
Der Stolze fällt mit lächerlichem Falle,
Der Kluge überholt sie alle.

Die Frauen seht ihr an den Schranken stehn,
Mit holdem Blick, mit schönen Händen
Den Dank dem Sieger auszuspenden.

PARABELN UND RÄTSEL

1.

Von Perlen baut sich eine Brücke
   Hoch über einen grauen See,
Sie baut sich auf im Augenblicke,
   Und schwindelnd steigt sie in die Höh.

Der höchsten Schiffe höchste Masten
   Ziehn unter ihrem Bogen hin,
Sie selber trug noch keine Lasten,
   Und scheint, wie du ihr nahst, zu flieh'n.

Sie *wird* erst *mit* dem Strom, und schwindet
   So wie des Wassers Flut versiegt.
So sprich, *wo* sich die Brücke findet,
   Und wer sie künstlich hat gefügt?

2.

Es führt dich meilenweit von dannen
   Und bleibt doch stets an seinem Ort,
Es hat nicht Flügel auszuspannen,
   Und trägt dich durch die Lüfte fort.
Es ist die allerschnellste Fähre,
   Die jemals einen Wandrer trug,
Und durch das größte aller Meere
   Trägt es dich mit Gedankenflug,
   Ihm ist ein Augenblick genug!

3.

Auf einer großen Weide gehen
　　Viel tausend Schafe silberweiß,
Wie wir sie heute wandeln sehen
　　Sah' sie der allerält'ste Greis.

Sie altern nie und trinken Leben
　　Aus einem unerschöpften Born,
Ein Hirt ist ihnen zugegeben
　　Mit schön gebog'nem Silberhorn.

Er treibt sie aus zu goldnen Toren,
　　Er überzählt sie jede Nacht,
Und hat der Lämmer keins verloren,
　　So oft er auch den Weg vollbracht.

Ein treuer *Hund* hilft sie ihm leiten,
　　Ein munt'rer *Widder* geht voran.
Die *Herde*, kannst du sie mir deuten,
　　Und auch den Hirten zeig' mir an.

4.

Es steht ein groß geräumig Haus
　　Auf unsichtbaren Säulen,
Es mißt's und geht's kein Wand'rer aus,
　　Und keiner darf drin weilen.
Nach einem unbegriff'nen Plan
　　Ist es mit Kunst gezimmert,
Es steckt sich selbst die Lampe an,
　　Die es mit Pracht durchschimmert.
Es hat ein Dach, krystallenrein,
Von einem einz'gen Edelstein,
Doch noch kein Auge schaute
Den Meister, der es baute.

5.

Zwei Eimer sieht man ab und auf
　　In einem Brunnen steigen,
Und schwebt der Eine voll herauf,
　　Muß sich der and're neigen.
Sie wandern rastlos hin und her,
Abwechselnd voll und wieder leer,
Und bringst du diesen an den Mund

Hängt jener in dem tiefsten Grund,
  Nie können sie mit ihren Gaben
  In gleichem Augenblick dich laben.

6.

Kennst du das Bild auf zartem Grunde,
  Es gibt sich selber Licht und Glanz.
Ein and'res ists zu jeder Stunde,
  Und immer ist es frisch und ganz.
Im engsten Raum ists ausgeführet,
  Der kleinste Rahmen faßt es ein,
Doch alle Größe, die dich rühret,
  Kennst du durch dieses Bild allein.
Und kannst du den Crystall mir nennen,
  Ihm gleicht an Wert kein Edelstein,
Er leuchtet ohne je zu brennen,
  Das ganze Weltall saugt er ein,
Der Himmel selbst ist abgemalet
  In seinem wundervollen Ring,
Und doch ist, was er von sich strahlet,
  Noch schöner als was er empfing.

7.

Ein Gebäude steht da von uralten Zeiten,
Es ist kein Tempel, es ist kein Haus,
Ein Reiter kann hundert Tage reiten,
Er umwandert es nicht, er reitets nicht aus.

Jahrhunderte sind vorüber geflogen,
Es trotzte der Zeit und der Stürme Heer,
Frei steht es unter dem himmlischen Bogen,
Es reicht in die Wolken, es netzt sich im Meer.

Nicht eitle Prahlsucht hat es getürmet,
Es dienet zum Heil, es rettet und schirmet,
Seines Gleichen ist nicht auf Erden bekannt,
Und doch ists ein Werk von Menschenhand.

8.

Unter allen Schlangen ist Eine,
  Auf Erden nicht gezeugt,
Mit der an Schnelle keine,
  An Wut sich keine vergleicht.

Sie stürzt mit furchtbarer Stimme
    Auf ihren Raub sich los,
Vertilgt in Einem Grimme
    Den Reiter und sein Roß.

Sie liebt die höchsten Spitzen,
    Nicht Schloß, nicht Riegel kann
Vor ihrem Anfall schützen,
    Der Harnisch – lockt sie an.

Sie bricht wie dünne Halmen
    Den stärksten Baum entzwei,
Sie kann das Erz zermalmen,
    Wie dicht und fest es sei,

Und dieses Ungeheuer
    Hat zweimal nur gedroht –
Es stirbt im eig'nen Feuer,
    Wie's tötet, ist es tot!

9.

Wir stammen, unsrer sechs Geschwister,
    Von einem wundersamen Paar,
Die Mutter ewig ernst und düster,
    Der Vater fröhlich immerdar.

Von beiden erbten wir die Tugend,
    Von *ihr* die Milde, von *ihm* den Glanz;
So drehn wir uns in ew'ger Jugend
    Um dich herum im Zirkeltanz.

Gern meiden wir die schwarzen Höhlen,
    Und lieben uns den heitern Tag,
Wir sind es, die die Welt beseelen
    Mit unsers Lebens Zauberschlag.

Wir sind des Frühlings lust'ge Boten,
    Und führen seinen muntern Reihn,
Drum fliehen wir das Haus der Toten,
    Denn um uns her muß Leben sein.

Uns mag kein Glücklicher entbehren,
    Wir sind dabei, wo man sich freut,
Und läßt der Kaiser sich verehren,
    Wir leihen ihm die Herrlichkeit.

10.

Wie heißt das Ding, das wenige schätzen,
Doch ziers des größten Kaisers Hand,
Es ist gemacht, um zu verletzen,
Am nächsten ist's dem Schwert verwandt.

Kein Blut vergießt's und macht doch tausend Wunden,
Niemand beraubt's und macht doch reich,
Es hat den Erdkreis überwunden,
Es macht das Leben sanft und gleich.

Die größten Reiche hat's gegründet,
Die ält'sten Städte hat's erbaut,
Doch niemals hat es Krieg entzündet,
Und Heil dem Volk, das ihm vertraut!

11.

Ich wohne in einem steinernen Haus,
Da lieg ich verborgen und schlafe,
Doch ich trete hervor, ich eile heraus,
Gefodert mit eiserner Waffe.
Erst bin ich unscheinbar und schwach und klein,
Mich kann dein Atem bezwingen,
Ein Regentropfen schon saugt mich ein,
Doch mir wachsen im Siege die Schwingen,
Wenn die mächtige Schwester sich zu mir gesellt,
Erwachs' ich zum furchtbar'n Gebieter der Welt.

12.

Ich drehe mich auf einer Scheibe,
   Ich wandle ohne Rast und Ruh,
Klein ist das Feld, das ich umschreibe,
   Du deckst es mit zwei Händen zu –
Doch brauch ich viele tausend Meilen,
   Bis ich das kleine Feld durchzogen,
Flieg ich gleich fort mit Sturmes Eilen,
   Und schneller als der Pfeil vom Bogen.

13.

Ein *Vogel* ist es und an Schnelle
   Buhlt es mit eines Adlers Flug,
Ein *Fisch* ist's und zerteilt die Welle,

Die noch kein größ'res Untier trug,
Ein *Elephant* ist's, welcher Türme
　　Auf seinem schweren Rücken trägt,
Der *Spinnen* kriechendem Gewürme
　　Gleicht es, wenn es die Füße regt,
Und hat es fest sich eingebissen
　　Mit seinem spitzgen Eisenzahn,
So steht's gleichwie auf festen Füßen
　　Und trotzt dem wütenden Orkan.

ROUSSEAU

Monument von uns'rer Zeiten Schande,
Ew'ge Schmachschrift deiner Mutter Lande,
　　Rousseaus Grab! gegrüßet seist du mir.
Fried und Ruh den Trümmern deines Lebens,
Fried und Ruhe suchtest du vergebens,
　　Fried und Ruhe fandst du hier!

Wann wird doch die alte Wunde narben?
Einst war's finster und die Weisen starben,
　　Nun ist's lichter und der Weise stirbt.
Sokrates ging unter durch Sophisten,
Rousseau leidet, Rousseau fällt durch Christen,
　　Rousseau – der aus Christen Menschen wirbt.

PUNSCHLIED

　　Vier Elemente
　　Innig gesellt
　　Bilden das Leben,
　　Bauen die Welt.

　　Preßt der Zitrone
　　Saftigen Stern,
　　Herb ist des Lebens
　　Innerster Kern.

　　Jetzt mit des Zuckers
　　Linderndem Saft
　　Zähmet die herbe
　　Brennende Kraft.

Gießet des Wassers
Sprudelnden Schwall,
Wasser umfänget
Ruhig das All.

Tropfen des Geistes
Gießet hinein,
Leben dem Leben
Gibt er allein.

Eh es verdüftet
Schöpfet es schnell,
Nur wenn er glüht,
Labet der Quell.

DAS GEHEIMNIS DER REMINISZENZ
An Laura

Ewig starr an deinem Mund zu hangen,
Wer enthüllt mir dieses Glutverlangen?
Wer die Wollust, deinen Hauch zu trinken,
In dein Wesen, wenn sich Blicke winken,
    Sterbend zu versinken?

Fliehen nicht, wie ohne Widerstreben
Sklaven an den Sieger sich ergeben,
Meine Geister hin im Augenblicke,
Stürmend über meines Lebens Brücke,
    Wenn ich dich erblicke?

Sprich! Warum entlaufen sie dem Meister?
Suchen dort die Heimat meine Geister,
Oder finden sich getrennte Brüder
Losgerissen von dem Band der Glieder
    Dort bei dir sich wieder?

Waren unsre Wesen schon verflochten?
War es darum, daß die Herzen pochten?
Waren wir im Strahl erloschner Sonnen,
In den Tagen lang verrauschter Wonnen
    Schon in Eins zerronnen?

Ja wir warens! – Innig mir verbunden
Warst du in Äonen, die verschwunden,
Meine Muse sah es auf der trüben

Tafel der Vergangenheit geschrieben,
                    Eins mit deinem Lieben!

Und in innig festverbundnem Wesen,
Also hab' ichs staunend dort gelesen,
Waren wir ein *Gott*, ein schaffend Leben,
Und uns ward, sie herrschend zu durchweben,
                    Frei die Welt gegeben.

Uns entgegen gossen Nektarquellen
Ewig strömend ihre Wollustwellen,
Mächtig lösten wir der Dinge Siegel,
Zu der Wahrheit lichtem Sonnenhügel
                    Schwang sich unser Flügel.

Weine Laura! Dieser Gott ist nimmer,
Du und ich des Gottes schöne Trümmer,
Und in uns ein unersättlich Dringen,
Das verlor'ne Wesen einzuschlingen,
                    Gottheit zu erschwingen.

Darum, Laura, dieses Glutverlangen
Ewig starr an deinem Mund zu hangen,
Und die Wollust deinen Hauch zu trinken,
In dein Wesen, wenn sich Blicke winken,
                    Sterbend zu versinken.

Darum fliehn, wie ohne Widerstreben
Sklaven an den Sieger sich ergeben,
Meine Geister hin im Augenblicke,
Stürmend über meines Lebens Brücke,
                    Wenn ich dich erblicke.

Darum nur entlaufen sie dem Meister,
Ihre Heimat suchen meine Geister,
Losgerafft vom Kettenband der Glieder
Küssen sich die langgetrennten Brüder
                    Wiederkennend wieder.

Und auch du – da mich dein Auge spähte,
Was verriet der Wangen Purpurröte?
Floh'n wir nicht als wären wir verwandter,
Freudig, wie zur Heimat ein Verbannter,
                    Glühend an einander?

DIDO
Freie Übersetzung des vierten Buchs der Aeneide

1.

Doch lange schon im stillen Busen nährt
Die Königin die schwere Liebeswunde,
Ergriffen tief hat sie des Mannes Wert,
Des Volkes Glanz und seines Ruhmes Kunde,
An seinen Blicken hängt sie, seinem Munde,
Und leise schleichend an dem Herzen zehrt
Ein stilles Feuer, es entfloh der Friede,
Der goldne Schlaf von ihrem Augenlide.

2.

Kaum zog Aurorens Hand die feuchte Schattenhülle
Vom Horizont hinweg, als ihres Busens Fülle
Ins gleichgestimmte Herz der Schwester überwallt.
Ach, welche Zweifel sinds, die schlaflos mich durchbohren!
Geliebte, welcher Gast zog ein zu unsern Toren,
Wie edel! Welche männliche Gestalt!
Wie groß sein Mut! Sein Arm wie tapfer im Gefechte!
Gewiß er stammt von göttlichem Geschlechte.

3.

Durch welche Prüfung ließ das Schicksal ihn nicht gehn!
Gemeine Seelen wird das feige Herz verklagen,
Du hörtest, welche Schlachten er geschlagen!
Ja könnte Liebe je in dieser Brust erstehn,
Seit mein Sichäus in das Grab gestiegen,
Und wäre mein Entschluß, mein Abscheu zu besiegen
An Hymens Banden – Soll ich dirs gestehn?
Der einz'ge könnte schwach mich sehn.

4.

Ja *Anna*, ohne Rückhalt soll vor dir
Das Herz der Schwester sich erschließen!
Seitdem ein Brudermord Sichäus mir,
Der meine erste Liebe war, entrissen,
Seit meiner Flucht war dies der erste Mann,
Der meinem Herzen Neigung abgewann,
Der erste, sag ich dir, der mich zum Wanken brachte,
Neu ist die Glut erwacht, die einst mich selig machte.

5.

Doch eher schlinge Tellus mich hinab,
Mich schleudre Jovis Blitz hinunter zu den Schatten,

Zu des Avernus bleichen Schatten,
Hinunter in das ewig finstre Grab,
Eh daß ich deine heiligen Gesetze,
Schamhaftigkeit, und meinen Eid verletze!
Er nahm mein Herz dahin, ihm wars zuerst geweiht,
Sein bleibts in alle Ewigkeit.

6.

Sie sprichts, und ihren Schoß betauen milde Zähren.
O! über alles mir geliebte, gibt
Die Schwester ihr zurück. Allein und ungeliebt
Willst du verblühn, den Kummer ewig nähren?
Die Wonne, die aus holden Kindern lacht,
Der Venus süße Freuden dir versagen?
Nach solchen Opfern, meinst du, fragen
Die Toten in des Abgrunds Nacht?

7.

Und seis! hat denn der vielen Freier einer
Dein kummerkrankes Herz zur Liebe je geneigt?
Von allen kriegerischen Fürsten keiner,
Die Afrika in seinem Schoß gezeugt.
Selbst der, vor dem die Libyer erbeben,
Den Tyrus längst gehaßt, selbst Jarbas konnt es nicht;
Und einer Neigung willst du widerstreben,
Für die dein Herz so mächtig spricht?

8.

Vergaßest du, wo du dich eingewohnet,
Daß ohne Zaum hier der Numider jagt,
Der unbezwung'ne Getuler hier thronet,
Die Syrte dort die Landung dir versagt,
Hier unwirtbare Wüsten dich umgrausen,
Dort der Barzäer wilde Völker hausen,
Der Bruder selbst, des Habsucht du entflohn,
Und Tyrus Waffen dich von Osten her bedrohn?

9.

Glaub mir, die Götter, die dich lieben,
Lucina selber wars, die an Karthago's Strand
Die Schiffe dieser Fremdlinge getrieben.
Welch eine Stadt seh ich durch dieses Eheband,
Welch einen Thron, o Schwester, sich erheben!
Zu welchen strahlenvollen Höhn
Wird der Karthager Name schweben,
Wenn solche Helden uns zur Seite stehn!

10.

Versöhne du nur erst der Götter Zorngericht
Durch frischer Opfer Blut. Die Fremdlinge zu halten,
Laß königlich des Gastrechts Fülle walten,
An Gründen, sie zu fesseln, fehlt es nicht.
Seht die zerbrochnen Schiff! Seht wie die Nebel rauchen,
Die See noch stürmt, Orion Regen zieht!
So wußte *die* zur Glut den Funken aufzuhauchen,
Die Hoffnung naht und das Erröten flieht.

11.

Jetzt fragt sie das Geschick an blutigen Altären.
Dir Phöbus, der das künftige enthüllt,
Dir, Städtegründende Demeter, quillt
Zweijähr'ger Rinder Blut, dir Bromius zu Ehren,
Vor allen *Juno* dir, der Ehen Schützerin.
Vor dem Altar sieht man die schönste aller Frauen,
Den Becher in der Hand, Karthago's Königin,
Des weißen Rindes Haupt mit heilger Flut betauen.

12.

Bald geht sie vor der Götter Angesicht
An den noch dampfenden Altären auf und nieder,
Beschenkt die schon Beschenkten wieder,
Und forscht, was rauchend noch das Eingeweide spricht.
Betörtes Sehervolk! Befreien
Gebet und Opfer wohl das schwerbefang'ne Herz?
Am innern Mark zehrt der verhehlte Schmerz
Und spottet eurer Träumereien.

13.

Der Flammen unheilbare Pein
Treibt sie, die Tyrerstadt im Wahnsinn zu durcheilen.
So flieht die Hindin, die in Kreta's Hain
Mit zwecklos abgeschoßnen Pfeilen
Der ferne Jäger traf. In ihrem Fleisch das Rohr
Des Todes, das der Feind verlor,
Betaut sie die durcheilten Felder
Mit ihrem Blut und Diktys finstre Wälder.

14.

Jetzt führt sie durch Karthago ihren Gast,
Zeigt prahlend ihm der Mauren stolze Last
Und läßt vor seinem Blick die Größe Sidons prangen.
Ein flüchtiges Gespräch wird schüchtern angefangen,
Schnell reißt die Furcht es wieder ab. Kaum bricht

Der Abend ein, so winkt das Mahl; sie fodert
Von Trojens Fall aufs neu von ihm Bericht,
Und nährt die Glut, die in dem Herzen lodert.

15.

Trennt endlich sie der strenge Ruf der Nacht,
Und winkt der Sterne sinkend Licht zum Schlummer,
So nährt sie einsam ihren Kummer,
Und sein verlaßnes Polster wird bewacht.
Abwesend hört sie ihn, verschlingt sie seine Züge,
Herzt in Askan des teuren Vaters Bild,
Ob sie vielleicht die Leidenschaft betrüge,
Die glühend ihren Busen füllt.

16.

Der Türme hochgeführte Lasten
Erlahmen bald in ihrem muntern Lauf.
Kein Wall, kein Giebel steigt mehr auf,
Und tausend fleiß'ge Hände rasten.
Der Jugend müß'ger Arm entwöhnt sich von dem Speer,
Im Hafen tönt kein Hammer mehr,
Und unvollendet trauert das Gerüste,
Das prahlend schon die Wolken küßte.

17.

Als Zeus Gemahlin sie von Liebesflammen brennen,
Und selbst des Rufes Stimme trotzen sah,
Begann sie so zur schönen Cypria:
Glorwürdiges – man muß bekennen!
Habt ihr vollbracht, du und dein wackrer Sohn!
Mit reichem Raub zieht ihr davon!
Ein wahres Heldenwerk, ein Weib zu überlisten!
Wert, daß zwei Götter sich mit ihrer Allmacht rüsten!

18.

So scheint es doch, man habe meinen Sitzen
Und meiner Puner Treu nicht sonderlich getraut?
Doch wo das Ziel? Wozu in Kämpfen uns erhitzen?
Laß Friede sein, und Dido werde Braut.
Du hasts erreicht, sie liebt, sie ras't von Liebesflammen.
Seis denn. Sie werde dieses Phrygers Magd,
Dir sei der Tyrer Volk zum Mitgift zugesagt,
Wir beide schützen es zusammen.

19.
Idalia durchdrang der Rede list'gen Sinn,
Das Reich Hesperiens, den Teukriern entrissen,
In Libyens Grenzen einzuschließen,
Und schlau erwidert ihr der Schönheit Königin:
Wer wäre Tor genug mit deiner Macht zu streiten,
Und dein Erbieten feindlich zu verschmähn?
Nur müßte, was durch uns geschehn,
Das Glück zum guten Ende leiten.

20.
Zu wenig bin ich selbst mit dem Geschick vertraut,
Doch wird es Jupiter gestatten,
Daß der Trojaner an den Tyrer baut,
Daß beide Stämme sich in Eins zusammen gatten,
Zu Einem Volk vereint durch ewgen Bund?
Du, seine Gattin, magst dich bittend an ihn wenden,
Neig ihn durch deinen hochberedten Mund,
Ich will das übrige vollenden.

21.
Darüber laß Saturnien gewähren,
Gibt ihr des Himmels Königin zurück.
Doch, wie dies dringende Geschäft mit Glück
Zu enden sei, laß mich vor allem dich belehren.
Sobald der erste Morgen tagt
Und Titans Strahlen kaum die junge Welt bescheinen,
Führt in den nächstgeleg'nen Hainen
Die Liebestrunkene den Teukrer auf die Jagd.

22.
Wenn das Geschwader nun auf flügelschnellen Rossen
Dahinschwebt, mit dem Garn das Wildgeheg umzäunt,
Send' ich von oben her, vermengt mit schwarzen Schlossen,
Ein Ungewitter ab; der ganze Himmel scheint
Im Wolkenbruch herabgeflossen,
Durch die zerrißnen Lüfte kracht
Mein Donner, und Gewitternacht
Trennt von dem Fürstenpaar die fliehenden Genossen.

23.
In Einer Grotte wird alsdann die Königin
Mit dem Trojaner sich zusammen finden,
Dort werd ich gegenwärtig sein, und, bin
Ich deiner nur gewiß, auf ewig sie verbinden.
Dort kröne Hymen ihrer Herzen Bund! –

Ihr winkt die Andre zu mit hochzufriednen Blicken,
Ein Lächeln schimmert um der Göttin Mund,
Daß ihrs geglückt, die Feindin zu berücken.

24.
Indes war Eos leuchtendes Gespann
Aus blauer Wogen Schoß gestiegen
Beim ersten Gruß der Göttin fliegen
Karthago's Pforten auf, es fluten Roß und Mann
In munterm Schwarm laut lärmend durch die Felder,
Das weite Garn, den Jagdspieß in der Hand,
Kommt der Massylier im Flug daher gerannt,
Es schnaubt der Doggen Spürkraft durch die Wälder.

25.
Am Eingang des Palastes harrt
Der Königin, die noch am Putztisch säumet,
Der Puner Fürstenschar, und an den Stufen scharrt,
In Gold und Purpur prächtig aufgezäumet,
Das stolze Roß der edeln Jägerin,
Und knirscht voll Ungeduld in die beschäumten Zügel.
Auf tun sich endlich des Palastes Flügel,
Umringt von Volk erscheint Karthago's Königin.

26.
Ein tyrisch Oberkleid, geschmückt
Mit buntem Saum, umfließt die schönen Glieder,
Durch ihre Locken ist ein goldnes Netz gestrickt,
Vom Rücken schwankt der volle Köcher nieder,
Von goldnen Haken wird der Purpur aufgeknüpft.
Ihr folgt der Phryger Schar, mit kindschem Jubel hüpft
Askan voraus, und alle zu verdunkeln
Sieht man Aeneen selbst im mittlern Reihen funkeln.

27.
So wenn Apoll zu Delos heimschem Herd
Von seinem Wintersitz am Xanthus wiederkehrt –
Da lebt Gesang und Tanz! die festlichen Altäre
Umjauchzt der Agathyrsen bunte Schar,
Der Kreter, der Dryopen Heere.
Er selbst, den zarten Zweig des Lorbeers in dem Haar,
Durch dessen Wellen sich ein goldnes Band gezogen,
Steigt von des Cynthus Höh'n, und ihn umrauscht der Bogen.

28.
So majestätisch zog Aeneas jetzt heran.
Kaum hatte man der Berge Höhn erstiegen,
Kaum aufgescheucht das Wild auf unwegsamer Bahn,
So werfen Gemsen sich und wilde Ziegen
Im Sprung vom steilen Fels, und vom Gebirge fliegen
Durch der Gefilde weiten Plan
Der Hirsche scheue Herden, von den Wogen
Des aufgerührten Staubs den Blicken bald entzogen.

29.
Den raschen Renner tummelt ab und auf
Askan im tiefen Tal, mit kindischem Vergnügen,
Bemüht, in vogelschnellem Lauf
Jetzt diesen, jenen dann wetteifernd zu besiegen.
Wie feurig lechzt sein junger Mut
Zu treffen auf des Ebers Wut,
Und einmal doch in diesem scheuen Haufen
Auf einen Löwen anzulaufen!

30.
Indessen kracht des Himmels ganzer Plan
Von fürchterlichen Donnerschlägen,
Auf schwarzen Flügeln bringt ein heulender Orkan
Geborstner Wolken Flut, des Hagels finstern Regen.
Erschrocken fliehen auf zerstreuten Wegen
Die Punier, die Teukrer mit Askan,
In Klüften sich, in Höhlen einzuschließen,
Indem von Bergen schon sich Wetterbäche gießen.

31.
In Einer Felsenkluft, Elisa, findest du
Mit dem Trojaner Fürsten dich zusammen,
Dem Bräutigam führt Juno selbst dich zu,
Und Mutter Tellus winkt. Der Horizont in Flammen
Bezeugt den unglücksel'gen Liebesbund,
Statt Hochzeitfackeln leuchten dir die Blitze,
Und heulend stimmt der Oreaden Mund
Dein Brautlied an auf hoher Felsenspitze.

32.
Der Fürstin Glück entfloh mit diesem Tag.
Nichts kann aus ihrem Taumel sie erwecken,
Nicht das verklagende Gerücht vermag
Aus ihrer Trunkenheit die Rasende zu schrecken.
Jetzt kein Gedanke mehr, in scheuer Heimlichkeit

Des Herzens Glut der Neugier zu entrücken,
Der Ehe heil'ger Name wird entweiht,
Die Schuld der Leidenschaft zu schmücken.

33.

Alsbald macht das *Gerücht* sich auf,
Die große Post durch Libyen zu tragen.
Wer kennt sie nicht? Die Kräfte schöpft im Lauf,
Der Wesen flüchtigstes, die schnellste aller Plagen.
Klein zwar vor Furcht kriecht sie aus des Erfinders Schoß,
Ein Wink – und sie ist riesengroß,
Berührt den Staub mit ihrer Sohle,
Mit ihrem Haupt des Himmels Pole.

34.

Das ungeheure Kind gebar einst Tellus Wut,
Zu rächen am Olymp den Untergang der Brüder,
Die jüngste Schwester der Gigantenbrut,
Behend im Lauf, mit flüchtigem Gefieder.
Groß, scheußlich, fürchterlich! Soviel es Federn trägt,
Mit so viel Ohren kann es um sich lauschen,
Durch so viel Augen siehts, so viele Rachen reckt
Es auf, mit soviel Zungen kann es rauschen.

35.

Winkt Hekate die laute Welt zur Ruh,
So fliegt es brausend zwischen Erd und Himmel,
Kein Schlummer schließt sein Auge zu.
Am Tage suchts der Städte rauschendes Getümmel,
Da pflanzt es horchend sich auf hoher Türme Thron,
Und schreckt die Welt mit seinem Donnerton,
So eifrig, Lästerung und Lügen fest zu halten,
Als fertig, Wahrheit zu entfalten.

36.

Jetzt brannt es schadenfroh, die mannigfachsten Sagen,
Wahr oder falsch, gleichviel! durch Libyen zu streun.
Ein trojischer Aeneas soll gekommen sein,
Der schönen *Dido* Hand im Raub davon zu tragen,
Zerfließen soll in üppigen Gelagen
Die lange Winterzeit dem schwelgerischen Paar,
Vergessen *sie*, sein Reich zu schirmen vor Gefahr,
Er, neue Kronen zu erjagen.

37.
Zu Jarbas nimmt das Untier seinen Lauf,
Weckt in des Königs Brust die alten Liebesflammen,
Und türmt des Zornes Donnerwolken auf.
Es rühmt sich dieser Fürst von Ammon abzustammen,
Dem die entführte Garamantis ihn gebar;
Des Stifters hohe Abkunft zu bezeugen,
Sieht man in seinem Reich unzählge Tempel steigen,
Und hundertfach erhebt sich Zevs Altar.

38.
Des Vaters hoher Gottheit leuchtet
Ein ewig waches Feur, von Priestern angefacht,
Stets ist des Gottes Herd von Opferblut befeuchtet,
Indem das Heiligtum von bunten Kränzen lacht.
Hier war's, wo jetzt durchdonnert vom Gerüchte
Und überwältigt von des Zornes Last,
Der Fürst sich niederwarf vor Ammons Angesichte,
Und flehend so zum Himmel ras't:

39.
Das duldest du, ruft er, mit allen deinen Blitzen,
Allmächt'ger Zevs, den Libyen verehrt?
Dem wir auf prächt'gen Polstersitzen
Beim frohen Mahl der Traube Blut versprützen?
So ists ein Irrlicht nur, was durch die Wolken fährt?
So zittern wir umsonst vor deinem Donnerkeile?
So ists ein leerer Schall, ein nichtiges Geheule,
Was unser bebend Ohr dort oben rauschen hört?

40.
Ein flüchtig Weib, bedrängt, ein Obdach nur zu finden,
Erscheint in meinem Reich. Auf halb geschenktem Strand
Gelingts ihr endlich eine Stadt zu gründen,
Die Ufer geb ich ihr zum Ackerland,
Schenk' ihr großmütig alle Fürstenrechte,
Erröte nicht, um ihre Hand zu frein –
Umsonst! Ein Flüchtling kommt aus trojischem Geschlechte,
Den nimmt sie auf, des Sklavin will sie sein.

41.
Und dieser Weiberheld mit seiner Knabenschar,
Herausgeschmückt mit seiner lyd'schen Mütze,
Unwiderstehlich durch sein salbentriefend Haar,
Genießt nun seines Raubs in ihrem Fürstensitze.
Und *wir*, die mit verschwenderischer Hand

Das Fleisch der Rinder dir geschlachtet,
Gefürchtet über Meer und Land,
Wir werden ungestraft verachtet!

42.

Erhörung findet er vor Ammons Angesicht.
Der blickt nach Tyrus Stadt, wo reich durch ihre Herzen
Der Schmähsucht Pfeil die Liebenden verschmerzen,
Winkt dann vor seinen Thron Cyllenius und spricht:
Wohlan mein Sohn! Laß dich die Winde niederschwingen
Zu dem Dardanier, der in Karthago säumt,
Und den verheißnen Thron im Arm der Lust verträumt,
Und eile mein Gebot zu seinem Ohr zu bringen.

43.

Nicht, wie man jetzt ihn überrascht, verhieß
Ihn seine Mutter mir, die Göttin von Cythere,
Nicht daß er schwelgen sollt' in Tyrus Stadt, entriß
Sie zweimal ihn der Myrmidonen Speere.
Das kriegerische Land, der Reiche künft'ges Grab,
Italien sollt er regieren,
Verherrlichen den Stamm, der ihm den Ursprung gab,
Und die bezwung'ne Welt in Sklavenketten führen.

44.

Kann solcher Größe Glanz sein Herz nicht mehr beleben,
Will er für *eignen* Ruhm den Arm nicht mehr erheben,
Warum mißgönnt er seinem Sohn
Unväterlich der Römer Thron?
Was ist sein Zweck? was hält in Tyrus ihn vergraben,
Wo ein verjährter Haß den Untergang ihm droht?
Er segle fort. Er segle, will ich haben,
Das ist mein ernstliches Gebot.

45.

Er sprichts, und was der große Vater ihm befohlen,
Läßt jener schleunig in Erfüllung gehn.
Erst knüpft er an den Fuß die gold'nen Flügelsohlen,
Die reißend mit des Sturmes Wehn
Ihn hoch weg führen über Meer und Land,
Faßt dann den Stab, der einwiegt und erwecket,
Der die Verstorb'nen führt zu Lethes stillem Strand,
Zurückbringt, und das Aug mit Todesnacht bedecket.

46.

Mit diesem Stab gebeut er dem Orkan,
Durchschwimmt der Wolken Meer und lenkt der Stürme Wagen.
Jetzt langt er bei der Stirn des rauhen Atlas an,
Und sieht im Fluge schon die schweren Schultern ragen,
Die hoch und steil den Himmel tragen.
In der Gewölke schwarzem Küssen ruht
Sein fichtenstarres Haupt, jetzt von des Hagels Wut
Gepeitscht, jetzt von der Winde Grimm geschlagen.

47.

Die Achsel deckt ein ew'ger Schnee. Es starrt
Von tausendjährgem Eis umfangen,
Des Greisen schauervoller Bart,
Und Wetterbäche waschen seine Wangen.
Hier hält Merkur zuerst die raschen Flügel an,
Und ruht in sanftem Fall auf dem beeisten Zacken,
Wirft dann von des Gebirges Nacken
Mit ganzem Leib sich in den Ozean.

48.

So schwebt in tief gesenktem Bogen
Um fischbewohnter Klippen Rand
Die Möwe längs dem Meeresstrand
Und netzt den niedern Fittich in den Wogen.
So kam jetzt zwischen Meer und Land
Durch Libyens getürmten Sand
Vom mütterlichen Ahn Merkurius geflogen,
Und brach mit schnellem Flug der Winde Widerstand.

49.

Kaum weilt sein Flügelfuß in Tyrus nächsten Gauen,
So stellt Aeneas sich ihm dar, bemüht,
Die Mauern zu erneun und Türme zu erbauen.
Ein Schwert, mit Jaspis reich bezogen, glüht
An seinem Gurt, hell flammt um seine Lenden
Ein Oberkleid, mit Purpurblut getränkt,
Von der Geliebten ihm geschenkt,
Und reich mit Gold durchwirkt von ihren eignen Händen.

50.

Schnell tritt der Gott ihn an. So, ruft er, Weiberknecht!
So überrascht man dich! Du baust Karthago's Feste,
Du gründest zierliche Paläste,
Und dein Beruf, dein auf dich hoffendes Geschlecht,
Weg sind sie, weg aus deiner Seele?

Merk auf! Ich bringe dir Befehle
Vom Herrscher des Olymps, von jener furchtbarn Macht,
Vor der der Himmel bebt, des Erdballs Achse kracht.

51.

Von welcher Hoffnung Zauberseilen
Läßt sich dein müß'ger Fuß in Libyen verweilen?
Reizt dich des Ruhmes lorbeervolle Bahn
Nicht mehr, willst du für eignen Glanz nichts wagen,
Warum soll dein aufblühender Askan
Der Größe, die ihm winkt, entsagen?
Warum das Szepter sich entrissen sehn,
Das ihm beschieden ist auf des Janikuls Höhn?

52.

Kaum schweigt der Gott, so ist er schon den Blicken
Der Sterblichen in dünne Luft entrückt.
Mit schweigendem Entsetzen blickt
Aeneas nach, ihm schauerts durch den Rücken,
Die Locken stehn bergan, im Munde stirbt der Laut.
Durchdonnert von dem göttlichen Befehle
Beschließt er schnelle Flucht, und mit entschloßner Seele
Entsagt er seiner teuren Braut.

53.

Ach, aber wo der Mut, die Flucht ihr anzukünden?
Wo die Beredsamkeit, ein liebeflammend Herz
Zu heilen von der Trennung Schmerz?
Wo auch den Eingang nur zu dieser Botschaft finden?
Nach allen Mitteln wird gespäht,
Und von Entwurfe zu Entwurfe schwanken
Die stürmischwogenden Gedanken,
Bis endlich der Entschluß bei diesem stille steht.

54.

Still soll Kloanth versammeln alle Scharen,
Die Flotte ziehen in den Ozean,
Doch nicht den Zweck der Rüstung offenbaren.
Indessen sie in ihres Glückes Wahn
Nicht träumt, daß solche Bande können reißen,
Will er, die nahe Flucht ihr zu gestehn,
Der Augenblicke günstigsten erspähn! –
Mit Lust vollstrecken die, was sie der Fürst geheißen.

55.

Doch bald erriet – Wer täuscht der Liebe Seherblick?
Ihr ahndungsvoller Geist das drohende Geschick.
Den Schlag, der später erst sie treffen soll, beschleunigt
Ihr fürchtend Herz, im Schoß der Ruhe selbst gepeinigt.
Derselbe Mund, der so geschäftig war,
Das Glück der Liebenden den Völkern zu berichten,
Entdeckt ihr, daß der Trojer Schar
Sich fertig macht, die Anker schnell zu lichten.

56.

So fährt, wenn der Orgyen Ruf erschallt,
Die Maenas auf, wenn durch ihr glühendes Gehirne
Die *nahe* Gottheit braust, und von Cythärons Stirne
Das nächtliche Geheul der Schwestern widerhallt.
So schweifte Dido nun durch Tyrus ganze Weite
Im Wahnsinn ihrer Qual, bis sie erschöpft im Streite
Des Stolzes und der Leidenschaft
Mit diesen Worten den Trojaner straft:

57.

Verräter! ruft sie aus, du hoffst noch zu verhehlen,
Was deine Brust doch zu beschließen fähig war?
Du willst dich heimlich aus Karthago stehlen?
Dich hält die Liebe nicht, Barbar,
Die Treue nicht, die du mir einst geschworen?
Die Unschuld nicht, die ich durch dich verloren?
Dich hält mein Tod – dich hält der Sterbeblick
Des Opfers, das du würgtest, nicht zurück!

58.

Im Winter selbst willst du die Segel spannen,
Willst dem Orkan zum Trotz von dannen?
Und ach! wohin? Nach einem fremden Strand!
Zu Völkern, dir noch unbekannt!
Ja! Wäre nun dein Troja nicht gefallen,
Wärs noch das Land der väterlichen Hallen,
Dem du durchs wilde Meer entgegen ziehst!
Unmensch! Und ich bins, die du fliehst!

59.

Bei dieser Tränenflut! Bei deiner Manneshand!
Weil ich an dich doch alles schon verloren,
Bei unsrer Liebe frisch geflochtnem Band,
Bei Hymens jungen Freuden sei beschworen!
Empfängst du Gutes je aus meiner Hand,

Hat jemals Wonne dir geblüht in meinen Armen,
Laß dich erbitten, bleib! O, hab Erbarmen
Mit meinem Volk, mit dem verlornen Land!

60.

Um deinetwillen haßt mich der Numide,
Um deinetwillen sind die Tyrier mir gram,
Um deinetwillen floh der Unschuld stolzer Friede
Auf ewig mich mit der entweihten Scham.
Mein Ruf ist mir geraubt, die schönste meiner Kronen,
Der meinen Namen schon an die Gestirne schrieb.
Mein Gast reis't ab – mit Tod mich abzulohnen!
Gast! das ists alles, was mir von dem Gatten blieb.

61.

Wozu das traur'ge Leben mir noch fristen?
Bis Jarbas mich in seine Ketten zwingt?
Bis sich der Bruder zeigt, mein Tyrus zu verwüsten?
Ja! Läge nur, wenn dich die Flucht von dannen bringt,
Ein Sohn von dir an meinen Mutterbrüsten!
Säh ich dein Bild, in einem Sohn verjüngt,
In einem teuren Julus mich umspielen,
Getröstet würd ich sein, nicht ganz getäuscht mich fühlen!

62.

Sie schweigt und Zevs Gebot getreu, bezwingt
Mit weggekehrtem Blick der Teukrier die Qualen,
Mit denen still die Heldenseele ringt.
Nie, rief er jetzt, werd ich mit Undank dir bezahlen,
Was dein beredter Mund mir in Erinnrung bringt.
Nie wird Elisens Bild aus meiner Seele schwinden,
So lange Lebensglut durch meine Adern dringt,
Der Geist noch nicht verlernt hat, zu empfinden.

63.

Jetzt wen'ge Worte nur. Nicht heimlich wie ein Dieb,
O glaub das nicht, wollt ich aus deinem Reich mich stehlen.
Wann maßt ich je mir an, mit dir mich zu vermählen?
Wars Hymen, der an deinen Strand mich trieb?
Wär mirs vergönnt, mein Schicksal mir zu *wählen*,
Was von der Heimat mir nur irgend übrig blieb,
Mein Troja sucht ich auf, die Reste meiner Teuern,
Mit frischer Hand den Thron der Väter zu erneuern.

64.
Jetzt heißt Apolls Orakel nach dem Strand
Des herrlichen Italiens mich eilen,
Dort ist mein Hymen, dort mein Vaterland!
Kann dich, die Tyrerin, Karthago's Strand verweilen,
Den du erst kurz zum Eigentum gemacht –
Warum in aller Welt wirds Teukriern verdacht,
Sich in Ausonien nach Hütten umzuschauen?
Auch uns stehts frei, uns auswärts anzubauen.

65.
Nie breitet um die stille Welt
Die Nacht ihr tauiges Gewand, nie sticken
Die goldnen Sterne des Olympus Zelt,
Daß nicht Anchisens Geist, Entrüstung in den Blicken,
Im Traumgesicht sich mahnend vor mich stellt.
Mich straft ein jeder Blick, der auf den Knaben fällt,
Daß ich durch Zögern ihn von einem Thron entferne,
Der *sein* ist durch die Gunst der Sterne.

66.
Und jetzt gebeut der Götterbote mir
Das nämliche, vom Herrn des Himmels selbst gesendet.
Bei meinem Leben, Fürstin, schwör ichs dir,
Bei meines Sohnes Haupt! Kein Wahn hat mich geblendet.
Ich selbst sah ihn – bei hellem Sonnenlicht –
In diese Mauren ziehn. Ich hörte seine Stimme.
Drum quäl uns beide nicht mit undankbarem Grimme;
Nicht freie Wahl entfernt mich, sondern Pflicht.

67.
Längst hatte sie, indem er sprach, den Rücken
Ihm zugekehrt, und schaute wild um sich,
Dann mißt sie schweigend ihn mit großen Blicken,
Jetzt reißt der Zorn sie fort. »Verräter! ruft sie, dich,
Dich hätte Cypria, die Göttin sanfter Lüste,
Dich Dardanus gezeugt? – In grausenvoller Wüste
Schuf Caukasus aus rauhen Felsen dich,
Und Tigermütter reichten dir die Brüste.

68.
Dann was verberg ich mirs? Brauchts mehr Beweis?
Hat Einen Seufzer nur mein Jammer ihm entrissen?
Mein Schmerz nur einmal aufgetaut das Eis
In seinem Blick? Erschüttert sein Gewissen?
Floß Eine Träne nur, sein Leid mir zu gestehn?

O, was empört mich mehr? Sein Undank? Diese Kälte?
Gerechte Götter! Nein, von eurem hohen Zelte
Könnt ihr dies nicht gelassen sehn.

69.
Trau Einer Menschen! Nackt an meinem Strande
Fand ich den Flüchtling, da er scheiterte,
Zu wohnen gönnt' ich ihm in meinem Lande,
Erhielt ihm die Gefährten, rettete
Der Flotte Trümmer – O, mich bringts von Sinnen!
Nun kommt ein Götterspruch! Nun spricht Apoll!
Nun schickt Chronion selbst von des Olympus Zinnen
Befehle nieder, gräßlich, schauervoll!

70.
O freilich! das bekümmert die dort oben!
Das stört sie auf in ihrer goldnen Ruh!
Doch seis wies sei! Ich schenke dir die Proben,
Geh immer, steure frisch dem Tiberstrome zu.
Noch leben Götter, die den Meineid rächen.
Auf sie vertraut mein Herz. Geh, überlasse dich
Den Wellen nur. Ich weiß, du denkst an mich,
Wenn zwischen Klippen deine Schiffe brechen.

71.
Abwesend eil ich dir in schwarzen Flammen nach,
Und schrecklich soll, wenn dieses Leibes Bande
Des Todes kalte Hand zerbrach,
Mein Geist dich jagen über Meer und Lande.
Bezahlen sollst du mir, entsetzlich, fürchterlich!
Ich hör es noch, wenn man mich längst begraben,
Im Reich der Schatten will ich mich
An dieser Freudenbotschaft laben.«

72.
Hier bricht sie ab, entreißt in schneller Flucht
Sich zürnend des Trojaners Blicken,
Der noch verlegen säumt, und fruchtlos Worte sucht,
Des Kummers Größe auszudrücken.
Besiegt von ihrem schweren Harm
Sinkt sie in ihrer Dienerinnen Arm,
Die auf ein Marmorbett sie niederlegen,
Und den erschöpften Leib auf weichen Kissen pflegen.

73.

Wie feurig auch der Menschliche sich sehnt,
Durch sanfter Worte Kraft die Leidende zu heilen,
Wie mancher Seufzer auch den Heldenbusen dehnt,
Der Wink des Himmels heißt ihn eilen,
Und Amors Stimme weicht dem göttlichen Geheiß.
Er fliegt zum Strand, wo der geschäft'ge Fleiß
Der Seinen brennt, die Schiffe flott zu machen,
Schon tanzen auf der Flut die wohlverpichten Nachen.

74.

Noch ungezimmert bringen sie den Baum,
(So ernstlich gilts) noch grün die Ruder hergetragen,
Es lebt von Menschen, die zum Ufer jagen,
Vom Hafen bis zur Stadt der ganze Zwischenraum.
So wenn geschäftiger Ameisen Scharen,
Dem kargen Winter Nahrung aufzusparen,
Den Weizenberg zu plündern glühn,
Und mit dem Raube dann in ihre Löcher fliehn.

75.

Der schwarze Trupp durchzieht die Schollen,
Bemüht, die Beute fortzurollen,
Auf schmalem Weg, durch Gras und Kraut,
Stemmt dort, die schweren Körner zu bewegen,
Sich mit den Schultern kräftiglich entgegen,
Dem dritten ist die Aufsicht anvertraut,
Der spornt das Heer und straft die Trägen,
Lebendig ists auf allen Wegen.

76.

Wie war bei diesem Anblick dir zu Mut,
Elisa? welche Seufzer schicktest
Du zum Olymp, als du des Eifers Glut
Von deiner hohen Burg am Meeresstrand erblicktest?
Vor deinem Angesicht die ganze Wasserwelt
Erzittern sahst von rauhen Schifferkehlen?
Grausame Leidenschaft! Auf welche Proben stellt
Dein Eigensinn der Menschen Seelen!

77.

Aufs neue wird der Tränen Macht
Erprobt, aufs neu das stolze Herz den Siegen
Der Leidenschaft zum Opfer dargebracht.
Wie sollte sie, eh alle Mittel trügen,
Hinuntereilen in des Grabes Nacht?

Sieh, Anna, ruft sie aus, wie sie zum Hafen fliegen!
Wie's wimmelt an dem Strand! Sieh! Sieh! die Schiffe sind
Bekränzt, die Segel rufen schon dem Wind!

78.
Hätt' ich zu diesem Schlage mich versehen,
So hätte, ihn zu überstehen,
Mir auch gewiß die Fassung nicht gefehlt.
Drum noch dies Einzige. Dir schenkt er sein Vertrauen,
Dir noch allein, du darfst in seine Seele schauen,
Nie hat er eine Regung dir verhehlt.
Du weißt des Herzens Weichen auszuspähen,
Drum geh, den stolzen Feind noch einmal anzuflehen.

79.
Sag ihm, nie hab ich mich an Aulis Strand
Verschworen mit dem Feind, sein Ilium zu schleifen,
Nie Schiffe mitgesandt, die Feste anzugreifen,
Des Vaters Asche nie aus ihrer Gruft entwandt.
Warum schließt er sein Ohr hartherzig meiner Bitte?
Er warte doch, bis ein geneigter Wind ihm weht.
Er wage doch die Fahrt nicht in des Winters Mitte,
Dies sei der letzte Dienst, um den ihn Dido fleht.

80.
Nicht jenes alte Band will ich erneuern,
Das er zerriß, nicht hinderlich ihm sein,
Nach seinem teuren Latium zu steuern,
Um Aufschub bitt ich ihn allein,
Um etwas Frist, den Sturm des Busens zu bezähmen,
Gelaßner zu verschmerzen diesen Schlag!
Noch *diesen* Dienst laß in das Grab mich nehmen,
Der deiner Liebe Maß an mir vollenden mag.

81.
So fleht die Elende. Der Schwester heiße Zähren
Bringt Anna vor sein Ohr. Umsonst, die Götter wehren,
Sein fühlend Herz verschließt des Schicksals Macht.
So wenn, den hundertjährgen Eichstamm umzureißen,
Die Alpenstürme wütend sich befleißen,
Und brausend ihn umwehn. Bis an den Wipfel kracht
Der Stamm, sie fassen heulend seine Glieder,
Und von den Zweigen rauscht ein grüner Regen nieder.

82.
Er selbst hängt zwischen Klippen fest, so weit
Sein Wipfel aufwärts in den Himmel dräut,
So tief dringt seine Wurzel in die Hölle.
So ward von fremdem Flehn, noch mehr von eignem Schmerz
Zerrissen jetzt des Helden Herz,
Doch der Entschluß behauptet seine Stelle.
Wie auch sein Herz in allen Tiefen leidet,
Geschehen muß wie das Geschick entscheidet.

83.
Verhaßt ist ihr fortan des Himmels Bogen,
Von gräßlichen Erscheinungen bedroht,
Vom Schicksal selbst zum Abgrund hingezogen,
Beschließt die Unglückselige den Tod.
Einst, als sie den Altar beschenkt mit frommen Gaben,
Verwandelt jählings sich des heilgen Weines Flut,
Entsetzliches Gesicht! in Blut,
Und dies Geheimnis ward mit ihr begraben.

84.
Auch stand, den Manen des Gemahls geweiht,
Im Hause eine marmorne Kapelle,
Verehrt von ihr mit frommer Zärtlichkeit,
Geschmückt mit manchem Laub und glänzendweißem Felle.
Von hier aus hörte sie, wenn alles ringsum schlief,
Des Gatten Ton, der sie mit Namen rief,
Und einsam wimmerte auf hohem Dach die Eule
Ihr todweissagendes Geheule.

85.
Auch manch Orakel wird in ihrem Busen wach,
Aeneens Schatten selbst scheucht sie mit wildem Blicke,
Eilt der Geängstigten in Träumen drohend nach,
Und einsam stets bleibt sie zurücke.
Ihr däucht, sie wandle hin auf menschenleerer Flur,
Sie ganz allein auf einem langen Pfade,
Und suche ihrer Tyrer Spur
Längs dem verlassenen Gestade.

86.
So siehet Pentheus Fieberwahn
Die Schar der Furien ihm nahn,
Zwei Theben um sich her, zwei Sonnen aufgegangen.
So ruft der Bühnen Kunst Orestens Bild hervor,
Wenn mit der Fackel ihn und fürchterlichen Schlangen

Der Mutter Schatten jagt, der Racheschwestern Chor,
Gespieen aus dem Schlund der Hölle,
Ihn angraust an des Tempels Schwelle.

87.

Als jetzt ein Raub der schwarzen Eumeniden
Elisa sich dem Untergang geweiht,
Auch über Zeit und Weise sich entschieden,
Tritt sie die Schwester an mit falscher Heiterkeit,
Läßt im verstellten Aug der Hoffnung Strahlen blitzen,
Tief scheint der lange Sturm des Busens jetzt zu ruhn:
Geliebte freue dich, ein Mittel weiß ich nun,
Ihn zu vergessen oder zu besitzen.

88.

Am fernen Mohrenland, dort wo des Tages Flamme
Sich in des Weltmeers letzte Fluten neigt,
Wo unterm Himmel sich der Atlas beugt,
Wohnt eine Priesterin aus der Massyler Stamme.
Ihr ist der Hesperiden Haus vertraut,
Sie hütete die heilgen Zweige,
Besänftigte mit süßem Honigteige
Des Drachen Wut und mit dem Schlummerkraut.

89.

Die rühmt sich, jedes Herz verletzt von Amors Pfeilen,
Durch ihres Zaubers Kraft zu heilen,
Auf Andre drückt sie selbst den Pfeil des Kummers ab.
Sie zwingt in ihrem Lauf die Ströme still zu stehen,
Die Sterne kann sie rückwärts drehen,
Und Nachtgespenster ruft sie aus dem Grab,
Zerreißt der Erde brüllend Eingeweide,
Und zieht den Eichbaum von des Berges Heide.

90.

Daß es bis dahin mit mir kommen muß!
Bei deinem teuren Haupt! Bei Zevs Olympius!
Es fällt mir schwer! Doch jetzt kann Zauber nur mich retten.
Drum, Liebe, richte still mir einen Holzstoß auf
Im innern Hof des Hauses. Lege drauf
Das Schwert, jedweden Rest des Schändlichen, die Betten,
Wo meine Unschuld starb. Die Priesterin gebeut,
Zu tilgen jede Spur, die mir sein Bild erneut.

91.

Sie sprichts und Todesblässe deckt
Ihr Angesicht. Doch daß in diesem Schleier
Der Schwester eigne Leichenfeier
Sich birgt, bleibt Annens blödem Sinn versteckt.
In der Verzweiflung Tiefen unerfahren,
Besorgt sie schlimmres nichts, als was Elisens Gram
Beim Tod des ersten Gatten unternahm,
Drum säumt sie nicht, der Schwester zu willfahren.

92.

Bald steht durch ihrer Hände Fleiß
Ein großer Holzstoß aufgerichtet,
Aus Fackeln und aus dürrem Reis
Im innern Hofraum aufgeschichtet.
Ihn schmückt die Königin, wohl wissend was sie tut,
Mit einem Kranz und der Zypresse traur'gen Ästen,
Und hoch auf ihrem Brautbett ruht
Des Trojers Bild und Schwert mit allen Überresten.

93.

Auf jeder Seite zeigt sich ein Altar,
Und in der Mitte steht mit aufgelöstem Haar
Die Priesterin in heilge Wut verloren.
Ihr fürchterlicher Ruf durchdonnert selbst die Nacht
Des Erebus. Des Chaos wilde Macht,
Ein ganzes Heer von Göttern wird beschworen,
Persephoneiens dreifache Gewalt,
Dianens dreimal wechselnde Gestalt.

94.

Die Fluten des Avernus vorzustellen,
Besprengt sie den Altar mit heilgen Wellen.
Nach jungen Kräutern wird gespäht,
Die von des Giftes schwarzen Tropfen schwellen,
Beim Mondlicht mit der Sichel abgemäht;
Auch forscht man nach dem Liebesbissen,
Der auf der Fohle jungem Haupt sich bläht,
Dem Zahn des Mutterpferds entrissen.

95.

Sie selbst, das Opferbrot in frommer Hand,
Mit bloßem Fuß, mit losgebundenem Gewand,
Zum Tod entschlossen steht an den Altären,
Des Himmels Zorn, der Götter Strafgericht
Auf ihres Mörders Haupt herabzuschwören,

Und schützt ein Gott der Liebe fromme Pflicht,
Der Treue heiliges Versprechen,
Ihn ruft sie auf, zu strafen und zu rächen.

96.
Gekommen war die Nacht, und alle Wesen ruhten
Erschöpft im süßen Arm des Schlafs. Tief schweigt
Der Wald, gelegt hat sich der Zorn der Fluten,
Zur Mitte ihrer Bahn die Sterne sich geneigt.
Der Vögel bunter Chor verstummt, die Flur, die Herden,
Was sich in Sümpfen birgt und in der Wälder Nacht,
Vergißt der Arbeit und Beschwerden,
Gefesselt von des Schlummers Macht.

97.
Nur *deines* Busens immer wachen Kummer,
Unglückliche Elisa! schmilzt kein Schlummer,
Nie wird es Nacht auf deinem Augenlid.
Empfindlicher erwachen deine Schmerzen,
Aufs neu entbrennt in deinem Herzen
Der Kampf, den ach! Verzweiflung nur entschied.
Jetzt Raub des Grimms, jetzt ihres Kummers Beute,
Beginnt sie so in diesem innern Streite.

98.
Unglückliche, ruft sie, was soll nunmehr geschehn?
Gehst du, von neuem dich den Freiern anzutragen,
Die du verächtlich ausgeschlagen,
Und der Nomaden Hand fußfällig zu erflehn?
Gehst du, den Teukriern als Magd dich anzubieten?
Du kennst ja ihre Dankbarkeit,
Du solltest wissen, wie bereit
Sie sind, empfangne Opfer zu vergüten.

99.
Und öffnen sie dir wohl der Schiffe stolzen Schoß,
Seis auch, du könntest diese Schmach verschmerzen?
So wenig weißt du, wie gewissenlos
Laomedontier mit Treu und Glauben scherzen!
Folgst du den stolzen Ruderern allein?
Holst du mit deinen Tyriern sie ein?
Und kaum aus Sidons Stadt gewaltsam fortgezogen,
Vertraust du sie aufs neu dem Spiel von Wind und Wogen?

100.
Nein stirb, wie du verdient! Das Schwert befreie dich.
Dir dank ich meinen Fall. Du, Schwester, gabest mich
Dem Feinde Preis, von meinem Flehn bestochen!
Konnt ich nicht schuldos, von Begierden rein,
Nicht frei von Hymens Band mich meines Lebens freun?
Mein Wort hab ich Sichäus dir gebrochen,
Geschworen deinem heiligen Gebein,
Erzürnter Geist, du wirst gerochen!

101.
So quälte jene sich, indes auf hohem Schiff,
Entschlossen und bereit, Karthagos Strand zu räumen,
Aeneas schlief. Ihm zeigte sich in Träumen
Dasselbe Bild, das jüngst mit Schrecken ihn ergriff,
Und bringt denselben Auftrag wieder,
Dem Flügelboten gleich an Stimme, an Gestalt,
Dasselbe blonde Haar das Majens Sohn umwallt,
Derselbe schlanke Bau der jugendlichen Glieder.

102.
Ists möglich, ruft er, Göttinsohn,
An des Verderbens Rand kannst du des Schlummers pflegen?
Siehst die Gefahren nicht, die ringsum dich bedrohn,
Und hörst die Winde nicht, die deine Segel regen?
Von wilder Wut empört sinnt jene, dich mit List,
Mit unentrinnbarem Verderben zu umschlingen,
Du eilst nicht mit des Windes Schwingen
Davon, da dir noch Flucht verstattet ist?

103.
Grüßt dich Aurora noch in diesem Land,
So siehst du weit und breit die Wellen
Mit Schiffen überdeckt, den ganzen Meeresstrand
Von mordbegiergen Fackeln sich erhellen.
Flieh ohne Aufschub! Flieh! Veränderlich
Ist Frauensinn und nimmer gleicht er sich –
Er sprichts und fließt in Nacht dahin. Voll Schrecken
Fährt jener aus dem Schlaf, und eilt sein Volk zu wecken.

104.
Wacht auf! Geschwind! Ergreift die Ruder! Spannt
Die Segel aus! Ein Gott, vom Himmel hergesandt,
Treibt mich aufs neu, nicht länger mehr zu weilen,
Die Stränge zu zerhaun, die Abfahrt zu beeilen.
Wer du auch seist, erhabne Gottheit! Ja!

Frohlockend folgen wir dem Wink, den du gegeben,
Verleih uns Schutz! O sei uns hold und nah!
Laß über unserm Haupt geneigte Sterne schweben!

105.

Er sprichts und aus der Scheide blitzt
Sein flammend Schwert und trennt des Ankers Seile,
Ihm folgt die ganze Schar, von gleicher Glut erhitzt,
Rafft alles fort, und treibt und rennt in voller Eile.
Schnell ist die ganze Küste leer,
Verschwunden unter Schiffen das Meer,
Es keucht der Ruderknecht und quirlt zu Schaum die Wogen,
Zahllose Furchen sind durchs blaue Feld gezogen.

106.

Und jetzo windet sich aus Tithons goldnem Schoß
Des Morgens junge Göttin los,
Und überströmt die Welt mit neugebornen Strahlen.
Aus ihren Fenstern sieht mit silberfarbem Grau
Die Königin den Horizont sich malen,
Sieht durch der Wasser fernes Blau
Die Flotte schon mit gleichen Segeln fliegen,
Die Küste leer, den Hafen öde liegen.

107.

Da schlägt sie mit ergrimmter Hand
Die schöne Brust, zerrauft die gelben Locken:
Allmächtger Zevs ruft sie erschrocken,
Er geht! Er flieht von meinem Strand!
Dem Fremdling ging es hin, mich straflos zu verspotten?
Bewaffnet nicht ganz Tyrus mein Geheiß?
Auf, auf! Reißt aus dem Werfte meine Flotten!
Bringt Fackeln! Rudert frisch! Gebt alle Segel preis!

108.

Wo bin ich? Weh, was für ein Wahnsinn reißt mich fort?
Jetzt hat dein feindlich Schicksal dich ereilet,
Unglückliche! Da galts, da war der rechte Ort,
Als du dein Reich mit ihm geteilet.
Das also ist der Held voll Treu, voll Edelmut,
Der seines Vaters Last auf fromme Schultern lud,
Der mit sich führen soll auf allen seinen Bahnen
Die Heiligtümer seiner Ahnen!

109.
Konnt ich in Stücken ihn nicht reißen, nicht zerstreun
Im Meer, ihn und sein Volk? Nicht seinen Sohn erwürgen?
Auftischen ihm zum Mahl? – Wo aber meine Bürgen,
Daß *er* nicht siegte? Mocht es immer sein!
Was fürchtet, wer entschlossen ist zu sterben?
Sein Lager steck ich an, mit einer Löwin Wut,
Vertilgte Vater, Sohn, die ganze Schlangenbrut,
Und teilte dann frohlockend ihr Verderben!

110.
O du, vor dessen Strahlenangesicht
Kein Menschenwerk sich birgt, erhabnes Licht!
Du Gattin Zevs, die meine Leiden kennet,
Du Hekate, die man durch Stadt und Land
Auf finstern Scheidewegen heulend nennet,
Ihr Furien, ihr Götter, deren Hand
Die Sterbende sich weiht! Vernehmt von euren Höhen
Der Rache Aufgebot! Neigt euch zu meinem Flehen!

111.
Muß der Verworfene doch zum Ufer sich noch ringen,
Ist dem Verhängnis nichts mehr abzudingen,
Ists Jovis unabänderliches Wort,
O so erduld er alle Kriegesplagen,
Von einem tapfern Volk aus seinem Reich geschlagen,
Gerissen aus des Sohnes Armen,
Such' er bei Fremdlingen Erbarmen,
Und sehe schaudernd der Gefährten Mord!

112.
Und fügt er sich entehrenden Verträgen,
So mög er nimmer sich des Throns noch Lebens freun,
Er falle vor der Zeit! Dies sei mein letzter Segen,
Mit diesem Wunsch geh ich dem Styx entgegen,
Im Sande liege grablos sein Gebein!
Dann Tyrier verfolgt mit ewgen Kriegeslasten
Den ganzen Samen des Verhaßten,
Dies soll mein Todesopfer sein!

113.
Kein Friede noch Vertrag soll jemals euch vereinen,
Ein Rächer wird aus meinem Staub erstehn,
In ihren Pflanzungen mit Feur und Schwert erscheinen,
Früh oder spät, wie sich die Kräfte tüchtig sehn.
Feindselig drohe Küste gegen Küste,

Rachgierig türme Flut sich gegen Flut,
Schwert blitze gegen Schwert, der späten Enkel Brüste
Entflamme unversöhnte Wut.

114.

Sie sprachs und sann voll Ungeduld, die Bande
Des traur'gen Lebens zu zerreißen, rief
Sichäus Amme (ihre eigne schlief
Den langen Schlummer schon im mütterlichen Lande)
Laß, spricht sie, teure Barce, schnell
Die Schwester sich mit frischem Quell
Benetzen, sag ihr an, daß sie die Tiere
Und die bewußten Opfer zu mir führe.

115.

Du selbst, Geliebte, säume nicht,
Mit frommer Binde dir die Schläfe zu verhüllen,
Ich will des angefangnen Opfers Pflicht
Dem unterirdschen Zevs erfüllen,
Und meinen Gram auf ewig stillen.
Sogleich flammt mit dem Bösewicht
Der Holzstoß in die Luft! – Sie sprichts und sonder Weile
Wankt jene fort mit ihres Alters Eile.

116.

Sie selbst, zur Furie entstellt
Vom gräßlichen Entschluß, der ihren Busen schwellt,
Mit bluterhitztem Aug, gestachelt von Verlangen,
Der Farben wechselnd Spiel auf krampfhaft zuckenden Wangen,
Jetzt flammrot, jetzt vom nahenden Geschick
Durchschauert, bleich wie eine Büste,
Stürzt in den innern Hof, und, Wahnsinn in dem Blick,
Besteigt sie das entsetzliche Gerüste,

117.

Reißt aus der Scheide des Trojaners Schwert,
Ach, nicht zu *diesem* Endzweck ihr geschenket!
Doch, als ihr Blick sich auf Aeneens Kleider senket
Und auf das wohlbekannte Bette, kehrt
Sie schnell in sich, verweilt bei diesem teuren Orte,
Läßt noch einmal den Tränen freien Lauf,
Schwingt dann aufs Bette sich hinauf,
Und scheidet von der Welt durch diese letzten Worte:

118.
Geliebte Reste! Zeugen meiner Freuden,
So lang's dem Glück, den Himmlischen, gefiel!
Entbindet mich von meinen Leiden,
Empfangt mein fließend Blut, auf euch will ich verscheiden,
Ich bin an meines Lebens Ziel.
Vollbracht hab ich den Lauf, den mir das Los beschieden,
Jetzt fliehet aus des Lebens wildem Spiel
Mein großer Schatten zu des Grabes Frieden.

119.
Gegründet hab *ich* eine weitberühmte Stadt,
Und *meine* Mauren sah ich ragen,
Bestraft hab ich des Bruders Freveltat,
Der Rache Schuld dem Gatten abgetragen.
Ach! hätte nie ein Segel sich
Aus der Trojaner fernem Lande
Gezeigt an meines Tyrus Strande,
Wer war glückseliger als ich!

120.
Sie sprichts und drückt ins Kissen ihr Gesicht:
Und ohne Rache, ruft sie, soll ich fallen?
Doch will ich fallen, doch! Gerächet oder nicht!
So ziemts, ins Schattenreich zu wallen!
Es sehe der Barbar vom hohen Ozean
Mit seinen Augen diese Flammen steigen,
Und nehme meines Todes Zeugen
Zum Plagedämon mit auf seiner Wogenbahn.

121.
Ehe diese Worte noch verhallen,
Sehn ihre Frauen sie, durchrannt
Vom spitzgen Stahl, zusammenfallen,
Das Schwert mit Blut beschäumt, mit Blut die Hand.
Ihr Angstgeschrei schlägt an die hohen Säulen
Der Königsburg, sogleich macht des Gerüchtes Mund
Die grauenvolle Tat mit tausendstimmgem Heulen
Dem aufgedonnerten Karthago kund.

122.
Da hört man von Geschrei, von jammervollem Stöhnen,
Von weiblichem Geheul die hohlen Dächer dröhnen,
Des Äthers hohe Wölbung heult es nach.
Nicht fürchterlicher konnt es tönen,
Wenn in Karthago's Tor die Flut der Feinde brach,

Das alte Tyrus fiel, der Flammen wilde Blitze
Sich fressend wälzten durch der Menschen Sitze
Und durch der Götter heilges Dach.

123.

Geschreckt durch den Zusammenlauf der Menge,
Durchschauert von dem gräßlichen Gerücht,
Stürzt Anna halb entseelt sich durchs Gedränge,
Zerfleischt mit grimmgen Nägeln das Gesicht,
Die Brust mit mörderischen Schlägen.
Das also wars, ruft sie der Sterbenden entgegen,
Mit Arglist fingst du mich! *Dazu* der Opferherd,
Dazu das Holz und des Trojaners Schwert!

124.

Weh mir Verlaßnen! Wen soll ich zuerst beweinen?
Unzärtliche! Warum verschmähtest du im Tod
Die Schwester zur Begleiterin? Vereinen
Sollt uns derselbe Stahl, von beider Blute rot!
Fleht' ich darum die Götter an, erbaute,
Daß ich allein dich deinem Schmerz vertraute,
Dies Holzgerüste? Weh! Mich ziehst du mit ins Grab,
Dein armes Volk, dein Reich, dein Tyrus mit hinab.

125.

Gebt Wasser, gebt, daß ich die Wunden wasche,
Mit meinen Lippen ihn erhasche,
Wenn noch ein Hauch des Lebens auf ihr schwebt.
Sie rufts und steht schon oben auf den Stufen,
Stürzt weinend an der Schwester Hals, bestrebt,
An ihrer warmen Brust ins Leben sie zu rufen,
Die schon der Frost des Todes überflogen,
Zu trocknen mit dem Kleid des Blutes schwarze Wogen.

126.

Umsonst versucht, aus weit gespaltnem Munde
Pfeift unter ihrer Brust die Wunde,
Umsonst die Sterbende, den schwerbeladnen Blick
Dem Strahl des Tages zu entfalten,
Rafft dreimal sich empor, von ihrem Arm gehalten,
Und dreimal taumelt sie zurück,
Durchirrt, das süße Licht der Sonne zu erspähen,
Des Äthers weiten Plan, und seufzt, da sies gesehen.

127.
Erweicht von ihrem langen Kampf, gebeut
Saturnia der Iris fortzueilen,
Der Glieder zähe Bande zu zerteilen,
Zu endigen der Seele schweren Streit.
Denn da kein Schicksal, kein Verbrechen,
Verzweiflung nur sie abrief *vor* der Zeit,
So hatte Hekate den unterirdschen Bächen
Das abgeschnittne Haar noch nicht geweiht.

128.
Jetzt also kam, in tausendfarbem Bogen
Der Sonne gegenüber, feucht von Tau,
Die Goldbeschwingte durch der Lüfte Grau
Herab aufs Haupt der Sterbenden geflogen;
Dies weih ich auf Befehl der Gottheit dem Kozyt,
Ruft sie, vom Leibe frei mag sich dein Geist erheben.
Sie sagts und löst die Locke, schnell entflieht
Der Wärme Rest, und in die Lüfte rinnt das Leben.

DER PILGRIM

Noch in meines Lebens Lenze
    War ich und ich wandert' aus,
Und der Jugend frohe Tänze
    Ließ ich in des Vaters Haus.

All mein Erbteil, meine Habe
    Warf ich fröhlich glaubend hin,
Und am leichten Pilgerstabe
    Zog ich fort mit Kindersinn.

Denn mich trieb ein mächtig Hoffen
    Und ein dunkles Glaubenswort,
Wandle riefs, der Weg ist offen,
    Immer nach dem Aufgang fort.

Bis zu einer goldnen Pforten
    Du gelangst, da gehst du ein,
Denn das Irdische wird dorten
    Himmlisch unvergänglich sein.

Abend wards und wurde Morgen,
    Nimmer, nimmer stand ich still,
Aber immer bliebs verborgen,
    Was ich suche, was ich will.

Berge lagen mir im Wege,
  Ströme hemmten meinen Fuß,
Über Schlünde baut ich Stege,
  Brücken durch den wilden Fluß.

Und zu eines Stroms Gestaden
  Kam ich, der nach Morgen floß,
Froh vertrauend seinem Faden
  Werf ich mich in seinen Schoß.

Hin zu einem großen Meere
  Trieb mich seiner Wellen Spiel,
Vor mir liegts in weiter Leere,
  Näher bin ich nicht dem Ziel.

Ach kein Steg will dahin führen,
  Ach der Himmel über mir
Will die Erde nie berühren,
  Und das dort ist niemals hier.

BERGLIED

Am Abgrund leitet der schwindlichte Steg,
Er führt zwischen Leben und Sterben,
Es sperren die Riesen den einsamen Weg
Und drohen dir ewig Verderben,
Und willst du die schlafende Löwin nicht wecken,
So wandle still durch die Straße der Schrecken.

Es schwebt eine Brücke, hoch über den Rand
Der furchtbaren Tiefe gebogen,
Sie ward nicht erbauet von Menschenhand,
Es hätte sichs keiner verwogen,
Der Strom braust unter ihr spat und früh,
Speit ewig hinauf und zertrümmert sie nie.

Es öffnet sich schwarz ein schauriges *Tor*,
Du glaubst dich im Reiche der Schatten,
Da tut sich ein lachend Gelände hervor,
Wo der Herbst und der Frühling sich gatten,
Aus des Lebens Mühen und ewiger Qual
Möcht' ich fliehen in dieses glückselige *Tal*.

Vier *Ströme* brausen hinab in das Feld,
Ihr Quell, der ist ewig verborgen,

Sie fließen nach allen vier Straßen der Welt,
Nach Abend, Nord, Mittag und Morgen,
Und wie die Mutter sie rauschend geboren,
Fort fliehn sie und bleiben sich ewig verloren.

Zwei *Zinken* ragen ins Blaue der Luft,
Hoch über der Menschen Geschlechter,
Drauf tanzen, umschleiert mit goldenem Duft,
Die Wolken, die himmlischen Töchter.
Sie halten dort oben den einsamen Reihn,
Da stellt sich kein Zeuge, kein irdischer, ein.

Es sitzt die Königin hoch und klar
Auf unvergänglichem Throne,
Die Stirn umkränzt sie sich wunderbar
Mit diamantener Krone,
Drauf schießt die Sonne die Pfeile von Licht,
Sie vergolden sie nur, und erwärmen sie nicht.

Anmerkung. Löwin, an einigen Orten der Schweiz der verdorbene Ausdruck für Lawine.

DER GRAF VON HABSBURG
Ballade

Zu Aachen in seiner Kaiserpracht,
    Im altertümlichen Saale,
Saß König Rudolphs heilige Macht
    Beim festlichen Krönungsmahle.
Die Speisen trug der Pfalzgraf des Rheins,
Es schenkte der Böhme des perlenden Weins,
    Und alle die Wähler, die Sieben,
Wie der Sterne Chor um die Sonne sich stellt,
Umstanden geschäftig den Herrscher der Welt,
    Die Würde des Amtes zu üben.

Und rings erfüllte den hohen Balkon
    Das Volk in freudgem Gedränge,
Laut mischte sich in der Posaunen Ton
    Das jauchzende Rufen der Menge.
Denn geendigt nach langem verderblichen Streit
War die kaiserlose, die schreckliche Zeit,
    Und ein Richter war wieder auf Erden.
Nicht blind mehr waltet der eiserne Speer,
Nicht fürchtet der Schwache, der Friedliche mehr,
    Des Mächtigen Beute zu werden.

Und der Kaiser ergreift den goldnen Pokal,
  Und spricht mit zufriedenen Blicken:
Wohl glänzet das Fest, wohl pranget das Mahl,
  Mein königlich Herz zu entzücken;
Doch den Sänger vermiß ich, den Bringer der Lust,
Der mit süßem Klang mir bewege die Brust
  Und mit göttlich erhabenen Lehren.
So hab ichs gehalten von Jugend an,
Und was ich als Ritter gepflegt und getan,
  Nicht will ichs als Kaiser entbehren.

Und sieh! in der Fürsten umgebenden Kreis
  Trat der Sänger im langen Talare,
Ihm glänzte die Locke silberweiß
  Gebleicht von der Fülle der Jahre.
»Süßer Wohllaut schläft in der Saiten Gold,
Der Sänger singt von der Minne Sold,
  Er preiset das Höchste, das Beste,
Was das Herz sich wünscht, was der Sinn begehrt,
Doch sage, was ist des Kaisers wert
  An seinem herrlichsten Feste?«

Nicht gebieten werd ich dem Sänger, spricht
  Der Herrscher mit lächelndem Munde,
Er steht in des größeren Herren Pflicht,
  Er gehorcht der gebietenden Stunde:
Wie in den Lüften der Sturmwind saust,
Man weiß nicht, von wannen er kommt und braust,
  Wie der Quell aus verborgenen Tiefen,
So des Sängers Lied aus dem Innern schallt,
Und wecket der dunkeln Gefühle Gewalt,
  Die im Herzen wunderbar schliefen.

Und der Sänger rasch in die Saiten fällt
  Und beginnt sie mächtig zu schlagen:
»Aufs Waidwerk hinaus ritt ein edler Held,
  Den flüchtigen Gemsbock zu jagen.
Ihm folgte der Knapp mit dem Jägergeschoß,
Und als er auf seinem stattlichen Roß
  In eine Au kommt geritten,
Ein Glöcklein hört er erklingen fern,
Ein Priester wars mit dem Leib des Herrn,
  Voran kam der Meßner geschritten.«

»Und der Graf zur Erde sich neiget hin
  Das Haupt mit Demut entblößet,

Zu verehren mit glaubigem Christensinn
  Was alle Menschen erlöset.
Ein Bächlein aber rauschte durchs Feld,
Von des Gießbachs reißenden Fluten geschwellt,
  Das hemmte der Wanderer Tritte,
Und beiseit' legt jener das Sakrament,
Von den Füßen zieht er die Schuhe behend,
  Damit er das Bächlein durchschritte.«

»Was schaffst du? redet der Graf ihn an,
  Der ihn verwundert betrachtet.
Herr, ich walle zu einem sterbenden Mann,
  Der nach der Himmelskost schmachtet.
Und da ich mich nahe des Baches Steg,
Da hat ihn der strömende Gießbach hinweg
  Im Strudel der Wellen gerissen.
Drum daß dem Lechzenden werde sein Heil,
So will ich das Wässerlein jetzt in Eil
  Durchwaten mit nackenden Füßen.«

»Da setzt ihn der Graf auf sein ritterlich Pferd,
  Und reicht ihm die prächtigen Zäume,
Daß er labe den Kranken, der sein begehrt
  Und die heilige Pflicht nicht versäume.
Und er selber auf seines Knappen Tier
Vergnüget noch weiter des Jagens Begier,
  Der andre die Reise vollführet,
Und am nächsten Morgen mit dankendem Blick
Da bringt er dem Grafen sein Roß zurück
  Bescheiden am Zügel geführet.«

»Nicht wolle das Gott, rief mit Demutssinn
  Der Graf, daß zum Streiten und Jagen
Das Roß ich beschritte fürderhin,
  Das meinen Schöpfer getragen!
Und magst du's nicht haben zu eignem Gewinst,
So bleib es gewidmet dem göttlichen Dienst,
  Denn ich hab es *dem* ja gegeben,
Von dem ich Ehre und irdisches Gut
Zu Lehen trage und Leib und Blut
  Und Seele und Atem und Leben.«

»So mög euch Gott, der allmächtige Hort,
  Der das Flehen der Schwachen erhöret,
Zu Ehren euch bringen hier und dort
  So wie ihr jetzt ihn geehret.

Ihr seid ein mächtiger Graf, bekannt
Durch ritterlich Walten im Schweizerland,
    Euch blühn sechs liebliche Töchter.
So mögen sie, rief er begeistert aus,
Sechs Kronen euch bringen in euer Haus
    Und glänzen die spätsten Geschlechter!«

Und mit sinnendem Haupt saß der Kaiser da,
    Als dächt' er vergangener Zeiten,
Jetzt, da er dem Sänger ins Auge sah,
    Da ergreift ihn der Worte Bedeuten.
Die Züge des Priesters erkennt er schnell,
Und verbirgt der Tränen stürzenden Quell
    In des Mantels purpurnen Falten.
Und alles blickte den Kaiser an,
Und erkannte den Grafen, der das getan,
    Und verehrte das göttliche Walten.

Anmerkung. Tschudi, der uns diese Anekdote überliefert hat, erzählt auch, daß der Priester, dem dieses mit dem Grafen von Habsburg begegnet, nachher Kaplan bei dem Churfürsten von Mainz geworden, und nicht wenig dazu beigetragen habe, bei der nächsten Kaiserwahl, die auf das große Interregnum erfolgte, die Gedanken des Churfürsten auf den Grafen von Habsburg zu richten. – Für die, welche die Geschichte jener Zeit kennen, bemerke ich noch, daß ich recht gut weiß, daß Böhmen sein Erzamt bei Rudolphs Kaiserkrönung nicht ausübte.

DAS SIEGESFEST

Priams Feste war gesunken,
Troja lag in Schutt und Staub,
Und die Griechen, siegestrunken,
Reich beladen mit dem Raub,
Saßen auf den hohen Schiffen
Längs des Hellespontos Strand,
Auf der frohen Fahrt begriffen
Nach dem schönen Griechenland.
    Stimmet an die frohen Lieder,
    Denn dem väterlichen Herd
    Sind die Schiffe zugekehrt,
    Und zur Heimat geht es wieder.

Und in langen Reihen, klagend,
Saß der Trojerinnen Schar,
Schmerzvoll an die Brüste schlagend,
Bleich mit aufgelöstem Haar.

In das wilde Fest der Freuden
Mischten sie den Wehgesang,
Weinend um das eigne Leiden
In des Reiches Untergang.
    Lebe wohl geliebter Boden!
    Von der süßen Heimat fern
    Folgen wir dem fremden Herrn,
    Ach wie glücklich sind die Toten!

Und den hohen Göttern zündet
Kalchas jetzt das Opfer an.
Pallas, die die Städte gründet
Und zertrümmert, ruft er an,
Und Neptun, der um die Länder
Seinen Wogengürtel schlingt,
Und den Zeus, den Schreckensender,
Der die Aegis grausend schwingt.
    Ausgestritten, ausgerungen
    Ist der lange schwere Streit,
    Ausgefüllt der Kreis der Zeit,
    Und die große Stadt bezwungen.

Atreus Sohn, der Fürst der Scharen,
Übersah der Völker Zahl,
Die mit ihm gezogen waren
Einst in des Scamanders Tal.
Und des Kummers finstre Wolke
Zog sich um des Königs Blick,
Von dem hergeführten Volke
Bracht' er wen'ge nur zurück.
    Drum erhebe frohe Lieder
    Wer die Heimat wieder sieht,
    Wem noch frisch das Leben blüht,
    Denn nicht alle kehren wieder!

Alle nicht, die wieder kehren,
Mögen sich des Heimzugs freun,
An den häuslichen Altären
Kann der Mord bereitet sein.
Mancher fiel durch Freundes Tücke,
Den die blut'ge Schlacht verfehlt,
Sprachs Ulyß mit Warnungs Blicke,
Von Athenens Geist beseelt.
    Glücklich wem der Gattin Treue
    Rein und keusch das Haus bewahrt,
    Denn das Weib ist falscher Art,
    Und die Arge liebt das Neue!

Und des frisch erkämpften Weibes
Freut sich der Atrid und strickt
Um den Reiz des schönen Leibes
Seine Arme hoch beglückt.
Böses Werk muß untergehen,
Rache folgt der Freveltat,
Denn gerecht in Himmels Höhen
Waltet des Chroniden Rat!
    Böses muß mit Bösem enden,
    An dem frevelnden Geschlecht
    Rächet Zeus das Gastesrecht,
    Wägend mit gerechten Händen.

Wohl dem Glücklichen mags ziemen,
Ruft Oileus tapfrer Sohn,
Die Regierenden zu rühmen
Auf dem hohen Himmelsthron!
Ohne Wahl verteilt die Gaben,
Ohne Billigkeit das Glück,
Denn Patroklus liegt begraben,
Und Thersites kommt zurück!
    Weil das Glück aus seiner Tonnen
    Die Geschicke blind verstreut,
    Freue sich und jauchze heut,
    Wer das Lebenslos gewonnen!

Ja der Krieg verschlingt die Besten!
Ewig werde dein gedacht,
Bruder, bei der Griechen Festen,
Der ein Turm war in der Schlacht.
Da der Griechen Schiffe brannten,
War in deinem Arm das Heil,
Doch dem Schlauen, Vielgewandten
Ward der schöne Preis zu Teil!
    Friede deinen heilgen Resten!
    Nicht der Feind hat dich entrafft,
    Ajax fiel durch Ajax Kraft,
    Ach der Zorn verderbt die Besten!

Dem Erzeuger jetzt, dem großen,
Gießt Neoptolem des Weins:
Unter allen ird'schen Losen
Hoher Vater, preis' ich deins.
Von des Lebens Gütern allen
Ist der Ruhm das höchste doch,
Wenn der Leib in Staub zerfallen,
Lebt der große Name noch.

Tapfrer, deines Ruhmes Schimmer
Wird unsterblich sein im Lied;
Denn das ird'sche Leben flieht,
Und die Toten dauern immer.

Weil des Liedes Stimmen schweigen
Von dem überwundnen Mann,
So will *ich* für Hektorn zeugen,
Hub der Sohn des Tydeus an; –
Der für seine Hausaltäre
Kämpfend ein Beschirmer fiel –
Krönt den Sieger größre Ehre,
Ehret *ihn* das schönre Ziel!
    Der für seine Hausaltäre
    Kämpfend sank, ein Schirm und Hort,
    Auch in Feindes Munde fort
    Lebt ihm seines Namens Ehre.

Nestor jetzt, der alte Zecher,
Der drei Menschenalter sah,
Reicht den laubumkränzten Becher
Der betränten Hekuba;
Trink ihn aus den Trank der Labe,
Und vergiß den großen Schmerz,
Wundervoll ist Bacchus Gabe,
Balsam fürs zerrißne Herz!
    Trink ihn aus den Trank der Labe
    Und vergiß den großen Schmerz,
    Balsam fürs zerrißne Herz,
    Wundervoll ist Bacchus Gabe.

Denn auch Niobe, dem schweren
Zorn der Himmlischen ein Ziel,
Kostete die Frucht der Ähren,
Und bezwang das Schmerzgefühl.
Denn so lang die Lebensquelle
Schäumet an der Lippen Rand,
Ist der Schmerz in Lethes Welle
Tief versenkt und festgebannt!
    Denn so lang die Lebensquelle
    An der Lippen Rande schäumt,
    Ist der Jammer weggeträumt,
    Fortgespült in Lethes Welle.

Und von ihrem Gott ergriffen
Hub sich jetzt die Seherin,

Blickte von den hohen Schiffen
Nach dem Rauch der Heimat hin.
Rauch ist alles ird'sche Wesen,
Wie des Dampfes Säule weht,
Schwinden alle Erdengrößen,
Nur die Götter bleiben stät.
 Um das Roß des Reiters schweben,
 Um das Schiff die Sorgen her,
 Morgen können wirs nicht mehr,
 Darum laßt uns heute leben!

PUNSCHLIED
Im Norden zu singen

Auf der Berge freien Höhen,
 In der Mittagsonne Schein,
An des warmen Strahles Kräften
 Zeugt Natur den goldnen Wein.

Und noch Niemand hats erkundet,
 Wie die große Mutter schafft;
Unergründlich ist das Wirken,
 Unerforschlich ist die Kraft.

Funkelnd wie ein Sohn der Sonne,
 Wie des Lichtes Feuerquell,
Springt er perlend aus der Tonne
 Purpurn und krystallenhell.

Und erfreuet alle Sinnen,
 Und in jede bange Brust
Gießt er ein balsamisch Hoffen
 Und des Lebens neue Lust.

Aber matt auf unsre Zonen
 Fällt der Sonne schräges Licht,
Nur die Blätter kann sie färben,
 Aber Früchte reift sie nicht.

Doch der Norden auch will leben,
 Und was lebt will sich erfreun;
Darum schaffen wir erfindend
 Ohne Weinstock uns den Wein.

Bleich nur ists, was wir bereiten
  Auf dem häuslichen Altar;
Was Natur lebendig bildet,
  Glänzend ist's und ewig klar.

Aber freudig aus der Schale
  Schöpfen wir die trübe Flut,
Auch die *Kunst* ist Himmelsgabe,
  Borgt sie gleich von ird'scher Glut.

Ihrem Wirken frei gegeben
  Ist der Kräfte großes Reich;
Neues bildend aus dem Alten,
  Stellt sie sich dem Schöpfer gleich.

Selbst das Band der Elemente
  Trennt ihr herrschendes Gebot,
Und sie ahmt mit Herdes Flammen
  Nach den hohen Sonnengott.

Fernhin zu den sel'gen Inseln
  Richtet sie der Schiffe Lauf,
Und des Südens goldne Früchte
  Schüttet sie im Norden auf.

Drum ein Sinnbild und ein Zeichen
  Sei uns dieser Feuersaft,
Was der Mensch sich kann erlangen
  Mit dem Willen und der Kraft.

DER ALPENJÄGER

Willst du nicht das Lämmlein hüten?
  Lämmlein ist so fromm und sanft,
Nährt sich von des Grases Blüten
  Spielend an des Baches Ranft?
»Mutter, Mutter laß mich gehen,
Jagen nach des Berges Höhen!«

Willst du nicht die Herde locken
  Mit des Hornes munterm Klang?
Lieblich tönt der Schall der Glocken
  In des Waldes Lustgesang.
»Mutter, Mutter, laß mich gehen,
Schweifen auf den wilden Höhen!«

Willst du nicht der Blümlein warten,
  Die im Beete freundlich stehn?
Draußen ladet dich kein Garten,
  Wild ist's auf den wilden Höh'n!
»Laß die Blümlein, laß sie blühen,
Mutter, Mutter, laß mich ziehen!«

Und der Knabe ging zu jagen,
  Und es treibt und reißt ihn fort,
Rastlos fort mit blindem Wagen
  An des Berges finstern Ort,
Vor ihm her mit Windesschnelle
Flieht die zitternde Gazelle.

Auf der Felsen nackte Rippen
  Klettert sie mit leichtem Schwung,
Durch den Riß geborstner Klippen
  Trägt sie der gewagte Sprung,
Aber hinter ihr verwogen
Folgt er mit dem Todesbogen.

Jetzo auf den schroffen Zinken
  Hängt sie, auf dem höchsten Grat,
Wo die Felsen jäh versinken,
  Und verschwunden ist der Pfad.
Unter sich die steile Höhe,
Hinter sich des Feindes Nähe.

Mit des Jammers stummen Blicken
  Fleht sie zu dem harten Mann,
Fleht umsonst, denn loszudrücken,
  Legt er schon den Bogen an.
Plötzlich aus der Felsenspalte
Tritt der Geist, der Bergesalte.

Und mit seinen Götterhänden
  Schützt er das gequälte Tier.
»Mußt du Tod und Jammer senden,
  Ruft er, bis herauf zu mir?
Raum für alle hat die Erde,
Was verfolgst du meine Herde?«

DER JÜNGLING AM BACHE

An der Quelle saß der Knabe,
    Blumen wand er sich zum Kranz,
Und er sah sie fortgerissen
    Treiben in der Wellen Tanz.
Und so fliehen meine Tage
    Wie die Quelle rastlos hin!
Und so bleichet meine Jugend,
    Wie die Kränze schnell verblühn!

Fraget nicht, warum ich traure
    In des Lebens Blütenzeit!
Alles freuet sich und hoffet,
    Wenn der Frühling sich erneut.
Aber diese tausend Stimmen
    Der erwachenden Natur
Wecken in dem tiefen Busen
    Mir den schweren Kummer nur.

Was soll mir die Freude frommen,
    Die der schöne Lenz mir beut?
Eine nur ists, die ich suche,
    Sie ist nah und ewig weit.
Sehnend breit ich meine Arme
    Nach dem teuren Schattenbild,
Ach ich kann es nicht erreichen,
    Und das Herz bleibt ungestillt!

Komm herab, du schöne Holde,
    Und verlaß dein stolzes Schloß!
Blumen, die der Lenz geboren,
    Streu ich dir in deinen Schoß.
Horch, der Hain erschallt von Liedern
    Und die Quelle rieselt klar!
Raum ist in der kleinsten Hütte
    Für ein glücklich liebend Paar.

SZENEN AUS DEN PHÖNIZIERINNEN DES EURIPIDES

Personen:

JOKASTA, *des Oedipus Gemahlin und Mutter, Königin zu Theben.*
ANTIGONE, *ihre Tochter.*
ETEOKLES.
POLYNICES, *ihre und des Oedipus Söhne.*
HOFMEISTER *der Antigone.*
CHOR *fremder Frauen aus Phönizien.*

Die Szene ist vor dem Palast des Oedipus zu Theben.

JOKASTA
O der du wandelst zwischen den Gestirnen
Des Himmels, und, auf goldnem Wagen thronend,
Mit flüchtgen Rossen Flammen von dir strömst,
Erhabner Sonnengott – wie feindlich streng
Sahst du auf Thebens Land herab, als Kadmus,
Der Tyrer, seinen Fuß hieher gesetzt.
Dem Könige gebar der Venus Tochter
Harmonia den Polydor; von diesem
Soll Labdakus, des Lajus Vater, stammen.
Ich bin Menöceus Tochter; meinen Bruder
Nennt Kreon sich von mütterlicher Seite.
Jokasta heiß ich – also nannte mich
Mein Vater – und mein Ehgemahl war Lajus.
Der ging, als lang' kein Kindersegen kam,
Nach Phöbus Stadt, aus unserm Ehebette
Sich einen Leibeserben zu erflehn.
Ihm ward die Antwort von dem Gott: »Beherrscher
Der rossekundigen Thebaner, werde
Nicht Vater wider Jovis Schluß! denn zeugst
Du einen Sohn, so wird dich der Erzeugte töten,
Und wandeln muß dein ganzes Haus durch Blut.«
Doch er, von Lust und Bacchus Wut besiegt,
Ward Vater – Als ein Knabe nun erschien,
Gab er, der Übereilung jetzt zu spät
Gewahr und des Orakels eingedenk,
Den Neugebornen, dem er durch die Sohlen
Ein spitzig Eisen trieb, den Hirten, ihn
Auf Junos Au zu werfen, die den Gipfel
Cithärons schmückt. Hier ward er von den Hirten
Des Polybus gefunden, heimgetragen,
Und vor die Königin gebracht, die, meines
Gebärens Frucht an ihre Brüste legend,

Bei'm Gatten sich des Kindes Mutter rühmte.
Als er zum Jüngling nun gereift, und um
Das Kinn das zarte Milchhaar angeflogen,
Ging er – sei's aus freiwill'ger Regung, sei's
Auf fremden Wink – die Eltern zu erfragen,
Nach Phöbos Stadt, wohin zu gleicher Zeit
Auch Lajus, mein Gemahl, sich aufgemacht,
Vom weggelegten Sohne Kundschaft zu erhalten.
Auf einem Scheideweg in Phocis stießen
Sie auf einander, und der Wagenführer
Des Lajus rief: Mach' Platz dem König, Fremdling!
Doch er kroch schweigend seines Weges fort
Mit hohem Geist, bis ihm der Zelter Huf
Die Ferse blutig trat – da – doch wozu
Noch über fremdes Unglück mich verbreiten?
Da schlug der Sohn den Vater, nahm den Wagen,
Und bracht' ihn seinem Pfleger Polybus.
Als bald darauf die räuberische Sphinx
Das Land umher verwüstete, ließ Kreon
Der Schwester Hand, die jetzt verwitwet war,
Dem zur Belohnung bieten, der die Frage
Der rätselhaften Jungfrau würde lösen.
Das Schicksal fügt's, daß Oedipus, mein Sohn,
Das Rätsel lös't, worauf er König ward,
Und dieses Landes Szepter ihn belohnte.
Unwissend freit' der Unglückselige
Die Mutter; auch die Mutter wußte nicht,
Daß sie den eignen Sohn umfing. So gab
Ich Kinder meinem eignen Kind, zwei Knaben,
Den Eteokles erst, und Polynices
Den herrlichen – zwei Töchter dann, die jüngste
Ismene von Ihm selbst, die älteste
Von Mir Antigone genannt. Doch als
Der Unglückselige sich endlich nun
Als seiner Mutter Ehgemahl erkannte,
Und aller Jammer stürmend auf ihn drang,
Stach der Verzweiflungsvolle mörderisch
Mit goldnem Haken sich die blutenden
Augäpfel aus – Indessen bräunte sich
Der Söhne Wange; dieses Unglücks Schmach
Dem Aug der Welt zu bergen – schwer gelangs –
Verschlossen sie den Vater im Palaste.
Hier lebt er noch, doch der Gewalttat zürnend
Ergoß er Flüche auf der Söhne Haupt,
Daß Lajus ganzes königliches Haus
Durch ihres Schwertes Schärfe möge fallen!

Und dieses schweren Fluchs Erfüllung nun,
Wenn sie beisammen wohnen blieben, nicht
Herbeizurufen, schlossen unter sich
Die Brüder den Vertrag, daß sich der Jüng're
Freiwillig aus dem Reich verbannen sollte,
Indes der Ältere des Throns genösse,
Und beide so von Jahr zu Jahre wechselnd.
Doch Eteokles, mächtig nun des Throns,
Verschmäht herabzusteigen, und verstößt
Den jüngeren gewaltsam aus dem Lande.
D e r flieht nach Argos, wo Adrastus ihn
Zum Eidam sich erwählt, und um ihn her
Ein mächtig Heer versammelt. Dieses führt
Er gegen Thebens sieben Tore nun
Heran, des Vaters Reich zurückefordernd,
Und seinen Anteil an dem Königsthron.
Nun hab' ich, beide Brüder zu versöhnen,
Polynicen vermocht, auf Treu und Glauben
Sich bei dem Bruder friedlich einzufinden,
Eh' sie im Treffen feindlich sich vermengen.
Er werde kommen, meldet mir der Bote.
Sei du nun unser Retter, Vater Zeus,
Der in des Himmels lichten Kreisen wohnt,
Und sende meinen Kindern die Versöhnung.
Wenn du ein weises Wesen bist, nicht immer
Kannst du denselben Menschen elend sehn!
sie geht ab.

Der HOFMEISTER. ANTIGONE *noch nicht gleich sichtbar.*

HOFMEISTER *spricht ins Haus hinein und erscheint auf dem Giebel.*
Weil dir die Mutter auf dein Bitten denn
Vergönnen will, Antigone, aus deinem
Gemach zu gehn, und das Argiverheer
Vom Söller des Palastes zu beschauen,
So warte hier, bis ich den Weg erkundet,
Damit der Bürger keiner uns begegne,
Und nicht verleumderischer Tadel mich,
Den Knecht, und dich, die Fürstentochter treffe.
Hab' ich erst rings mich umgesehen, alsdann
Erzähl' ich dir, was ich im Lager sah
Und von den Feinden mir erklären lassen,
Als ich den wechselseitigen Vertrag
Der beiden Brüder hin und wieder trug.
– Es nähert weit und breit sich niemand. Steig
Die alten Zedernstufen nur herauf,

Und schau und sieh, was für ein Heer von Feinden
In den Gefilden längs der Dirce Quell,
Verbreitet liegt und längs dem Laufe des Ismen!
ANTIGONE *Noch hinter der Szene.*
So komm o Greis und reiche meiner Jugend
Die Manneshand und hilf mir auf die Stufen.
HOFMEISTER *ihr den Arm reichend.*
Da Jungfrau! Halte dich nur fest – Sieh! Eben
Zu rechter Zeit bist du heraufgestiegen.
Das Heer kommt in Bewegung und die Haufen
Zertrennen sich.
ANTIGONE
     Ha! Tochter der Latona!
Ehrwürd'ge Hekate! – Ein Blitz ist das Gefilde.
HOFMEISTER
Ja, nicht verächtlich rückte Polynices
Auf Theben her. Mit Rossen ohne Zahl
Braus't er heran, und vielen tausend Schilden.
ANTIGONE
Es sind mit Schlössern doch und ehrnen Riegeln
Die Pforten und die Werke Amphions,
Die Mauren, wohl verwahrt?
HOFMEISTER
       Sei außer Sorgen.
Von innen ist die Stadt verwahrt – Doch sieh
Den Führer da, wenn du ihn kennen willst.
ANTIGONE
Der dort mit blankem Helme vor dem Heer
Einherzieht und den ehrnen Schild so leicht
Im Arme schwenkt – Wer ist's?
HOFMEISTER
      Das ist ein Führer,
Gebieterin!
ANTIGONE
  Wer ist er? Woher stammt er?
Wie nennt er sich? O sage mir das, Greis.
HOFMEISTER
Mycenischen Geschlechts ist er und wohnt
An Lernas Teiche, Fürst Hippomedon.
ANTIGONE
Wie trotzig, und wie schreckhaft anzusehn!
Den Erdgeborenen Giganten gleich
Nicht wie ein Sterblicher tritt er einher,
Gleich einem Stern in seiner Rüstung leuchtend!
HOFMEISTER
Siehst du jetzt den, der über das Gewässer

Der Dirce setzt?
ANTIGONE
                    Ganz andre Waffen sind
  Das wieder! Sage mir, wer ist's?
HOFMEISTER
                              Das ist
  Der Führer Tydeus, König Oeneus Sohn.
  Dem schlägt der kalidon'sche Mars im Busen.
ANTIGONE
  Ist's der, der von der Gattin meines Bruders
  Die Schwester ehlichte? Wie fremd von Rüstung!
  Halb Grieche scheint er mir und halb Barbar!
HOFMEISTER
  Mein Kind! So starke Schilde führen alle
  Etolier, und auf den Lanzenwurf
  Verstehen sie sich trefflich.
ANTIGONE
                        Aber wie
  Kannst du dies alles so genau mir sagen?
HOFMEISTER
  Weil ich der Schilde Zeichen mir gemerkt,
  Als ich den Stillstand in das Lager brachte,
  So kenn' ich die nun, die die Schilde führen.
ANTIGONE
  Wer ist denn jener Langgelockte dort
  An Cethus Grabmal, schreckhaft anzuschauen,
  Doch noch ein Jüngling an Gestalt?
HOFMEISTER
                              Ein Führer.
ANTIGONE
  Was für ein Haufen von Bewaffneten
  Sich um ihn drängt!
HOFMEISTER
                  Es ist Parthenopäus,
  Der Atalanta Sohn.
ANTIGONE
            Daß ihn Dianens
  Geschoß, die jagend durch Gebirg und Wald
  Mit seiner Mutter schweift, verderben möge,
  Der meine Heimat zu verwüsten kam!
HOFMEISTER
  Das gebe Zevs und alle Himmlischen!
  Doch keine schlimme Sache führte die
  Herauf – drum fürcht' ich sehr, es werden
  Die Götter nach Gerechtigkeit verhängen!

ANTIGONE
 Wo aber, wo entdeck' ich den, den das
 Unsel'ge Schicksal mir zum Bruder gab?
 O Liebster! Polynicen zeige mir!
HOFMEISTER
 Der dort beim Grab der Töchter Niobens
 Nächst an Adrastus steht – erkennst du ihn?
ANTIGONE
 Ja, ja, ich sehe – doch recht deutlich nicht –
 So was, das ihm von ferne gleicht – so etwa,
 Wie Er die Brust zu tragen pflegt! – o könnt' ich
 Der schnellen Wolke Flug mit diesen Füßen
 Zu meinem Bruder durch die Lüfte fliegen,
 Die Arme schlingen um den liebsten Hals
 Des armen Flüchtlings, ach! des lang' entbehrten!
 O sieh doch! Wie die Morgensonne, blitzt
 Der Herrliche in seiner goldnen Rüstung!
HOFMEISTER
 Und freue dich! Gleich steht er selbst vor dir!
ANTIGONE
 Wer ist denn der, der dort mit eignen Händen
 Den weißen Wagen lenkt?
HOFMEISTER
             Das ist der Seher
 Amphiaraus, Königin. Du siehst,
 Er führt die Opfertiere mit sich, die
 Mit ihrem Blut die Erde tränken sollen.
ANTIGONE
 O Luna! Licht im goldnen Kreise! Tochter
 Der Sonne, die im Sterngürtel glänzt!
 Wie ruhig, wie geschickt er seine Zelter
 Im Zügel hält und herrschet auf dem Wagen!
 Wo aber ist der Trotzige, der gegen
 Die Stadt so kühner Drohung sich verwogen?
 Wo ist Kapaneus?
HOFMEISTER
          Dort mißt er die Höh'
 Und Tiefe unsrer Mauren und erspäht
 Sich einen Zugang zu den sieben Türmen.
ANTIGONE
 O Nemesis und ihr hohlbrausenden
 Gewitter Jovis und du loher Strahl
 Des Nachtumgebnen Blitzes! Zähmet ihr
 Den Trotz, der über Menschheit sich versteiget!
 Das ist der Mann, der Thebens Töchter mit
 Dem Schwert gefangen nach Mycene führen,

Und an dem Quell der Lerna in die Knechtschaft
Herunterstürzen will. – Nein! Tochter Zevs!
Goldlockigte Diana! Heilige!
Knechtschaft laß nie und nimmer mich erfahren!
HOFMEISTER
Was du zu sehn verlangtest, hast du nun
Gesehn, und deinen Wunsch gestillt. Komm jetzt
In's Haus zurück, mein Kind, in deinem Frauen-
Gemach dich still und sittsam einzuschließen.
Der Aufruhr, siehst du, führt dort eine Schar
Von Weibern zu der Königsburg heran –
Und Weiber schmähen gern'! Je seltner sie
Zum Plaudern kommen, desto emsiger
Wird die Gelegenheit benutzt. Es muß,
Ich weiß nicht welche Wollust für sie sein,
Einander nichts gesundes vorzuschwatzen.
sie gehen ab.
POLYNICES *kommt.*
Hier wär' ich. Durch die Tore haben mich
Die Wächter ohne Schwierigkeit gelassen,
Dies könnte mir verdächtig sein – Nun sie
In ihrem Netz mich einmal haben, dürfte
Wohl ohne Blut kein Rückweg für mich sein.
Ob nicht ein Fallstrick irgendwo hier laure,
Muß ich die Augen aller Orten haben –
Doch dieses Schwert sei meine Sicherheit!
er fährt zusammen.
Horch! Wer ist da? – Wahrhaftig! ein Geräusch
Setzt mich in Furcht! Auch dem Beherztesten
Dünkt alles grauenvoll, wenn er den Fuß
In Feindes Land gesetzt! – Der Mutter trau' ich
Und trau' ihr wieder nicht, die nach beschwornem
Vertrag hieher zu kommen mich beredet.
Doch in der Nähe hier ist Schutz. Altäre
Der Götter stehen da, und auch nicht ganz
Verlassen sind die Häuser. Gut. Ich will
Das Schwert der finstern Scheide wieder geben,
Und wer die sind, die bei der Königsburg
Dort stehen, mich erkunden.
er geht auf den Chor zu.
Fremde Frauen,
Sagt an, aus welcher Heimat kommet ihr
Hieher zu diesen Wohnungen der Griechen?
CHOR
Phönizien hat mich gezeugt. Mich sandten,
Als ihrer Siege Erstlinge, dem Phöbus

Die Enkel Agenors – und eben wollte
Des Oedipus glorreicher Sohn zum hehren
Orakel und zum Heiligtum des Gottes
Mich senden, da umzingelte der Feind
Die Stadt – Laß du nun auch mich hören, wer
Du seist, und was nach Thebens Feste dich,
Der siebenpfortigen geführt?
POLYNICES
                     Mein Vater
Ist Oedipus, des Lajus Sohn. Jokasta
Gebar mich, des Menöceus edle Tochter,
Und Polynices nennt mich Thebens Volk.
CHOR
O teurer Zweig von Agenors Geschlechte,
Verwandter meiner Könige, derselben,
Die mich hieher gesendet – o laß mich
Nach meines Landes Weise knieend dich
Begrüßen, Fürst! So bist du endlich wieder
Gekommen! Nach so langer Trennung wieder
Gekommen in dein heimisch' Land!
                     ruft hinein.
                     Hervor!
Hervor Gebieterin! Tu' auf die Tore!
Hörst du ihn nicht, den du gebarst! Was säumst du
Die hoch gewölbten Zimmer zu durcheilen
Und in des Sohnes Arme dich zu werfen?
JOKASTA *kommt.*
Jungfrauen, eurer Stimme tyrischen Laut
Hab ich im Innern des Palasts vernommen,
Und wanke nun mit Alterschwerem Tritt
Zu euch heraus.
              Sie erblickt den Polynices.
              Mein Sohn! Mein Sohn! So seh'
Ich endlich nach so vielen tausend Tagen
Dein liebes Auge wieder! O umschlinge
Mit deinem Arm die mütterliche Brust!
Laß die geliebten Wangen mich berühren!
Laß, mit der Mutter Silberhaar vermengt,
Die braunen Locken diesen Hals beschatten!
O Freude! Freude! Nimmer glaubt' ich, nimmer
Hofft' ich, in diese Arme dich zu schließen.
Was soll ich alles dir doch sagen? Wie
Das mannigfaltige Entzücken mit
Gebärden, Worten, Händen von mir geben,
Jetzt, da jetzt dort die irren Blicke weidend,
Die Lust vergang'ner Jahre wieder kosten?

O lieber Sohn, wie öde ließest du
Das väterliche Haus zurück, als dich
Des Bruders Trotz in's Elend ausgestoßen.
Wie haben deine Freunde sich nach dir
Gesehnt! Wie hat ganz Theben sich nach dir
Gesehnt! Mein Sohn, von diesem Tag' an schnitt'
Ich Jammernde die Locken mir vom Haupte,
Seit diesem Tage schmückt kein weißes Kleid
Die Glieder mehr, nur dieses nächtliche
Gewand, das du hier siehst, hat mich bekleidet.
Mit tränenvoller Sehnsucht schmachtete
Indes, des süßen Augenlichts beraubt,
Der Greis hier in der Burg nach seinen Söhnen,
Die wilder Haß von seinem Hause riß,
Schon zückt er gegen sich das Schwert, den Tod
Mit eignen Händen sich bereitend, knüpfte
Sich zu erwürgen schon an hohem Pfosten
Die Seile, gegen dich und deinen Bruder
In heulende Verwünschungen ergossen.
So halten wir den Ewigjammernden
Im Dunkel hier verborgen. Du, mein Sohn,
Hast unterdes im Ausland, wie sie sagen,
Des Hochzeitbettes Freuden dir bereitet,
Hast – o welch harter Schlag für deine Mutter
Und welche Schmach für Lajus, deinen Ahnherrn!
Hast Fremde zu den Deinigen gemacht,
Und fremden Fluch an unser Haus gekettet.
Ich hatte dir die Hochzeitfackel ja
Nicht angezündet, wie es sittlich ist
Und recht, und wie's beglückten Müttern ziemt,
Und der Ismen gab dir die Welle nicht
Zum hochzeitlichen Bad, kein Freudenton
Begrüßte deine Braut in Thebens Toren!
Verwünscht sei'n alle Plagen, die das Haus
Des Oedipus, sei's durch der Söhne Schwert
Und Zwietracht, sei's um seiner Sünde willen,
Sei's durch des Schicksals blinden Schluß, bestürmen,
Auf meinem Haupte schlagen sie zusammen!

CHOR
  Hart sind die Wehen der Gebärerin,
  Drum lieben alle Mütter so die Kinder!

POLYNICES
  Hier bin ich mitten unter Feinden, Mutter
  Hab' ich mir gut geraten oder schlimm?
  Ich weiß es nicht – doch hier ist keine Wahl,
  Zum Vaterland fühlt jeder sich gezogen.

Wer anders redet, Mutter, spielt mit Worten,
Und nach der Heimat stehen die Gedanken.
Doch von geheimer Furcht gewarnt, daß nicht
Der Bruder hinterlistig mich erwürge,
Hab' ich die Straßen mit entblößtem Schwert
Und scharf herumgeworfnem Blick durchzogen.
Eins ist mein Trost, der Friedenseid und dein
Gegebnes Wort. Voll Zuversicht auf dies
Vertraut' ich mich den vaterländ'schen Mauren,
Nicht ohne Weinen, Mutter, kam ich her,
Als ich die alte Königsburg und die
Altäre meiner Götter, und die Schule,
Wo meine Jugend sich im Waffenspiel
Geübt, und Dircens wohlbekannte Wasser
Nach langer, langer Trennung wieder sah!
Ganz wider Billigkeit und Recht ward ich
Aus diesen Gegenden verbannt, gezwungen
Mein Leben in der Fremde zu verweinen.
Nun seh' ich auch noch dich, geliebte Mutter,
Auch dich voll Kummers, mit beschornem Haupte,
In diesem Trau'rgewande – Ach, wie elend
Bin ich! Wie unglückbringend, liebe Mutter,
Ist Feindschaft zwischen Brüdern, und wie schwer
Hält die Versöhnung! – Aber wie ergeht's
Dem alten blinden Vater hier im Hause?
Wie meinen beiden Schwestern? Weinen sie
Um ihren Bruder, der im Elend irrt?

JOKASTE
Ach, irgend ein Unsterblicher ist gegen
Das Haus des Oedipus entbrannt! Erst ward
Ich Mutter, die nicht Mutter werden sollte,
Drauf ehlichte zur unglücksel'gen Stunde
Dein Vater Lajus mich und dann wardst du!
Doch wozu dieses? – Tragen muß der Mensch,
Was ihm die Götter senden – Sieh'! Ich möchte
Gern ein'ge Fragen an dich tun, wenn ich
Nicht fürchtete, dir Schmerzen zu erregen.

POLYNICES
Tu's immer. Halte nichts vor mir zurück.
Was Du willst, macht mir allemal Vergnügen.

JOKASTE
Was ich zuerst also gern' wissen möchte –
Sag – ist's denn wirklich ein so großes Übel,
Des Vaterlands beraubet sein?

POLYNICES
Und größer wahrlich, als es Worte malen!

JOKASTE
 Was ist so hartes denn an der Verweisung?
POLYNICES
 Das Schrecklichste ist das: der Flüchtling darf
 Nicht offen reden, wie er gerne möchte.
JOKASTE
 Was du mir sagst, ist eines Sklaven Los;
 Nicht reden dürfen, wie man's meint!
POLYNICES
                              Er muß
 Den Aberwitz der Mächtigen ertragen.
JOKASTE
 Ein Tor sein müssen mit den Törichten,
 Auch das fällt hart!
POLYNICES
                 Und dennoch muß er ihnen,
 So sehr sein Inn'res sich dagegen sträubt,
 Um seines Vorteils willen sklavisch dienen.
JOKASTE
 Doch Hoffnung, sagt man, stärke den Verbannten.
POLYNICES
 Sie lacht ihm freundlich, doch von weitem nur.
JOKASTE
 Und lehrt die Zeit nicht, daß sie eitel war?
POLYNICES
 Ach, eine holde Venus spielt um sie!
JOKASTE
 Doch wovon lebtest du, eh' deine Heurat
 Dir Unterhalt verschaffte?
POLYNICES
                         Manchmal hatt' ich
 Auf einen Tag zu leben, manchmal nicht.
JOKASTE
 Nahm denn kein alter Gastfreund deines Vaters,
 Kein andrer Freund sich deiner an?
POLYNICES
                              Sei glücklich!
 Mit Freunden ist's vorbei in schlimmen Tagen.
JOKASTE
 Auch deine Herkunft half dir nicht empor?
POLYNICES
 Ach Mutter! Mangel ist ein hartes Los!
 Mein Adel machte mich nicht satt.
JOKASTE
                              Die Heimat
 Ist also wohl das Teuerste, was Menschen
 Besitzen!

POLYNICES
               O, und teurer als die Zunge
  Aussprechen kann!
JOKASTE
                    Wie kamst du denn nach Argos?
  Was für ein Vorsatz führte dich dahin?
POLYNICES
  Adrasten ward von Phöbus das Orakel:
  Ein Eber und ein Löwe würden seine
  Eidame werden.
JOKASTE
                Sonderbar! Was heißt das?
  Wie konntest du mit einem dieser Namen
  Bezeichnet sein?
POLYNICES
                  Das weiß ich selbst nicht, Mutter.
  Das Schicksal hatte mir dies Glück beschieden.
JOKASTE
  Voll Weisheit sind des Schicksals Fügungen!
  Wie aber brachtest du's bis zur Vermählung?
POLYNICES
  Nacht wars. Ich kam zur Halle des Adrast –
JOKASTE
  Flüchtlingen gleich, ein Obdach da zu finden?
POLYNICES
  Das war mein Vorsatz. Bald nach mir kam noch
  Ein andrer Flüchtling.
JOKASTE
                       Wer war dieser Andre?
  Auch ein Unglücklicher, wie du?
POLYNICES
                                 Er nannte
  Sich Tydeus, Oeneus Sohn.
JOKASTE
                          Wie aber konnte
  Adrast mit wilden Tieren euch vergleichen?
POLYNICES
  Weil wir um's Lager handgemein geworden.
JOKASTE
  Und darin fand der Sohn des Talaus
  Den Aufschluß des Orakels?
POLYNICES
                           Einem jeden
  Gab er der Töchter eine zur Gemahlin.
JOKASTE
  Und diese Ehe schlug sie glücklich aus?

POLYNICES
 Bis diesen Tag hab' ich sie nicht bereuet.
JOKASTE
 Wodurch bewogst du aber die Argiver,
 Mit dir zu ziehen gegen Thebens Tore?
POLYNICES
 Adrast gelobt es mir und diesem Tydeus,
 Der jetzt mein Bruder ist, jedweden Eidam
 Zurückzuführen in sein heimisch Reich,
 Und mich zuerst. Es sind der argischen
 Und griech'schen Fürsten viel im Heer, mir diesen
 Notwendigen, doch traur'gen Dienst zu leisten;
 Denn wider meine Heimat führ' ich sie
 Herauf. Doch die Unsterblichen sind Zeugen,
 Wie ungern ich die Waffen gegen meine
 Geliebtesten ergriff. Dir, Mutter, nun
 Kommts zu, den tränenvollen Zwist zu heben,
 Zwei gleich geliebte Brüder zu versöhnen,
 Und dir und mir und unserm Vaterland
 Viel Drangsal, viele Leiden zu ersparen.
 Es ist ein altes Wort, doch bring' ich's wieder:
 Die Ehre wohnt bei'm Reichtum. Reichtum übt
 Die größte Herrschaft über Menschenseelen.
 Ihn zu erlangen, komm' ich an der Spitze
 So vieler Tausende. Der Arme, sei
 Er noch so groß geboren, gilt für nichts.
CHOR
 Sieh! Eben naht sich Eteokles selbst
 Zur Friedenshandlung. Königin, nun ist's an dir
 Der Überredung kräft'ges Wort zu führen,
 Das deine Kinder zur Versöhnung neige.
ETEOKLES *kommt.*
 Da bin ich Mutter. Dir zu lieb' erschein ich.
 Was soll ich hier? Laß hören. Eben hab ich
 Mein Volk und meine Wagen vor den Mauren
 In Schlachtordnung gestellt – noch hielt ich sie
 Zurück, das Wort des Friedens erst zu hören,
 Um dessentwillen d e m vergönnet ward,
 Mit sicherem Geleit' hier zu erscheinen.
JOKASTE
 Gelass'ner! Übereilung tut nicht gut,
 Bedachtsamkeit macht alle Dinge besser.
 Nicht diesen finstern Blick! Nicht dieses Schnauben
 Verhaltner Wut! Es ist kein abgerißnes
 Medusenhaupt, was du betrachten sollst,
 Dein Bruder ist's, der zu dir kam – Auch du,

Gönn' ihm dein Angesicht, mein Polynices,
Weit besser spricht sich's, weit eindringender,
Wenn deine Blicke seinem Blick begegnen,
Weit besser wirst du ihn verstehn. Hört Kinder!
Ich will euch eine kluge Lehre geben.
Wenn Freunde, die einander zürnen, sich
Von Angesicht zu Angesicht nun wieder
Zusammen finden, seht, so müssen sie,
Uneingedenk jedweder vorigen
Beleidigung, sich einzig dessen nur,
Weswegen sie beisammen sind, erinnern!
                    Zu Polynices.
– Du hast das erste Wort, mein Sohn. Weil dir
Gewalt geschehen, wie du sagst, bist du
Mit dem Argiverheer herauf gezogen.
Und möchte einer der Unsterblichen
Nun Schiedsmann sein, und eure Zwietracht tilgen!
POLYNICES
Wahrheit liebt Einfalt. Die gerechte Sache
Hat künstlich schlauer Wendung nicht vonnöten.
Sie selbst ist ihre Schutzwehr. Nur die schlimme,
Siech in sich selbst, braucht die Arznei des Witzes.
Weil ich es gut mit ihm und mir und mit
Dem Vaterland gemeint, verbannt' ich mich,
Den Flüchen zu entgehen, die der Greis
Auf uns gewälzt, freiwillig aus dem Reiche,
Ließ ihm den Thron, den er nach Jahresfrist
Abwechselnd mich besteigen lassen sollte,
Noch damals weit entfernt, mit Blut und Mord
Zurückzukehren, Böses zuzufügen,
Und Böses zu empfangen. Ihm gefiel
Die Auskunft, er beschwor sie bei den Göttern,
Nun hält er nichts von allem, was er schwor,
Und fähret fort, den Thron und meinen Teil
Am väterlichen Reich sich zuzueignen.
Doch selbst noch jetzt bin ich bereit – gibt man
Was mein ist, mir zurück – der Griechen Heer
Aus diesem Land' in Frieden wegzuführen,
Mein Jahr, wie es mir zukommt, zu regieren,
Und ihm ein Gleiches wieder zu gestatten.
So bleibt mein Vaterland von Drangsal frei,
Und keine Leiter naht sich diesen Türmen.
Verschmäht man das – Nun! So entscheide denn
Das Schwert! Doch meine Zeugen sind die Götter,
Wie billig ich es meinte, und wie höchst
Unbillig man der Heimat mich beraubet!

Das ist es, Mutter, Wort für Wort, was ich
Zu sagen habe, kurz und ungeschraubt,
Doch klar und überzeugend, wie mir däucht,
Dem schwachen Kopf, wie dem Verständigsten!
CHOR
 Ich finde diese Rede voll Verstand,
 Wiewohl mich Griechenland nicht auferzogen.
ETEOKLES
 Ja wenn, was Einem schön und löblich dünkt,
 Auch jedem andern schön und löblich dünkte,
 Kein Streit noch Zwist entweihte dann die Welt!
 So aber sind's die Namen nur, worüber
 Man sich versteht; in Sachen denkt man anders.
 Sieh, Mutter! Zu den Sternen dort – ich sag'
 Es ohne Scheu – dort, wo der Tag anbricht,
 Stieg ich hinauf, vermöchtens Menschenkräfte,
 Und in der Erde Tiefen taucht' ich unter,
 Die höchste der Göttinnen, die Gewalt,
 Mir zu erringen! Mutter, und dies Gut
 Sollt' ich in andern Händen lieber sehn,
 Als in den meinigen? Der ist kein Mann,
 Der, wo das Größre zu gewinnen ist,
 Am Kleinern sich genügen läßt – Und wie
 Erniedrigend für mich, wenn dieser da
 Mit Feu'r und Schwert, was er nur will, von mir
 Ertrotzen könnte! Wie beschimpfend selbst
 Für Theben, wenn die Speere der Argiver
 Das Szepter mir abängstigten! Nein, Mutter!
 Nein! Nicht die Waffen in der Hand, hätt' er
 Von Frieden sprechen sollen! Was ein Schwert
 Ausrichten mag, tut auch ein Wort der Güte.
 Will er im Lande sonst sich niederlassen?
 Recht gern! Doch König wird er nicht! So lange
 Ich es zu hindern habe, nicht! – Ihm dienen,
 Da ich sein Herr sein kann? Nur zu! Er rücke
 Mit Schwert und Feuer auf mich an, er decke
 Mit Rossen und mit Wagen das Gefilde!
 Mein König wird er niemals! Nie und nimmer!
 Muß Unrecht sein, so sei's um eine Krone,
 In allem andern sei man tugendhaft.
CHOR
 Zu schlimmer Tat schön reden ist nicht gut,
 Das heißt Gerechtigkeit und Tugend höhnen.
JOKASTE
 Mein Sohn! Mein Eteokles! Alles ist
 Nicht schlimm am Alter. Die Erfahrung krönt's

Mit mancher Weisheit, die der Jugend mangelt.
Warum von der Göttinnen schlimmster dich,
Dich von der Ehrbegier beherrschen lassen?
O meide die Abscheuliche! In manch
Glückselig Haus, in manch glückselig Land
Schlich sie sich ein, doch wo man sie empfing,
Zog sie nie anders aus, als mit Verderben.
Sieh! und nach dieser rasest du! Wie viel
Vortrefflicher ist Gleichheit! Gleichheit knüpft
Den Bundsverwandten mit dem Bundsverwandten,
Den Freund zusammen mit dem Freund und Länder
Mit Ländern! Gleichheit ist das heilige Gesetz
Der Menschheit. Dem Vermögenderen lebt
Ein ew'ger Gegner in dem Ärmern, stets
Bereit ihn zu bekriegen. Gleichheit gab
Den Menschen Maß, Gewicht und Zahl. Das Licht
Der Sonne und die strahlenlose Nacht
Läßt sie in gleichem Zirkelgange wechseln –
Und, keines neidisch auf des andern Sieg,
Wetteifern beide nur, der Welt zu dienen.
Und dich befriedigt nicht der gleiche Teil
Am Throne, du mißgönnst ihm auch den seinen?
Ist das gerecht mein Sohn? Was ist so großes
Denn an der Macht, der glücklichen Gewalttat,
Daß du so übermäßig sie vergötterst?
Der Menschen Augen auf sich ziehn? Ist das
Das Herrliche? Das ist ja nichts! Bei vielen
Besitzungen viel Müh' und Angst empfinden?
Denn was ist Überfluß? Sprich selbst. Ein Name!
Just haben, was er braucht, genügt dem Weisen.
Und Schätze sind kein Eigentum des Menschen,
Der Mensch verwaltet nur, was ihm die Götter
Verliehn, und, wenn sie wollen, wieder nehmen,
Ein Tag macht den Begüterten zum Bettler.
Nun laß ich unter Zweien dir die Wahl!
Was willst du lieber? Deine Vaterstadt
Erhalten oder herrschen? – Du willst herrschen!
Wie aber, wenn der Sieger wird, und seiner
Argiver Scharen deine Heere schlagen,
Willst du dann Zeuge sein, wie Kadmus Stadt
Zu Grunde stürzet, seine Jungfrauen,
Ein Raub des Siegers, in die Knechtschaft wandern?
Ehrgeiziger, das leg' ich dir an's Herz,
So teu'r muß Thebe deinen Golddurst zahlen!

sich zu Polynices wendend.

Und dir, mein Polynices, hat Adrast

Unklug gedient und unklug bist du selbst,
Daß du der Heimat nahst mit Kriegesnot.
Gesetzt (wovor die Götter uns bewahren)
Du unterwärfest dir die Stadt, was für
Trophäen willst du deinem Sieg errichten?
Mit welchen Opfern den Unsterblichen
Für deines Vaterlandes Umsturz danken?
Mit welcher Aufschrift die gemachte Beute
Am Inachus aufstellen? »Diese Schilde
Weiht nach Einäscherung der Vaterstadt
Den Göttern Polynices?« – Das verhüte
Der Himmel, mein geliebter Sohn, daß je
Ein solcher Ruhm dich bei den Griechen preise!
Wirst du besiegt, und krönet d e n das Glück,
Sag' an, mit welcher Stirne willst du dich,
Nach so viel tausend hier gelaßnen Toten,
In Argos sehen lassen, wo man deinem
Adrast entgegen schreien wird: »Verfluchtes
Ehbündnis, das du stiftetest! Um e i n e r
Vermählten willen muß dein Volk verderben!«
So rennst du in die doppelte Gefahr,
Den Preis sowohl, um den du kämpfen willst,
Als der Argiver Beistand zu verlieren.
O zähmet, Kinder, dies unbänd'ge Feuer!
Kann wohl was ungereimter sein, als zwei
Unsinnige, die um dasselbe buhlen!

CHOR

O wendet Götter dieses Unheil ab,
Und stiftet Frieden unter Oedips Kindern!

ETEOKLES *aufbrechend*

Mit Worten wird hier nichts entschieden, Mutter,
Die Zeit geht ungenützt vorbei und dein
Bemühen, siehst du, ist umsonst – Ich Herr
Von diesem Land', sonst kein Gedank' an Frieden!
Verschone mich mit längerer Ermahnung!

zu Polynices.

Du, räume Theben oder stirb!

POLYNICES

                      Durch w e n!
Wer ist der Unverletzliche, der mich
Mit mörderischem Stahl anfallen darf,
Und nicht von meinen Händen gleiches fürchtet?

ETEOKLES

Er steht vor deinen Augen. Siehst du h i e r?

er streckt seinen Arm aus.

POLYNICES
Ich sehe – doch der Überfluß ist feig,
Und eine böse Sache liebt das Leben.
ETEOKLES
Drum rücktest du mit so viel Tausenden
Herauf? Um eine Memme zu bekriegen!
POLYNICES
Weil kluge Vorsicht mehr als toller Mut
Dem Feldherrn ziemt.
ETEOKLES
                    Wie frech, wie übermütig!
Danks dem Vertrag, der dir das Leben fristet.
POLYNICES
Noch einmal fordr' ich mein ererbtes Reich
Und meinen Thron von dir zurück.
ETEOKLES
                                Es ist
Hier nichts zurückzufordern. Ich bewohne
Mein Haus, und fahre fort es zu bewohnen.
POLYNICES
Wie? Mehr als deines Anteils ist?
ETEOKLES
                                So sagt' ich.
Und nun brich auf.
POLYNICES
                    O ihr Altäre meiner Heimat!
ETEOKLES
Die du zu schleifen kamst.
POLYNICES
                            O höret mich!
ETEOKLES
Dich hören, der sein Vaterland bekrieget!
POLYNICES
Ihr Tempel meiner Götter!
ETEOKLES
                            Deine Götter
Verwerfen dich.
POLYNICES
                Man treibt mich aus der Heimat!
ETEOKLES
Weil du gekommen bist, sie zu verheeren.
POLYNICES
Höchst ungerecht verstößt man mich, ihr Götter!
ETEOKLES
Hier nicht, in deinem Argos ruf' sie an!

POLYNICES
  Ruchloser Lästrer!
ETEOKLES
                        Doch kein Feind wie du
  Des Vaterlands.
POLYNICES
                      Gewaltsam treibst du mich
  Hinaus, gewaltsam raubst du mir mein Erbe!
ETEOKLES
  Und auch das Leben hoff' ich dir zu rauben.
POLYNICES
  O hörst du, was ich leiden muß, mein Vater?
ETEOKLES
  Er hört auch wie du handelst.
POLYNICES
                            Und du, Mutter?
ETEOKLES
  Du hast's verscherzt, der Mutter heilig Haupt
  Zu nennen.
POLYNICES
          Vaterstadt!
ETEOKLES
                        Geh in dein Argos
  Und bete zu der Lerna Strom!
POLYNICES
                          Ich gehe.
  Sei unbesorgt – Dir tausend, tausend Dank,
  Geliebte Mutter –
ETEOKLES
              Geh von hinnen, sag' ich.
POLYNICES
  Ich gehe. Meinen Vater nur vergönne
  Mir noch zu sehen.
ETEOKLES
                  Nichts.
POLYNICES
                        Die Schwestern doch?
  Die zarten Schwestern!
ETEOKLES
                      Nie und nimmermehr!
POLYNICES
  O meine Schwestern!
ETEOKLES
                    Du erfrechest dich,
  Ihr ärgster Feind, beim Namen sie zu rufen?

POLYNICES
 Leb' froh und glücklich Mutter.
JOKASTE
                         Froh mein Sohn?
 Sind's etwa frohe Dinge, die ich leide?
POLYNICES
 Dein Sohn? Ich bin es nicht mehr!
JOKASTE
                             O ihr Götter!
 Zu schwerem Drangsal spartet ihr mich auf!
POLYNICES
 Du hast gehört, wie grausam er mich kränkte!
ETEOKLES
 Du hörst und siehst, wie reichlich er's vergalt!
POLYNICES
 Wo wird dein Posten sein vor diesen Türmen?
ETEOKLES
 Was fragst du dieses?
POLYNICES
                    Weil ich im Gefechte
 Dir gegenüber stehen will.
ETEOKLES
                    Den Wunsch
 Nahmst du aus meiner Seele.
JOKASTE
                        O ich Arme!
 O meine Kinder! Was beginnet ihr?
ETEOKLES
 Die Tat wird's lehren!
JOKASTE
                    Wehe! Fürchtet ihr
 Des Vaterfluches Furien nicht mehr?
POLYNICES
 Sei's drum! Des Lajus ganzes Haus verderbe!

ERSTFASSUNGEN DER GEDICHTE
NACH DER GEDICHTAUSGABE VON 1804
UND 1805 IN DER REIHENFOLGE
IHRES ERSCHEINENS

ABSCHIED ANDROMACHAS UND HEKTORS

⟨Andromacha⟩
Willst dich, Hektor, ewig mir entreißen,
Wo des Aeaciden mordend Eisen
Dem Patroklus schröcklich Opfer bringt?
Wer wird künftig deinen Kleinen lehren
Speere werfen und die Götter ehren,
Wenn hinunter dich der Xanthus schlingt?

⟨Hektor⟩
Teures Weib, geh, hol die Todeslanze,
Laß mich fort zum wilden Kriegestanze,
Meine Schultern tragen Ilium;
Über Astyanax unsre Götter!
Hektor fällt, ein Vater-Lands Erretter,
Und wir sehn uns wieder in Elysium.

⟨Andromacha⟩
Nimmer lausch ich deiner Waffen Schalle,
Einsam liegt dein Eisen in der Halle,
Priams großer Heldenstamm verdirbt!
Du wirst hingehn, wo kein Tag mehr scheinet,
Der Cocytus durch die Wüsten weinet,
Deine Liebe in dem Lethe stirbt.

⟨Hektor⟩
All mein Sehnen, all mein Denken
Soll der schwarze Lethefluß ertränken,
Aber meine Liebe nicht!
Horch! der Wilde rast schon an den Mauren –
Gürte mir das Schwert um, laß das Trauren,
Hektors Liebe stirbt im Lethe nicht!

AMALIA IM GARTEN

Schön wie Engel, voll Walhalla's Wonne,
  Schön vor allen Jünglingen war er,
Himmlisch mild sein Blick, wie Maien Sonne
  Rückgestrahlt vom blauen Spiegel-Meer.

Sein Umarmen – wütendes Entzücken! –
  Mächtig feurig klopfte Herz an Herz,
Mund und Ohr gefesselt – Nacht vor unsern Blicken –
  Und der Geist gewirbelt himmelwärts.

Seine Küsse – paradiesisch Fühlen! –
  Wie zwo Flammen sich ergreifen, wie
Harfentöne in einander spielen
  Zu der himmelvollen Harmonie,

Stürzten, flogen, rasten Geist und Geist zusammen,
  Lippen, Wangen brannten, zitterten, –
Seele rann in Seele – Erd und Himmel schwammen
  Wie zerronnen, um die Liebenden.

Er ist hin – vergebens ach! vergebens
  Stöhnet ihm der bange Seufzer nach.
Er ist hin – und alle Lust des Lebens
  Wimmert hin in ein verlornes Ach! –

DIE ENTZÜCKUNG AN LAURA

Laura! Welt und Himmel weggeronnen
Wähn ich – mich in Himmelmaienlicht zu sonnen
  Wenn dein Blick in meine Blicke flimmt.
Ätherlüfte träum' ich einzusaugen,
Wenn mein Bild in deiner sanften Augen
  Himmelblauem Spiegel schwimmt.

Leierklang aus Paradieses Fernen,
Harfenschwung aus angenehmern Sternen,
  Ras' ich in mein trunken Ohr zu ziehn.
Meine Muse fühlt die Schäferstunde,
Wenn von deinem wollustvollem Munde
  Silbertöne ungern fliehn.

Amoretten seh ich Flügel schwingen,
Hinter dir die trunknen Fichten springen
  Wie von Orpheus Saitenruf belebt.
Rascher rollen um mich her die Pole,
Wenn im Wirbeltanze deine Sohle
  Flüchtig wie die Welle schwebt.

Deine Blicke – wenn sie Liebe lächeln,
Könnten Leben durch den Marmor fächeln,
  Felsenadern Pulse leihn.
Träume werden um mich her zu Wesen,
Kann ich nur in deinen Augen lesen:
  Laura! Laura! Mein!

Wann nun, wie, gehoben aus den Achsen
Zwei Gestirn', in Körper Körper wachsen,
　　Mund an Mund gewurzelt brennt,
Wollustfunken aus den Augen regnen,
Seelen wie entbunden sich begegnen
　　In des Atems Flammenwind.

Eine Pause drohet hier den Sinnen
Schwarzes Dunkel jagt den Tag von hinnen,
　　Lagert sich um den gefangnen Blick.
Leises Murmeln – dumpfer hin verloren –
Stirbt allmählich in den trunknen Ohren,
　　Und die Welt tritt in ihr Nichts zurück.

Ha! daß itzt der Flügel Chronos harrte,
Hingebannt ob dieser Gruppe starrte,
　　Wie ein Marmorbild – die Zeit! –
Aber ach! – ins Meer des Todes jagen
Wellen Wellen – über dieser Wonne schlagen
　　Schon die Strudel der Vergessenheit.

LAURA AM KLAVIER

Wenn dein Finger durch die Saiten meistert –
Laura, itzt zur Statue entgeistert,
　　Itzt entkörpert steh ich da.
Du gebietest über Tod und Leben,
Mächtig wie von tausend Nervgeweben
　　Seelen fordert Philadelphia; –

Ehrerbietig leiser rauschen
Dann die Lüfte, dir zu lauschen
　　Hingeschmiedet zum Gesang
　　Stehn im ewgen Wirbelgang,
Einzuziehn die Wonnefülle,
Lauschende Naturen stille,
　　Zauberin! mit Tönen, wie
　　Mich mit Blicken, zwingst du sie.

Seelenvolle Harmonieen wimmeln,
　　Ein wollüstig Ungestüm,
Aus den Saiten, wie aus ihren Himmeln
　　Neugeborne Seraphim;
Wie des Chaos Riesenarm entronnen,
Aufgejagt vom Schöpfungssturm die Sonnen

Funkend fuhren aus der Finsternus,
Strömt der goldne Saitenguß.

Lieblich itzt wie über bunten Kieseln
Silberhelle Fluten rieseln, –
　　Majestätisch prächtig nun
　　Wie des Donners Orgelton,
Stürmend von hinnen itzt wie sich von Felsen
Rauschende schäumende Gießbäche wälzen,
　　Holdes Gesäusel bald,
　　　Schmeichlerisch linde,
　　Wie durch den Espenwald
　　　Buhlende Winde,
Schwerer nun und melancholisch düster
Wie durch toter Wüsten Schauernachtgeflüster,
　　Wo verlornes Heulen schweift,
　　Tränenwellen der Kozytus schleift.

Mädchen sprich! Ich frage, gib mir Kunde:
Stehst mit höhern Geistern du im Bunde?
　　Ists die Sprache, lüg mir nicht,
　　Die man in Elysen spricht?

Von dem Auge weg der Schleier!
　　Starre Riegel von dem Ohr!
Mädchen! Ha! schon atm' ich freier,
Läutert mich ätherisch Feuer?
　　Tragen Wirbel mich empor? – –

Neuer Geister Sonnensitze
Winken durch zerrißner Himmel Ritze –
　　Überm Grabe Morgenrot!
Weg, ihr Spötter, mit Insektenwitze!
　　Weg! Es ist ein Gott – – – –

ROUSSEAU

Monument von unsrer Zeiten Schande!
Ew'ge Schandschrift deiner Mutterlande!
　　Roußeaus Grab! Gegrüßet seist du mir.
Fried und Ruh den Trümmern deines Lebens!
Fried und Ruhe suchtest du vergebens,
　　Fried und Ruhe fandst du hier.

Kaum ein Grabmal ist ihm überblieben,
Den von Reich zu Reich der Neid getrieben,
    Frommer Eifer umgestrudelt hat.
Ha! Um den einst Ströme Bluts zerfließen,
Wem's gebühr' ihn prahlend Sohn zu grüßen,
    Fand im Leben keine Vaterstadt.

Und wer sind sie die den Weisen richten?
Geisterschlacken die zur Tiefe flüchten
    Vor dem Silberblicke des Genies;
Abgesplittert von dem Schöpfungswerke
Gegen Riesen Roußeau kind'sche Zwerge,
    Denen nie Prometheus Feuer blies.

Brücken vom Instinkte zum Gedanken,
Angeflicket an der Menschheit Schranken,
    Wo schon gröbre Lüfte wehn.
In die Kluft der Wesen eingekeilet,
Wo der Affe aus dem Tierreich geilet,
    Und die Menschheit anhebt abzustehn.

Neu und einzig – eine Irresonne
Standest du am Ufer der Garonne
    Meteorisch für Franzosenhirn.
Schwelgerei und Hunger brüten Seuchen,
Tollheit rast mavortisch in den Reichen
    Wer ist schuld – das arme Irrgestirn.

Deine Parze – hat sie gar geträumet?
Hat in Fieberhitze sie gereimet
    Die dich an der *Seine* Strand gesäugt?
Ha! schon seh ich unsre Enkel staunen,
Wann beim Klang belebender Posaunen
    Aus Franzosengräbern – Roußeau steigt!

Wann wird doch die alte Wunde narben?
Einst wars finster – und die Weisen starben,
    Nun ists lichter, – und der Weise stirbt.
Sokrates ging unter durch Sophisten,
Roußeau leidet – Roußeau fällt durch Christen,
    Roußeau – der aus Christen Menschen wirbt.

Ha! mit Jubel die sich feurig gießen
Sei Religion von mir gepriesen,
    Himmelstochter sei geküßt!
Welten werden durch dich zu Geschwistern,

Und der Liebe sanfte Odem flistern
  Um die Fluren die dein Flug begrüßt.

Aber wehe – Basiliskenpfeile
Deine Blicke – Krokodilgeheule
  Deiner Stimme sanfte Melodien,
Menschen bluten unter deinem Zahne,
Wenn verderbengeifernde Imane
  Zur Erinnys dich verziehn.

Ja! im acht und zehnten Jubeljahre,
Seit das Weib den Himmelsohn gebare,
  (Chroniker vergeßt es nie)
Hier erfanden schlauere Perille
Ein noch musikalischer Gebrülle,
  Als dort aus dem ehrnen Ochsen schrie.

Mag es Roußeau! mag das Ungeheuer
Vorurteil, ein türmendes Gemäuer
  Gegen kühne Reformanten stehn,
Nacht und Dummheit boshaft sich versammeln,
Deinem Licht die Pfade zu verrammeln,
  Himmelstürmend dir entgegen gehn.

Mag die hundertrachtige Hyäne
Eigennutz die gelben Zackenzähne
  Hungerglühend in die Armut haun,
Erzumpanzert gegen Waisenträne,
Turmumrammelt gegen Jammertöne,
  Goldne Schlösser auf Ruinen baun.

Geh du Opfer dieses Trillingsdrachen,
Hüpfe freudig in den Todesnachen,
  Großer Dulder! frank und frei.
Geh erzähl dort in der Geister Kreise
Diesen Traum vom Krieg der Frösch' und Mäuse,
  Dieses Lebens Jahrmarktsdudelei.

Nicht für diese Welt warst du – zu bieder
Warst du ihr, zu hoch – vielleicht zu nieder –
  Roußeau doch du warst ein Christ.
Mag der Wahnwitz diese Erde gängeln!
Geh du heim zu deinen Brüdern Engeln,
  Denen du entlaufen bist.

DIE KINDSMÖRDERIN

Horch – die Glocken weinen dumpf zusammen,
  Und der Zeiger hat vollbracht den Lauf,
Nun, so sei's denn! – Nun, in Gottes Namen!
  Grabgefährten brecht zum Richtplatz auf.
Nimm o Welt die letzten Abschiedsküsse,
  Diese Tränen nimm o Welt noch hin.
Deine Gifte – o sie schmeckten süße! –
  Wir sind quitt du Herzvergifterin.

Fahret wohl ihr Freuden dieser Sonne
  Gegen schwarzen Moder umgetauscht!
Fahre wohl du Rosenzeit voll Wonne,
  Die so oft das Mädchen lustberauscht;
Fahret wohl ihr goldgewebten Träume,
  Paradieseskinder Phantasie'n! –
Weh! sie starben schon im Morgenkeime,
  Ewig nimmer an das Licht zu blühn.

Schön geschmückt mit rosenroten Schleifen
  Deckte mich der Unschuld Schwanenkleid,
In der blonden Locken loses Schweifen
  Waren junge Rosen eingestreut: –
Wehe! – Die Geopferte der Hölle
  Schmückt noch itzt das weißlichte Gewand,
Aber ach! – der Rosenschleifen Stelle
  Nahm ein schwarzes Todenband.

Weinet um mich, die ihr nie gefallen,
  Denen noch der Unschuld Liljen blühn,
Denen zu dem weichen Busenwallen
  Heldenstärke die Natur verliehn!
Wehe! menschlich hat dies Herz empfunden! –
  Und Empfindung soll mein Richtschwert sein! –
Weh! vom Arm des falschen Manns umwunden
  Schlief Louisens Tugend ein.

Ach vielleicht umflattert eine andre
  Mein vergessen dieses Schlangenherz,
Überfließt, wenn ich zum Grabe wandre,
  An dem Putztisch in verliebten Scherz?
Spielt vielleicht mit seines Mädchens Locke?
  Schlingt den Kuß, den sie entgegenbringt?
Wenn verspritzt auf diesem Todesblocke
  Hoch mein Blut vom Rumpfe springt.

Joseph! Joseph! auf entfernte Meilen
  Folge dir Louisens Todenchor,
Und des Glockenturmes dumpfes Heulen
  Schlage schröcklichmahnend an dein Ohr –
Wenn von eines Mädchens weichem Munde
  Dir der Liebe sanft Gelispel quillt,
Bohr es plötzlich eine Höllenwunde
  In der Wollust Rosenbild!

Ha Verräter! Nicht Louisens Schmerzen?
  Nicht des Weibes Schande harter Mann?
Nicht das Knäblein unter meinem Herzen?
  Nicht was Löw' und Tiger milden kann?
Seine Segel fliegen stolz vom Lande,
  Meine Augen zittern dunkel nach,
Um die Mädchen an der *Seine* Strande
  Winselt er sein falsches Ach! – –

Und das Kindlein – in der Mutter Schoße
  Lag es da in süßer goldner Ruh,
In dem Reiz der jungen Morgenrose
  Lachte mir der holde Kleine zu,
Tödlichlieblich sprang aus allen Zügen
  Des geliebten Schelmen Konterfei;
Den beklommnen Mutterbusen wiegen
  Liebe und – Verräterei.

Weib, wo ist mein Vater? lallte
  Seiner Unschuld stumme Donnersprach,
Weib, wo ist dein Gatte? hallte
  Jeder Winkel meines Herzens nach –
Weh, umsonst wirst Waise du ihn suchen,
  Der vielleicht schon andre Kinder herzt,
Wirst der Stunde unsrer Wollust fluchen,
  Wenn dich einst der Name Bastard schwärzt.

Deine Mutter – o im Busen Hölle! –
  Einsam sitzt sie in dem All der Welt,
Durstet ewig an der Freudenquelle,
  Die dein Anblick fürchterlich vergällt,
Ach, in jedem Laut von dir erwachet,
  Toter Wonne Qualerinnerung,
Jeder deiner holden Blicke fachet
  Die unsterbliche Verzweifelung.

Hölle, Hölle wo ich dich vermisse,
  Hölle wo mein Auge dich erblickt,
Eumenidenruten deine Küsse,
  Die von *seinen* Lippen mich entzückt,
Seine Eide donnern aus dem Grabe wider,
  Ewig, ewig würgt sein Meineid fort,
Ewig – hier umstrickte mich die Hyder; –
  Und vollendet war der Mord –

Joseph! Joseph! auf entfernte Meilen
  Jage dir der grimme Schatten nach,
Mög mit kalten Armen dich ereilen,
  Donnre dich aus Wonneträumen wach,
Im Geflimmer sanfter Sterne zucke
  Dir des Kindes grasser Sterbeblick,
Es begegne dir im blutgen Schmucke,
  Geißle dich vom Paradies zurück.

Seht! da lag es – lag im warmen Blute,
  Das noch kurz im Mutterherzen sprang,
Hingemetzelt mit Erinnysmute,
  Wie ein Veilchen unter Sensenklang; – –
Schröcklich pocht schon des Gerichtes Bote,
  Schröcklicher mein Herz!
Freudig eilt' ich in dem kalten Tode
  Auszulöschen meinen Flammenschmerz.

Joseph! Gott im Himmel kann verzeihen,
  Dir verzeiht die Sünderin.
Meinen Groll will ich der Erde weihen,
  Schlage Flamme durch den Holzstoß hin –
Glücklich! Glücklich! Seine Briefe lodern,
  Seine Eide frißt ein siegend Feu'r,
Seine Küsse! – wie sie hochan flodern! –
  Was auf Erden war mir einst so teu'r?

Trauet nicht den Rosen eurer Jugend,
  Trauet, Schwestern, Männerschwüren nie!
Schönheit war die Falle meiner Tugend,
  Auf der Richtstatt hier verfluch ich sie! –
Zähren? Zähren in des Würgers Blicken?
  Schnell die Binde um mein Angesicht!
Henker kannst du keine Lilje knicken?
  Bleicher Henker zittre nicht! – – –

DER TRIUMPH DER LIEBE,
eine Hymne

Selig durch die Liebe
Götter – durch die Liebe
  Menschen Göttern gleich!
Liebe macht den Himmel
Himmlischer – die Erde
  Zu dem Himmelreich.

Einstens hinter Pyrrhas Rücken,
  Stimmen Dichter ein,
Sprang die Welt aus Felsenstücken,
  Menschen aus dem Stein.

Stein und Felsen ihre Herzen
  Ihre Seelen Nacht,
Von des Himmels Flammenkerzen
  Nie in Glut gefacht.

Noch mit sanften Rosenketten
Banden junge Amoretten
  Ihre Seelen nie –
Noch mit Liedern ihren Busen
Huben nicht die weichen Musen
  Nie mit Saitenharmonie.

Ach! noch wanden keine Kränze
  Liebende sich um!
Traurig flüchteten die Lenze
  Nach Elisium.

Ungegrüßet stieg Aurora
  Aus dem Schoß Ozeanus,
Ungeküsset sank die Sonne,
  In die Arme Hesperus.

Wild umirrten sie die Haine,
Unter Lunas Nebelscheine,
  Trugen eisern Joch.
Sehnend an der Sternenbühne
Suchte die geheime Träne
  Keine Götter noch.

———

Und sieh! der blauen Flut entquillt
Die Himmelstochter sanft und mild,

Getragen von Najaden
Zu trunkenen Gestaden.

Ein jugendlicher Maienschwung
Durchwebt wie Morgendämmerung
    Auf das allmächtge *Werde*
    Luft, Himmel, Meer, und Erde.

Schon schmilzt der wütende Orkan,
(Einst züchtigt' er den Ozean
    Mit rasselndem Gegeißel)
    In lispelndes Gesäusel.

Des holden Tages Auge lacht
In düstrer Wälder Winternacht,
    Balsamische Narzissen
    Blühn unter ihren Füßen.

Schon flötete die Nachtigall
    Den ersten Sang der Liebe.
Schon murmelte der Quellen Fall
    In weiche Busen Liebe.

    Glückseliger Pygmalion!
    Es schmilzt! es glüht dein Marmor schon!
Gott Amor Überwinder!
    Glückseliger Deukalion,
    Wie hüpfen deine Felsen schon!
    Und äugeln schon gelinder!
    Glückseliger Deukalion,
Umarme deine Kinder!

    Selig durch die Liebe
    Götter – durch die Liebe
        Menschen Göttern gleich.
    Liebe macht den Himmel
    Himmlischer – die Erde
        Zu dem Himmelreich.

Unter goldnem Nektarschaum
Ein wollüstger Morgentraum
    Ewig Lustgelage
    Fliehn der Götter Tage.

    Prächtig spricht Chronions Donnerhorn,
Der Olympus schwankt erschrocken

Wallen zürnend seine Locken
  Sphärenwirbeln gibt sein Atem Sporn,
Göttern läßt er seine Throne,
Niedert sich zum Erdensohne,
  Seufzt arkadisch durch den Hain,
Zahme Donner untern Füßen,
Schläft, gewiegt von Ledas Küssen,
  Schläft der Riesentöder ein.

Majestätsche Sonnenrosse
  Durch des Lichtes weiten Raum
  Leitet Föbus goldner Zaum,
Völker stürzt sein rasselndes Geschosse
  Seine weißen Sonnenrosse
  Seine rasselnden Geschosse
Unter Lieb und Harmonie
Ha! wie gern vergaß er sie!

Zitternd vor der Götterfürstin
Krümmen sich die Götter, dürsten
  Nach der Gnade goldnem Tau.
Sonnenglanz ist ihre Schminke
Myriaden jagen ihrem Winke
  Stolz vor ihrem Wagen prahlt der Pfau.

Schöne Fürstin! ach die Liebe
Zittert mit dem süßen Triebe
  Deiner Majestät zu nahn.
Seht ihr Chronos Tochter weinen?
Geister kann ihr Wink verneinen,
  Herzen weißt sie nicht zu fahn.

———

  Selig durch die Liebe
  Götter – durch die Liebe
    Menschen Göttern gleich.
  Liebe macht den Himmel
  Himmlischer – die Erde
    Zu dem Himmelreich.

———

Liebe sonnt das Reich der Nacht,
Amors süßer Zaubermacht
Ist der Orkus untertänig,
Freundlich schmollt der schwarze König
Wenn ihm Zeres Tochter lacht;
Liebe sonnt das Reich der Nacht.

DER TRIUMPH DER LIEBE

Himmlisch in die Hölle klangen
Und den wilden Beller zwangen
   Deine Lieder, Thrazier –
Minos, Tränen im Gesichte,
Mildete die Qualgerichte,
Zärtlich um Megärens Wangen
Küßten sich die wilden Schlangen,
   Keine Geißel klatschte mehr,
Aufgejagt von Orfeus Leier
Flog von Tityon der Geier
Leiser hin am Ufer rauschten
Lethe und Kozytus, lauschten
   Deinen Liedern Thrazier,
   Liebe sangst du Thrazier.

———

   Selig durch die Liebe
   Götter – durch die Liebe
     Menschen Göttern gleich.
   Liebe macht den Himmel
   Himmlischer – die Erde
     Zu dem Himmelreich.

———

   Durch die ewige Natur
   Düftet ihre Blumenspur,
Weht ihr goldner Flügel.
   Winkte mir vom Mondenlicht
   Afroditens Auge nicht
Nicht vom Sonnenhügel?
   Lächelte vom Sternenmeer
   Nicht die Göttin zu mir her,
Wehte nicht ihr Flügel
   In des Frühlings Balsamhauch
   Liebe nicht im Rosenstrauch
Nicht im Kuß der Weste,
   Stern, und Sonn und Mondenlicht,
   Frühling, Rosen, Weste nicht
Lüden mich zum Feste.
   Liebe Liebe lächelt nur
   Aus dem Auge der Natur
Wie aus ihrem Spiegel!

   Liebe rauscht der Silberbach,
Liebe lehrt ihn sanfter wallen;
   Seele haucht sie in das Ach
Klagenreicher Nachtigallen,
   Unnachahmliches Gefühl

In der Saiten Wonnespiel
Wenn sie *Laura!* hallen.
  Liebe Liebe lispelt nur
  Auf der Laute der Natur.

Weisheit mit dem Sonnenblick,
Große Göttin tritt zurück,
  Weiche vor der Liebe.
Nie Erobrern, Fürsten nie
Beugtest du ein Sklavenknie
  Beug es itzt der Liebe.
Wer die steile Sternenbahn
Ging dir Heldenkühn voran
  Zu der Gottheit Sitze?
Wer zerriß das Heiligtum
Zeigte dir Elisium
  Durch des Grabes Ritze?
Lockte *sie* uns nicht hinein,
Möchten wir *unsterblich* sein?
Suchten auch die Geister
Ohne sie den Meister?
  Liebe Liebe leitet nur
  Zu dem Vater der Natur
  Liebe nur die Geister.

Selig durch die Liebe
Götter – durch die Liebe
  Menschen Göttern gleich.
Liebe macht den Himmel
Himmlischer – die Erde
  Zu dem Himmelreich.

DAS GLÜCK UND DIE WEISHEIT

Entzwei mit einem Favoriten,
  Flog einst Fortun' der Weisheit zu.
»Ich will dir meine Schätze bieten,
  Sei meine Freundin du!

Mein Füllhorn goß ich dem Verschwender
  In seinen Schoß, so mütterlich!
Und sieh! Er fodert drum nicht minder,
  Und nennt noch geizig mich.

Komm Schwester laß uns Freundschaft schließen,
   Du keuchst so schwer an deinem Pflug.
In deinen Schoß will ich sie gießen,
   Auf, folge mir! – Du hast genug.«

Die Weisheit läßt die Schaufel sinken
   Und wischt den Schweiß vom Angesicht.
»Dort eilt dein Freund – sich zu erhenken,
   Versöhnet euch – ich brauch dich nicht.«

AN EINEN MORALISTEN
Fragment

Betagter Renegat der lächelnden Dione!
   Du lehrst, daß *Lieben Tändeln* sei,
Blickst von des Alters Winterwolkenthrone
   Und schmälest auf den goldnen Mai.

Erkennt Natur auch Schreibepultgesetze?
   Für eine warme Welt – taugt ein erfrorner Sinn?
Die Armut ist, nach dem Aesop, der Schätze
   Verdächtige Verächterin.

Einst als du noch das Nymphenvolk bekriegtest,
   Ein Fürst des Karnevals den teutschen Wirbel flogst,
Ein Himmelreich in beiden Armen wiegtest,
   Und Nektarduft von Mädchenlippen zogst?

Ha Seladon! wenn damals aus den Achsen
   Gewichen wär so Erd als Sonnenball,
In Wirbelschwung mit Julien verwachsen,
   Du hättest überhört den Fall.

Und wenn nach manchen fehlgesprengten Minen
   Ihr eignes Blut, von wilder Lust geglüht,
Die stolze Tugend deiner Schönen
   Zuletzt an deine Brust verriet?

Wie? oder wenn romantisch im Gehölze
   Ein leiser Laut zu deinen Ohren drang,
Und in der Wellen silbernem Gewälze
   Ein Mädchen Sammetglieder schwang?

Wie schlug dein Herz! wie stürmete! wie kochte
   Aufrührerisch das scharfgejagte Blut!

Zuckt jede Senn – und jeder Muskel pochte
   Wollüstig in die Flut!

Wenn dann gewahr des Diebs, der sie belauschte,
   Purpurisch angehaucht von jüngferlicher Scham,
Ins blaue Bett die Schöne niederrauschte,
   Und hintennach mein strenger Zeno – schwamm.

Ja hintennach – und sei's auch nur zu baden!
   Mit Rock und Kamisol und Strumpf –
– – – – – – – – – –
   – – – – – – – – –

Leis flöteten die lüsternen Najaden
   Der Grazien Triumph!

O denk zurück nach *Deinen* Rosentagen,
   Und lerne, die Philosophie
Schlägt um, wie unsre Pulse anders schlagen,
   Zu Göttern schaffst du Menschen nie.

Wohl! wenn ins Eis des klügelnden Verstandes,
   Das warme Blut ein bißchen muntrer springt!
Laß den Bewohnern eines *bessern Landes*
   Was ewig nie dem *Erdensohn* gelingt.

Zwingt doch der tierische Gefährte
   Den gottgebornen Geist in Sklavenmauren ein –
Er wehrt mir, daß ich *Engel* werde;
   Ich will ihm folgen *Mensch* zu sein.

KASTRATEN UND MÄNNER

Ich bin ein Mann! – wer ist es mehr?
   Wers sagen kann, der springe
Frei unter Gottes Sonn einher
   Und hüpfe hoch und singe!

Zu Gottes schönem Ebenbild
   Kann ich den *Stempel* zeigen,
Zum Born woraus der Himmel quillt
   Darf ich hinunter steigen.

Und wohl mir, daß ichs darf und kann!
   Geht's Mädchen mir vorüber,
Rufts laut in mir, Du bist ein Mann!
   Und küsse sie so lieber.

Und röter wird das Mädchen dann,
　　Und 's Mieder wird ihr enge –
Das Mädchen weißt, ich bin ein Mann,
　　Drum wird ihr 's Mieder enge.

Wie wird sie erst um Gnade schrei'n,
　　Ertapp ich sie im Bade?
Ich bin ein Mann, das fällt ihr ein,
　　Wie schrie sie sonst um Gnade?

Ich bin ein Mann, mit diesem Wort,
　　Begegn' ich ihr alleine,
Jag ich des Kaisers Tochter fort,
　　So lumpicht ich erscheine.

Und dieses goldne Wörtchen macht
　　Mir manche Fürstin holde,
Mich ruft sie – habt indessen Wacht
　　Ihr Buben dort im Golde!

Ich bin ein Mann, das könnt ihr schon
　　An meiner Leier riechen,
Sie donnert wie im Sturm davon,
　　Sonst würde sie ja kriechen.

Zum Feuergeist im Rückenmark
　　Sagt meine Mannheit: Bruder;
Und herrschen beide löwenstark
　　Umarmend an dem Ruder.

Aus eben diesem Schöpferfluß,
　　Woraus wir Menschen sprudeln,
Quillt Götterkraft und Genius,
　　Nur leere Pfeifen dudeln.

Tyrannen haßt mein *Talisman*
　　Und schmettert sie zu Boden,
Und kann er's nicht, führt er die Bahn
　　Freiwillig zu den Toten.

Pompejen hat mein Talisman
　　Bei Pharsalus bezwungen,
Roms Wollüstlinge Mann für Mann
　　Auf *teutschen* Sand gerungen.

Saht ihr den Römer stolz und kraus
  In Afrika dort sitzen?
Sein Aug speit Feuerflammen aus
  Als säht ihr Hekla blitzen.

Da kommt ein Bube wohlgemut,
  Gibt manches zu verstehen –
»Sprich, du hättst auf Karthago's Schutt
  Den Marius gesehen!« –

So spricht der stolze Römersmann,
  Der Bub tät fürbaß eilen;
Das dankt der stolze Römersmann,
  Das dankt er seinen *Pfeilen*!

Drauf täten seine Enkel sich
  Ihr Erbteil gar abdrehen,
Und huben jedermänniglich
  Anmutig an zu krähen. –

O Pfui, und Pfui und wieder Pfui
  Den Elenden! – sie haben
Verlüderlicht in *einem* Hui
  Des Himmels beste Gaben.

Dem lieben Herrgott sündiglich
  Sein Konterfei verhunzet,
Und in die Menschheit schweiniglich
  Von diesem Nu gegrunzet.

Und schlendern elend durch die Welt,
  Wie Kürbisse von Buben
Zu Menschenköpfen ausgehöhlt,
  Die Schädel leere Stuben!

Wie Wein von einem Chemikus
  Durch die Retort getrieben,
Zum Teufel ist der Spiritus,
  Das Phlegma ist geblieben.

Und fliehen jedes Weibsgesicht,
  Und zittern es zu sehen, –
Und dörften sie – und können nicht!
  Da möchten sie vergehen! –

Und wenn das blonde Seidenhaar,
   Und wenn die Kugelwaden,
Wenn lüstern Mund und Augenpaar
   Zum Lustgenusse laden,

Und zehenmal das Halstuch fällt,
   Und aus den losen Schlingen,
Halbkugeln einer bessern Welt,
   Die vollen Brüste springen, –

Führt gar der höllsche Schadenfroh
   Sie hin, wo Nimphen baden,
Daß ihre Herzen lichterloh
   Von diebschen Flammen braten,

Wo ihrem Blick der Spiegelfluß
   Elisium entziffert,
Arkana die kein Genius
   Dem Aug je bloß geliefert,

Und *Ja!* die tollen Wünsche schrei'n,
   Und *Nein!* die Sinne brummen –
O Tantal! stell dein Murren ein!
   Du bist noch gut durchkommen! –

Kein kühler Tropfen in den Brand!
   Das heiß' ich auch beteufeln!
Gefühl ist Ihnen Kontreband,
   Sonst müssen sie verzweifeln!

Drum fliehn sie jeden Ehrenmann,
   Sein Glück wird sie betrüben –
Wer keinen Menschen machen kann,
   Der kann auch keinen lieben.

Drum tret ich frei und stolz einher,
   Und brüste mich und singe:
Ich bin ein Mann! – Wer ist es mehr?
   Der hüpfe hoch und springe.

MEINE BLUMEN

Schöne Frühlingskinder lächelt,
   Jauchzet Veilchen auf der Au!
Süßer Balsamatem fächelt

Aus des Kelches Himmelblau.
Schön das Kleid mit Licht gesticket,
Schön hat Flora euch geschmücket
  Mit des Busens Perlentau!
Holde Frühlingskinder weinet!
Seelen hat sie euch verneinet,
  Trauert Blümchen auf der Au!

Nachtigall und Lerche flöten
  Minnelieder über euch,
Und in euren Balsambeeten
  Gattet sich das Fliegenreich.
Schuf nicht für die süßen Triebe

Euren Kelch zum Thron der Liebe
  So wollüstig die Natur.
Sanfte Frühlingskinder weinet,
Liebe hat sie *euch* verneinet,
  Trauert Blümchen auf der Flur!

Aber wenn, vom Dom umzingelt,
  Meine Laura euch zerknickt,
Und in einen Kranz geringelt
  Tränend ihrem Dichter schickt –
Leben, Sprache, Seelen, Herzen
Flügelboten süßer Schmerzen!
  Goß euch dies Berühren ein.
Von Dionen angefächelt,
Schöne Frühlingskinder lächelt,
  Jauchzet Blumen in dem Hain!

DAS GEHEIMNIS DER REMINISZENZ
An Laura

Ewig starr an Deinem Mund zu hangen,
Wer enträtselt dieses Wutverlangen?
Wer die Wollust, Deinen Hauch zu trinken,
In Dein Wesen, wenn sich Blicke winken,
  Sterbend zu versinken?

Fliehen nicht verräterisch, – wie Sklaven,
Weggeworfen feigen Muts die Waffen, –
Meine Geister, hin im Augenblicke!
Stürmend über meines Lebens Brücke,
  Wenn ich Dich erblicke?

Sprich, warum entlaufen sie dem Meister?
Suchen dort die Heimat meine Geister?
Oder küssen die getrennten Brüder,
Losgerafft vom Kettenband der Glieder,
    Dort bei *Dir* sich wieder? –

Laura? träum' ich? ras' ich? – die Gedanken
Überwirbeln des Verstandes Schranken –
Sieh! der Wahnsinn ist des Rätsels kunder,
Staune Weisheit auf des Wahnsinns Wunder
    Neidischbleich herunter.

Waren unsre Wesen schon verflochten?
War es darum, daß die Herzen pochten?
Waren wir im Strahl *erloschner Sonnen*
In den Tagen lang begrabner Wonnen
    Schon in *Eins* zerronnen?

Ja wir warens – Eins mit Deinem Dichter
Warst du Laura – warst ein Weltzernichter! –
Meine Muse sah es auf der trüben
Tafel der Vergangenheit geschrieben:
    Eins mit deinem Lieben!

Aber ach! – die sel'gen Augenblicke
Weinen leiser in mein Ohr zurücke –
Könnten Grolls die Gottheit Sünder schelten,
Laura – den Monarchen aller Welten
    Würd' ich *Neides* schelten.

Aus den Angeln drehten wir Planeten,
Badeten in lichten Morgenröten,
In den Locken spielten Edens Düfte
Und den Silbergürtel unsrer Hüfte
    Wiegten Maienlüfte.

Uns entgegen gossen Nektarquellen
Tausendröhrigt ihre Wollustwellen,
Unserm Winke sprangen Chaosriegel,
Zu der Wahrheit lichtem Sonnenhügel
    Schwang sich unser Flügel.

Unsern Augen riss' der Dinge Schleier,
Unsre Blicke, flammender und freier,
Sahen in der Schöpfung Labyrinthen,
Wo die Augen Lyonets verblinden,
    Sich noch Räder winden –

Tief o Laura unter *jener* Wonne
Wälzte sich des *Glückes* Nietentonne,
Schweifend durch der Wollust weite Lande
Warfen wir der Sätt'gung Ankerbande
    Ewig nie am Strande –

Weine Laura – dieser *Gott* ist nimmer,
Du und *ich* des Gottes schöne Trümmer,
Und in uns ein unersättlich Drängen
Das verlorne Wesen einzuschlingen,
    Gottheit zu erschwingen.

Darum Laura dieses Wutverlangen,
Ewig starr an deinem Mund zu hangen,
Und die Wollust, deinen Hauch zu trinken,
In dein Wesen, wenn sich Blicke winken,
    Sterbend zu versinken.

Darum fliehn, verräterisch, wie Sklaven,
Weggeworfen feigen Muts die Waffen
Meine Geister, hin im Augenblicke!
Stürmend über meines Lebens Brücke,
    Wenn ich Dich erblicke!

Darum nur entlaufen sie dem Meister,
Ihre Heimat suchen meine Geister,
Losgerafft vom Kettenband der Glieder,
Küssen sich die langgetrennten Brüder
    Wiederkennend wieder.

Töne! Flammen! zitterndes Entzücken!
Wesen lechzt an Wesen anzurücken –
Wie, beim Anblick einer Freundsgaleere,
Friedensflaggen im Ostindermeere
    Wehen lassen Heere;

Aufgejagt von froher Pulverwecke,
Springt das Schiffsvolk freudig auf's Verdecke,
Hoch im Winde schwingen sie die Hüte,
Posidaons wogendes Gebiete
    Dröhnt von ihrem Liede. –

War es nicht dies freudige Entsetzen,
Als mir's ward an Lauren mich zu letzen?
Ha! das Blut, voll wütendem Verlangen,
Drängte sich mutwillig zu den Wangen
    Lauren zu empfangen –

DAS GEHEIMNIS DER REMINISZENZ

Und auch *Du* – da mich dein Auge spähte,
Was verriet der Wangen Morgenröte? – –
Floh'n wir nicht als wären wir verwandter,
Freudig, wie zur Heimat ein Verbannter,
    Brennend an einander? –

Sieh, o Laura, deinen Dichter weinen! –
Wie verlor'ne Sterne wieder scheinen,
Flimmen öfters, flüchtig, gleich dem Blitze,
Traurigmahnend an die Göttersitze,
    Strahlen durch die Ritze –

Oftmals lispeln der Empfindung Saiten
Leise Ahndung jener goldnen Zeiten –
Wenn sich schüchtern unsre Augen grüßen,
Seh ich träumend in den Paradiesen
    Nektarströme fließen. –

Ach zu oft nur waffn' ich meine Mächte,
Zu erobern die verlornen Rechte –
Klimme kühner bis zur Nektarquelle,
Poche siegend an des Himmels Schwelle, –
    Taumle rück zur Hölle!

Wenn dein Dichter sich an deine süßen
Lippen klammert mit berauschten Küssen,
Fremde Töne um die Ohren schwirren,
Unsre Wesen aus den Fugen irren
    Strudelnd sich verwirren,

Und verkauft vom Meineid der Vasallen
Unsre Seelen ihrer Welt entfallen,
Mit des Staubs Tyrannensteuer prahlen,
Tod und Leben zu wollüstgen Qualen
    Gaukeln in den Schalen,

Und wir beide – näher schon den Göttern –
Auf der Wonne gähe Spitze klettern,
Mit den Leibern sich die Geister zanken,
Und der Endlichkeit despotsche Schranken –
    Sterbend – überschwanken –

Waren, Laura, diese Lustsekunden
Nicht ein Diebstahl jener Götterstunden?
Nicht Entzücken, die uns *einst* durchfuhren?
Ineinanderzuckender Naturen,
    Ach! nur matte Spuren?

Hat dir nicht ein Strahl zurückgeglostet?
Hast du nicht den Göttertrank gekostet? –
Ach! ich sah den Purpur deiner Wangen! –
War es doch der Wesen die sich schlangen
    Eitles Unterfangen! – –

Laura – majestätisch anzuschauen
Stand ein Baum in Edens Blumenauen;
»Seine Frucht vernein' ich eurem Gaume,
Wißt! der Apfel an dem Wunderbaume
    Labt – mit *Göttertraume*.«

Laura – weine unsers Glückes Wunde! –
Saftig war der Apfel ihrem Munde – – –
Bald – als sie sich *Unschuldsvoll* umrollten –
Sieh! wie Flammen ihr Gesicht vergoldten! –
    – Und die Teufel schmollten.

AN MINNA

Träum' ich? Ist mein Auge trüber?
    Nebelt's mir ums Angesicht?
Meine Minna geht vorüber?
    Meine Minna kennt mich nicht?
Die am Arme seichter Laffen
    Blähend mit dem Fächer ficht,
Nimmer satt sich zu begaffen? –
    Meine Minna ist es nicht.

Von dem Sonnenhute nicken
    Stolze Federn, mein Geschenk,
Schleifen, die den Busen schmücken,
    Rufen: Minna, sei gedenk!
Blumen, die ich selbst erzogen,
    Zieren Brust und Locken noch –
Ach die Brust, die mir gelogen! –
    Und die Blumen blühen doch!

Geh! umhüpft von leeren Schmeichlern!
    Geh! vergiß auf ewig mich.
Überliefert feilen Heuchlern,
    Eitles Weib, veracht' ich dich.
Geh! dir hat ein Herz geschlagen,
    Dir ein Herz das edel schlug,
Groß genug, den Schmerz zu tragen,
    Daß es einer Hure schlug.

Schönheit hat dein Herz verdorben,
  Dein Gesichtgen! schäme dich.
Morgen ist sein Glanz erstorben,
  Seine Rose blättert sich.
Schwalben, die im Lenze minnen,
  Fliehen wenn der Nordwind weht,
Buhler scheucht dein Herbst von hinnen,
  Einen Freund hast du verschmäht.

In den Trümmern deiner Schöne
  Seh ich dich verlassen gehn,
Weinend in die Blumenszene
  Deines Mais zurücke sehn.
Die mit heißem Liebesgeize
  Deinem Kuß entgegen flohn,
Zischen dem erloschnen Reize,
  Lachen deinem Winter Hohn.

Schönheit hat Dein Herz verdorben,
  Dein Gesichtgen! – schäme dich.
Morgen ist sein Glanz erstorben,
  Seine Rose blättert sich –
Ha! wie will ich dann dich höhnen!
  Höhnen? Gott bewahre mich!
Weinen will ich bittre Tränen,
  Weinen Minna über dich.

AN DIE FREUDE

Freude, schöner Götterfunken,
  Tochter aus Elisium,
Wir betreten feuertrunken
  Himmlische, dein Heiligtum.
Deine Zauber binden wieder,
  was der Mode Schwert geteilt;
Bettler werden Fürstenbrüder,
  wo dein sanfter Flügel weilt.

Chor
Seid umschlungen Millionen!
  Diesen Kuß der ganzen Welt!
  Brüder – überm Sternenzelt
muß ein lieber Vater wohnen.

Wem der große Wurf gelungen,
  eines Freundes Freund zu sein;
wer ein holdes Weib errungen,
  mische seinen Jubel ein!
Ja – wer auch nur *eine* Seele
  sein nennt auf dem Erdenrund!
Und wer's nie gekonnt, der stehle
  weinend sich aus diesem Bund!

Chor
Was den großen Ring bewohnet
  huldige der Simpathie!
  Zu den Sternen leitet sie,
Wo der *Unbekannte* thronet.

Freude trinken alle Wesen
  an den Brüsten der Natur,
Alle Guten, alle Bösen
  folgen ihrer Rosenspur.

Küsse gab sie *uns* und *Reben*,
  einen Freund, geprüft im Tod.
Wollust ward dem Wurm gegeben,
  und der Cherub steht vor Gott.

Chor
Ihr stürzt nieder, Millionen?
  Ahndest du den Schöpfer, Welt?
  Such' ihn überm Sternenzelt,
über Sternen muß er wohnen.

Freude heißt die starke Feder
  in der ewigen Natur.
Freude, Freude treibt die Räder
  in der großen Weltenuhr.
Blumen lockt sie aus den Keimen,
  Sonnen aus dem Firmament,
Sphären rollt sie in den Räumen,
  die des Sehers Rohr nicht kennt!

Chor
Froh, wie seine Sonnen fliegen,
  durch des Himmels prächtgen Plan,
  Laufet Brüder eure Bahn,
freudig wie ein Held zum siegen.

Aus der Wahrheit Feuerspiegel
  lächelt *sie* den Forscher an.
Zu der Tugend steilem Hügel
  leitet *sie* des Dulders Bahn.
Auf des Glaubens Sonnenberge
  sieht man *ihre* Fahnen wehn,
Durch den Riß gesprengter Särge
  sie im Chor der Engel stehn.

  Chor
  Duldet mutig Millionen!
    Duldet für die beßre Welt!
    Droben überm Sternenzelt
  wird ein großer Gott belohnen.

Göttern kann man nicht vergelten,
  schön ists ihnen gleich zu sein.
Gram und Armut soll sich melden
  mit den Frohen sich erfreun.
Groll und Rache sei vergessen,
  unserm Todfeind sei verziehn
Keine Träne soll ihn pressen,
  keine Reue nage ihn.

  Chor
  Unser Schuldbuch sei vernichtet!
    ausgesöhnt die ganze Welt!
    Brüder – überm Sternenzelt
  richtet Gott wie wir gerichtet.

Freude sprudelt in Pokalen,
  in der Traube goldnem Blut,
trinken Sanftmut Kannibalen,
  Die Verzweiflung Heldenmut – –
Brüder fliegt von euren Sitzen,
  wenn der volle Römer kreist,
Laßt den Schaum zum Himmel sprützen:
  Dieses Glas dem guten Geist.

  Chor
  Den der Sterne Wirbel loben,
    den des Seraphs Hymne preist,
    Dieses Glas dem guten Geist,
  überm Sternenzelt dort oben!

Festen Mut in schwerem Leiden,
 Hülfe, wo die Unschuld weint,
Ewigkeit geschwornen Eiden,
 Wahrheit gegen Freund und Feind,
Männerstolz vor Königsthronen, –
 Brüder, gält' es Gut und Blut –
Dem Verdienste seine Kronen,
 Untergang der Lügenbrut!

Chor
Schließt den heilgen Zirkel dichter,
 schwört bei diesem goldnen Wein:
Dem Gelübde treu zu sein,
 schwört es bei dem Sternenrichter!

Rettung von Tirannenketten,
 Großmut auch dem Bösewicht,
Hoffnung auf den Sterbebetten,
 Gnade auf dem Hochgericht!
Auch die Toden sollen leben!
 Brüder trinkt und stimmet ein,
Allen Sündern soll vergeben,
 und die Hölle nicht mehr sein.

Chor
Eine heitre Abschiedsstunde!
 süßen Schlaf im Leichentuch!
Brüder – einen sanften Spruch
 aus des Totenrichters Munde!

FREIGEISTEREI DER LEIDENSCHAFT*
Als Laura vermählt war im Jahr 1782

Nein – länger länger werd ich diesen Kampf nicht kämpfen,
 den Riesenkampf der Pflicht.

---

* Ich habe um so weniger Anstand genommen, die zwei folgenden Gedichte ⟨*Freigeisterei der Leidenschaft* und *Resignation*⟩, hier ⟨Thalia, 2. Heft 1786⟩ aufzunehmen, da ich von jedem Leser erwarten kann, er werde so billig sein, eine Aufwallung der Leidenschaft nicht für ein philosophisches Sistem und die Verzweiflung eines *erdichteten* Liebhabers nicht für das Glaubensbekenntnis des Dichters anzusehen. Widrigenfalls möchte es übel um den dramatischen Dichter aussehen, dessen Intrigue selten ohne einen Bösewicht fortgeführt werden kann: und Milton und Klopstock müßten um so schlechtere Menschen sein, je besser ihnen ihre Teufel glückten.

Kannst du des Herzens Flammentrieb nicht dämpfen,
   so fodre, Tugend, dieses Opfer nicht.

Geschworen hab ichs, ja, ich habs geschworen,
   mich selbst zu bändigen.
Hier ist dein Kranz. Er sei auf ewig mir verloren,
   nimm ihn zurück, und laß mich sündigen.

Sieh, Göttin, mich zu deines Thrones Stufen,
   wo ich noch jüngst, ein frecher Beter, lag,
Mein übereilter Eid sei widerrufen,
   vernichtet sei der schreckliche Vertrag,

Den du im süßen Taumel einer warmen Stunde
   vom Träumenden erzwangst,
Mit meinem heißen Blut in unerlaubtem Bunde,
   betrügerisch aus meinem Busen rangst.

Wo sind die Feuer, die elektrisch mich durchwallten,
   und wo der starke kühne Talisman?
In jenem Wahnwitz will ich meinen Schwur dir halten,
   worin ich unbesonnen ihn getan.

Zerrissen sei, was du und ich bedungen haben,
   Sie liebt mich – deine Krone sei verscherzt.
Glückselig, wer in Wonnetrunkenheit begraben,
   so leicht wie ich, den tiefen Fall verschmerzt.

Sie sieht den Wurm an meiner Jugend Blume nagen,
   und meinen Lenz entflohn,
Bewundert still mein heldenmütiges Entsagen
   und großmutsvoll beschließt sie meinen Lohn.

Mißtraue, schöne Seele, dieser Engelgüte!
   Dein Mitleid waffnet zum Verbrecher mich,
Gibts in des Lebens unermeßlichem Gebiete,
   gibts einen andern schönern Lohn – als Dich?

Als das Verbrechen, das ich ewig fliehen wollte?
   Entsetzliches Geschick!
Der einzge Lohn der meine Tugend krönen sollte,
   ist meiner Tugend letzter Augenblick.

Des wollustreichen Giftes voll – vergessen,
   vor wem ich zittern muß,
Wag ich es stumm, an meinen Busen sie zu pressen,
   auf ihren Lippen brennt mein erster Kuß,

Wie schnell auf sein allmächtig glühendes Berühren,
  wie schnell o Laura floß
Das dünne Siegel ab von übereilten Schwüren,
  sprang deiner Pflicht Tirannenkette los,

Jetzt schlug sie laut die heißerflehte Schäferstunde,
  jetzt dämmerte mein Glück –
Erhörung zitterte auf deinem brennenden Munde,
  Erhörung schwamm in deinem feuchten Blick,

Mir schauerte vor dem so nahen Glücke,
  und ich errang es nicht.
Vor deiner Gottheit taumelte mein Mut zurücke,
  ich Rasender! und ich errang es nicht!

Woher dies Zittern, dies unnennbare Entsetzen,
  wenn mich dein liebevoller Arm umschlang? –
Weil dich ein Eid, den auch schon Wallungen verletzen,
  in fremde Fesseln zwang?

Weil ein Gebrauch, den die Gesetze heilig prägen,
  des Zufalls schwere Missetat geweiht?
Nein – unerschrocken trotz' ich einem Bund entgegen,
  den die errötende Natur bereut.

O zittre nicht – du hast als Sünderin geschworen,
  ein Meineid ist der Reue fromme Pflicht.
Das Herz war *mein*, das du vor dem Altar verloren,
  Mit Menschenfreuden spielt der Himmel nicht.

Zum Kampf auf die Vernichtung sei er vorgeladen,
  an den der feierliche Spruch dich band.
Die Vorsicht kann den überflüßgen Geist entraten,
  für den sie keine Seligkeit erfand.

Getrennt von Dir – warum bin ich geworden?
  Weil *du* bist, schuf mich Gott!
Er widerrufe, oder lerne Geister morden,
  und flüchte mich vor seines Wurmes Spott.

Sanftmütigster der fühlenden Dämonen,
  zum Wüterich verzerrt dich Menschenwahn?
Dich sollten meine Qualen nur belohnen,
  und diesen *Nero* beten Geister an?

Dich hätten sie als den Allguten mir gepriesen,
  als Vater mir gemalt?
So wucherst du mit deinen Paradiesen?
  Mit meinen Tränen machst du dich bezahlt?

Besticht man dich mit blutendem Entsagen?
  Durch eine Hölle nur
Kannst du zu deinem Himmel eine Brücke schlagen?
  Nur auf der Folter merkt dich die Natur?

O *diesem* Gott laßt unsre Tempel uns verschließen,
  kein Loblied feire ihn,
Und keine Freudenträne soll ihm weiter fließen,
  er hat auf immer seinen Lohn dahin!

RESIGNATION
Eine Phantasie

Auch ich war in Arkadien geboren,
  auch mir hat die Natur
an meiner Wiege Freude zugeschworen,
auch ich war in Arkadien geboren,
  doch Tränen gab der kurze Lenz mir nur.

Des Lebens Mai blüht einmal und nicht wieder,
  Mir hat er abgeblüht.
Der stille Gott – o weinet meine Brüder –
der stille Gott taucht meine Fackel nieder,
  und die Erscheinung flieht.

Da steh ich schon auf deiner Schauerbrücke,
  Ehrwürdge Geistermutter – Ewigkeit.
Empfange meinen Vollmachtbrief zum Glücke,
ich bring ihn unerbrochen dir zurücke,
  mein Lauf ist aus. Ich weiß von keiner Seligkeit.

Vor deinem Thron erheb' ich meine Klage,
  verhüllte Richterin.
Auf jenem Stern ging eine frohe Sage,
Du thronest hier mit des Gerichtes Waage
  und nennest dich Vergelterin.

Hier – spricht man – warten Schrecken auf den Bösen,
  und Freuden auf den Redlichen.
Des Herzens Krümmen werdest du entblößen,

Der Vorsicht Rätsel werdest du mir lösen,
  und Rechnung halten mit dem Leidenden.

Hier öffne sich die Heimat dem Verbannten,
  hier endige des Dulders Dornenbahn.
Ein Götterkind, das sie mir *Wahrheit* nannten,
Die meisten flohen, wenige nur kannten,
  hielt meines Lebens raschen Zügel an.

»Ich zahle dir in einem andern Leben,
  gib deine Jugend mir,
Nichts kann ich dir als diese Weisung geben.«
Ich nahm die Weisung auf das andre Leben,
  und meiner Jugend Freuden gab ich ihr.

»Gib mir das Weib, so teuer deinem Herzen,
  gib deine Laura mir.
Jenseits der Gräber wuchern deine Schmerzen.« –
Ich riß sie blutend aus dem wunden Herzen,
  und weinte laut, und gab sie ihr.

»Du siehst die Zeit nach jenen Ufern fliegen,
  die blühende Natur
bleibt hinter ihr – ein welker Leichnam – liegen.
Wenn Erd und Himmel trümmernd aus einander fliegen,
  daran erkenne den erfüllten Schwur.«

»Die Schuldverschreibung lautet an die Toten«,
  hohnlächelte die Welt,
»Die Lügnerin, gedungen von Despoten
hat für die Wahrheit Schatten dir geboten,
  du bist nicht mehr, wenn dieser Schein verfällt.«

Frech witzelte das Schlangenheer der Spötter:
  »Vor einem Wahn, den nur Verjährung weiht,
erzitterst du? Was sollen deine Götter,
des kranken Weltplans schlau erdachte Retter,
  die Menschenwitz des Menschen Notdurft leiht?«

»Ein Gaukelspiel, ohnmächtigen Gewürmen
  von mächtigem gegönnt,
Schreckfeuer angesteckt auf hohen Türmen,
Die Phantasie des Träumers zu bestürmen,
  wo des Gesetzes Fackel dunkel brennt.«

»Was heißt die Zukunft, die uns Gräber decken?
 Die Ewigkeit, mit der du eitel prangst?
Ehrwürdig nur, weil schlaue Hüllen sie verstecken,
der Riesenschatten unsrer eignen Schrecken
 im hohlen Spiegel der Gewissensangst«;

»Ein Lügenbild lebendiger Gestalten,
 die Mumie der Zeit
vom Balsamgeist der Hoffnung in den kalten
Behausungen des Grabes hingehalten,
 das nennt dein Fieberwahn – Unsterblichkeit?«

»Für Hoffnungen – Verwesung straft sie Lügen –
 gabst du *gewisse* Güter hin?
Sechstausend Jahre hat der Tod geschwiegen,
Kam je ein Leichnam aus der Gruft gestiegen
 der Meldung tat von der Vergelterin?«

Ich sah die Zeit nach deinen Ufern fliegen,
 die blühende Natur
blieb hinter ihr, ein welker Leichnam, liegen,
Kein Toter kam aus seiner Gruft gestiegen,
 und fest vertraut' ich auf den Götterschwur.

All meine Freuden hab ich dir geschlachtet,
 jetzt werf ich mich vor deinen Richterthron.
Der Menge Spott hab ich beherzt verachtet,
nur *deine* Güter hab ich groß geachtet,
 Vergelterin, ich fodre meinen Lohn.

»Mit gleicher Liebe lieb ich meine Kinder,
 rief unsichtbar ein Genius.
Zwei Blumen, rief er – hört es Menschenkinder –
Zwei Blumen blühen für den weisen Finder,
 sie heißen *Hoffnung* und Genuß.

Wer dieser Blumen Eine brach, begehre
 die andre Schwester nicht.
Genieße wer nicht glauben kann. Die Lehre
ist ewig wie die Welt. Wer glauben kann, entbehre.
 Die Weltgeschichte ist das Weltgericht.

Du hast *gehofft*, dein Lohn ist abgetragen,
 dein *Glaube* war dein zugewognes Glück.
Du konntest deine Weisen fragen,
was man von der Minute ausgeschlagen
 gibt keine Ewigkeit zurück.«

⟨IN DAS STAMMBUCH CHARLOTTENS VON LENGEFELD⟩

Ein blühend Kind, von Grazien und Scherzen
  umhüpft – so, Lotte, spielt um Dich die Welt,
Doch *so*, wie sie sich malt in *Deinem* Herzen,
  in *Deiner* Seele schönen Spiegel fällt,
So ist sie doch nicht! – Die Eroberungen,
  die jeder Deiner Blicke siegreich zählt,
die deine sanfte Seele dir erzwungen,
  die Statuen, die – *Dein* Gefühl beseelt,
die Herzen, die Dein eignes Dir errungen,
  die Wunder die Du selbst getan,
die Reize, die *Dein* Dasein ihm gegeben,
  die rechnest Du für Schätze diesem Leben,
    für *Tugenden* uns Erdenbürgern an.
Dem holden Zauber nie entweihter Jugend,
  der Engelgüte mächtgem Talisman,
Der Majestät der Unschuld und der Tugend,
  den will ich sehn – der *diesen* trotzen kann!
Froh taumelst Du im süßen Überzählen
der Glücklichen, die Du gemacht, der Seelen
  die du gewonnen hast, dahin.
Sei glücklich in dem lieblichen Betruge,
nie stürze von des Traumes stolzem Fluge
  ein trauriges Erwachen dich herab.
Den Blumen gleich, die deine Beete schmücken,
so pflanze sie – nur den entfernten Blicken,
  Betrachte sie! – doch *pflücke* sie nicht *ab*!
Geschaffen, nur die Augen zu vergnügen,
welk werden sie zu deinen Füßen liegen,
  je näher dir – je näher ihrem Grab.

Weimar, d. 3. April. 1788
                        Fridrich Schiller.

DIE ZERSTÖRUNG VON TROJA
im zweiten Buch der Aeneide
Neu übersetzt

⟨Vorrede zur ersten Fassung⟩

Einige Freunde des Verfassers, die der lateinischen Sprache nicht kundig aber fähig sind, jede Schönheit der alten Klassiker zu empfinden, wünschten durch ihn mit der Aeneis des großen römischen Dichters etwas bekannt zu werden, von welcher, seines Wissens, noch keine nur irgend lesbare Übersetzung sich findet. Die hauptsächlichste Schwürigkeit, die ihm bei Ausführung seines Vorhabens aufstieß, war die Wahl einer *Versart*, bei welcher von den wesentlichen Vorzügen des Originals am wenigsten eingebüßt würde, und welche dasjenige, was schon allein der Sprachverschiedenheit wegen unvermeidlich verloren gehen mußte, von einer andern Seite einigermaßen ersetzen könnte. Der deutsche Hexameter schien ihm diese Eigenschaft nicht zu besitzen, und er hielt sich für überzeugt, daß dieses Sylbenmaß selbst nicht unter Klopstockischen und Voßischen Händen diejenige Biegsamkeit, Harmonie und Mannigfaltigkeit erlangen könnte, welche Virgil seinem Übersetzer zur ersten Pflicht macht. Durch *dieses* Medium also glaubte er es schlechterdings aufgeben zu müssen, mit der Schönheit des Virgilischen Verses zu ringen. Er glaubte, die ganz eigene magische Gewalt, wodurch der Virgilische Vers uns hinreißt, in der seltenen Mischung von Leichtigkeit und Kraft, Eleganz und Größe, Majestät und Anmut zu finden, wobei der römische Dichter von Seiner Sprache unstreitig weit mehr unterstützt wurde, als der Deutsche von der seinigen hoffen kann. Mußte von diesen beiden so verschiedenen Eigenschaften des Ausdrucks eine der andern in der Übersetzung nachgesetzt werden, so glaubte er bei derjenigen Versart, welche der Kraft, Majestät und Würde zwar einigen Abbruch tut, aber dem Ausdruck von Grazie, Gelenkigkeit, Wohlklang desto günstiger ist, am allerwenigsten zu wagen. Stärke, Erhabenheit, Würde sind weit weniger abhängig von der Form, und bedürfen weit weniger von dem Ausdruck unterstützt zu werden, als die letztern Eigenschaften; und wahre Kraft, wahre Erhabenheit, wahres Pathos muß in jeder Art von Darstellung die Probe halten, welches bei den andern Eigenschaften der Fall *nicht* ist; denen man also durch eine glückliche Wahl der Form zu Hülfe kommen muß. Es ließe sich vielleicht sogar mit triftigen Gründen behaupten, daß für einen ernsthaften, gewichtigen, pathetischen Inhalt die reizende leichte Form, so wie, in einer bekannten Gattung des Komischen für den geringfügigen Inhalt die feierliche Form, vorzuziehen sei. Die harten Schläge, welche der Verfasser der Aeneis so oft auf das Herz seines Lesers führt, der großenteils kriegerische Inhalt seines Gedichts, die ganze Gravität seines Ganges werden durch eine gefällige Versart gemildert, und die Harmonie, die Anmut in der Einkleidung söhnt vielleicht nicht selten mit der anstrengenden oft gar empörenden Schilderung aus. Diese Rücksicht vorzüglich bewog den Verfasser, den achtzeiligen Stanzen den Vorzug zu geben, derjenigen unter allen deutschen Versarten, wobei unsre Sprache noch zuweilen ihrer angestammten Härte vergißt, und durch ihren männlichen Charakter doch noch hinlänglich verhindert wird, ins Weichliche oder Spielende zu fallen. Der Verfasser konnte diese Wahl um so mehr bei sich rechtfertigen, da es seit Erscheinung des *Idris* und *Oberon* zur ausgemachten Wahrheit geworden ist, daß die achtzeiligen Stanzen, besonders mit einiger Freiheit behandelt, für das Große, Erhabene, Pathetische und Schreckhafte selbst einen Ausdruck haben – freilich nur unter den Händen eines Meisters, aber wer pflegt auch im ersten Feuer eines Entschlusses und von Begeisterung hingerissen, eine so strenge Abrechnung mit seinen Kräften zu halten, um dasjenige, was die Form leistet, von dem was er selbst dazu mitbringen muß, sorgfältig abzusondern? Der Leser wird entscheiden, ob sich der Verfasser auf das Instrument, das er wählte, verstanden hat; genug, wenn ihm nicht bewiesen werden kann, daß schon in der *Wahl* der Versart gefehlt worden sei.

Wer übrigens die Schwürigkeiten kennt, die sich einem Übersetzer der Aeneis, und vollends in einer gereimten Versart, in den Weg stellen, wird eher im Fall sein *zu wenig*, als *zuviel*, zu erwarten. Nicht die geringste darunter war, eine glückliche Einteilung zu treffen, wobei der lateinische Dichter seinem Übersetzer nicht nur nicht *vorgearbeitet* sondern sehr oft *entgegen gearbeitet* hat. Das lateinische Original bewegt sich in einem stetigen Strome fort, und Virgil hat sich in vollem Maße der Freiheit bedient, welche diese Form ihm gewährte. Dieser fortströmende Gang des Gedichts mußte nun in der Übersetzung durch viele kurze Ruhepunkte unterbrochen, und ein einziges zusammenhängendes Ganze in mehrere kleine, sich leicht an einander schmiegende, Ganze aufgelöst werden, wenn anders die Stanzenform ungezwungen scheinen, und das sklavische Gepräg einer Übersetzung verwischt werden sollte. Hier konnte es freilich nicht fehlen, daß nicht öfters vier oder fünf lateinische Hexameter in eine ganze Stanze ausgesponnen, oder auch umgekehrt acht und neun Verse des Originals in den engen Raum von acht Stanzenzeilen gepreßt wurden. Bei einem Dichter, der sich so wenig nehmen läßt, als Virgil, war die letztere Operation unstreitig die bedenklichste, doch glaubt der Verfasser, die, seinem Originale gebührende Achtung selten oder nie dabei übertreten zu haben. Es kam ihm zu statten, daß selbst der gedrängte wortsparende Virgil dem Wohllaut oder der unerbittlichen Versform zu gefallen nicht selten entbehrliche Wiederholungen und selbst Flickwörter sich erlaubte, welche die Schonung des Übersetzers weniger verdienten.

Sehr gerne unterwirft er sich einer jeden kaltblütigen *kritischen* Prüfung, was die Gewissenhaftigkeit und Treue seiner Übersetzung betrifft, verbittet sich aber hiemit aufs feierlichste jede Vergleichung seiner Arbeit mit der unerreichbaren Diktion des römischen Dichters, welche unausbleiblich, und ohne seine Schuld, zu seinem Nachteil ausfallen muß; denn er fodert alle gewesene, gegenwärtige und noch kommende deutsche Dichter auf, in einer so schwankenden, unbiegsamen, breiten, gotischen, rauhklingenden Sprache, als unsre liebe Muttersprache ist, mit der feinen Organisation und dem musikalischen Fluß der lateinischen ohne Nachteil zu ringen.

Von dem Gedanken weit entfernt, sich an eine Übersetzung der ganzen Aeneis wagen zu wollen, verspricht er in der Folge noch einige Bruchstücke aus dem vierten und sechsten Buch; wäre es auch nur, um den römischen Dichter bei unserm unlateinischen Publikum in die ihm gebührende Achtung zu setzen, welche er ohne seine Schuld scheint verscherzt zu haben, seitdem es der Blumauerischen Muse gefallen hat, ihn dem einreißenden Geist der Frivolität zum Opfer zu bringen.

⟨Zum Text siehe S. 90-117.⟩

DAS REICH DER SCHATTEN

Ewig klar und spiegelrein und eben
Fließt das zephyrleichte Leben
Im Olymp den Seligen dahin.
Monde wechseln und Geschlechter fliehen,
Ihrer Götterjugend Rosen blühen
Wandellos im ewigen Ruin.
Zwischen Sinnenglück und Seelenfrieden
Bleibt dem Menschen nur die bange Wahl.
Auf der Stirn des hohen Uraniden
Leuchtet ihr vermählter Strahl.

Führt kein Weg hinauf zu jenen Höhen?
Muß der Blume Schmuck vergehen,
Wenn des Herbstes Gabe schwellen soll?
Wenn sich Lunens Silberhörner füllen,
Muß die andre Hälfte Nacht umhüllen,
Wird die Strahlenscheibe niemals voll?
Nein, auch aus der Sinne Schranken führen
Pfade aufwärts zur Unendlichkeit.
Die von ihren Gütern nichts berühren,
Fesselt kein Gesetz der Zeit.

Wollt ihr schon auf Erden Göttern gleichen,
Frei sein in des Todes Reichen,

Brechet nicht von seines Gartens Frucht.
An dem Scheine mag der Blick sich weiden,
Des Genusses wandelbare Freuden
Rächet schleunig der Begierde Flucht.
Selbst der Styx, der neunfach sie umwindet,
Wehrt die Rückkehr Ceres Tochter nicht,
Nach dem Apfel greift sie und es bindet
Ewig sie des Orkus Pflicht.

Nur der Körper eignet jenen Mächten,
Die das dunkle Schicksal flechten,
Aber frei von jeder Zeitgewalt,
Die Gespielin seliger Naturen
Wandelt oben in des Lichtes Fluren,
Göttlich unter Göttern, die Gestalt.
Wollt ihr hoch auf ihren Flügeln schweben,
Werft die Angst des Irdischen von euch,
Fliehet aus dem engen dumpfen Leben
In der Schönheit Schattenreich!

Und vor jenen fürchterlichen Scharen
Euch auf ewig zu bewahren,
Brechet mutig alle Brücken ab.
Zittert nicht, die Heimat zu verlieren,
Alle Pfade, die zum Leben führen,
Alle führen zum gewissen Grab.
Opfert freudig auf, was ihr besessen,
Was ihr einst gewesen, was ihr seid,
Und in einem seligen Vergessen
Schwinde die Vergangenheit.

Keine Schmerzerinnerung entweihe
Diese Freistatt, keine Reue,
Keiner Sorge, keiner Träne Spur.
Losgesprochen sind von allen Pflichten,
Die in dieses Heiligtum sich flüchten,
Allen Schulden sterblicher Natur.
Aufgerichtet wandle hier der Sklave,
Seiner Fesseln glücklich unbewußt,
Selbst die rächende Erinne schlafe
Friedlich in des Sünders Brust.

Jugendlich, von allen Erdenmalen
Frei, in der Vollendung Strahlen
Schwebe hier der Menschheit Götterbild,
Wie des Lebens schweigende Phantome

Glänzend wandeln an dem styg'schen Strome,
Wie sie stand im himmlischen Gefild,
Ehe noch zum traurgen Sarkophage
Die Unsterbliche herunter stieg.
Wenn im Leben noch des Kampfes Waage
Schwankt, erscheine hier der Sieg.

Nicht vom Kampf die Glieder zu entstricken,
Den Erschöpften zu erquicken,
Wehet hier des Sieges duftger Kranz.
Mächtig, selbst wenn eure Sehnen ruhten,
Reißt das Schicksal euch in seine Fluten,
Euch die Zeit in ihren Wirbeltanz.
Aber sinkt des Mutes kühner Flügel
Bei der Schranken peinlichem Gefühl,
Dann erblicket von der Schönheit Hügel
Freudig das erflogne Ziel.

Wenn es gilt, zu herrschen und zu schirmen,
Kämpfer gegen Kämpfer stürmen
Auf des Glückes, auf des Ruhmes Bahn,
Da mag Kühnheit sich an Kraft zerschlagen,
Und mit krachendem Getös die Wagen
Sich vermengen auf bestäubtem Plan.
Mut allein kann hier den Dank erringen,
Der am Ziel des Hippodromes winkt,
Nur der Starke wird das Schicksal zwingen,
Wenn der Schwächling untersinkt.

Aber der, von Klippen eingeschlossen,
Wild und schäumend sich ergossen,
Sanft und eben rinnt des Lebens Fluß
Durch der Schönheit stille Schattenlande,
Und auf seiner Wellen Silberrande
Malt Aurora sich und Hesperus.
Aufgelöst in zarter Wechselliebe,
In der Anmut freiem Bund vereint,
Ruhen hier die ausgesöhnten Triebe,
Und verschwunden ist der Feind.

Wenn das Tote bildend zu beseelen,
Mit dem Stoff sich zu vermählen
Tatenvoll der Genius entbrennt,
Da, da spanne sich des Fleißes Nerve,
Und beharrlich ringend unterwerfe
Der Gedanke sich das Element.

Nur dem Ernst, den keine Mühe bleichet,
Rauscht der Wahrheit tief versteckter Born,
Nur des Meißels schwerem Schlag erweichet
Sich des Marmors sprödes Korn.

Aber dringt bis in der Schönheit Sphäre,
Und im Staube bleibt die Schwere
Mit dem Stoff, den sie beherrscht, zurück.
Nicht der Masse qualvoll abgerungen,
Schlank und leicht, wie aus dem Nichts gesprungen,
Steht das Bild vor dem entzückten Blick.
Alle Zweifel, alle Kämpfe schweigen
In des Sieges hoher Sicherheit,
Ausgestoßen hat es jeden Zeugen
Menschlicher Bedürftigkeit.

Wenn ihr in der Menschheit traurger Blöße
Steht vor des Gesetzes Größe,
Wenn dem Heiligen die Schuld sich naht,
Da erblasse vor der Wahrheit Strahle
Eure Tugend, vor dem Ideale
Fliehe mutlos die beschämte Tat.
Kein Erschaffner hat dies Ziel erflogen,
Über diesen grauenvollen Schlund
Trägt keine Nachen, keiner Brücke Bogen,
Und kein Anker findet Grund.

Aber flüchtet aus der Sinne Schranken
In die Freiheit der Gedanken,
Und die Furchterscheinung ist entflohn,
Und der ewge Abgrund wird sich füllen;
Nehmt die Gottheit auf in euren Willen,
Und sie steigt von ihrem Weltenthron.
Des Gesetzes strenge Fessel bindet
Nur den Sklavensinn, der es verschmäht,
Mit des Menschen Widerstand verschwindet
Auch des Gottes Majestät.

Wenn der Menschheit Leiden euch umfangen,
Wenn Laokoon der Schlangen
Sich erwehrt mit Namenlosem Schmerz,
Da empöre sich der Mensch! Es schlage
An des Himmels Wölbung seine Klage,
Und zerreiße euer fühlend Herz!
Der Natur furchtbare Stimme siege,
Und der Freude Wange werde bleich,

Und der heilgen Sympathie erliege
Das Unsterbliche in euch!

Aber in den heitern Regionen,
Wo die Schatten selig wohnen,
Rauscht des Jammers trüber Sturm nicht mehr.
Hier darf Schmerz die Seele nicht durchschneiden,
Keine Träne fließt hier mehr dem Leiden,
Nur des Geistes tapfrer Gegenwehr.
Lieblich wie der Iris Farbenfeuer
Auf der Donnerwolke duftgem Tau,
Schimmert durch der Wehmut düstern Schleier
Hier der Ruhe heitres Blau.

Tief erniedrigt zu des Feigen Knechte
Ging in ewigem Gefechte
Einst Alcid des Lebens schwere Bahn,
Rang mit Hydern und umarmt' den Leuen,
Stürzte sich, die Freunde zu befreien,
Lebend in den Acherontschen Kahn.
Alle Plagen, alle Erdenlasten
Wälzt der unversöhnten Göttin List
Auf die will'gen Schultern des Verhaßten,
Bis sein Lauf geendigt ist,

Bis der *Gott*, des Irdischen entkleidet,
Flammend sich vom *Menschen* scheidet,
Und des Äthers leichte Lüfte trinkt.
Froh des neuen ungewohnten Schwebens
Fließt er aufwärts, und des Erdenlebens
Schweres Traumbild sinkt und sinkt und sinkt.
Des Olympus Harmonien empfangen
Den Verklärten in Kronions Saal,
Und die Göttin mit den Rosenwangen
Reicht ihm lächelnd den Pokal.

NATUR UND SCHULE

»Ist es denn wahr, sprichst du, was der Weisheit Meister mich lehren,
    Was der Lehrlinge Schar sicher und fertig beschwört;
Kann die Wissenschaft nur zum wahren Frieden mich führen,
    Nur des Systemes Gebälk stützen das Glück und das Recht?
Muß ich dem Trieb mißtraun, der leise mich warnt, dem Gesetze,
    Das du selber, Natur mir in den Busen geprägt,
Bis auf die ewige Schrift die Schul' ihr Siegel gedrücket,

Und der Formel Gefäß bindet den flüchtigen Geist?
Sage du mirs, du bist in diese Tiefen gestiegen,
  Aus dem modrigten Grab kamst du erhalten zurück,
Dir ist bekannt was die Gruft der dunkeln Wörter bewahret,
  Ob der Lebenden Trost dort bei den Mumien wohnt?
Muß ich ihn wandeln den nächtlichen Weg? Mir graut, ich bekenn' es
  Wandeln will ich ihn doch, führt er zu Wahrheit und Recht.«
Freund, du kennst doch die goldene Zeit, (Es haben die Dichter
  Manche Sage von ihr rührend und einfach erzählt.)
Jene Zeit da das Heilige noch in der Menschheit gewandelt,
  Da jungfräulich und keusch noch der Instinkt sich bewahrt,
Da noch das große Gesetz, das oben im Sonnenlauf waltet,
  Und verborgen im Ei reget den hüpfenden Punkt,
Der Notwendigkeit stilles Gesetz, das stätige, gleiche,
  Auch der menschlichen Brust freiere Wellen bewegt,
Da ein sichres Gefühl noch treu, wie am Uhrwerk der Zeiger,
  Auf das Wahrhaftige nur, nur auf das Ewige wies?
Da war kein Profaner, kein Eingeweihter zu sehen,
  Was man lebendig empfand, ward nicht bei Toten gesucht.
Gleich verständlich für jegliches Herz war die ewige Regel,
  Gleich verborgen der Quell, dem sie belebend entfloß.
Aber die glückliche Zeit ist nicht mehr. Vermessene Willkür
  Hat der getreuen Natur göttlichen Einklang entweiht.
Wolkigt fließt der himmlische Strom in schuldigen Herzen,
  Lauter wird er und rein nur an dem Quell noch geschöpft.
Dieser Quell, tief unten im Schacht des reinen Verstandes,
  Fern von der Leidenschaft Spur, rieselt er silbern und kühl.
Aus der Sinne wildem Geräusch verschwand das Orakel,
  Nur in dem stilleren Selbst hört es der horchende Geist.
Aber die Wissenschaft nur vermag den Zugang zu öffnen,
  Und den heiligen Sinn hütet das mystische Wort.
Hier beschwört es der Forscher, der reines Herzens hinabsteigt,
  Und die verlorne Natur gibt ihm die Weisheit zurück.
Hast du, Glücklicher, nie den schützenden Engel verloren,
  Nie des frommen Instinkts liebende Warnung verwirkt,
Malt in dem keuschen Auge noch treu und rein sich die Wahrheit,
  Tönt ihre Stimme dir noch hell in der kindlichen Brust,
Schweigt sie, weißt du's gewiß, schweigen auf ewig wie heut,
Wird der Empfindungen Streit nie eines Richters bedürfen,
  Nie den hellen Verstand trüben das tückische Herz,
Nie der verschlagene Witz des Gewissens Einfalt bestricken,
  Niemals, weißt du's gewiß, wanken das ewige Steur?
O dann gehe du hin in deiner köstlichen Unschuld,
  Dich kann die Wissenschaft nichts lehren. Sie lerne von dir!
Jenes Gesetz, das mit eisernem Stab den Sträubenden lenket,

Dir gilt es nicht. Was du tust, was dir gefällt, ist Gesetz.
Herrschen wird durch die ewige Zeit, wie Polyklets Regel,
    Was du mit heiliger Hand bildest, mit heiligem Mund
Redest, wird die Herzen der Menschen allmächtig bewegen,
    Du nur merkst nicht den Gott, der dir im Busen gebeut,
Nicht des Siegels Gewalt, das alle Geister dir beuget,
    Einfach gehst du und still durch die eroberte Welt;
Aber blind erringst du, was wir im Lichte verfehlen,
    Und dem spielenden Kind glückt, was dem Weisen mißlingt.

DIE ANTIKE
an einen Wanderer aus Norden

Über Ströme hast du gesetzt und Meere durchschwommen,
    Über der Alpen Gebirg trug dich der schwindliche Steg,
Mich in der Nähe zu schauen und meine Schöne zu preisen,
    Die der begeisterte Ruf rühmt durch die staunende Welt;
Und nun stehst du vor mir, du darfst mich heilge berühren,
    Aber bist du mir jetzt näher und bin ich es dir?
Hinter dir liegt zwar dein nebligter Pol und dein eiserner Himmel,
    Deine arkturische Nacht flieht vor Ausoniens Tag,
Aber hast du die Alpenwand des Jahrhunderts gespalten,
    Die zwischen dir und mir finster und traurig sich türmt?
Hast du von deinem Herzen gewälzt die Wolke des Nebels,
    Die von dem wundernden Aug' wälzte der fröhliche Strahl?
Ewig umsonst umstrahlt dich in mir Ioniens Sonne,
    Den verdüsterten Sinn bindet der nordische Fluch.

DEUTSCHE TREUE

Um den Szepter Germaniens stritt mit Ludwig dem Bayer
    Fridrich aus Habspurgs Stamm, beide gerufen zum Thron,
Jenen schützte Luxemburgs Macht, und die Mehrheit der Wähler,
    Diesen der Kirche Gewalt und des Geschlechtes Verdienst.
Aber den Prinzen Österreichs führt das neidische Kriegsglück
    In die Fesseln des Feinds, der ihn im Kampfe bezwingt.
Mit dem Thron erkauft er die Freiheit; sein Wort muß er geben,
    Für den Sieger das Schwert gegen die Freunde zu ziehn;
Aber was er in Banden gelobt, kann er frei nicht erfüllen,
    Siehe, da stellt er aufs neu willig den Banden sich dar.
Tief gerührt umhalst ihn der Feind, sie wechseln von nun an
    Wie der Freund mit dem Freund traulich die Becher des Mahls,
Arm in Arme schlummern auf Einem Lager die Fürsten,
    Da noch blutiger Haß grimmig die Völker zerfleischt.

Gegen Friderichs Heer muß Ludwig ziehen. Zum Wächter
Bayerns läßt er den Feind, den er bestreitet, zurück.
»Wahrlich! So ists! Es ist wirklich so. Man hat mirs geschrieben«
Rief der Pontifex aus, als er die Kunde vernahm.

ELEGIE

Sei mir gegrüßt mein Berg mit dem rötlich strahlenden Gipfel,
    Sei mir Sonne gegrüßt, die ihn so lieblich bescheint,
Dich auch grüß ich lachende Flur, euch säuselnde Linden,
    Und den fröhlichen Chor, der auf den Ästen sich wiegt,
Ruhige Bläue dich auch, die unermeßlich sich ausgießt
    Um das braune Gebirg, über den grünenden Wald,
Auch um mich, der endlich entflohen des Zimmers Gefängnis
    Und dem engen Gespräch freudig sich rettet zu dir,
Deiner Lüfte balsamischer Strom durchrinnt mich erquickend,
    Und den durstigen Blick labt das energische Licht,
Kräftig brennen auf blühender Au die wechselnden Farben,
    Aber der reizende Streit löset in Wohllaut sich auf,
Frei, mit weithin verbreitetem Teppich empfängt mich die Wiese,
    Durch ihr freundliches Grün schlingt sich der ländliche Pfad,
Um mich summen geschäftige Bienen, mit zweifelndem Flügel
    Wiegt der Schmetterling sich über dem rötlichten Klee,
Durch die Lüfte spinnt sich der Sonnenfaden, und zeichnet
    Einen farbigten Weg weit in den Himmel hinauf,
Glühend trifft mich der Sonne Pfeil, still liegen die Weste,
    Nur der Lerche Gesang wirbelt in heiterer Luft.
Doch jetzt brausts aus dem nahen Gebüsch, tief neigen der Erlen
    Kronen sich, und im Wind wogt das versilberte Gras,
Mich umfängt ambrosische Nacht; in duftende Kühlung
    Nimmt ein prächtiges Dach schattender Buchen mich ein,
In des Waldes Geheimnis entflieht mir auf einmal die Landschaft,
    Und ein mystischer Pfad leitet mich steigend empor.
Nur verstohlen durchdringt der Zweige laubigtes Gitter
    Sparsames Licht, und es blickt lachend das Blaue herein.
Aber plötzlich zerreißt die Hülle. Der offene Wald gibt
    Überraschend des Tags blendendem Glanz mich zurück.
Unabsehbar ergießt sich vor meinen Blicken die Ferne,
    Und ein blaues Gebirg endigt im Dufte die Welt.
Tief an des Berges Fuß, der gählings unter mir abstürzt,
    Wallet des grünlichten Stroms fließender Spiegel vorbei.
Unter mir seh ich endlos den Äther und über mir endlos,
    Blicke mit Schwindeln hinauf, blicke mit Schaudern hinab,
Aber zwischen der ewigen Höh und der ewigen Tiefe
    Trägt ein geländerter Steig sicher den Wandrer dahin.

Lachend fliehen an mir die reichen Ufer vorüber,
  Und den fröhlichen Fleiß rühmet das prangende Tal,
Jene Linien, die des Landmanns Eigentum scheiden,
  In den Teppich der Flur hat sie Demeter gewirkt,
Freundliche Schrift des Gesetzes, des Menschenerhaltenden Gottes,
  Seit aus der ehernen Welt fliehend die Liebe verschwand,
Aber in freieren Schlangen durchkreuzt die geregelten Felder
  Jetzt verschlungen vom Wald, jetzt an den Bergen hinauf
Klimmend, ein schimmernder Streif, die Länder verknüpfende
                                                      Straße,
  Auf dem ebenen Strom gleiten die Flöße dahin,
Vielfach ertönt der Herden Geläut im belebten Gefilde,
  Und den Widerhall weckt einsam des Hirten Gesang,
Muntre Dörfer bekränzen den Strom, in Gebüschen verschwinden
  Andre, vom Rücken des Bergs stürzen sie gäh dort herab,
Nachbarlich wohnet der Mensch noch mit dem Acker zusammen,
  Seine Felder umruhn friedlich sein ländliches Dach,
Traulich rankt sich der Weinstock empor an dem niedrigen Fenster,
  Einen umarmenden Zweig schlingt um die Hütte der Baum,
Glückliches Volk der Gefilde! Noch nicht zur Freiheit erwachet,
  Teilst du mit deiner Flur fröhlich das enge Gesetz.
Deine Wünsche beschränkt der Ernten ruhiger Kreislauf,
  Gleich, wie dein Tagewerk, windet dein Leben sich ab:
Aber wer raubt mir auf einmal den lieblichen Anblick? Ein fremder
  Geist verbreitet sich schnell über die fremdere Flur!
Spröde sondert sich ab, was kaum noch liebend sich mischte,
  Und das gleiche nur ist's, was an das Gleiche sich reiht.
Stände seh ich gebildet, der Pappeln stolze Geschlechter
  Ziehn in geordnetem Pomp vornehm und prächtig daher,
Unbemerkt entfliehet dem Blick die einzelne Staude,
  Leiht nur dem Ganzen, empfängt nur von dem Ganzen den Reiz.
Regel wird alles und alles wird Wahl und alles Bedeutung,
  Dieses Dienergefolg meldet den Herrscher mir an,
Majestätisch verkündigen ihn die beleuchteten Kuppeln,
  Aus dem felsigten Kern hebt sich die türmende *Stadt.*
In die Wildnis hinaus sind des Waldes Faunen verstoßen,
  Aber die Andacht leiht höheres Leben dem Stein.
Näher gerückt ist der Mensch an den Menschen. Enger wird *um* ihn
  Reger erwacht, es umwälzt rascher sich *in* ihm die Welt.
Sieh, da entbrennen in feurigem Kampf die eifernden Kräfte,
  Großes wirket ihr Streit, größeres wirket ihr Bund.
Tausend Hände belebt Ein Geist, in tausend Brüsten
  Schlägt, von Einem Gefühl glühend, ein einziges Herz,
Schlägt für das Vaterland und glüht für der Ahnen Gesetze,
  Hier auf dem teuren Grund ruht ihr verehrtes Gebein.
Von dem Himmel steigen die seligen Götter, und nehmen

In dem geweihten Bezirk festliche Wohnungen ein,
Herrliche Gaben bescherend erscheinen sie; Ceres vor allen
    Bringet des Pfluges Geschenk, Hermes den Anker herbei,
Bacchus die Traube, Minerva des Ölbaums grünende Reiser,
    Auch das kriegrische Roß führet Poseidon heran,
Mutter Cybele spannt von des Wagens Deichsel die Löwen,
    In das gastliche Tor zieht sie als Bürgerin ein.
Heilige Steine! Aus euch ergossen sich Pflanzer der Menschheit,
    Fernen Inseln des Meers sandtet ihr Wahrheit und Kunst,
Weise sprachen das Recht an diesen geselligen Toren,
    Helden stürzten zum Kampf für die Penaten heraus.
Auf den Mauren erschienen, den Säugling im Arme, die Mütter,
    Blickten dem Zuge nach, bis ihn die Ferne verschlang,
Betend stürzten sie dann vor der Götter Altären sich nieder,
    Flehten um Ruhm und Sieg, flehten um Rückkehr für euch.
Ehre ward euch und Sieg, doch nur der Ruhm kam zurücke,
    Eurer Taten Verdienst meldet der rührende Stein:
»Wanderer, kommst du nach Sparta, gib Kunde dorten, du habest
    Uns hier liegen gesehn, wie das Gesetz es befahl«
Ruhet sanft ihr Teuren! Von eurem Blute begossen
    Grünet der Ölbaum, es keimt lustig die köstliche Saat.
Munter entbrennt, des Eigentums froh, das freie Gewerbe,
    Aus dem Schilfe des Stroms winket der bläulichte Gott.
Zischend fliegt in den Baum die Axt, es erseufzt die Dryade,
    Hoch von des Berges Haupt stürzt sich die donnernde Last.
Aus dem Bruche wiegt sich der Fels, vom Hebel beflügelt,
    In der Gebirge Schlucht taucht sich der Bergmann hinab.
Mulcibers Amboß ertönt von dem Takt geschwungener Hämmer,
    Unter der nervigten Faust sprützen die Funken des Stahls,
Glänzend umwindet der goldene Lein die tanzende Spindel,
    Durch die Saiten des Garns sauset das webende Schiff,
Fern auf der Reede ruft der Pilot, es warten die Flotten,
    Die in der Fremdlinge Land tragen den heimischen Fleiß,
Andre ziehn frohlockend dort ein, mit den Gaben der Ferne,
    Hoch von dem türmenden Mast wehet der festliche Kranz.
Siehe da wimmeln von fröhlichem Leben die Krane, die Märkte,
    Seltsamer Sprachen Gewirr braust in das wundernde Ohr.
Auf den Stapel schüttet die Ernten der Erde der Kaufmann,
    Was dem glühenden Strahl Afrikas Boden gebiert,
Was Arabien kocht, was die äußerste Thule bereitet,
    Hoch mit erfreuendem Gut füllt Amalthea das Horn.
Da gebiert dem Talente das Glück die göttlichen Kinder,
    Von der Freiheit gesäugt wachsen die Künste empor,
Mit nachahmendem Leben erfreuet der Bildner die Augen,
    Und von Dädal beseelt redet das fühlende Holz,
Künstliche Himmel ruhn auf schlanken jonischen Säulen

Und den ganzen Olymp schließet ein Pantheon ein,
  Leicht wie der Iris Sprung durch die Luft, wie der Pfeil von der Senne
    Hüpfet der Brücke Joch über den brausenden Strom.
Aber im stillen Gemache zeichnet bedeutende Zirkel
  Sinnend der Weise, beschleicht forschend den schaffenden Geist,
Prüft der Elemente Gewalt auf versuchender Waage,
  Folgt durch die Lüfte dem Klang, folgt durch den Äther dem
    Strahl,
Sucht das vertraute Gesetz in des Zufalls grausenden Wundern,
  Sucht den ruhenden Pol in der Erscheinungen Flucht.
Körper und Stimme leiht dem stummen Gedanken die Presse,
  Durch der Jahrhunderte Strom trägt ihn das redende Blatt.
Da zerrinnt vor dem wundernden Blick der Nebel des Wahnes
  Und die Gebilde der Nacht weichen dem tagenden Licht.
Seine Fesseln zerbricht der Mensch. Der Beglückte! Zerriß er
  Mit den Fesseln der Furcht nur nicht den Zügel der Scham!
Freiheit heischt die Vernunft, nach Freiheit rufen die Sinne,
  Beiden ist der Natur züchtiger Gürtel zu eng.
Ach, da reißen im Sturme die Anker, die an dem Ufer
  Warnend ihn hielten, ihn faßt mächtig der flutende Strom,
Ins Unendliche reißt er ihn hin, die Küste verschwindet,
  Hoch auf der Fluten Gebirg wieget sich mastlos der Kahn,
Hinter Wolken erlöschen des Wagens beharrliche Sterne,
  Bleibend ist nichts mehr, es irrt selbst in dem Busen der Gott.
Unnatürlich tritt die Begier aus den ewigen Schranken,
  Lüsterne Willkür vermischt, was die Notwendigkeit schied,
Aus dem Gespräche verschwindet die Wahrheit, die heilige Treue
  Aus dem Leben, es lügt selbst auf der Lippe der Schwur.
Ihren Schleier zerreißt die Scham, Asträa die Binde,
  Und der freche Gelust spottet der Nemesis Zaum,
In der Herzen vertraulichsten Bund, in der Liebe Geheimnis
  Drängt sich der Sykophant, reißt von dem Freunde den Freund,
Auf die Unschuld schielt der Verrat mit verschlingendem Blicke,
  Mit vergiftendem Biß tötet des Lästerers Zahn.
Feil ist in der geschändeten Brust der Gedanke, die Liebe
  Wirft des freien Gefühls göttliches Vorrecht hinweg,
Keine Zeichen mehr findet die Wahrheit, verpraßt hat sie alle
  Alle der Trug, der Natur köstlichste Töne entehrt,
Die das Sprachbedürftige Herz in der Freude erfindet,
  Kaum gibt wahres Gefühl noch durch Verstummen sich kund,
Leben wähnst du noch immer zu sehn, dich täuschen die Züge,
  Hohl ist die Schale, der Geist ist aus dem Leichnam geflohn.
Auf der Tribune prahlet das Recht, in der Hütte die Eintracht,
  Des Gesetzes Gespenst steht an der Könige Thron,
Lange Jahre, Jahrhunderte mag die Mumie dauren
  Mag der Sitten, des Staats kernlose Hülse bestehn,

Bis die Natur erwacht, und mit schweren ehernen Händen
  An das hohle Gebäu rühret die Not und die Zeit,
Bis, verlassen zugleich von dem Führer von außen und innen,
  Von der Gefühle Geleit, von der Erkenntnisse Licht,
Eine Tygerin, die das eiserne Gitter durchbrochen,
  Und des numidischen Walds plötzlich und schrecklich gedenkt,
Aufsteht mit des Verbrechens Wut und des Elends die Menschheit,
  Und in der Asche der Stadt sucht die verlorne Natur.
O so öffnet euch Mauren, und gebt den Gefangenen ledig,
  Zu der verlassenen Flur kehr er gerettet zurück!
Weit von dem Menschen fliehe der Mensch! Dem Sohn der
                                                   Veränderung
  Darf der Veränderung Sohn nimmer und nimmer sich nahn,
Nimmer der Freie den Freien zum bildenden Führer sich nehmen,
  Nur was in ruhiger Form sicher und ewig besteht.
Aber wo bin ich? Es birgt sich der Pfad. Abschüssige Gründe
  Hemmen mit gähnender Kluft vorwärts und rückwärts den Schritt.
Hinter mir blieb der Gärten, der Hecken vertraute Begleitung,
  Hinter mir jegliche Spur menschlicher Hände zurück.
Nur die Stoffe seh ich getürmt, aus welchen das Leben
  Keimet, der rohe Basalt hofft auf die bildende Hand,
Brausend stürzet der Gießbach herab durch die Rinne des Felsen
  Unter den Wurzeln des Baums bricht er entrüstet sich Bahn.
Wild ist es hier und schauerlich öd'. Im einsamen Luftraum
  Hängt nur der Adler, und knüpft an das Gewölke die Welt.
Hoch herauf bis zu mir trägt keines Windes Gefieder
  Den verlorenen Schall menschlicher Arbeit und Lust.
Bin ich wirklich allein? In *deinen* Armen, an *deinem*
  Herzen wieder, Natur, ach! und es war nur ein Traum,
Der mit des Lebens furchtbarem Bild mich schaudernd ergriffen,
  Mit dem stürzenden Tal stürzte der finstre hinab.
Reiner von deinem reinen Altare nehm ich mein Leben,
  Nehme den fröhlichen Mut hoffender Jugend zurück!
Ewig wechselt der Wille den Zweck und die Regel, in ewig
  Wiederholter Gestalt wälzen die Taten sich um.
Aber jugendlich immer, in immer veränderter Schöne
  Ehrst du, fromme Natur, züchtig das alte Gesetz,
Immer dieselbe, bewahrst du in treuen Händen dem Manne,
  Was dir das gaukelnde Kind, was dir der Jüngling vertraut,
Wiegest auf gleichem Mutterschoße die wechselnden Alter;
  Unter demselben Blau, über dem nehmlichen Grün
Wandeln die nahen und wandeln vereint die fernen Geschlechter,
  Und die Sonne Homers, siehe! sie lächelt auch uns.

DIE TEILUNG DER ERDE

Da! Nehmt sie hin, die Welt! rief Zevs von seinen Höhen
   Den Menschenkindern zu. Nehmt! Sie soll euer sein.
Euch schenk ich sie zum ewgen Lehen,
   Doch teilt euch brüderlich darein!

Da griff, was Hände hatte, zu, sich einzurichten,
   Es regte sich geschäftig Jung und Alt.
Der Ackermann griff nach des Feldes Früchten,
   Der Junker birschte durch den Wald.

Der Kaufmann füllte hurtig sein Gewölb, die Scheune
   Der Fermier, das Faß der Seelenhirt,
Der König sagte: Jeglichem das Seine:
   Und mein ist – was geerntet wird!

Ganz spät erschien, nachdem die Teilung längst geschehen,
   Auch der Poet, (er kam aus weiter Fern)
Ach! Da war überall nichts mehr zu sehen,
   Und alles hatte seinen Herrn.

»Weh mir! So soll denn ich allein von allen
   Vergessen sein, ich dein getreuster Sohn!«
So ließ er laut der Klage Ruf erschallen,
   Und warf sich hin vor Jovis Thron.

Wenn du zu lang dich in der Träume Land verweilet,
   Antwortete der Gott, so hadre nicht mit mir.
Wo warst du denn, als man die Welt geteilet?
   »Ich war, sprach der Poet, bei dir.«

»Mein Auge hing an deinem Strahlenangesichte,
   An deines Himmels Harmonie mein Ohr,
Verzeih dem Geiste, der von deinem Lichte
   Berauscht, das Irdische verlor!«

Was kann ich tun, spricht Zevs. Die Welt ist weggegeben,
   Der Herbst, die Jagd, der Markt ist nicht mehr mein.
Willst du in meinem Himmel mit mir leben?
   So oft du kommst, er soll dir offen sein.

DER TANZ

Sieh, wie sie durcheinander in kühnen Schlangen sich winden,
　　Wie mit geflügeltem Schritt schweben auf schlüpfrigem Plan.
Seh' ich flüchtige Schatten von ihren Leibern geschieden?
　　Ist es Elysiums Hain, der den Erstaunten umfängt?
Wie, vom Zephyr gewiegt, der leichte Rauch durch die Luft
　　　　　　　　　　　　　　　　　　schwimmt,
　　Wie sich leise der Kahn schaukelt auf silberner Flut,
Hüpft der gelehrige Fuß auf des Takts melodischen Wellen,
　　Säuselndes Saitengetön hebt den ätherischen Leib.
Keinen drängend, von keinem gedrängt, mit besonnener Eile,
　　Schlüpft ein liebliches Paar dort durch des Tanzes Gewühl.
Vor ihm her entsteht seine Bahn, die hinter ihm schwindet,
　　Leis wie durch magische Hand öffnet und schließt sich der Weg.
Sieh, jetzt verliert es der suchende Blick. Verwirrt durcheinander
　　Stürzt der zierliche Bau dieser beweglichen Welt.
Nein, dort schwebt es frohlockend herauf. Der Knoten entwirrt sich,
　　Nur mit verändertem Reiz stellt sich die Ordnung mir dar.
Ewig zerstört und ewig erzeugt sich die drehende Schöpfung,
　　Und ein stilles Gesetz lenkt der Verwandlungen Spiel.
Sprich, wie geschiehts, daß rastlos bewegt die Bildungen schwanken,
　　Und die Regel doch bleibt, wenn die Gestalten auch fliehn?
Daß mit Herrscherkühnheit einher der einzelne wandelt,
　　Keiner ihm sklavisch weicht, keiner entgegen ihm stürmt?
Willst du es wissen? Es ist des Wohllauts mächtige Gottheit,
　　Die zum geselligen Tanz ordnet den tobenden Sprung,
Die, der Nemesis gleich, an des Rhythmus goldenem Zügel
　　Lenkt die brausende Lust, und die gesetzlose zähmt.
Und der Wohllaut der großen Natur umrauscht dich vergebens?
　　Dich ergreift nicht der Strom dieser harmonischen Welt?
Nicht der begeisternde Takt, den alle Wesen dir schlagen?
　　Nicht der wirbelnde Tanz, der durch den ewigen Raum
Leuchtende Sonnen wälzt in künstlich schlängelnden Bahnen?
　　Handelnd fliehst du das Maß, das du im Spiele doch ehrst?

DIE IDEALE

　　So willst du treulos von mir scheiden,
　　Mit deinen holden Phantasien,
　　Mit deinen Schmerzen, deinen Freuden,
　　Mit allen unerbittlich fliehn?
　　Kann nichts dich, Fliehende! verweilen,
　　O! meines Lebens goldne Zeit?
　　Vergebens, deine Wellen eilen
　　Hinab ins Meer der Ewigkeit.

Erloschen sind die heitern Sonnen,
Die meiner Jugend Pfad erhellt,
Die Ideale sind zerronnen,
Die einst das trunkne Herz geschwellt,
Die schöne Frucht, die kaum zu keimen
Begann, da liegt sie schon erstarrt!
Mich weckt aus meinen frohen Träumen
Mit rauhem Arm die Gegenwart.

Die Wirklichkeit mit ihren Schranken
Umlagert den gebundnen Geist,
Sie stürzt, die Schöpfung der Gedanken,
Der Dichtung schöner Flor zerreißt.
Er ist dahin, der süße Glaube
An Wesen, die mein Traum gebar,
Der feindlichen Vernunft zum Raube,
Was einst so schön, so göttlich war.

Wie einst mit flehendem Verlangen
Den Stein Pygmalion umschloß,
Bis in des Marmors kalte Wangen
Empfindung glühend sich ergoß,
So schlangen meiner Liebe Knoten
Sich um die Säule der Natur,
Bis durch das starre Herz der Toten
Der Strahl des Lebens zuckend fuhr.

Bis warm von sympathetschem Triebe,
Sie freundlich mit dem Freund empfand,
Mir wiedergab den Kuß der Liebe,
Und meines Herzens Klang verstand;
Da lebte mir der Baum, die Rose,
Mir sang der Quellen Silberfall,
Es fühlte selbst das Seelenlose
Von meines Lebens Widerhall.

Es dehnte mit allmächtgem Streben
Die enge Brust ein kreisend All,
Heraus zu treten in das Leben
In Tat und Wort, in Bild und Schall.
Wie groß war diese Welt gestaltet,
So lang die Knospe sie noch barg,
Wie wenig, ach! hat sich entfaltet,
Dies wenige, wie klein und karg.

Wie aus des Berges stillen Quellen
Ein Strom die Urne langsam füllt,
Und jetzt mit königlichen Wellen
Die hohen Ufer überschwillt,
Es werfen Steine, Felsenlasten
Und Wälder sich in seine Bahn,
Er aber stürzt mit stolzen Masten
Sich rauschend in den Ozean.

So sprang, von kühnem Mut beflügelt,
Ein reißend bergab rollend Rad,
Von keiner Sorge noch gezügelt,
Der Jüngling in des Lebens Pfad.
Bis an des Äthers bleichste Sterne
Erhub ihn der Entwürfe Flug,
Nichts war so hoch, und nichts so ferne,
Wohin ihr Flügel ihn nicht trug.

Wie leicht ward er dahin getragen,
Was war dem Glücklichen zu schwer!
Wie tanzte vor des Lebens Wagen
Die luftige Begleitung her!
Die *Liebe* mit dem süßen Lohne,
Das *Glück* mit seinem goldnen Kranz,
Der *Ruhm* mit seiner Sternenkrone,
Die *Wahrheit* in der Sonne Glanz!

Doch ach! schon auf des Weges Mitte
Verloren die Begleiter sich,
Sie wandten treulos ihre Schritte,
Und einer nach dem andern wich.
Leichtfüßig war das Glück entflogen,
Des Wissens Durst blieb ungestillt,
Des Zweifels finstre Wetter zogen
Sich um der Wahrheit Sonnenbild.

Des Ruhmes Dunstgestalt berührte
Die Weisheit, da verschwand der Trug.
Der Liebe süßen Traum entführte
Ach! allzuschnell der Hore Flug.
Und immer stiller wards, und immer
Verlaßner auf dem rauhen Steg,
Kaum warf noch einen bleichen Schimmer
Die Hoffnung auf den finstern Weg.

Von all dem rauschenden Geleite,
Wer harrte liebend bei mir aus?
Wer steht mir tröstend noch zur Seite,
Und folgt mir bis zum finstern Haus?
Du, die du alle Wunden heilest,
Der *Freundschaft* leise zarte Hand,
Des Lebens Bürden liebend teilest,
Du, die ich frühe sucht' und fand,

Und du, die gern sich mit ihr gattet,
Wie sie, der Seele Sturm beschwört,
Beschäftigung, die nie ermattet,
Die langsam schafft, doch nie zerstört,
Die zu dem Bau der Ewigkeiten
Zwar Sandkorn nur für Sandkorn reicht,
Doch von der großen Schuld der Zeiten
Minuten, Tage, Jahre streicht.

EIN WORT AN DIE PROSELYTENMACHER

Nur Etwas Erde außerhalb der Erde,
Sprach jener weise Mann, und staunen sollet ihr,
Wie leicht ich sie bewegen werde!
Da eben liegts, ihr Herrn. Vergönnet mir
Nur einen Augenblick aus *Mir* herauszutreten,
Gleich will ich Euren Gott anbeten!

WÜRDE DER FRAUEN

Ehret die Frauen! Sie flechten und weben
Himmlische Rosen ins irdische Leben,
Flechten der Liebe beglückendes Band.
Sicher in ihren bewahrenden Händen
Ruht, was die Männer mit Leichtsinn verschwenden,
Ruhet der Menschheit geheiligtes Pfand.

Ewig aus der Wahrheit Schranken
Schweift des Mannes wilde Kraft,
Und die irren Tritte wanken
Auf dem Meer der Leidenschaft.
Gierig greift er in die Ferne,
Nimmer wird sein Herz gestillt,
Rastlos durch entlegne Sterne
Jagt er seines Traumes Bild.

    Aber mit zauberisch fesselndem Blicke
Winken die Frauen den Flüchtling zurücke,
Warnend zurück in der Gegenwart Spur.
In der Mutter bescheidener Hütte
Sind sie geblieben mit schamhafter Sitte,
Treue Töchter der frommen Natur.

Feindlich ist des Mannes Streben,
Mit zermalmender Gewalt
Geht der Wilde durch das Leben,
Ohne Rast und Aufenthalt.
Was er schuf, zerstört er wieder,
Nimmer ruht der Wünsche Streit,
Nimmer, wie das Haupt der Hyder
Ewig fällt und sich erneut.

    Aber zufrieden mit stillerem Ruhme,
    Brechen die Frauen des Augenblicks Blume,
    Pflegen sie sorgsam mit liebendem Fleiß,
    Freier in ihrem gebundenen Wirken
    Reicher, als er in des Denkens Bezirken,
    Und in der Dichtung unendlichem Kreis.

Seines Willens Herrschersiegel
Drückt der Mann auf die Natur,
In der Welt verfälschtem Spiegel
Sieht er Seinen Schatten nur,
Offen liegen ihm die Schätze
Der Vernunft, der Phantasie,
Nur das Bild auf seinem Netze,
Nur das *Nahe* kennt er nie.

    Aber die Bilder, die ungewiß wanken
    Dort auf der Flut der bewegten Gedanken,
    In des Mannes verdüstertem Blick,
    Klar und getreu in dem sanfteren Weibe
    Zeigt sie der Seele krystallene Scheibe,
    Wirft sie der ruhige Spiegel zurück.

Immer widerstrebend, immer
Schaffend, kennt des Mannes Herz
Des Empfangens Wonne nimmer,
Nicht den süßgeteilten Schmerz,
Kennet nicht den Tausch der Seelen,
Nicht der Tränen sanfte Lust,
Selbst des Lebens Kämpfe stählen
Fester seine feste Brust.

Aber wie, leise vom Zephyr erschüttert,
Schnell die Äolische Harfe erzittert,
Also die fühlende Seele der Frau.
Zärtlich geängstigt vom Bilde der Qualen,
Wallet der liebende Busen, es strahlen
Perlend die Augen von himmlischem Tau.

In der Männer Herrschgebiete
Gilt der Stärke stürmisch Recht,
Mit dem Schwert beweist der Scythe,
Und der Perser wird zum Knecht.
Es befehden sich im Grimme
Die Begierden – wild und roh!
Und der Eris rauhe Stimme
Waltet, wo die Charis floh.

   Aber mit sanftüberredender Bitte
Führen die Frauen den Zepter der Sitte,
Löschen die Zwietracht, die tobend entglüht,
Lehren die Kräfte, die feindlich sich hassen,
Sich in der lieblichen Form zu umfassen,
Und vereinen, was ewig sich flieht.

Seiner Menschlichkeit vergessen,
Wagt des Mannes eitler Wahn
Mit Dämonen sich zu messen,
Denen nie Begierden nahn.
Stolz verschmäht er das Geleite
Leise warnender Natur,
Schwingt sich in des Himmels Weite,
Und verliert der Erde Spur.

   Aber auf treuerem Pfad der Gefühle
Wandelt die Frau zu dem göttlichen Ziele,
Das sie still, doch gewisser erringt,
Strebt, auf der Schönheit geflügeltem Wagen
Zu den Sternen die Menschheit zu tragen,
Die der Mann nur ertötend bezwingt.

Auf des Mannes Stirne thronet
Hoch als Königin die Pflicht,
Doch die Herrschende verschonet
Grausam das Beherrschte nicht.
Des Gedankens Sieg entehret
Der Gefühle Widerstreit,
Nur der ewge Kampf gewähret
Für des Sieges Ewigkeit.

Aber für Ewigkeiten entschieden
Ist in dem Weibe der Leidenschaft Frieden;
Der Notwendigkeit heilige Macht
Hütet der Züchtigkeit köstliche Blüte,
Hütet im Busen des Weibes die Güte,
Die der Wille nur treulos bewacht.

Aus der Unschuld Schoß gerissen
Klimmt zum Ideal der Mann
Durch ein ewig streitend Wissen,
Wo sein Herz nicht ruhen kann,
Schwankt mit ungewissem Schritte,
Zwischen Glück und Recht geteilt,
Und verliert die schöne Mitte,
Wo die Menschheit fröhlich weilt.

Aber in kindlich unschuldiger Hülle
Birgt sich der hohe geläuterte Wille
In des Weibes verklärter Gestalt.
Aus der bezaubernden Einfalt der Züge
Leuchtet der Menschheit Vollendung und Wiege,
Herrschet des Kindes, des Engels Gewalt.

DIE DICHTER
DER ALTEN UND NEUEN WELT

Sagt, wo sind die Vortrefflichen hin, wo find ich die Sänger,
    Die mit dem lebenden Wort horchende Völker entzückt,
Die vom Himmel den Gott, zum Himmel den Menschen gesungen,
    Und getragen den Geist hoch auf den Flügeln des Lieds?
Ach, die Sänger leben noch jetzt, nur fehlen die Taten
    Würdig der Leier, es fehlt ach! ein empfangendes Ohr.
Glückliche Dichter der glücklichen Welt! Von Munde zu Munde
    Flog, von Geschlecht zu Geschlecht euer empfundenes Lied!
Jeder, als wär ihm ein Sohn geboren, empfing mit Entzücken,
    Was der Genius ihm, redend und bildend, erschuf.
An der Glut des Gesangs entbrannten des Hörers Gefühle,
    An des Hörers Gefühl nährte der Sänger die Glut,
Nährte und reinigte sie! Der Glückliche dem in des Volkes
    Stimme der weisen Natur neues Orakel noch klang,
Dem noch von außen das Wort der richtenden Wahrheit erschallte,
    Das der Neuere kaum – kaum noch im Busen vernimmt.
Weh ihm, wenn er von außen es jetzt noch glaubt zu vernehmen,
    Und ein betrogenes Ohr leiht dem verführenden Ruf!
Aus der Welt um ihn her sprach zu dem Alten die Muse,
    Kaum noch erscheint sie dem Neu'n, wenn er die seine – vergißt

AN DIE ASTRONOMEN

Prahlt doch nicht immer so mit euren Nebelgestirnen,
  Ist der Schöpfer nur groß, weil er zu zählen euch gibt?
Euer Gegenstand ist der erhabenste freilich im Raume,
  Aber Freunde, im Raum wohnt das Erhabene nicht.

DER HANDSCHUH
Erzählung

Vor seinem Löwengarten,
Das Kampfspiel zu erwarten,
Saß König Franz,
Und um ihn die Großen der Krone,
Und rings auf hohem Balkone
Die Damen in schönem Kranz.

Und wie er winkt mit dem Finger,
Auftut sich der weite Zwinger,
Und hinein mit bedächtigem Schritt
Ein Löwe tritt,
Und sieht sich stumm
Rings um,
Mit langem Gähnen,
Und schüttelt die Mähnen,
Und streckt die Glieder,
Und legt sich nieder.

Und der König winkt wieder,
Da öffnet sich behend
Ein zweites Tor,
Daraus rennt
Mit wildem Sprunge
Ein Tiger hervor,
Wie der den Löwen erschaut

Brüllt er laut,
Schlägt mit dem Schweif
Einen furchtbaren Reif,
Und recket die Zunge,
Und im Kreise scheu
Umgeht er den Leu
Grimmig schnurrend,
Drauf streckt er sich murrend
Zur Seite nieder.

Und der König winkt wieder,
Da speit das doppelt geöffnete Haus
Zwei Leoparden auf einmal aus,
Die stürzen mit mutiger Kampfbegier
Auf das Tigertier,
Das packt sie mit seinen grimmigen Tatzen,
Und der Leu mit Gebrüll
Richtet sich auf, da wirds still,
Und herum im Kreis,
Von Mordsucht heiß,
Lagern sich die greulichen Katzen.

Da fällt von des Altans Rand
Ein Handschuh von schöner Hand
Zwischen den Tiger und den Leu'n
Mitten hinein.

Und zu Ritter Delorges spottender Weis'
Wendet sich Fräulein Kunigund:
»Herr Ritter ist eure Lieb so heiß
Wie ihr mirs schwört zu jeder Stund,
Ei so hebt mir den Handschuh auf.«

Und der Ritter in schnellem Lauf
Steigt hinab in den furchtbarn Zwinger
Mit festem Schritte,
Und aus der Ungeheuer Mitte
Nimmt er den Handschuh mit keckem Finger.

Und mit Erstaunen und mit Grauen
Sehens die Ritter und Edelfrauen,
Und gelassen bringt er den Handschuh zurück,
Da schallt ihm sein Lob aus jedem Munde,
Aber mit zärtlichem Liebesblick –
Er verheißt ihm sein nahes Glück –
Empfängt ihn Fräulein Kunigunde.
Und der Ritter sich tief verbeugend, spricht:
Den Dank, Dame, begehr ich nicht,
Und verläßt sie zur selben Stunde.

ELEGIE
an Emma

Weit in nebelgrauer Ferne
Liegt mir das vergangne Glück,

Nur an Einem schönen Sterne
Weilt mit Liebe noch der Blick.
Aber wie des Sternes Pracht
Ist es nur ein Schein der Nacht.

Deckte dir der lange Schlummer,
Dir der Tod die Augen zu,
Dich besäße doch mein Kummer,
Meinem Herzen lebtest du.
Aber ach! du lebst im Licht,
Meiner Liebe lebst du nicht.

Kann der Liebe süß Verlangen
Emma, kanns vergänglich sein?
Was dahin ist und vergangen,
Emma, kanns die Liebe sein?
Ob der Liebe Lust auch flieht,
Ihre Pein doch nie verglüht.

DAS GLÜCK

Selig, welchen die Götter, die gnädigen, vor der Geburt schon
    Liebten, welchen als Kind Venus im Arme gewiegt,
Welchem Phöbus die Augen, die Lippen Hermes gelöset,
    Und das Siegel der Macht Zeus auf die Stirne gedrückt!
Ein erhabenes Los, ein göttliches, ist ihm gefallen,
    Schon vor des Kampfes Beginn sind ihm die Schläfe bekränzt.
Eh er es lebte, ist ihm das volle Leben gerechnet,
    Eh er die Mühe bestand hat er die Charis erlangt.
Groß zwar nenn ich den Mann, der sein eigner Bildner und Schöpfer
    Durch der Tugend Gewalt selber die Parze bezwingt,
Aber nicht erzwingt er das Glück und was ihm die Charis
    Neidisch geweigert, erringt nimmer der strebende Mut.
Vor unwürdigem kann dich der Wille, der ernste, bewahren,
    Alles Höchste, es kommt frei von den Göttern herab.
Wie die Geliebte dich liebt, so kommen die himmlischen Gaben,
    Oben in Jupiters Reich herrscht wie in Amors die Gunst.
Neigungen haben die Götter, sie lieben der grünenden Jugend
    Lockigte Scheitel, es zieht Freude die Fröhlichen an.
Nicht der Sehende wird von ihrer Erscheinung beseligt,
    Ihrer Herrlichkeit Glanz hat nur der Blinde geschaut,
Gern erwählen sie sich der Einfalt kindliche Seele,
    In das bescheidne Gefäß schließen sie göttliches ein.
Ungehofft sind sie da, und täuschen die stolze Erwartung,
    Keines Bannes Gewalt zwinget die Freien herab.

Wem er geneigt, dem sendet der Vater der Menschen und Götter
  Seinen Adler herab, trägt ihn zu seinem Olimp,
Unter die Menge greift er mit Eigenwillen und welches
  Haupt ihm gefället, um das flicht er mit liebender Hand
Jetzt den Lorbeer und jetzt die Herrschaftgebende Binde,
  Krönte doch selber den Gott nur das gewogene Glück.
Vor dem glücklichen her tritt Phöbus der pythische Sieger
  Und der die Herzen bezwingt, Amor, der lächelnde Gott.
Vor ihm ebnet Poseidon das Meer, sanft gleitet des Schiffes
  Kiel, das den Cäsar führt und sein allmächtiges Glück,
Ihm gehorchen die wilden Gemüter, das brausende Delphin
  Steigt aus den Tiefen und fromm beut es den Rücken ihm an.
Ein geborener Herrscher ist alles Schöne und sieget
  Durch sein ruhiges Nahn wie ein unsterblicher Gott.
Zürne dem Glücklichen nicht daß den leichten Sieg ihm die Götter
  Schenken, daß aus der Schlacht Venus den Liebling entrückt,
Ihn, den die lächelnde rettet, den Göttergeliebten beneid ich,
  Jenen nicht, dem sie mit Nacht deckt den verdunkelten Blick.
War er weniger herrlich Achilles, weil ihm Hephästos
  Selbst geschmiedet den Schild und das verderbliche Schwert,
Weil um den sterblichen Mann der große Olimp sich beweget?
  Das verherrlichet ihn, daß ihn die Götter geliebt,
Daß sie sein Zürnen geehrt, und Ruhm dem Liebling zu geben,
  Hellas bestes Geschlecht stürzten zum Orkus hinab.
Um den heiligen Herd stritt Hektor, aber der Fromme
  Sank dem Beglückten, denn ihm waren die Götter nicht hold.
Zürne der Schönheit nicht, daß sie schön ist, daß sie verdienstlos
  Wie der Lilie Kelch prangt durch der Venus Geschenk,
Laß sie die glückliche sein, du *schaust* sie, du bist der Beglückte,
  Wie sie ohne Verdienst glänzt, so entzücket sie dich.
Freue dich, daß die Gabe des Lieds vom Himmel herabkommt,
  Daß der Sänger dir singt, was ihn die Muse gelehrt,
Weil der Gott ihn beseelt, so wird er dem Hörer zum Gotte,
  Weil er der glückliche ist, kannst du der selige sein.
Auf dem geschäftigen Markt da führe Themis die Waage,
  Und es messe der Lohn streng an der Mühe sich ab,
Aber die Freude ruft nur ein Gott auf sterbliche Wangen,
  Wo kein Wunder geschieht, ist kein Beglückter zu sehn.
Alles menschliche muß erst werden und wachsen und reifen
  Und von Gestalt zu Gestalt führt es die bildende Zeit,
Aber das glückliche siehest du nicht, das Schöne nicht werden,
  Fertig von Ewigkeit her steht es vollendet vor dir.
Jede irdische Venus steigt wie die erste des Himmels
  Eine dunkle Geburt aus dem unendlichen Meer,
Wie die erste Minerva so tritt mit der Aegis gerüstet
  Aus des Donnerers Haupt jeder Gedanke des Lichts,

Aber du nennest es Glück, und deiner eigenen Blindheit
  Zeihst du verwegen den Gott, den dein Begriff nicht begreift.

SEHNSUCHT

Ach, aus dieses Tales Gründen
  Die der kalte Nebel drückt,
Könnt' ich doch den Ausgang finden,
  Ach, wie fühlt' ich mich beglückt!
Dort erblick' ich schöne Hügel,
  Ewig hell und ewig grün.
Hätt' ich Schwingen, hätt' ich Flügel,
  Nach den Hügeln zög' ich hin!

Ach, wie schön muß sich's ergehen
  Dort im ew'gen Sonnenschein,
Und die Luft auf jenen Höhen,
  Ach, wie labend muß sie sein!
Doch mir wehrt des Stromes Toben,
  Der ergrimmt dazwischen braust,
Seine Wellen sind gehoben,
  Daß die Seele mir ergraust.

Einen Nachen seh' ich schwanken,
  Aber ach! der Fährmann fehlt.
Frisch hinein und ohne Wanken,
  Seine Segel sind beseelt.
Du mußt glauben, du mußt wagen,
  Denn die Götter leihn kein Pfand;
Nur ein Wunder kann dich tragen
  In das schöne Wunderland.

DEM ERBPRINZEN VON WEIMAR,
als Er nach Paris reisete,
in einem freundschaftlichen Zirkel gesungen
Mel. Bekränzt mit Laub den lieben etc.

So bringet denn die letzte volle Schale
  Dem lieben Wandrer dar,
Der Abschied nimmt von diesem stillen Tale,
  Das seine Wiege war.

Er reißt sich aus den väterlichen Hallen,
  Aus lieben Armen los,

Nach jener stolzen Bürgerstadt zu wallen,
  Vom Raub der Länder groß.

Dich leite durch das wild bewegte Leben
  Ein freundliches Geschick!
Ein rein Gefühl hat dir Natur gegeben,
  O bring' es rein zurück!

Die Länder wirst du sehen, die das wilde
  Gespann des Kriegs zertrat,
Doch lächelnd grüßt der Friede die Gefilde,
  Und streut die goldne Saat.

Den alten Vater Rhein wirst du begrüßen,
  Der deines großen Ahns
Gedenken wird, so lang sein Strom wird fließen
  Ins Bett des Ozeans.

Dort opfre du des Helden großen Manen,
  Und auch dem Gott des Rheins
Dem alten Grenzenhüter der Germanen,
  Ein Glas des besten Weins;

Daß dich der vaterländsche Geist begleite,
  Wenn dich das schwanke Bret
Hinüber trägt auf jene – linke Seite,
  Wo deutsche Treu vergeht.

DER ALPENJÄGER

Willst du nicht das Lämmlein hüten?
  Lämmlein ist so fromm und sanft,
Nährt sich von des Grases Blüten,
  Spielend an des Baches Ranft. –
»Mutter, Mutter, laß mich gehen
Jagen nach den Bergeshöhen!«

Willst du nicht die Herde locken
  Mit des Hornes munterm Klang?
Lieblich tönt das Spiel der Glocken
  In des Waldes Lustgesang. –
»Mutter, Mutter, laß mich gehen
Schweifen auf den freien Höhen!«

Willst du nicht der Blümlein warten,
   Die im Beete freundlich stehn?
Draußen ladet dich kein Garten,
   Wild ist's auf den wilden Höhn! –
»Laß die Blümlein, laß sie blühen,
Mutter, Mutter, laß mich ziehen!«

Und der Knabe ging zu jagen,
   Und es treibt und reißt ihn fort,
Rastlos fort mit blindem Wagen
   An des Berges finstern Ort;
Vor sich her mit Windesschnelle
Scheucht er fliehend die Gazelle.

Auf der Felsen nackte Rippen
   Setzt sie mit behendem Schwung,
Durch den Riß gespaltner Klippen
   Trägt sie der gewagte Sprung;
Doch von Fels zu Fels, verwogen,
Folgt er mit dem Todesbogen.

Jetzo auf den steilen Zinken
   Hängt sie auf dem höchsten Grat,
Wo die Klippen jäh versinken,
   Und der wilde Jäger naht,
Unter sich die schroffe Jähe,
Hinter sich des Feindes Nähe.

Mit des Jammers stummen Blicken
   Fleht sie zu dem harten Mann,
Fleht umsonst, denn loszudrücken
   Legt er schon den Bogen an.
Plötzlich aus der Felsenspalte
Tritt der Geist, der Berges Alte.

Schützend mit den Götterhänden
   Deckt er das verfolgte Tier:
»Darfst du Tod und Jammer senden,«
   Ruft er, »bis herauf zu mir?
Raums für alle hat die Erde,
Was verfolgst du *meine* Herde?«

GEDICHTE, DIE NICHT IN DIE
GEDICHTAUSGABE VON 1804 UND 1805
AUFGENOMMEN WURDEN, IN DER
REIHENFOLGE IHRES ERSCHEINENS

⟨1776-1781⟩

DER ABEND

Die Sonne zeigt, vollendend gleich dem Helden,
Dem tiefen Tal ihr Abendangesicht,
(Für andre, ach! glücksel'gre Welten
Ist das ein Morgenangesicht)
Sie sinkt herab vom blauen Himmel,
Ruft die Geschäftigkeit zur Ruh,
Ihr Abschied stillt das Weltgetümmel,
Und winkt dem Tag sein Ende zu.

Jetzt schwillt des Dichters Geist zu göttlichen Gesängen,
Laß strömen sie, o HErr, aus höherem Gefühl,
Laß die Begeisterung die kühnen Flügel schwingen,
Zu dir, zu dir, des hohen Fluges Ziel.
Mich über Sphären, himmelan, gehoben,
Getragen sein vom herrlichen Gefühl,
Den Abend und des Abends Schöpfer loben,
Durchströmt vom paradiesischen Gefühl.
Für Könige, für Große ists geringe,
Die Niederen besucht es nur –
O GOtt, du gabest mir Natur,
Teil Welten unter sie – nur, Vater, mir Gesänge.

Ha! wie die müden Abschiedsstrahlen
Das wallende Gewölk bemalen,
Wie dort die Abendwolken sich
Im Schoß der Silberwellen baden;
O Anblick, wie entzückst du mich!
Gold, wie das Gelb gereifter Saaten,
Gold liegt um alle Hügel her,
Vergöldet sind der Eichen Wipfel,
Vergöldet sind der Berge Gipfel,
Das Tal beschwimmt ein Feuermeer,
Der hohe Stern des Abends strahlet
Aus Wolken, welche um ihn glühn,
Wie der Rubin am falben Haar, das wallet
Um's Angesicht der Königin.

Schau, wie der Sonnenglanz die Königsstadt beschimmert,
Und fern die grüne Heide lacht;
Wie hier in jugendlicher Pracht
Der ganze Himmel niederdämmert;

Wie jetzt des Abends Purpurstrom,
Gleich einem Beet von Frühlingsrosen,
Gepflücket im Elisium,
Auf goldne Wolken hingegossen,
Ihn überschwemmet um und um.

Vom Felsen rieselt spiegelhelle
Ins Gras die reinste Silberquelle,
Und tränkt die Herd und tränkt den Hirt
Am Weidenbusche liegt der Schäfer,
Des Lied das ganze Tal durchirrt,
Und wiederholt im Tale wird.
Die stille Luft durchsumst der Käfer;
Vom Zweige schlägt die Nachtigall,
Ihr Meisterlied macht alle Ohren lauschen,
Bezaubert von dem Götterschall
Wagt itzt kein Blatt vom Baum zu rauschen;
Stürzt langsamer der Wasserfall.
Der kühle West bewegt die Rose,
Die eben itzt den Busen schlose,
Entatmet ihr den Götterduft,
Und füllt damit die Abendluft.

Ha, wie es schwärmt und lebt von tausend Leben,
Die alle dich, Unendlicher, erheben,
Zerflossen in melodischem Gesang,
Wie tönt des Jubels himmlischer Gesang!
Wie tönt der Freude hoch erhabner Klang!
Und ich allein bin stumm – nein, tön es aus, o Harfe,
Schall Lob des HErrn in seines Staubes Harfe.

Verstumm Natur umher, und horch der hohen Harfe,
Dann GOtt entzittert ihr,
Hör auf, du Wind, durchs Laub zu sausen,
Hör auf, du Strom, durchs Feld zu brausen,
Und horcht und betet an mit mir:
GOtt tuts, wenn in den weiten Himmeln
Planeten und Kometen wimmeln,
Wenn Sonnen sich um Achsen drehn,
Und an der Erd vorüberwehn.

GOtt – wenn der Adler Wolken teilet,
Von Höhen stolz zu Tiefen eilet,
Und wieder auf zur Sonne strebt.
GOtt – wenn der West ein Blatt beweget,
Wenn auf dem Blatt ein Wurm sich reget,

Ein Leben in dem Wurme lebt,
Und hundert Fluten in ihm strömen,
Wo wieder junge Würmchen schwimmen,
Wo wieder eine Seele webt.

Und willst du, HErr, so steht des Blutes Lauf,
So sinkt dem Adler sein Gefieder,
So weht kein West mehr Blätter nieder,
So hört des Stromes Eilen auf,
Schweigt das Gebraus empörter Meere,
Krümmt sich kein Wurm, und wirbelt keine Sphäre –
O Dichter schweig: zum Lob der kleinen Myriaden,
Die sich in diesen Meeren baden,
Und deren Sein noch keines Aug durchdrang,
Ist totes Nichts dein feurigster Gesang.

Doch bald wirst du zum Thron die Purperflügel schwingen,
Dein kühner Blick noch tiefer tiefer dringen,
Und heller noch die Engelharfe klingen;
Dort ist nicht Abend mehr, nicht Dunkelheit,
Der HErr ist dort und Ewigkeit!

DER EROBERER

Dir Eroberer, dir schwellet mein Busen auf,
Dir zu fluchen den Fluch glühenden Rachedursts,
    Vor dem Auge der Schöpfung,
    Vor des Ewigen Angesicht!
Wenn den horchenden Gang über mir Luna geht,
Wenn die Sterne der Nacht lauschend herunter sehn,
    Träume flattern – umflattern
    Deine Bilder, o Sieger, mich
Und Entsetzen um sie – Fahr ich da wütend auf,
Stampfe gegen die Erd, schalle mit Sturmgeheul
    Deinen Namen, Verworfner,
    In die Ohren der Mitternacht.
Und mit offenem Schlund, welcher Gebirge schluckt,
Ihn das Weltmeer mir nach – ihn mir der Orkus nach
    Durch die Hallen des Todes –
    Deinen Namen, Eroberer!
Ha! dort schreitet er hin – dort, der Abscheuliche,
Durch die Schwerter, er ruft (und du Erhabner hörst's)
    Ruft, ruft, tötet und schont nicht,
    Und sie töden und schonen nicht.
Steigt hoch auf das Geheul – röcheln die Sterbenden

Unterm Blutgang des Siegs – Väter aus Wolken her
    Schaut zur Schlachtbank der Kinder
    Väter, Väter und fluchet ihm.
Stolz auf türmt er sich nun, dampfendes Heldenblut
Trieft am Schwert hin, herab schimmerts, wie Meteor,
    Das zum Weltgericht winket –
    Erde fleuch! der Erobrer kommt.
Ha! Eroberer, sprich: was ist dein heißester
Dein gesehntester Wunsch? – Hoch an des Himmels Saum
    Einen Felsen zu bäumen,
    Dessen Stirne der Adler scheut,
Dann hernieder vom Berg, trunken von Siegeslust,
Auf die Trümmer der Welt, auf die Erobrungen
    Hinzuschwindeln im Taumel
    Dieses Anblicks hinweggeschaut.
O ihr wißt es noch nicht, welch ein Gefühl es ist,
Welch Elisium schon in dem Gedanken blüht,
    Bleicher Feinde Entsetzen,
    Schrecken zitternder Welt zu sein,
Mit allmächtigem Stoß hoch aus dem Pole, dann
Auszustoßen die Welt, fliegenden Schiffen gleich
    Sternen an sie zu rudern,
    Auch der Sterne Monarch zu sein.
Dann vom obersten Thron, dort wo Jehovah stand,
Auf der Himmel Ruin, auf die zertrümmerte
    Sphären niederzutaumeln –
    O das fühlt der Erobrer nur!
Wenn die blühendste Flur, jugendlich Eden gleich,
Überschüttet vom Fall stürzender Felsen traurt,
    Wenn am Himmel die Sterne
    Blassen, Flammen der Königsstadt
Aufgegeißelt vom Sturm gegen die Wolken wehn,
Tanzt dein trunkener Blick über die Flammen hin.
    Ruhm nur hast du gedürstet,
    Kauf ihn Welt, – und Unsterblichkeit.
Ja, Eroberer, Ja, – du wirst unsterblich sein.
Röchelnd hofft es der Greis, du wirst unsterblich sein,
    Und der Wais, und die Witwe
    Hoffen, du wirst unsterblich sein.
Schau gen Himmel, Tyrann – wo du der Sämann warst,
Dort vom Blutgefild stieg Todeshauch himmelan
    Hinzuheulen in tausend
    Wettern über dein schauendes
Haupt! wie bebt es in dir! schauert dein Busen! – Ha!
Wär mein Fluch ein Orkan, könnt durch die Nacht einher
    Rauschen, geißeln die tausend

Wetterwolken zusammen; den
Furchtbar brausenden Sturm auf dich herunter fliehn
Stürmen machen, im Drang tobender Wolken dich
    Dem Olympus itzt zeigen,
    Itzt begraben zum Erebus.
Schauer, Schauer zurück, Würger bei jedem Staub,
Den dein fliegender Gang wirbelnd gen Himmel weht,
    Es ist Staub deines Bruders,
    Staub, der wider dich Rache ruft.
Wenn die Donnerposaune GOttes vom Thron itzt her
Auferstehung geböt – auffüur im Morgenglanz
    Seiner Feuer der Tode
    Dich dem Richter entgegen riß,
Ha! in wolkigter Nacht, wenn er herunterfährt,
Wenn des Weltgerichts Waag durch den Olympus schallt,
    Dich Verruchter zu wägen
    Zwischen Himmel und Erebus,
An der furchtbaren Waag aller geopferten
Seelen, Rache hinein nickend vorübergehn
    Und die schauende Sonne
    Und der Mond, und die horchende
Sphären und der Olymp, Seraphim, Cherubim,
Erd und Himmel hinein stürzen sich, reißen sie
    In die Tiefe der Tiefen,
    Wo dein Thron steigt Eroberer!
Und du da stehst vor GOtt, vor dem Olympus da,
Nimmer weinen, und nun nimmer Erbarmen flehn,
    Reuen nimmer, und nimmer
    Gnade finden, Erobrer, kannst,
O dann stürze der Fluch, der aus der glühenden
Brust mir schwoll, in die Waag, donnernd wie fallende
    Himmel – reiße die Waage
    Tiefer, tiefer zur Höll hinab,
Dann, dann ist auch mein Wunsch, ist mein gefluchtester
Wärmster heißester Fluch ganz dann gesättiget,
    O dann will ich mit voller
    Wonn mit allen Entzückungen
Am Altare vor dir, Richter, im Staube mich
Wälzen, jauchzend den Tag, wo er gerichtet ward,
    Durch die Ewigkeit feiren,
    Will ihn nennen den schönen Tag!

DER STURM AUF DEM TYRRHENER MEER
1. Buch der Aeneide
Eine Übersetzung

Kaum entschwangen sie sich der Schau an Siciliens Küsten,
Freudejauchzend empor in die Höhe mit rollenden Segeln,
Und durchschnitten mit ehernen Stacheln die schäumende Salzflut;
So begann aufs neue Saturnia's ewige Wunde
Frisch zu bluten, und dachte sie so im innersten Herzen:
»Übermachtet soll ich dem Unternehmen entsagen?
Nicht abkehren von Latium können den König der Teukrer,
Und das soll mir das Schicksal verbieten – Und Pallas Minerva
Mochte die Argische Flotte verzehren in lodernden Flammen,
Mochte die Elenden selbst im wogichten Abgrund ersäufen,
Ob dem Frevel von Einem? Dem rasenden Ajax Oileus:
Sie allein vermocht auf den Wolken die reißenden Flammen
Jupiters niederzuflammen, in Trümmer die Schiffe zu schlagen,
Zu empören die Wogen im Sturm, ihn zu fassen im Strudel,
Als ihm durch die durchdonnerte Brust die Feuerflamm hauchte;
Und vermocht ihn zu spießen an schroffen spitzigen Klippen?
Aber ich, Fürstin der Götter, des Donnerers Gattin und Schwester,
Ich soll Jahre lang streiten mit einem heillosen Volke, –
Wer wird künftighin heilig noch nennen Saturnia's Namen,
Wer noch künftighin kniend sich beugen vor meinen Altären?«
Solche Gedanken wälzt wütend umher die Göttin im Busen,
Und erhub sich ins Sturmvaterland, des tobenden Südes,
Wüsteneien; Aeolus Burg! in grausem Gewölke
Hält er allda die kämpfenden Winde, die heulenden Stürme
Mit tyrannischer Macht in Kerker und Banden gefangen.
Grimmig schreien im hohlen Bauche des Felsen die Stürme,
Murren entkräftet hervor – Hoch oben thronet der König
Stürmebändiger über dem Felsen mit mächtigem Zepter,
Stillt das Ungestüm, mildert die Wut der erbosten Gemüter:
Tät er das nicht, sie brächen hervor, durchwühlten die Meere,
Schleiften den Erdball, und schleiften den ewigen Himmel
Mit sich dahin, und jagten sie weit wie den Staub, durch die Lüfte.

Aber dies alles bedachte schon auch der allmächtige Vater,
Darum hat Er sie auch in schwarze Gewölbe gekerkert,
Darum auf die Gewölbe getürmet unendliche Berge,
Darum sie unter den König gebeugt, der kraft seines Bundes
Wie der Donnerer oben gebot, im Zaum sie zu halten
Oder zügellos rasen dahin sie zu lassen vermochte.

Dieser wars, zu welchem itzt also Saturnia flehte:

»Aeolus, dem der Göttervater und König der Menschen
Vollmacht gab zu empören die Fluten und wieder zu legen.
Das Tyrrhenische Meer beschifft ein Volk, das ich hasse,
Ilium und die gebeugten Götzen nach Latium tragend:
Sporne die Winde mit Kraft, begrabe die sinkenden Maste,
Oder zertrümmere sie, und säe den Pontus voll Leichen.
Sieh, in meinem Gefolge sind vierzehn treffliche Mädchen,
Und die schönste von allen an Bildung Dei Opeia
Soll in ehlichem Bund auf ewig die Deinige werden.
Soll für dieses Verdienst die Ewigkeit mit Dir durchleben,
Und zum glücklichen Vater von schönen Kindern Dich machen.«
»Königin,« sprach der Windgott hierauf; »Dein ists zu ersinnen,
Was Du nur wünschen mögest, und mein zu vollziehen.
Wandtest Du nicht den Zepter mir zu, und was ich hier habe,
An Gewalt; wem dank ich es sonst, daß der Donn'rer mir lächelt,
Daß ich Nektar darf trinken, und himmlisch Ambrosia kosten,
Mächtig bin im Orkan, und über den Wettersturm walte?«

Sprachs, und hastig ins hohle Gebirg den eisernen Stachel
Niedergeschleudert, und hastig wie Heerschar hervor die Orkane,
Fürchterlich aus der geborstenen Kluft, und hastig von dannen
Brausend und sausend und ungestüm hin über Tal und Gebirge
Sturm von Morgen und Abend, und Mittag der mächtige Hagler,
Stürzen über den Pelagus her, und rühren den Grund auf,
Wälzen Gebirge von Fluten hinan an die hallenden Ufer.
Da beginnt das Heulen der Schiffer, das Schwirren der Segel,
Da entreißen urplötzlich die Wolken dem Auge die Trojer
Himmel und Tag, der Pelagos wallt in Mitternachtsschauern,
Himmel donnert, und Himmel flammt auf in Tausendgeblitze,
Tod Tod flammt der Himmel entgegen dem bebenden Schiffer,
Tod entgegen heult ihm der Sturm! Tod brüllen die Donner.

Und Aeneas durchschauert ein kalter Schrecken die Glieder,
Jammernd betet er itzt mit gefalteten Händen gen Himmel:
»O wie selig preis ich Euch nun, wie selig Ihr Helden,
Deren Schicksal es war, an Trojas erhabenen Mauren
Umzukommen, und zu entschlummern im Auge der Väter.
Ach! warum ließ das Verhängnus in meinen Vatergefilden
Mich nicht sinken! warum nicht meinen Geist mich verhauchen
Tödlich getroffen, o Du, der Danaer tapferster Streiter,
Tydeus trefflicher Sohn, von Deiner gewaltigen Rechte?
Wo den furchtbaren Hektor der Speer Achilles durchrannte;
Wo der Riese Sarpedon sank: Des Simois Woge
Wälzt dort manches Streitbaren Schild, und manchen der Helme,
Und noch mancher Tapferen Leiber im Strudel von dannen.«

Sprachs, und ungestüm prasselt der Hagel im Sausen des Nordsturms
Gegen die Segel, dem Steuermann trotzen die steigenden Wogen,
Ruder brechen; Umschlagen die Schiffe, und toben
Wilde Fluten, und reißt sich hervor aus den Wellen ein Flutfels,
Donnert darüber! Ha! sieh! am Scheitel der Wasserflut hangen,
Einige noch, und andern drohet der unterste Meergrund
Durch die berstende Woge, Sturm wütet im untersten Sande;

Drei der Schiffe zerschmettert der West an heimlichen Klippen,
Klippen nennen die Latier sie, die mitten aus Wogen
Prahlen mit dem entsetzlichen Rücken und spotten des Donners.
Drei reißt Eurus an Sand und Gestein, und gräßlicher Anblick!
Sie zerschellen in Trümmer; und Sand umrollet die Trümmer.
Dort nun stürzen die Fluten das Schiff, das Licias Streiter
Und den Frommen Orontes getragen, verkehrt in die Tiefe,
Vor sich schwankt er, stürzet aufs Haupt – es wirbelts die Welle
Dreimal umher, und hinunter schnappts der reißende Strudel.

Wenige sinds, die oben noch schwimmen am greulichen Schlunde
Waffen, Bretter und Iliums Schätze dahin durch die Wellen;
Ilioneus treffliches Schiff, und des tapfern Achates,
Abates, und des Greisen Alethes sind alle vom Sturme
Übermeistert, und ungestüm rast der feindliche Hagel
Durch die schlaffen Bretter hinein, die Wandungen bersten.

Endlich vernahms der Meergewaltige König das Toben
Und den greulichen Aufruhr des ewigen Pontus, die Stürme
Losgelassen, und Höhen und Tiefen zusammengerühret;
Drob entbrannt er in grimmigem Zorn – vom obersten Gipfel
Einer Wasserflut recket er mählig sein mächtiges Haupt auf –
Siehe! da lag durch den Ozean hin die Flotte zerschlagen,
Unter den Wogen und unter dem Schutt des zerflossenen Himmels
Trojas Namen begraben – Und alsobald dachte der Bruder
An der Schwester Saturnia Groll und heimliche Ränke:
Hastig fordert er Zephyrus zu sich und Eurus und also:
Was? was habt ihr euch da auf euer Windgeschlecht, Winde,
Angemaßt, ohne des Erderschütrrers Gebot solch fürchterlich Wallen
Zu erregen, und Erd und Himmel zusammen zu mengen?
Ha! Das soll euch – Doch muß ich zuerst die türmende Fluten
Niederbeugen – Künftighin sollt ihr so gnädig nicht fahren.
Eilet flugs von dannen, und meldet eurem Beherrscher;
Meldet ihm das: Ich habe zu walten im ewigen Pontus,
Er nicht, sagts ihm; Mein ist der gewaltige Dreizack,
Mir, nicht ihm, gefallen durchs Los – In scheußlichen Bergen
Eure Behausungen, Eurus dort ist sein Reich und sein Wohnhaus,
Dort in jenen Palästen mag Aeolus groß tun und prahlen,
Und wenn Wind und Wetter gebunden sind, über sie herrschen.

Sprachs, und lange schon sind die Wassergebirge zerronnen,
Wettergesammelte Wolken zerflattert, und Sonne schaut wieder
Lächelnd herab, und spiegelt sich mild im ruhigen Meere.
Cimothori und Triton zumal, mit kräftigem Arme,
Angestemmt stoßen von Klippen die Schiffe, mit mächtigem
               Dreizack
Hilft Posidaon, tut auf die greulichen Strudel und Klippen,
Stillt den Meersturm, rasch jagen dahin die flüchtigen Räder
Mit dem Wassergott über die obersten Wirbel der Wogen.

So wenn ein zahlreiches Volk in gärendem Aufruhre tobet,
Fackeln schon wallen, und fliegen schon Felsen, und Waffen die
               Wut beut,
Und itzt ein verdienstreicher frommer Alter sich fern zeigt;
Schweigen alle, stehn alle alle lauschenden Ohrs da.
Er ist Meister der Herzen, und weicht sie mit Worten der Liebe.
So versank auch der wogichte Pontus, so schwieg auch sein
               Donnern,
Als sein Vater sein Haupt itzt erhoben, und über ihn hinflog,
Himmel entnachtet, und umgelenkt hatte die Roß', und in Eile
Zügellos rasseln dahin ließ den leicht dahin hüpfenden Wagen.

TRAUER ODE.
AUF DEN TOD DES HAUPTM⟨ANNS⟩ WILDMAISTER

 Grimmig wirgt der Tod durch unsre Glieder! –
 Dumpfig heult die Leichen Drummel wieder
 Schon ein neuer ist hinweg gerafft;
 Mit gesenktem Schießgewehre wanken
 Graue Krieger nach des Kirchhofs Schranken
 Wo der tapfre, brave Miller schlaft

 Brüder kommt! – erblasset! – schauert! zittert!
 Bebe jetzt den niemals nichts erschittert
 Grabgefühle schauern durch sein Mark
 Sehet! alles, was wir Leben hießen
 Was wir liebten, was wir selig priesen
 Liegt vereitelt in dem schmalen Sarg

 Von dem Antlitz alles Rot gesunken
 Aus den Augen alle Lebens funken
 Weggelöschet in Chaotsche Nacht –
 Seine Mienen, sein holdselig lächeln
 Weggeblasen mit dem Sterbe Röcheln
 Ewig, ewig nimmer angefacht! –

Nie vom Sturm der Leidenschaft durchwühlet
Wie ein Bach durch Blumenbette spielet
Floß sein Leben hin in Melodie –
Ha! was ist nun, was am schönsten Schmeichelt
Nichts als Larve die der Tod uns heuchelt, –
Und dann auf dem Sarg zerreißt er sie.

Auf des Menschen kaltem, starrem Rumpfe
Sterben seine wirblende Triumphe
Röchlen all in ein ein Gewimmer aus –
Glück und Ruhm zerflattern auf dem Sarge
Könige und Bettler, feige, starke
Ziehn hinunder in das Toten Haus.

Aber frei erhoben über Grüfte
Fliegt der Geist in des Olimpus Lüfte
Triumphierend wie ein Adler steigt
Wann sein Wohnsitz die erhabne Tanne
Niederkracht im tobenden Orkane
Und der Nordsturm Wälder niederbeugt.

Zieh auch du, geliebter teurer Streiter
Auf den Fliegeln unsrer Donner weiter
Keine Tränen schicken wir dir mit –
Mit Geheule und mit Weiber Klagen
Mag man andre zu dem Grabe tragen
Pulverdonner ist der Krieger Wiegenlied –

Weinend geht man deinen Sarg vorüber
Selbst des Mannes Auge wird jetzt trüber
Und die Helden Carls betrauren dich –
Geh dahin mit dieser Stolzen Ehre
Prahle dort in der Verklärten Heere
Sie die Helden Carls betrauren mich!

Sie, die Helden eilen dir entgegen
Unter Donner und der Kugeln Regen,
Krieger zittern vor dem Tode nicht –
Ihm entgegen gehen wir mit Hohne
Unterm Dampf der brüllenden Canone,
Wann er reißend durch die Glieder bricht –

Und dann droben finden wir dich wieder
Legen dort das miede Eisen nieder,
Drücken dich an unsre warme Brust,
Dann wird alles, wie von Morgenwinden

Weggeweht ein Leichter Traum, verschwinden
Und nichts bleiben als die Lust.

ELEGIE
AUF DEN FRÜHZEITIGEN TOD
JOHANN CHRISTIAN WECKERLINS
von seinen Freunden
Stuttgart
den 16ten Januar 1781

>»Ihn aber hält am ernsten Orte
> Der nichts zurücke läßt
> Die Ewigkeit mit starken Armen fest« –

Banges Stöhnen, wie vorm nahen Sturme
  Hallet her vom öden Trauerhaus,
Totentöne fallen von des Stiftes Turme –
  Einen Jüngling trägt man hier heraus.
Einen Jüngling – noch nicht reif zur Bahre –
Einen Jüngling – in dem Mai der Jahre –
  Weggepflückt in früher Morgenblüt!
Einen Sohn – das Prahlen seiner Mutter,
Unsern teuren, vielgeliebten Bruder –
  Auf! was Mensch heißt folge mit!

Prahlt ihr Fichten, die ihr hochveraltet
  Stürmen stehet und den Donner neckt?
Und ihr Berge die ihr Himmel haltet,
  Und ihr Himmel die ihr Sonnen hegt?
Prahlt der Greis noch der auf stolzen Werken
  Wie auf Wogen zur Vollendung steigt?
Prahlt der Held noch, der auf aufgewälzten Tatenbergen
  In des Nachruhms Sonnentempel fleugt?
Wenn der Wurm schon naget in den Blüten
  Wer ist Tor zu wähnen, daß er nie verdirbt?
Wer dort oben hofft noch und hienieden
  Auszudauren – wenn der Jüngling stirbt?

War Er nicht so mutig, kraftgerüstet
  War er nicht wie Lebens Konterfei?
Frisch wie Roß im Eisenklang sich brüstet
  Wie der Vogel in den Lüften frei?
Da Er noch in unsern Reihen hüpfte,
  Da Er noch in unsern Armen sprung,
Und sein Herz an unsre Herzen knüpfte, –
  O der schneidenden Erinnerung! –

Da Er uns – (o ahndende Gefühle
    Hier auf eben dieser Leichenflur)
Nur zu sicher vor dem nahen Ziele
    Das Gelübd der ewgen Treue schwur –

O ein Mißklang auf der großen Laute!
    Weltregierer, ich begreif es nicht!
Hier – auf den Er seinen Himmel baute –
    Hier im Sarg – barbarisches Gericht!
So viel Sehnen die im Grab erschlaffen
    So viel Keime die der Tod verweht,
Kräfte, für die Ewigkeit erschaffen,
    Gaben, für die Menschheit ausgesät, –
O in dieses Meeres wildem Wetter,
    Wo Verzweiflung Steur und Ruder ist,
Bitte nur, geschlagenster der Vätter,
    Daß dir alles, alles, nur nicht GOtt entwischt!

Lieblich hüpften, voll der Jugendfreude,
    Seine Tage hin im Rosenkleide
Und die Welt, die Welt war Ihm so süß –
    Und so freundlich, so bezaubernd winkte
Ihm die Zukunft, und so golden blinkte
    Ihm des Lebens Paradies;
Noch, als schon das Mutterauge tränte,
    Unter Ihm das Totenreich schon gähnte
Über Ihm der Parzen Faden riß,
    Erd und Himmel Seinem Blick entsanken,
Floh Er ängstlich vor dem Grabgedanken –
    Ach die Welt ist Sterbenden so süß.

Stumm und taub ists in dem engen Hause
    Tief der Schlummer der Begrabenen;
Bruder! Ach in ewig tiefer Pause
    Feiern alle Deine Hoffnungen;
Oft erwärmt die Sonne Deinen Hügel,
    Ihre Glut empfindest Du nicht mehr;
Seine Blumen wiegt des Westwinds Flügel,
    Sein Gelispel hörest Du nicht mehr;
Liebe wird Dein Auge nie vergolden,
    Nie umhalsen Deine Braut wirst du,
Nie, wenn unsre Tränen Stromweis rollten, –
    Ewig, ewig, ewig sinkt Dein Auge zu.

Aber wohl Dir! – köstlich ist Dein Schlummer,
    Ruhig schläft sichs in dem engen Haus

Mit der Freude stirbt hier auch der Kummer,
    Röcheln auch der Menschen Qualen aus.
Über Dir mag die Verleumdung geifern,
    Die Verführung ihre Gifte spein,
Über dich der Pharisäer eifern
    Pfaffen brüllend dich der Hölle weihn,
Gauner durch Apostel Masken schielen
    Und die Metze die Gerechtigkeit
Wie mit Würfeln, so mit Menschen spielen,
    Und so fort bis hin zur Ewigkeit.

Über Dir mag auch Fortuna gaukeln
    Blind herum nach ihren Buhlen spähn,
Menschen bald auf schwanken Thronen schaukeln,
    Bald herum in wüsten Pfützen drehn;
Wohl Dir, wohl in Deiner schmalen Zelle;
    Diesem komischtragischem Gewühl,
Dieser ungestümen Glückeswelle,
    Diesem possenhaften Lottospiel,
Diesem faulen fleißigen Gewimmel
    Dieser arbeitsvollen Ruh,
Bruder! – diesem Teufelvollen Himmel
    Schloß Dein Auge sich auf ewig zu.

O so klatschet! klatscht doch in die Hände,
    Rufet doch ein frohes Plaudite! –
Sterben ist der langen Narrheit Ende,
    In dem Grab verscharrt man manches Weh;
Was sind denn die Bürger unterm Monde?
    Gaukler, theatralisch ausstaffiert
Mit dem Tod in ungewissem Bunde,
    Bis der Falsche sie vom Schauplatz führt:
Wohl dem, der nach kurzgespielter Rolle
    Seine Larve tauschet mit Natur,
Und der Sprung vom König bis zur Erdenscholle
    Ist ein leichter Kleiderwechsel nur.

Fahr dann wohl Du Trauter unsrer Seele,
    Eingewiegt von unsern Segnungen,
Schlummre ruhig in der Grabeshöhle
    Schlummre ruhig bis auf Wiedersehn!
Bis auf diesen Leichenvollen Hügeln
    Die Allmächtige Posaune klingt
Und nach aufgerißnen Todesriegeln
    Gottes Sturmwind diese Leichen in Bewegung schwingt –
Bis befruchtet von Jehovahs Hauche

Gräber kreißen – auf sein mächtig Dräun
In zerschmelzender Planeten Rauche
   Ihren Staub die Grüfte wiederkäun –

Nicht in Welten, wie die Weisen träumen,
   Auch nicht in des Pöbels Paradies,
Nicht in Himmeln, wie die Dichter reimen, –
   Aber wir ereilen dich gewiß.
Ob es wahr sei, was den Pilger freute?
   Ob noch jenseits ein Gedanke sei?
Ob die Tugend übers Grab geleite?
   Ob es alles eitle Phantasei? – –
Schon enthüllt sind Dir die Rätsel alle!
   Wahrheit schlirft Dein hochentzückter Geist,
Wahrheit, die in tausendfachem Strahle
   Von des großen Vaters Kelche fleußt –

Zieht dann hin ihr schwarzen stummen Träger!
   Tischt auch Den dem großen Würger auf!
Höret auf Geheul ergoßne Kläger!
   Türmet auf ihm Staub auf Staub zu Hauf.
Wo der Mensch der Gottes Ratschluß prüfte?
   Wo das Aug den Abgrund durchzuschaun?
Heilig! Heilig! bist du Gott der Grüfte,
   Wir verehren dich mit Graun!
Erde mag zurück in Erde stäuben,
   Fliegt der Geist doch aus dem morschen Haus!
Seine Asche mag der Sturmwind treiben,
   Seine Liebe dauert ewig aus!

⟨LIEDER AUS DEM SCHAUSPIEL
»DIE RÄUBER«⟩

⟨RÄUBERLIED⟩

Stehlen, morden, huren, balgen
Heißt bei uns nur die Zeit zerstreun,
Morgen hangen wir am Galgen,
Drum laßt uns heute lustig sein.

Ein freies Leben führen wir,
Ein Leben voller Wonne.
Der Wald ist unser Nachtquartier,
Bei Sturm und Wind handtieren wir,
Der Mond ist unsre Sonne,

Merkurius ist unser Mann,
Der's Praktizieren trefflich kann.

Heut laden wir bei Pfaffen uns ein,
Bei masten Pächtern morgen,
Was drüber ist, da lassen wir fein
Den lieben Herrgott sorgen.

Und haben wir im Traubensaft
Die Gurgel ausgebadet,
So machen wir uns Mut und Kraft,
Und mit dem Schwarzen Brüderschaft,
Der in der Hölle bratet.

Geh ich vorbei am Rabensteine,
So blinz ich nur das rechte Auge zu,
Und denk, du hängst mir wohl alleine,
Wer ist ein Narr, ich oder du?

Das Wehgeheul geschlagner Väter,
Der bangen Mütter Klaggezeter,
Das Winseln der verlaßnen Braut
Ist Schmaus für unsre Trommelhaut!

Ha! wenn sie euch unter dem Beile so zucken,
Ausbrüllen wie Kälber umfallen wie Mucken,
Das kitzelt unsern Augenstern,
Das schmeichelt unsern Ohren gern.

Und wenn mein Stündlein kommen nun,
Der Henker soll es holen,
So haben wir halt unsern Lohn,
Und schmieren unsre Sohlen,
Ein Schlückchen auf den Weg vom heißen Traubensohn
Und hura rax dax! gehts, als flögen wir davon.

⟨BRUTUS UND CESAR⟩

Brutus
Sei willkommen friedliches Gefilde,
    Nimm den Letzten aller Römer auf,
Von Philippi, wo die Mordschlacht brüllte
    Schleicht mein Gram gebeugter Lauf.
Kaßius wo bist du? – Rom verloren!
    Hingewürgt mein brüderliches Heer,

Meine Zuflucht zu des Todes Toren!
   Keine Welt für Brutus mehr.

Cesar
Wer mit Schritten eines Niebesiegten
   Wandert dort vom Felsenhang? –
Ha! wenn meine Augen mir nicht lügten?
   Das ist eines Römers Gang. –
Tybersohn – von wannen deine Reise?
   Dauert noch die Siebenhügelstadt?
Oft geweinet hab ich um die Waise,
   Daß sie nimmer einen Cesar hat.

Brutus
Ha! du mit der drei und zwanzigfachen Wunde!
   Wer rief Toder dich an's Licht?
Schaudre rückwärts, zu des Orkus Schlunde,
   Stolzer Weiner! – Triumphiere nicht!
Auf Philippis eisernem Altare
   Raucht der Freiheit letztes Opferblut;
Rom verröchelt über Brutus Bahre,
   Brutus geht zu Minos – Kreuch in deine Flut.

Cesar
O ein Todesstoß von Brutus Schwerde!
   Auch du – Brutus – du?
Sohn – es war dein Vater – Sohn – die Erde
   Wär gefallen dir als Erbe zu,
Geh – du bist der größte Römer worden,
   Da in Vaters Brust dein Eisen drang,
Geh – und heul es bis zu jenen Pforten:
Brutus ist der größte Römer worden
   Da in Vaters Brust sein Eisen drang;
Geh – du weißts nun was an Lethes Strande
   Mich noch bannte –
Schwarzer Schiffer stoß vom Lande!

Brutus
Vater halt! – Im ganzen Sonnenreiche
   Hab ich Einen nur gekannt,
Der dem großen Cesar gleiche
   Diesen Einen hast du Sohn genannt.
Nur ein Cesar mochte Rom verderben
   Nur nicht Brutus mochte Cesar stehn.
Wo ein Brutus lebt muß Cesar sterben,
   Geh du linkswärts, laß mich rechtswärts gehn.

————

DER VENUSWAGEN

Klingklang! Klingklang! kommt von allen Winden,
  Kommt und wimmelt scharenweis.
Klingklang! Klingklang! was ich will verkünden,
  Höret Kinder Prometheus!

Welkes Alter – Rosenfrische Jugend,
  Warme Jungen mit dem muntern Blut,
Spröde Damen mit der kalten Tugend,
  Blonde Schönen mit dem leichten Mut!

Philosophen – Könige – Matronen,
  Deren Ernst Kupidos Pfeile stumpft
Deren Tugend wankt auf schwanken Thronen,
  Die ihr (nur nicht über *euch*) triumpht.

Kommt auch ihr, ihr sehr verdächt'gen Weisen,
  Deren Seufzer durch die Tempel schwärmt,
Stolz prunkieret, und vielleicht den leisen
  Donner des Gewissens überlärmt,

Die ihr in das Eis der Bonzenträne
  Eures Herzens geile Flammen mummt,
Pharisäer mit der Janus Miene!
  Tretet näher – und verstummt.

Die ihr an des Lebens Blumenschwelle
  In der Unschuld weißem Kleide spielt,
Noch nicht wilder Leidenschaften Bälle,
  Unbefleckten Herzens feiner fühlt.

Die ihr schon gereift zu ihren Giften,
  Im herkulschen Scheidweg stutzend steht,
Hier die Göttin in den Ambradüften,
  Dort die ernste Tugend seht,

Die ihr schon vom Taumelkelch berauschet
  In die Arme des Verderbens springt,
Kommt zurücke Jünglinge und lauschet
  Was der Weisheit ernste Leier singt.

Euch zuletzt noch, Opfer des Gelustes,
  Ewig nimmer eingeholt vom Lied,
Haltet still, ihr Söhne des Verlustes!
  Zeuget wider die Verklagte mit.

Klingklang! Klingklang! schimpflich hergetragen
  Von des Pöbels lärmendem Hussah!
Angejochet an den Hurenwagen
  Bring ich sie die Metze Zypria.

Manch Histörchen hat sie aufgespulet
  Seit die Welt um ihre Spindel treibt,
Hat sie nicht der Jahrzahl nachgebuhlet,
  Die sich vom verbotnen Baume schreibt?

Hum! Bis hieher dachtest du's zu sparen?
  Mamsell! Gott genade dich!
Wiß! so sauber wirst du hier nicht fahren
  Als im Arm von deinem Ludewig.

Noch so schelmisch mag dein Auge blinzen,
  Noch so lächeln dein verhexter Mund,
Diesen Richter kannst du nicht scharwänzen
  Mit gestohlner Mienen Gaukelbund.

Ja so heule – Metze, kein Erbarmen!
  Streift ihr keck das seidne Hemdchen auf.
Auf den Rücken mit den runden Armen!
  Frisch! und patschpatsch! mit der Geißel drauf.

Höret an das Protokoll voll Schanden,
  Wie's die Garstge beim Verhöre glatt
Weggelogen oder gleich gestanden
  Auf den Zuspruch dieser Geißel hat.

Volkbeherrscher! Götter unterm Monde,
  Machtumpanzert zu der Menschen Heil,
Hielt die Buhlin mit dem Honigmunde
  Eingemauert im Serail.

O da lernen Götter – menschlich fühlen,
  Lassen sich fast sehr herab zum – Vieh
Mögt ihr nur in Nasos Chronik wühlen
  Schnakisch stehts zu lesen hie.

Wollt ihr Herren nicht skandalisieren,
  Werft getrost den Purpur in den Kot,
Wandelt wie Fürst Jupiter auf vieren,
  So erspart ihr ein verschämtes Rot.

Nebenbei hat diese Viehmaskierung
   Manchem Zevs zum Wunder angepaßt,
Heil dabei der weisen Volkregierung
   Wenn der Herrscher auf der Weide grast!

Dem Erbarmen dorren ihre Herzen
   (O auf Erden das Elisium)
Durch die Nerven bohren Höllenschmerzen
   Kehren sie zu wilden Tigern um.

Lose Buben mäkeln mit dem Fürstensiegel,
   Kreaturen vom gekrönten Tier,
Leihen dienstbar seiner Wollust Flügel,
   Und ermauscheln Kron und Reich dafür.

Ja die Hure (laßts ins Ohr euch flistern)
   Bleibt auch selbst im Kabinett nicht stumm.
In dem Uhrwerk der Regierung nistern
   Öfters Venusfinger um.

Blinden Fürsten dienet sie zum Stocke,
   Blöden Fürsten ist sie Bibelbuch.
Kam nicht auch aus einem Weiberrocke
   Einst zu Delfos Götterspruch?

Mordet! Raubet! Lästert, ja verübet
   Was nur greulich sich verüben läßt –
Wenn ihr Lady Pythia betrübet,
   O so haltet eure Köpfe fest!

Ha! wie manchen warf sie von der Höhe!
   Von dem Rumpf wie manchen Biederkopf!
Und wie manchen hub die geile Fee,
   Fragt warum? – Um einen dicken Zopf.

Dessen Siegesgeiz die Erde schrumpfte,
   Dessen tolle Diademenwut
Gegen Mond und Sirius triumphte,
   Hoch gehoben von der Sklaven Blut.

Dem am Markstein dieser Welt entsunken
   Jene seltne Träne war,
Vom Saturnus noch nicht aufgetrunken
   Nie vergossen seit die Nacht gebar.

Jenen Jüngling, der mit Riesenspanne
  Die bekannte Welt umgriff
Hielte sie zu Babylon im Banne
  Und das – Weltpopanz entschlief.

Manchen hat ins Elend sie gestrudelt,
  Eingetrillert mit Sirenensang,
Dem im Herzen warme Kraft gesprudelt,
  Und des Ruhms Posaune göttlich klang.

An des Lebens Festen leckt die Schlange
  Geifert Gift ins hüpfende Geblüt
Knochen dräuen aus der gelben Wange
  Die nun aller Purpur flieht.

Hohl und hager, wandelnde Gerippe
  Keuchen sie in des Kozytus Boot.
Gebt den Armen Stundenglas und Hippe
  Huh! – und vor euch steht der Tod.

Jünglinge, o schwöret ein Gelübde,
  Grabet es mit goldnen Ziffern ein:
Fliehet vor der rosigten Charybde
  Und ihr werdet Helden sein.

Tugend stirbet in der Frynen Schoße
  Mit der Keuschheit fliegt der Geist davon,
Wie der Balsam aus zerknickter Rose,
  Wie aus rißnen Saiten Silberton.

Venus Finger bricht des Geistes Stärke,
  Spielet gottlos, rückt und rückt
An des Herzens feinem Räderwerke
  Bis der Seiger des Gewissens – lügt.

Eitel ringt, und wenn es Schöpfung sprühte,
  Eitel ringt das göttlichste Genie
Martert sich an schlappen Saiten müde,
  Wohlklang fließt aus toden Trümmern nie. –

Manchen Greisen an der Krücke wankend,
  Schon hinunter mit erstarrtem Fuß
In den Abgrund des Afernus schwankend,
  Neckte sie mit tödlich süßem Gruß.

Quälte noch die abgestumpften Nerven
  Zum erstorbnen Schwung der Wollust auf,
Drängte ihn, die träge Kraft zu schärfen,
  Frisch zu spornen zäher Säfte Lauf.

Seine Augen sprühn erborgte Strahlen,
  Tödlich munter springt das schwere Blut,
Und die aufgejagten Muskeln prahlen
  Mit des Herzens letzlichem Tribut.

Neuverjüngt beginnt er aufzuwarmen,
  All sein Wesen zuckt in *Einem* Sinn,
Aber husch! entspringt sie seinen Armen
  Spottet ob dem matten Kämpfer hin.

Was für Unfug in geweihten Zellen
  Hat die Hexe nicht schon angericht?
Laßt des Doms Gewölbe Rede stellen,
  Das den leisen Seufzer lauter spricht.

Manche Träne – aus Pandoras Büchse –
  Sieht man dort am Rosenkranze glühn.
Manchen Seufzer vor dem Kruzifixe
  Wie die Taube vor dem Stößer fliehn.

Durch des Schleiers vorgeschobne Riegel
  Malt die Welt sich schöner wie ihr wißt,
Phantasie leiht ihren Taschenspiegel,
  Wenn das Kind das Paternoster küßt.

Siebenmal des Tages muß der gute
  Michael dem starken Moloch stehn,
Beide prahlen mit gleich edlem Blute,
  Jeder, wißt ihr, heißt den andern gehn.

Puh! da splittert Molochs schwächres Eisen!
  (Armes Kind! wie bleich wirst du!)
In der Angst (wer kann es Vorsatz heißen?)
  Wirft sie ihm die Zitternadel zu.

Junge Witwen – vierzigjähr'ge Zofen
  Feuriger Komplexion,
Die schon lange auf – Erlösung hoffen,
  Allzufrüh der schönen Welt entflohn.

Braune Damen – rabenschwarzen Haares
   Schwergeplagt mit einem siechen Mann.
Fassen oft – die Hörner des Altares,
   Weil der Mensch nicht helfen kann.

Fromme Wut begünstigt heiße Triebe
   Gibt dem Blute freien Schwung und Lauf –
Ach zu oft nur drückt der Gottesliebe
   Afrodite ihren Stempel auf.

Nimphomanisch schwärmet ihr Gebete
   (Fragt Herrn Doktor Zimmermann)
Ihren Himmmel – sagt! was gilt die Wette? –
   Malt zum küssen euch ein Titian! –

Selbst im Rathaus hat sie's angesponnen,
   Blauen Dunst Asträen vorgemacht,
Die geschwornen Richter halb gewonnen,
   Ihres Ernstes Falten weggelacht.

Inquisitin ließ das Halstuch fallen,
   Jeder meinte, sei von ohngefähr!
Potz! da liegts wie Alpen schwer auf allen,
   Närrisch spukts um unsern Amtmann her.

Sprechet selbst – was war dem Mann zu raten?
   Dies verändert doch den Statum sehr. –
»Inquisitin muß man morgen laden,
   Heute geb ich *gütliches* Verhör.«

Und – wär nicht Frau Amtmännin gekommen
   (Unserm Amtmann krachts im sechsten Sinn)
Wär der Balg ins Trockne fortgeschwommen,
   Dank seis der Frau Amtmännin!

Auch den Klerus (denkt doch nur die Lose)
   Selbst den Klerus hat sie kalumniert.
Aber gelt! – mit einem derben Stoße
   Hat man dir dein Lügenmaul pitschiert?

Damen die den Bettelsack nun tragen
   Ungeschickt zu weiterem Gewinst,
Matte Ritter, die Schamade schlagen
   Invaliden in dem langen Dienst,

Setzt sie, (wies auch große Herren wissen)
  Mit beschnittner Pension zur Ruh,
Oder schickt wohl gar die Leckerbissen
  Ihrer Feindin – Weisheit zu.

(Weine Weisheit über die Rekruten,
  Die dir Venus Afrodite schickt,
Sie verhüllen unter frommen Kutten
  Nur den Mangel der sie heimlich drückt.

Würde Amors Talisman sie rühren,
  Nur ein Hauch von Zypern um sie wehn? –
O sie würden hurtig desertieren
  Und zur alten Fahne übergehn.) –

Sehet und der Lüstlingin genüget
  Auch nicht an des Torus geiler Brunst,
Selbst die Schranken des Geschlechts besieget
  Unnatürlich ihre Schlangenkunst.

Denket – doch ob dieser Schandenliste
  Reißt die Saite, und die Zunge stockt;
Fort mit ihr aufs schimpfliche Gerüste,
  Wo das Aas den fernen Adler lockt.

Dorten soll mit Feuergriffel schreiben
  Auf ihr Buhlinangesicht das Wort:
Tod: der Henker – so gebrandmarkt treiben
  Durch die Welt die Erzbetrügrin fort.
  ———
So gebot der weise Venusrichter
  Wie der weise Venusrichter hieß?
Wo er wohnte? Wünscht ihr von dem Dichter
  Zu vernehmen – so vernehmet dies:

Wo noch kein Europersegel brauste,
  Kein Kolumb noch steuerte, noch kein
Kortez siegte, kein Pizarro hauste,
  Wohnt auf einem Eiland – Er allein.

Dichter forschen lange nach dem Namen –
  Vorgebürg des Wunsches nannten sie's,
Die Gedanken, die bis dahin schwammen,
  Nanntens – das verlorne Paradies.

Als vom ersten Weibe sich betrügen
  Ließ der Männer erster, kam ein Wasserstoß,
Riß, wenn Sagen Helikons nicht lügen,
  Von vier Welten diese Insel los.

Einsam schwimmt sie im Atlantschen Meere
  Manches Schiff begrüßte schon das Land,
Aber ach – die scheiternde Galeere
  Ließ den Schiffer tot am Strand.

⟨AUS DER »ANTHOLOGIE AUF DAS JAHR 1782«⟩

⟨ZUEIGNUNG⟩

Meinem Prinzipal
dem Tod
zugeschrieben.

⟨WIDMUNG⟩

Großmächtigster Zar alles Fleisches,
  Allezeit Verminderer des Reichs,
    Unergründlicher Nimmersatt in der ganzen Natur!
Mit untertänigstem Hautschauern unterfange ich mich deiner gefräßigen Majestät klappernde Phalanges zu küssen, und dieses Büchlein vor deinem dürren Kalkaneus in Demut niederzulegen. Meine Vorgänger haben immer die Weise gehabt ihre Sächlein und Päcklein, dir gleichsam recht vorsätzlich zum Ärger, hart an deiner Nase vorbei, ins Archiv der Ewigkeit transportieren zu lassen, und nicht gedacht, daß sie dir eben dadurch um so mehr das Maul darnach wässern machten, denn auch an dir wird das Sprüchwort nicht zum Lügner: Gestohlen Brot schmeckt gut. Nein! dedizieren will ich dir's lieber, so bin ich doch gewiß, daß du's – weit weglegen werdest.

Doch Spaß beiseite! – Ich denke, wir zween kennen uns genauer, denn nur vom Hörensagen. Einverleibt dem äskulapischen Orden, dem Erstgebornen aus der Büchse der Pandora, der so alt ist als der Sündenfall, bin ich gestanden an deinem Altare, habe, wie der Sohn Hamilkars den sieben Hügeln, geschworen unsterbliche Fehde deiner Erbfeindin Natur, sie zu belagern mit Medikamenten Heereskraft, eine Wagenburg zu schlagen um die Stahlische Seele, aus dem Feld zu schlagen mit Sturm die Trotzige die deine Sporteln schmälert, und deine Finanzen schwächt, und auf dem Walplatz des Archaeus hoch zu bäumen deine mitternächtliche Kreuzstandarte. – Dafür nun (denn eine Ehre ist wert der andern) wirst du mir auswürken den köstlichen *Talisman*, der mich mit heiler Haut und ganzer Wolle an Galgen und Rade vorübergeleitet –

Jusque datum sceleri –

Ei ja doch! Tue das goldiger Maezenas; denn siehst du, ich möchte doch nicht gern, daß mirs ginge wie meinen tollkühnen Kollegen und Vettern, die mit Stilett und Sackpuffer bewaffnet in finstern Hohlwegen Hof halten, oder im unterirdischen Laboratorium das Wunderpolychrest mischen, das, wenns hübsch fleißig genommen wird, unsere politische Nasen, über kurz oder lang, mit Thronvakaturen und Staatsfiebern kitzelt. – D'amiens und Ravaillac! – Hu! hu! hu! – Es ist ein gut Ding um gerade Glieder!

Ob du auch deinen Zahn auf Ostern und Michaelis gewetzt hast? – Die große Bücherepidemie in Leipzig und Frankfurt! – Juch heisa Dürrer! – wird ein königlich Fressen geben. Deine fertigen Mäkler, Völlerei und Brunst liefern dir ganze Frachten aus dem Jahrmarkt des Lebens. – Selbst der Ehrgeiz dein Großpapa, Krieg, Hunger, Feuer und Pest deine gewaltigen Jäger haben dir schon so manche fette Menschenklopfjagd gehalten – Geiz und Golddurst deine mächtigen Kellermeister trinken dir ganze schwimmende Städte im sprudelnden Kelch des Weltmeers zu. – Ich weiß in Europa eine Küche, wo man dir die rarsten Gerichte mit Festtagsgepränge auf die Tafel gesetzt hat – Und doch – wer hat dich je satt gesehen, oder über Indigestionen klagen gehört? – Eisern ist deine Verdauung; grundlos deine Gedärme!

Puh – Ich hätte dir noch so manches zu sagen, aber ich tummle mich, daß ich wegkomme – Du bist ein garstiger Schwager – Geh – Du machst dir Rechnung, höre ich, eine Generalkollation zu erleben, wo dir Groß und Klein, Weltkugeln und Lexika, Philosophieen und Putzwerk in Rachen fliegen sollen – Guten Appetit, wenns so weit kommt! – Doch, Hungerwolf der du bist! siehe zu, daß du dich da nicht überessest, und deinen ganzen Fraß haarklein wiedergeben müssest, wie dir's ein gewisser Athenienser, der dir gar nicht wohl will, prophezeit hat.

⟨VORREDE⟩

Tobolsko den 2. Februar.

– Tum primum radiis gelidi incaluere Triones. –

Blumen in Sibirien? – Dahinter steckt eine Schelmerei, oder die Sonne muß Front gegen Mitternacht machen. – »Und doch – wenn ihr euch auf den Kopf stelltet! Es ist nicht anders; – Wir haben lange genug Zobel gefangen, laßt's uns einmal auch mit Blumen versuchen. Sind nicht schon Europäer genug zu uns Stiefsöhnen der Sonne gekommen, und durch unsern hundertjährigen Schnee gewatet, irgend ein bescheidenes Blümchen zu pflücken? Schande unsern Ahnen – wir wollen sie selbst sammeln, und einen ganzen Korb voll nach Europa frankieren. – Zertretet sie nicht, ihr Söhne des mildern Himmels!

Aber im Ernst zu reden – Das eiserne Gewicht des widrigen Vorurteils, das schwer über dem Norden brütet, von der Stelle zu räumen, foderte einen stärkeren Hebel als den Enthusiasmus einiger wenigen, und auch ein festeres Hypomochlion, als die Schultern von zween oder drei Patrioten. Doch wenn schon auch diese Anthologie euch leckerhafte Europäer, so wenig, als – wenn ich den Fall setze – unser Musenalmanach, den wir – wenn ich ja den Fall setzen wollte – hätten können geschrieben haben, mit uns Schneemännern versöhnen wird, so bleibt ihr doch mindestens das Verdienst, Hand in Hand mit ihren Kamerädinnen im *weitentlegenen Teutschland* dem ausröchelnden Geschmack den G'nickfang geben zu helfen, wie wir Tobolskianer zu sprechen belieben.

Wenn eure Homere im Schlaf reden, und eure Herkules Mükken mit ihren Keulen erschlagen – Wenn jeder, der seinen bezahlten Schmerz in Leichenalexandriner auszutropfen versteht, das für eine Vokation auf den Helikon auslegt – wird man uns Nordländern verdenken mitunter auch in den Leierklang der Musen zu klimpern? – Eure Matadore wollen Silbergeld gemünzt haben, wenn sie ihr Brustbild auf elendes Messing prägten; – und zu Tobolsko werden die Falschmünzer aufgehangen. Zwar möcht ihr oft auch bei uns Papiergeld statt russischen Rubels finden, aber Krieg und teure Zeit entschuldigen alles.

So geh dann hin, Sibirische Anthologie – Geh – du wirst manchen Süßling beseligen, wirst von ihm auf den Nachttisch seiner Herzeinziger: gelegt werden, und zum Dank ihre *alabasterne Lilienschneehand* seinem zärtlichem Kuß verraten. – Geh – du wirst in den Assembleen und Stadtvisiten manchen gähnenden Schlund der Langenweile ausfüllen, und vielleicht eine Circassienne ablösen, die sich im Platzregen der Lästerung müde gestanden hat. – Geh – du wirst die Küche mancher Kritiker beraten; sie werden dein Licht fliehen, und sich gleich den Käuzlein in deinen Schatten zurückziehen. – Hu hu hu! – Schon hör ich das ohrzerfetzende Geheule im unwirtbaren Forst, und hülle mich angstvoll in meinen Zobel.«

DIE JOURNALISTEN UND MINOS
1781

Mir kam vor wenig Tagen
   Wie? fragt mich eben nicht,
Vom Reich der ewgen Plagen
   Die Zeitung zu Gesicht.

Sonst frag ich diesem Essen
   Wo noch kein Kopf zerbrach,
Dem Freikorps unsrer Pressen
   Wie billig, wenig nach.

Doch eine Randgloß lockte
   Itzt meinen Fürwitz an,
Denkt! wie das Blut mir stockte,
   Als ich das Blatt begann:

»Seit zwanzig herben Jahren«
   (Die Post, versteht sich, muß
Ihr saures Stündchen fahren
   Hieher vom Erebus)

»Verschmachteten wir Arme
   In bittrer Wassersnot,
Die Höll kam in Alarme
   Und foderte den Tod.

Den Styx kann man durchwaten,
   Im Lethe krebset man,
Freund Charon mag sich raten,
   Im Schlamme liegt sein Kahn.

Keck springen schon die Tode
   Hinüber, jung und alt,
Der Schiffer kommt vom Brode
   Und flucht die Hölle kalt.

Fürst Minos schickt Spionen
   Nach allen Grenzen hin,
Die Teufel müssen fronen
   Ihm Kundschaft einzuziehn.

Juhe! Nun ists am Tage!
   Erwischt das Räubernest!
Heraus zum Freudgelage!
   Komm Hölle komm zum Fest!

Ein Schwarm Autoren spükte
 Um des Kozytus Rand,
Ein Dintenfäßgen schmückte
 Die ritterliche Hand,

Hier schöpften sie, zum Wunder
 Wie Buben süßen Wein
In Röhren von Holunder,
 Den Strom in Tonnen ein.

Husch! Eh sie sich's versahen!
 Die Schlingen über sie! –
Man wird euch schön empfahen
 Kommt nur nach Sanssouci.

Schon wittert sie der König,
 Und wetzte seinen Zahn,
Und schnauzte drauf nicht wenig
 Die Delinquenten an.

›Aha! sieht man die Räuber?
 Wes Handwerks? Welches Lands?‹
›*Sind teutsche Zeitungsschreiber!*‹
 ›Da haben wir den Tanz!

Schon hätt ich Lust gleichbalden
 Euch, wie ihr geht und steht,
Bei'm Essen zu behalten,
 Eh euch mein Schwager mäht.

Doch schwör' ichs hier bei'm Styxe,
 Den eure Brut bestahl!
Euch Marder und euch Füchse
 Erwartet Schand und Qual!

So lange bis er splittert
 Spaziert zum Born der Krug!
Was nur nach Dinten wittert
 Entgelte den Betrug!

Herab mit ihren Daumen!
 Laßt meinen Hund heraus!
Schon wässert ihm der Gaumen
 Nach einem solchen Schmaus.‹

Wie zuckten ihre Waden
  Vor dieses Bullen Zahn!
Es schnalzen Seine Gnaden,
  Und Joli packte an.

Man schwört, daß noch der Stumpen
  Sich krampfigt eingedruckt,
Den Lethe auszupumpen
  Noch gichterisch gezuckt.«

Und nun ihr guten Christen
  Beherziget den Traum!
Fragt ihr nach Journalisten,
  So sucht nur ihren Daum!

Sie bergen oft die Lücken
  Wie Jauner ohne Ohr
Sich helfen mit Perücken, –
  Probatum! Gut davor!

BACCHUS IM TRILLER

Trille! Trille! blind und dumm,
    Taub und dumm,
  Trillt den saubern Kerl herum!
Manches Stück von altem Adel,
Vetter, hast du auf der Nadel.
  Vetter, übel kommst du weg,
Manchen Kopf mit Dampf gefüllet,
Manchen hast du umgetrillet,
Manchen klugen Kopf berülpet,
Manchen Magen umgestilpet.
  Umgewälzt in seinem Speck,
Manchen Hut krumm aufgesetzet,
Manches Lamm in Wut gehetzet,
Bäume, Hecken, Häuser, Gassen,
Um uns Narren tanzen lassen.
  Darum kommst du übel weg,
Darum wirst auch du getrillet,
Wirst auch du mit Dampf gefüllet,
Darum wirst auch du berülpet,
Wird dein Magen umgestilpet,
  Umgewälzt in seinem Speck,
  Darum kommst du übel weg.

Trille! Trille! blind und dumm,
  Taub und dumm,
  Trillt den saubern Kerl herum!
Siehst, wie du mit unsern Zungen,
Unserm Witz bist umgesprungen,
  Siehst du jetzt du lockrer Specht?
Wie du uns am Seil gezwirbelt,
Uns im Ring herumgewirbelt,
Daß uns Nacht ums Auge grauste,
Daß 's uns in den Ohren sauste.
  Lerns in deinem Käfigt recht;
Daß wir vor dem Ohrgebrümmel
Nimmer Gottes blauen Himmel,
Nimmer sahen Stock und Steine,
Knackten auf die lieben Beine.
  Siehst du itzt, du lockrer Specht?
Daß wir Gottes gelbe Sonne
Für die Heidelberger Tonne
Berge, Bäume, Türme, Schlösser,
Angesehn für Schoppengläser,
  Lernst du's itzt, du lockrer Specht?
  Lern's in deinem Käfigt recht.

Trille! Trille! blind und dumm,
  Taub und dumm,
  Trillt den saubern Kerl herum!
Schwager, warst doch sonst voll Ränke,
Schwager, wo nun deine Schwänke,
  Deine Pfiffe schlauer Kopf?
Ausgepumpt sind deine Pfiffe,
Und zum Teufel sind die Kniffe!
Albern, wie ein Stutzer plaudern,
Wie ein Waschweib wirst du kaudern.
  Junker ist ein seichter Tropf.
Nun so weißt du's – magst dich schämen,
Magst meintwegen Reißaus nehmen,
Dem Hollunken Amor rühmen,
Dran er soll Exempel nehmen.
  Fort, Bärnhäuter! tummle dich!
Unser Witz aus Glas gekerbet,
Wie der Blitz ist er zerscherbet;
Soll dich nicht der Triller treiben,
Laß die Narrenspossen bleiben!
  Hast's verstanden? Denk an mich!
  Wüster Vogel! packe dich.

AN DIE SONNE

Preis dir, die du dorten heraufstrahlst, Tochter des Himmels!
    Preis dem lieblichen Glanz
Deines Lächelns, der alles begrüßet und alles erfreuet!
    Trüb in Schauern und Nacht
Stand begraben die prächtige Schöpfung: tot war die Schönheit
    Lang dem lechzenden Blick:
Aber liebevoll stiegst du früh aus dem rosigen Schoße
    Deiner Wolken empor,
Wecktest uns auf die Morgenröte; und freundlich
    Schimmert diese herfür,
Über die Berg' und verkündete deine süße Hervorkunft.
    Schnell begann nun das Graun
Sich zu wälzen dahin in ungeheuern Gebürgen.
    Dann erschienest du selbst,
Herrliche *du*, und verschwunden waren die neblichte Riesen!
    Ach! wie Liebende nun
Lange getrennt liebäugelt der Himmel zur Erden, und diese
    Lächelt zum Liebling empor;
Und es küssen die Wolken am Saume der Höhe die Hügel;
    Süßer atmet die Luft;
Alle Fluren baden in deines Angesichts Abglanz
    Sich; und es wirbelt der Chor
Des Gevögels aus der vergoldeten Grüne der Wälder
    Freudenlieder hinauf;
Alle Wesen taumeln wie am Busen der Wonne:
    Selig die ganze Natur!
Und dies alles o Sonn'! entquoll deiner himmlischen Liebe.
    Vater der Heil'gen vergib,
O vergib mir, daß ich auf mein Angesicht falle
    Und anbete dein Werk! –
Aber nun schwebet sie fort im Zug der Purpurgewölke
    Über der Könige Reich,
Über die unabsehbarn Wasser, über das Weltall:
    Unter ihr werden zu Staub
Alle Thronen, Moder die himmelaufschimmernden Städte;
    Ach! die Erde ist selbst
Grabeshügel geworden. Sie aber bleibt in der Höhe,
    Lächelt der Mörderin Zeit
Und erfüllet ihr großes Geschäft, erleuchtet die Sphären.
    O besuche noch lang
Herrlichstes Fürbild der Edeln! mit mildem freundlichem Blicke
    Unsre Wohnung, bis einst
Vor dem Schelten des Ewigen sinken die Sterne
    Und du selbsten erbleichst.

DIE HERRLICHKEIT DER SCHÖPFUNG
Eine Phantasie

Vorüber war der Sturm, der Donner Rollen
Das hallende Gebirg hinein verschollen,
　　Geflohn die Dunkelheit;
In junger Schöne lächelten die Himmel wieder
　Auf ihre Schwester, Gottes Erde, nieder
　　Voll Zärtlichkeit.
Es lagen lustig da, die Auen und die Tale,
Aus Maigewölken von der Sonnen Strahle
　　Holdselig angelacht:
Die Ströme schimmerten, die Büsch' und Wäldchen alle
Bewegten freudig sich im tauigen Crystalle
　　In funkelndlichter Pracht.
Und sieh! da hebt von Berg zu Berg sich prächtig ausgespannt
　　Ein Regenbogen über's Land. –
In dieser Ansicht schwamm vom Brocken oben
Mein Auge trunken, als ich aufgehoben
　　Mich plötzlich fühlte.... Heilig heil'ge Lüfte kamen
Und webten zärtlich mich, indessen über mir
Stolztragend über's All den Ewigen daher
　　Die innre Himmel majestätisch schwammen.

　　Und itzt trieb ein Wind
Fort die Wolken, mich auf ihrem Zuge,
Unter mir wichen im Fluge
　　Schimmernde Königesstädte zurück,
　　Schnell wie ein Blick,
　　Länderbeschattende Berge zurück,
Und das schönste Gemisch von blühenden Feldern,
Goldenen Saaten und grünenden Wäldern,
　　Himmel und Erde im lachenden Glanz
　　Wiegten sich um mich im sanftesten Tanz.

Da schweb ich nun in den saphirnen Höhen
Bald über'm unabsehlich weiten Meer;
Bald seh' ich unter mir ein langes Klippenheer,
Itzt grausenvolle Felsenwüsten stehen,
Und dort den Frühling mir entgegenwehen;
Und hier die Lichteskönigin,
Auf rosichtgoldnen Wolken hingetragen,
Zu ihrer Himmelsruhe ziehn.

O welch Gesicht! Mein Lied! wie könntest du es sagen
Was dieses Auge trank vom weltumwandelnden Wagen?

Der Schöpfung ganze Pracht, die Herrlichkeit,
Die in dem Einsamen der dunkeln Ewigkeit
   Der Allerhöchste ausgedacht,
Und sich zur Augenlust, und euch, o Menschen!
   Zur Wohnung hat gemacht,
Lag vor mir da! . . . Und welche Melodien
Dringen herauf? welch unaussprechlicher Klang
Schlägt mein entzücktes Ohr? . . Der große Lobgesang
Tönt auf der Laute der Natur! . . In Harmonien,
   Wie einen süßen Tod verloren, preist
   Den Herrn des Alls mein Geist!

ELEGIE
AUF DEN TOD EINES JÜNGLINGS

Banges Stöhnen, wie vor'm nahen Sturme,
   Hallet her vom öden Trauerhaus,
Todentöne fallen von des Münsters Turme,
   Einen Jüngling trägt man hier heraus:
Einen Jüngling – noch nicht reif zum Sarge,
   In des Lebens Mai gepflückt,
Pochend mit der Jugend Nervenmarke
   Mit der Flamme, die im Auge zückt;
Einen Sohn, die Wonne seiner Mutter,
   (O das lehrt ihr jammernd Ach)
Meinen Busenfreund, Ach! meinen Bruder –
   Auf! was Mensch heißt, folge nach!

Prahlt ihr Fichten, die ihr hoch veraltet
   Stürmen stehet und den Donner neckt?
Und ihr Berge die ihr Himmel haltet,
   Und ihr Himmel die ihr Sonnen hegt?
Prahlt der Greis noch, der auf stolzen Werken
   Wie auf Wogen zur Vollendung steigt?
Prahlt der Held noch, der auf aufgewälzten Tatenbergen
   In des Nachruhms Sonnentempel fleugt?
Wenn der Wurm schon naget in den Blüten:
   Wer ist Tor zu wähnen, daß er nie verdirbt?
Wer dort oben hofft noch und hienieden
   Auszudauren – wenn der Jüngling stirbt?

Lieblich hüpften, voll der Jugendfreude,
Seine Tage hin im Rosenkleide
   Und die Welt, die Welt war ihm so süß –
Und so freundlich, so bezaubernd winkte

Ihm die Zukunft, und so golden blinkte
   Ihm des Lebens Paradies;
Noch, als schon das Mutterauge tränte,
Unter ihm das Totenreich schon gähnte,
   Über ihm der Parzen Faden riß,
Erd und Himmel seinem Blick entsanken,
Floh er ängstlich vor dem Grabgedanken –
   Ach die Welt ist Sterbenden so süß.

Stumm und taub ists in dem engen Hause
   Tief der Schlummer der Begrabenen;
Bruder! Ach in ewig tiefer Pause
   Feiern alle deine Hoffnungen;
Oft erwärmt die Sonne deinen Hügel,
   Ihre Glut empfindest du nicht mehr;
Seine Blumen wiegt des Westwinds Flügel,
   Sein Gelispel hörest du nicht mehr;
Liebe wird dein Auge nie vergolden,
   Nie umhalsen deine Braut wirst du,
Nie, wenn unsre Tränen stromweis rollten, –
   Ewig, ewig sinkt dein Auge zu.

Aber wohl dir! – köstlich ist dein Schlummer,
   Ruhig schläft sichs in dem engen Haus;
Mit der Freude stirbt hier auch der Kummer,
   Röcheln auch der Menschen Qualen aus.
Über dir mag die Verleumdung geifern,
   Die Verführung ihre Gifte spein,
Über dich der Pharisäer eifern,
   Fromme Mordsucht dich der Hölle weihn,
Gauner durch Apostel Masken schielen
   Und die Bastardtochter der Gerechtigkeit,
Wie mit Würfeln, so mit Menschen spielen,
   Und so fort bis hin zur Ewigkeit.

Über dir mag auch Fortuna gaukeln,
   Blind herum nach ihren Buhlen spähn,
Menschen bald auf schwanken Thronen schaukeln,
   Bald herum in wüsten Pfützen drehn;
Wohl dir, wohl in deiner schmalen Zelle;
   Diesem komischtragischem Gewühl,
Dieser ungestümen Glückeswelle,
   Diesem possenhaften Lottospiel,
Diesem faulen fleißigen Gewimmel,
   Dieser arbeitsvollen Ruh,
Bruder! – diesem teufelvollen Himmel
   Schloß dein Auge sich auf ewig zu.

Fahr dann wohl, du Trauter unsrer Seele,
  Eingewiegt von unsern Segnungen,
Schlummre ruhig in der Grabeshöhle
  Schlummre ruhig bis auf Wiedersehn!
Bis auf diesen leichenvollen Hügeln
  Die allmächtige Posaune klingt,
Und nach aufgerißnen Todesriegeln
  Gottes Sturmwind diese Leichen in Bewegung schwingt –
Bis befruchtet von Jehovahs Hauche
  Gräber kreißen – auf sein mächtig Dräun
In zerschmelzender Planeten Rauche
  Ihren Raub die Grüfte wiederkäun –

Nicht in Welten, wie die Weisen träumen,
  Auch nicht in des Pöbels Paradies,
Nicht in Himmeln, wie die Dichter reimen, –
  Aber wir ereilen dich gewiß.
Daß es wahr sei, was den Pilger freute?
  Daß noch jenseits ein Gedanke sei?
Daß die Tugend über's Grab geleite?
  Daß es mehr denn eitle Phantasei? – –
Schon enthüllt sind dir die Rätsel alle!
  Wahrheit schlirft dein hochentzückter Geist,
Wahrheit, die in tausendfachem Strahle
  Von des großen Vaters Kelche fleußt –

Zieht dann hin, ihr schwarzen stummen Träger!
  Tischt auch den dem großen Würger auf!
Höret auf geheulergoßne Kläger!
  Türmet auf ihm Staub auf Staub zu Hauf.
Wo der Mensch der Gottes Ratschluß prüfte?
  Wo das Aug den Abgrund durchzuschaun?
Heilig! Heilig! Heilig! Bist du Gott der Grüfte,
  Wir verehren dich mit Graun!
Erde mag zurück in Erde stäuben,
  Fliegt der Geist doch aus dem morschen Haus!
Seine Asche mag der Sturmwind treiben,
  Seine Liebe dauert ewig aus!

DIE SELIGEN AUGENBLICKE
an Laura

Laura, über diese Welt zu flüchten
Wähn ich – mich in Himmelmaienglanz zu lichten
  Wenn dein Blick in meine Blicke flimmt,

Ätherlüfte träum' ich einzusaugen,
Wenn mein Bild in deiner sanften Augen
　Himmelblauem Spiegel schwimmt; –

Leierklang aus Paradieses Fernen,
Harfenschwung aus angenehmern Sternen
　Ras' ich in mein trunken Ohr zu ziehn,
Meine Muse fühlt die Schäferstunde,
Wenn von deinem wollustheißem Munde
　Silbertöne ungern fliehn; –

Amoretten seh ich Flügel schwingen,
Hinter dir die trunknen Fichten springen
　Wie von Orpheus Saitenruf belebt,
Rascher rollen um mich her die Pole,
Wenn im Wirbeltanze deine Sohle
　Flüchtig wie die Welle schwebt; –

Deine Blicke – wenn sie Liebe lächeln,
Könnten Leben durch den Marmor fächeln,
　Felsenadern Pulse leihn,
Träume werden um mich her zu Wesen,
Kann ich nur in deinen Augen lesen:
　Laura, Laura mein! –

Wenn dann, wie gehoben aus den Achsen
Zwei Gestirn, in Körper Körper wachsen,
　Mund an Mund gewurzelt brennt,
Wollustfunken aus den Augen regnen,
Seelen wie entbunden sich begegnen
　In des Atems Flammenwind, – – –

Qualentzücken – – Paradiesesschmerzen! – –
Wilder flutet zum beklommnen Herzen,
　Wie Gewappnete zur Schlacht, das Blut,
Die Natur, der Endlichkeit vergessen,
Wagts mit höhern Wesen sich zu messen,
　Schwindelt ob der acherontschen Flut.

Eine Pause drohet hier den Sinnen
Schwarzes Dunkel jagt den Tag von hinnen,
　Nacht verschlingt den Quell des Lichts –
Leises . . Murmeln . . . dumpfer . . hin . . verloren . .
Stirbt . . . allmählich . . in den trunknen . . . Ohren . . .
　Und die Welt ist . . . . Nichts . . . .

Ach vielleicht verpraßte tausend Monde
Laura, die Elisiumssekunde,
  All begraben in dem schmalen Raum;
Weggewirbelt von der Todeswonne,
Landen wir an einer andern Sonne,
  Laura! und es war ein Traum.

O daß doch der Flügel Chronos harrte,
Hingebannt ob dieser Gruppe starrte
  Wie ein Marmorbild – – die Zeit!
Aber ach! ins Meer des Todes jagen
Wellen Wellen – über dieser Wonne schlagen
  Schon die Strudel der Vergessenheit.

SPINOZA

Hier liegt ein Eichbaum umgerissen,
Sein Wipfel tät die Wolken küssen,
  Er liegt am Grund – warum?
Die Bauren hatten, hör ich reden,
Sein schönes Holz zum Bau'n vonnöten,
  Und rissen ihn deswegen um.

AN DIE PARZEN

Nicht ins Gewühl der rauschenden Redouten,
  Wo Stutzerwitz sich wunderherrlich spreißt,
Und leichter als das Netz der fliegenden Bajouten,
  Die Tugend junger Schönen reißt; –

Nicht vor die schmeichlerische Toilette,
  Wovor die Eitelkeit, als ihrem Götzen, kniet,
Und oft in wärmere Gebete,
  Als zu dem Himmel selbst entglüht;

Nicht hinter der Gardinen listgen Schleier
  Wo heuchlerische Nacht das Aug der Welt betrügt,
Und Herzen, kalt im Sonnenfeuer,
  In glühende Begierden wiegt,

Wo wir die Weisheit *schamrot* überraschen,
  Die kühnlich Föbus Strahlen trinkt,
Wo Männer gleich den Knaben diebisch naschen,
  Und Plato von den Sphären sinkt –

Zu dir – zu dir, du einsames Geschwister,
  Euch Töchtern des Geschickes, flieht
Bei meiner Laute leiserem Geflister
  Schwermütig süß mein Minnelied.

Ihr einzigen für die noch kein Sonnet gegirret,
  Um deren Geld kein Wucherer noch warb,
Kein Stutzer noch Klagarien geschwirret,
  Kein Schäfer noch arkadisch starb.

Die ihr den Nervenfaden unsers Lebens
  Durch weiche Finger sorgsam treibt,
Bis unterm Klang der Schere sich vergebens
  Die zarte Spinnewebe sträubt.

Daß du auch mir den Lebensfaden spinntest,
  Küß ich o Klotho deine Hand; –
Daß du noch nicht den jungen Faden trenntest,
  Nimm Lachesis dies Blumenband.

Oft hast du Dornen an den Faden
  Noch öfter Rosen dran gereiht,
Für Dorn' und Rosen an dem Faden
  Sei Klotho dir dies Lied geweiht;

Oft haben stürmende Affekte
  Den weichen Zwirn herumgezerrt,
Oft riesenmäßige Projekte
  Des Fadens freien Schwung gesperrt;

Oft in wollüstig süßer Stunde
  War mir der Faden fast zu fein,
Noch öfter an der Schwermut Schauerschlunde
  Mußt' er zu fest gesponnen sein:

Dies Klotho und noch andre Lügen
  Bitt ich dir itzt mit Tränen ab,
Nun soll mir auch fortan genügen
  Was mir die weise Klotho gab.

Nur laß an Rosen nie die Schere klirren
  An Dornen nur – doch wie du willst.
Laß wenn du willst die Todesschere klirren
  Wenn du dies *eine* nur erfüllst.

Wenn Göttin itzt an Laurens Mund beschworen
    Mein Geist aus seiner Hülse springt,
Verraten, ob des Todenreiches Toren
    Mein junges Leben schwindelnd hängt,

Laß ins Unendliche den Faden wallen,
    Er wallet durch ein Paradies,
Dann, Göttin, laß die böse Schere fallen!
    O laß sie fallen Lachesis!

KLOPSTOK UND WIELAND
(als ihre Silhouette neben einander hingen)

Gewiß! bin ich nur überm Strome drüben
Gewiß will ich den Mann zur *Rechten* lieben,
    Dann erst schrieb dieser Mann für mich.
Für Menschen hat der *linke* Mann geschrieben,
Ihn darf auch unser einer lieben,
    Komm linker Mann! Ich küsse dich.

GESPRÄCH

A. Hört Nachbar, muß euch närrisch fragen,
    Herr Doktor Sänftel, hör ich sagen,
        Ist euch noch frisch und ganz
        Wenn zu Paris gar herben Tanz
        Herr Onkle tat am Pferdeschwanz
    Und hat doch 'n Churfürsten totgschlagen?

B. Drum seid auch nicht so bretterdumm,
    Das macht, er hat euch 'n *Diplom*
    Das tät jener nicht haben.

A. Ei! 'n Diplom!
    Kauft sich das auch in Schwaben?

VERGLEICHUNG

Frau Ramlerin befiehlt ich soll sie wem vergleichen,
    Ich sinne nach und weiß nicht wem und wie.
Nichts unterm *Mond* will mir ein Bildnis reichen,
    Wohl! mit dem *Mond* vergleich ich sie.

Der Mond schminkt sich und stiehlt der Sonne Strahlen
　Tut auf gestohlen Brot sich wunderviel zu gut.
Auch sie gewohnt ihr Nachtgesicht zu malen
　Und kokettiert mit einer Büchse Blut.

Der Mond – und das mag ihm Herodes danken!
　Verspart sein Bestes auf die liebe Nacht.
Frau Ramlerin verzehrt bei Tag die Franken,
　Die sie zu Nachtzeit eingebracht.

Der Mond schwillt an und wird dann wieder mager,
　Wenn eben halt ein Monat über ist;
Auch dieses hat Frau Ramlerin vom Schwager,
　Doch, sagt man, braucht sie längre Frist!

Der Mond prunkiert auf sein paar Silberhörner,
　Und dieses macht er schlecht,
Sie sieht sie an Herrn Ramler gerner,
　Und darin hat sie recht.

DIE RACHE DER MUSEN,
eine Anekdote vom Helikon

Weinend kamen einst die Neune
　Zu dem Liedergott.
»Hör Papachen, rief die kleine,
　Wie man uns bedroht!

Junge Dintenlecker schwärmen
　Um den Helikon.
Raufen sich, handtieren, lärmen
　Bis zu deinem Thron.

Galoppieren auf dem Springer,
　Reiten ihn zur Tränk,
Nennen sich gar hohe Sänger
　Barden ein'ge, denk!

Wollen uns – wie garstig! – nöten,
　Ei, die Grobian!
Was ich, ohne Schamerröten,
　Nicht erzählen kann;

Einer brüllt heraus vor allen,
　Schrei't: *Ich führ das Heer!*

Schlägt mit beiden Fäust und Ballen
  Um sich wie ein Bär.

Pfeift wohl gar – wie ungeschliffen!
  Andre Schläfer wach.
Zweimal hat er schon gepfiffen,
  Doch kommt keiner nach.

Droht, er komm noch öfter wieder;
  Da sei Zevs dafür!
Vater, liebst du Sang und Lieder,
  Weis' ihm doch die Tür!«

Vater Föbus hört mit Lachen
  Ihren Klagbericht;
»Wollens kurz mit ihnen machen,
  Kinder zittert nicht!

Eine muß ins höllsche Feuer,
  Geh Melpomene!
Leihe Kleider, Noten, Leier
  Einer *Furie*.

Sie begegn' in dem Gewande
  Als wär sie verirrt
Einem dieser Jaunerbande
  Wenn es dunkel wird.

Mögen dann in finstern Küssen
  An dem artgen Kind
Ihre wilden Lüste büßen,
  Wie sie würdig sind.«

Red' und Tat! – Die Höllengöttin
  War schon aufgeschmückt,
Man erzählt, die Herren hätten
  Kaum den Raub erblickt,

Wären wie die Gei'r auf Tauben
  Losgestürzt auf sie –
Etwas will ich daran glauben,
  Alles glaub ich nie.

Waren hübsche Jungens drunter,
  Wie gerieten sie,

Dieses Brüder nimmt mich wunder,
In die Kompanie?

Die Göttin abortiert hernach:
Kam 'raus ein neuer – Almanach.

GRABSCHRIFT EINES GEWISSEN – PHYSIOGNOMEN

Wes Geistes Kind im Kopf gesessen,
Konnt' er auf jeder Nase lesen:
Und doch – daß *er* es nicht gewesen,
Den Gott zu diesem Werk erlesen,
Konnt' er nicht auf der *seinen* lesen.

EINE LEICHENPHANTASIE
1780
(in Musik zu haben beim Herausgeber)

Mit erstorbnem Scheinen
Steht der Mond auf todenstillen Hainen,
 Seufzend streicht der Nachtgeist durch die Luft –
  Nebelwolken schauern
  Sterne trauern
 Bleich herab, wie Lampen in der Gruft.
Gleich Gespenstern, stumm und hohl und hager
 Zieht in schwarzem Todenpompe dort
Ein Gewimmel nach dem Leichenlager
 Unterm Schauerflor der Grabnacht fort.

 Zitternd an der Krücke
Wer mit düstern rückgesunknem Blicke
 Ausgegossen in ein heulend Ach,
Schwer geneckt vom eisernen Geschicke
 Schwankt dem stummgetragnen Sarge nach?
Floß es, *Vater*, von des Jünglings Lippe?
 Nasse Schauer schauern fürchterlich
Durch sein gramgeschmolzenes Gerippe,
 Seine Silberhaare bäumen sich. –

 Aufgerissen seine Feuerwunde!
Durch die Seele Höllenschmerz!
 Vater floß es von des Jünglings Munde,
Sohn gelispelt hat das Vaterherz.
Eiskalt, eiskalt liegt er hier im Tuche,

Und dein Traum so golden einst so süß!
Süß und golden Vater dir zum Fluche!
Eiskalt, eiskalt liegt er hier im Tuche!
    Deine Wonne und dein Paradies. –

Mild, wie umweht von Elisiumslüften,
    Wie aus Auroras Umarmung geschlüpft,
Himmlisch umgürtet mit rosigten Düften,
    Florens Sohn über das Blumenfeld hüpft,
Flog er einher auf den lachenden Wiesen
    Nachgespiegelt von silberner Flut,
Wollustflammen entsprühten den Küssen,
    Jagten die Mädchen in liebende Glut.

Mutig sprang er im Gewühle der Menschen,
    Wie auf Gebirgen ein jugendlich Reh,
Himmelum flog er in schweifenden Wünschen,
    Hoch wie die Adler in wolkigter Höh,
Stolz wie die Rosse sich sträuben und schäumen,
    Werfen im Sturme die Mähnen umher,
Königlich wider den Zügel sich bäumen,
    Trat er vor Sklaven und Fürsten daher.

Heiter wie Frühlingstag schwand ihm das Leben,
    Floh ihm vorüber in Hesperus Glanz,
Klagen ertränkt' er im Golde der Reben,
    Schmerzen verhüpft' er im wirbelnden Tanz.
Welten schliefen im herrlichen Jungen,
    Ha! wenn er einsten zum Mann gereift –
Freue dich Vater! – im herrlichen Jungen
    Wenn einst die schlafenden Keime gereift.

Nein doch Vater – Horch! die Kirchhoftüre brauset,
    Und die eh'rnen Angel klirren auf –
Wie's hinein ins Grabgewölbe grauset! –
    Nein doch laß den Tränen ihren Lauf. –
Geh du holder, geh im Pfad der Sonne
    Freudig weiter der Vollendung zu,
Lösche nun den edeln Durst nach Wonne
    Gramentbundner, in Walhallas Ruh –

Wiedersehen – himmlischer Gedanke! –
    Wiedersehen dort an Edens Tor!
Horch! der Sarg versinkt mit dumpfigem Geschwanke,
    Wimmernd schnurrt das Todesseil empor!
Da wir trunken um einander rollten,

Lippen schwiegen, und das Auge sprach –
Haltet! haltet! da wir boshaft grollten –
Aber Tränen stürzten wärmer nach – –

Mit erstorbnem Scheinen
Steht der Mond auf todesstillen Hainen,
   Seufzend streicht der Nachtgeist durch die Luft.
     Nebelwolken schauern,
     Sterne trauern
   Bleich herab wie Lampen in der Gruft.
Dumpfig schollerts überm Sarg zum Hügel,
   O um Erdballs Schätze nur noch *einen* Blick!
Starr und ewig schließt des Grabes Riegel,
Dumpfer – dumpfer schollerts über'm Sarg zum Hügel,
   Nimmer gibt das Grab zurück.

AKTÄON

Wart! Deine Frau soll dich betrügen,
Ein andrer soll in ihren Armen liegen,
   Und Hörner dir hervor zum Kopfe blühn!
Entsetzlich! mich im Bad zu überraschen,
(Die Schande kann kein Ätherbad verwaschen,)
   Und mir nichts, dir nichts – fortzufliehn.

ZUVERSICHT DER UNSTERBLICHKEIT

Zum neuen Leben ist der Tote hier erstanden,
   Das weiß und glaub ich festiglich.
Mich lehrens schon die *Weisen ahnden*,
   Und *Schurken überzeugen* mich.

VORWURF,
an Laura

Mädchen halt – wohin mit mir du Lose?
Bin ich noch der stolze Mann? der Große?
   Mädchen, war das schön?
Sieh! Der Riese schrumpft durch dich zum Zwerge,
Weggehaucht die aufgewälzten Berge
   Zu des Ruhmes Sonnenhöhn.

Abgepflücket hast du meine Blume,
Hast verblasen all die Glanzphantome
   Narrenteidigst in des Helden Raub.
Meiner Plane stolze Pyramiden
Trippelst du mit leichten Zefyrtritten
   Schäkernd in den Staub.

Zu der Gottheit flog ich Adlerpfade,
Lächelte Fortunens Gaukelrade,
   Unbesorgt wie ihre Kugel fiel.
Jenseits dem Kozytus wollt' ich schweben,
Und empfange sklavisch Tod und Leben,
   Leben, Tod von einem Augenspiel.

Siegern gleich, die wach von Donnerlanzen
In des Ruhmes Eisenfluren tanzen
   Losgerissen von der Frynen Brust,
Wallet aus Aurorens Rosenbette
Gottes Sonne über Fürstenstädte
   Lacht die junge Welt in Lust!

Hüpft der Heldin noch dies Herz entgegen?
Trink ich, Adler, noch den Flammenregen
   Ihres Auges das vernichtend brennt?
In den Blicken die vernichtend blinken
Seh ich meine Laura *Liebe* winken,
   Seh's, und weine wie ein Kind.

Meine Ruhe, gleich dem Sonnenbilde
In der Welle, wolkenlos und milde,
   Mädchen hast du hingemordt.
Schwindelnd schwank ich auf der gähen Höhe,
Laura? – wenn mich – wenn mich Laura flöhe?
   Und hinunterstrudelt mich das Wort.

Hell ertönt das Evoe der Zecher,
Freuden winken vom bekränzten Becher,
   Scherze springen aus dem goldnen Wein.
Seit das Mädchen meinen Sinn beschworen,
Haben mich die Jünglinge verloren,
   Freundlos irr ich und allein.

Lausch ich noch des Ruhmes Donnerglocken?
Reizt mich noch der Lorbeer in den Locken?
   Deine Leir Apollo Zynthius?
Nimmer, nimmer widerhallt mein Busen,

Traurig fliehen die beschämten Musen,
  Flieht Apollo Zynthius?

Will ich gar zum Weibe noch erlahmen?
Hüpfen noch bei Vaterlandes Namen
  Meine Pulse lebend aus der Gruft?
Will ich noch nach Varus Adler ringen?
Wünsch ich noch in Römerblut zu springen,
  Wenn mein Hermann ruft? –
Köstlich ists – der Schwindel starrer Augen,
Seiner Tempel Weihrauchduft zu saugen,
  Stolzer, kühner schwillt die Brust. –
Kaum erbettelt itzt ein halbes Lächeln
Was in Flammen jeden Sinn zu fächeln
  Zu empören jede Kraft gewußt. –

Daß mein Ruhm sich zum Orion schmiegte,
Hoch erhoben sich mein Name wiegte
  In des Zeitstroms wogendem Gewühl.
Daß dereinst an meinem Monumente
Stolzer türmend nach dem Firmamente
  Chronos Sense splitternd niederfiel –

Lächelst du? Nein! nichts hab ich verloren!
Stern und Lorbeer neid ich nicht den Toren,
  Leichen ihre Marmor nie –
Alles hat die Liebe mir errungen,
Über Menschen hätt' ich mich geschwungen,
  Itzo *lieb* ich sie!

EIN VATER
AN
SEINEN SOHN

Wie die Himmelslüfte mit den Rosen
An den Frühlingsmorgen zärtlich kosen;
  Kind, so schmeichelt dir
Itzt das äußre Glück in deinen Jugendtagen,
Tränen sahst du nur; noch rangen keine Klagen
  Sich aus deiner Brust herfür.

Aber sieh! der Hain, der kaum entzücket,
Neigt sich, plötzlich rast der Sturm, zerknicket
  Liegt die Rosenblum!
O so ist es, Sohn, mit unsern Sinnesfreuden,

Unserm Golde, unsern lichten Herrlichkeiten,
  So mit unserm Flitterruhm.

Nur des Höchsten Abglanz, der Gerechte,
Welcher in dem schröcklichen Gefechte
  Zwischen Lust und Pflicht
Jener sich entringt, der höhern Weisheit Stimme
Folget, trotz der Selbstsucht heißem Grimme,
  Die sein Herz mit Schwerdern sticht.

Dessen Wollust trägt von hier die Bahre
Nicht, es löscht sie nicht der Strom der Jahre,
  Nicht die Ewigkeit:
Angeleuchtet könnt' er in den letzten Blitzen,
Und vom Weltenumsturz angeschwungen sitzen
  Ohne Menschenbangigkeit.

DIE MESSIADE

Religion beschenkte dies Gedicht,
Auch umgekehrt? – Das fragt mich nicht.

HYMNE
an den Unendlichen

Zwischen Himmel und Erd, hoch in der Lüfte Meer,
In der Wiege des Sturms trägt mich ein Zackenfels,
  Wolken türmen
    Unter mir sich zu Stürmen,
Schwindelnd gaukelt der Blick umher
  Und ich denke dich, Ewiger.

Deinen schauernden Pomp borge dem Endlichen
Ungeheure Natur! Du der Unendlichkeit
  Riesentochter!
    Sei mir Spiegel Jehovahs!
Seinen Gott dem vernünftgen Wurm
  Orgle prächtig, Gewittersturm!

Horch! er orgelt – Den Fels wie er herunterdröhnt!
Brüllend spricht der Orkan Zebaoths Namen aus.
  Hingeschrieben
    Mit dem Griffel des Blitzes:
Kreaturen, erkennt ihr mich?
  Schone, Herr! wir erkennen dich.

DIE FREUNDSCHAFT
*(aus den Briefen Julius an Raphael; einem
noch ungedruckten Roman)*

Freund! genügsam ist der Wesenlenker –
Schämen sich kleinmeisterische Denker,
   Die so ängstlich nach Gesetzen spähn –
Geisterreich und Körperweltgewühle
Wälzet *Eines* Rades Schwung zum Ziele,
   Hier sah es mein Newton gehn.

Sphären lehrt es Sklaven *eines* Zaumes
Um das Herz des großen Weltenraumes
   Labyrinthenbahnen ziehn –
Geister in umarmenden Systemen
Nach der *großen Geistersonne* strömen,
   Wie zum Meere Bäche fliehn.

War's nicht dies allmächtige Getriebe,
Das zum ew'gen Jubelbund der Liebe
   Unsre Herzen aneinander zwang?
Raphael, an *deinem* Arm – o Wonne!
Wag auch ich zur großen Geistersonne
   Freudigmutig den Vollendungsgang.

Glücklich! glücklich! *Dich* hab ich gefunden,
Hab aus Millionen *Dich* umwunden,
   Und aus Millionen *mein* bist *Du* –
Laß das Chaos diese Welt umrütteln,
Durcheinander die Atomen schütteln;
   Ewig fliehn sich unsre Herzen zu.

Muß ich nicht aus *Deinen* Flammenaugen
Meiner Wollust Widerstrahlen saugen?
   Nur in *Dir* bestaun ich mich –
Schöner malt sich mir die schöne Erde,
Heller spiegelt in des Freunds Gebärde
   Reizender der Himmel sich.

Schwermut wirft die bange Tränenlasten,
Süßer von des Leidens Sturm zu rasten,
   In der Liebe Busen ab; –
Sucht nicht selbst das folternde Entzücken
In des Freunds beredten Strahlenblicken
   Ungeduldig ein wollüstges Grab? –

Stünd im All der Schöpfung ich alleine,
Seelen träumt' ich in die Felsensteine,
  Und umarmend küßt' ich sie –
Meine Klagen stöhnt' ich in die Lüfte,
Freute mich, antworteten die Klüfte,
  Tor genug! der süßen Sympathie.

Tode Gruppen sind wir – wenn wir hassen,
Götter – wenn wir liebend uns umfassen!
  Lechzen nach dem süßen Fesselzwang –
Aufwärts durch die tausendfache Stufen
Zahlenloser Geister die nicht schufen
  Waltet göttlich dieser Drang.

Arm in Arme, höher stets und höher,
Vom Mogolen bis zum griechschen Seher,
  Der sich an den letzten Seraf reiht,
Wallen wir, einmüt'gen Ringeltanzes,
Bis sich dort im Meer des ew'gen Glanzes
  Sterbend untertauchen Maß und Zeit –

Freundlos war der große Weltenmeister,
Fühlte *Mangel* – darum schuf er Geister,
  Sel'ge Spiegel *seiner* Seligkeit! –
Fand das höchste Wesen schon kein Gleiches,
Aus dem Kelch des ganzen Seelenreiches
  Schäumt *ihm* – die Unendlichkeit.

DER WIRTEMBERGER

  Der Name Wirtemberg
  Schreibt sich von Wirt am Berg –
  Ein Wirtemberger *ohne Wein*
  Kann der ein Wirtemberger sein?

MELANCHOLIE
an Laura

  Laura – Sonnenaufgangsglut
Brennt in deinen goldnen Blicken,
    In den Wangen springt purpurisch Blut,
    Deiner Tränen Perlenflut
Nennt noch Mutter das Entzücken –
    Dem der schöne Tropfe taut,

Der darin Vergöttrung schaut,
Ach dem Jüngling der belohnet wimmert,
Sonnen sind ihm aufgedämmert!

  Deine Seele gleich der Spiegelwelle
    Silberklar und Sonnenhelle
Maiet noch den trüben Herbst um dich,
Wüsten öd und schauerlich
    Lichten sich in deiner Strahlenquelle,
Düstrer Zukunft Nebelferne
Goldet sich in deinem Sterne;
Lächelst du der Reizeharmonie?
Und ich weine über sie. –

Untergrub denn nicht der Erde Feste
    Lange schon das Reich der Nacht?
Unsre stolz auftürmenden Paläste,
    Unsrer Städte majestätsche Pracht
Ruhen all auf modernden Gebeinen,
    Deine Nelken saugen süßen Duft
Aus Verwesung, deine Quellen weinen
    Aus dem Becken einer – Menschengruft.

Blick empor – die schwimmenden Planeten,
Laß dir Laura seine Welten reden!
    Unter ihrem Zirkel flohn
    Tausend bunte Lenze schon,
Türmten tausend Throne sich
Heulten tausend Schlachten fürchterlich
    In den eisernen Fluren,
    Suche ihre Spuren.
Früher später reif zum Grab
Laufen ach die Räder ab
    An Planetenuhren.

  Blinze dreimal – und der Sonnen Pracht
    Löscht im Meer der Todennacht!
Frage mich von wannen *Deine* Strahlen lodern!
    Prahlst du mit des Auges Glut?
    Mit der Wangen frischem Purpurblut?
Abgeborgt von mürben Modern?
    Wuchernd fürs geliehne Rot,
    Wuchernd Mädchen wird der Tod
Schwere Zinsen fodern!
Rede Mädchen nicht dem Starken Hohn!
    Eine schönre Wangenröte

Ist doch nur des Todes schönrer Thron,
   Hinter dieser blumigten Tapete
Spannt den Bogen der Verderber schon –
Glaub es – glaub es Laura deinem Schwärmer,
   Nur der Tod ist's dem dein schmachtend Auge winkt,
   Jeder deiner Strahlenblicke trinkt
Deines Lebens karges Lämpchen ärmer;
   Meine Pulse, prahlest Du,
Hüpfen noch so jugendlich von dannen –
Ach! die Kreaturen des Tyrannen
   Schlagen tückisch der Verwesung zu.

   Aus einander bläst der Tod geschwind
   Dieses Lächeln, wie der Wind
Regenbogenfarbigtes Geschäume,
   Ewig fruchtlos suchst du seine Spur,
   Aus dem Frühling der Natur
Aus dem Leben, wie aus seinem Keime,
   Wächst der ew'ge Würger nur.

Weh! entblättert seh ich deine Rosen liegen,
   Bleich erstorben deinen süßen Mund,
   Deiner Wangen wallendes Rund
Werden rauhe Winterstürme pflügen,
   Düstrer Jahre Nebelschein
Wird der Jugend Silberquelle trüben,
Dann wird Laura – Laura nicht mehr lieben,
   Laura nicht mehr liebenswürdig sein.

Mädchen – stark wie Eiche stehet noch dein Dichter,
   Stumpf an meiner Jugend Felsenkraft
   Niederfällt des Todesspeeres Schaft,
Meine Blicke brennend wie die Lichter
   Seines Himmels – feuriger mein Geist,
Denn die Lichter seines ew'gen Himmels,
Der im Meere eignen Weltgewimmels
   Felsen türmt und niederreißt.
Kühn durchs Weltall steuern die Gedanken,
Fürchten nichts – als seine Schranken.

Glühst du Laura? Schwillt die stolze Brust?
Lern' es Mädchen, dieser Trank der Lust,
   Dieser Kelch, woraus mir Gottheit düftet –
   Laura – ist vergiftet!
Unglückselig! Unglückselig! die es wagen
Götterfunken aus dem *Staub* zu schlagen.

Ach die kühnste Harmonie
Wirft das Saitenspiel zu Trümmer,
  Und der lohe Ätherstrahl *Genie*
Nährt sich nur vom Lebenslampenschimmer –
  Wegbetrogen von des Lebens Thron
  Front ihm jeder Wächter schon!
Ach! schon schwören sich mißbraucht zu frechen Flammen
Meine Geister wider mich zusammen!
Laß – ich fühls – laß Laura noch zween kurze
  Lenze fliegen – und dies Moderhaus
Wiegt sich schwankend über mir zum Sturze,
  Und in eignem Strahle lösch ich aus. – –

Weinst du Laura? – Träne sei verneinet,
Die des Alters Straflos mir erweinet,
  Weg! Versiege Träne Sünderin!
Laura will, daß meine Kraft entweiche,
Daß ich zitternd unter dieser Sonne schleiche,
  Die des Jünglings Adlergang gesehn? –
Daß des Busens lichte Himmelsflamme
Mit erfrornem Herzen ich verdamme,
Daß die Augen meines Geists verblinden,
Daß ich fluche meinen schönsten Sünden?
  Nein! versiege Träne Sünderin! –
Brich die Blume in der schönsten Schöne,
Lösch, o Jüngling mit der Trauermiene!
  Meine Fackel weinend aus,
Wie der Vorhang an der Trauerbühne
Niederrauschet bei der schönsten Szene,
  Fliehn die Schatten – und noch schweigend horcht das Haus.

DIE PEST
eine Phantasie

Gräßlich preisen Gottes Kraft
  Pestilenzen würgende Seuchen,
Die mit der grausen Brüderschaft
  Durchs öde Tal der Grabnacht schleichen.

Bang ergreifts das klopfende Herz,
Gichtrisch zuckt die starre Sehne,
Gräßlich lacht der Wahnsinn in das Angstgestöhne,
  In heulende Triller ergeußt sich der Schmerz.

Raserei wälzt tobend sich im Bette –
Gift'ger Nebel wallt um ausgestorbne Städte
   Menschen – hager – hohl und bleich –
   Wimmeln in das finstre Reich.
Brütend liegt der Tod auf dumpfen Lüften,
Häuft sich Schätze in gestopften Grüften
   Pestilenz sein Jubelfest.
Leichenschweigen – Kirchhofstille
Wechseln mit dem Lustgebrülle,
   Schröcklich preiset Gott die Pest.

DAS MUTTERMAL

Mann
Sieh Schätzchen wie der Bub mir gleicht,
   Selbst meine Narbe von den Pocken!

Frau
Mein Engel, das begreif ich leicht,
   Bin auch 'nmal recht an dir erschrocken.

MONUMENT
MOORS DES RÄUBERS

Vollendet!
Heil dir! Vollendet!
Majestätischer Sünder!
Deine furchtbare Rolle vollbracht.

Hoher Gefallener!
Deines Geschlechts Beginner und Ender!
Seltner Sohn ihrer schröcklichsten Laune,
   Erhabner *Verstoß* der Mutter Natur!

Durch wolkigte Nacht ein prächtiger Blitz!
Hui! hinter ihm schlagen die Pforten zusammen!
   Geizig schlingt ihn der Rachen der Nacht!
     Zucken die Völker
  Unter seiner verderbenden Pracht!
   Aber Heil dir! vollendet!
    Majestätischer Sünder!
Deine furchtbare Rolle vollbracht!

Modre – verstieb
In der Wiege des offnen Himmels!
Fürchterlich jedem Sünder zur Schau,
Wo dem *Thron gegenüber*
Heißer Ruhmsucht *furchtbare Schranke* steigt!
Siehe! der Ewigkeit übergibt dich die Schande!
Zu den Sternen des Ruhms
Klimmst du auf den Schultern der Schande!
Einst wird unter dir auch die Schande zerstieben,
Und dich reicht – die Bewunderung.

Nassen Auges an deinem schauernden Grabe
Männer vorüber –
Freue dich der Träne der Männer,
Des Gerichteten Geist!
Nassen Auges an deinem schauernden Grabe
Jüngst ein Mädchen vorüber,
Hörte die furchtbare Kunde
Deiner Taten vom steinernen Herold,
Und das Mädchen – freue dich! freue dich!
Wischte die Träne nicht ab.
Ferne stand ich – sah die Perle fallen,
Und ich rief ihr: Amalia!

Jünglinge! Jünglinge!
Mit des *Genies* gefährlichem Ätherstrahl
Lernt behutsamer spielen.
Störrig knirscht in den Zügel das Sonnenroß,
Wie's am Seile des Meisters
Erd und Himmel in sanfterem Schwunge wiegt,
Flammts am kindischen Zaume
Erd und Himmel in lodernden Brand!
Unterging in den Trümmern
Der mutwillige Phaeton.

Kind des himmlischen Genius,
Glühendes tatenlechzendes Herz!
Reizet dich das Mal meines Räubers?
War wie du glühenden tatenlechzenden Herzens,
War wie du des himmlischen Genius Kind.
Aber du lächelst und gehst –
Dein Blick durchfliegt den Raum der Weltgeschichte,
Moorn den Räuber findest du nicht –
Steh und lächle nicht Jüngling!
Seine Sünde lebt – lebt seine Schande,
Räuber Moor nur – ihr Name nicht.

QUIRL

Euch wundert, daß Quirls Wochenblatt
Heut um ein Heft gewonnen hat
Und hörtet doch den Stadtausrufer sagen,
Daß Brot und Rindfleisch aufgeschlagen.

DIE SCHLIMMEN MONARCHEN

Euren Preis erklimme meine Leier –
Erdengötter – die der süßen Feier
   Anadyomenens sanft nur klang;
Leiser um das pompende Getöse,
Schüchtern um die Purpurflammen eurer Größe
   Zittert der Gesang.

Redet! soll ich goldne Saiten schlagen,
Wenn vom Jubelruf empor getragen
   Euer Wagen durch den Walplatz rauscht?
Wenn ihr, schlapp vom eisernen Umarmen,
Schwere Panzer mit den weichen Rosenarmen
   Eurer Phrynen tauscht? –

Soll vielleicht im Schimmer goldner Reifen,
Götter, euch die kühne Hymne greifen
   Wo in mystisch Dunkel eingemummt
Euer Spleen mit Donnerkeilen tändelt,
Mit *Verbrechen* eine *Menschlichkeit* bemäntelt
   Bis – das Grab verstummt?

Sing ich *Ruhe* unter Diademen?
Soll ich, Fürsten, eure *Träume* rühmen? –
   Wenn der Wurm am Königsherzen zehrt
Weht der goldne Schlummer um den Mohren,
Der den Schatz bewacht an des Palastes Toren,
   Und – ihn nicht begehrt.

Zeig o Muse, wie mit Rudersklaven
Könige auf *einem* Polster schlafen,
   Die *gelöschten* Blitze freundlich tun,
Wo nun nimmer ihre Launen foltern,
Nimmer die Theaterminotaure poltern,
   Und – die Löwen ruhn.

Auf! Betaste mit dem Zaubersiegel,
Hekate, des Gruftgewölbes Riegel!
    Horch! die Flügel donnern jach zurück!
Wo des Todes Odem dumpfig säuselt,
Schauerluft die starren Locken aufwärts kräuselt,
    Sing ich – *Fürstenglück*. – –

Hier das Ufer? – Hier in diesen Grotten
Stranden eurer Wünsche stolze Flotten?
    Hier – wo eurer Größe Flut sich stößt?
Ewig nie dem Ruhme zu erwarmen,
Schmiedet hier die Nacht mit schwarzen Schauerarmen
    Potentaten fest.

Traurig funkelt auf dem Todenkasten,
Eurer Kronen, der umperlten Lasten,
    Eurer Szepter undankbare Pracht.
Wie so schön man Moder übergoldet!
Doch nur Würmer werden mit dem Leib besoldet,
    Dem – die Welt gewacht.

Stolze Pflanzen in so niedern Beeten!
Seht doch! – wie mit welken Majestäten
    Garstig spaßt der unverschämte Tod!
Die durch Nord und Ost und West geboten –
Dulden sie des Unholds ekelhafte Zoten,
    Und – kein Sultan droht?

Springt doch auf, ihr störrige Verstummer,
Schüttelt ab den tausendpfundgen Schlummer,
    Siegespauken trommeln aus der Schlacht,
Höret doch, wie hell die Zinken schmettern!
Wie des Volkes wilde *Vivat* euch vergöttern!
    Könige erwacht!

Siebenschläfer! – o so hört die hellen
Hörner klingen und die Doggen bellen!
    Tausendröhrigt knallt das Jagdenfeu'r;
Muntre Rosse wiehern nach dem Forste,
Blutig wälzt der Eber seine Stachelborste,
    Und – der Sieg ist eu'r!

Was ist das? – Auch Fürsten schweigen selber?
Neunfach durch die heulenden Gewölber
    Spottet mir ein schleifend Echo nach –
Hört doch nur den Kammerjunker düsseln:

Euch beehrt Madonna mit geheimen Schlüsseln
　In – ihr Schlafgemach.

Keine Antwort – Ernstlich ist die Stille –
Fällt denn auch auf Könige die Hülle,
　Die die Augen des Trabanten deckt? –
Und ihr fodert Anbetung in Asche,
Daß die blinde Metze *Glück* in eure Tasche
　Eine – Welt gesteckt?

Und ihr rasselt, Gottes Riesenpuppen,
Hoch daher in kindischstolzen Gruppen,
　Gleich dem Gaukler in dem Opernhaus? –
Pöbelteufel klatschen dem Geklimper,
Aber weinend zischen den erhabnen Stümper
　Seine Engel aus.

Ins Gebiet der leiseren Gedanken,
Würden – überwänden sie die Schranken –
　Schlangenwirbel eure Mäkler drehn;
Lernt doch, daß die euren zu entfalten,
Blicke, die auch Pharisäerlarven spalten,
　Von dem Himmel sehn.

Prägt ihr zwar – Hohn ihrem falschen Schalle! –
Euer Bild auf lügende Metalle,
　Schnödes Kupfer adelt ihr zu Gold –
Eure Juden schachern mit der Münze, –
Doch wie anders klingt sie über jener Grenze,
　Wo die Waage rollt!

Decken euch Seraile dann und Schlösser,
Wann des Himmels fürchterlicher Presser
　An des großen Pfundes Zinsen mahnt?
Ihr bezahlt den Bankerott der Jugend
Mit Gelübden, und mit *lächerlicher Tugend*,
　Die – Hanswurst erfand.

Berget immer die erhabne Schande
Mit des *Majestätsrechts* Nachtgewande!
　Bübelt aus des Thrones Hinterhalt.
Aber zittert für des Liedes Sprache,
Kühnlich durch den Purpur bohrt der Pfeil der Rache
　Fürstenherzen kalt.

BAURENSTÄNDCHEN

Mensch! Ich bitte guck heraus!
　　Klecken nicht zwo Stunden,
Steh ich so vor deinem Haus,
　　Stehe mit den Hunden.
S'regnet was vom Himmel mag,
S'g'wittert wie zum jüngsten Tag
　　Pudelnaß die Hosen!
Platschnaß Rock und Mantel ei!
Rock und Mantel nagelneu,
　　Alles dieser Losen.
Draußen, draußen Saus und Braus!
Mensch! ich bitte guck heraus.

Ei zum Henker guck heraus!
　　Löscht mir die Laterne –
Weit am Himmel Nacht und Graus!
　　Weder Mond noch Sterne.
Stoß ich schier an Stein und Stock,
Reiße Wams und Überrock,
　　Ach daß Gott erbarme!
Hecken, Stauden rings umher,
Gräben, Hügel kreuz und quer,
　　Breche Bein und Arme.
Draußen, draußen Nacht und Graus!
Ei zum Henker guck heraus!

Ei zum Teufel! guck heraus!
　　Höre mein Gesuche!
Beten, Singen geht mir aus,
　　Willst du, daß ich fluche?
Muß ich doch ein Hans Dampf sein,
Frör ich nicht zu Stein und Bein
　　Wenn ich länger bliebe?
Liebe das verdank ich dir,
Winterbeulen machst du mir,
　　Du vertrackte Liebe!
Draußen, draußen Kalt und Graus!
Ei zum Teufel guck heraus.

Donner alle! Was ist das,
　　Das vom Fenster regnet,
Garstge Hexe, kotignaß,
　　Hast mich eingesegnet.
Regen, Hunger, Frost und Wind

Leid ich für das Teufelskind,
   Werde noch gehudelt!
Wetter auch! Ich packe mich!
Böser Dämon tummle dich,
   Habe satt gedudelt!
Draußen, draußen Saus und Braus!
Fahre wohl – Ich geh nach Haus.

DIE WINTERNACHT

Ade! Die liebe Herrgottssonne gehet,
   Grad über tritt der Mond!
Ade! Mit schwarzem Rabenflügel wehet
   Die stumme Nacht ums Erdenrund.

Nichts hör ich mehr durchs winternde Gefilde
   Als tief im Felsenloch
Die Murmelquell, und aus dem Wald das wilde
   Geheul des Uhus hör ich noch.

Im Wasserbette ruhen alle Fische,
   Die Schnecke kriecht ins Dach,
Das Hündchen schlummert sicher unterm Tische,
   Mein Weibchen nickt im Schlafgemach.

Euch Brüderchen von meinen Bubentagen,
   Mein herzliches Willkomm!
Ihr sitzt vielleicht mit traulichem Behagen
   Um einen teutschen Krug herum.

Im hochgefüllten Deckelglase malet
   Sich purpurfarb die Welt,
Und aus dem goldnen Traubenschaume strahlet
   Vergnügen das kein Neid vergällt.

Im Hintergrund vergangner Jahre findet
   Nur Rosen euer Blick,
Leicht, wie die blaue Knasterwolke, schwindet
   Der trübe Gram von euch zurück.

Vom Schaukelgaul bis gar zum Doktorhute
   Stört ihr im Zeitbuch um,
Und zählt nunmehr mit federleichtem Mute
   Schweißtropfen im Gymnasium.

Wie manchen Fluch – noch mögen unterm Boden
  Sich seine Knochen drehn –
Terenz erpreßt, trotz Herrn Minellis Noten,
  Wie manch verzogen Maul gesehn.

Wie ungestüm dem grimmen Landexamen
  Des Buben Herz geklopft;
Wie ihm, sprach itzt der Rektor seinen Namen,
  Der helle Schweiß aufs Buch getropft –

Wohl redt man auch von einer – e – gewissen –
  Die sich als *Frau* nun spreißt,
Und mancher will der Lecker baß nun wissen,
  Was doch ihr *Mann* baß – gar nicht weißt –

Nun liegt dies all im Nebel hinterm Rücken,
  Und Bube heißt nun Mann,
Und Fridrich schweigt der weiseren Perücken
  Was einst der kleine Friz getan –

Man ist – Potz gar! – zum Doktor ausgesprochen,
  Wohl gar – beim Regiment!
Und hat vielleicht – doch nicht zu früh, gerochen,
  Daß Plane – Seifenblasen sind.

Hauch immer zu – und laß die Blasen springen;
  Bleibt nur dies Herz noch ganz!
Und bleibt mir nur – errungen mit Gesängen –
  Zum Lohn ein teutscher Lorbeerkranz.

⟨1782-1785⟩

TODENFEIER AM GRABE DES HOCHWOHLGEBORNEN
HERRN, HERRN PHILIPP FRIDERICH VON RIEGER

Noch zermalmt der Schrecken unsre Glieder –
    Rieger tot!
Noch in unsern Ohren heult der Donner wider –
    Rieger, Rieger tot!
  Wie ein Blitz, im Niedergang entzündet,
    Schon im Aufgang schwindet,
      Flog der *Held* zu GOtt!
Sollen Klagen um die Leiche hallen,
    Klagen um den *großen Mann*?
Oder dörfen warme Tränen fallen,
    Tränen um den *guten lieben Mann*?
  Dörfen wir mit *Riegers* Söhnen weinen?
    Mit den Patrioten uns vereinen?
      Oh so feire weinender Gesang
      Einer Sonne Untergang!

Groß, *o Rieger*, groß war *Deine* Stufe
Groß *Dein* Geist zu *Seinem* großen Rufe
    Größer war – *Dein* Herz!
Engelhuld und göttliches Erbarmen
Rief den *Freund* zu *Deinen* offnen Armen;
    Froher unschuldsvoller Scherz
Lachte noch im silbergrauen Weisen,
Jugendfeuer brannte noch im Greisen,
    In dem Krieger betete – der Christ.
Höher als das Lächeln *Deines Fürsten*
(Ach! wornach so manche geizig dürsten!)
    Höher war *Dir* der, der ewig ist.

Nicht um Erdengötter klein zu kriechen,
Fürstengunst mit Untertanenflüchen
    Zu erwuchern war *Dein* Trachten nie.
Elende beim *Fürsten* zu vertreten,
Für die Unschuld an dem Thron zu beten
    War *Dein* Stolz auf Erden hie.
Rang und Macht, die lächerlichen Flitter,
    Fallen ab am Tage des Gerichts,
Fallen ab wie Blätter im Gewitter,
    Und der Pomp – ist Nichts! – –

Krieger KARLS! erlaubt mir hier zu halten,
Tretet her ihr lorbeervollen Alten!
   (Das Gewissen brenne flammenrot)
Dumpfig hohl aus Eures *Riegers* Bahre,
Spricht zu Euch, ihr Söhne vieler Jahre,
   Spricht zu Euch – der Tod:

»Erdengötter! – glaubt ihr ungerochen
   Mit der Größe kindischkleinen Stolz,
  (Alles faßt der schmale Raum von Holz)
     Gegen mich zu pochen?
Hilft euch des Monarchen Gunst
Die oft nur am Rittersterne funkelt,
   Hilft des Höflings Schlangenkunst,
Wenn sich brechend euer Aug verdunkelt?
     Erdengötter redet doch,
   Wenn der Götterdunst zerstiebet,
    Redet denn, was wärt ihr noch
   Wenn ihr – schlechte Menschen bliebet?

Trotzt ihr mir mit euren stolzen Ahnen,
   Daß von euch – zwei Tropfen Blut
In den Adern alter Helden rannen?
     Pocht ihr auf geerbtes Gut?
Wird man dort nach *Riegers* Range fragen
   Folgt *Ihm* wohl KARLS Gnade bis dahin?
Wird er höher von dem Ritterkreuz getragen,
   Als vom Jubel *Seiner* Segnenden?
Wann der Richter in dem Schuldbuch blättert,
   Fragt er, ob der große Tote hier
Zu dem Tempel des Triumphs geklettert?
Fragt man *dort*, wie man Ihn *hier* vergöttert?
   Richtet *GOtt* – wie *wir*?«

Aber Heil *Dir*! *Seliger! Verklärter*
   Nimm zufrieden *Deinen* Sonnenflug!
Deinem Herzen war die Menschheit werter
   Als der Größe prangender Betrug!
Schöne Taten waren *Deine* Schätze,
   Aufgehäuft für eine schöne Welt,
Glücklich gingst *Du* durch die goldne Netze,
   Wo die Ehrsucht ihre Sklaven fällt.
Wenn die Riesenrüstung stolzer Größe
   Manches große Heldenherz zerdrückt
Flohst *Du* frei, entschwungen dem Getöse
   Dieser Welt, und bist – beglückt!

Dort, wo *Du* bei ewgen Morgenröten
　　Einen Lorbeer, der nie welket, pflückst,
Und auf diesen traurenden Planeten
　　Sanften Mitleids niederblickst,
Dort wo *Du* an reine Seraphinen
　　Dich in ewigem Umarmen schmiegst,
Und bei jubelvollen Harfentönen
　　Kühne Flügel durch den Himmel wiegst,
Dort wo *Rieger* unter Edens Wonne
　　Dieses Lebens Folterbank verträumt,
Und die Wahrheit leuchtend wie die Sonne,
　　Ihm aus tausend Röhren schäumt,

Dorten sehn wir – Jauchzet Brüder –
　　Dorten unsern *Rieger* wieder!!!

⟨INSCHRIFTEN FÜR GRABMÄLER⟩

⟨LUTHER⟩

MARTINVS LVTHERVS
IN TERRA NOTVS
ET COELO ET INFERNO.

⟨KEPPLER⟩

IOANNES KEPPLERVS
FORTVNA MAIOR
NEVTONI
PER SIDERA
DVCTOR.

⟨HALLER⟩

CORPORI LEGES
ANIMO OFFICIA
ASSIGNAVIT.

⟨KLOPSTOCK⟩

GRATIAM
CECINIT
TERRIS ET INFERIS.

WUNDERSELTSAME
HISTORIA
DES
BERÜHMTEN FELDZUGES
als welchen
HUGO SANHERIB
König von Aßyrien
ins Land Juda
unternehmen wollte
aber unverrichteter Ding wieder einstellen mußte
Aus einer alten Chronika gezogen
und in schnakische Reimlein bracht
von SIMEON KREBSAUGE
Bakkalaur

In Juda – schreibt die Chronika –
  War olim schon ein König,
Dem war von Dan bis Berseba
  Bald alles untertänig.
Und war dabei ein wackrer Fürst
Desgleichen selten finden wirst.

Der war nun kürzlich, wie bekannt,
  Vom Freien heimgekommen,
Und hatte vom KaldäerLand
  Ein Weibchen mitgenommen.
Im Herzen Himmel – und im Blick;
Ich küßte sie den Augenblick.

Die Trauung war schon angestellt,
  Die Hochzeitkleider fertig,
Der Bräutigam, frisch wie ein Held,
  Des Wonnetags gewärtig,
Als plötzlich – zitternd schreibts mein Kiel –
Ein Fieber diesen Herrn befiel.

Ein großer Herre, wie man weißt,
  Ist nicht wie unser einer –

Wenn *unsre* Seele weiter reis't,
  Drob kümmert sich wohl keiner –
Ein Schnuppen den ein Großer klagt,
Wird in der Welt herumgesagt.

Drum nimmt Frau Fama, nimmerfaul,
  Das Hifthorn von dem Nacken,
(Man kennt ja schon ihr großes Maul,
  Und ihre dicken Backen)
»Fürst Josaphat liegt todkrank da«
Posaunt sie durch ganz Asia.

Sogleich vernahm den Trauerton
  Fürst Sanherib, sein Vetter, –
Zu Assur hat er seinen Thron
  Und ehret fremde Götter.
Die Balle Lüge kommt so recht
Zu statten meinem Götzenknecht.

»Da fischt sich was – Hol mich der Dachs!« –
  Und hui! spitzt er die Ohren.
»Stirbt Josaphat, so zieh ich stracks
  Hinein zu Hebrons Toren.
Er braucht Arznei – er treibts nicht lang!
Und Juda ist ein fetter Fang.«

Gleich läuft die Ordre aus dem Schloß
  Durch Stadt und Wachparade,
Der Junggesellen faulen Troß
  Zu werben ohne Gnade.
Schon springen Bomben aus dem Guß,
Und freun sich auf den nächsten Schuß.

Die Wache vor dem Tor bekommt
  Gemessene Befehle,
Daß undurchsucht – unangebrummt
  Entwische keine Seele.
Brieftaschen und Patent heraus –
Sonst – Marsch ihr Herrn ins Narrenhaus!

»Woher mein Freund?« brüllt auf und ab
  Die Schildwach' an die Fremde.
»Wohin die Reis'? Wo steigt ihr ab?
  Was führt ihr unterm Hemde?
Torschreiber 'raus! – Der Herr bleibt stehn!
Man wird ihn heißen weiter gehn«

Da war nun mancher Passagier
　　Dem Korporal verdächtig,
Die Fragen gehn zur Folter schier,
　　Gott aber ist allmächtig:
Man visitiert von Pack zu Pack,
Doch zeigt sich nichts – als Schnupftobak.

Indessen schickt der Werber Fleiß
　　Rekruten, Sand am Meere,
Sie stehen blau und rot und weiß
　　Und ordnen sich in Heere.
Das Kriegsgeräte – glaubt mir keck
Fraß zehen Sekel Silbers weg.

Fürst Sanherib erzählte schon
　　Den Damen seine Siege,
Aufs Wohl des neuen Landes flohn
　　Von Tisch zu Tisch die Krüge,
Schon möbelt' man das neue Schloß –
Je glätter der Burgunder floß.

Wie prächtig König Sanherib
　　Im reichen Galakleide
Herum den stolzen Schimmel trieb,
　　Und durch Judäa reite;
Die Damen in Karossen nach,
Daß bald schon Rad und Deichsel brach.

Wie stolz von seinem Thron herab
　　Er Judas Schriftgelehrten
Erlaubnis zu dem Handkuß gab,
　　Und sie ihm Treue schwörten –
Und alles Volk im Staube tief
Hosianna dem Gesalbten! rief.

Doch während daß der Vetter schon
　　Nach Deiner Krone schielte,
Und auf dem *noch besetzten* Thron
　　Schon Davids Harfe spielte,
Lagst Du – o Fürst – beweint vom Land
Noch unversehrt – in Gottes Hand.

Gott stand auf Höhen Sinai's
　　Und schaute nach der Erden,
Und sahe schon ein Paradies
　　Durch Deinen Zepter werden.

Und sahe mit erhabner Ruh
Dem Unfug Deines Vetters zu.

Schnell schickt er einen Cherub fort,
　　Und spricht mit sanftem Lächeln:
»Geh Raphael – dem Fürsten dort
　　Erfrischung zuzufächeln.
Er ist mein Sohn – mein treuer Knecht!
Er lebe! – denn ich bin gerecht.«

Dem Willen Gottes Untertan
　　Steigt Raphael herunter,
Nimmt eines Arztes Bildung an
　　Und heilt Dich durch ein Wunder.
Dein Fürst ersteht – Jauchz Vaterland!
Gerettet durch des Himmels Hand.
Die Post schleicht nach Aßyrien
　　Wo Sanherib regieret,
Und eben seine Königin
　　Vom Schlitten heimgeführet. –
»Ihr Durchlaucht! Ein Kurier!« – Herein!
Es werden Trauerbriefe sein.

Schnell öffnet er den Brief, und liest,
　　Liest – Ach! der Posten trübste –
»Daß Josaphat am Leben ist« –
　　Und flucht an seine Liebste:
»Der Krieg ist aus! – Pest über Dich!
Zweitausend Taler schmerzen mich!!«

UNSERM TEUREN KÖRNER
Am 2ten des Julius 1785

Sei willkommen an des Morgens goldnen Toren
　　Sei willkommen unserm Freudegruß
　　　　Dieses Tages holder Genius
Der den Vielgeliebten uns geboren! –
　　In erhabener Pracht –
　　Schimmernd tritt er aus der Nacht
　　　　Wie der Erdensöhne keiner,
Groß und trefflich, wie der Sieben einer,
　　Die am Throne dienen, schwebt er her.
»Streut mir Blumen – – Seht da bin ich wieder«
　　(ruft er lächelnd von dem Himmel nieder)
»Streut mir Blumen – Ich bin's wieder,

Der den Teuren euch gebar,
Ich bin mehr, als meine andern Brüder,
  Ihren Liebling nennt mich weit und breit
    Unsre Mutter – Ewigkeit.«
(Stolz und Würde sprach aus der Gebärde)
»Einen Edeln gab ich dieser Erde!
Fühlt die Menschheit, wen ich ihr geboren?
  Kennt die Erde meinen Liebling schon?
Oder schallen leiser in der Menschen Ohren
  Seine Taten als vor Gottes Thron?
Las die Welt in Seiner *schönen* Seele?
Beugte sich vor Seiner *großen* Seele
  Ehrerbietig sein Jahrhundert schon?
Wuchsen zur Vollendung auf die Keime,
  Die ich damals in sein Herz gesät?
Ist die Welt so schön, wie seine Träume?
  Fand er diesen, der ihn ganz versteht?
O dann laßt mich stolzer durch den Himmel schweben,
  Ich hab ihn gegeben!

Jetzt vollend ich meinen Sonnenlauf
Aber hinter meinem Rücken leuchtet
Schon ein neuer – schönrer Morgen auf.
Einen Engel tragen seine goldnen Flügel,
  In des Engels silberklarem Spiegel
  Liegt ein Himmel – und die Ewigkeit.
Schamrot stürz ich in das Meer der Zeit,
Nur das Leben
Konnt ich meinem teuren Liebling geben –
Dieser Engel – wie erbleicht mein Ruhm –
  Wandelts im Elysium.«

Der Seraph sprachs – – – Du liegst in unsern Armen –
Wir fühlen daß du *unser* bist.

⟨1795-1802⟩

DAS HÖCHSTE

Suchst du das Höchste, das Größte? Die Pflanze kann es dich lehren.
    Was sie Willenlos ist, sei du es wollend – das ists!

ILIAS

Immer zerreißet den Kranz des Homer, und zählet die Väter
    Des vollendeten ewigen Werks!
Hat es doch Eine Mutter nur und die Züge der Mutter,
    Deine unsterblichen Züge, Natur.

UNSTERBLICHKEIT

Vor dem Tod erschrickst du? Du wünschest unsterblich zu leben?
    Leb' im Ganzen! Wenn Du lange dahin bist, es bleibt.

ZEVS ZU HERKULES

Nicht aus meinem Nektar hast du dir Gottheit getrunken.
    Deine Götterkraft wars, die dir den Nektar errang.

DEUTSCHLAND UND SEINE FÜRSTEN

Große Monarchen erzeugtest du, und bist ihrer würdig,
    Den Gebietenden macht nur der Gehorchende groß.
Aber versuch es, o Deutschland, und mach' es deinen Beherrschern
    Schwerer, als Könige groß, leichter, nur Menschen zu sein!

DER SKRUPEL

Was vor züchtigen Ohren dir laut zu sagen erlaubt sei?
    Was ein züchtiges Herz leise zu tun dir erlaubt!

DER DICHTER AN SEINE KUNSTRICHTERIN

Zürne nicht auf mein fröhliches Lied, weil die Wange dir brennet,
 Nicht was ich las – was du denkst hat sie mit Purpur gefärbt.

DIE BESTE STAATSVERFASSUNG

Diese nur kann ich dafür erkennen, die jedem erleichtert,
 Gut zu denken, doch nie, daß er so denke, bedarf.

AN DIE GESETZGEBER

Setzet immer voraus, daß der Mensch im Ganzen, das Rechte
 Will, im einzelnen nur rechnet mir niemals darauf.

WÜRDE DES MENSCHEN

Nichts mehr davon, ich bitt euch. Zu essen gebt ihm, zu wohnen,
 Habt ihr die Blöße bedeckt, gibt sich die Würde von selbst.

DAS EHRWÜRDIGE

Ehret ihr immer das Ganze, ich kann nur einzelne achten,
 Immer in Einzelnen nur hab ich das Ganze erblickt.

FALSCHER STUDIERTRIEB

O wie viel neue Feinde der Wahrheit! Mir blutet die Seele,
 Seh' ich das Eulengeschlecht, das zu dem Lichte sich drängt.

JUGEND

Einer Charis erfreuet sich jeder im Leben, doch flüchtig,
 Hält nicht die Himmlische sie, eilet die Irdische fort.

QUELLE DER VERJÜNGUNG

Glaubt mir, es ist kein Märchen, die Quelle der Jugend, sie rinnet
 Wirklich und immer, ihr fragt wo? In der dichtenden Kunst.

DER NATURKREIS

Alles, du ruhige, schließt sich in deinem Reiche, so kehret
    Auch zum Kinde der Greis, kindisch und kindlich, zurück.

GRABSCHRIFT

Freust du dich deines Lebens, o Wandrer, so soll es mir lieb sein,
    Auch ich lebte, auch ich hab mich des Lebens gefreut.

DER GENIUS MIT DER UMGEKEHRTEN FACKEL

Lieblich sieht er zwar aus mit seiner erloschenen Fackel,
    Aber, ihr Herren, der Tod ist so ästhetisch doch nicht.

TUGEND DES WEIBES

Tugenden brauchet der Mann, er stürzet sich wagend ins Leben,
    Tritt mit dem stärkeren Glück in den bedenklichen Kampf.
Eine Tugend genüget dem Weib, sie ist da, sie erscheinet,
    Lieblich dem Herzen, dem Aug' lieblich erscheine sie stets.

WEIBLICHES URTEIL

Männer richten nach Gründen, des Weibes Urteil ist seine
    Liebe; wo es nicht liebt, hat schon gerichtet das Weib.

FORUM DES WEIBES

Frauen richtet mir nie des Mannes einzelne Taten,
    Aber über den Mann sprechet das richtende Wort.

DAS WEIBLICHE IDEAL
An Amanda

Überall weichet das Weib dem Manne, nur in dem höchsten
    Weichet dem weiblichsten Weib immer der männlichste Mann.
Was das höchste mir sei? Des Sieges ruhige Klarheit,
    Wie sie von deiner Stirn holde Amanda mir strahlt.

Schwimmt auch die Wolke des Grams um die heiter glänzende
                                                    Scheibe,
   Schöner nur malt sich das Bild auf dem vergoldeten Duft.
Dünke der Mann sich frei! Du *bist* es, denn ewig notwendig
   Weißt du von keiner Wahl, keiner Notwendigkeit mehr.
Was du auch gibst, stets gibst du dich ganz, du bist ewig nur Eines,
   Auch dein zärtester Laut ist dein harmonisches Selbst.
Hier ist ewige Jugend bei niemals versiegender Fülle,
   Und mit der Blume zugleich brichst du die goldene Frucht.

DIE SCHÖNSTE ERSCHEINUNG

Sahest du nie die Schönheit im Augenblicke des Leidens,
   Niemals hast du die Schönheit gesehn.
Sahst du die Freude nie in einem schönen Gesichte,
   Niemals hast du die Freude gesehn!

DER GRIECHISCHE GENIUS
an Meyer, in Italien

Tausend andern verstummt, die mit taubem Herzen ihn fragen,
   Dir, dem Verwandten und Freund, redet vertraulich der Geist.

ERWARTUNG UND ERFÜLLUNG

In den Ozean schifft mit tausend Masten der Jüngling,
   Still, auf gerettetem Boot treibt in den Hafen der Greis.

DAS GEMEINSAME SCHICKSAL

Siehe, wir hassen, wir streiten, es trennet uns Neigung und Meinung,
   Aber es bleichet indes dir sich die Locke wie mir.

MENSCHLICHES WIRKEN

An dem Eingang der Bahn liegt die Unendlichkeit offen,
   Doch mit dem engesten Kreis höret der Weiseste auf.

DER VATER

Wirke so viel du willst, du stehest doch ewig allein da,
    Bis an das All die Natur dich, die Gewaltige, knüpft.

LIEBE UND BEGIERDE

Recht gesagt Schloßer! Man *liebt* was man hat, man *begehrt*,
                              was man nicht hat,
    Denn nur das reiche Gemüt liebt, nur das arme begehrt.

GÜTE UND GRÖSSE

Nur zwei Tugenden gibts, o wären sie immer vereinigt,
    Immer die Güte auch groß, immer die Größe auch gut!

DER FUCHS UND DER KRANICH
An F. Nicolai

Den philosophschen Verstand lud einst der gemeine zu Tische,
    Schüsseln, sehr breit und flach, setzt' er dem hungrigen vor.
Hungrig verließ die Tafel der Gast, nur dürftige Bißlein
    Faßte der Schnabel, der Wirt schluckte die Speisen allein.
Den gemeinen Verstand lud nun der abstrakte zu Weine,
    Einen enghalsigten Krug setzt' er dem durstigen vor.
»Trink nun Bester«! So sprach und mächtig schlurfte der Langhals,
    Aber vergebens am Rand schnuppert das tierische Maul.

DIE SACHMÄNNER

»Geistreich nennt man dies Werk? Wir können ja nichts daraus
                                      schöpfen«
    Toren ihr! Wär es denn Geist, fing man in Eimern es auf.
Euch ist Alles ein Nichts, was man mit Scheffeln nicht misset,
    Was man in Bündel nicht packt, was man in Speichern nicht häuft.

TABULAE VOTIVAE

⟨*1*⟩

Was der Gott mich gelehrt, was mir durchs Leben geholfen,
    Häng ich dankbar und fromm hier in dem Heiligtum auf.

⟨2⟩ *Die verschiedene Bestimmung*
Millionen sorgen dafür, daß die Gattung bestehe,
 Aber durch wenige nur pflanzet die Menschheit sich fort.
Tausend Keime zerstreuet der Herbst, doch bringet kaum einer
 Früchte, zum Element kehren die meisten zurück.
Aber entfaltet sich auch nur Einer, der einzige streuet
 Eine lebendige Welt ewiger Bildungen aus.

⟨3⟩ *Das Belebende*
Nur an des Lebens Gipfel, der Blume, zündet sich neues
 In der organischen Welt, in der empfindenden an.

⟨4⟩ *Zweierlei Wirkungsarten*
Wirke Gutes, du *nährst* der Menschheit göttliche Pflanze,
 Bilde Schönes, du streust *Keime* der göttlichen aus.

⟨5⟩ *Unterschied der Stände*
Auch in der sittlichen Welt ist ein Adel; gemeine Naturen
 Zahlen mit dem, was sie tun, schöne mit dem, was sie sind.

⟨6⟩ *Das Werte und Würdige*
Hast du etwas, so gib es her und ich zahle was recht ist,
 Bist du etwas o dann tauschen die Seelen wir aus.

⟨7⟩ *Der moralische und der schöne Charakter*
Repräsentant ist jener der ganzen Geistergemeine,
 Aber das schöne Gemüt zählt schon allein für sich selbst.

⟨8⟩ *Die moralische Kraft*
Kannst du nicht schön empfinden, dir bleibt doch vernünftig zu
 wollen,
 Und als ein Geist zu tun, was du als Mensch nicht vermagst.

⟨9⟩ *Mitteilung*
Aus der schlechtesten Hand kann Wahrheit mächtig noch wirken,
 Bei der Schönheit allein macht das Gefäß den Gehalt.

⟨10⟩ *An* *
Teile mir mit, was du weißt, ich werde es dankbar empfangen,
 Aber du gibst mir dich selbst, damit verschone mich, Freund.

⟨11⟩ *An* **
Du willst wahres mich lehren? Bemühe dich nicht, nicht die Sache
 Will ich durch dich, ich will *dich* durch die Sache nur sehn.

⟨12⟩ *An ****
Dich erwähl ich zum Lehrer, zum Freund. Dein lebendiges Bilden
Lehrt mich, dein lehrendes Wort rühret lebendig mein Herz.

⟨13⟩ *Das blinde Werkzeug*
Wie beklag ich es tief, wenn eine herrliche Seele
   Wert, mit zum Zwecke zu gehn, mich nur als Mittel begreift.

⟨14⟩ *Wechselwirkung*
Kinder werfen den Ball an die Wand und fangen ihn wieder,
   Aber ich lobe das Spiel, wirft mir der Freund ihn zurück.

⟨15⟩ *An die Muse*
Was ich ohne dich wäre, ich weiß es nicht; aber mir grauet
   Seh ich, was ohne dich hundert' und tausende sind.

⟨16⟩ *Der Philister*
Nimmer belohnt ihn des Baumes Frucht, den er mühsam erziehet,
   Nur der Geschmack genießt, was die Gelehrsamkeit pflanzt.

⟨17⟩ *Das ungleiche Schicksal*
Mit dem Philister stirbt auch sein Ruhm; du, himmlische Muse,
   Trägst, die dich lieben, die du liebst, in Mnemosynens Schoß.

⟨18⟩ *Pflicht für jeden*
Immer strebe zum Ganzen und kannst du selber kein Ganzes
   Werden, als dienendes Glied schließ' an ein Ganzes dich an.

⟨19⟩ *Der schöne Geist und der Schöngeist*
Nur das leichtere trägt auf leichten Schultern der Schöngeist,
   Aber der schöne Geist trägt das gewichtige leicht.

⟨20⟩ *Philister und Schöngeist*
Jener mag gelten, er dient doch als fleißiger Knecht noch der
                                                 Wahrheit,
   Aber dieser bestiehlt Wahrheit und Schönheit zugleich.

⟨21⟩ *Die Übereinstimmung*
Wahrheit suchen wir beide; du außen im Leben, ich innen
   In dem Herzen, und so findet sie jeder gewiß.
Ist das Auge gesund, so begegnet es außen dem Schöpfer,
   Ist es das Herz, dann gewiß spiegelt es innen die Welt.

⟨22⟩ *Natur und Vernunft*
Wärt ihr, Schwärmer, im Stande die Ideale zu fassen,
O so verehrtet ihr auch, wie sich's gebührt, die Natur.
Wärt ihr, Philister, im Stand, die Natur im Großen zu sehen,
Sicher führte sie selbst euch zu Ideen empor.

⟨23⟩ *Der Schlüssel*
Willst du dich selber erkennen, so sieh wie die andern es treiben,
Willst du die andern verstehn, blick in dein eigenes Herz.

⟨24⟩ *Das Subjekt*
Wichtig wohl ist die Kunst und schwer, sich selbst zu bewahren,
Aber schwüriger ist diese: sich selbst zu entfliehn.

⟨25⟩ *Glaubwürdigkeit*
Wem zu glauben ist, redliche Freunde, das kann ich euch sagen,
Glaubt dem Leben, es lehrt besser als Redner und Buch.

⟨26⟩ *Was nutzt*
Schädliche Wahrheit, wie zieh ich sie vor dem nützlichen Irrtum!
Wahrheit heilet den Schmerz, den sie vielleicht uns erregt.

⟨27⟩ *Was schadet*
Ist ein Irrtum wohl schädlich? Nicht immer, aber das Irren
  Immer ists schädlich, wie sehr, sieht man am Ende des Wegs.

⟨28⟩ *Zucht*
Wahrheit ist niemals schädlich, sie straft – und die Strafe der Mutter
Bildet das schwankende Kind, wehret der schmeichelnden Magd.

⟨29⟩ *Das Schoßkind*
Fremde Kinder lieben wir nie so sehr als die eignen,
  Irrtum, das eigene Kind, ist uns dem Herzen so nah.

⟨30⟩ *Trost*
Nie verläßt uns der Irrtum, doch zieht ein höher Bedürfnis
  Immer den strebenden Geist leise zur Wahrheit hinan.

⟨31⟩ *Die Zergliederer*
Spaltet immer das Licht! wie öfters strebt ihr zu trennen,
  Was euch allen zum Trutz Eins und ein Einziges bleibt.

⟨32⟩ *Metaphysiker und Physiker*
Alles will jetzt den Menschen von innen, von außen ergründen,
  Wahrheit, wo rettest du dich hin vor der grausamen Jagd?

⟨33⟩ Die Versuche
Dich zu greifen ziehen sie aus mit Netzen und Stangen,
   Aber mit leisem Tritt schreitest du mitten hindurch.

⟨34⟩ Die Quellen
Treffliche Künste dankt man der Not und dankt man dem Zufall,
   Nur zur Wissenschaft hat keines von beiden geführt.

⟨35⟩ Empiriker
Daß ihr den sichersten Pfad gewählt, wer möchte das leugnen?
   Aber ihr tappet nur blind auf dem gebahntesten Pfad.

⟨36⟩ Theoretiker
Ihr verfahrt nach Gesetzen, auch würdet ihrs sicherlich treffen,
   Wäre der Obersatz nur, wäre der Untersatz wahr!

⟨37⟩ Letzte Zuflucht
Vornehm schaut ihr im Glück auf den blinden Empiriker nieder,
   Aber, seid ihr in Not, ist er der delphische Gott.

⟨38⟩ Die Systeme
Prächtig habt ihr gebaut. Du lieber Himmel! Wie treibt man,
   Nun er so königlich erst wohnet, den Irrtum heraus!

⟨39⟩ Die Philosophien
Welche wohl bleibt von allen den Philosophieen? Ich weiß nicht,
   Aber die Philosophie, hoff ich, soll immer bestehn.

⟨40⟩ Die Vielwisser
Astronomen seid ihr und kennet viele Gestirne,
   Aber der Horizont decket manch Sternbild euch zu.

⟨41⟩ Mein Glaube
Welche Religion ich bekenne? Keine von allen,
   Die du mir nennst! »Und warum keine«? Aus Religion.

⟨42⟩ Moralische Schwätzer
Wie sie mit ihrer reinen Moral uns, die schmutzigen, quälen!
   Freilich, der groben Natur dürfen sie gar nichts vertraun!
Bis in die Geisterwelt müssen sie fliehn, dem Tier zu entlaufen,
   Menschlich können sie selbst auch nicht das menschlichste tun.
Hätten sie kein *Gewissen*, und spräche die *Pflicht* nicht so heilig,
   Wahrlich, sie plünderten selbst in der Umarmung die Braut.

⟨43⟩ *Meine Antipathie*
Herzlich ist mir das Laster zuwider und doppelt zuwider
  Ist mirs, weil es so viel schwatzen von Tugend gemacht.
»Wie, du hassest die Tugend?« – Ich wollte wir übten sie alle,
  Und so spräche, wills Gott, ferner kein Mensch mehr davon.

⟨44⟩ *Der Strengling und der Frömmling*
Jener fodert durchaus, daß dir das Gute mißfalle,
  Dieser will gar, daß du liebst, was dir von Herzen mißfällt.
Muß ich wählen, so seis in Gottes Namen die Tugend,
  Denn ich kann einmal nicht lieben, was abgeschmackt ist.

⟨45⟩ *Theophagen*
Diesen ist alles Genuß. Sie essen Ideen, und bringen
  In das Himmelreich selbst Messer und Gabel hinauf.

⟨46⟩ *Fratzen*
Fromme gesunde Natur! Wie stellt die Moral dich an Pranger!
  Heilge Vernunft! Wie tief stürzt dich der Schwärmer herab!

⟨47⟩ *Moral der Pflicht und der Liebe*
Jede, wohin sie gehört! Erhabene Seelen nur kleidet
  Jene, die andere steht schönen Gemütern nur an.
Aber widrigers kenn ich auch nichts, als wenn sich durch Bande
  Zarter geistiger Lieb' Grobes mit Grobem vermählt.
Und verächtlicher nichts, als die Moral der Dämonen
  In dem Munde des Volks, dem noch die Menschlichkeit fehlt.

⟨48⟩ *Der Philosoph und der Schwärmer*
Jener steht auf der Erde, doch schauet das Auge zum Himmel,
  Dieser, die Augen im Kot, recket die Beine hinauf.

⟨49⟩ *Das irdische Bündel*
Himmelan flögen sie gern, doch hat auch der Körper sein Gutes,
  Und man packt es geschickt hinten dem Seraph noch auf.

⟨50⟩ *Der wahre Grund*
Was sie im Himmel wohl suchen, das, Freunde, will ich euch sagen,
  Vor der Hand suchen sie nur Schutz vor der höllischen Glut.

⟨51⟩ *Die Triebfedern*
Immer treibe die Furcht den Sklaven mit eisernem Stabe,
  Freude, führe du mich immer an rosigtem Band.

⟨52⟩ An die Mystiker
Das ist eben das wahre Geheimnis, das allen vor Augen
  Liegt, euch ewig umgibt, aber von keinem gesehn.

⟨53⟩ Licht und Farbe
Wohne du ewiglich Eines dort bei dem ewiglich Einen,
  Farbe, du wechselnde, komm freundlich zum Menschen herab.

⟨54⟩ Wahrheit
Eine nur ist sie für alle, doch siehet sie jeder verschieden,
  Daß es Eines doch bleibt, macht das verschiedene wahr.

⟨55⟩ Schönheit
Schönheit ist ewig nur Eine, doch mannigfach wechselt das Schöne,
  Daß es wechselt, das macht eben das Eine nur schön.

⟨56⟩ Aufgabe
Keiner sei gleich dem andern, doch gleich sei jeder dem höchsten,
  Wie das zu machen? Es sei jeder vollendet in sich.

⟨57⟩ Bedingung
Ewig strebst du umsonst, dich dem göttlichen ähnlich zu machen,
  Hast du das göttliche nicht erst zu dem *deinen* gemacht.

⟨58⟩ Das eigne Ideal
Allen gehört, was du denkst, dein eigen ist nur, was du fühlest,
  Soll er dein Eigentum sein, fühle den Gott, den du denkst.

⟨59⟩ Schöne Individualität
Einig sollst du zwar sein, doch *Eines* nicht mit dem Ganzen,
  Durch die Vernunft bist du eins, einig mit ihm durch das Herz.
Stimme des Ganzen ist deine Vernunft, dein Herz bist du selber,
  Wohl dir, wenn die Vernunft immer im Herzen dir wohnt.

⟨60⟩ Der Vorzug
Über das Herz zu siegen ist groß, ich verehre den Tapfern,
  Aber wer *durch* sein Herz sieget, er gilt mir doch mehr.

⟨61⟩ Die Erzieher
Bürger erzieht ihr der sittlichen Welt, wir wollten euch loben,
  Stricht ihr sie nur nicht zugleich aus der empfindenden aus.

⟨62⟩ Die Mannigfaltigkeit
Viele sind gut und verständig, doch zählen für Einen nur Alle.
  Denn sie regiert der Begriff ach nicht das liebende Herz.

Traurig herrscht der Begriff, aus tausendfach spielenden Formen
  Bringet er dürftig und leer immer nur Eine hervor.
Aber von Leben rauscht es und Lust, wo liebend die Schönheit,
  Herrschet, das ewige Eins wandelt sie tausendfach neu.

⟨63⟩ *Das Göttliche*

Wäre sie unverwelklich die Schönheit, ihr könnte nichts gleichen,
  Nichts, wo die Göttliche blüht, weiß ich der göttlichen gleich.
Ein unendliches ahndet, ein höchstes erschafft die Vernunft sich,
  In der schönen Gestalt lebt es dem Herzen, dem Blick.

⟨64⟩ *Verstand*

Bilden wohl kann der Verstand, doch der tote kann nicht beseelen,
  Aus dem Lebendigen quillt alles lebendige nur.

⟨65⟩ *Phantasie*

Schaffen wohl kann sie den Stoff, doch die wilde kann nicht gestalten
  Aus dem harmonischen quillt alles harmonische nur.

⟨66⟩ *Dichtungskraft*

Daß dein Leben Gestalt, dein Gedanke Leben gewinne,
  Laß die belebende Kraft stets auch die bildende sein.

⟨67⟩ *Der Genius*

Wiederholen zwar kann der Verstand, was da schon gewesen,
  Was die Natur gebaut, bauet er wählend ihr nach.
Über Natur hinaus baut die Vernunft, doch nur in das Leere,
  Du nur Genius mehrst *in* der Natur die Natur.

⟨68⟩ *Der Nachahmer und der Genius*

Gutes aus Gutem das kann jedweder verständige bilden,
  Aber der Genius ruft Gutes aus Schlechtem hervor.
An Gebildetem nur darfst du, Nachahmer, dich üben,
  Selbst das Gebildete ist Stoff nur dem bildenden Geist.

⟨69⟩ *Genialität*

Wodurch gibt sich der Genius kund? Wodurch sich der Schöpfer
  Kund gibt in der Natur, in dem unendlichen All.
Klar ist der Äther und doch von unergründlicher Tiefe,
  Offen dem Aug', dem Verstand bleibt er doch ewig geheim.

⟨70⟩ *Witz und Verstand*

Der ist zu furchtsam, jener zu kühn; nur dem Genius ward es
  In der Nüchternheit kühn, fromm in der Freiheit zu sein.

⟨71⟩ Aberwitz und Wahnwitz
Überspringt sich der Witz, so lachen wir über den Toren,
  Gleitet der Genius aus, ist er dem Rasenden gleich.

⟨72⟩ Der Unterschied
Lächelnd sehn wir den Tänzer auf glatter Ebene straucheln,
  Aber auf ernstlichem Seil, wer mag den Schwindelnden sehn?

⟨73⟩ Die schwere Verbindung
Warum will sich Geschmack und Genie so selten vereinen?
  Jener fürchtet die Kraft, dieses verachtet den Zaum.

⟨74⟩ Korrektheit
Frei von Tadel zu sein, ist der niedrigste Grad und der höchste,
  Denn nur die Ohnmacht führt oder die Größe dazu.

⟨75⟩ Lehre an den Kunstjünger
Daß du der Fehler schlimmsten, die Mittelmäßigkeit, meidest,
  Jüngling, so meide doch ja keinen der andern zu früh!

⟨76⟩ Das Mittelmäßige und das Gute
Willst du jenem den Preis verschaffen, zähle die Fehler,
  Willst du dieses erhöhn, zähle die Tugenden ab.

⟨77⟩ Das Privilegium
Blößen gibt nur das Reiche dem Tadel, am Werke der Armut
  Ist nichts Schlechtes, es ist Gutes daran nichts zu sehn.

⟨78⟩ Die Sicherheit
Nur das feurige Roß, das mutige, stürzt auf der Rennbahn,
  Mit bedächtigem Paß schreitet der Esel daher.

⟨79⟩ Das Naturgesetz
So wars immer mein Freund, und so wirds bleiben. Die Ohnmacht
  Hat die Regel für sich, aber die Kraft den Erfolg.

⟨80⟩ Vergebliches Geschwätz
Fortzupflanzen die Welt sind alle vernünftgen Diskurse
  Unvermögend, durch sie kommt auch kein Kunstwerk hervor.

⟨81⟩ Genialische Kraft
Alle Schöpfung ist Werk der Natur. Von Jupiters Throne
  Zuckt der allmächtige Strahl, nährt und erschüttert die Welt.
Pflanzet über die Häuser die leitenden Spitzen und Ketten,
  Über die ganze Natur wirkt die allmächtige Kraft.

⟨82⟩ *Delikatesse im Tadel*
Was heißt zärtlicher Tadel? Der deine Schwäche verschonet?
  Nein, der deinen Begriff von dem Vollkommenen stärkt.

⟨83⟩ *Wahl*
Kannst du nicht *allen* gefallen durch deine Tat und dein Kunstwerk,
  Mach es *wenigen* recht, *vielen* gefallen ist schlimm.

⟨84⟩ *Sprache*
Warum kann der lebendige Geist dem Geist nicht erscheinen!
  Spricht die Seele so spricht ach! schon die *Seele* nicht mehr.

⟨85⟩ *An den Dichter*
Laß die Sprache dir sein, was der Körper den Liebenden; *er* nur
  Ists, der die Wesen trennt und der die Wesen vereint.

⟨86⟩ *Der Meister*
Jeden anderen Meister erkennt man an dem was er ausspricht,
  Was er weise verschweigt zeigt mir den Meister des Stils.

⟨87⟩ *Dilettant*
Weil ein Vers dir gelingt in einer gebildeten Sprache,
  Die für dich dichtet und denkt, glaubst du schon Dichter zu sein

⟨88⟩ *Der berufene Richter*
Wer ist zum Richter bestellt? Nur der Bessere? Nein, wem das Gute
  Über das Beste noch gilt, der ist zum Richter bestellt.

⟨89⟩ *Der berufene Leser*
Welchen Leser ich wünsche? den unbefangensten, der mich,
  Sich und die Welt vergißt und in dem Buche nur lebt.

⟨90⟩ *An* ****
Du vereinigest jedes Talent, das den Autor vollendet,
  O entschließe dich, Freund, nichts als ein Leser zu sein.

⟨91⟩ *Das Mittel*
Willst du in Deutschland wirken als Autor, so triff sie nur tüchtig,
  Denn zum Beschauen des Werks finden sich wenige nur.

⟨92⟩ *Die Unberufenen*
Tadeln ist leicht, erschaffen so schwer; ihr Tadler des schwachen,
  Habt ihr das treffliche denn auch zu belohnen ein Herz?

⟨93⟩ *Die Belohnung*
Was belohnet den Meister? der zartantwortende Nachklang,
   Und der reine Reflex aus der begegnenden Brust.

⟨94⟩ *Das gewöhnliche Schicksal*
Hast du an liebender Brust das Kind der Empfindung gepfleget,
   Einen Wechselbalg nur gibt dir der Leser zurück.

⟨95⟩ *Der Weg zum Ruhme*
Glücklich nenn ich den Autor, der in der Höhe den Beifall
   Findet, der deutsche muß nieder sich bücken dazu.

⟨96⟩ *Bedeutung*
»Was *bedeutet* dein Werk«? so fragt ihr den Bildner des Schönen,
   Frager, ihr habt nur die Magd, niemals die Göttin gesehn.

⟨97⟩ *An die Moralisten*
Lehret! Das ziemet euch wohl, auch wir verehren die Sitte,
   Aber die Muse läßt sich nicht gebieten von euch.
Nicht von dem Architekt erwart' ich melodische Weisen,
   Und, Moralist, von dir nicht zu dem Epos den Plan.
Vielfach sind die Kräfte des Menschen, o daß sich doch jede
   Selbst beherrsche, sich selbst bilde zum herrlichsten aus!

⟨98⟩ *An die Muse*
Nimm dem Prometheus die Fackel o Muse, belebe die Menschen,
   Nimm sie dem Amor und rasch quäl' und beglücke, wie er.

⟨99⟩ *Die Kunstschwätzer*
Gutes in Künsten verlangt ihr? Seid ihr denn würdig des Guten,
   Das nur der ewige Krieg gegen euch selber erzeugt?

⟨100⟩ *Deutsche Kunst*
Gabe von obenher ist, was wir schönes in Künsten besitzen,
   Wahrlich, von unten herauf bringt es der Grund nicht hervor.
Muß der Künstler nicht selbst den Schößling von außen sich holen?
   Nicht aus Rom und Athen borgen die Sonne, die Luft?

⟨101⟩ *Tote Sprachen*
Tote Sprachen nennt ihr die Sprache des Flakkus und Pindar,
   Und von beiden nur kommt, was in der unsrigen lebt!

⟨102⟩ *Deutscher Genius*
Ringe, Deutscher, nach römischer Kraft, nach griechischer Schönheit,
   Beides gelang dir, doch nie glückte der gallische Sprung.

⟨103⟩ *Guter Rat*
Freunde, treibet nur alles mit Ernst und Liebe, die beiden
  Stehen dem Deutschen so schön, den ach! so vieles entstellt.

VIELEN

⟨1⟩
Auf ihr Distichen frisch! Ihr muntern lebendigen Knaben,
  Reich ist Garten und Feld! Blumen zum Kranze herbei!

⟨2⟩ *Mannigfaltigkeit*
Reich ist an Blumen die Flur, doch einige sind nur dem Auge,
  Andre dem Herzen nur schön, wähle dir Leser nun selbst.

⟨3⟩ *L. B.*
Rosenknospe, du bist dem blühenden Mädchen gewidmet,
  Die als die herrlichste sich, als die bescheidenste zeigt.

⟨4⟩ *C. G.*
Viele Veilchen binde zusammen! das *Sträußchen* erscheinet
  Erst als Blume; du bist, häusliches Mädchen, gemeint.

⟨5⟩ *L. D.*
Eine kannt' ich, sie war wie die Lilie schlank, und ihr Stolz war
  Unschuld, herrlicher hat Salomo keine gesehn.

⟨6⟩ *H. W.*
Schön erhebt sich der Agley und senkt das Köpfchen herunter,
  Ist es Gefühl? Oder ists Mutwill? Wir wissen es nicht.

⟨7⟩ *N. Z. S. O. A. D.*
Viele duftende Glocken, o! Hiazinte, bewegst du,
  Aber die Glocken ziehn, wie die Gerüche nicht an.

⟨8⟩ *A. L.*
Nachtviole, dich geht man am blendenden Tage vorüber,
  Doch bei der Nachtigall Schlag hauchest du köstlichen Geist.

⟨9⟩ *Tuberose*
Unter der Menge strahlest du vor, du ergötzest im Freien,
  Aber bleibe vom Haupt, bleibe vom Herzen mir fern.

⟨10⟩ *Klatschrose*
Weit von fern erblick ich dich schon, doch komm ich dir näher
  Ach! so seh ich, zu bald, daß du die Rose nur lügst.

⟨11⟩ *A. F. K. N. H. D.*

Tulpen! ihr werdet gescholten von sentimentalischen Kennern,
  Aber ein lustiger Sinn wünscht auch ein lustiges Blatt.

⟨12⟩ *W. R. L. K. W. J.*

Nelken! wie find' ich euch schön! Doch alle gleicht ihr einander,
  Unterscheidet euch kaum, und ich entscheide mich nicht.

⟨13⟩ *Geranium*

Prangt mit den Farben Aurorens, Ranunkeln, Tulpen und Asters,
  Hier ist ein dunkles Blatt, das euch an Dufte beschämt.

⟨14⟩ *Ranunkeln*

Keine lockt mich von euch, ich möchte zu keiner mich wenden,
  Aber im Beete vermischt, sieht euch das Auge mit Lust.

⟨15⟩ *M. R.*

Sagt! was füllet das Zimmer mit Wohlgerüchen? Reseda,
  Farblos, ohne Gestalt, stilles und zierliches Kraut.

⟨16⟩ *Kornblume*

Zierde wärst du der Gärten, doch wo du erscheinest, da sagst du:
  Ceres streute mich selbst aus, mit der goldenen Saat.

⟨17⟩ *C. F.*

Deine liebliche Kleinheit, dein holdes Auge, sie sagen
  Immer: vergiß mein nicht! immer: vergiß nur nicht mein.

⟨18⟩ *L. W.*

Schwänden dem inneren Auge die Bilder sämtlicher Blumen,
  Eleonore, dein Bild brächte das Herz sich hervor.

EINER

Grausam handelt Amor mit mir! o! spielet, ihr Musen,
  Mit den Schmerzen, die er, spielend, im Busen erregt,
Manuskripte besitz ich wie kein Gelehrter noch König,
  Denn mein Liebchen sie schreibt, was ich ihr dichtete, mir.
Wie im Winter die Saat nur langsam keimet, im Frühling
  Lebhaft treibet und schoßt, so war die Neigung zu dir.
Immer war mir das Feld und der Wald, und der Fels und die Gärten
  Nur ein Raum, und du machst sie, Geliebte, zum Ort.
Raum und Zeit, ich empfind es, sind bloße Formen des Denkens,
  Da das Eckchen mit dir, Liebchen, unendlich mir scheint.
Sorge! sie steiget mit dir zu Pferde, sie steiget zu Schiffe,

Viel zudringlicher noch packet sich Amor mir auf.
Schwer zu besiegen ist schon die Neigung, gesellet sich aber
 Gar die Gewohnheit zu ihr, unüberwindlich ist sie.
Welche Schrift ich zweimal, ja dreimal hinter einander
 Lese? das herzliche Blatt, das die Geliebte mir schreibt.
Wer mich entzückt, vermag mich zu täuschen. O! Dichter und Sänge
 Mimen! lerntet ihr doch meiner Geliebten was ab.
Alle Freude des Dichters, ein gutes Gedicht zu erschaffen,
 Fühle das liebliche Kind, das ihn begeisterte, mit.
Ein Epigramm sei zu kurz, mir etwas herzlichs zu sagen?
 Wie, mein Geliebter, ist denn nicht noch viel kürzer der Kuß?
Kennst du den herrlichen Gift der unbefriedigten Liebe?
 Er versengt und erquickt, zehrt am Mark und erneut's.
Kennst du die herrliche Wirkung der endlich befriedigten Liebe?
 Körper verbindet sie schön, wenn sie die Geister befreit.
Das ist die wahre Liebe, die immer und immer sich gleich bleibt,
 Wenn man ihr alles gewährt, wenn man ihr alles versagt.
Alles wünscht' ich zu haben, um mit ihr alles zu teilen,
 Alles gäb ich dahin, wär sie, die Einzige, mein.
Kränken ein liebendes Herz und schweigen müssen! geschärfter
 Können die Qualen nicht sein, die Rhadamant sich ersinnt.
Warum bin ich vergänglich? o Zevs! so fragte die Schönheit,
 Macht dich doch, sagte der Gott, nur das Vergängliche schön.
Und die Liebe, die Blumen, der Tau und die Jugend vernahmens,
 Alle gingen sie weg, weinend, von Jupiters Thron.
Leben muß man und lieben! Es endet Leben und Liebe!
 Schnittest du, Parze, doch nur beide die Fäden zugleich.

⟨XENIEN AUS DEM »MUSEN-ALMANACH
FÜR DAS JAHR 1797«⟩

 Triste supercilium, durique severa Catonis
  Frons et aratoris Filia Fabricii
 Et personati fastus et regula morum,
  Quidquid et in tenebris non sumus, ite foras.

⟨*1*⟩ *Der ästhetische Torschreiber*

Halt Passagiere! Wer seid ihr? Wes Standes und Charakteres?
 Niemand passieret hier durch, bis er den Paß mir gezeigt.

⟨*2*⟩ *Xenien*

Distichen sind wir. Wir geben uns nicht für mehr noch für minder,
 Sperre du immer, wir ziehn über den Schlagbaum hinweg.

⟨3⟩ *Visitator*
Öffnet die Koffers. Ihr habt doch nichts contrebandes geladen?
  Gegen die Kirche? den Staat? Nichts von französischem Gut?

⟨4⟩ *Xenien*
Koffers führen wir nicht. Wir führen nicht mehr als zwei Taschen
  Tragen, und die, wie bekannt, sind bei Poeten nicht schwer.

⟨5⟩ *Der Mann mit dem Klingelbeutel*
Messieurs! Es ist der Gebrauch, wer diese Straße bereiset,
  Legt für die Dummen was, für die Gebrechlichen, ein.

⟨6⟩ *Helf Gott*
Das verwünschte Gebettel! Es haben die vorderen Kutschen
  Reichlich für uns mit bezahlt. Geben nichts. Kutscher fahr zu.

⟨7⟩ *Der Glückstopf*
Hier ist Messe, geschwind, packt aus und schmücket die Bude,
  Kommt Autoren und zieht, jeder versuche sein Glück.

⟨8⟩ *Die Kunden*
Wenige Treffer sind gewöhnlich in solchen Boutiquen,
  Doch die Hoffnung treibt frisch und die Neugier herbei.

⟨9⟩ *Das Widerwärtige*
Dichter und Liebende schenken sich selbst, doch Speise voll Ekel!
  Dringt die gemeine Natur sich zum Genusse dir auf!

⟨10⟩ *Das Desideratum*
Hättest du Phantasie, und Witz und Empfindung und Urteil,
  Wahrlich, dir fehlte nicht viel, Wieland und Lessing zu sein!

⟨11⟩ *An einen gewissen moralischen Dichter*
Ja der Mensch ist ein ärmlicher Wicht, ich weiß – doch das wollt ich
  Eben vergessen, und kam, ach wie gereut mich's, zu dir.

⟨12⟩ *Das Verbindungsmittel*
Wie verfährt die Natur, um hohes und niedres im Menschen
  Zu verbinden? Sie stellt Eitelkeit zwischen hinein.

⟨13⟩ *Für Töchter edler Herkunft*
Töchtern edler Geburt ist dieses Werk zu empfehlen,
  Um zu Töchtern der Lust schnell sich befördert zu sehn.

⟨14⟩ *Der Kunstgriff*
Wollt ihr zugleich den Kindern der Welt und den Frommen gefallen
 Malet die Wollust – nur malet den Teufel dazu.

⟨15⟩ *Der Teleolog*
Welche Verehrung verdient der Weltenschöpfer, der gnädig,
 Als er den Korkbaum schuf, gleich auch die Stöpsel erfand!

⟨16⟩ *Der Antiquar*
Was ein christliches Auge nur sieht, erblick ich im Marmor:
 Zevs und sein ganzes Geschlecht grämt sich und fürchtet den Tod.

⟨17⟩ *Der Kenner*
Alte Vasen und Urnen! Das Zeug wohl könnt ich entbehren;
 Doch ein Majolika-Topf machte mich glücklich und reich.

⟨18⟩ *Erreurs et Verite*
Irrtum wolltest du bringen und Wahrheit, o Bote, von Wandsbeck;
 Wahrheit, sie war dir zu schwer; Irrtum, den brachtest du fort!

⟨19⟩ *H. S.*
Auf das empfindsame Volk hab ich nie was gehalten, es werden,
 Kommt die Gelegenheit nur schlechte Gesellen daraus.

⟨20⟩ *Der Prophet*
Schade daß die Natur nur Einen Menschen aus dir schuf,
 Denn zum würdigen Mann war und zum Schelmen der Stoff.

⟨21⟩ *Das Amalgama*
Alles mischt die Natur so einzig und innig, doch hat sie
 Edel- und Schalksinn hier, ach! nur zu innig vermischt.

⟨22⟩ *Der erhabene Stoff*
Deine Muse besingt, wie Gott sich der Menschen erbarmte,
 Aber ist das Poesie, daß er erbärmlich sie fand?

⟨23⟩ *Belsatzer ein Drama*
König Belsatzer schmaust in dem ersten Akte, der König
 Schmaust in dem zweiten, es schmaust fort bis zu Ende der Fürst.

⟨24⟩ *Gewisse Romanhelden*
Ohne das mindeste nur dem *Pedanten* zu nehmen, erschufst du,
 Künstler wie keiner mehr ist, einen vollendeten *Geck*.

⟨25⟩ Pfarrer Cyllenius
Still doch von deinen Pastoren und ihrem Zofenfranzösisch,
  Auch von den Zofen nichts mehr mit dem Pastorenlatein.

⟨26⟩ Jamben
Jambe nennt man das Tier mit einem kurzen und langen
  Fuß, und so nennst du mit Recht Jamben das hinkende Werk.

⟨27⟩ Neuste Schule
Ehmals hatte man Einen Geschmack. Nun gibt es Geschmäcke,
  Aber sagt mir, wo sitzt dieser Geschmäcke Geschmack?

⟨28⟩ An deutsche Baulustige
Kamtschadalisch lehrt man euch bald die Zimmer verzieren,
  Und doch ist manches bei euch schon kamtschadalisch genug.

⟨29⟩ Affiche
Stille kneteten wir Salpeter, Kohlen und Schwefel,
  Bohrten Röhren, gefall' nun auch das Feuerwerk euch.

⟨30⟩ Zur Abwechslung
Einige steigen als leuchtende Kugeln und andere zünden,
  Manche auch werfen wir nur spielend das Aug zu erfreun.

⟨31⟩ Der Zeitpunkt
Eine große Epoche hat das Jahrhundert geboren,
  Aber der große Moment findet ein kleines Geschlecht.

⟨32⟩ Goldnes Zeitalter
Ob die Menschen im Ganzen sich bessern? Ich glaub es, denn einzeln
  Suche man, wie man auch will, sieht man doch gar nichts davon.

⟨33⟩ Manso von den Grazien
Hexen lassen sich wohl durch schlechte Sprüche zitieren,
  Aber die Grazie kommt nur auf der Grazie Ruf.

⟨34⟩ Tassos Jerusalem von demselben
Ein asphaltischer Sumpf bezeichnet hier noch die Stätte,
  Wo Jerusalem stand, das uns Torquato besang.

⟨35⟩ Die Kunst zu lieben
Auch zum Lieben bedarfst du der Kunst? Unglücklicher Manso,
  Daß die *Natur* auch nichts, gar nichts für dich noch getan!

⟨36⟩ Der Schulmeister zu Breslau
In langweiligen Versen und abgeschmackten Gedanken
  Lehrt ein Präzeptor uns hier, wie man gefällt und verführt.

⟨37⟩ Amor, als Schulkollege
Was das entsetzlichste sei von allen entsetzlichen Dingen?
  Ein Pedant, den es jückt, locker und lose zu sein.

⟨38⟩ Der zweite Ovid
Armer *Naso*, hättest du doch wie *Manso* geschrieben,
  Nimmer, du guter Gesell, hättest du Tomi gesehn.

⟨39⟩ Das Unverzeihliche
Alles kann mißlingen, wir könnens ertragen, vergeben;
  Nur nicht, was sich bestrebt, reizend und lieblich zu sein.

⟨40⟩ Prosaische Reimer
Wieland, wie reich ist dein Geist! Das kann man nun erst empfinden
  Sieht man, wie fad und wie leer dein Caput mortuum ist.

⟨41⟩ Jean Paul Richter
Hieltest du deinen Reichtum nur halb so zu Rate, wie jener
  Seine Armut, du wärst unsrer Bewunderung wert.

⟨42⟩ An seinen Lobredner
Meinst du, er werde größer, wenn du die Schultern ihm leihest?
  Er bleibt klein wie zuvor, du hast den Höcker davon.

⟨43⟩ Feindlicher Einfall
Fort ins Land der Philister, ihr Füchse mit brennenden Schwänzen,
  Und verderbet der Herrn reife papierene Saat.

⟨44⟩ Nekrolog
Unter allen, die von uns berichten, bist du mir der liebste,
  Wer sich lieset in dir, liest dich zum Glücke nicht mehr.

⟨45⟩ Bibliothek schöner Wissenschaften
Jahre lang schöpfen wir schon in das Sieb und brüten den Stein aus
  Aber der Stein wird nicht warm, aber das Sieb wird nicht voll.

⟨46⟩ Dieselbe
Invaliden Poeten ist dieser Spittel gestiftet,
  Gicht und Wassersucht wird hier von der Schwindsucht gepflegt

⟨47⟩ Die neuesten Geschmacksrichter
Dichter, ihr armen, was müßt ihr nicht alles hören, damit nur
  Sein Exercitium schnell lese gedruckt der Student!

⟨48⟩ An Schwätzer und Schmierer
Treibet das Handwerk nur fort, wir können's euch freilich nicht legen,
  Aber ruhig, das glaubt, treibt ihr es künftig nicht mehr.

⟨49⟩ Guerre ouverte
Lange neckt ihr uns schon, doch immer heimlich und tückisch,
  Krieg verlangtet ihr ja, führt ihn nun offen, den Krieg.

⟨50⟩ An gewisse Kollegen
Mögt ihr die schlechten Regenten mit strengen Worten verfolgen,
  Aber schmeichelt doch auch schlechten Autoren nicht mehr.

⟨51⟩ An die Herren N. O. P.
Euch bedaur' ich am meisten, ihr wähltet gerne das Gute,
  Aber euch hat die Natur gänzlich das Urteil versagt.

⟨52⟩ Der Commissarius des jüngsten Gerichts
Nach Calabrien reis't er, das Arsenal zu besehen,
  Wo man die Artillerie gießt zu dem jüngsten Gericht.

⟨53⟩ Kant und seine Ausleger
Wie doch ein einziger Reicher so viele Bettler in Nahrung
  Setzt! Wenn die Könige baun, haben die Kärrner zu tun.

⟨54⟩ J-b
Steil wohl ist er, der Weg zur Wahrheit, und schlüpfrig zu steigen,
  Aber wir legen ihn doch nicht gern auf Eseln zurück.

⟨55⟩ Die Stockblinden
Blinde, weiß ich wohl, fühlen und Taube sehen viel schärfer,
  Aber mit welchem Organ philosophiert denn das Volk?

⟨56⟩ Analytiker
Ist denn die Wahrheit ein Zwiebel, von dem man die Häute nur
                                                               abschält?
  Was ihr hinein nicht gelegt, ziehet ihr nimmer heraus.

⟨57⟩ Der Geist und der Buchstabe
Lange kann man mit Marken, mit Rechenpfennigen zahlen,
  Endlich, es hilft nichts ihr Herrn, muß man den Beutel doch ziehn.

⟨58⟩ *Wissenschaftliches Genie*
Wird der Poet nur geboren? Der Philosoph wirds nicht minder,
  Alle Wahrheit zuletzt wird nur gebildet, geschaut.

⟨59⟩ *Die borniertem Köpfe*
Etwas nützet ihr doch, die Vernunft vergißt des Verstandes
  Schranken so gern, und *die* stellet ihr redlich uns dar.

⟨60⟩ *Bedientenpflicht*
Rein zuerst sei das Haus, in welchem die Königin einzieht,
  Frisch denn, die Stuben gefegt! dafür ihr Herrn, seid ihr da.

⟨61⟩ *Ungebühr*
Aber, erscheint sie selbst, hinaus vor die Türe, Gesinde!
  Auf den Sessel der Frau pflanze die Magd sich nicht hin.

⟨62⟩ *Wissenschaft*
Einem ist sie die hohe, die himmlische Göttin, dem andern
  Eine tüchtige Kuh, die ihn mit Butter versorgt.

⟨63⟩ *An Kant*
Vornehm nennst du den Ton der neuen Propheten? Ganz richtig,
  Vornehm philosophiert heißt wie *Rotüre* gedacht.

⟨64⟩ *Der kurzweilige Philosoph*
Eine spaßhafte Weisheit doziert hier ein lustiger Doktor
  Bloß dem Namen nach *Ernst*, und in dem lustigsten Saal.

⟨65⟩ *Verfehlter Beruf*
Schade daß ein Talent hier auf dem Katheder verhallet,
  Das auf höherm Gerüst hätte zu glänzen verdient.

⟨66⟩ *Das philosophische Gespräch*
Einer, das höret man wohl, spricht *nach* dem andern, doch keiner
  Mit dem andern; wer nennt zwei Monologen Gespräch?

⟨67⟩ *Das Privilegium*
Dichter und Kinder, man gibt sich mit beiden nur ab, um zu spielen
  Nun so erboset euch nicht, wird euch die Jugend zu laut.

⟨68⟩ *Literarischer Zodiacus*
Jetzo ihr Distichen nehmt euch zusammen, es tut sich der Tierkreis
  Grauend euch auf; mir nach Kinder! wir müssen hindurch.

⟨69⟩ Zeichen des Widders
Auf den Widder stoßt ihr zunächst, den Führer der Schafe,
  Aus dem *Dykischen* Pferch springet er trotzig hervor.

⟨70⟩ Zeichen des Stiers
Neben an gleich empfängt euch sein Namensbruder; mit stumpfen
  Hörnern, weicht ihr nicht aus, stößt euch der *Hallische* Ochs.

⟨71⟩ Zeichen des Fuhrmanns
Alsobald knallet in G** des Reiches würdiger Schwager,
  Zwar er nimmt euch nicht mit, aber er fährt doch vorbei.

⟨72⟩ Zeichen der Zwillinge
Kommt ihr den Zwillingen nah, so sprecht nur: Gelobet sei J –
  C – ! »In Ewigkeit« gibt man zum Gruß euch zurück.

⟨73⟩ Zeichen des Bärs
Nächst daran strecket der Bär zu K** die bleiernen Tatzen
  Gegen euch aus, doch er fängt euch nur die Fliegen vom Kleid.

⟨74⟩ Zeichen des Krebses
Geht mir dem Krebs in B*** aus dem Weg, manch lyrisches
                                                    Blümchen
  Schwellend in üppigem Wuchs kneipte die Schere zu Tod.

⟨75⟩ Zeichen des Löwen
Jetzo nehmt euch in Acht vor dem wackern *Eutinischen* Leuen,
  Daß er mit griechischem Zahn euch nicht verwunde den Fuß.

⟨76⟩ Zeichen der Jungfrau
Bücket euch, wie sichs geziemt, vor der zierlichen Jungfrau zu *Weimar*,
  Schmollt sie auch oft – wer verzeiht Launen der Grazie nicht?

⟨77⟩ Zeichen des Raben
Vor dem Raben nur sehet euch vor, der hinter ihr krächzet,
  Das Nekrologische Tier setzt auf Kadaver sich nur.

⟨78⟩ Locken der Berenice
Sehet auch, wie ihr in S*** den groben Fäusten entschlüpfet,
  Die Berenices Haar striegeln mit eisernem Kamm.

⟨79⟩ Zeichen der Waage
Jetzo wäre der Ort, daß ihr die Waage beträtet,
  Aber dies Zeichen ward längst schon am Himmel vermißt.

⟨80⟩ *Zeichen des Skorpions*
Aber nun kommt ein böses Insekt, aus G – b – n her,
  Schmeichelnd naht es, ihr habt, flieht ihr nicht eilig, den Stich.

⟨81⟩ *Ophiuchus*
Drohend hält euch die Schlang' jetzt Ophiuchus entgegen,
  Fürchtet sie nicht, es ist nur der getrocknete Balg.

⟨82⟩ *Zeichen des Schützen*
Seid ihr da glücklich vorbei, so naht euch dem zielenden Hofrat
  Schütz nur getrost, er liebt und er versteht auch den Spaß.

⟨83⟩ *Gans*
Laßt sodann ruhig die Gans in L***g und G**a gagagen,
  Die beißt keinen, es quält nur ihr Geschnatter das Ohr.

⟨84⟩ *Zeichen des Steinbocks*
Im Vorbeigehn stutzt mir den alten *Berlinischen* Steinbock,
  Das verdrüßt ihn, so gibts etwas zu lachen fürs Volk.

⟨85⟩ *Zeichen des Pegasus*
Aber seht ihr in B**** den *Grad ad Parnassum*, so bittet
  Höflich ihm ab, daß ihr euch eigene Wege gewählt.

⟨86⟩ *Zeichen des Wassermanns*
Übrigens haltet euch ja von dem Dr***r Wassermann ferne,
  Daß er nicht über euch her gieße den Elbestrom aus.

⟨87⟩ *Eridanus*
An des Eridanus Ufern umgeht mir die furchtbare Waschfrau,
  Welche die Sprache des Teut säubert mit Lauge und Sand.

⟨88⟩ *Fische*
Seht ihr in *Leipzig* die Fischlein, die sich in Sulzers Zisterne
  Regen, so fangt euch zur Lust einige Grundeln heraus.

⟨89⟩ *Der fliegende Fisch*
Neckt euch in Breslau der fliegende Fisch, erwartets geduldig
  In sein wäßrigtes Reich zieht ihn Neptun bald hinab.

⟨90⟩ *Glück auf den Weg*
Manche Gefahren umringen euch noch, ich hab sie verschwiegen,
  Aber wir werden uns noch aller erinnern – nur zu!

⟨91⟩ *Die Aufgabe*
Wem die Verse gehören? Ihr werdet es schwerlich erraten,
  Sondert, wenn ihr nun könnt, o Chorizonten, auch hier!

⟨92⟩ *Wohlfeile Achtung*
Selten erhaben und groß und selten würdig der Liebe
  Lebt er doch immer, der Mensch, und wird geehrt und geliebt.

⟨93⟩ *Revolutionen*
Was das Luthertum war ist jetzt das Franztum in diesen
  Letzten Tagen, es drängt ruhige Bildung zurück.

⟨94⟩ *Parteigeist*
Wo Parteien entstehn, hält jeder sich hüben und drüben,
  Viele Jahre vergehn, eh sie die Mitte vereint.

⟨95⟩ *Das deutsche Reich*
Deutschland? aber wo liegt es? Ich weiß das Land nicht zu finden,
  Wo das gelehrte beginnt, hört das politische auf.

⟨96⟩ *Deutscher Nationalcharakter*
Zur *Nation* euch zu bilden, ihr hoffet es, Deutsche, vergebens
  Bildet, ihr könnt es, dafür freier zu Menschen euch aus.

⟨97⟩ *Rhein*
Treu wie dem Schweitzer gebührt, bewach ich Germaniens Grenze,
  Aber der Gallier hüpft über den duldenden Strom.

⟨98⟩ *Rhein und Mosel*
Schon so lang umarm' ich die lotharingische Jungfrau,
  Aber noch hat kein Sohn unsre Umarmung erfreut!

⟨99⟩ *Donau in B***
Bacchus der lustige führt mich und Komus der fette durch reiche
  Triften, aber verschämt bleibet die Charis zurück.

⟨100⟩ *Donau in O***
Mich umwohnet mit glänzendem Aug das Volk der Fajaken,
  Immer ists Sonntag, es dreht immer am Herd sich der Spieß.

⟨101⟩ *Mayn*
Meine Burgen zerfallen zwar, doch getröstet erblick' ich
  Seit Jahrhunderten noch immer das alte Geschlecht.

⟨102⟩ *Saale*
Kurz ist mein Lauf und begrüßt der Fürsten, der Völker so viele,
  Aber die Fürsten sind gut, aber die Völker sind frei.

⟨103⟩ *Ilm*
Meine Ufer sind arm, doch höret die leisere Welle,
  Führt der Strom sie vorbei, manches unsterbliche Lied.

⟨104⟩ *Pleisse*
Flach ist mein Ufer und seicht mein Bächlein, es schöpften zu dursti
  Meine Poeten mich, meine Prosaiker aus.

⟨105⟩ *Elbe*
All ihr andern, ihr sprecht nur ein kauderwelsch. Unter den Flüsser
  Deutschlands rede nur ich, und auch in Meissen nur, Deutsch.

⟨106⟩ *Spree*
Sprache gab mir einst Ramler und Stoff mein Cesar, da nahm ich
  Meinen Mund etwas voll, aber ich schweige seitdem.

⟨107⟩ *Weser*
Leider von mir ist gar nichts zu sagen, auch zu dem kleinsten
  Epigramme bedenkt! geb ich der Muse nicht Stoff.

⟨108⟩ *Gesundbrunnen zu ****
Seltsames Land! Hier haben die Flüsse Geschmack und die Quellen
  Bei den Bewohnern allein hab ich noch keinen verspürt.

⟨109⟩ *P** bei N****
Ganz hypochondrisch bin ich vor langer Weile geworden,
  Und ich fließe nur fort, weil es so hergebracht ist.

⟨110⟩ *Die **chen Flüsse*
Unser einer hats halter gut in **cher Herren
  Ländern, ihr Joch ist sanft und ihre Lasten sind leicht.

⟨111⟩ *Salzach*
Aus Juvaviens Bergen ström' ich, das Erzstift zu salzen,
  Lenke dann Bayern zu, wo es an Salze gebricht.

⟨112⟩ *Der anonyme Fluß*
Fastenspeisen dem Tisch des frommen Bischofs zu liefern,
  Goß der Schöpfer mich aus durch das verhungerte Land.

⟨113⟩ *Les fleuves indiscrets*
Jetzt kein Wort mehr ihr Flüsse. Man siehts, ihr wißt euch so wenig
  Zu bescheiden, als einst Diderots Schätzchen getan.

⟨114⟩ *An den Leser*
Lies uns nach Laune nach Lust, in trüben, in fröhlichen Stunden,
  Wie uns der gute Geist, wie uns der böse gezeugt.

⟨115⟩ *Gewissen Lesern*
Viele Bücher genießt ihr, die ungesalznen, verzeihet,
  Daß dies Büchelchen uns überzusalzen beliebt.

⟨116⟩ *Dialogen aus dem Griechischen*
Zur Erbauung andächtiger Seelen hat F*** S***
  Graf und Poet und Christ diese Gespräche verdeutscht.

⟨117⟩ *Der Ersatz*
Als du die griechischen Götter geschmäht, da warf dich Apollo
  Von dem Parnasse; dafür gehst du ins Himmelreich ein.

⟨118⟩ *Der moderne Halbgott*
Christlicher Herkules, du ersticktest so gerne die Riesen,
  Aber die heidnische Brut steht Herkuliscus! noch fest.

⟨119⟩ *Charis*
Ist dies die Frau des Künstlers Vulkan? Sie spricht von dem
                                                    Handwerk,
  Wie es des Roturiers adlicher Hälfte geziemt.

⟨120⟩ *Nachbildung der Natur*
Was nur einer vermag, das sollte nur einer uns schildern,
  Voß nur den Pfarrer und nur *Iffland* den Förster allein.

⟨121⟩ *Nachäffer*
Aber da meinen die Pfuscher, ein jeder Schwarzrock und Grünrock
  Sei auch, an und für sich, unsrer Beschauung schon wert.

⟨122⟩ *Klingklang*
In der Dichtkunst hat er mit Worten herzlos geklingelt,
  In der Philosophie treibt er es pfäffisch so fort.

⟨123⟩ *An gewisse Umschöpfer*
Nichts soll werden das Etwas, daß nichts sich zu Etwas gestalte,
  Laß das Etwas nur sein! nie wird zu Etwas das Nichts.

⟨124⟩ *Aufmunterung*
Deutschland fragt nach Gedichten nicht viel; ihr kleinen Gesellen,
　Lärmt, bis jeglicher sich wundernd ans Fenster begibt.

⟨125⟩ *Das Brüderpaar*
Als Kentauren gingen sie einst durch poetische Wälder,
　Aber das wilde Geschlecht hat sich geschwinde bekehrt.

⟨126⟩ *K***
Höre den Tadler! Du kannst, was er noch vermißt, dir erwerben,
　Jenes, was nie sich erwirbt, freue dich! gab dir Natur.

⟨127⟩ *An die Moralisten*
Richtet den herrschenden Stab auf leben und handeln und lasset
　Amorn, dem lieblichen Gott, doch mit der Muse das Spiel!

⟨128⟩ *Der Leviathan und die Epigramme*
Fürchterlich bist du im Kampf, nur brauchst du etwas viel Wasser,
　Aber versuch es einmal, Fisch! in den Lüften mit uns.

⟨129⟩ *Louise von Voß*
Wahrlich, es füllt mit Wonne das Herz, dem Gesange zu horchen,
　Ahmt ein Sänger, wie der, Töne des Altertums nach.

⟨130⟩ *Jupiters Kette*
Hängen auch alle Schmierer und Reimer sich an dich, sie ziehen
　Dich nicht hinunter, doch du ziehst sie auch schwerlich hinauf.

⟨131⟩ *Aus einer der neuesten Episteln*
Klopstock, der ist mein Mann, der in neue Phrasen gestoßen,
　Was er im höllischen Pfuhl Hohes und Großes vernahm.

⟨132⟩ *B**s Taschenbuch*
Eine Kollektion von Gedichten? Eine Kollekte
　Nenn es, der Armut zu lieb und bei der Armut gemacht.

⟨133⟩ *Ein deutsches Meisterstück*
Alles an diesem Gedicht ist vollkommen, Sprache, Gedanke,
　Rhythmus, das einzige nur fehlt noch, es ist kein Gedicht.

⟨134⟩ *Unschuldige Schwachheit*
Unsre Gedichte nur trifft dein Spott? o schätzet euch glücklich,
　Daß das schlimmste an euch eure Erdichtungen sind.

⟨135⟩ *Das neueste aus Rom*
Raum und Zeit hat man wirklich *gemalt*, es steht zu erwarten,
   Daß man mit ähnlichem Glück nächstens die Tugend uns *tanzt*.

⟨136⟩ *Deutsches Lustspiel*
Toren hätten wir wohl, wir hätten Fratzen die Menge,
   Leider helfen sie nur selbst zur Komödie nichts.

⟨137⟩ *Das Märchen*
Mehr als zwanzig Personen sind in dem Märchen geschäftig,
   Nun, und was machen sie denn alle? Das Märchen, mein Freund.

⟨138⟩ *Frivole Neugier*
Das verlohnte sich auch den delphischen Gott zu bemühen,
   Daß er dir sage, mein Freund, wer der Armenier war.

⟨139⟩ *Beispielsammlung*
Nicht bloß Beispielsammlung, nein, selber ein warnendes Beispiel,
   Wie man nimmermehr soll sammeln für guten Geschmack.

⟨140⟩ *Mit Erlaubnis*
Nimms nicht übel, daß nun auch deiner gedacht wird! Verlangst du
   Das Vergnügen umsonst, daß man den Nachbar vexiert?

⟨141⟩ *Der Sprachforscher*
Anatomieren magst du die Sprache, doch nur ihr Kadaver,
   Geist und Leben entschlüpft flüchtig dem groben Skalpell.

⟨142⟩ *Geschichte eines dicken Mannes*
(Man sehe die Rezension davon in der N. deutschen Bibliothek)
Dieses Werk ist durchaus nicht in Gesellschaft zu lesen,
   Da es, wie Rezensent rühmet, die Blähungen treibt.

⟨143⟩ *Anekdoten von Fridrich II.*
Von dem unsterblichen Friedrich, dem einzigen, handelt in diesen
   Blättern der zehenmalzehn tausendste sterbliche Fritz.

⟨144⟩ *Literaturbriefe*
Auch Nicolai schrieb an dem trefflichen Werk? Ich wills glauben,
   Mancher Gemeinplatz auch steht in dem trefflichen Werk.

⟨145⟩ *Gewisse Melodien*
Dies ist Musik fürs Denken! So lang man sie hört, bleibt man eiskalt,
   Vier, fünf Stunden darauf macht sie erst rechten Effekt.

⟨146⟩ *Überschriften dazu*
Frostig und herzlos ist der Gesang, doch Sänger und Spieler
 Werden oben am Rand höflich zu fühlen ersucht.

⟨147⟩ *Der böse Geselle*
Dichter bitte die Musen, vor ihm dein Lied zu bewahren,
 Auch dein leichtestes zieht nieder der schwere Gesang.

⟨148⟩ *Karl von Karlsberg*
Was der berühmte Verfasser des menschlichen Elends verdiene?
 Sich in der Charite gratis verköstigt zu sehn.

⟨149⟩ *Schriften für Damen und Kinder*
»Bibliothek für das andre Geschlecht, nebst Fabeln für Kinder«
 Also für Kinder nicht, nicht für das andre Geschlecht.

⟨150⟩ *Dieselbe*
Immer für Weiber und Kinder! Ich dächte man schriebe für Männer
 Und überließe dem Mann Sorge für Frau und für Kind!

⟨151⟩ *Gesellschaft von Sprachfreunden*
O wie schätz ich euch hoch! Ihr bürstet sorglich die Kleider
 Unsrer Autoren, und, wem fliegt nicht ein Federgen an?

⟨152⟩ *Der Purist*
Sinnreich bist du, die Sprache von fremden Wörtern zu säubern,
 Nun so sage doch Freund, wie man *Pedant* uns verdeutscht.

⟨153⟩ *Vernünftige Betrachtung*
Warum plagen wir, einer den andern? Das Leben zerrinnet,
 Und es versammelt uns nur einmal wie heute die Zeit.

⟨154⟩ *An ***
Gerne plagt ich auch dich, doch es will mir mit dir nicht gelingen,
 Du bist zum Ernst mir zu leicht, bist für den Scherz mir zu plump.

⟨155⟩ *An ****
Nein! Du erbittest mich nicht. Du hörtest dich gerne verspottet,
 Hörtest du dich nur genannt, darum verschon ich dich, Freund.

⟨156⟩ *Garve*
Hör ich über Geduld dich edler Leidender reden,
 O wie wird mir das Volk frömmelnder Schwätzer verhaßt.

⟨157⟩ *Auf gewisse Anfragen*
Ob dich der Genius ruft? Ob du dem rufenden folgest?
  Ja, wenn du mich fragst – nein! Folge dem rufenden nicht.

⟨158⟩ *Stoßgebet*
Vor dem Aristokraten in Lumpen bewahr mich, ihr Götter,
  Und vor dem Sansculott auch mit Epauletten und Stern.

⟨159⟩ *Distinktionszeichen*
»Unbedeutend sind doch auch manche von euren Gedichtgen«!
  Freilich, zu jeglicher Schrift braucht man auch Komma und Punkt.

⟨160⟩ *Die Adressen*
Alles ist nicht für alle, das wissen wir selber, doch nichts ist
  Ohne Bestimmung, es nimmt jeder sich selbst sein Paket.

⟨161⟩ *Schöpfung durch Feuer*
Arme basaltische Säulen! Ihr solltet dem Feuer gehören,
  Und doch sah euch kein Mensch je aus dem Feuer entstehn.

⟨162⟩ *Mineralogischer Patriotismus*
Jedermann schürfte bei sich auch nach Basalten und Lava,
  Denn es klinget nicht schlecht, hier ist Vulkanisch Gebürg!

⟨163⟩ *Kurze Freude*
Endlich zog man sie wieder ins alte Wasser herunter,
  Und es löscht sich nun bald dieser entzündete Streit.

⟨164⟩ *Triumph der Schule*
Welch erhabner Gedanke! Uns lehrt der unsterbliche Meister,
  Künstlich zu teilen den Strahl, den wir nur einfach gekannt.

⟨165⟩ *Die Möglichkeit*
Liegt der Irrtum nur erst, wie ein Grundstein, unten im Boden,
  Immer baut man darauf, nimmermehr kömmt er an Tag.

⟨166⟩ *Wiederholung*
Hundertmal werd ichs euch sagen und tausendmal: Irrtum ist Irrtum!
  Ob ihn der größte Mann, ob ihn der kleinste beging.

⟨167⟩ *Wer glaubts?*
Newton hat sich geirrt? ja doppelt und dreifach! und wie denn?
  Lange steht es gedruckt, aber es liest es kein Mensch.

⟨168⟩ *Der Welt Lauf*
Drucken fördert euch nicht, es unterdrückt euch die Schule;
  Aber nicht immer, und dann geben sie schweigend sich drein.

⟨169⟩ *Hoffnung*
Allen habt ihr die Ehre genommen, die gegen euch zeugten;
  Aber dem Märtyrer kehrt späte sie doppelt zurück.

⟨170⟩ *Exempel*
Schon Ein Irrlicht sah ich verschwinden, dich Phlogiston! Balde,
  O, Newtonisch Gespenst! folgst du dem Brüderchen nach.

⟨171⟩ *Der letzte Märtyrer*
Auch mich bratet ihr noch als Huß vielleicht, aber wahrhaftig!
  Lange bleibet der Schwan, der es vollendet, nicht aus.

⟨172⟩ *Menschlichkeiten*
Leidlich hat Newton gesehen, und falsch geschlossen, am Ende
  Blieb er, ein Britte, verstockt, schloß er, bewies er so fort.

⟨173⟩ *Und abermals Menschlichkeiten*
Seine Schüler hörten nun auf, zu sehn und zu schließen,
  Referierten getrost, was er auch sah und bewies.

⟨174⟩ *Der Widerstand*
Aristokratisch gesinnt ist mancher Gelehrte, denn gleich ists,
  Ob man auf Helm und Schild oder auf Meinungen ruht.

⟨175⟩ *Neueste Farbentheorie von Wünsch*
Gelbrot und grün macht das Gelbe, grün und violblau das Blaue!
  So wird aus Gurkensalat wirklich der Essig erzeugt!

⟨176⟩ *Das Mittel*
Warum sagst du uns das in Versen? Die Verse sind wirksam,
  Spricht man in Prosa zu euch, stopft ihr die Ohren euch zu.

⟨177⟩ *Moralische Zwecke der Poesie*
»Bessern, bessern soll uns der Dichter«! So darf denn auf eurem
  Rücken des Büttels Stock nicht einen Augenblick ruhn?

⟨178⟩ *Sektions Wut*
Lebend noch exenterieren sie euch und seid ihr gestorben,
  Passet im Nekrolog noch ein Prosector euch auf.

⟨179⟩ *Kritische Studien*
Schneidet, schneidet ihr Herrn, durch Schneiden lernet der Schüler,
  Aber wehe dem Frosch, der euch den Schenkel muß leihn!

⟨180⟩ *Der astronomische Himmel*
So erhaben, so groß ist, so weit entlegen der Himmel!
  Aber der Kleinigkeitsgeist fand auch bis dahin den Weg.

⟨181⟩ *Naturforscher und Transszendental Philosophen*
Feindschaft sei zwischen euch, noch kommt das Bündnis zu frühe,
  Wenn ihr im Suchen euch trennt, wird erst die Wahrheit erkannt.

⟨182⟩ *An die voreiligen Verbindungsstifter*
Jeder wandle für sich, und wisse nichts von dem andern,
  Wandeln nur beide gerad, finden sich beide gewiß.

⟨183⟩ *Der treue Spiegel*
Reiner Bach, du entstellst nicht den Kiesel, du bringst ihn dem Auge
  Näher, so seh ich die Welt *** wenn du sie beschreibst.

⟨184⟩ *Nicolai*
Nicolai reiset noch immer, noch lang wird er reisen,
  Aber ins Land der Vernunft findet er nimmer den Weg.

⟨185⟩ *Der Wichtige*
Seine Meinung sagt er von seinem Jahrhundert, er sagt sie,
  Nochmals sagt er sie laut, hat sie gesagt und geht ab.

⟨186⟩ *Der Plan des Werks*
Meine Reis' ist ein Faden, an dem ich drei Lustra die Deutschen
  Nützlich führe, so wie formlos die Form mirs gebeut.

⟨187⟩ *Formalphilosophie*
Allen Formen macht er den Krieg, er weiß wohl, zeitlebens
  Hat er mit Müh und Not Stoff nur zusammengeschleppt.

⟨188⟩ *Der Todfeind*
Willst du alles vertilgen, was deiner Natur nicht gemäß ist,
  Nicolai, zuerst schwöre dem Schönen den Tod!

⟨189⟩ *Philosophische Querköpfe*
Querkopf! schreiet ergrimmt in unsere Wälder Herr Nickel,
  Leerkopf! schallt es darauf lustig zum Walde heraus.

⟨190⟩ *Empirischer Querkopf*
Armer empirischer Teufel! du kennst nicht einmal das dumme
 In dir selber, es ist ach! a priori so dumm.

⟨191⟩ *Der Quellenforscher*
Nicolai entdeckt die Quellen der Donau! Welch Wunder!
 Sieht er gewöhnlich doch sich nach der Quelle nicht um.

⟨192⟩ *Derselbe*
Nichts kann er leiden was groß ist und mächtig, drum herrliche
    Donau
 Spürt dir der Häscher so lang nach, bis er seicht dich ertappt.

⟨193⟩ *N. Reisen XI. Band. S. 177*
A propos Tübingen! Dort sind Mädchen, die tragen die Zöpfe
 Lang geflochten, auch dort gibt man die Horen heraus.

⟨194⟩ *Der Glückliche*
Sehen möcht ich dich Nickel, wenn du ein Späßchen erhaschest,
 Und, von dem Fund entzückt, drauf dich im Spiegel besiehst.

⟨195⟩ *Verkehrte Wirkung*
Rührt sonst einen der Schlag, so stockt die Zunge gewöhnlich,
 Dieser, so lange gelähmt, schwatzt nur geläufiger fort.

⟨196⟩ *Pfahl im Fleisch*
Nenne Lessing nur nicht, der Gute hat vieles gelitten
 Und in des Märtyrers Kranz warst du ein schrecklicher Dorn.

⟨197⟩ *Die Horen an Nicolai*
Unsere Reihen störtest du gern, doch werden wir wandeln,
 Und du tappe denn auch, plumper Geselle! so fort.

⟨198⟩ *Fichte und Er*
Freilich tauchet der Mann kühn in die Tiefe des Meeres,
 Wenn du, auf leichtem Kahn, schwankest und Heringe fängst.

⟨199⟩ *Briefe über ästhetische Bildung*
Dunkel sind sie zuweilen, vielleicht mit Unrecht, o Nickel!
 Aber die Deutlichkeit ist wahrlich nicht Tugend an dir.

⟨200⟩ *Modephilosophie*
Lächerlichster, du nennst das Mode, wenn immer von neuem
 Sich der menschliche Geist ernstlich nach Bildung bestrebt.

⟨201⟩ *Das grobe Organ*
Was du mit Händen nicht greifst, das scheint dir Blinden ein Unding,
  Und betastest du was, gleich ist das Ding auch beschmutzt.

⟨202⟩ *Der Lastträger*
Weil du vieles geschleppt und schleppst und schleppen wirst,
                                                     meinst du
  Was sich selber bewegt, könne vor dir nicht bestehn.

⟨203⟩ *Die Waidtasche*
Reget sich was, gleich schießt der Jäger, ihm scheinet die Schöpfung,
  Wie lebendig sie ist, nur für den Schnappsack gemacht.

⟨204⟩ *Das Unentbehrliche*
Könnte Menschenverstand doch ohne Vernunft nur bestehen,
  Nickel hätte fürwahr menschlichsten Menschenverstand.

⟨205⟩ *Die Xenien*
Was uns ärgert, du gibst mit langen entsetzlichen Noten
  Uns auch wieder heraus unter der Reiserubrik.

⟨206⟩ *Lucri bonus odor*
Gröblich haben wir dich behandelt, das brauche zum Vorteil
  Und im zwölften Band schilt uns, da gibt es ein Blatt.

⟨207⟩ *Vorsatz*
Den Philister verdrieße, den Schwärmer necke, den Heuchler
  Quäle der fröhliche Vers, der nur das Gute verehrt.

⟨208⟩ *Nur Zeitschriften*
Frankreich faßt er mit einer, das arme *Deutschland* gewaltig
  Mit der andern, doch sind beide papieren und leicht!

⟨209⟩ *Das Motto*
Wahrheit sag ich euch, Wahrheit und immer Wahrheit, versteht sich:
  Meine Wahrheit; denn sonst ist mir auch keine bekannt.

⟨210⟩ *Der Wächter Zions*
Meine Wahrheit bestehet im Bellen, besonders wenn irgend
  Wohlgekleidet ein Mann sich auf der Straße mir zeigt.

⟨211⟩ *Verschiedene Dressuren*
Aristokratische Hunde, sie knurren auf Bettler, ein echter
  Demokratischer Spitz klafft nach dem seidenen Strumpf.

⟨212⟩ *Böse Gesellschaft*
Aristokraten mögen noch gehn, ihr Stolz ist doch höflich,
  Aber du löbliches Volk bist so voll Hochmut und grob.

⟨213⟩ *An die Obern*
Immer bellt man auf euch! bleibt sitzen! es wünschen die Beller
  Jene Plätze, wo man ruhig das Bellen vernimmt.

⟨214⟩ *Baalspfaffen*
Heilige Freiheit! Erhabener Trieb der Menschen zum Bessern!
  Wahrlich, du konntest dich nicht schlechter mit Priestern versehn.

⟨215⟩ *Verfehlter Beruf*
Schreckensmänner wären sie gerne, doch lacht man in Deutschland
  Ihres Grimmes, der nur mäßige Schriften zerfleischt.

⟨216⟩ *An mehr als Einen*
Erst habt ihr die Großen beschmaust, nun wollt ihr sie stürzen;
  Hat man Schmarotzer doch nie dankbar dem Wirte gesehn.

⟨217⟩ *Das Requisit*
Lange werden wir euch noch ärgern und werden euch sagen:
  Rote Kappen, euch fehlt nur noch das Glöckchen zum Putz.

⟨218⟩ *Verdienst*
Hast du auch wenig genug verdient um die Bildung der Deutschen
  Fritz Nicolai, sehr viel hast du dabei doch verdient.

⟨219⟩ *Umwälzung*
Nein das ist doch zu arg! Da läuft auch selbst noch der Cantor
  Von der Orgel, und ach! pfuscht auf den Klaven des Staats.

⟨220⟩ *Der Halbvogel*
Fliegen möchte der Strauß, allein er rudert vergeblich,
  Ungeschickt rühret der Fuß immer den leidigen Sand.

⟨221⟩ *Der letzte Versuch*
Vieles hast du geschrieben, der Deutsche wollt es nicht lesen;
  Gehn die Journale nicht ab, dann ist auch alles vorbei.

⟨222⟩ *Kunstgriff*
Schreib die Journale nur anonym, so kannst du mit vollen
  Backen deine Musik loben, es merkt es kein Mensch.

⟨223⟩ Dem Großsprecher
Öfters nahmst du das Maul schon so voll und konntest nicht wirken,
  Auch jetzt wirkest du nichts, nimm nur das Maul nicht so voll.

⟨224⟩ Mottos
Setze nur immer Mottos auf deine Journale, sie zeigen
  Alle die Tugenden an, die man an dir nicht bemerkt.

⟨225⟩ Sein Handgriff
Auszuziehen versteh ich, und zu beschmutzen die Schriften,
  Dadurch mach ich sie mein, und ihr bezahlet sie mir.

⟨226⟩ Die Mitarbeiter
Wie sie die Glieder verrenken, die Armen! Aber nach dieser
  Pfeife zu tanzen, es ist auch beim Apollo! kein Spaß.

⟨227⟩ Unmögliche Vergeltung
Deine Kollegen verschreist und plünderst du! Dich zu verschreien
  Ist nicht nötig, und nichts ist auch zu plündern an dir.

⟨228⟩ Das züchtige Herz
Gern erlassen wir *dir* die moralische Delikatesse,
  Wenn du die zehen Gebot' nur so notdürftig befolgst.

⟨229⟩ Abscheu
Heuchler ferne von mir! Besonders du widriger Heuchler,
  Der du mit Grobheit glaubst Falschheit zu decken und List.

⟨230⟩ Der Hausierer
Ja das fehlte nun noch zu der Entwicklung der Sache,
  Daß als *Krämer* sich nun *Kr**er* nach Frankreich begibt!

⟨231⟩ Deutschlands Revanche an Frankreich
Manchen Lakai schon verkauftet ihr uns als Mann von Bedeutung,
  Gut! Wir spedieren euch hier Kr**** als Mann von Verdienst.

⟨232⟩ Der Patriot
Daß Verfassung sich überall bilde! Wie sehr ists zu wünschen,
  Aber ihr Schwätzer verhelft uns zu Verfassungen nicht!

⟨233⟩ Die drei Stände
Sagt, wo steht in Deutschland der Sansculott? In der Mitte,
  Unten und oben besitzet jeglicher was ihm behagt.

⟨234⟩ Die Hauptsache
Jedem Besitzer das seine! und jedem Regierer den Rechtsinn,
  Das ist zu wünschen, doch ihr, beides verschafft ihr uns nicht.

⟨235⟩ Anacharsis der Zweite
Anacharsis dem ersten nahmt ihr den Kopf weg, der zweite
  Wandert nun ohne Kopf klüglich, Pariser, zu euch.

⟨236⟩ Historische Quellen
Augen leiht dir der Blinde zu dem, was in Frankreich geschiehet,
  Ohren der Taube, du bist, Deutschland, vortrefflich bedient.

⟨237⟩ Der Almanach als Bienenkorb
Lieblichen Honig geb' er dem Freund, doch nahet sich täppisch
  Der Philister, ums Ohr saus' ihm der stechende Schwarm!

⟨238⟩ Etymologie
Ominos ist dein Name, er spricht dein ganzes Verdienst aus,
  Gerne verschafftest du, ging es, dem Pöbel den Sieg.

⟨239⟩ Ausnahme
Warum tadelst du manchen nicht öffentlich? Weil er ein Freund ist,
  Wie mein eigenes Herz tadl' ich im stillen den Freund.

⟨240⟩ Die Insekten
Warum schiltst du die einen so hundertfach? Weil das Geschmeiße,
  Rührt sich der Wedel nicht stets, immer dich leckt und dich sticht

⟨241⟩ Einladung
Glaubst du denn nicht, man könnte die schwache Seite dir zeigen?
  Tu es mit Laune, mit Geist, Freund, und wir lachen zuerst.

⟨242⟩ Warnung
Unsrer liegen noch tausend im Hinterhalt, daß ihr nicht etwa
  Rückt ihr zu hitzig heran, Schultern und Rücken entblößt.

⟨243⟩ An die Philister
Freut euch des Schmetterlings nicht, der Bösewicht zeugt euch die
                                                                Raupe,
  Die euch den herrlichen Kohl, fast aus der Schüssel, verzehrt.

⟨244⟩ Hausrecht
Keinem Gärtner verdenk ichs, daß er die Sperlinge scheuchet,
  Doch nur Gärtner ist er, jene gebar die Natur.

⟨245⟩ *Currus virum miratur inanes*
Wie sie knallen die Peitschen! Hilf Himmel! Journale! Kalender!
  Wagen an Wagen! Wieviel Staub und wie wenig Gepäck!

⟨246⟩ *Kalender der Musen und Grazien*
Musen und Grazien! oft habt ihr euch schrecklich verirret,
  Doch dem Pfarrer noch nie selbst die Perücke gebracht.

⟨247⟩ *Taschenbuch*
Viele Läden und Häuser sind offen in südlichen Ländern,
  Und man sieht das Gewerb, aber die Armut zugleich.

⟨248⟩ *Vossens Almanach*
Immer zu, du redlicher Voß! Beim neuen Kalender
  Nenne der Deutsche dich doch, der dich im Jahre vergißt.

⟨249⟩ *Schillers Almanach von 1796*
Du erhebest uns erst zu Idealen und stürzest
  Gleich zur Natur uns zurück, glaubst du, wir danken dir das?

⟨250⟩ *Das Paket*
Mit der Eule gesiegelt? Da kann Minerva nicht weit sein!
  Ich erbreche, da fällt von und für Deutschland heraus.

⟨251⟩ *Das Journal Deutschland*
Alles beginnt der Deutsche mit Feierlichkeit und so zieht auch
  Diesem deutschen Journal blasend ein Spielmann voran.

⟨252⟩ *Reichsanzeiger*
Edles Organ, durch welches das deutsche Reich mit sich selbst
                                                  spricht,
  Geistreich, wie es hinein schallet, so schallt es heraus.

⟨253⟩ *A. d. Ph.*
Woche für Woche zieht der Bettelkarren durch Deutschland,
  Den auf schmutzigem Bock, Jakob, der Kutscher, regiert.

⟨254⟩ *A. D. B.*
Zehnmal gelesne Gedanken auf zehnmal bedrucktem Papiere,
  Auf zerriebenem Blei stumpfer und bleierner Witz.

⟨255⟩ *A. d. Z.*
Auf dem Umschlag sieht man die Charitinnen, doch leider
  Kehrt uns Aglaia den Teil, den ich nicht nennen darf, zu.

⟨256⟩ *Deutsche Monatschrift*
Deutsch in Künsten gewöhnlich heißt mittelmäßig! und bist du
   Deutscher Monat, vielleicht auch so ein deutsches Produkt.

⟨257⟩ *G. d. Z.*
Dich, o Dämon! erwart ich und deine herrschenden Launen,
   Aber im härenen Sack schleppt sich ein Kobold dahin.

⟨258⟩ *Urania*
Deinen heiligen Namen kann nichts entehren, und wenn ihn
   Auf sein Sudelgefäß Ewald, der frömmelnde, schreibt.

⟨259⟩ *Merkur*
Wieland zeigt sich nur selten, doch sucht man gern die Gesellschaft
   Wo sich Wieland auch nur selten, der Seltene, zeigt.

⟨260⟩ *Horen. Erster Jahrgang*
Einige wandeln zu ernst, die andern schreiten verwegen,
   Wenige gehen den Schritt, wie ihn das Publicum hält.

⟨261⟩ *Minerva*
Trocken bist du und ernst, doch immer die würdige Göttin,
   Und so leihest du auch gerne den Namen dem Heft.

⟨262⟩ *Journal des Luxus und der Moden*
Du bestrafest die Mode, bestrafest den Luxus, und beide
   Weißt du zu fördern, du bist ewig des Beifalls gewiß.

⟨263⟩ *Dieser Musenalmanach*
Nun erwartet denn auch, für seine herzlichen Gaben,
   Liebe Kollegen, von euch unser Kalender den Dank.

⟨264⟩ *Der Wolfische Homer*
Sieben Städte zankten sich drum, ihn geboren zu haben,
   Nun da der Wolf ihn zerriß, nehme sich jede ihr Stück.

⟨265⟩ *M****
Weil du doch alles beschriebst, so beschreib uns zu gutem Beschlusse
   Auch die Maschine noch, Freund, die dich so fertig bedient.

⟨266⟩ *Herr Leonhard ***
Deinen Namen les' ich auf zwanzig Schriften, und dennoch
   Ist es dein Name nur, Freund, den man in allen vermißt.

⟨267⟩ *Pantheon der Deutschen I Band*
Deutschlands größte Männer und kleinste sind hier versammelt,
  Jene gaben den Stoff, diese die Worte des Buchs.

⟨268⟩ *Borussias*
Sieben Jahre nur währte der Krieg von welchem du singest?
  Sieben Jahrhunderte, Freund, währt mir dein Heldengedicht.

⟨269⟩ *Guter Rat*
Accipe facundi Culicem, studiose, Maronis,
  Ne, nugis positis, arma virumque canas.

⟨270⟩ *Reinecke Fuchs*
Vor Jahrhunderten hätte ein Dichter dieses gesungen?
  Wie ist das möglich? Der Stoff ist ja von gestern und heut.

⟨271⟩ *Menschenhaß und Reue*
Menschenhaß? Nein davon verspürt' ich beim heutigen Stücke
  Keine Regung, jedoch Reue, die hab ich gefühlt.

⟨272⟩ *Schinks Faust*
Faust hat sich leider schon oft in Deutschland dem Teufel ergeben,
  Doch so prosaisch noch nie schloß er den schrecklichen Bund.

⟨273⟩ *An Madame B** und ihre Schwestern*
Jetzt noch bist du Sibylle, bald wirst du Parze, doch fürcht ich,
  Hört ihr alle zuletzt gräßlich als Furien auf.

⟨274⟩ *Almansaris und Amanda*
Warum verzeiht mir Amanda den Scherz und Almansaris tobet?
  Jene ist tugendhaft, Freund, diese beweiset, sie seis.

⟨275⟩ *B***
Wäre Natur und Genie von allen Menschen verehret,
  Sag, was bliebe, Phantast denn für ein Publikum dir?

⟨276⟩ *Erholungen. Zweites Stück*
Daß ihr seht, wie genau wir den Titel des Buches erfüllen,
  Wird zur Erholung hiemit euch die Vernichtung gereicht.

⟨277⟩ *Moderezension*
Preise dem Kinde die Puppen, wofür es begierig die Groschen
  Hinwirft, so bist du fürwahr Krämern und Kindern ein Gott.

⟨278⟩ *Dem Zudringlichen*
Ein vor allemal willst du ein ewiges Leben mir schaffen?
 Mach im zeitlichen doch mir nicht die Weile so lang.

⟨279⟩ *Höchster Zweck der Kunst*
Schade fürs schöne Talent des herrlichen Künstlers! O hätt er
 Aus dem Marmorblock doch ein Kruzifix uns gemacht!

⟨280⟩ *Zum Geburtstag*
Möge dein Lebensfaden sich spinnen, wie in der Prosa
 Dein Periode, bei dem leider die Lachesis schläft.

⟨281⟩ *Unter vier Augen*
Viele rühmen, sie habe Verstand; ich glaubs, für den einen
 Den sie jedesmal liebt, hat sie auch wirklich Verstand.

⟨282⟩ *Charade*
Nichts als dein erstes fehlt dir, so wäre dein zweites genießbar,
 Aber dein Ganzes, mein Freund, ist ohne Salz und Geschmack.

⟨283⟩ *Frage in den Reichsanzeiger*
W. Meister betreffend
Zu was Ende die welschen Namen für deutsche Personen?
 Raubt es nicht allen Genuß an dem vortrefflichen Werk?

⟨284⟩ *Göschen an die deutschen Dichter*
Ist nur erst Wieland heraus, so kommts an euch übrigen alle,
 Und nach der Lokation! Habt nur einstweilen Geduld!

⟨285⟩ *Verleger von P** Schriften*
Eine Maschine besitz ich, die selber denkt, was sie drucket,
 Obengenanntes Werk zeig ich zur Probe hier vor.

⟨286⟩ *Josephs II. Dictum, an die Buchhändler*
Einem Käsehandel verglich er eure Geschäfte?
 Wahrlich der Kaiser, man siehts, war auf dem Leipziger Markt.

⟨287⟩ *Preisfrage der Akademie nützl. Wissenschaften*
Wie auf dem û fortan der teure Schnörkel zu sparen?
 Auf die Antwort sind dreißig Dukaten gesetzt.

⟨288⟩ *G. G.*
Jeder, siehst du ihn einzeln, ist leidlich klug und verständig,
 Sind sie in Corpore, gleich wird dir ein Dummkopf daraus.

⟨289⟩ *Hörsäle auf gewissen Universitäten*
Prinzen und Grafen sind hier von den übrigen Hörern gesondert,
  Wohl! Denn trennte der Stand nirgends, er trennte doch hier!

⟨290⟩ *Der Virtuose*
Eine hohe Noblesse bedien ich heut mit der Flöte,
  Die, wie ganz Wien mir bezeugt, völlig wie Geige sich hört.

⟨291⟩ *Sachen so gesucht werden*
Einen Bedienten wünscht man zu haben, der leserlich schreibet
  Und orthographisch, jedoch nichts in Bell-Letters getan.

⟨292⟩ *Französische Lustspiele von Dyk*
Wir versichern auf Ehre, daß wir einst witzig gewesen,
  Sind wir auch hier, wir gestehns, herzlich geschmacklos und fad.

⟨293⟩ *Buchhändler Anzeige*
Nichts ist der Menschheit so wichtig, als ihre Bestimmung zu kennen;
  Um zwölf Groschen courant wird sie bei mir jetzt verkauft.

⟨294⟩ *Auktion*
Da die Metaphysik vor kurzem unbeerbt abging,
  Werden die *Dinge an sich* morgen sub hasta verkauft.

⟨295⟩ *Gottesurteil*
(*Zwischen einem Göttinger und Berliner*)
Öffnet die Schranken! Bringet zwei Särge! Trompeter geblasen!
  Almanachsritter heraus gegen den Ritter vom Sporn!

⟨296⟩ *Sachen so gestohlen worden*
(*Immanuel Kant spricht*)
Zwanzig Begriffe wurden mir neulich diebisch entwendet,
  Leicht sind sie kenntlich, es steht sauber mein I. K. darauf.

⟨297⟩ *Antwort auf obigen Avis*
Wenn nicht alles mich trügt, so hab ich besagte Begriffe
  In Herrn Jakobs zu Hall Schriften vor kurzem gesehn.

⟨298⟩ *Schauspielerin*
Furiose Geliebten sind meine Forcen im Schauspiel,
  Und in der Comedie glänz ich als Brandteweinfrau.

⟨299⟩ *Professor Historiarum*
Breiter wird immer die Welt und immer mehr neues geschiehet,
  Ach! die Geschichte wird stets länger und kürzer das Brot!

⟨300⟩ *Rezension*
Sehet wie artig der Frosch nicht hüpft! Doch find ich die hintern
   Füße um vieles zu lang, so wie die vordern zu kurz.

⟨301⟩ *Literarischer Adreßkalender*
Jeder treibe sein Handwerk, doch immer steh es geschrieben:
   Dies ist das Handwerk, und der treibet das Handwerk geschickt.

⟨302⟩ *Neuste Kritikproben*
Nicht viel fehlt dir, ein Meister nach meinen Begriffen zu heißen,
   Nehm ich das einzige aus, daß du verrückt phantasierst.

⟨303⟩ *Eine zweite*
Lieblich und zart sind deine Gefühle, gebildet dein Ausdruck,
   Eins nur tadl' ich, du bist frostig von Herzen und matt.

⟨304⟩ *Eine dritte*
Du nur bist mir der würdige Dichter! es kommt dir auf eine
   Platitüde nicht an, nur um natürlich zu sein.

⟨305⟩ *Schillers Würde der Frauen*
Vorn herein liest sich das Lied nicht zum besten, ich les' es von hinten
   Strophe für Strophe, und so nimmt es ganz artig sich aus.

⟨306⟩ *Pegasus, von eben demselben*
Meine zarte Natur schockiert das grelle Gemälde,
   Aber, von Langbein gemalt, mag ich den Teufel recht gern.

⟨307⟩ *Das ungleiche Verhältnis*
Unsre Poeten sind seicht, doch das Unglück ließ sich vertuschen,
   Hätten die Kritiker nicht ach! so entsetzlich viel Geist.

⟨308⟩ *Neugier*
Etwas wünscht' ich zu sehn, ich wünschte einmal von den Freunden
   Die das Schwache so schnell finden, das Gute zu sehn!

⟨309⟩ *Jeremiaden aus dem Reichs-Anzeiger*
Alles in Deutschland hat sich in Prosa und Versen verschlimmert,
   Ach und hinter uns liegt weit schon die goldene Zeit.

⟨310⟩ *Böse Zeiten*
Philosophen verderben die Sprache, Poeten die Logik,
   Und mit dem Menschenverstand kommt man durchs Leben
                                nicht mehr.

⟨311⟩ *Skandal*
Aus der Ästhetik, wohin sie gehört, verjagt man die Tugend,
  Jagt sie, den lästigen Gast, in die Politik hinein.

⟨312⟩ *Das Publicum im Gedränge*
Wohin wenden wir uns? Sind wir natürlich, so sind wir
  Platt, und genieren wir uns, nennt man es abgeschmackt gar.

⟨313⟩ *Das goldne Alter*
Schöne Naivetät der Stubenmädchen zu Leipzig,
  Komm doch wieder, o komm, witzige Einfalt zurück!

⟨314⟩ *Komödie*
Komm Komödie wieder, du ehrbare Wochenvisite,
  Siegmund du süßer Amant, Maskarill spaßhafter Knecht.

⟨315⟩ *Alte deutsche Tragödie*
Trauerspiele voll Salz, voll epigrammatischer Nadeln,
  Und du Menuettschritt unsers geborgten Kothurns.

⟨316⟩ *Roman*
Philosophscher Roman, du Gliedermann, der so geduldig
  Still hält, wenn die Natur gegen den Schneider sich wehrt.

⟨317⟩ *Deutliche Prosa*
Alte Prosa komm wieder, die alles so ehrlich heraussagt,
  Was sie denkt und gedacht, auch was der Leser sich denkt.

⟨318⟩ *Chorus*
Alles in Deutschland hat sich in Prosa und Versen verschlimmert,
  Ach! und hinter uns liegt weit schon die goldene Zeit!

⟨319⟩ *Gelehrte Zeitungen*
Wie die Nummern des Lotto, so zieht man hier die Autoren,
  Wie sie kommen, nur daß niemand dabei was gewinnt.

⟨320⟩ *Die zwei Fieber*
Kaum hat das kalte Fieber der Gallomanie uns verlassen,
  Bricht in der Gräkomanie gar noch ein hitziges aus.

⟨321⟩ *Griechheit*
Griechheit was war sie? Verstand und Maß und Klarheit! drum
                                                 dächt' ich,
  Etwas Geduld noch ihr Herrn, eh ihr von Griechheit uns sprecht.

⟨322⟩ *Warnung*
Eine würdige Sache verfechtet ihr, nur mit Verstande
  Bitt' ich! daß sie zum Spott und zum Gelächter nicht wird!

⟨323⟩ *Übertreibung und Einseitigkeit*
Daß der Deutsche doch alles zu einem Äußersten treibet,
  Für Natur und Vernunft selbst, für die nüchterne schwärmt!

⟨324⟩ *Neueste Behauptung*
Völlig charakterlos ist die Poesie der Modernen,
  Denn sie verstehen bloß charakteristisch zu sein.

⟨325⟩ *Griechische und moderne Tragödie*
Unsre Tragödie spricht zum Verstand, drum zerreißt sie das Herz so
  Jene setzt in Affekt, darum beruhigt sie so!

⟨326⟩ *Entgegengesetzte Wirkung*
Wir modernen, wir gehn erschüttert, gerührt aus dem Schauspiel,
  Mit erleichterter Brust hüpfte der Grieche heraus.

⟨327⟩ *Die höchste Harmonie*
Oedipus reißt die Augen sich aus, Jokasta erhenkt sich,
  Beide schuldlos; das Stück hat sich harmonisch gelöst.

⟨328⟩ *Aufgelöstes Rätsel*
Endlich ist es heraus, warum uns Hamlet so anzieht,
  Weil er, merket das wohl, ganz zur Verzweiflung uns bringt.

⟨329⟩ *Gefährliche Nachfolge*
Freunde, bedenket euch wohl, die tiefere kühnere Wahrheit
  Laut zu sagen, sogleich stellt man sie euch auf den Kopf.

⟨330⟩ *Geschwindschreiber*
Was sie gestern gelernt, das wollen sie heute schon lehren,
  Ach! was haben die Herrn doch für ein kurzes Gedärm!

⟨331⟩ *Die Sonntagskinder*
Jahre lang bildet der Meister und kann sich nimmer genug tun,
  Dem genialen Geschlecht wird es im Traume beschert!

⟨332⟩ *Xenien*
Muse, wo führst du uns hin? Was, gar zu den Manen hinunter?
  Hast du vergessen, daß wir nur Monodistichen sind?

⟨333⟩ Muse
Desto besser! Geflügelt wie ihr, dünnleibig und luftig,
  Seele mehr als Gebein, wischt ihr als Schatten hindurch.

⟨334⟩ *Acheronta movebo*
Hölle, jetzt nimm dich in Acht, es kommt ein Reisebeschreiber,
  Und die Publizität deckt auch den Acheron auf.

⟨335⟩ *Sterilemque tibi Proserpina vaccam*
Hekate! Keusche! dir schlacht ich die Kunst zu lieben von Manso,
  Jungfer noch ist sie, sie hat nie was von Liebe gewußt.

⟨336⟩ *Elpänor*
Muß ich dich hier schon treffen Elpänor? Du bist mir gewaltig
  Vorgelaufen! und wie? Gar mit gebrochnem Genick?

⟨337⟩ *Unglückliche Eilfertigkeit*
Ach, wie sie *Freiheit* schrien und *Gleichheit*, geschwind wollt ich folgen,
  Und weil die Trepp' mir zu lang däuchte, so sprang ich vom Dach.

⟨338⟩ *Achilles*
Vormals im Leben ehrten wir dich, wie einen der Götter,
  Nun du tot bist, so herrscht über die Geister dein Geist.

⟨339⟩ *Trost*
Laß dich den Tod nicht reuen Achill. Es lebet dein Name
  In der Bibliothek schöner Scientien hoch.

⟨340⟩ *Seine Antwort*
Lieber möcht' ich fürwahr dem Ärmsten als Ackerknecht dienen,
  Als des Gänsegeschlechts Führer sein, wie du erzählst.

⟨341⟩ *Frage*
Du verkündige mir von meinen jungen Nepoten,
  Ob in der Literatur beide noch walten und wie?

⟨342⟩ *Antwort*
Freilich walten sie noch und bedrängen hart die Trojaner,
  Schießen manchmal auch wohl blind in das Blaue hinein.

⟨343⟩ *Frage*
Melde mir auch, ob du Kunde vom alten Peleus vernahmest,
  Ob er noch weit geehrt in den Kalendern sich liest?

⟨344⟩ *Antwort*
Ach! ihm mangelt leider die spannende Kraft und die Schnelle,
　Die einst des G*** herrliche Saiten belebt.

⟨345⟩ *Ajax*
Ajax, Telamons Sohn! So mußtest du selbst nach dem Tode
　Noch forttragen den Groll wegen der Rezension?

⟨346⟩ *Tantalus*
Jahre lang steh ich so hier, zur Hippokrene gebücket,
　Lechzend vor Durst, doch der Quell, will ich ihn kosten, zerrinnt.

⟨347⟩ *Phlegyasque miserrimus omnes admonet*
O ich Tor! Ich rasender Tor! Und rasend ein jeder
　Der, auf des Weibes Rat horchend, den Freiheitsbaum pflanzt!

⟨348⟩ *Die dreifarbige Kokarde*
Wer ist der Wütende da, der durch die Hölle so brüllet,
　Und mit grimmiger Faust sich die Kokarde zerzaust?

⟨349⟩ *Agamemnon*
Bürger Odysseus! Wohl dir! Bescheiden ist deine Gemahlin,
　Strickt dir die Strümpfe, und steckt keine drei Farben dir an!

⟨350⟩ *Porphyrogeneta, den Kopf unter dem Arme*
Köpfe schaffet euch an, ihr Liebden! Tut es bei Zeiten!
　Wer *nicht* hat, er verliert, auch was er *hat*, noch dazu!

⟨351⟩ *Sisyphus*
Auch noch hier nicht zur Ruh, du unglückselger! Noch immer
　Rollst du Bergauf wie einst, da du regiertest, den Stein!

⟨352⟩ *Sulzer*
Hüben über den Urnen! Wie anders ists als wir dachten!
　Mein aufrichtiges Herz hat mir Vergebung erlangt.

⟨353⟩ *Haller*
Ach! Wie schrumpfen allhier die dicken Bände zusammen,
　Einige werden belohnt, aber die meisten verziehn.

⟨354⟩ *Moses Mendelsohn*
Ja! Du siehst mich unsterblich! »Das hast du uns ja in dem Phädon
　Längst bewiesen«. – Mein Freund, freue dich, daß du es siehst!

⟨355⟩ Der junge Werther
»Worauf lauerst du hier?« – Ich erwarte den dummen Gesellen,
  Der sich so abgeschmackt über mein Leiden gefreut.

⟨356⟩ L***
»Edler Schatten, du zürnst?« – Ja über den lieblosen Bruder,
  Der mein modernd Gebein lässet im Frieden nicht ruhn.

⟨357⟩ Dioskuren
Einen wenigstens hofft' ich von euch hier unten zu finden,
  Aber beide seid ihr sterblich, drum lebt ihr zugleich.

⟨358⟩ Unvermutete Zusammenkunft
Sage Freund, wie find ich denn dich in des Todes Behausung,
  Ließ ich doch frisch und gesund dich in Berlin noch zurück?

⟨359⟩ Der Leichnam
Ach, das ist nur mein Leib, der in Almanachen noch umgeht,
  Aber es schiffte schon längst über den Lethe der Geist.

⟨360⟩ Peregrinus Proteus
Siehest du Wieland, so sag ihm: ich lasse mich schönstens bedanken,
  Aber er tat mir zuviel Ehr' an, ich war doch ein Lump.

⟨361⟩ Lucian von Samosata
»Nun Freund, bist du versöhnt mit den Philosophen? Du hast sie
  Oben im Leben, das weiß Jupiter! tüchtig geneckt.«

⟨362⟩ Geständnis
Rede leiser mein Freund. Zwar hab ich die Narren gezüchtigt,
  Aber mit vielem Geschwätz oft auch die Klugen geplagt.

⟨363⟩ Alcibiades
Kommst du aus Deutschland? Sieh mich doch an, ob ich wirklich
                                                  ein solcher
  Hasenfuß bin, als bei euch man in Gemälden mich zeigt?

⟨364⟩ Martial
Xenien nennet ihr euch? Ihr gebt euch für Küchenpräsente?
  Ißt man denn, mit Vergunst, spanischen Pfeffer bei euch?

⟨365⟩ Xenien
Nicht doch! Aber es schwächten die vielen wäßrigten Speisen
  So den Magen, daß jetzt Pfeffer und Wermut nur hilft.

⟨366⟩ *Rhapsoden*
Wer von euch ist der Sänger der Ilias? Weils ihm so gut schmeckt,
 Ist hier von Heynen ein Pack Göttinger Würste für ihn.

⟨367⟩ *Viele Stimmen*
Mir her, ich sang der Könige Zwist! Ich die Schlacht bei den Schiffen
 Mir die Würste! ich sang, was auf dem Ida geschah!

⟨368⟩ *Rechnungsfehler*
Friede! Zerreißt mich nur nicht! die Würste werden nicht reichen,
 Der sie schickte, er hat sich nur auf Einen versehn.

⟨369⟩ *Einer aus dem Chor*
(fängt an zu rezitieren)
»Wahrlich, nichts lustigers weiß ich, als wenn die Tische recht voll
    sind,
 Von Gebacknem und Fleisch, und wenn der Schenke nicht
    säumt –«

⟨370⟩ *Vorschlag zur Güte*
Teilt euch wie Brüder! Es sind der Würste gerade zwei Dutzend,
 Und wer Astyanax sang, nehme noch diese von mir.

⟨371⟩ *Philosophen*
Gut, daß ich euch, ihr Herren, in pleno beisammen hier finde,
 Denn das Eine, was not, treibt mich herunter zu euch.

⟨372⟩ *Aristoteles*
Gleich zur Sache, mein Freund. Wir halten die Jenaer Zeitung
 Hier in der Hölle und sind längst schon von allem belehrt.

⟨373⟩ *Dringend*
Desto besser! So gebt mir, ich geh euch nicht eher vom Leibe,
 Einen allgültigen Satz, und der auch allgemein gilt.

⟨374⟩ *Einer aus dem Haufen*
Cogito ergo sum. Ich denke und mithin, so bin ich,
 Ist das Eine nur wahr, ist es das andre gewiß.

⟨375⟩ *Ich*
Denk ich, so bin ich! Wohl! Doch wer wird immer auch denken?
 Oft schon war ich, und hab wirklich an gar nichts gedacht!

⟨376⟩ *Ein Zweiter*
Weil es Dinge doch gibt, so gibt es ein Ding aller Dinge,
 In dem Ding aller Ding schwimmen wir, wie wir so sind.

⟨377⟩ *Ein Dritter*
Just das Gegenteil sprech ich. Es gibt kein Ding als mich selber!
   Alles andre, in mir steigt es als Blase nur auf.

⟨378⟩ *Ein Vierter*
Zweierlei Dinge laß ich passieren, die Welt und die Seele,
   Keins weiß vom andern und doch deuten sie beide auf Eins.

⟨379⟩ *Ein Fünfter*
Von dem Ding weiß ich nichts, und weiß auch nichts von der Seele,
   Beide erscheinen mir nur, aber sie sind doch kein Schein.

⟨380⟩ *Ein Sechster*
Ich bin ich, und setze mich selbst, und setz ich mich selber
   Als nicht gesetzt, nun gut! setz ich ein Nicht Ich dazu.

⟨381⟩ *Ein Siebenter*
Vorstellung wenigstens ist; ein Vorgestelltes ist also,
   Ein Vorstellendes auch, macht, mit der Vorstellung, drei!

⟨382⟩ *Ich*
Damit lock ich, ihr Herrn, noch keinen Hund aus dem Ofen,
   Einen erklecklichen Satz will ich, und der auch was setzt.

⟨383⟩ *Ein Achter*
Auf theoretischem Feld ist weiter nichts mehr zu finden,
   Aber der praktische Satz gilt doch: Du kannst, denn du sollst!

⟨384⟩ *Ich*
Dacht' ichs doch! Wissen sie nichts vernünftiges mehr zu erwidern,
   Schieben sies einem geschwind in das Gewissen hinein.

⟨385⟩ *David Hume*
Rede nicht mit dem Volk, der Kant hat sie alle verwirrt,
   Mich frag, ich bin mir selbst auch in der Hölle noch gleich.

⟨386⟩ *Rechtsfrage*
Jahre lang schon bedien ich mich meiner Nase zum Riechen,
   Hab ich denn wirklich an sie auch ein erweisliches Recht?

⟨387⟩ *Puffendorf*
Ein bedenklicher Fall! doch die Erste Possession scheint
   Für dich zu sprechen, und so brauche sie immerhin fort.

⟨388⟩ *Gewissensskrupel*
Gerne dien ich den Freunden, doch tu ich es leider mit Neigung,
  Und so wurmt es mir oft, daß ich nicht tugendhaft bin.

⟨389⟩ *Decisum*
Da ist kein anderer Rat, du mußt suchen, sie zu verachten,
  Und mit Abscheu alsdann tun, wie die Pflicht dir gebeut.

⟨390⟩ *Hercules*
Endlich erblickt' ich auch den gewaltigen Herkules! Seine
  Übersetzung! Er selbst leider war nicht mehr zu sehn.

⟨391⟩ *Herakliden*
Rings um schrie, wie Vögelgeschrei, das Geschrei der Tragöden
  Und das Hundegebell der Dramaturgen um ihn.

⟨392⟩ *»Pure Manier«*
Schauerlich stand das Ungetüm da. Gespannt war der Bogen,
  Und der Pfeil auf der Senn' traf noch beständig das Herz.

⟨393⟩ *Er*
Welche noch kühnere Tat, Unglücklicher, wagest du jetzo,
  Zu den Verstorbenen selbst niederzusteigen, ins Grab!

⟨394⟩ *Ich*
Wegen Tiresias mußt ich herab, den Seher zu fragen,
  Wo ich den guten Geschmack fände, der nicht mehr zu sehn.

⟨395⟩ *Er*
Glauben sie nicht der Natur und den alten Griechen, so holst du
  Eine Dramaturgie ihnen vergeblich herauf.

⟨396⟩ *Ich*
O die Natur, die zeigt auf unsern Bühnen sich wieder,
  Splitternackend, daß man jegliche Rippe ihr zählt.

⟨397⟩ *Er*
Wie? So ist wirklich bei euch der alte Kothurnus zu sehen,
  Den zu holen ich selbst stieg in des Tartarus Nacht?

⟨398⟩ *Ich*
Nichts mehr von diesem tragischen Spuk. Kaum einmal im Jahre
  Geht dein geharnischter Geist über die Bretter hinweg.

⟨399⟩ *Er*
Auch gut! Philosophie hat eure Gefühle geläutert,
   Und vor dem heitern Humor fliehet der schwarze Affekt.

⟨400⟩ *Ich*
Ja, ein derber und trockener Spaß, nichts geht uns darüber,
   Aber der Jammer auch, wenn er nur naß ist, gefällt.

⟨401⟩ *Er*
Also sieht man bei euch den leichten Tanz der Thalia
   Neben dem ernsten Gang, welchen Melpomene geht?

⟨402⟩ *Ich*
Keines von beiden! Uns kann nur das christlichmoralische rühren,
   Und was recht populär, häuslich und bürgerlich ist.

⟨403⟩ *Er*
Was? Es dürfte kein Cesar auf euren Bühnen sich zeigen,
   Kein Anton, kein Orest, keine Andromacha mehr?

⟨404⟩ *Ich*
Nichts! Man siehet bei uns nur Pfarrer, Kommerzienräte,
   Fähndriche, Sekretärs oder Husarenmajors.

⟨405⟩ *Er*
Aber ich bitte dich Freund, was kann denn dieser Misere
   Großes begegnen, was kann großes denn durch sie geschehn?

⟨406⟩ *Ich*
Was? Sie machen Kabale, sie leihen auf Pfänder, sie stecken
   Silberne Löffel ein, wagen den Pranger und mehr.

⟨407⟩ *Er*
Woher nehmt ihr denn aber das große gigantische Schicksal,
   Welches den Menschen erhebt, wenn es den Menschen zermalmt?

⟨408⟩ *Ich*
Das sind Grillen! Uns selbst und unsre guten Bekannten,
   Unsern Jammer und Not suchen und finden wir hier.

⟨409⟩ *Er*
Aber das habt ihr ja alles bequemer und besser zu Hause,
   Warum entfliehet ihr euch, wenn ihr euch selber nur sucht?

⟨*410*⟩ *Ich*
Nimms nicht übel mein Heros. Das ist ein verschiedener Casus,
  Das Geschick, das ist blind, und der Poet ist gerecht.

⟨*411*⟩ *Er*
Also *eure* Natur, die erbärmliche, trifft man auf euren
  Bühnen, die große nur nicht, nicht die unendliche an?

⟨*412*⟩ *Ich*
Der Poet ist der Wirt und der letzte Actus die Zeche,
  Wenn sich das Laster erbricht, setzt sich die Tugend zu Tisch.

⟨*413*⟩ *Muse zu den Xenien*
Aber jetzt rat ich euch, geht, sonst kommt noch gar der Gorgona
  Fratze oder ein Band Oden von Haschka hervor.

⟨*414*⟩ *An die Freier*
Alles war nur ein Spiel! Ihr Freier lebt ja noch alle,
  Hier ist der Bogen und hier ist zu den Ringen der Platz.

REITERLIED
Aus dem Wallenstein

Wohlauf Kameraden, aufs Pferd, aufs Pferd!
  Ins Feld, in die Freiheit gezogen.
Im Felde, da ist der Mann noch was wert,
  Da wird das Herz noch gewogen.
Da tritt kein anderer für ihn ein,
Auf sich selber steht er da ganz allein.

Chor
Da tritt kein anderer für ihn ein,
Auf sich selber steht er da ganz allein.

Aus der Welt die Freiheit verschwunden ist,
  Man sieht nur Herren und Knechte,
Die Falschheit herrschet, die Hinterlist,
  Bei dem feigen Menschengeschlechte,
Der dem Tod ins Angesicht schauen kann,
Der Soldat allein ist der freie Mann.

Chor
Der dem Tod ins Angesicht schauen kann,
Der Soldat allein ist der freie Mann.

Des Lebens Ängsten, er wirft sie weg,
  Hat nicht mehr zu fürchten, zu sorgen,
Er reitet dem Schicksal entgegen keck,
  Triffts heute nicht, trifft es doch morgen,
Und trifft es morgen, so lasset uns heut
Noch schlürfen die Neige der köstlichen Zeit.

Chor
  Und trifft es morgen, so lasset uns heut
  Noch schlürfen die Neige der köstlichen Zeit.

Von dem Himmel fällt ihm sein lustig Los,
  Brauchts nicht mit Müh zu erstreben,
Der Fröner, der sucht in der Erde Schoß,
  Da meint er den Schatz zu erheben,
Er gräbt und schaufelt, so lang er lebt,
Und gräbt, bis er endlich sein Grab sich gräbt.

Chor
  Er gräbt und schaufelt, so lang er lebt,
  Und gräbt, bis er endlich sein Grab sich gräbt.

Der Reuter und sein geschwindes Roß,
  Sie sind gefürchtete Gäste,
Es flimmern die Lampen im Hochzeitschloß
  Ungeladen kommt er zum Feste.
Er wirbet nicht lange, er zeiget nicht Gold,
Im Sturm erringt er den Minnesold.

Chor
  Er wirbet nicht lange, er zeiget nicht Gold
  Im Sturm erringt er den Minnesold.

Warum weint die Dirn' und zergrämet sich schier?
  Laß fahren dahin, laß fahren!
Er hat auf Erden kein bleibend Quartier,
  Kann treue Lieb' nicht bewahren,
Das rasche Schicksal, es treibt ihn fort,
Seine Ruhe läßt er an keinem Ort.

Chor
  Das rasche Schicksal, es treibt ihn fort,
  Seine Ruhe läßt er an keinem Ort.

DIE URNE UND DAS SKELETT

In das Grab hinein pflanzte der menschliche Grieche noch Leben,
Und du töricht Geschlecht stellst in das Leben den Tod.

DAS REGIMENT

Das Gesetz sei der *Mann* in des Staats geordnetem Haushalt,
Aber mit *weiblicher* Huld herrsche die Sitte darin.

PROLOG
ZU WALLENSTEINS LAGER
*Gesprochen bei Wiedereröffnung der Schaubühne in
Weimar im Oktober 1798*

Der scherzenden, der ernsten Maske Spiel
Dem ihr so oft ein willig Ohr und Auge
Geliehn, die weiche Seele hingegeben,
Vereinigt uns aufs neu in diesem Saal –
Und sieh! er hat sich neu verjüngt, ihn hat
Die Kunst zum heitern Tempel ausgeschmückt
Und ein harmonisch hoher Geist spricht uns
Aus dieser edeln Säulenordnung an,
Und regt den Sinn zu festlichen Gefühlen.

Und doch ist dies der alte Schauplatz noch,
Die Wiege mancher jugendlichen Kräfte,
Die Laufbahn manches wachsenden Talents.
Wir sind die Alten noch, die sich vor euch,
Mit warmen Trieb und Eifer ausgebildet.
Ein edler Meister stand auf diesem Platz,
Euch in die heitern Höhen seiner Kunst
Durch seinen Schöpfergenius entzückend.
O! möge dieses Raumes neue Würde
Die Würdigsten in unsre Mitte ziehn,
Und eine Hoffnung, die wir lang gehegt,
Sich uns in glänzender Erfüllung zeigen.
Ein großes Muster weckt Nacheiferung
Und gibt dem Urteil höhere Gesetze.
So stehe dieser Kreis die neue Bühne
Als Zeugen des vollendeten Talents.
Wo möcht es auch die Kräfte lieber prüfen,
Den alten Ruhm erfrischen und verjüngen,
Als hier vor einem auserles'nen Kreis,

Der rührbar jedem Zauberschlag der Kunst
Mit leisbeweglichem Gefühl den Geist
In seiner flüchtigsten Erscheinung hascht?

Denn schnell und spurlos geht des Mimen Kunst
Die wunderbare, an dem Sinn vorüber,
Wenn das Gebild des Meißels, der Gesang
Des Dichters nach Jahrtausenden noch leben,
Hier stirbt der Zauber mit dem Künstler ab,
Und wie der Klang verhallet in dem Ohr,
Verrauscht des Augenblicks geschwinde Schöpfung,
Und ihren Ruhm bewahrt kein daurend Werk.
Schwer ist *die* Kunst, vergänglich ist ihr Preis,
Dem Mimen flicht die Nachwelt keine Kränze,
Drum muß er geizen mit der Gegenwart,
Den Augenblick, der sein ist, ganz erfüllen,
Muß seiner Mitwelt mächtig sich versichern,
Und im Gefühl der würdigsten und besten
Ein lebend Denkmal sich erbaun – So nimmt er
Sich seines Namens Ewigkeit voraus,
Denn wer den Besten seiner Zeit genug
Getan, der hat gelebt für alle Zeiten.

Die neue Aera, die der Kunst Thaliens
Auf dieser Bühne heut beginnt, macht auch
Den Dichter kühn, die alte Bahn verlassend,
Euch aus des Bürgerlebens engem Kreis,
Auf einen höhern Schauplatz zu versetzen,
Nicht unwert des erhabenen Moments
Der Zeit, in dem wir strebend uns bewegen.
Denn nur der große Gegenstand vermag
Den tiefen Grund der Menschheit aufzuregen,
Im engen Kreis verengert sich der Sinn,
Es wächst der Mensch mit seinen größern Zwecken.

Und jetzt an des Jahrhunderts ernstem Ende
Wo selbst die Wirklichkeit zur Dichtung wird,
Wo wir den Kampf gewaltiger Naturen
Um ein bedeutend Ziel vor Augen sehn,
Und um der Menschheit große Gegenstände
Um Herrschaft und um Freiheit wird gerungen,
Jetzt darf die Kunst auf ihrer Schattenbühne
Auch höhern Flug versuchen, ja sie muß,
Soll nicht des Lebens Bühne sie beschämen.

Zerfallen sehen wir in diesen Tagen
Die alte feste Form, die einst vor hundert
Und funfzig Jahren ein willkommner Friede
Europens Reichen gab, die teure Frucht
Von dreißig jammervollen Kriegesjahren.
Noch einmal laßt des Dichters Phantasie
Die düstre Zeit an euch vorüberführen,
Und blicket froher in die Gegenwart
Und in der Zukunft hoffnungsreiche Ferne.

In jenes Krieges Mitte stellt euch jetzt
Der Dichter. Sechzehn Jahre der Verwüstung,
Des Raubs, des Elends sind dahingeflohn,
In trüben Massen gäret noch die Welt,
Und keine Friedenshoffnung strahlt von fern.
Ein Tummelplatz von Waffen ist das Reich
Verödet sind die Städte, Magdeburg
Ist Schutt, Gewerb und Kunstfleiß liegen nieder,
Der Bürger gilt nichts mehr, der Krieger alles,
Straflose Frechheit spricht den Sitten Hohn,
Und rohe Horden lagern sich, verwildert
Im langen Krieg, auf dem verheerten Boden.

Auf diesem finstern Zeitgrund malet sich
Ein Unternehmen kühnen Übermuts
Und ein verwegener Charakter ab.
Ihr kennet ihn – den Schöpfer kühner Heere,
Des Lagers Abgott, und der Länder Geißel,
Die Stütze und den Schrecken seines Kaisers,
Des Glückes abenteuerlichen Sohn,
Der von der Zeiten Gunst emporgetragen,
Der Ehre höchste Staffeln rasch erstieg,
Und ungesättigt immer weiter strebend,
Der unbezähmten Ehrsucht Opfer fiel.
Von der Parteien Gunst und Haß verwirrt
Schwankt sein Charakterbild in der Geschichte
Doch euren Augen soll ihn jetzt die Kunst,
Auch eurem Herzen, menschlich näher bringen.
Denn jedes Äußerste führt *sie*, die alles
Begrenzt und bindet, zur Natur zurück,
Sie sieht den Menschen in des Lebens Drang
Und wälzt die größre Hälfte seiner Schuld
Den unglückseligen Gestirnen zu.

Nicht Er ists, der auf dieser Bühne heut
Erscheinen wird. Doch in den kühnen Scharen,

Die sein Befehl gewaltig lenkt, sein Geist
Beseelt, wird euch sein Schattenbild begegnen,
Bis ihn die scheue Muse selbst vor euch
Zu stellen wagt in lebender Gestalt,
Denn seine Macht ist's, die sein Herz verführt,
Sein Lager nur erkläret sein Verbrechen.

Darum verzeiht dem Dichter, wenn er euch
Nicht raschen Schritts mit Einem mal ans Ziel
Der Handlung reißt, den großen Gegenstand
In einer Reihe von Gemälden nur
Vor euren Augen abzurollen wagt.
Das heutge Spiel gewinne euer Ohr
Und euer Herz den ungewohnten Tönen,
In jenen Zeitraum führ es euch zurück,
Auf jene fremde kriegerische Bühne,
Die unser Held mit seinen Taten bald
Erfüllen wird.

Und wenn die Muse heut
Des Tanzes freie Göttin und Gesangs
Ihr altes deutsches Recht, des Reimes Spiel,
Bescheiden wieder fodert – tadelts nicht!
Ja danket ihr's, daß sie das düstre Bild
Der Wahrheit in das heitre Reich der Kunst
Hinüberspielt, die Täuschung, die sie schafft
Aufrichtig selbst zerstört und ihren Schein
Der Wahrheit nicht betrüglich unterschiebt,
Ernst ist das Leben, heiter ist die Kunst.

DER FISCHER
Lied der Hexen im Macbeth

Hexe
Einen Fischer fand ich zerlumpt und arm,
Der trocknete singend die Netze,
Und trieb sein Handwerk ohne Harm,
Als besäß er köstliche Schätze,
Und den Morgen, den Abend, nimmer müde,
Begrüßt' er mit seinem lustigen Liede.
Mich verdroß des Bettlers froher Gesang,
Ich hatt's ihm geschworen schon lang und lang.

Und als er wieder zu fischen war,
Da ließ ich einen Schatz ihn finden

Im Netze, da lag es blank und bar,
Daß fast ihm die Augen erblinden.
Er nahm den höllischen Feind ins Haus,
Mit seinem Gesange da war es aus.

Chor der Hexen
Er nahm den höllischen Feind ins Haus,
Mit seinem Gesange da war es aus.

Hexe
Und lebte wie der verlorene Sohn,
Ließ allen Gelüsten den Zügel,
Und der falsche Mammon er floh davon,
Als hätt' er Gebeine und Flügel.
Er vertraute, der Tor! auf Hexengold,
Und weiß nicht, daß es der Hölle zollt.

Chor der Hexen
Er vertraute, der Tor! auf Hexengold,
Und weiß nicht, daß es der Hölle zollt.

Hexe
Und als nun der bittere Mangel kam,
Und verschwanden die Schmeichelfreunde,
Da verließ ihn die Gnade, da wich die Scham,
Er ergab sich dem höllischen Feinde,
Freiwillig bot er ihm Herz und Hand,
Und zog als Räuber durch das Land.

Chor der Hexen
Mit seiner Seele löst' er das Pfand,
Fest hielt ihn die Hölle an goldenem Band.

Hexe
Und als ich heut will vorüber gehn,
Wo der Schatz ihm ins Netz gegangen,
Da sah ich ihn heulend am Ufer stehn
Mit bleich gehärmeten Wangen.
Und hörte, wie er verzweifelnd sprach:
Falsche Nixe! du hast mich betrogen.
Du gabst mir das Gold, du ziehst mich nach,
Und stürzt sich hinab in die Wogen.

Chor der Hexen
Du gabst mir das Gold, du ziehst mich nach,
Und stürzt sich hinab in den wogenden Bach.

⟨PARABELN UND RÄTSEL – AUFLÖSUNGEN (I)⟩

⟨*Zu 6 (S. 228)*⟩
– Dies zarte Bild, das in den kleinsten Rahmen
Gefaßt, das Unermeßliche uns zeigt,
Und der Crystall, in dem dies Bild sich malt,
Und der noch schönres von sich strahlt,
Er ist das *Aug*, in das die Welt sich drückt,
Dein Auge ists, wenn es mir Liebe blickt.

⟨*Zu 10 (S. 230)*⟩
Dies Ding von Eisen, das nur wenge schätzen,
Das Chinas Kaiser selbst in seiner Hand
Zu Ehren bringt am ersten Tag des Jahrs,
Dies Werkzeug, das unschuldger als das Schwert
Dem frommen Fleiß den Erdkreis unterworfen –
Wer träte aus den öden wüsten Steppen
Der Tartarei, wo nur der Jäger schwärmt,
Der Hirte weidet, in *dies* blühende Land,
Und sähe rings die Saatgefilde grünen,
Und hundert volkbelebte Städte steigen,
Von friedlichen Gesetzen still beglückt,
Und ehrte nicht das köstliche Geräte,
Das allen diesen Segen schuf – den *Pflug*?

GEDICHTE AUS DEM NACHLASS
UND STAMMBUCHEINTRAGUNGEN
IN DER REIHENFOLGE
IHRER MÖGLICHEN ENTSTEHUNG

⟨1769-1781⟩

⟨GEDICHT ZUM NEUJAHR 1769⟩

Herzgeliebte Eltern
I
Eltern die ich zärtlich ehre.
Mein Herz ist heut voll Dankbarkeit
Der treue GOTT dies Jahr vermehre
Was SIE erquickt zu jeder Zeit.
II
Der Herr die Quelle aller Freude
Verbleibe stets Ihr Trost und Teil
SEIn Wort sei Ihres Herzens weide
Und JESUS Ihr erwünschtes Heil.
III
Ich dank vor alle Liebes Proben:
Vor alle Sorgfalt und Geduld,
Mein Herz soll alle Güte loben,
Und trösten sich stets Ihrer Huld.
IV
Gehorsam Fleiß und zarte Liebe
Verspreche ich auf dieses Jahr
Der Herr schenk mir nur gute Triebe
Und mache all mein wünschen wahr. amen.

Johann Christoph Friderich Schiller.
Den 1 Januarii Anno 1769.

Latine
(X)
Parentes, quos diligo ex corde toto cor meum abundat hodie gratitudine DEUS clemens multiplicet hunc annum, quæ
vos recreant omni tempore.
(XX)
DOminus fons omnium gaudiorum maneat perpetim solatium vestrum, verbum suum sit pascuum vestri cordis et JESUS vestra optata salus.
(XXX)
Gratias maximas ago pro omnibus specimentis amoris, pro omni solicitudine et patientia, cor meum omnem bonitatem laudet, et soletur se favoris Vestri perpetim.

(XXXX)
Obedientiam diligentiam et amorem teneram promitto hoc anno novo, DEUS donet mihi modo instinctus bonos, et omnia a me optata ad veritatem ducere velit.
    Amen.
    Johann Christoph Friderich Schiller.

⟨DANKSAGUNGSGEDICHT AN MAGISTER
GEORG SEBASTIAN ZILLING⟩

Carmen,
quo
Viro plurimum reverendo atque doctissimo
M. Zillingio,
Ctus sanctioris, qui Ludovicopoli Christo colligitur,
Decano dignissimo atque meritissimo
Patrono suo longe omnium suspiciendo;
Pro
venia feriarum autumnalium benignissime concessa
gratias agere,
Et benevolentiæ ejus commendare sese voluit

Ludovicopoli   Tanti Viri
d. 28. Septbris.
MDCCLXXI.   observantissimus cultor,
        Joannes Christophorus Fridericus
           Schiller.

O mihi post ullos nunquam venerande Decane,
 Audi hilari grates nunc quoque fronte meas;
Quod libertatem nobis requiescere paulum,
 A studiis nostris, atque labore, dabas.
Nam non sunt semper tractanda negotia curis,
 Alternoque juvat mista labore quies.
Æquor inæquales cessant vexare procellæ,
 Paxque, catenato Marte, quieta redit.
Ille, decus Grajum, curru prius actus ovanti,
 Doctor arundineo currere gaudet equo.
Sæpe solent Musæ, plectro citharaque relictis,
 Pactilibus violas implicuisse rosis.
Et quibus annosæ crescunt sacra robora silvæ,
 His quoque Numinibus grata Myrica viret.
Parva subinde Tibi labor improbus otia suadet,
 Quem semper tensum, rumpitur arcus, habes.
Biga boum (armantur dura cervice) recusat,
 Pressa diu incurvo subdere colla jugo:

Jugera, sic fas est, dederint ubi fnora cessant;
  Est, cum victor eques frna remittat equis.
Et rude donatur lassus gladiator in armis,
  Figens ad postes Herculis arma sua.
Hoc est, cur nobis permisisti otia quædam,
  Nam scis, quod semper discere nemo queat.
Accipe nunc grates deductas pectore grato,
  Quas ego pro venia debeo jure Tibi.
Opto, ut sis semper salvus cum Conjuge salva,
  Et liceat fato candidiore frui:
Detur inoffensæ metam Tibi tangere vitæ,
  Te jubet ex terra donec abire Deus.
Summe Decane! precor mea carmina spernere parce,
  Me Tibi commendo de meliore nota.

⟨BEANTWORTUNG DER FRAGE DES HERZOGS:
»WELCHER IST UNTER EUCH DER GERINGSTE?«⟩

Dux Serenissime!

Obsequium verum Tua jussa paterna per omnem
  Vitam patrandi pergrave poscit opus.
Prodere consocii mores, est ponderis hercle,
  Dicere queis vitiis deditus ille siet.
Sed Tu jussisti; Tua circumspecta voluntas
  Fert, cujus cura est nil nisi nostra salus.

*

Sicut ego credo Carl Kempff est pessimus omnis
  Ordinis et vitiis deditus usque malis.
Defraudans socios, rudis, ignarusque, magistros
  Et quanquam indoctus spernit et odit idem.
Prædita tota quidem vitiis divisio, vincit
  Ille tamen socios continuando suos.
O utinam possem nullum Tibi dicere, Princeps!
  Indignum tanto Patris amore boni.
Sed mihi spes superest, mutabit tempore mores
  Et tandem admonitus desinet esse malus.
Quærumus o Princeps, tanto dignere favore
  Nos, quantum immeritis antea sponte dabas.

           His precibus
            ad pedes Tuos
           Serenissime Dux
            sese submittit
                Schiller.

⟨FÜR CHRISTOPH FERDINAND MOSER (1)⟩

Ille vir, qui nullo bono, nisi
suo nititur.   Seneca.

Solitudinis   hac sententia venerabili
d. 15. Novembris   suo carissimoque amico sese com-
   1776.   mendat
                                    J. C. Schiller,
                                              centurio
quod et testatur J C. F. Schiller
                                                     filius.

⟨EINEM AUSGEZEICHNETEN ESSER⟩

Wenn du gegessen und getrunken hast, und NB. satt bist,
so sollst du den Herrn deinen Gott loben.

EMPFINDUNGEN DER DANKBARKEIT
*beim NamensFeste Ihro Exzellenz der Frau Reichsgräfin
von Hohenheim*

1. Von der Akademie

Ein großes Fest! – Laßt, Freunde, laßt erschallen! –
Ein schönes Fest weckt uns zu edler Lust!
Laßt himmelan den stolzen Jubel hallen,
Und Dankgefühl durchwalle jede Brust.

Einst wollte die Natur ein Fest erschaffen,
Ein Fest, wo Tugenden mit Grazien
Harmonisch ineinander traffen,
Und in dem schönsten Bunde sollten stehn,

Und dieses Fest aufs reizendste zu zieren,
Sah die Natur nach einem Namen um –
Franziskens Namen sollt es führen,
So war das Fest ein Heiligtum!

Und dieses Fest, ihr Freunde ist erschienen,
Euch jauchz' ichs mit Entzücken zu!
Jauchzt, Freunde, jauchzt mir nach: Es ist erschienen,
Und hüpft empor aus tatenloser Ruh!

Heut wird kein Ach gehört – heut fließet keine Träne;
Nur froher Dank steigt himmelwärts!
Die Luft erschallt von jubelndem Getöne,
Franziskens Name lebt durch jedes Herz.

Sie ist der Dürft'gen Trost – Sie gibt der Blöße Kleider,
Dem Durste gibt Sie Trank, dem Hunger Brot!
Die Traurigen macht schon Ihr Anblick heiter,
Und scheucht vom Krankenlager weg den Tod.

Ihr Anblick segenvoll – wie Sonnenblick den Fluren,
Wie wenn vom Himmel Frühling niederströmt,
Belebend Feuer füllt die jauchzende Naturen,
Und alles wird mit Strahlen überschwemmt,

So lächelt alle Welt – So schimmern die Gefilde
Wenn Sie, wie Göttin, unter Menschen geht,
Von Ihr fließt Segen aus, und himmelvolle Milde
Auf jeden den Ihr sanfter Blick erspäht,

Ihr holder Name fliegt hoch auf des Ruhmes Flügeln,
Unsterblichkeit verheißt Ihr jeder Blick,
Im Herzen thronet Sie – und Freudentränen spiegeln
Franziskens holdes Himmelbild zurück,

So wandelt Sie dahin auf Rosenpfaden
Ihr Leben ist die schönste Harmonie,
Umglänzt von tausend tugendsamen Taten,
Seht die belohnte Tugend! – Sie!

O Freunde laßt uns nie von unsrer Ehrfurcht wanken,
Laßt unser Herz Franziskens Denkmal sein!
So werden wir mit niedrigen Gedanken,
Niemalen unser Herz entweihn!

2. Von der École des Demoiselles

Elisische Gefühle drängen
Des Herzens Saiten zu Gesängen
Ein teurer Name weckte sie. –
Schlägt nicht der Kinder Herz mit kühnern Schlägen
Der sanften Mutter Freudenfest entgegen,
Und schmilzt dahin in Wonnemelodie?
Wie sollten wir jetzt fühllos schweigen,
Da tausend Taten uns bezeugen,

Da jeder Mund – da jedes Auge spricht: –
Ist uns Franziska Mutter nicht?

Erlauben Sie dem kindlichen Entzücken
Sich Ihnen heute scheu zu nahn,
O Sehen Sie mit mütterlichen Blicken
Was, unsre innige Verehrung auszudrücken
Wir Ihnen darzubringen wagen, an!
Erlauben Sie der schüchternen Empfindung
Für Sie der Mütter Würdigste zu glühn,
Erlauben Sie die kühne stolze Wendung, –
Denn heute, heut' dem Dank sich zu entziehn
Wär Frevel, wär die sträflichste Verblendung!

Wenn Dankbarkeit die aus dem Herzen fließet,
Wenn der Verspruch stets auf der Tugend Pfad zu gehn,
Wenn Tränen die die sanfte Rührung gießet,
Wenn Wünsche die empor zum Himmel flehn,
O wenn der Seelen feurigstes empfinden
Die Huld der besten Mutter lohnen könnten,
Wie ganz sollt unser Wesen nur Empfindung sein,
Nie sollten unsre Tränen, nie versiegen,
Zum Himmel sollten ewig unsre Wünsche fliegen,
Franzisken wollten wir ein ganzes Leben weihn!

Doch wenn auch das Gefühl, das unser Herz durchflossen,
Bei aller Liebe reichlichem Genuß
Womit Sie Edelste! uns übergossen,
Erröten und erlahmen muß, –
So hebt uns doch das selige Vertrauen:
Franziska wird mit gnadevollem Blick
Auf Ihrer Töchter schwaches Opfer schauen –
Franziska stößt die Herzen nie zurück!
Und feuervoller wird der Vorsatz uns beleben,
Dem Meisterbild der Tugend nachzustreben!

⟨FÜR JOHANN CHRISTIAN WEKHERLIN⟩

Auf ewig bleibt mit dir vereint
Der Arzt, der Dichter, und dein Freund

   Stutgard d: 6. 8. b r.
     1778   Schiller

⟨AUFSCHRIFTEN FÜR EIN HOFFEST⟩

1) Über die Pforte:
So tun sich Ihr alle Herzen auf.

2) Im Tempel:
1. Wo Franziska hineintritt wird ein Tempel.
2. Die Traurigkeit blühet vor Ihr auf, und die Freude jauchzet Ihr nach.
3. So muß man Franzisken belohnen (ein brennendes Herz)
4. Tugend und Grazien wetteiferten sich selbst zu übertreffen, und Franziska *ward*!
5. Die Tugend wollte geliebt sein und nahm Ihr Bild an.
6. Sie ist unsterblich wie ich (indem die Tugend der Fama Ihr Bildnis übergibt)

Schiller
Eleve

⟨FÜR IMMANUEL ELWERT⟩

Stutgardt d. 4. März. 1779

So eingeschränkt der Mensch ist, hat er
doch noch den Trost, daß er diesen
Kerker verlassen darf – wenn er will

Werther.

Schiller.

Stutgard. d. 4. März. 1779

Ist einer krank und ruhet gleich
Im Bette das von Golde reich
Recht fürstlich ist gezieret,
So hasset er doch solche Pracht
Auch so daß er die ganze Nacht
Ein kläglich Leben führet
Und zählet jeden Glockenschlag,
Und seufzet nach dem lieben tag.

Aus dem Wirtemberg. Gesangbuch
von Schiller

⟨FÜR CHRISTOPH FERDINAND MOSER (II)⟩

Selig ist der Freundschaft himmlisch Band,
Sympathie, die Seelen Seelen trauet,

Eine Träne macht den Freund dem Freund bekannt
Und ein Auge das ins Auge schauet;
Selig ist es, jauchzen wenn der Freund
Jauchzet, weinen mit ihm, wenn er weint –
>   Mit diesem empfiehlt sich in Ihre Freund-
>   schaft und Liebe
>   Joh. Christ. Frid. Schiller
>   m. c.

Sperat infestis, metuit secundis
Alteram sortem bene præparatum
   Pectus.
>   Hoc in memoriam Amicitiæ
>   veteris renovandam Amico suo
>   dicatum vult
>   J. C. F. Schiller
>   Acad. milit. alumn. et. M. C.

⟨FÜR HEINRICH FRIEDRICH LUDWIG ORTH⟩

o Knechtschaft,
Donnerton dem Ohre,
Nacht dem Verstand und Schneckengang im Denken
Dem Herzen quälendes Gefühl!

>   Zum Andenken von ihrem Freund
>   J. C. F. Schiller.

⟨FÜR KARL PHILIPP CONZ⟩

Animi imperio, corporis servitio magis utimur. Quo mihi rectius esse videtur, ingenii, quam virium opibus gloriam quaerere; et quoniam vita ipsa, qua fruimur, brevis est, memoriam nostri quam maxime longam efficere.

⟨FÜR CHRISTOPH FRIEDRICH NICOLAI⟩

Ein edles Herz und die Musen verbrüdern
die entlegensten Geister
Stutgardt d 20. Jul   Dieses erlaubt mir
     1781.   mich Ihrer wertesten Freundschaft
                            zu empfehlen
                                             Frid. Schiller

⟨1783-1788⟩

⟨ALS VIER FRÄULEINS EINEN
LORBEERKRANZ SCHICKTEN⟩

Den Lorbeer übersandten mir
Von Teutschlands schönsten Mädchen vier
Wer sind sie? – Sag es Dichterkönig?
Sinds Musen? – Nein! sie wären fünf zu wenig
Sinds Grazien die vierte wär zu viel.
Doch hab ich nicht von Wieland jüngst vernommen
Daß Psyche zu den Grazien gekommen.

HOCHZEITGEDICHT
AUF DIE VERBINDUNG
HENRIETTEN N. MIT N. N.
von einem Freunde der Braut

Zum erstenmal – nach langer Muße –
Dir, gutes Kind, zum Hochzeitgruße,
   Ergreif ich meinen Dichterkiel.
Die Schäferstunde schlägt mir wieder –
Vom Herzen strömen warme Lieder
   Ins brachgelegne Saitenspiel.

Darf sich in Deinen Jubeltagen
Auch *ernste Weisheit* zu Dir wagen? –
   Sie kommt aus Deines Freundes Brust.
Die Weisheit ist der Freude Schwester,
Sie trennt sie nicht – sie knüpft sie fester,
   Und lächelt zu erlaubter Lust.

Wenn Tugenden den Kranz gewinnen,
Da will die Freudenträne rinnen
   Da denk ich an die schönre Welt –
So selten lohnt das Glück den Besten! –
Oft weint die Tugend an den Festen,
   Die das gekrönte Laster hält.

Du Mädchen mit dem besten Herzen,
Du hast Gefühl für fremde Schmerzen,
   Für fremde Wonne Sympathie. –
Erröte nicht! – Ich sahe Proben –
Und meine Leier – frag' dort oben! –
   Die stolze Leier schmeichelt nie.

Wie mühsam sucht durch Rang und Ahnen
Die leidende Natur sich Bahnen!
    Gefühl erstickt in Ziererei.
Oft drücken ja, gleich Felsenbürden,
Mit Seelenruh bezahlte Würden
    Der *Großen kleines* Herz entzwei!!! –

Dein Herz, das noch kein Neid getadelt,
Dein reines Herz hat Dich geadelt,
    Und Ehrfurcht zwingt die Tugend ab –
Ich fliege Pracht und Hof vorüber,
Bei einer Seele steh ich lieber,
    Der die Empfindung – Ahnen gab.

Wer war der Engel deiner Jugend?
Wer rettete die junge Tugend? –
    Hast Du auch schon an *sie* gedacht?
Die *Freundin*, die Dir Gott gegeben?
Ihr Adelbrief – ein schönes Leben!
    (Den haß ich, den sie mitgebracht.)

Sie riß dich weg von Pöbelseelen –
– Dein Brautgebet wird's Gott erzählen! –
    Du gingst Ihr nach, und wurdest gut.
Sie schuf dich zu des Gatten Wonne,
Erwärmte, gleich der FrühlingsSonne,
    Zur Tugend deinen jungen Mut.

Wie eilte *sie* mit Muttergüte
Zu Hilfe jeder jungen Blüte,
    Bis Leben in die Wurzel floß!
Wie pflegte sie mit Flammeneifer
Des zarten Sprößlings, bis er reifer,
    Ein stolzer Wuchs, zum Himmel schoß.

So eile denn zum Brautaltare!
Die Liebe zeigt Dir goldne Jahre –
    Mein warmer Segen eilt voran.
Du kennst der Gattin Schuldigkeiten!
Du hast ein Herz für ihre Freuden,
    Und glücklich preis ich Deinen Mann.

Wie schön ist doch das Band der Liebe!
Sie knüpft uns, wie das Weltgetriebe,
    Auf ewig an den Schöpfer an.
Wenn Augen sich in Augen stehlen,

Mit Tränen Tränen sich vermählen,
   Ist schon der süße Bund getan.

Wie göttlich süß ist das Vergnügen
An's Herz des Gatten sich zu schmiegen,
   Wie süß, sich seines Glücks zu freun!
Wie süßer – sich für ihn zu quälen!
Auch Wehmut kettet schöne Seelen,
   Und Wollustvoll ist diese Pein!

Du wirst mit liebevollem Eilen
Das Schicksal *Deines* Mannes teilen,
   Und schnell in seine Seele sehn.
Wie zärtlich wirst *Du* jeden Träumen,
Die kaum in seinem Busen keimen,
   Wie zärtlich rasch entgegengehn!

Wenn unter drückenden Gewichten
Des Kummers und der Bürgerpflichten
   Der müde Gatte niederfiel,
Wirst Du mit *einem* holden Lächeln
Erfrischung ihm entgegenfächeln, –
   Und spielend trägt er sie zum Ziel.

Wenn Schmerz in seinem Busen wütet,
Und über ihm die Schwermut brütet,
   In seinem Herzen Stürme wehn,
Wirst Du mit heiterem Gesichte
Erquickend, gleich dem Sonnenlichte,
   Durch seines Grames Nebel sehn.

Wenn selbst der Wonne süße Bürde
Dem Einsamen zu lästig würde,
   (Auch Lust gesellt sich Helfer bei.)
Wirst du die schönste Hälfte tragen,
Und erst *Dein* Auge wird ihm sagen,
   Wie groß des Glückes Fülle sei?

Ja – darf ich über Jahre fliehen,
Den Schleier von der Zukunft ziehen? –
   Ein Neues Glück erwartet Dein!! –
Das Größte, so der Mensch empfindet,
Das nur im Himmel Muster findet –
   Die Mutter eines Kinds zu sein!!! –

Die Mutter eines Kinds zu werden! –
Was droben süß ist, und auf Erden,
  Das Wonnewort schließt alles ein.
Das kleine Wesen – welch Vergnügen! –
Im mütterlichen Schoß zu wiegen!
  Was kann im Himmel schöner sein?

Die Seligkeit – Du wirst sie kennen,
Wenn stammelnd dich die Kinder nennen,
  Und herzlich Dir entgegenfliehn –
Die bange Lust – – die süße Qualen – –
Umsonst! kein Jüngling kann sie malen –
  Hier werf ich meinen Pinsel hin –

Was Lieder nicht zu singen wagen,
Laß Dir der Mütter Beste sagen,
  »Was einer Mutterfreude glich?«
Du hörtest *ihre* Seufzer hallen,
Du sahest *ihre* Tränen fallen,
  Du liebst sie – darum lieb ich Dich.

Laß Dir der Mütter Beste sagen
Wie himmlisch alle Pulse schlagen,
  Wenn nur des Kindes Name klingt?
Wie selbst das Land sich schöner malet,
Wie heller selbst der Himmel strahlet,
  Der über ihren Kindern hängt?

Wie süß der Gram um Kleinigkeiten? –
Wie süß die Angst: es möchte leiden?
  Die Träne, die sie still vergießt?
Die Ungeduld, ihm zuzufliegen?
Wie unerträglich das Vergnügen,
Das nicht das Kind auch mitgenießt?

Die Herrscherin der Welt zu scheinen?
Die Wollust, um ihr Kind zu weinen? –
  Laß ihr die Wahl – Was wird sie tun?
Die Krone wirft sie auf die Erde –
Und fliegt mit jauchzender Gebärde
  Und fliegt dem lieben Kinde zu.

Nun freu Dich denn – Du wirsts genießen
Das stille Glück, das viele missen, –
  Was wünsch ich dir? – Entweih es nie!
Die Freundin, die *Dein* Herz gemildet,

Zur guten Mutter Dich gebildet, –
   Was wünsch ich Dir? – Vergiß Sie nie!

Vergiß Sie nie – wenn Deine lieben
Im Kinderspiel sich um Dich üben,
   So führe sie der Besten zu:
Ihr sollen sie zu Füßen fallen,
Unschuldig *ihr* entgegenlallen:
   »Die gute Mutter gabest Du!«

PROLOG

Sie – die, gezeugt aus göttlichem Geschlechte,
   In hoher königlicher Rechte
Den unbestochnen Spiegel trägt
Hervorgewälzt aus ihren Finsternissen
   Aus krummen Falten vorgerissen
   Der Menschheit Ungeheuer schlägt,
Die große Kunst mit Spott und Schrecken zu belehren,
Die in den Strom des Lichts den kühnen Pinsel taucht,
   Gleich unbarmherzig Thronen und Galeeren!
   Den Firnis von dem Laster haucht,
Die mit Bewunderung und einer warmen Träne
   Die unterdrückte Tugend ehrt,
Dem Faunentanz der Harlekine
   Mit heilsamem Gelächter wehrt,
Die unser Herz mit Zauberschlägen rühret,
   Der Menschlichkeit erloschnen Funken weckt,
An Rosenketten zu dem Himmel führet,
   Mit Donnern von dem Abgrund schröckt,
Die Göttin, die der ernstern Tugend
In das noch weiche Herz der *Jugend*
   Mit Schwesterhand die Pfade gräbt;
Den *Mann* erdrückt von den Gewichten
Des Kummers und der Bürgerpflichten
   Durch edle Spiele neubelebt –

Sie – gleichgeschickt zu stürmen und zu fächeln
Sie läßt sich heut mit sanfterm Lächeln
   Zu *Deiner* Kinder Kreis herab.
Sie steht uns bei, *Dein* Wiegenfest zu schmücken,
Sie leihet jetzt dem kindlichen Entzücken
   Die Harfe und den Zauberstab!

Wir fühlen sie – und folgen ihrem Winke,
Verschmähe nicht o Vater das Geschenke,
   Das Dankbarkeit aus unserm Herzen preßt.
Du führtest uns zum Silberquell der Musen,
Du gossest das Gefühl in unsre zarte Busen,
   Wir bringen hier die Frucht zu Deinem Fest.

⟨FÜR KNUT LYNE RAHBEK⟩

Das Liebesbündnis schöner Seelen
Knüpft oft der erste Augenblick
Wenn andre, eh' sie Freunde wählen,
Was sich dabei gewinnt, erst emsig überzählen
Verbindet jene schon ein Wort, ein stiller Blick.
Gleich Spiegeln strahlet eins der andern Blick zurück,
Sie wählen nicht, sie fühlen sich getrieben,
Und lieben ihren Freund, wie sie sich selber lieben.

Der erste Augenblick entscheidet gewöhnlich, und so,
glaub ich, ward unsre Freundschaft entschieden.

⟨FÜR WILHELM GOTTLIEB SPANGENBERG⟩

  Sallustius
Omnes homines, qui sese student præstare ceteris hominibus,
omni opera niti decet, vitam silentio ne transeant – –

        Leipzig d. 23. April. 1785.   Fridrich Schiller.

⟨AN KÖRNER
In dessen Exemplar der Anthologie⟩

Ihr waret nur für Wenige gesungen,
Und wenige verstanden euch.
Heil euch! Ihr habt das schönste Band geschlungen,
Mein schönster Lorbeer ist durch Euch errungen –
Die Ewigkeit vergesse euch.

⟨AN KÖRNER
Zu dessen Hochzeit, 7. August 1785⟩

Heil Dir, edler deutscher Mann,
Heil zum ew'gen Bunde!
Heute fängt Dein Himmel an,
Sie ist da, die Stunde!
Sprich der blassen Mißgunst Hohn
Und dem Kampf der Jahre,
Großer Tugend großer Lohn
Winkt Dir zum Altare.

Nichts, was enge Herzen füllt,
Was die Meinung weihet,
Was des Toren Wünsche stillt,
Was der Geck oft freit;
Reichtum nicht und Ahnenruhm
Nicht verbot'ne Triebe –
Nein in dieses Heiligtum
Führte Dich nur Liebe.

Nach der Menge Lobgesang
Hast Du nie geschmachtet,
Der Gewohnheit Kettenklang
Hast Du nie geachtet.
Ehrsucht mag um Ehre frei'n,
Gold sich Gold vermählen,
Liebe will geliebet sein,
Seelen suchen Seelen.

Deinem großen Schwur getreu
Trotzest Du Verächtern;
Männlich stolz gingst Du vorbei
An der Mode Töchtern.
Flitterputz und Tändelei'n
Mag der Stutzer lieber;
Doch, Du wolltest glücklich sein
Und Du gingst vorüber.

Weiberherzen sind so gern
Kästchen zum vexieren,
Manchen lockt der gold'ne Stern,
Perlen, die nur zieren;
Hundert werden aufgetan,
Neun und neunzig trügen,
Aber nur in einem kann
Die Juwele liegen.

Glücklich macht die Gattin nicht,
Die sich selbst nur liebet,
Ewig mit dem Spiegel spricht,
Sich in Blicken übet,
Geizig nach dem Ruhm der Welt
In der neuen Robe,
Stolzer, schöner sich gefällt
Als in Deinem Lobe.

Keine witz'ge Spötterin,
Keiner Gauklertruppe
Zugestutzte Schülerin,
Keine Modepuppe,
Keine, die mit Bücherkram
Ihre Liebe pinselt,
Was nicht aus dem Herzen kam
Aus Romanen winselt.

Glücklich macht die Gattin nicht,
Die nach Siegen trachtet,
Männerherzen Netze flicht,
Deines nur verachtet,
Die bei Spiel und bunten Reih'n,
Assembleen und Bällen,
Freuden suchet, die allein
Aus dem Herzen quellen.

Glücklich macht die Gattin nur,
Die für Dich nur lebet
Und mit herzlicher Natur
Liebend an Dir klebet;
Die um Deiner wert zu sein,
Für die Welt erblindet
Und in Deinem Arm allein
Ihren Himmel findet,

Jauchzet, wenn Du fröhlich bist,
Trauert, wenn Du klagest,
Lächelt, wenn Du freundlich siehst,
Zittert, wenn Du wagest;
Die in schöner Sympathie
Dein Gefühl erreichet
Und in Seelenharmonie
Deiner Minna gleichet.

Sie allein ist Dir genug,
Welten kannst Du missen;
Wunden, die das Schicksal schlug,
Heilet sie mit Küssen.
Deine Wonne sendet sie
Mit dem Engelblicke
Schwesterlicher Sympathie
Wuchernd Dir zurücke.

Wenn die ernste Männerpflicht
Deinen Geist ermüdet,
Wenn der Sorgen Bleigewicht
Finster auf Dir brütet,
Falsche Freunde von Dir flieh'n,
Feinde Dich verhöhnen,
Wetter Dir entgegenziehn,
Donner um Dich dröhnen,

Wenn Dein ganzer Himmel fällt,
Wenn Dein Engel weichet,
Wenn um Dich die ganze Welt
Einer Wüste gleichet. –
O, dann wird ihr sanfter Blick
Dir Erquickung fächeln;
Die Verzweiflung tritt zurück,
Weicht vor ihrem Lächeln.

Nie wird dieser Bund vergehn,
Keine Zeit ihn mindern,
Schöner wird er auferstehn
In geliebten Kindern.
Wenn die Freuden untergehn,
Die Dir heute scheinen,
Wirst Du froh Dich wiedersehn
In den lieben Kleinen.

Aussicht voll von Seligkeit! –
Mit prophet'schen Blicken
Seh' ich in die künft'ge Zeit,
Sehe mit Entzücken
Töchter, reizend, sanft und gut,
Nach der Mutter Bilde,
Söhne von des Vaters Blut,
Feurig, kühn und milde.

Lieblich, wie ein Rosenflor
An den Gartenwänden,
Herrlich wachsen sie empor
Unter Deinen Händen.
Freudentränen im Gesicht
Sammelst Du die Blüten,
Wie der Gärtner Blumen bricht,
Die ihn oft bemühten.

Dich ereilt der Jahre Ziel,
Deine Kräfte schwinden,
Uns'res Lebens kurzes Spiel
Muß zuletzt doch enden.
Um Dein Bette drängt sich dann
Eine schöne Jugend,
Dein Gedächtnis, edler Mann,
Lebt in ihrer Tugend.

Jede Erdenwonne muß
Sich mit Leiden gatten,
Lüste würgen im Genuß,
Ehre speist mit Schatten; –
Weisheit tötet oft die Glut
Uns'rer schönsten Triebe,
Tugend kämpft mit heißem Blut
Glücklich macht nur Liebe!

Preist den armen Weisen nicht,
Der sie nie empfunden,
Dem des Lebens Traumgesicht
Ohne sie verschwunden,
Dessen rauhe Seele nie
In der Gattin Armen
Schmolz in süßer Sympathie –
Weinet um den Armen;

Der die Wonne nie gekannt,
Nie der Liebe Gaben,
Den man Vater nie genannt,
Kinderlos begraben.
Wer in Amors süßen Bann
Nie sich hingegeben,
Was verspricht der arme Mann
Sich vom andern Leben?

Sei's ein Weiser, sei's ein Held,
Still und schnell vergessen
Schleicht er zu der Unterwelt
Und ist nie gewesen. –
Freund, Du hast auf Gott vertraut,
Gott hat Dich belohnet!
Frage Deine frohe Braut,
Wo Dein Himmel wohnet.

Unauslöschlich, wie die Glut
Deiner reinen Triebe,
Unerschüttert, wie Dein Mut,
Stark, wie Deine Liebe,
Ewig, wie Du selber bist,
Dau're Deine Freude;
Wenn die Sonne nicht mehr ist,
Liebe noch wie heute!

⟨AM 7. AUGUST 1785⟩

Heute vor fünftausend Jahren hatte Zevs die unsterblichen Götter auf dem Olimpus bewirtet. Als man sich niedersetzte, entstand ein Rangstreit unter drei Töchtern Jupiters. Die *Tugend* wollte der *Liebe* vorangehn, die Liebe der Tugend nicht weichen, und die *Freundschaft* behauptete ihren Rang vor beiden. Der ganze Himmel kam in Bewegung, und die streitenden Göttinnen zogen sich vor den Thron des Saturnius.

Es gilt nur *ein* Adel auf dem Olimpus, rief Chronos Sohn, und nur *ein* Gesetz, wornach man die Götter richtet. Der ist der Erste, der die glücklichsten Menschen macht.

Ich habe gewonnen, rief triumphierend die *Liebe*. Selbst meine Schwester die Tugend kann ihren Lieblingen keine größre Belohnung bieten als *mich* – und ob ich Wonne verbreite, das beantworte Jupiter und alle anwesende unsterbliche Götter.

Und wie lange bestehen deine Entzückungen? unterbrach sie ernsthaft die Tugend. Wen ich mit der unverwundbaren Ägide beschütze, verlacht selbst das furchtbare Fatum, dem auch sogar die Unsterblichen huldigen. Wenn *du* mit dem Beispiel der Götter prahlst, so kann ich es auch – der Sohn des Saturnus ist sterblich, sobald er nicht tugendhaft ist.

Die Freundschaft stand von ferne, und schwieg.

Und du, kein Wort, meine Tochter? rief Jupiter – Was wirst du deinen Lieblingen großes bieten?

Nichts von dem allen, antwortete die Göttin, und wischte verstohlen eine Träne von der errötenden Wange. Mich lassen sie stehen, wenn sie glücklich sind, aber sie suchen mich auf, wenn sie leiden.

Versöhnet Euch meine Kinder, sprach jetzt der Göttervater. Euer Streit ist der schönste, den Zevs je geschlichtet hat, aber keine hat ihn verloren. Meine männliche Tochter, die *Tugend*, wird ihre Schwester *Liebe* Standhaftigkeit lehren, und die Liebe keinen Günstling beglücken, den die Tugend ihr nicht zugeführt hat. Aber zwischen euch beide trete die *Freundschaft*, und hafte mir für die Ewigkeit
dieses Bundes.

⟨FÜR WILHELMINA FRIEDERICA SCHNEIDER⟩

(Karlos)
So tritt herunter, große Vorsehung,
laß dich herab dies *Bündnis* einzusegnen,
das *neu* und *kühn* und *ohne Beispiel* ist,
seitdem du oben waltest – –

———

Arm in Arm mit *Euch*,
So fodr' ich mein Jahrhundert in die Schranken!

———

Leipzig,	Liebste S., ich führe Sie in das Heiligtum
an dem Abend,	meiner Seele – in den Kreis
wo unser Zirkel zum	meiner Freunde,
erstenmal zerrissen wurde.	einen Kreis, worin mich kein
D. 11. August. 85.	*ungeweihter* überraschen soll.
	Fridrich Schiller.

(Klopstok)
Aber schöner ists noch – schöner und reizender,
in den Armen des Freunds wissen ein Freund zu sein,
So das Leben genießen,
nicht unwürdig der Ewigkeit.

⟨FÜR DANIEL SCHÜTTE⟩

(Musarion)
– – eitel ist, und flüchtiger als Wind
der Schönen Gunst – die Brudertreu der Zecher,
sobald nicht mehr der goldne Regen rinnt,
ist keine Danae – sobald im trocknen Becher
der Wein versiegt, ist kein Patroklus mehr.
Gold zieht magnetischer als Schönheit Witz und Jugend

ist eure Hand, ist eure Tafel leer
so flieht der Näscher Schwarm, und Lais spricht von Tugend.
Leipzig den 18ten August
  1785.   Erinnern Sie Sich zuweilen
        Ihres ergebenen
           Fr. Schiller.

UNTERTÄNIGSTES PRO MEMORIA
*an die Konsistorialrat Körnerische weibliche Waschdeputation
in Loschwiz eingereicht von einem niedergeschlagenen
Trauerspieldichter*

Bittschrift

Dumm ist mein Kopf und schwer wie Blei,
 die Tobaksdose ledig
Mein Magen leer – der Himmel sei
 dem Trauerspiele gnädig.

Ich kratze mit dem Federkiel
 auf den gewalkten Lumpen;
Wer kann Empfindung und Gefühl
 aus hohlem Herzen pumpen?

Feur soll ich gießen aufs Papier
 mit *angefrornem* Finger? – –
O Phöbus, hassest du Geschmier,
 so wärm auch deine Sänger.

Die Wäsche klatscht vor meiner Tür,
 es scharrt die Küchenzofe –
und mich – mich ruft das Flügeltier
 nach König Philipps Hofe.

Ich steige mutig auf das Roß,
 in wenigen Sekunden
seh ich Madrid – am Königsschloß
 hab ich es angebunden.

Ich eile durch die Galerie
 und – siehe da! – belausche
die junge Fürstin Eboli
 in süßem Liebesrausche.

Jetzt sinkt sie an des Prinzen Brust,
    mit wonnevollem Schauer,
in *ihren* Augen Götterlust,
    doch in den *seinen*, Trauer.

Schon ruft das schöne Weib Triumph
    schon hör ich – Tod und Hölle!
Was hör ich? – einen nassen Strumpf
    geworfen in die Welle.

Und weg ist Traum und Feerei,
    Prinzessin, Gott befohlen!
Der Teufel soll die Dichterei
    beim Hemderwaschen holen

    gegeben
in unserm jammervollem
      Lager
  ohnweit dem Keller.

                  F. Schiller.
          Haus- und WirtschaftsDichter.

EIN WECHSELGESANG

Leontes
Delia – mein dich zu fühlen!
    Mein durch ein ewiges Band.
Göttern auf irdischen Stühlen
    gönn' ich den dürftigen Tand.

Dich in die Arme zu drücken –
    O wie verdien ich mein Glück!
Geb ich auch dir dies Entzücken,
    dir dieser Seligkeit Fülle zurück?

Delia
Ach nur ein einziges Leben,
    teurer Leontes, ist mein.
Tausende, könnt ich sie geben,
    tausende wollt ich dir weihn.
Einmal nur kann ich mich schenken,
einmal durchschauert von Lust
einmal auf ewig nur sinken
    sinken an deine hochschlagende Brust.

Beide
Höre den Dank deiner glücklichen Seelen
 glücklich durch deinen allmächtigen Wink,
Glühenden Dank *dir*! *Du* lehrtest uns *wählen*,
 glühenden Dank für dein bestes Geschenk.

Leontes
Delia, da wir uns fanden,
 hört' ich den himmlischen Ruf:
»Willst du mein Himmelreich ahnden,
 liebe dies Mädchen! Ich schuf.
Menschen, besudelt von Sünden,
 bleibt meine Gottheit verhüllt.
Willst du den Ewigen finden
 such ihn in diesem bescheidenen Bild.«

Delia
Da mir Leontes erschienen,
 flüsterten Engel mir ein:
Trockne die heimlichen Tränen,
 Mädchen, der Jüngling ist dein.

Aus den erwärmenden Sonnen
 seines beseelenden Blicks
sind deine Himmel gesponnen,
 fließen dir Strahlen unsterblichen Glücks.

Beide
Höre den Dank deiner glücklichen Seelen
 glücklich durch deinen allmächtigen Wink,
Glühenden Dank dir: Du lehrtest uns wählen,
 glühenden Dank für dein bestes Geschenk.

Delia
Wenn wir uns liebend umschlingen,
 Küsse vor Küssen entfliehn,
flattern auf eilenden Schwingen
 goldene Stunden dahin.
Mir reicht Leontes die Hände
 in den gefürchteten Kahn,
Weil ich Leontes dort finde,
 locken Elisiums Fluren mich an.

Leontes
Stille Vergnügungen (pflücken
 wird der Verschwender sie nie)

klimmen empor zum Entzücken,
   teil ich mit Delia sie.
Pfeile, die fern auf mich zielen
   wehrt deine Liebe zurück.
Schmerzen, die still mich durchwühlen,
   schmelzen an deinem empfindenden Blick.

Beide
Höre den Dank deiner glücklichen Seelen
   glücklich durch deinen allmächtigen Wink,
Glühenden Dank dir: Du lehrtest uns wählen,
   glühenden Dank für dein bestes Geschenk.

⟨FÜR ALEXANDER BARON VON PODMANICZKY⟩

Wie schön ist es, auf lorbeervoller Bahn
zum Rang der Göttlichen die in der Nachwelt leben
   zu einem Platz im Sternenplan,
   und – im Plutarch sich zu erheben!

   Wielands Musarion

Dresden d. 3. Junius
       1786.   Zur Erinnerung an
                                     F. Schiller

⟨AN MARIE HENRIETTE ELISABETH VON ARNIM⟩

Ein treffend Bild von diesen Leben,
ein Maskenball hat Dich zur Freundin mir gegeben.
Mein erster Anblick war – Betrug.
Doch unsern Bund, geschlossen unter Scherzen
bestätigte die Sympathie der Herzen

Ein Blick war uns genug.
und durch die Larve, die ich trug,
las dieser Blick in meinem Herzen
das warm in meinem Busen schlug!

Der Anfang unsrer Freundschaft war nur – Schein!
Die Fortsetzung soll Wahrheit sein.

In dieses Lebens bunten Lottospiele
sind es so oft nur Nieten, die wir ziehn.

Der Freundschaft stolzes Siegel tragen Viele,
die in der Prüfungsstunde treulos fliehn.
Oft sehen wir das Bild, das unsre Träume malen,
aus Menschen Augen uns entgegen strahlen,

Der, rufen wir, der muß es sein!
Wir haschen es – und es ist Stein.

Den edlen Trieb der weichgeschaffne Seelen
magnetisch aneinander hängt –
der uns, bei fremden Leiden uns zu quälen,
bei fremden Glück zu jauchzen zwingt –
Der uns des Lebens schwere Lasten tragen
Des Todes Schrecken selbst besiegen lehrt,
durch den wir uns der Gottheit näher wagen,
und leichter selbst das Paradies entbehrt –
Den edeln Trieb – du hast ihn ganz empfunden,
Der Freundschaft seltnes schönes Los ist Dein.
Den höchsten Schatz, der tausenden verschwunden,
hast Du gesucht   hast Du gefunden,
die Freundin eines Freunds zu sein.

Auch mir bewahre diesen stolzen Namen.
Ein Platz in deinem Herzen bleibe mein
Spät führte das Verhängnis uns zusammen,
doch ewig soll das Bündnis sein.

Ich kann dir nichts als treue Freundschaft geben,
Mein Herz allein ist mein Verdienst
dich zu verdienen will ich streben –
dein Herz bleibt mir – wenn du das meine kennst!

⟨AN CAROLINA CHRISTINA SCHMIDT
In ein Exemplar des Don Karlos⟩

Kein Lebender und keine Lebende
Saß diesem Bild, der süßen Sympathie
Und Freundschaft aufgestellt. Aus nicht vorhandenen Welten
Entlehnte es – ich kannte dich noch nie –
Ein volles Herz und warme Phantasie.
Wenn das, was ich für Schatten hier empfunden,
In deinem Herzen mächtig widerklingt,
Aus deinem Auge schöne Tränen zwingt,
Wenn es in stillen schwärmerischen Stunden
Zu sanfter Rührung dich erweicht,

So weißt du, was der Dichter dann empfunden,
Hätt' er ein lebend Bild gefunden,
Das deinem, Caroline, gleicht.

PROLOG

Der Frühling kam. Wir flohen in die Ferne.
　Der großen FreudeGeberin Natur
Verließen wir den schönen Schauplatz gerne.
　Sie flieht und schmucklos liegt die Flur.
Ein düstrer Flor sinkt auf die Erde nieder,
Sie flieht – und wir erscheinen wieder.
　An ihre Freuden wagen wir
Die unsrigen bescheiden anzuschließen,
　Das bange Lebewohl von ihr
vielleicht durch unsre Spiele zu versüßen,
　durch frohen Scherz und ein gefühltes Lied
des Winters traurge Nächte zu betrügen
und edle Menschen edel zu vergnügen; –
　Was Mode, Zwang und Schicksal schied
durch süße Angst und wonnevolles Weinen
in Banden schöner Gleichheit zu vereinen,
　auf wen'ge Augenblicke nur
der Menschheit schönes Jubelfest zu feiern,
den süßen Stand noch einmal zu erneuern,
　den ersten Stand der heiligen Natur.
Wir, die mit Zittern vor den Pöbel
　der Afterkenner uns gewagt –
　Wir nahen *Ihnen* unverzagt
Wir stehen kühn und dreist vor Ihnen!
Wir fürchten nichts. Nur kleine Geister spotten
des zagenden Talentes. *Sie* allein
sind reich durch fremde Armut! Rein
durch fremde Schuld. Sie brauchen mühsam durch
Verkleinerung der Andern, *sich* zu heben!
　Der große Mann verachtet nicht!!
Der gnädigste von allen Richtern ist
der Kenner! – Was der große Mann vermißt,
ersetzt er gern von *seinem* Überflusse!
　Er winkt mit freundlichsanftem Gruße
dem zagenden Talent hervor,
Mit großmutsvollem Wohlgefallen
　Trägt er die junge Kunst empor!
In seine Hände bitten wir zu fallen!
　Doch schweige über uns – der Tor!

Dies Haus – und diese glänzende Versammlung
　sah unsern Anfang – und verzieh!
Was wir geworden, wurden wir durch *Sie*!
　Wir geben Ihr, was Sie uns gab, zurücke. – –
Wird sie die Blume, die sie selbst
Mit eigner Hand gezogen, die
zu ihren Füßen dankbar blüht, zertreten?
　Das wird sie nicht! – In Wüsten, wo man sie nicht suchte,
Erfreut uns eine wilde Rose mehr,
als in Hesperiens verschwenderischen Gärten
　ein ganzes Blumenheer.

Die Muse, noch zu furchtsam sich zu zeigen,
schickt mich voran – ein *Sinnbild* ihrer *Schwäche*
und ihrer *Schüchternheit* – ein *Kind*!!
Was Männer nicht erbitten dürfen, darf
ein Kind vielleicht erflehen. Seine Unschuld
besticht, entwaffnet den gerührten Richter.
Die fürchterliche Waage sinkt
aus seinen Händen. Er vergißt, daß er
gerecht sein wollte und verzeiht.

⟨AN PIUS VI.⟩

Redde aquilam Imperio Francorum Lilia Regi
Sidera redde Polo – cetera Brasche tibi

DIE PRIESTERINNEN DER SONNE
Zum dreißigsten Jänner 1788. von einer
Gesellschaft Priesterinnen überreicht

Der Tag kam, der der Sonne Dienst
　Auf ewig enden sollte;
Wir sangen ihr das letzte Lied
Und Quito's schöner Tempel glüh'
　In ihrem letzten Glanze.

Da trat vor unsern starren Blick,
　Wie Himmlische gebildet,
Umflossen von ätherischem Licht,
Ein Weib mit ernstem Angesicht,
　Durch sanften Gram gemildet.

Der Sonne Dienst ist aus! rief sie;
   Und ihre Zähren fließen.
Löscht, ruft sie, eure Fackeln aus,
Von nun an wird kein irdisch Haus,
   Kein Tempel mich verschließen.

Altar und Tempel stürzen ein,
   Ich will mir beßre wählen,
Zerstreuet euch durch Land und Meer,
In keinen Mauern sucht mich mehr,
   Sucht mich in schönen Seelen.

Wo künftig meine Gottheit wohnt,
   Soll euch dies Zeichen sagen: –
»Seht ihr in einer Fürstin Brust
Für fremde Leiden, fremde Lust,
   Ein Herz empfindend schlagen.

Seht ihr der Seele Widerschein
   In schönen Blicken leuchten,
Und Tränen süßer Sympathie,
Entlockt durch süße Harmonie,
   Ihr sprechend Aug befeuchten.

Noch groß, wenn statt dem Purpurkleid
   Ein Hirtenkleid sie deckte;
Noch liebenswert durch sie allein,
Wenn ihrer Hoheit Zauberschein
   Auch Schmeichler nie erweckte.

Durchbebt in ihrer Gegenwart
   Euch nie gefühlte Wonne:
Da, Priesterinnen! betet an,
Da zündet eure Fackeln an!
   Da findet ihr die Sonne!«

Die Göttin spricht's, und schwindet hin,
   Der Altar stürzt zusammen;
Schnell löscht das heil'ge Feuer aus;
In Trümmern liegt das Sonnenhaus,
   Und Quito steht in Flammen.

Fern, fern von unserm Vaterland,
   Durchirrten wir die Meere,
Durchzogen Hügel, Tal und Fluß,
Und endlich setzten wir den Fuß
   Auf diese Hemisphäre.

Da sahen wir mit Grazien
  Die Musen sich vereinen,
Wir folgten diesem Götterzug,
Sie senkten ihren sanften Flug
  Herab zu diesen Hainen.

»Zwei Fürsten-Töchter wollen wir,
  Sie riefen's mit Entzücken,
Zwei Fürsten-Töchter sanft und gut,
  In ihren Busen Götterglut
  Mit diesem Kranze schmücken.«

Fühlt ihr die nahe Gottheit nicht,
  Die wir im Tempel feiern? –
Das Zeichen, Schwestern! ist erfüllt!
Hier, vor der Sonne schönem Bild,
  Laßt uns den Dienst erneuern.

⟨IN DIE HOLY BIBLE DER FRAU VON LENGEFELD⟩

Nicht in Welten, wie die Weisen träumen,
  auch nicht in des Pöbels Paradies,
nicht in Himmeln, wie die Dichter reimen
  – aber wir begegnen uns gewiß.

Volksstädt d. 2. August. 1788
von Friedrich Schiller zur Erinnerung.

⟨1789-1794⟩

⟨FÜR JOSEPH VON STICHANER⟩

Fridrich Schiller
Jena d. 22. Mai.
1789.

⟨FÜR EINEN UNBEKANNTEN⟩

Freiheit des Geistes und Liebe
Wissenschaft und Kunst verbrüdern die
entferntesten Geister.

Jena den 27. 8br 1789
Fridrich Schiller.

⟨FÜR KARL GOTTHARD GRASS⟩

Die Kunst lehrt die geadelte Natur
mit Menschentönen zu uns reden,
in toten seelenlosen Öden
verbreitet *sie* der Seele Spur.
Bewegung zum Gedanken zu beleben,
der Elemente totes Spiel
zum Rang der Geister zu erheben,
ist ihres Strebens edles Ziel.
Nehmt ihm den Blumenkranz vom Haupte,
womit der Kunst wohltätge Hand
das bleiche Trauerbild umlaubte,
nehmt ihm das prangende Gewand,
das *Kunst* ihm umgetan, – was bleibt der Menschen Leben?
Ein ewig Fliehn vor dem nacheilenden Geschick,
ein langer letzter Augenblick!
O wie viel schöner, als der Schöpfer sie gegeben,
gibt ihm die Kunst die Welt zurück!

Jena den 28. März 1790

Fridrich Schiller.

⟨FÜR JENS IMMANUEL BAGGESEN⟩

In frischem Duft, in ew'gem Lenze,
wenn Zeiten und Geschlechter fliehn,
sieht man des Ruhms verdiente Kränze
im Lied des Sängers unvergänglich blühn.
An Tugenden der Vorgeschlechter
entzündet er die Folgezeit.
Er sitzt, ein unbestochner Wächter,
im Vorhof der Unsterblichkeit.
Der Kronen schönste reicht der Richter
der Taten – durch die Hand der Dichter.

Jena den 9. August 90.
                                Fridrich Schiller.

⟨FÜR JOHANNES GROSS⟩

Alles unser Wissen ist ein Darlehn der Welt und der Vorwelt. Der tätige Mensch trägt es an die Mitwelt und Nachwelt ab; der untätige stirbt mit einer unbezahlten Schuld. Jeder, der etwas gutes wirkt, hat für die Ewigkeit gearbeitet.

Jena den 22. Sept. 90
                                F. Schiller.

⟨FÜR GUSTAV BEHAGHEL VON ADLERSKRON⟩

Freund, wandle froh auf den betretnen Pfaden,
verborgen zwar schlingt sich des Schicksals Faden,
doch lenkt ihn deines Schöpfers Hand –
und an der Liebe leichtem Rosenband
will Freundschaft durch das neue Leben
ermunternd dir zur Seite schweben –
Vergiß des Belts beeisten Strand,
vergiß ein Glück, das du mit edelm Stolz verstoßen;
Ein freier Geist der Wahrheit aufgeschlossen,
ein Mut, mit Prüfungen bekannt,
ein edles Herz, in Sympathie ergossen
und eingeweiht im Schönen und im Großen,
macht froh bei jedem Los und groß in jedem Stand,
macht jede Flur – zum Vaterland.
                                Fridrich Schiller

Jena 16 März 1791.

⟨FÜR FRIEDRICH IMMANUEL NIETHAMMER⟩

Geh und predige das *neue Evangelium* allen Kreaturen. Wer da glaubt der wird selig, wer aber nicht glaubt, der – läßt es bleiben.
 Jena den 31. März. 1791
Schiller.

⟨FÜR KARL WILHELM JUSTI⟩

Summum crede nefas animum praeferre pudori
Et propter vitam vivendi perdere causas.

⟨FÜR DENSELBEN⟩

Doch auch die Weisheit kann Unsterblichkeit erwerben
Wie prächtig klingts, den fesselfreien Geist
Im reinen Quell des Lichts von seinen Flecken waschen,
Die Wahrheit, die sich sonst nie ohne Schleier weist,
Entkleidet überraschen!
Um wie viel mehr, als alle Weltbezwinger,
Ist der ein Held, der tugendhaft zu sein
Sich kühn entschließt, dem Lust kein Gut, und Pein
Kein Übel ist, zu groß sich zu beklagen,
Zu weise sich zu freun, – der jede Leidenschaft
Als Sieger an der Tugend Wagen
Befestigt hat und im Triumphe führt,
Den nur sein eigener, kein fremder Beifall rührt.

⟨FÜR GEORG FRIEDRICH CREUZER⟩

Die *Natur* gab uns nur *Dasein*; *Leben* gibt uns die *Kunst* und *Vollendung* die *Weisheit*.
Erfurt den 18. September 1791.
Fr. Schiller.

⟨FÜR EINEN UNBEKANNTEN⟩

Multa renascentur, quæ jam cecidere, cadentque
  quæ nunc sunt in honore
Erford. XVIII. Septbrs.   in memoriam sui scripsit
  1791.   Fr. Schiller.

⟨FÜR CHRISTIAN RAUSCH⟩

Sapere aude.

Jenæ. 92. Memoriæ causa scripsit
F. Schiller.

HERRN V. T. INS STAMMBUCH

Hier wo deine Freundschaft guten Menschen
    ihre bessern Schätze aufgehäuft,
wenn der Geiz mit nimmersatten Wünschen
    Durstgen Blicken todes Gold durchschweift.
Hier willst du ein Bürgerrecht mir geben,
    Haben wir uns denn gekannt?
Knüpft ein flüchtiges Vorüberschweben
    der Empfindung ewig festes Band?
Schnell verfliegt der Morgentraum des Lebens
    ach und eines Menschen Herz ist klein.
Und wir sammeln für den Traum des Lebens
    Geizig wie für ein Jahrtausend ein.
Diese Habsucht, würdig schöner Seelen,
    nie auf dieser Welt wird sie gestillt.
Soviel Schätze können wir nicht zählen,
    einen nur hieß uns der Himmel wählen,
        unser Ebenbild!
            S.

⟨FÜR BOHUSLAV TABLIC⟩

Multa renascentur, quæ jam cecidere, cadentque
quæ nunc sunt in honore.
                        Horat.

                in memoriam sui benevolam
                            scripsit
Jenæ die VII. Sept.
    1792.   Frid. Schiller.

⟨FÜR SOPHIE NÖSSELT⟩

Wenn Scham und Weisheit sich vereinen
sieht man die Grazien erscheinen,
und Sittlichkeit die fein entscheidet,
was ehrbar ist und edel kleidet.

Jena den 31. Jul.
    1793.   zum Andenken
            von Fridrich Schiller

⟨FÜR EINEN KUNSTFREUND⟩

Die Weisheit wohnte sonst auf großen Foliobogen,
Der Freundschaft war ein Taschenbuch bestimmt;
Jetzt, da die Wissenschaft in's Klein're sich gezogen,
Und leicht, wie Kork, in Almanachen schwimmt,
Hast du, ein hochbeherzter Mann,
Dies ungeheure Haus den Freunden aufgetan.
Wie? Fürchtest du denn nicht, ich muß dich ernstlich fragen,
An so viel Freunden allzuschwer zu tragen?

⟨1795-1805⟩

⟨FÜR FRIEDERIKE BRUN⟩

Keine Gottheit erschiene mehr? Sie erscheint mir in jedem,
  Der in der edeln Gestalt mir das Unsterbliche zeigt.

                    Zum Andenken
                       von F. Schiller.

Jena den 9. Jul. 95.

⟨ZUM GEBURTSTAG DER FRAU GRIESBACH
  In Karl Schillers Namen⟩

  Mach auf, Frau Griesbach; ich bin da,
    Und klopf' an deine Türe.
  Mich schickt Papa und die Mama,
    Daß ich dir gratuliere.

  Ich bringe nichts als ein Gedicht
    Zu deines Tages Feier;
  Denn Alles, wie die Mutter spricht,
    Ist so entsetzlich teuer.

  Sag selbst, was ich dir wünschen soll;
    Ich weiß nichts zu erdenken.
  Du hast ja Küch' und Keller voll,
    Nichts fehlt in deinen Schränken.

  Es wachsen fast dir auf den Tisch
    Die Spargel und die Schoten;
  Die Stachelbeeren blühen frisch,
    Und so die Renegloten.

  Bei Stachelbeeren fällt mir ein,
    Die schmecken gar zu süße;
  Und wenn sie werden zeitig sein,
    So sorge, daß ich's wisse.

  Viel fette Schweine mästest du,
    Und gibst den Hühnern Futter;
  Die Kuh im Stalle ruft muh! muh!
    Und gibt dir Milch und Butter.

Es haben Alle dich so gern,
  Die Alten und die Jungen,
Und deinem lieben, braven Herrn
  Ist Alles wohl gelungen.

Du bist wohl auf; Gott Lob und Dank!
  Mußt's auch fein immer bleiben;
Ja, höre! werde ja nicht krank,
  Daß sie dir nichts verschreiben.

Nun lebe wohl! ich sag' Ade.
  Gelt? ich war heut bescheiden.
Doch könntest du mir, eh ich geh',
  'ne Butterbemme schneiden.

⟨XENIEN GOETHES UND SCHILLERS AUS EINER
SAMMELHANDSCHRIFT, DIE NICHT IN DEN
»MUSEN-ALMANACH FÜR DAS JAHR 1797«
AUFGENOMMEN WURDEN⟩

⟨415⟩ *Das doppelte Amt*
Saiten rühret Apoll, doch er spannt auch den tötenden Bogen
  Wie er die Hirtin entzückt streckt er { Kentauren / den Python } in Staub.

⟨416⟩ *Das Monodistichon*
Wünscht ihr den Musageten zu sehn, gebt Boden und Freiheit,
  Hier auf dem schmalen Rain ist für den Schützen nur Platz.

⟨417⟩ *Übersetzung*
Xenien? ruft ihr. O greifet doch zu, und fraget nicht lange,
  Gastliche Gaben sinds, wenns ja ein Name muß sein.

⟨418⟩ *Unser Vorgänger*
Martial, wenn ihrs nicht wißt, bewirtete einst so die Römer,
  Vielmehr geben wir nicht – aber die Meinung ist gut.

⟨419⟩ *An die ernsthaften Xenien*
Seht ihr die lustigen Brüder ins Erdgetümmel sich mischen;
  An der Grazien Hand weilet um Jupiters Thron.

⟨420⟩ *Die Journale Deutschland und Frankreich*
Zwei Journale gibt er heraus, wohl dreie, verwahret
  Nur die Papiere, denn ihn treibet der Hunger auf Raub.

⟨421⟩ *Das Lokal*
Deutsche schreiben das Werk – wir sehens – in Frankreich? mit
                nichten!
 Schirach hat sie gelehrt schreiben vom Hause nach Haus.

⟨422⟩ *Der Wolf in Schafskleidern*
Haltet ihr denn den Deutschen so dumm, ihr Freiheitsapostel!
 Jeglicher sieht: euch ists nur um die Herrschaft zu tun.

⟨423⟩ *Das Merkmal*
Überzeugung sonderst du leicht von stumpfem Parteigeist,
 Denn das Zeichen begehrt dieser und jene den Sinn.

⟨424⟩ *Verlegene Ware*
Was in Frankreich vorbei ist das spielen Deutsche noch immer,
 Denn der stolzeste Mann schmeichelt dem Pöbel und kriecht.

⟨425⟩ *Eure Absicht*
»Pöbel! wagst du zu sagen wo ist der Pöbel?« Ihr machtet,
 Ging es nach eurem Sinn, gerne die Völker dazu.

⟨426⟩ *Nicht lange*
Schmeichelt der Menge nur immer! Der Paroxismus verschwindet,
 Und sie lacht euch zuletzt, wie nun wir einzelnen aus.

⟨427⟩ *Der Stöpsel*
Schüttle den Staat wie du willst. Nie wirst du etwas bedeuten.
 Leicht auf der Fläche schwimmt immer und ewig der Kork.

⟨428⟩ *Die Staatsverbesserer*
So schlimm steht es warrlich noch nicht um des Staates Gesundheit,
 Daß er die Kur bei euch wage auf Leben und Tod.

⟨429⟩ *Das Kennzeichen*
Freiheits Priester! ihr habt die Göttin niemals gesehen!
 Denn mit knirschendem Zahn zeigt sich die Göttliche nicht!

⟨430⟩ *Er in Paris*
Hätte deine Musik doch den Parisern gefallen,
 Ein unschädlicher Geck wärst du dann wiedergekehrt.

⟨431⟩ *Böse Ware*
Was für Ware du ihnen gebracht, das wissen die Götter,
 Aber du brachtest von dort schlechte Artikel zurück.

⟨432⟩ *Meister und Dilettant*
Melodien verstehst du noch leidlich elend zu binden,
    Aber gar jämmerlich Freund bindest du Wort und Begriff.

⟨433⟩ *Der Zeitschriftsteller*
Bald ist die Menge gesättigt von demokratischem Futter,
    Und ich wette du steckst irgend ein anderes auf.

⟨434⟩
Schlechtes zu fertigen ist doch so leicht, und selber das schlechte
    Ist ihm zu schwer, sein Buch wird nur durch Stehlen gefüllt.

⟨435⟩ *Kennzeichen*
Wie unterscheidet sich *Grobheit* von Biederkeit? Leichtlich, denn jenes
    Fehlen die Grazien stets, diese verlassen sie nie.

⟨436⟩
Ist das Knie nur geschmeidig, so darf die Zunge schon lästern,
    Was darf der nicht begehn, der sich zu kriechen nicht schämt!

⟨437⟩
Was du mit Beißen verdorben, das bringst du mit Schmeicheln ins
                                                           Gleiche,
    Recht so, auf hündische Art zahlst du die hündische Schuld.

⟨438⟩ *Die Bestimmung*
Diese vierzig kann einer sich nehmen, wofern ihn gelüstet;
    Doch er gebe denn auch billig dem Nachbar was ab.

⟨439⟩ *An einige Repräsentanten*
Gute Männer, mit Not habt ihr dem Beil euch entzogen,
    Wie entzieht ihr euch nun seinem sekkanten Besuch?

⟨440⟩ *Der Unterschied*
Unberufene Schwärmer! wir werden euch ewig verfolgen,
    Gehet zu Spittlern und lernt wie man Verfassung beschaut.

⟨441⟩ *Venus in der Schlacht*
Drängt sich nicht gar Amathusia selbst durch die schmutzigen
                                                            Haufen?
    Ach mit zerfetztem Schleir kehrt sie vom Marsfeld zurück.

⟨442⟩ *Zevs zur Venus*
Töchterchen, dein Geschäft sind nicht die Werke des Krieges,
    Gehe du heim und besing Werke der Liebe, der Lust.

⟨443⟩ *An unsere Repräsentanten*
Unsere Stimme zum König hat jener Drache, mit vielen
　Schwänzen und Einem Kopf, nicht das vielköpfige Tier.

⟨444⟩ *Verkehrter Beruf*
Forsche der Philosoph, der Weltmann handle! Doch weh uns
　Handelt der Forscher und gibt, der es vollzieht das Gesetz.

⟨445⟩ *Die Unberufenen*
Wissen wollt ihr und handeln, und keiner fragt sich, was bin ich
　Für ein Gefäß zum Gehalt? Was für ein Werkzeug zur Tat?

⟨446⟩ *Doppelter Irrtum*
Nimmst du die Menschen für schlecht, du kannst dich verrechnen
　　　　　　　　　　　　　　　　　o Weltmann,
　Schwärmer wie bist du getäuscht, nimmst du die Menschen für gut.

⟨447⟩ *Trost*
Mit dem hundertsten Teil sind wir zufrieden, es zeigt sich
　Dieser hundertste Teil mäßig und biedern Sinns.

⟨448⟩ *Warnung*
Deutsche haltet nur fest an eurem Wesen und daß euch
　Frankreich diesseit des Mayns, jenseit des Rheins nicht betört.

⟨449⟩ *Zeichen der Hunde*
Südwärts hinter euch heulen der Hekate nächtliche Hunde,
　Eudaemonia genannt, und der Professor zu W×

⟨450⟩ *Die Eiche*
Lasset euch ja nicht zu Ungers altdeutscher Eiche verführen,
　Ihre styptische Frucht nähret kein reinliches Tier.

⟨451⟩ *Die Kronen*
Vor der nördlichen Krone und vor der südlichen habt mir
　Achtung und überhaupt rühret nichts heiliges an.

⟨452⟩
Ista quidem mala sunt, quasi tam manifesta negemus,
　Haec mala sunt, sed tu non meliora facis.

⟨453⟩ *Reichsländer*
Wo ich den deutschen Körper zu suchen habe, das weiß ich,
　Aber den deutschen *Geist* sagt mir wo findet man den?

⟨454⟩ *Sein Schicksal*
Mächtig erhebt sich der deutsche Rhein und mächtig die deutsche
  Kunst, nur den Ozean hat keines von beiden gesehn.

⟨455⟩ *Donau bei Wien*
Einzelne Saiten begrüßen mich noch an deinem Gestade
  Leopoldina, doch dann schweiget auf immer der Strand.

⟨456⟩ *Die Fajaken*
Wir Fajaken wir suchen kein Lob in Kämpfen des Geistes,
  Lieben nur halter den Schmaus, Feuerwerk, Hatzen und Spiel.

⟨457⟩ *Metaphysiker und Physiker*
Welches Treiben zugleich nach reiner Vernunft, nach Erfahrung,
  Ach sie stecken das Haus oben und unten in Brand.

⟨458⟩ *Ärzte*
Wissen möchtet ihr gern die geheime Struktur des Gebäudes
  Und ihr wählt den Moment, wenn es in Flammen gerät.

⟨459⟩
Was ist das schwerste von allem? Was dir das leichteste dünket,
  Mit den Augen zu sehn, was vor den Augen dir liegt.

⟨460⟩ *Die neue Entdeckung*
Ernsthaft beweisen sie dir, du dürftest nicht stehlen, nicht lügen,
  Welcher Lügner und Dieb zweifelte jemals daran?

⟨461⟩
Sucht ihr das menschliche Ganze! O suchet es ja nicht beim Ganzen!
  Nur in dem schönen Gemüt bildet das Ganze sich ab.

⟨462⟩
Welches Genie das größte wohl sei? Das größte ist dieses,
  Welches, umstrickt von der Kunst, bleibt auf der Spur der Natur.

⟨463⟩
Sorgend bewacht der Verstand des Wissens dürftgen Vorrat,
  Nur zu erhalten ist er, nicht zu erobern geschickt.

⟨464⟩
Darum haßt er dich ewig Genie! An die neue Erwerbung
  Wagst du den alten, du wagst kühnlich den ganzen Besitz.

⟨465⟩ *Böser Kampf*
Mittelmäßigkeit ist von allen Gegnern der schlimmste,
  Deine Verirrung, Genie, schreibt sie als Tugend sich an.

⟨466⟩ *Zeit*
Aller Dinge Gehalt, er wird durch dich nur entschieden,
  Leise Gottheit, auch mich richtest du, richte gelind.

⟨467⟩ *Einführung*
Fort jetzt ihr Musen! Fort Poesie! Du Göttin des Marktes
  Deutliche Prosa, empfang deutlich den deutlichen Gast.

⟨468⟩ *Polyphem auf Reisen*
Bücher und Menschen verschluckt und ganze Provinzen der Unflat,
  Aber wie roh er sie fraß lehret das Reisegefäß.

⟨469⟩ *Die zwei Sinne*
Fein genug ist dein Gehör, auf Anekdoten zu horchen,
  Aber die Farben laß Blinder uns andere sehn.

⟨470⟩ *Das Kennzeichen*
Was den konfusen Kopf so ganz besonders bezeichnet
  Ist, daß er alles verfolgt, was *zur Gestalt* sich erhebt.

⟨471⟩ *Polizei Trost*
Gutes Jena, dich wäscht die Leutra zweimal die Woche.
  Leutra, nimm nur den Kot, gleich auch des Kritikers mit.

⟨472⟩ *Der bunte Styl*
Die französischen Bonmots besonders, sie nehmen sich herrlich
  Zwischen dem deutschen Gemisch, alberner Albernheit aus.

⟨473⟩ *Überfluß und Mangel*
Manches Seelenregister enthalten die Bände, doch warrlich
  Was die Seele betrifft diese vermißt man durchaus.

⟨474⟩ *Keine Rettung*
Lobt ihn, er schmiert ein Buch euch zu loben, verfolgt ihn, er schmiert eins
  Euch zu schelten, er schmiert was ihr auch treibet, ein Buch.

⟨475⟩
Nahe warst du dem Edeln und bliebst doch der Alberne? Näher
  War ihm der Stuhl, wo er saß, aber *er* blieb nur ein Stuhl.

⟨476⟩ *Apolog*
Hast du jemals den Schwank vom Fuchs und vom Kranich gelesen?
Etwas ähnliches, Freund, hab ich vor kurzem erlebt.

⟨477⟩ *Dem Buchhändler*
Was uns belustigt, du mußt uns aus eigenem Laden verkaufen,
  Und für ein Dritteil Rabatt stellst du am Pranger dich selbst.

⟨478⟩ *Dioskuren*
Seine Unsterblichkeit teilt mit dem sterblichen Bruder der Halbgott
  Euch hat das gleichere Los gnädig die Prüfung erspart.

⟨479⟩ *Neueste Theorie der Liebe*
Eine Leiter zu Gott ist die Liebe, sie fängt bei dem Essen
  An, bei der höchsten Substanz hört sie gesättiget auf.

⟨480⟩ *Gewisse Romane*
Das verkauft er für Humanität? Zusammen addieren
  Kannst du den Engel, das Vieh aber vereinigen nicht.

⟨481⟩ *Qui pro quo*
Menschlichkeit kennest du nicht, nur Menschlichkeiten; der Dämon
  Wechselt bei dir mit dem Schwein ab, und das nennest du Mensch.

⟨482⟩ *Humanität*
Seele legt sie auch in den Genuß, noch Geist ins Bedürfnis,
  Grazie selbst in die Kraft, noch in die Hoheit ein Herz.

⟨483⟩ *An die Väter*
Was die Natur bedarf, die bedürftige, nimmt sie sich selber,
  Deine Sorge sei das, was die unsterbliche braucht.

⟨484⟩ *An die Jünglinge*
Fallen verzeih ich dir gern, nur strebe immer nach oben,
  Bist du zum Fluge, du bist nimmer zum Streben zu schwer.

⟨485⟩ *An die Bußfertigen*
Überrascht dich der stärkere Sinn, du erhebest dich wieder,
  Nur ich beschwöre dich Freund, keine Verträge mit ihm.

⟨486⟩ *Procul profani*
Wie sie sich quälen, das Edle mit ihrem Gemeinen zu gatten,
  Aber das Edle wird nur durch ihr Gemeines gemein.

⟨487⟩ *Derselbe ⟨Manso⟩ über die Verleumdung der*
Wissenschaften
Wer verleumdet sie denn? Wer so elend wie du sie verteidigt,
   Warrlich der Advokat ist des Beschuldigers wert.

⟨488⟩ *Alte Jungfern und Manso*
Niemand wollte sie frein, ihn niemand lesen; so sei denn
   Jede Ehe verwünscht, jedes gelesene Werk.

⟨489⟩ *Bibliothek schöner Wissenschaften*
Wirket ein Buch, wir beweisen euch klar, es konnte nicht wirken,
   Fällt es, so zeigen wir euch, daß es notwendig gefiel.

⟨490⟩ *Moritz*
Armer Moritz! Wie viel hast du nicht im Leben erlitten
   Aeakus sei dir gerecht; Schlichtegroll war es dir nicht.

⟨491⟩ *Philosophische Annalen*
Reise behutsam o Wahrheit, der schwarze Jakob mit seiner
   Bande lauert dir auf, aber es gilt nur dein Geld.

⟨492⟩ *Verfehlter Beruf*
Konnte denn die Nadel dich nicht, nicht der Hobel ernähren,
   Daß du mit Metaphysik stiehlst ein abscheuliches Brot.

⟨493⟩
Was mich bewegt, das Kleine mit Spott und mit Ernst zu verfolgen?
   Weil es das Kleine nur ist, welches das Große verdrängt.

⟨494⟩ *B. T. R.*
Kriechender Efeu, du rankest empor an Felsen und Bäumen,
   Faulen Stämmen; du rankst kriechender Efeu empor.

⟨495⟩
Überall bist du Poet, im Gespräch, in Geschäften, am Spieltisch,
   Nur in der Poesie bist du nicht immer Poet.

⟨496⟩
Meine Freude verdarb er mir garstig, die Versifizierte
   Mein ich, die and're gottlob! wird mir durch den nicht vergällt!

⟨497⟩
Ecce rubet quidam, pallet, stupet, oscitat, odit,
   Haec volo, nunc nobis carmina nostra placent.

⟨498⟩ *Nikolais Romane*
Kennt ihr im Reinecke Fuchs die appetitliche Höhle?
　Just so kommt er mir vor unter den Kindern des Geists.

⟨499⟩ *Verfasser des Hesperus*
Nicht an Reiz noch an Kraft fehlts deinem Pinsel, das Schöne
　Schön uns zu malen, du hast leider nur Fratzen gesehn.

⟨500⟩ *Der Wolfische Homeer*
Mit hartherzger Kritik hast du den Dichter entleibet,
　Aber unsterblich durch dich lebt das verjüngte Gedicht.

⟨501⟩ *Die Epopeen*
Der steigt über den Menschen hinauf und jener hinunter
　Wer es am glücklichsten traf, weiß ich, doch sag ich es nicht.

⟨502⟩ *Richter*
Richter in London! Was wär er geworden! Doch Richter in Hof ist
　Halb nur gebildet, ein Mann dessen Talent euch ergötzt.

⟨503⟩ *Auswahl*
Streiche jeder ein Distichon weg, das ihm etwa mißfiele,
　Und wir wetten es blieb keins von fünfhunderten stehn.

⟨504⟩ *Hildegard von Hohenthal*
Gerne hört man dir zu, wenn du mit Worten Musik machst,
　Mischtest du nur nicht sogleich hundische Liebe darein.

⟨505⟩ *Herr Schatz, a. d. Reichsanzeiger*
Dieser schreckliche Mann rezensierte für Jena, für Leipzig!
　Deutschland!! solche Gewalt konntest du Einem vertraun!

⟨506⟩ *Apollos Bildsäule in einem gewissen Gartentempel*
Mit der linken regiert er die Leier, wen nimmt es noch Wunder,
　Daß er in diesem Revier immer so linkisch gespielt?

⟨507⟩
Was mit glühendem Ernst die liebende Seele gebildet,
　Reizte dich nicht, dich reizt Leser mein Kobold allein.

⟨508⟩
Eine gesunde Moral empfiehlt dies poetische Werk dir
　Aber ich lobe nur das, welches sich selber empfiehlt.

⟨509⟩
Zwei Jahrzehende kostest du mir, zehn Jahre verlor ich
  Dich zu begreifen und zehn, mich zu befreien von dir.

⟨510⟩ *Bürger*
Zu den Toden immer das Beste, so sei dir auch Minos
  Lieber Bürger gelind, wenn du es selber dir warst.

⟨511⟩ *Fichte*
Hart erscheint noch die kämpfende Kraft, wenn die siegende schonet,
  Aber nur weiter, dich führt sicher zum Siege die Bahn.

⟨512⟩ *Spittler*
Für die historische Kunst hast du reichlich gesäet, nun sei auch
  Künstler in deiner Kunst, ernte, du trefflicher, selbst.

⟨513⟩ *Die Foderungen*
Jener will uns natürlich, der ideal; wir versuchen,
  Unser möglichstes doch keines von beiden zu sein.

⟨514⟩ *Das Dorf Döbritz*
In der Art versprechen wir euch die sämtlichen Dörfer
  Deutschlands, aber es wird dennoch kein Grünau daraus.

⟨515⟩ *Anschlagzettel zum Otto v. Wittelspach.*
a. d. Hamburg. Theater
Da die Franzosen nunmehr ihr Theater eröffnet, so läßt Herr
  Schröder zum letztenmal heut noch als Kaiser sich sehn.

⟨516⟩ *Preisfrage zur Aufmunterung*
des deutschen Genies
Sechzig Dukaten erhalt, wer ein gutes Heldengedicht schreibt,
  Aber das Manuskript bleibt der Gesellschaft geschenkt.

⟨517⟩ *E✕✕ Hymenäus*
zu der St✕ und Sch✕. Heirat
Arm in Arme nun geht ihr zur Herrlichkeit ein, ihr vermählten
  Seelen, ich hüpfe als Spitz hinter euch Glücklichen her.

⟨518⟩ *Archiv der Zeit*
Unglückselige Zeit! wenn aus diesem Archiv dich die Nachwelt
  Schätzet, wie bettelhaft stehst du wie hektisch vor ihr.

⟨519⟩ *Der Bär wehrt die Fliegen*
Immer zum Glücke des Volks befördert Eudämonia
  Hochverrätrische Schrift aber mit Noten zum Druck.

⟨520⟩ *Besorgnis*
Eines wird mich verdrießen für meine lieben Gedichtchen
 Wenn sie die W_   Zensur durch ihr Verbot nicht bekränzt.

⟨521⟩ *Flora*
Flora Deutschlands Töchtern gewidmet. O! brächte Pomona,
 Brächte Hymen doch auch Früchte den Guten herbei.

⟨522⟩ *Flüchtlinge*
Flüchtlinge, sagt wer seid ihr? von wannen trägt euch die Woge?
 Habt ihr wo ein Gewerb? Streift ihr als Räuber umher?

⟨523⟩ *Meißners Apollo*
»Warum fährst du nicht zu? Es warten die Götter, die Menschen.«
 Lieber Himmel, ich kann über die Maut nicht hinaus.

⟨524⟩ *Lyrische Blumenlese*
Eine Granate o Zeus in dem dürren stygischen Reiche.
 Eine Anthologie auf dem berlinischen Sand.

⟨525⟩ *Beckers Taschenbuch*
Ha du bist mir der frechste von allen Schmarotzern im Lande,
 Bettelst bei allen, und sie füllen den Ranzen dir voll.

⟨526⟩
Ein paar Jahre rühret euch nun, dann kommen wir wieder
 Ist uns günstig Apoll, munter und mutig wie heut.

⟨527⟩ *Im Überfahren*
Noch ein Phantom stieg ein. Das las uns eine Gedächtnis-
 Rede auf Preußens Monarch, während wir ruderten, vor.

⟨528⟩ *Recensendum*
Unbeerdiget irr ich noch stets, mich verschmähet der Fährmann,
 Bis das Jenaer Blatt meine Gebeine verscharrt.

⟨529⟩ *Der Höllenhund*
Scheusal! Was bellst du? Mein Herr, es sind unserer zwei die da bellen,
 Spitz Nikolai versieht oben, ich unten das Amt.

⟨530⟩ *Salmoneus*
Was? du hier in der Qual, der welschen Tragödia König?
 Muß ich so übel bestellt göttlicher Peter! dich sehn?

⟨531⟩ *Antwort*
Ach! Mir geschieht ganz recht! Warum hab ich mit witzgen Tiraden
  Nachgepfuscht den Affekt, Ach! und den Blitz des Genies.

⟨532⟩ *Tityos*
Über Europa hinweg, das ihm huldigte, lag er gebreitet
  Voluminos wie er einst trat aus den Pressen zu Kehl.

⟨533⟩
Sohn der Erde! So tief liegst du da, der so hoch einst gestanden,
  Und das gefräßige Tier, das an der Leber dir pickt!

⟨534⟩
Ach das ist Frerons unsterblicher Schnabel, der ewig mich peinigt,
  Weil ich mit schlechten Bonmots nach dem
                                                          gezielt.

⟨535⟩ *Der ungeheure Orion*
Auf der Asphodelos Wiese verfolgt er die drängenden Tiere,
  Die in den Literaturbriefen er lebend gewürgt.

⟨536⟩ *Agamemnon*
Nicht der gewaltige Dis, mich tötet' Aegisthos und brachte
  In Hexameter mich, daß ich erstickte und starb.

⟨537⟩ *Ovid*
Sag doch Odysseus, das muß ein tüchtig gesegneter Kerl sein,
  Der sich von Amors Kunst nach mir zu singen vermaß.

⟨538⟩ *Antwort*
Geh doch, ein hektisches Bürschgen, das mit dem Finger nur sündigt,
  Noscitur ex libro quanta sit hasta viri.

⟨539⟩ *Alexandriner*
In das Gewolk hinauf sendet mich nicht mit Jupiters Blitzen,
  Aber ich trag euch dafür ehrlich zur Mühle den Sack.

⟨540⟩ *Arabesken*
In der Schönheit Gebiet sind wir die freiesten Bürger,
  Doch da wir sonst nichts sind, sehet, so sind wir nicht viel.

⟨541⟩
Alle die andern, sie haben zu tragen, zu tun zu bedeuten,
  Wir, das glückliche Volk, brauchen sonst nichts als zu sein.

⟨542⟩ *Architektur*
Unter dem leichten Geschlecht erscheinst du schwer und bedächtig
    Aber zu Regel und Zucht winkst du die Schwestern zurück.

⟨543⟩
Hüpfe nur leichtes Geschlecht, ich gefesselte kann dir nicht folgen,
    Aber ich weiß zu ruhn, und auf mir selber zu stehn.

⟨544⟩
Freilich kann ich dich nicht in schlängelnden Wellen umspielen,
    Aber mein Dasein faßt mächtig wie keines dich an.

⟨545⟩ *Säule*
Müßig gelt ich dir nichts, ich gefalle dir nur wenn ich trage,
    Herrlich im glänzenden Reihn schmückt mich die glänzende Last.

⟨546⟩ *Tempel*
Fröhlich dienen wir eines dem andern, mich halten die schlanken
    Säulen oben, und leicht über uns schwebet das Dach.

⟨547⟩ *Gewölb*
Sicher ruhst du auf uns und warum? Weil wir alle zum Zentrum
    Gleich uns neigen, und gleich unter uns teilen die Last.

⟨548⟩ *Grenzscheide*
Heilig waren vordem die Tore, sie stehen bedeutend
    Zwischen der wilden Natur, zwischen dem engen Vertrag.

⟨549⟩ *Die Basreliefs*
Seht, was versucht nicht der Mensch, mit dem Tod zu versöhnen
                                                das Leben,
    Nimmer gelingts – ach sie sind schrecklich und ewig getrennt.

⟨550⟩ *Pompeji*
Vor der zerstörenden ⟨Zeit⟩ und vor dem zerstörenden Goten
    Flüchtete tief in das Grab mich die Zerstörung hinab.

⟨551⟩
Verse! Wo irret ihr hin? Zu den Toden? Ins Leben zurücke!
    Lacht nicht der Himmel? Im Glas schäumt nicht der purpurne
                                                Wein?

⟨552⟩
Nie erscheinen die Götter allein, das glaubt mir, kaum hab ich
    Bacchus im Hause, so klopft Phöbus der herrliche an.

⟨553⟩ *Die Dichterstunde*
Amor der lächelnde kommt, es kommen die himmlischen alle,
  Und der irdische Raum füllet mit Göttern sich an.

⟨554⟩
Wie bewirt ich die Götter? Hier füllet kein Nektar die Schale,
  Und was den Menschen vergnügt, wird es den Gott auch erfreun?

⟨555⟩
Liebe du mächtige knüpfst den Olympus, die Erde zusammen,
  Schönheit, du holde, wie oft zogst du vom Himmel den Gott.

⟨556⟩
Alles streitende löst sich in deinem harmonischen Reiche,
  Liebe, so endige denn hier auch den Haß und den Streit.

⟨557⟩ *Apollo der Hirt*
Mächtig führt er den Bogen, doch seine Lust ist die Leier,
  Nur wenn er liebt und beglückt ist er der glückliche Gott.

⟨558⟩ *Die Idealwelt*
Alle sind sie entwichen des Lebens Schatten, verschwunden
  Sind mir die Menschen und klar stehet der Mensch nur vor mir.

⟨559⟩
Herrlich siehst du im Chor der Oreaden sie ragen,
  Aber die Chariten stehn nur um die Göttin von Gnid.

⟨560⟩
Einmal sollst du dich nur und nur Einem o Schöne dich schenken,
  Wie die Blume der Scham Einer und einmal nur pflückt.

⟨561⟩ *E. v. B. –*
Alles schreibt, es schreibt der Knabe, der Greis, die Matrone
  Götter erschafft ein Geschlecht, welchem das schreibende
                                                 schreibt.

⟨562⟩
Enthusiasmus suchst du bei deutschen Lesern? Du armer,
  Glücklich, könntest du auch rechnen auf Höflichkeit nur.

⟨563⟩
Eines verzeih ich mir nicht. Ich verzeihe mir nicht, daß ich etwas
  Höheres über euch göttliche Musen! gesucht.

⟨564⟩
Manch verwandtes Gemüt treibt mit mir im Strom des Jahrhunderts
  Aber der Strom zerrinnt und wir erkannten uns nicht.

⟨565⟩
Geistige Liebe, sie ist der Seelen seligste Kette,
  Wenn sie, merket das wohl, schönes mit schönen vereint.

⟨566⟩
Falschheit nur und Verstellung ist in dem Umgang der Menschen,
  Keiner erscheint, wie er ist – danke dem Himmel mein Freund.

⟨567⟩ *Die Bedingung*
Jede Wahrheit vertrag ich, auch die mich selber zu nichts macht;
  Aber das fod'r ich – zu nichts mache mich, eh du sie sagst.

⟨568⟩ *W. v. H.*
Lieblichen Lohn hast du dir von der Schönen schönster verdienet
  Auf den herrlichsten Thron stellst du das holde Geschlecht.

⟨569⟩
Lebet, ist Leben in euch, und erzählt noch dem kommenden Alter
  Distichen, was wir geehrt, was wir gehaßt und geliebt.

⟨XENIEN SCHILLERS VON ANFANG 1796,
DIE NICHT IN DEN »MUSEN-
ALMANACH FÜR DAS JAHR 1797«
UND NICHT IN DIE SAMMELHANDSCHRIFT
AUFGENOMMEN WURDEN⟩

⟨570⟩
Qui gravis es nimium potes hinc jam lector abire
  Quo libet: urbanæ scripsimus ista togæ.

⟨571⟩ *Ramler im Gött. M. Alm. 1796*
(Der an Zeus Ruhebette hängt, hangen wird und hing)
Geh Karl Reinhard, Du lügst. Das ist deine, nicht Ramlers Arbeit,
  Der an des Nachbars Reim flicken wird, flickte und flickt.

⟨572⟩ *An einen Herrn + tz +*
Schnell' ich den Pfeil auf dich. Nein, du hast Gnade gefunden,
  Nimmt sich ja Xenius Zeus selber der Hungrigen an.

⟨573⟩ *Wxx und Jxx*
Deine Größe Berlin pflegt jeder Fremde zu rühmen,
  Führt der Weg ihn zu uns stutzt er so klein uns zu sehn.

⟨574⟩ *Nicolai*
Zur Aufklärung der Deutschen hast du mit Lessing und Moses
  Mitgewirkt, ja du hast ihnen die Lichter geschneuzt.

⟨575⟩ *Nicolai auf Reisen*
Schreiben wollt er und leer war der Kopf, da besah er sich
                                              Deutschland,
  Leer kam der Kopf zurück, aber das Buch war gefüllt.

⟨576⟩ *Abschied von Nicolai*
Unerschöpflich wie deine Plattheit ist meine Satyre,
  Doch für das laufende Jahr nimm mit dem Hundert vorlieb.

⟨577⟩ *Donau*
Gegen den Aufgang ström ich, der Freiheit, der Musen Gefilde
  Laß ich hinter mir lang, eh der Euxin mich noch trinkt.

⟨578⟩ *Rhein und Donau*
Warum vereint man zwei Liebende nicht? Euch verhießen aus unserm
  Torus die Götter schon längst einen unsterblichen Sohn.

⟨579⟩ *Weser und Elbe*
Von der Sonne fliehen wir weg, die Grazien scheuen
  Unsre Ufer, von *Thors* krächzenden Stimmen geschreckt.

⟨580⟩ *Auf zwei Sudler die einander*
       loben
Nicht so, nicht so ihr Herrn. Wollt ihr einander zu Ehren
  Bringen, muß vor der Welt einer den andern verschrein.

⟨581⟩ *Die kritischen Wölfe*
Wenn sie, von Menschenwittrung gelockt, dich hungernd umheulen,
  Wanderer, schlage du nur Feuer, sie laufen davon.

⟨582⟩ *Die Dykische Sippschaft*
Weil ihr in Haufen euch stellt, so glaubt ihr mehr zu vermögen?
  Desto schlimmer jemehr Bettler je fauler die Luft.

⟨583⟩ *Übergang*
Aber wie bin ich es müde durch lauter Fratzen und Larven
  Mich zu drängen, o führt Verse zu Menschen mich hin.

⟨584⟩ Charlotte
Hunderte denken an sich bei diesem Namen, er gilt nur
  Einer, auf diesem Papier findet sie, sucht sie ihn nicht.

⟨585⟩ An xxx
Ja ich liebte dich einst, dich wie ich Keine noch liebte,
  Aber wir fanden uns nicht, finden uns ewig nicht mehr.

⟨586⟩ An meine Freunde
Heilig wäre mir nichts? Ihr habt mein Leben begleitet
  Freunde und wißt es, was mir ewig das heiligste bleibt.

⟨587⟩ An einen Quidam
Arg genug hab ich's gemacht, ich habe niemand geschonet,
  Aber ich schonte doch dich, hab ich nicht viele geschont?

⟨588⟩ Der Heinsische Ariost
Wohl, Ariosto, bist du ein wahrhaft unsterblicher Dichter,
  Denn da du hier nicht starbst, stirbst du, du Göttlicher nie.

⟨589⟩ Gedikes Pindar
Wunderlich finden zuweilen sich menschliche Namen zusammen,
  Von Herrn Gedikes Hand liest man hier Pindarn verdeutscht.

⟨590⟩ Der schlechte Dichter
Glaubt nicht der arme Mensch mit Jupiters Tochter zu leben,
  Und ein Knochengeripp folgt ihm zu Tisch und zu Bett.

⟨591⟩ Nach Martial
»Welch unnützes Geschwätz« Und leugnen wir denn, was bekannt ist?
  Unnütz freilich, doch du – treibst du was besseres, Freund?

⟨592⟩ Nach eben demselben
Sieh dort erblaßt ein gewisser, errötet, entsetzet sich, gähnt, kocht
  Rache! Verse, so recht! Jetzo gefallet ihr mir.

⟨593⟩ Vorschlag des R. Anzeigers,
die A. L. Z. betreffend
Weil der furchtbare Bund doch einmal für jedermann denkt,
  Ach, so nehme man ja jegliches Membrum in Pflicht.

⟨594⟩ Andre französische Stücke,
von Dyk
Hungrig kamen wir an und nackt als entlaufne Frisöre,
  Dank dem Leipziger Duns, hier sind wir Marquis und Graf.

⟨595⟩ *Philosoph*
Alles nennt sich jetzt so, ich kann nur den dafür halten,
 Der in der ganzen Natur fürchtet den Irrtum allein.

⟨596⟩ *Der falsche Messias zu Constantinopel*
an H. xxx
Als der Prophet nicht geriet, da ward er ein Türke zu Stambul,
 Freund, sei vernünftig wie Er, werde du jetzt Philosoph.

⟨597⟩ *Der Eschenburgische Shakespeare*
Hier ist William Shakespear in deutscher Prosa zu lesen,
 Oder Wilhelm vielmehr, denn er ist wahrhaft *verdeutscht.*

⟨598⟩ *An die Menge*
»Was für ein Dünkel! Du wagst, was wir alle loben, zu schelten?«
 Ja, weil ihr alle, vereint, auch noch kein Einziger seid.

⟨599⟩ *Poet⟨ische⟩ Erdichtung und Wahrheit*
Wozu nützt denn die ganze Erdichtung? Ich will es dir sagen
 Leser sagst du mir erst, wozu die Wirklichkeit nützt.

⟨600⟩ *Socrates*
Weil er unwissend sich rühmte, nannt' ihn Apollo den Weisen
 Freund, wie viel weiser bist du? was er bloß rühmte, du bist's.

⟨601⟩ *Socrates*
Dich erklärte der Pythia Mund für den weisesten Griechen,
 Wohl! der weiseste mag oft der beschwerlichste sein.

⟨602⟩ *Jakob der Kantianer*
Kantische Worte sollte der hohle Schädel nicht fassen?
 Sieht man in hohler Nuß doch den Kalender versteckt.

AN DIE FROMMEN

Fort fort mit eurer Torheit! Laßt mir lieber
Das, was ihr Weisheit nennt, mit fadem Spott.
Herzlos ist eure Andacht kaltes Fieber,
Kopflos ist nur ein Popanz euer Gott.

ÜBER DER KAMMERTÜRE MANCHES BERÜHMTEN

Weniger findet man nirgend des Mondscheins als in dem
Monde.
Baggesen

Antwort
Wer den Star mit bringt, dem ist es auch Nacht in der Sonne!

Noch eine
Wer an die Kammertür pocht, der findet den Nachttopf gewöhnlich.

Die Kammertüre an den Reisenden
Suchst du den Hausherrn Freund?

⟨FÜR FRIEDRICH LUDWIG JOSEPH BODEMANN⟩

Non fumum ex fulgore sed ex fumo
lucem.
Jena im Januar   Schiller.
1797.

AN DEMOISELLE SLEVOIGT

bei Ihrer Verbindung mit Herrn D. Sturm am 10ten Oktober 1797
von einer mütterlichen und fünf schwesterlichen Freundinnen

Zieh holde Braut, mit unserm Segen,
Zieh hin auf Hymens Blumenwegen!
　Wir sahen mit entzücktem Blick
Der Seele Anmut sich entfalten,
Die jungen Reize sich gestalten
　Und blühen für der Liebe Glück.
Dein schönes Los, Du hasts gefunden,
　Es weicht die Freundschaft ohne Schmerz
Dem süßen Gott, der Dich gebunden;
　Er will, er hat Dein ganzes Herz.

Zu teuren Pflichten, zarten Sorgen,
Dem jungen Busen noch verborgen,
　Ruft Dich des Kranzes ernste Zier.
Der Kindheit tändelnde Gefühle,
Der freien Jugend flücht'ge Spiele
　Sie bleiben fliehend hinter Dir;

Und Hymens ernste Fessel bindet,
  Wo Amor leicht und flatternd hüpft.
Doch für ein Herz, das schön empfindet,
  Ist sie aus Blumen nur geknüpft.

Und willst Du das Geheimnis wissen,
Das immer grün und unzerrissen
  Den hochzeitlichen Kranz bewahrt?
Es ist des Herzens reine Güte,
Der Anmut unverwelkte Blüte,
  Die mit der holden Scham sich paart,
Die, gleich dem heitern Sonnenbilde,
  In alle Herzen Wonne lacht,
Es ist der sanfte Blick der Milde,
  Und Würde, die sich selbst bewacht.

⟨FÜR JOHAN NICLAS LINDAHL⟩

In den Meinungen Streit, Eintracht in Gefühl und Gesinnung
  Bringt in das Leben zugleich Wärme und Farben und Licht.
Jena 2. September 1798   FSchiller.

⟨FÜR AUGUST VON GOETHE⟩

Holder Knabe, Dich liebt das Glück, denn es gab Dir der Güter
  Erstes, köstlichstes – Dich rühmend des Vaters zu freun.
Jetzo kennest Du nur des Freundes liebende Seele,
  Wenn Du zum Manne gereift; wirst Du die Worte verstehn.
Dann erst kehrst Du zurück mit neuer Liebe Gefühlen
  An des trefflichen Brust, der Dir jetzt Vater nur ist:
Laß ihn leben in Dir, wie er lebt in den ewigen Werken,
  Die er der Einzige, uns blühend unsterblich erschuf.
Und das herzliche Band der Wechselneigung und Treue,
  Das die Väter verknüpft, binde die Söhne noch fort.

Weimar 17 Dec. 1800.   FSchiller.

⟨FÜR EINEN UNBEKANNTEN⟩

     Das Leben ist kurz,
     die Kunst ist lang.

     Weimar   zum Andenken
     4. März. 1801.   an F. Schiller

⟨PARABELN UND RÄTSEL – AUFLÖSUNGEN (II)⟩

⟨*Zu 1 (S. 226)*⟩
Diese Brücke, die von Perlen sich erbaut,
Sich glänzend hebt und in die Lüfte gründet,
Die mit dem Strom erst wird und mit dem Strome schwindet
Und über die kein Wandrer noch gezogen,
Am Himmel siehst du sie, sie heißt der *Regenbogen*.

⟨*Zu Goethes Rätsel*
»*Ein Bruder ist's von vielen Brüdern*« *(siehe unten*)*⟩
Der *Sohn*, der seinen *vielen Brüdern*
In allen Stücken völlig gleicht,
Und dennoch nur in ihren Gliedern
Wie eingeschoben mitunter schleicht –
Was *gleicht sich wie ein Tag dem Tage*?
Es ist der *Schalttag, den du meinst*.

⟨FÜR JOHANNES BÜEL⟩

Das Bild der Isis
Ich bin alles was ist, was war und was sein wird.
Kein Sterblicher hat meinen Schleier aufgehoben.

Weimar 4. Sept. 1802
                    Zum Andenken der Freundschaft,
                              von F Schiller

⟨FÜR EINEN UNBEKANNTEN⟩

Weimar 24. Jan. 1803. Vale et fave Schiller.

⟨FÜR AMALIE VON IMHOFF⟩

Unter der Tanzenden Reihn, eine Traurende, wandelt Caßandra,
    Mit dem Lorbeer Apolls kränzt sie die göttliche Stirn.
Auch die Trauer ist schön, wenn sie göttlich ist, und mit der Freude
    Möge lieblich gesellt wandeln der heilige Ernst.

---

* Ein Bruder ist's von vielen Brüdern, / In allem ihnen völlig gleich, / Ein nötig Glied zu vielen Gliedern / In eines großen Vaters Reich. / Jedoch erblickt man ihn nur selten, / Fast wie ein eingeschoben Kind, / Die andern lassen ihn nur gelten / Da, wo sie unvermögend sind.

⟨PARABELN UND RÄTSEL — AUFLÖSUNGEN (III)⟩

⟨*Zu 2 (S. 226)*⟩
― ― ― ―
Dies leichte Schiff, das mit Gedankenschnelle
Mich durch die Lüfte ruhig trägt,
Sich selbst nicht von dem Ort bewegt,
– Das Sehrohr ists, das in die Ferne
Den Blick beflügelt bis ins Land der Sterne.

⟨RÄTSEL⟩

Uhr
Ein Mühlwerk mit verborgner Feder
  Bewegt sich ohne Ruh und Rast,
Ein ewger Strom treibt seine Räder,
  Sein Flugwerk wird vom Wind gefaßt.
Der Strom ists der die Mühle regt,
Die Mühle, die den Strom bewegt,
So fördern sie sich wechselsweise
In ewig wundervollem Kreise,
Und wie die Welle rastlos brandet,
Sie stockt doch und erschöpft sich nimmer,
Bis sich zuletzt der Strom versandet,
Dann steht das Rad und steht auf immer.

⟨PARABELN UND RÄTSEL — AUFLÖSUNGEN (IV)⟩

⟨*Zu 7 (S. 228)*⟩
Dies alte fest gegründete Gebäude
Das Stürmen und Jahrhunderten getrotzt,
Das sich unendlich unabsehlich leitet,
Und Tausende beschirmt, die große Mauer ists,
Die China von der Tartarwüste scheidet.

⟨*Zu 9 (S. 229 f.)*⟩
Die sechs Geschwister, die freundlichen Wesen,
Die mit des Vaters feuriger Gewalt
Der Mutter sanften Sinn vermählen,
Die alle Welt mit Lust beseelen,
Die gern der Freude dienen und der Pracht,
Und sich nicht zeigen in dem Haus der Klagen
Die Farben sinds, des Lichtes Kinder und der Nacht.

⟨*Zu 12 (S. 230)*⟩
Was schneller läuft als wie der Pfeil vom Bogen
Und, dreht sich auch auf kleiner Scheibe nur,
Doch viele tausend Meilen hat durchflogen,
Eh es den kleinen Raum durchzogen –
Der Schatten ist es an der Sonnenuhr.

⟨FÜR LEOPOLD VON OERTZEN⟩

Die Weisheit wohnte sonst auf großen Folio-Bogen,
der Freundschaft war ein Taschenbuch bestimmt;
jetzt, da die Weisheit sich in's Kleine hat gezogen,
und leicht, wie Kork, in Almanach'en schwimmt,
  hast Du . . . . ein hochbeherzter Mann . . .!
Dies ungeheu're Haus der Freundschaft aufgetan.
. . . . . . Fürchtest Du nicht (ich muß Dich ernstlich fragen)
an so viel Freunden, gar zu schwer zu tragen . . .?

⟨LIEDER AUS »WILHELM TELL«⟩

⟨EINGANGSLIED⟩

Fischerknabe
Es lächelt der See, er ladet zum Bade,
Der Knabe schlief ein am grünen Gestade,
  Da hört er ein Klingen,
  Wie Flöten so süß,
  Wie Stimmen der Engel
  Im Paradies.
Und wie er erwachet in seliger Lust,
Da spülen die Wasser ihm um die Brust,
  Und es ruft aus den Tiefen:
  Lieb Knabe, bist *mein*!
  Ich locke den Schläfer,
  Ich zieh ihn herein.

Hirte
Ihr Matten lebt wohl,
Ihr sonnigen Weiden!
Der Senne muß scheiden,
Der Sommer ist hin.
  Wir fahren zu Berg, wir kommen wieder,
  Wenn der Kuckuck ruft, wenn erwachen die Lieder,
  Wenn mit Blumen die Erde sich kleidet neu,

Wenn die Brünnlein fließen im lieblichen Mai.
Ihr Matten lebt wohl,
Ihr sonnigen Weiden!
Der Senne muß scheiden,
Der Sommer ist hin.

Alpenjäger
Es donnern die Höhen, es zittert der Steg,
Nicht grauet dem Schützen auf schwindlichtem Weg,
  Er schreitet verwegen
  Auf Feldern von Eis,
  Da pranget kein Frühling,
  Da grünet kein Reis;
Und unter den Füßen ein neblichtes Meer,
Erkennt er die Städte des Menschen nicht mehr,
  Durch den Riß nur der Wolken
  Erblickt er die Welt,
  Tief unter den Wassern
  Das grünende Feld.

JÄGERLIEDCHEN FÜR WALTHER TELL

Mit dem Pfeil, dem Bogen
  Durch Gebirg und Tal
Kommt der Schütz gezogen,
  Früh im Morgenstrahl.

Wie im Reich der Lüfte
  König ist der Weih
Durch Gebirg und Klüfte
  Herrscht der Schütze frei.

Ihm gehört das Weite,
  Was sein Pfeil erreicht,
Das ist seine Beute,
  Was da fleugt und kreucht.

CHOR DER BARMHERZIGEN BRÜDER

Rasch tritt der Tod den Menschen an,
    Es ist ihm keine Frist gegeben,
Es stürzt ihn mitten in der Bahn,
    Es reißt ihn fort vom vollen Leben,
Bereitet oder nicht, zu gehen,
Er muß vor seinen Richter stehen!

⟨FÜR CARL THEODOR VON DALBERG⟩

Wenn rohe Kräfte feindlich sich entzweien,
Und blinde Wut die Kriegesflamme schürt,
Wenn sich im Kampfe tobender Parteien
Die Stimme der Gerechtigkeit verliert,
Wenn alle Laster schamlos sich befreien,
Wenn freche Willkür an das Heilge rührt,
Den Anker löst, an dem die Staaten hängen,
– Das ist kein Stoff zu freudigen Gesängen!

Doch wenn ein Volk, das fromm die Herden weidet,
Sich selbst genug, nicht fremden Guts begehrt,
Den Zwang abwirft, den es unwürdig leidet,
Doch selbst im Zorn die Menschlichkeit noch ehrt,
Im Glücke selbst, im Siege sich bescheidet,
– Das ist unsterblich und des Liedes wert.
Und solch ein Bild darf ich *Dir* freudig zeigen,
Du kennsts, denn alles Große ist *Dein* eigen.

⟨FÜR AUGUST WILHELM IFFLAND⟩

Ars longa, vita brevis.

Zum Andenken von Friedrich Schiller.
        Berlin 16. May 1804.

SCHARADE

Die Erste ist ein stechend Ding
Bald rot, bald schwarz zu schauen!
Bald zeigt sich's als des Blutes Quell,
Bald macht's als Grabmal Grauen.
Bald produziert's als Schaufel sich,
Bald als Quadrat, stets freut es Dich.

            Das Zweite ist ein bucklig Ding
        Bald grün, bald weiß zu schauen,
        Bald zeigt sich's als des Wassers Quell,
        Bald macht's als Riese Grauen,
        Bald produziert's als Jungfrau sich,
        Bald als Kamin, dann schreckt es dich.

        Das Ganze ist ein seltsam Ding,
        Meist graubraun anzuschauen.
        Der Eine freut sich kindisch drauf,
        Dem Andern macht es Grauen,
        Hinführen soll's zur Buße dich,
        Doch glaubt man das, so brennt man sich.

                ⟨FÜR CHRISTIAN VON MECHEL⟩

Unerschöpflich an Reiz, an immer erneuerter Schönheit
   Ist die *Natur*! – die *Kunst* ist unerschöpflich wie sie.
Heil Dir würdiger Greis! Für beide bewahrst Du im Herzen
   Warmes Gefühl, und so ist ewige Jugend Dein Los.

Weimar 16. März
   1805. Schiller

NACHBEMERKUNG

Der ›unlyrische‹ Dichter

Wer Schillers Gedichte zur Hand nimmt, sollte wissen, was ihn erwartet – oder doch, was nicht: »Vergleicht man Schiller mit den gebornen lyrischen Dichtern, z. B. mit Goethe und Bürger, so überzeugt man sich bald, daß die eigentliche Richtung seines Talents nicht nach dieser Seite hin lag.« Dieses Urteil Julian Schmidts aus dem Jahr 1855 scheint Schillers Selbsteinschätzung zu bestätigen; am 25. 2. 1789 erklärte er seinem Freund Körner: »Das lyrische Fach, das Du mir anweisest, sehe ich eher für ein *Exilium*, als für eine *eroberte Provinz* an.« Und als dieser das Gedicht *Klage der Ceres* lobte, schrieb ihm Schiller (am 27. 6. 1796) zurück: »Daß euch mein Gedicht Freude machte, war mir sehr angenehm zu hören. Aber gegen Göthen bin ich und bleib ich eben ein poetischer Lump.« Wer also Gedichte eines »gebornen« Lyrikers zu lesen wünscht, wird im Fall Schillers nicht auf seine Kosten kommen.

Über die Gründe dafür herrscht seit Schillers Lebzeiten bemerkenswertes Einverständnis. In einer Rezension des 1. Teils von Schillers *Gedichten* (1800) wurden diese wohlwollend besprochen. Dennoch kam der Rezensent nicht umhin, festzustellen, daß die Gedichte nie einen »rein künstlerischen« Genuß zu vermitteln vermöchten; dies liege daran, daß des Dichters »Einbildungskraft fast nie ganz frey wirket«, sondern stets unter der Herrschaft der »Vernunft« stehe; so komme den Gedichten mehr ihres Inhalts, der in ihnen poetisch verarbeiteten Ideen, als der Form wegen Interesse zu. Redlich bemüht sich der Verfasser, den spezifischen Charakter der Schillerschen Lyrik – die »wunderbare Vereinigung der Speculation mit dem Talente der Darstellung« – gegen die vorherrschende Meinung zu verteidigen, Gedichte seien das Resultat von »Eingebungen augenblicklicher Begeisterung«. Dieser Auffassung war z. B. Johann Friedrich Reichardt, erklärter Gegner Schillers, seit dieser ihn in den *Xenien* angegriffen hatte: Schiller habe »im *eigentlich lyrischen Fache* nie etwas Vollendetes geleistet, könne dies auch gar nicht der Natur seines Genies zu Folge«; seine Gedichte seien »nur rhetorischer Pomp, nichts weiter«. Philosophie und Reflexion seien, so Reichardt, kein Ausweg für eine »ermattete Phantasie«. So vorbehaltlos wurde selten ausgesprochen, was in der Tendenz aber bis in die Germanistik des 20. Jahrhunderts nachwirkte. Erstaunlich ist der Gleichklang der Äußerungen: Es fehle Schiller der »Sinn für das eigentlich Lyrische, das Gefühlsmäßig-Dumpfe, Geist-lose« (Emil Ermatinger); er habe »das Eigentliche der Lyrik, die private Not und das intime Erlebnis überhaupt nicht« gekannt (Ernst Müller); seine Gedichte entsprächen nicht dem »spontanen Begriff vom Lyrischen« (Gerhard Storz).

Schillers Gedichte als ›Gedankenlyrik‹

Was den Liebhaber ›eigentlicher Lyrik‹ irritieren mag, hat Wilhelm von Humboldt, der vielleicht hellsichtigste unter Schillers Freunden, im Vorwort zu dem von ihm herausgegebenen *Briefwechsel* mit Schiller (1830) zu beschreiben versucht. Er sieht »Schillers besondere Eigenthümlichkeit« in dessen »Intellectualität«; der »Gedanke« sei »das Element seines Lebens« gewesen und Schillers Werk durch den elementaren Dualismus von »Stoff« und »Gedanke« geprägt. Stets sei es Schiller darum gegangen, Dichtung so zu behandeln, »daß ihr Stoff unwillkürlich und von selbst seine Individualität zum Ganzen einer Idee erweiterte.« »Diese Eigenthümlichkeiten«, heißt es resümierend, »erklären die tadelnden Urtheile derer, die in Schillers Werken, ihm die Freiwilligkeit der Gabe der Musen absprechend, weniger die leichte glückliche Geburt des Genie's, als die sich ihrer selbst bewußte Arbeit des Geistes zu erkennen meinen« und dabei die »Höhe, in der er sich ⟨...⟩ über seinem Dichtergenie befindet«, als Entfernung von echter Poesie interpretieren.

Die den kritischen Urteilen über Schillers Gedichte implizite Opposition von ›eigentlicher‹ und spezieller lyrischer Dichtung hat die Literaturwissenschaft lange Zeit mit Begriffspaaren wie Erlebnis- und Gedankenlyrik, Stimmungs- und Ideenlyrik u. ä. umschrieben. Vor allem ›Gedankenlyrik‹ ist seit Generationen unvermeidliches Stichwort zur Charakterisierung von Schillers Lyrik. Die Hartnäckigkeit, mit der dieser Begriff in der Diskussion bleibt, ist auffallend. Einer der Gründe könnte sein, daß er berechtigt ist. Es ist allerdings zu bezweifeln, ob mit der Alternative Gedankenlyrik oder Erlebnislyrik die Möglichkeiten lyrischer Poesie hinreichend ausgemessen sind. Dem definitorischen wie historischen Mißverständnis, daß wahre Lyrik Stimmungslyrik sei, hat der Schweizer Germanist Emil Staiger durch seine *Grundbegriffe der Poetik* (1946) eine Zeitlang zum Rang einer Lehrmeinung verholfen. In einseitiger Betonung ihrer monologisch-gefühlvollen Subjektivität wird Lyrik als irrationale Stimmungskunst festgelegt. Gemäß seiner Überzeugung, »Denken und Singen vertragen sich nicht«, entwirft er das Bild eines lyrischen Dichters, der aus der Tiefe des Unbewußten, »hingegeben, außer sich, getragen von Wogen des Gefühls«, mit Hilfe von Begeisterung und »Eingebung« Verse fließen lasse, die, jeder »ein unerklärliches Wunder«, dem Leser nicht kritisch-deutenden Nachvollzug abverlangen, sondern die sympathetische Einfühlung »von einzelnen Gleichgestimmten« voraussetzen. Echte Gedichte sind dem Dichter spontan zugekommene Ergebnisse seiner in Einsamkeit betriebenen Selbstversenkung, introspektiv entstanden, ohne Adressaten. Es ist ihnen daher alle »Überredungskunst«, alle »rhetorische

Wirkung« fremd. Die Beispiele, die Staiger heranzieht, die Lieder des jungen Goethe, Eichendorffs, Mörikes, Brentanos, das Volkslied, machen deutlich, daß der entwickelte Lyrikbegriff auf einen bestimmten historischen Gedichttypus beschränkt ist: das romantische Natur- und Liebesgedicht. »Erlen, Bach, Flüstern, Rauschen, Gezweig, Durchblick, Mond, flüssiges Silber, Einsamkeit, Nacht, Wehmut, Fertig« – so hat Oskar Loerke es beschrieben.

Dieser Gedichttyp entstand in einem bestimmten literaturgeschichtlichen Kontext. Bis zum Anfang des 18. Jahrhunderts reicht der Einfluß der Barocklyrik. Deren ausgeprägte rhetorische Grundhaltung und theatralische Gebärde korrespondieren mit ihren Entstehungsbedingungen: Als höfische Lyrik, im Auftrag verfaßt, war sie öffentlich und für die Öffentlichkeit bestimmt. Natur wurde als Schöpfung aufgefaßt: Welt und Natur als Buch Gottes. Mit der Empfindsamkeit, vom zweiten Viertel des 18. Jahrhunderts an, änderte sich dies. Eine allgemeine Aufwertung des Gefühls ging mit enthusiastischer Naturverehrung Hand in Hand. Lyrik entwickelte sich zu persönlich-privater Dichtung. In der Natur spiegelt sich nicht der Schöpfer, sondern die Subjektivität des Dichters. Schon diese wenigen Hinweise zeigen, daß die normative Festlegung des Lyrischen auf die sogenannte Stimmungslyrik problematisch ist; sie deuten auch an, vor welchem Hintergrund Schillers Gedichte sich die Bezeichnung Gedankenlyrik verdienten.

Ganz abgesehen von historischen Erwägungen sind Begriffe wie Subjektivität, Stimmung, Erlebnis, Gedanke im Zusammenhang mit lyrischer Literatur unscharf und mehrdeutig. Subjektiv in einem aussagelogischen Sinn ist jedes Gedicht, insofern hinter ihm stets die Persönlichkeit des Autors steht, auch wenn dieser nicht ›Gefühle‹ mitteilt, sondern ›Gedanken‹. Die Herstellung des Gegensatzes zwischen Erlebnis- und Gedankenlyrik geht von der fragwürdigen Annahme aus, das lyrische Ich des Gedichts sei mit dem Autor identisch, – als wenn nicht in beiden Fällen poetisches Kalkül an der Entstehung eines Gedichts beteiligt wäre. Wenn auf der anderen Seite ›Stimmung‹ die des Autors als Voraussetzung seiner Produktivität meint oder diejenige, welche im Leser zu erregen wäre, dann könnten Schillers Gedichte ohne weiteres auch als Stimmungslyrik bezeichnet werden.

Daß ein Gedicht wie *Das Reich der Schatten* durch seine Lektüre eine ›erhabene‹ Stimmung hervorrufen könne, wird nicht zu bestreiten sein. Mit Blick auf *Die Künstler* schrieb Schillers Freund Körner einmal: »*Wahrheiten* können eben so gut begeistern als Empfindungen.« Auch der Autor Schiller bedurfte des rechten Gestimmtseins zum schöpferischen Akt. Die Klage, daß es ihm daran fehle, äußerte er regelmäßig, wenn es an die Vorbereitungen zum alljährlichen Musenalmanach ging. Allerdings mißtraute Schiller poetischer Laune in dem Maß, wie sie ihn von begrifflichem Denken abzog. Er glaubte in der Tat nicht, aus spontanen Eingebungen Dichtung machen zu können. Von einigen Gedichten aus der *Anthologie auf das Jahr 1782* oder solchen wie dem Lied *An die Freude*, die aus einer ganz bestimmten, intensiv erfahrenen Lebenssituation heraus entstanden, abgesehen, war dies später immer stärker der Fall. Dieser Umstand erklärt auch Schillers ausgeprägte Bereitschaft zu Gespräch und Diskussion über in Arbeit befindliche Texte und die Bereitwilligkeit, mit der er privat und öffentlich geäußerte Kritik als bedenkenswert akzeptierte. So wurden die stillen Mitteilungen der Muse gewissermaßen auf den Markt kritischer Meinungen gebracht, wo sich ihre poetische Qualität zu bewähren hatte. Gesprächspartner waren neben Goethe Körner und vor allem Wilhelm von Humboldt.

Schillers Skepsis der unmittelbaren Ausdrucksfähigkeit poetischen Sprechens gegenüber hat mit einem grundsätzlichen Mißtrauen in die Möglichkeit von Sprache überhaupt zu tun, individuell Empfundenes mitzuteilen: »Warum kann der lebendige Geist dem Geist nicht erscheinen! / *Spricht* die Seele so spricht ach! schon die *Seele* nicht mehr«, lautet Nr. 84 der *Tabulae votivae*. Nach Schiller ist der Dichter immer schon »von der abstrakten Beschaffenheit der Sprache« abhängig (Fragmente aus Schillers ästhetischen Vorlesungen). Worte, so scheint ihm, sind nichts als konventionelle »abstrakte Zeichen für Arten und Gattungen, niemals für Individuen« (an Körner, 28. 2. 1793). Anders als Humboldt, für den Sprache »nicht bloß Zeichen eines Gegenstandes« war, sondern »auch zugleich die Gegenstände« erzeugt, insofern sie sie zu »Objecten unsres Denkens« macht (an Schiller, Anfang September 1800), traut Schiller ihr lediglich nominalistische Funktion zu: Sie nennt die Dinge bei ihrem Namen.

Auf diese Weise wird verständlich, daß Schillers Lyrik gelegentlich in den Zusammenhang der römisch-antiken und spezifisch romanischen Tradition gestellt wird. Goethe charakterisierte das Lateinische im Unterschied zur griechischen Sprache als »entscheidend und befehlshaberisch«: »Der Begriff ist im Wort fertig aufgestellt, im Worte erstarrt, mit welchem nun als mit einem wirklichen Wesen verfahren wird.« In ähnlichem Sinn stellte Ernst Robert Curtius den romanischen Dichter dem deutschen gegenüber: Bei diesem sei Sprache »ein Werden«, er selbst ein »Sprachschöpfer«, jener dagegen habe es mit der Sprache als festgefügtem System zu tun: »Er muß schalten mit dem Gegebenen, dem Abgeschlossenen, dem unwandelbar Gültigen.« Hiermit hängt zusammen, was oft festgestellt wird, daß die Sprache in Schillers Gedichten konventionell, ja klischeehaft sei; sie zeige nirgendwo in Wort und Bild Innovation oder Originalität, statt dessen Wiederholung und Stereotypie.

Zusammenfassend: Der Begriff Gedankenlyrik zur Charakterisierung von Schillers Gedichten hat seine Berechtigung, sofern in ihnen weder Gefühle noch Erlebnisse, sondern Gedanken poetische Gestalt gewinnen; – sofern Philosophie und Poesie, Wissenschaft und Kunst nicht als polare Gegensätze, sondern als Wege in die gleiche Richtung verstanden werden; – sofern es nicht um Individuelles, Privates, Einmaliges, sondern um Allgemeines, Generisches, Typisches geht; – sofern Schiller nicht monologische Selbstverständigung betreibt, sondern nach Kommunikation strebt; – sofern im Produktionsprozeß die Distanz zwischen Autor und Gedicht nicht mittels unbewußter Eingebung aufgehoben, sondern durch das Bewußtsein der poetischen Operationen gerade hergestellt wird; – sofern Schiller Sprache nicht als Medium der Expektoration, sondern der Reflexion versteht. Der Terminus erscheint hingegen bedenklich, wenn er in Opposition zum Begriff Erlebnis- oder Stimmungslyrik gesetzt und damit ästhetisch diskreditiert wird; – wenn er nur terminologisches Hilfsmittel ist, um auch Schillers Gedichte der ›Lyrik‹ subsumieren zu können, ohne sie jedoch ›eigentlich‹ so zu empfinden; – wenn er auf Schiller beschränkt bleibt, der damit als Lyriker sui generis ausgegrenzt wird.

Schillers ›Volkstümlichkeit‹

Der Umstand, daß Schiller es schwer hatte, als Lyriker anerkannt zu werden, steht in auffallendem Widerspruch zu der Popularität, die seine Gedichte erlangten. Schon Goethe zeigte sich verwundert über das »merkwürdige Glück« Schillers, »als besonderer Freund des Volkes zu gelten« (zu Eckermann, 4.1.1824). Die Beliebtheit seiner Gedichte fand ihren Niederschlag schon früh in einer Unzahl von Gedichtsammlungen für alle möglichen Adressatengruppen und einer Reihe von Anthologien, die ›goldene Worte‹ des Dichters zu Moral, Politik, Ästhetik, das Leben und den Lauf der Welt darboten. Daß Schillers Lyrik einer solchen Behandlung kaum Widerstand bot, hat natürlich auch mit ihr selbst zu tun. Clemens Brentano erkannte diesen Zusammenhang, als er über Schillers Leser voller Ironie schrieb: »drum lieben sie den herrlichen Schiller vorzüglich, weil sie seine sentenziöse reflektierende Diktion in lauter Stammbuchstückchen zerknicken und verschlingen können.« Auf diese Weise verwandelte sich Schillers Gedankenlyrik in ein Potpourri von Sprichwörtern und Redewendungen, in denen formelhaft Tiefsinn verfügbar gemacht scheint. Schillers Gedichte verkamen zu einem Fundus an Lebensweisheiten, dessen Benutzung ›Bildung‹ signalisieren sollte. So wurde – um den Preis ihrer Trivialisierung – Schillers ›Größe‹ jedermann zugänglich gemacht.

Schillers Popularität stand in umgekehrt proportionalem Verhältnis zur tatsächlichen Kenntnis seines Werks. Goethes Befremdung war berechtigt: Schillers Volkstümlichkeit war ein Mißverständnis, zu dessen fatalen Folgen gehörte, daß sich unter Kennern die Distanz zu seiner Lyrik nur noch vergrößerte. Die kritische Würdigung Schillers, nicht nur seiner Gedichte, war lange Zeit beeinflußt von Vorurteilen, deren Gegenstand eigentlich nicht der Dichter und sein Werk waren, sondern deren banalisierte Widerspiegelung in der Verehrung allzu eifriger Liebhaber.

Schillers Gedankenlyrik wird nicht nur durch die ihr innewohnende Tendenz zur Trivialisierung charakterisiert, sie bietet zugleich geeignete Ansatzpunkte zur Parodierung. Schiller ist der am meisten parodierte deutsche Dichter – auch ein Indiz seiner Popularität. Unter den Gedichten traf es am häufigsten *Das Lied von der Glocke*, Vorbild für Lieder von der Uhr, von dem Theater, von der Freiheit der Presse, vom Rocke, vom Klavier, vom Tabak u. a. m. Die Ursachen liegen im Wesen der Schillerschen Lyrik. Sofern sie, nach Benno von Wiese, in der »›Aufhebung‹ des Ideellen im Konkreten und des Konkreten im Ideellen ›ästhetische Synthesis‹« betreibt, wandelt sie auf schmalem Grat zwischen ›Erhabenheit‹ – wenn die Synthese gelingt – und ›Plattheit‹ – wenn sie mißlingt. Die Parodie setzt da ein, wo Schillers Lyrik banal ist oder scheint. Das Gefühl dafür mag subjektiv und historisch unterschiedlich ausgeprägt sein, aber es ist wohl kein Zufall, daß Gedichte wie *Das Lied von der Glocke, Würde der Frauen* oder die Balladen wiederholt in die Grauzone zwischen poetischer Dignität und Banalität verwiesen wurden. Was komisch wirkt und parodistischen Widerspruch provoziert, ist die »durchgängig herrschende Erhabenheit« der Sprache (*Allgemeine Literatur-Zeitung*, 18.12.1802), für Schillers Mentalität der ›normale‹ Grundton, von seinen Lesern jedoch leicht als unangemessenes Pathos empfunden, – ist der Gestus des Künders allgemeiner Wahrheiten, den nur akzeptiert, wer bereit ist, den Dichter als didaktische Instanz anzuerkennen, – ist die Rhetorik, deren handwerkliche Mittel, als solche erkannt, zur Nachahmung reizen.

Zur Anordnung der Gedichte

Schillers Gedichte sind auf verschiedene Weise editorisch präsentiert worden, grundsätzlich aber entweder in chronologischer oder in – wie immer verstandener – systematischer Anordnung. Eine chronologische Gliederung scheint den Vorzug zu haben, sich dem Bedenken subjektiver Herausgeberwillkür von vornherein zu entziehen. Die Problematik besteht jedoch darin, daß – gleichgültig, ob Entstehung oder Erstveröffentlichung die Abfolge der Gedichte bestimmt – eine zuverlässige Chronologie in vielen Fällen nicht sicher zu ermitteln ist. Außerdem geht mit einer chronologischen Anordnung in der Regel die Bevorzugung des Erstdrucks eines poetischen Textes einher. Dies aber birgt weitere Probleme. Nicht selten ist es gerade die Endfassung, welche die Rezeptionsgeschichte eines Textes bestimmt. Darüber hinaus ist in einzelnen Fällen die Frage, ob es sich bei zwei Texten um zwei Fassungen eines und desselben Gedichts oder um zwei verschiedene Gedichte handelt, schwer zu entscheiden. Im Fall Schillers ist z. B. auf *Die Götter Griechenlandes* hinzuweisen. Schiller selbst nahm sowohl die erste als auch die überarbeitete zweite Fassung des Gedichts in seine Gedichtsammlung von 1800 und 1803 auf. Wie aber ist der Fall seines berühmten Gedichts *Das Ideal und das Leben* zu beurteilen? Schiller veröffentlichte es, bei geringfügig verändertem Text, dreimal und jedesmal unter einer anderen Überschrift (die beiden früheren lauten *Das Reich der Schatten* und *Das Reich der Formen*); es gibt Gründe, zu bezweifeln, daß es sich dabei um ein und dasselbe Gedicht handelt.

Wird statt der Chronologie ein systematisches Ordnungsprinzip zugrunde gelegt, so stammt dieses entweder vom Bearbeiter oder vom Autor. Daß herausgebereigene Dispositionen der Authentizität ermangeln und subjektiven Vorlieben und Interpretationen folgen, liegt auf der Hand. Das einzig unbedenkliche Verfahren sollte demnach sein, sich an Kompositionsprinzipien zu orientieren, die durch den Dichter selbst autorisiert sind. Eine völlig befriedigende Lösung bieten freilich auch Schillers eigene Gliederungen nicht: zum einen seine zweiteilige Gedichtausgabe (*Gedichte von Friederich Schiller*. Erster Theil. Leipzig 1800; Zweite von neuem durchgesehene Auflage Leipzig 1804; – *Gedichte von Friederich Schiller*. Zweyter Theil. Leipzig 1803; Zweite, verbesserte und vermehrte Auflage Leipzig 1805), zum anderen die geplante, aber nicht mehr zustande gekommene Prachtausgabe seiner Gedichte, die im Manuskript vorliegt. Denn in beiden Fällen handelt es sich um eine Auswahl, so daß die Frage bleibt, wie man mit den jeweils restlichen Gedichten verfährt.

Die vorliegende Ausgabe verbindet daher synchrone und diachrone Ordnungsprinzipien. Sie folgt den beiden Bänden von Schillers eigener Gedichtausgabe und darf damit in Anspruch nehmen, sich an einer authentischen Sammlung des Autors zu orientieren, die zudem den letzten autorisierten Druck der Gedichte darstellt. Außerdem ist darauf hinzuweisen, daß die Rezeptionsgeschichte der Gedichte Schillers seit Beginn des 19. Jahrhunderts vom Textbefund dieser Ausgabe bestimmt wurde. Daher bildet die jeweils zweite Auflage von 1804 und 1805 die Textgrundlage.

Die Gedichte werden in folgender Anordnung dargeboten: Am Anfang stehen, vollständig und ausschließlich, die »Gedichte nach der Gedichtausgabe von 1804 (1. Auflage 1800) und 1805 (1. Auflage 1803)« (S. 7-294). Da Schiller viele Gedichte zuvor überarbeitete, war es notwendig, der einseitigen Überlieferung ihrer späten Textgestalt entgegenzuwirken; es schließen sich daher, in der Reihenfolge ihres Erscheinens, die »Erstfassungen der Gedichte nach der Gedichtausgabe von 1804 und 1805« an (S. 295-360). (Eine Ausnahme bildet die erste Fassung des Gedichts *Einer jungen Freundin ins Stammbuch* unter der Überschrift ⟨*In das Stammbuch Charlottens von Lengefeld*⟩; sie war nicht nach dem Erstdruck von 1856, sondern nach der Handschrift aufzunehmen, so daß ihre Einordnung nach der Entstehung 1788 erfolgte.) Die Beantwortung der Frage, unter welchen Umständen Varianten zwischen einzelnen Fassungen den Abdruck einer Erstfassung notwendig machen, kommt nicht ohne subjektives Ermessen aus. Im Fall der *Götter Griechenlandes* ist auf die Wiederveröffentlichung des Erstdrucks durch Schiller selbst zu verweisen. Bei den aus den *Xenien* übernommenen Distichen finden sich die früheren Fassungen im Rahmen der Erstpublikation im *Musen-Almanach für das Jahr 1797*. Der Erstdruck der Epigrammreihe der *Votivtafeln* wird, weil er erheblich mehr Epigramme enthält und der Zykluscharakter erhalten bleiben sollte, in ursprünglicher Zusammenstellung unter dem früheren Titel *Tabulae votivae* im dritten Abschnitt geschlossen wiedergegeben.

Dieser dritte Abschnitt umfaßt im übrigen, wiederum in der Reihenfolge ihres Erscheinens, alle »Gedichte, die nicht in die Gedichtausgabe von 1804 und 1805 aufgenommen wurden (S. 361-494). Gedichte aus Dramen sind nur berücksichtigt, wenn sie von Schiller auch sonst publiziert wurden. Es folgen die »Gedichte aus dem Nachlaß und Stammbucheintragungen in der Reihenfolge ihrer möglichen Entstehung« (S. 495-555), soweit Datierungen möglich waren. Dieser Teil enthält einige (in Schillerausgaben) bisher nicht gedruckte Texte: ⟨*An Pius VI.*⟩, ⟨*Für einen Unbekannten*⟩ (Freiheit des Geistes), ⟨*Für Johan Niclas Lindahl*⟩, ⟨*Für einen Unbekannten*⟩ (Das Leben ist kurz), ⟨*Für August Wilhelm Iffland*⟩, außerdem ein Autograph Schillers ⟨*Für Joseph von Stichaner*⟩. Die Nachlaß-*Xenien* werden allerdings nicht nach ihrer Entstehung, sondern in der Einteilung der *Schiller-Nationalausgabe* (Bd. 2/1) gedruckt; es erschien nicht sinnvoll, den dort und zuvor von Schmidt/Suphan (*Xenien 1796*, nach den Handschriften des Goethe- und Schiller-Archivs hg. von Erich Schmidt und Bernhard Suphan. Weimar 1893) vorgenommenen Numerierungen eine weitere hinzuzufügen.

Zur Textgestaltung

Der Text von Schillers Gedichten erscheint in einer modernisierten Fassung. Die Modernisierung betrifft allerdings lediglich die Orthographie, und auch nur bloße Schreibkonventionen, also in der Regel Fälle wie »That«, »Konterfey«, »Geheimniß«, »Göttinn« u. ä., die heutiger Schreibweise angeglichen werden (Tat, Konterfei, Geheimnis, Göttin). Auf diese Weise werden weder semantisch noch stilistisch relevante Eigenschaften von Wort und Text verdeckt. Grundsatz war, den Lautstand eines Wortes in vollem Umfang zu bewahren; so bleiben Formen wie »dörfen« (für dürfen), »Tygerin« (für Tigerin), »birschen« (für pirschen) oder »schlose« (für schlosse) unverändert. Der letzte Fall zeigt, wie eine Korrektur subjektive Spracheigentümlichkeiten des Autors ›normalisieren‹ würde; »schlose« schrieb Schiller, wie er es sprach; es reimt sich auf »Rose« (*Der Abend*, v. 56/57), nach Schillers schwäbischer Mundart, von der insbesondere die früheren Gedichte noch stark geprägt sind, durchaus korrekt.

In Interpunktion, Groß- und Klein- sowie Getrennt- und Zusammenschreibung wurde ebenso nicht eingegriffen wie in die Schreibung von Eigennamen. Sie unterlagen im 18. Jahrhundert nur in geringem Maß der Konvention, so daß eine Normalisierung subjektive Schreibgewohnheiten des Autors überdeckt hätte. Auch der Hinweis auf mögliche Einflüsse durch Setzer und Korrektor rechtfertigt keinen Eingriff, sofern die Texte als von Schiller autorisiert anzusehen sind. Die Interpunktion richtete sich im 18. Jahrhundert oft nach dem Sprechrhythmus; so kann sie gelegentlich den Charakter einer Leseanweisung erhalten. Zu beachten ist, daß das Semikolon unter Umständen die Funktion eines Doppelpunkts übernimmt: »›Königin,‹ sprach der Windgott hierauf; ›Dein ists zu ersinnen, / ⟨...⟩« (*Der Sturm auf dem Tyrrhener Meer*, v. 51). Die zeitgenössisch üblichen Punkte hinter den Überschriften wurden nach heutiger Gewohnheit weggelassen. Großschreibung kann der Hervorhebung dienen (»All sein Wesen zuckt in *Einem* Sinn«; *Der Venuswagen*, v. 154) oder spiegelt die substantivische Herkunft eines Wortes wider: »der Meergewaltige König« (*Der Sturm auf dem Tyrrhener Meer*, v. 154). Bei Kleinschreibung verhält es sich mitunter umgekehrt; das Gefühl für das Adjektivische dominiert: »Ein unendliches ahndet, ein höchstes erschafft die Vernunft sich« (*Das Göttliche*, v. 3). Ein ähnlicher Befund verbietet es, substantivische Komposita wie »Paradieses Fernen«, »Toten Haus«, »Weiber Klagen« zusammenzuschreiben, denn Schiller war die ursprüngliche Genitivkonstruktion (›der Toten Haus‹) offensichtlich noch gegenwärtig.

Georg Kurscheidt

VERZEICHNIS DER GEDICHTANFÄNGE
UND -ÜBERSCHRIFTEN

VERZEICHNIS DER GEDICHTANFÄNGE

(Gedichtüberschriften erscheinen in aufrechter Schrift, Gedichtanfänge kursiv. Identische Überschriften werden durch Hinzufügung der Anfangsworte, gleiche Anfangsworte durch Angabe der Überschrift differenziert.)

A. D. B. 471
A. d. Ph. 471
A. d. Z. 471
A. F. K. N. H. D. 447
A. L. 446
A propos Tübingen! 466
Aber da meinen die Pfuscher 459
Aber das habt ihr ja alles bequemer 485
Aber, erscheint sie selbst 454
Aber ich bitte dich Freund 485
Aber jetzt rat ich euch 486
Aber nun kommt ein böses Insekt 456
Aber schöner ists noch 516
*Aber seht ihr in B****** 456
Aber wie bin ich es müde 547
Aberwitz und Wahnwitz 443
Abscheu 469
Abschied Andromachas und Hektors 297
Abschied vom Leser 143
Abschied von Nicolai 547
Accipe facundi Culicem 473
Ach, aus dieses Tales Gründen 153, 357
Ach das ist Frerons unsterblicher Schnabel 543
Ach, das ist nur mein Leib 481
Ach! ihm mangelt leider die spannende Kraft 480
Ach! Mir geschieht ganz recht! 543
Ach! Wie schrumpfen allhier 480
Ach, wie sie Freiheit schrien 479
Acheronta movebo 479
Achilles 479
Achter 214
Ade! Die liebe Herrgottssonne 421
Adel ist auch in der sittlichen Welt 134
Affiche 451

Agamemnon (*Bürger Odysseus!*) 480
Agamemnon (*Nicht der gewaltige Dis*) 543
Ajax 480
Ajax, Telamons Sohn! 480
Aktäon 406
Alcibiades 481
Alexandriner 543
All ihr andern 217, 458
Alle die andern 543
Alle Gewässer durchkreuzt' 19
Alle Schöpfung ist Werk der Natur 443
Alle sind sie entwichen 545
Allen Formen macht er den Krieg 465
Allen gehört, was du denkst 135, 441
Allen habt ihr die Ehre genommen 464
Aller Dinge Gehalt 537
Alles an diesem Gedicht 460
Alles beginnt der Deutsche 471
Alles, du ruhige 433
Alles in Deutschland (Jeremiade) 216
Alles in Deutschland (Jeremiaden aus dem Reichs-Anzeiger) 476
Alles in Deutschland (Chorus) 477
Alles ist nicht für alle 463
Alles kann mißlingen 452
Alles mischt die Natur 450
Alles nennt sich jetzt so 549
Alles, opfert' ich hin 136
Alles schreibt 545
Alles sei recht 135
Alles streitende löst sich 545
Alles unser Wissen 527

Alles war nur ein Spiel! 486
Alles will jetzt den Menschen 138, 438
Almansaris und Amanda 473
Alpenjäger (in Lieder aus »Wilhelm Tell«, Eingangslied) 555
Als der Prophet nicht geriet 549
Als du die griechischen Götter geschmäht 459
Als Kentauren gingen sie 460
⟨Als vier Fräuleins einen Lorbeerkranz schickten⟩ 505
Also eure Natur 486
Also sieht man bei euch 485
Alsobald knallet in G** 455
Alte deutsche Tragödie 477
Alte Jungfern und Manso 539
Alte Prosa komm wieder 477
Alte Vasen und Urnen! 450
Am Abgrund leitet der schwindlichte Steg 263
⟨Am 7. August 1785⟩ 515
Amalia 176
Amalia im Garten 297
Amor, als Schulkollege 452
Amor der lächelnde 545
An * 134, 436
An ** (*Du willst wahres mich lehren*) 134, 436
An ** (*Gerne plagt ich*) 462
An *** (*Dich erwähl' ich zum Lehrer*) 134, 437
An *** (*Nein! Du erbittest mich nicht*) 462
An **** 444
An ××× 548
⟨An Carolina Christina Schmidt⟩ 521
An dem Eingang der Bahn 434
An Demoiselle Slevoigt 550
An den Dichter 138, 444
An den Frühling 199
An den Leser 459
An der Quelle saß der Knabe 274
An des Eridanus Ufern 456

An deutsche Baulustige 451
An die Astronomen (1. Fassung) 353
An die Astronomen (2. Fassung) 136
An die Bußfertigen 538
An die ernsthaften Xenien 532
An die Freier 486
An die Freude (1. Fassung) 321
An die Freude (2. Fassung) 192
An die Freunde 158
An die Frommen 549
An die Gesetzgeber 432
An die Herren N. O. P. 453
An die Jünglinge 538
An die Menge 549
An die Moralisten (*Lehret! Das ziemet euch*) 445
An die Moralisten (*Richtet den herrschenden Stab*) 460
An die Muse (*Nimm dem Prometheus die Fackel*) 445
An die Muse (*Was ich ohne dich wäre*) 134, 437
An die Mystiker 135, 441
An die Obern 468
An die Parzen 399
An die Philister 470
An die Proselytenmacher 87
An die Sonne 393
An die Väter 538
An die voreiligen Verbindungsstifter 465
An einen gewissen moralischen Dichter 449
An einen Herren +tz+ 546
An einen Moralisten (1. Fassung) 311
An einen Moralisten (2. Fassung) 212
An einen Quidam 548
An einen Weltverbesserer 136
An einige Repräsentanten 534

An Emma 132
An gewisse Kollegen 453
An gewisse Umschöpfer 459
An Göthe als er den Mahomet von Voltaire auf die Bühne brachte 120
An Kant 454
⟨An Körner. In dessen Exemplar der Anthologie⟩ 510
⟨An Körner. Zu dessen Hochzeit, 7. August 1785⟩ 511
An Madame B** und ihre Schwestern 473
⟨An Marie Henriette Elisabeth von Arnim⟩ 520
An mehr als Einen 468
An meine Freunde 548
An Minna (1. Fassung) 320
An Minna (2. Fassung) 204
⟨An Pius VI.⟩ 523
An Schwätzer und Schmierer 453
An seinen Lobredner 452
An unsere Repräsentanten 535
Anacharsis dem ersten 470
Anacharsis der Zweite 470
Analytiker 453
Anatomieren magst du die Sprache 461
Andre französische Stücke, von Dyk 548
Anekdoten von Fridrich II. 461
Animi imperio 504
Anschlagzettel zum Otto v. Wittelspach. a. d. Hamburg. Theater 541
Antwort (*Ach! ihm mangelt*) 480
Antwort (*Ach! Mir geschieht ganz recht!*) 543
Antwort (*Freilich walten sie noch*) 479
Antwort (*Geh doch, ein hektisches Bürschgen*) 543
Antwort auf obigen Avis 475
Apollo der Hirt 545

Apollos Bildsäule in einem gewissen Gartentempel 540
Apolog 538
Arabesken 543
Archimedes und der Schüler 67
Architektur 544
Archiv der Zeit 541
Arg genug hab ich's gemacht 548
Aristokraten mögen noch gehn 468
Aristokratisch gesinnt 464
Aristokratische Hunde 467
Aristoteles 213, 482
Arm in Arm mit Euch 516
Arm in Arme nun geht 541
Arme basaltische Säulen! 463
Armer empirischer Teufel! 466
Armer Moritz! 539
Armer Naso 452
Ars longa 556
Ärzte 536
Astronomen seid ihr 439
Astronomische Schriften 136
Auch das Schöne muß sterben! 139
Auch gut! Philosophie 485
Auch ich war in Arkadien geboren 129, 327
Auch in der sittlichen Welt ist ein Adel 436
Auch mich bratet ihr 464
Auch Nicolai schrieb 461
Auch noch hier nicht zur Ruh 480
Auch zum Lieben bedarfst du der Kunst? 451
Auf das empfindsame Volk 450
Auf dem Umschlag 471
Auf den Widder stößt ihr 455
Auf der Asphodelos Wiese 543
Auf der Berge freien Höhen 271
Auf einen Pferdemarkt 83
Auf einer großen Weide gehen 227
Auf ewig bleibt mit dir vereint 502
Auf gewisse Anfragen 463
Auf ihr Distichen 446
Auf theoretischem Feld 214, 483

Auf zwei Sudler die einander loben 547
Aufgabe 135, 441
Aufgelöstes Rätsel 478
Aufgerichtet hat mich 219
Aufmunterung 460
⟨Aufschriften für ein Hoffest⟩ 503
Augen leiht dir der Blinde 470
Auktion 475
Aus dem Leben heraus 137, 220
⟨Aus der »Anthologie auf das Jahr 1782«⟩ 386
Aus der Ästhetik 477
Aus der schlechtesten Hand 134, 436
Aus einer der neuesten Episteln 460
Aus Juvaviens Bergen 218, 458
Ausgang aus dem Leben 220
Ausgeartetes Kind 196
Ausnahme 470
Auswahl 540
Auszuziehen versteh ich 469

B** 473
B**s Taschenbuch 460
B. T. R. 539
Baalspfaffen 468
Bacchus der lustige 457
Bacchus im Triller 391
Bald ist die Menge gesättigt 534
Banges Stöhnen 373, 395
Bauernständchen 420
⟨Beantwortung der Frage des Herzogs »Welcher ist unter euch der Geringste?«⟩ 499
Beckers Taschenbuch 542
Bedeutung 445
Bedientenpflicht 454
Bedingung 441
Beispielsammlung 461
Beklagen soll ich dich? 205
Belsatzer ein Drama 450
Berglied 263
Besorgnis 542

Bessern, bessern soll uns der Dichter! 464
Betagter Renegat 311
Bibliothek für das andre Geschlecht 462
Bibliothek schöner Wissenschaften (*Jahre lang schöpfen wir schon*) 452
Bibliothek schöner Wissenschaften (*Wirket ein Buch*) 539
Bilden wohl kann der Verstand 442
Blinde, weiß ich wohl 453
Blößen gibt nur das Reiche dem Tadel 443
Blumen in Sibirien? 387
Borussias 473
Böse Gesellschaft 468
Böse Ware 533
Böse Zeiten 476
Böser Kampf 537
Breite und Tiefe 218
Breiter wird immer die Welt 475
Briefe über ästhetische Bildung 466
⟨Brutus und Cesar⟩ 377
Bücher und Menschen verschluckt 537
Buchhändler Anzeige 475
Bücket euch, wie sichs geziemt 455
Bürger 541
Bürger erzieht ihr 441
Bürger Odysseus! 480

C. F. 447
C. G. 446
Carmen, quo Viro 498
Charade 474
Charis 459
Charlotte 548
Chor der barmherzigen Brüder 556
Chorus 477
Christlicher Herkules 459
Cogito ergo sum 214, 482

Corpori leges 425
Currus virum miratur inanes 471

Da die Franzosen nunmehr 541
Da die Metaphysik vor kurzem unbeerbt abging 475
Da ihr noch die schöne Welt regieret 124
Da ihr noch die schöne Welt regiertet 220
Da ist kein anderer Rat 215, 484
Da! Nehmt sie hin, die Welt! 345
Dacht' ichs doch! 214, 483
Damit lock' (lock) ich 214, 483
⟨Danksagungsgedicht an Magister Georg Sebastian Zilling⟩ 498
Darum haßt er dich ewig 536
Das Amalgama 450
Das Belebende 134, 436
Das Bild der Isis 552
Das blinde Werkzeug 437
Das Brüderpaar 460
Das Desideratum 449
Das deutsche Reich 457
Das Distichon 219
Das doppelte Amt 532
Das Dorf Döbritz 541
Das edle Bild der Menschheit zu verhöhnen 175
Das Ehrwürdige 432
Das eigne Ideal 135, 441
Das Eleusische Fest 35
Das Geheimnis 13
Das Geheimnis der Reminiszenz (1. Fassung) 316
Das Geheimnis der Reminiszenz (2. Fassung) 232
Das gemeinsame Schicksal 434
Das Geschenk 86
Das Gesetz sei der Mann 488
Das gewöhnliche Schicksal 445
Das Glück (1. Fassung) 355

Das Glück (2. Fassung) 14
Das Glück und die Weisheit (1. Fassung) 310
Das Glück und die Weisheit (2. Fassung) 205
Das goldne Alter 477
Das Göttliche 442
Das grobe Organ 467
Das Höchste 431
Das Ideal und das Leben 117
Das irdische Bündel 440
Das ist eben das wahre Geheimnis 135, 441
Das Journal Deutschland 471
Das Kennzeichen (*Freiheits Priester*) 533
Das Kennzeichen (*Was den konfusen Kopf*) 537
Das Kind in der Wiege 220
Das Leben ist kurz 551
Das Liebesbündnis schöner Seelen 510
Das Lied von der Glocke 41
Das Lokal 533
Das Mädchen aus der Fremde 9
Das Mädchen von Orleans 175
Das Märchen 461
Das Merkmal 533
Das Mittel (*Warum sagst du uns das in Versen?*) 464
Das Mittel (*Willst du in Deutschland*) 444
Das Mittelmäßige und das Gute 443
Das Monodistichon 532
Das Motto 467
Das Muttermal 415
Das Naturgesetz 138, 443
Das neueste aus Rom 461
Das Paket 471
Das philosophische Gespräch 454
Das Privilegium (*Blößen*) 443
Das Privilegium (*Dichter und Kinder*) 454

Das Publicum im Gedränge 477
Das Regiment 488
Das Reich der Schatten 333
Das Requisit 468
Das Schoßkind 438
Das Siegesfest 267
Das sind Grillen! 485
Das Spiel des Lebens 225
Das Subjekt 438
Das Tor 219
Das Unentbehrliche 467
Das ungleiche Schicksal 437
Das ungleiche Verhältnis 476
Das Unverzeihliche 452
Das Unwandelbare 220
Das Verbindungsmittel 449
Das verkauft er für Humanität? 538
Das verlohnte sich auch 461
Das verschleierte Bild zu Sais 187
Das verwünschte Gebettel! 449
Das weibliche Ideal 433
Das Werte und Würdige 134, 436
Das Widerwärtige 449
Das züchtige Herz 469
Daß dein Leben Gestalt 442
Daß der Deutsche doch alles 478
Daß du der Fehler schlimmsten 443
Daß ihr den sichersten Pfad gewählt 439
Daß ihr seht, wie genau 473
Daß Verfassung sich überall bilde! 469
David Hume 215, 483
Decisum 484
Deine Größe Berlin 47
Deine Kollegen verschreist 469
Deine liebliche Kleinheit 447
Deine Muse besingt 215, 450
Deinen heiligen Namen 472
Deinen Namen les' ich 472
Delia – mein dich zu fühlen! 518

Delikatesse im Tadel 444
Dem Buchhändler 538
Dem Erbprinzen von Weimar (1. Fassung) 357
Dem Erbprinzen von Weimar (2. Fassung) 155
Dem Großsprecher 469
Dem Zudringlichen 474
Den Lorbeer übersandten mir 505
Den Philister verdrieße 467
Den philosophschen Verstand lud einst 435
Denk ich, so bin ich! 214, 482
Der Abend 363
Der Abend. Nach einem Gemälde 23
Der Almanach als Bienenkorb 470
Der Alpenjäger (1. Fassung) 358
Der Alpenjäger (2. Fassung) 272
Der anonyme Fluß 218, 458
Der Antiquar 450
Der Antritt des neuen Jahrhunderts 144
Der ästhetische Torschreiber 448
Der astronomische Himmel 465
Der Aufpasser 135
Der Bär wehrt die Fliegen 541
Der berufene Leser 444
Der berufene Richter 444
Der beßre Mensch tritt in die Welt 82
Der beste Staat 136
Der böse Geselle 462
Der bunte Styl 537
Der Commissarius des jüngsten Gerichts 453
Der Dichter an seine Kunstrichterin 432
Der Eichwald brauset 31
Der epische Hexameter 219
Der erhabene Stoff 215, 450

Der Eroberer 365
Der Ersatz 459
Der Eschenburgische
  Shakespeare 549
Der falsche Messias zu
  Constantinopel 549
Der Fischer. Lied der Hexen
  im Macbeth 491
Der fliegende Fisch 456
Der Flüchtling 201
Der Frühling kam 522
Der Fuchs und der Kranich
  435
Der Gang nach dem Eisen-
  hammer 76
Der Geist und der Buchstabe
  453
Der gelehrte Arbeiter 135
Der Genius (*Glaub' ich*) 16
Der Genius (*Wiederholen*) 137,
  442
Der Genius mit der umge-
  kehrten Fackel 433
Der Glückliche 466
Der Glückstopf 449
Der Graf von Habsburg 264
Der griechische Genius 434
Der Gürtel 139
Der Halbvogel 468
Der Handschuh (1. Fassung)
  353
Der Handschuh (2. Fassung)
  63
Der Hausierer 469
Der Heinsische Ariost 548
Der Höllenhund 542
Der Homeruskopf als Siegel
  139
Der ist zu furchtsam 442
Der junge Werther 481
Der Jüngling am Bache 274
Der Kampf 124
Der Kampf mit dem Drachen
  52
Der Kaufmann 83
Der Kenner 450

Der Kunstgriff 216, 450
Der kurzweilige Philo-
  soph 454
Der Lastträger 467
Der Leichnam 481
Der letzte Märtyrer 464
Der letzte Versuch 468
Der Leviathan und die Epi-
  gramme 460
Der Mann mit dem Klingel-
  beutel 449
Der Meister 138, 444
Der Metaphysiker 87
Der moderne Halbgott 459
Der moralische Dichter 215
Der moralische und der
  schöne Charakter 436
Der Nachahmer 137
Der Nachahmer und der
  Genius 442
Der Name Wirtemberg 411
Der Naturkreis 433
Der Obelisk 219
Der Patriot 469
Der Philister 437
Der Philosoph und der
  Schwärmer 440
Der philosophische Egoist 85
Der Pilgrim 262
Der Plan des Werks 465
Der Poet ist der Wirt 486
Der Prophet 450
Der Purist 462
Der Quellenforscher 466
Der Ring des Polykrates 65
Der Sämann 83
Der Satz, durch welchen alles Ding
  189
Der scherzenden, der ernsten Maske
  Spiel 488
Der schlechte Dichter 548
Der Schlüssel 135, 438
Der schöne Geist und der
  Schöngeist 437
Der Schulmeister zu Breslau
  452

Der Skrupel 431
Der Sohn, der seinen vielen Brüdern 552
Der Spaziergang 26
Der spielende Knabe 191
Der Sprachforscher 461
Der steigt über den Menschen hinauf 540
Der Stöpsel 533
Der Strengling und der Frömmling 440
Der Sturm auf dem Tyrrhener Meer 368
Der Tag kam 523
Der Tanz (1. Fassung) 346
Der Tanz (2. Fassung) 13
Der Taucher 59
Der Teleolog 450
Der Todfeind 465
Der treue Spiegel 465
Der Triumph der Liebe (1. Fassung) 306
Der Triumph der Liebe (2. Fassung) 183
Der Triumphbogen 219
Der ungeheure Orion 543
Der Unterschied (*Lächelnd sehn wir den Tänzer*) 443
Der Unterschied (*Unberufene Schwärmer!*) 534
Der Vater 435
Der Venuswagen 379
Der Virtuose 475
Der Vorzug 441
Der Wächter Zions 467
Der wahre Grund 440
Der Weg zum Ruhme 445
Der Welt Lauf 464
Der Wichtige 465
Der Widerstand 464
Der Wirtemberger 411
Der Wolf in Schafskleidern 533
Der Wolfische Homeer 540
Der Wolfische Homer 472
Der Zeitpunkt 451
Der Zeitschriftsteller 534

Der zweite Ovid 452
Derselbe (vgl. Der Quellenforscher) 466
Derselbe ⟨Manso⟩ über die Verleumdung der Wissenschaften 539
Des Mädchens Klage 31
Desto besser! Geflügelt wie ihr 479
Desto besser! So gebt mir 213, 482
Deutliche Prosa 477
Deutsch in Künsten 472
Deutsche haltet nur fest an eurem Wesen 535
Deutsche Kunst 445
Deutsche Monatschrift 472
Deutsche schreiben das Werk 533
Deutsche Treue (1. Fassung) 339
Deutsche Treue (2. Fassung) 87
Deutscher Genius 445
Deutscher Nationalcharakter 457
Deutsches Lustspiel 461
Deutschland? aber wo liegt es? 457
Deutschland fragt nach Gedichten nicht viel 460
Deutschland und seine Fürsten 431
Deutschlands größte Männer 473
Deutschlands Revanche an Frankreich 469
Dialogen aus dem Griechischen 459
Dich erklärte der Pythia Mund 549
Dich erwähl' (erwähl) ich zum Lehrer 134, 437
Dich, o Dämon! erwart ich 472
Dich zu greifen ziehen sie aus 439
Dichter bitte die Musen 462
Dichter, ihr armen 453
Dichter und Kinder 454
Dichter und Liebende 449
Dichtungskraft 442
Dido 234

Die achtzeilige Stanze 219
Die Adressen 463
Die Antike an den nordischen Wandrer 67
Die Antike an einen Wanderer aus Norden 339
Die Antiken zu Paris 154
Die Aufgabe 457
Die Basreliefs 544
Die Bedingung 546
Die Begegnung 40
Die Belohnung 445
Die berühmte Frau 205
Die beste Staatsverfassung 432
Die Bestimmung 534
Die Blumen 25
Die bornierten Köpfe 454
Die Bürgschaft 19
Die **chen Flüsse 218, 458
Die Danaiden 215
Die der schaffende Geist einst aus dem Chaos schlug 209
Die deutsche Muse 154
Die Dichter der alten und neuen Welt 352
Die Dichterstunde 545
Die drei Alter der Natur 137
Die drei Stände 469
Die dreifarbige Kokarde 480
Die Dykische Sippschaft 547
Die Eiche 535
Die Entzückung | an Laura (1. Fassung) 298
Die Entzückung | an Laura (2. Fassung) 179
Die Epopeen 540
Die Erste ist ein stechend Ding 556
Die Erwartung 74
Die Erzieher 441
Die Fajaken 536
Die Flüsse 217
Die Foderungen 541
Die Forscher 138
Die französischen Bonmots 537

Die Freundschaft 410
Die Führer des Lebens 218
Die Geschlechter 32
Die Götter Griechenlandes (1. Fassung) 220
Die Götter Griechenlandes (2. Fassung) 124
Die Größe der Welt 209
Die Gunst der Musen 139
Die Gunst des Augenblicks 152
Die Hauptsache 470
Die Herrlichkeit der Schöpfung 394
Die höchste Harmonie 478
Die Hochzeit der Thetis 140
Die Homeriden 213
Die Horen an Nicolai 466
Die Ideale (1. Fassung) 346
Die Ideale (2. Fassung) 23
Die idealische Freiheit 137
Die Idealwelt 545
Die Insekten 470
Die Johanniter 86
Die Journale Deutschland und Frankreich 532
Die Journalisten und Minos 389
Die Kindesmörderin (2. Fassung) 180
Die Kindsmörderin (1. Fassung) 303
Die Kraniche des Ibycus 69
Die kritischen Wölfe 547
Die Kronen 535
Die Kunden 449
Die Kunst lehrt die geadelte Natur 526
Die Kunst zu lieben 451
Die Künstler 159
Die Kunstschwätzer 139, 445
Die Macht des Gesanges 174
Die Mannigfaltigkeit 137, 441
Die Messiade 409
Die Mitarbeiter 469
Die Möglichkeit 463

Die moralische Kraft 134, 436
Die Muse schweigt 143
Die Natur gab uns 528
Die neue Entdeckung 536
Die neuesten Geschmacksrichter 453
Die Pest 414
Die Peterskirche 220
Die Philosophen 213
Die Philosophieen 139
Die Philosophien 439
Die Priesterinnen der Sonne 523
Die Quellen 439
Die Rache der Musen 402
Die Sachmänner 435
Die Sänger der Vorwelt 76
Die Schlacht 199
Die schlimmen Monarchen 417
Die schöne Brücke 219
Die schönste Erscheinung 434
Die schwere Verbindung 138, 443
Die sechs Geschwister 553
Die seligen Augenblicke | an Laura 397
Die Sicherheit 443
Die Sonne zeigt 363
Die Sonntagskinder 213, 478
Die Staatsverbesserer 533
Die Stockblinden 453
Die Systeme 439
Die Teilung der Erde (1. Fassung) 345
Die Teilung der Erde (2. Fassung) 18
Die Traurigkeit blühet 503
Die Triebfedern 440
Die Tugend wollte geliebt sein 503
Die Übereinstimmung 135, 437
Die Unberufenen (*Tadeln ist leicht*) 444
Die Unberufenen (*Wissen wollt ihr*) 535

Die unüberwindliche Flotte 194
Die Urne und das Skelett 488
Die verschiedene Bestimmung 436
Die verschiedne Bestimmung 133
Die Versuche 439
Die Vielwisser 439
Die vier Weltalter 156
Die Waidtasche 467
Die Weisheit wohnte (Für einen Kunstfreund) 530
Die Weisheit wohnte (Für Leopold von Oertzen) 554
Die Weltweisen 189
Die Winternacht 421
Die Worte des Glaubens 17
Die Worte des Wahns 131
Die Xenien 467
Die Zergliederer 438
Die Zerstörung von Troja 90
Die Zerstörung von Troja ⟨Vorrede zur 1. Fassung⟩ 330
Die zwei Fieber 477
Die zwei Sinne 537
Die zwei Tugendwege 90
Dies alte fest gegründete Gebäude 553
Dies Ding von Eisen 493
Dies ist Musik fürs Denken! 461
Dies leichte Schiff 553
Dies zarte Bild 493
Diese Brücke, die von Perlen sich erbaut 552
Diese nur kann ich dafür erkennen 432
Diese vierzig 534
Dieselbe (vgl. Bibliothek schöner Wissenschaften) 452
Dieselbe (vgl. Schriften für Damen und Kinder) 462
Diesen ist alles Genuß 440
Dieser Musenalmanach 472

Dieser schreckliche Mann 540
Dieses Werk ist durchaus nicht 461
Dilettant 139, 444
Dioskuren (*Einen wenigstens*) 481
Dioskuren (*Seine Unsterblichkeit teilt*) 538
Dir Eroberer, dir schwellet 365
Distichen sind wir 448
Distinktionszeichen 463
Dithyrambe 68
Doch auch die Weisheit 528
Doch lange schon im stillen Busen 234
Donau 547
Donau bei Wien 536
Donau in ** 217
Donau in B** 457
Donau in O** 457
Doppelter Irrtum 535
Drängt sich nicht gar Amathusia 534
Drei Worte hört man 131
Drei Worte nenn' ich euch 17
Dreifach ist der Schritt der Zeit 31
Dreifach ist des Raumes Maß 51
Dringend 482
Dritter 214
Drohend hält euch die Schlang' 456
Drucken fördert euch nicht 464
Du bestrafest die Mode 472
Du erhebest uns erst 471
Du nur bist mir der würdige Dichter 476
Du selbst, der uns von falschem Regelzwange 120
Du vereinigest jedes Talent 444
Du verkündige mir 479
Du willst wahres mich lehren? 134, 436
Dumm ist mein Kopf 517
Dunkel sind sie zuweilen 466
Dux Serenissime! 499

E×× Hymenäus zu der St× und Sch×. Heirat 541

E. v. B. − 545
Ecce rubet quidam 539
Edler Freund! 144
Edler Schatten, du zürnst? 480
Edles Organ 471
Ehmals hatte man Einen Geschmack 451
Ehret die Frauen! 141, 349
Ehret ihr immer das Ganze 432
Ein Achter 483
Ein asphaltischer Sumpf 451
Ein bedenklicher Fall! 215, 483
Ein blühend Kind 191, 420
Ein deutsches Meisterstück 460
Ein Dritter 483
Ein edles Herz und die Musen 504
Ein frommer Knecht war Fridolin 76
Ein Fünfter 483
Ein Gebäude steht da 228
Ein großes Fest! 500
Ein Jüngling, den des Wissens heißer Durst 187
Ein Mühlwerk mit verborgner Feder 553
Ein paar Jahre rühret 542
Ein Regenstrom aus Felsenrissen 174
Ein Sechster 483
Ein Siebenter 483
Ein treffend Bild 520
Ein Uhrwerk mit verborgner Feder 553
Ein Vater an seinen Sohn 408
Ein Vierter 483
Ein Vogel ist es 230
Ein vor allemal 474
Ein Wechselgesang 518
Ein Wort an die Proselytenmacher 349
Ein Zweiter 482
Eine dritte (vgl. Neuste Kritikproben) 476

Eine gesunde Moral 540
Eine Granate o Zeus 542
Eine große Epoche hat das Jahrhundert geboren 451
Eine hohe Noblesse 475
Eine kannt' ich 446
Eine Kollektion von Gedichten? 460
Eine Leichenphantasie 404
Eine Leiter zu Gott 538
Eine Maschine besitz ich 474
Eine nur ist sie für alle 441
Eine spaßhafte Weisheit 454
Eine würdige Sache verfechtet ihr 478
Eine zweite (vgl. Neuste Kritikproben) 476
⟨Einem ausgezeichneten Esser⟩ 500
Einem ist sie die hohe, die himmlische Göttin 216, 454
Einem jungen Freunde als er sich der Weltweisheit widmete 196
Einem Käsehandel verglich er eure Geschäfte? 474
Einen Bedienten wünscht man zu haben 475
Einen Fischer fand ich 491
Einen wenigstens hofft' ich 481
Einer 447
Einer aus dem Chor 482
Einer aus dem Haufen 482
Einer Charis erfreuet sich 432
Einer, das höret man wohl 454
Einer jungen Freundin ins Stammbuch 191
Eines verzeih ich mir nicht 545
Eines wird mich verdrießen 542
Einführung 537
⟨Eingangslied⟩ (vgl. Lieder aus »Wilhelm Tell«) 554
Einig sollst du zwar sein 137, 441
Einige Freunde des Verfassers 330
Einige steigen als leuchtende Kugeln 451

Einige wandeln zu ernst 472
Einladung 470
Einmal sollst du dich nur 545
Einzelne Saiten begrüßen 536
— — eitel ist, und flüchtiger als Wind 516
Elbe 217, 458
Elegie 340
Elegie | an Emma 354
Elegie auf den frühzeitigen Tod Johann Christian Weckerlins 373
Elegie auf den Tod eines Jünglings 395
Elisische Gefühle drängen 501
Elisium 203
Elpänor 479
Eltern die ich zärtlich ehre 497
Empfindungen der Dankbarkeit 500
Empiriker 439
Empirischer Querkopf 466
Endlich erblickt' ich 123, 484
Endlich ist es heraus 478
Endlich zog man 463
Entgegengesetzte Wirkung 478
Enthusiasmus suchst du 545
Entscheidung 215
Entzweit mit einem Favoriten 205, 310
Er (s. auch Shakespears Schatten) 484
Er in Paris 533
Er stand auf seines Daches Zinnen 65
Erholungen. Zweites Stück 473
Eridanus 456
Ernsthaft beweisen sie 536
Erreurs et Verite 450
Erst habt ihr die Großen beschmaust 468
Erster 214
Erwartung und Erfüllung 434
Es donnern die Höhen 555

Es führt dich meilenweit von dannen 226
Es glänzen viele in der Welt 218
Es lächelt der See 554
Es reden und träumen die Menschen viel 89
Es steht ein groß geräumig Haus 227
Etwas nützet ihr doch 454
Etwas wünscht' ich zu sehn 476
Etymologie 470
Euch bedaur' ich 453
Euch wundert, daß Quirls Wochenblatt 417
Eure Absicht 533
Euren Preis erklimme meine Leier 417
Ewig klar und spiegelrein 333
Ewig starr an deinem (Deinem) Mund zu hangen 232, 316
Ewig strebst du umsonst 441
Ewigklar und spiegelrein 117
Exempel 464

Fallen verzeih ich dir 538
Falscher Studiertrieb 432
Falschheit nur 546
Fastenspeisen dem Tisch des frommen Bischofs 218, 458
Faust hat sich leider 473
Fein genug ist dein Gehör 537
Feindlicher Einfall 452
Feindschaft sei zwischen euch 465
Fest gemauert in der Erden 41
Fichte 541
Fichte und Er 466
Fische 456
Fischerknabe (in Lieder aus »Wilhelm Tell«, Eingangslied) 554
Flach ist mein Ufer 217, 458
Fliegen möchte der Strauß 468
Flora 542
Flora Deutschlands Töchtern gewidmet 542
Flüchtlinge 542

Flüchtlinge, sagt 542
Formalphilosophie 465
Forsche der Philosoph 535
Fort fort mit eurer Torheit! 549
Fort ins Land der Philister 452
Fort jetzt ihr Musen! 537
Fortzupflanzen die Welt 443
Forum des Weibes 433
Frage (*Du verkündige mir*) 479
Frage (*Melde mir auch*) 479
Frage in den Reichsanzeiger W. Meister betreffend 474
Frankreich faßt er 467
Französische Lustspiele von Dyk 475
Fratzen 440
Frau Ramlerin befiehlt 401
Frauen richtet mir nie 433
Frei von Tadel zu sein 138, 443
Freigeisterei der Leidenschaft 324
Freiheit des Geistes 526
Freiheits Priester! 533
Freilich kann ich 544
Freilich tauchet der Mann 466
Freilich walten sie noch 479
Fremde Kinder lieben wir 438
Freude, schöner Götterfunken 192, 321
Freude war in Trojas Hallen 171
Freund! genügsam ist der Wesenlenker 410
Freund und Feind 137
Freund, wandle froh 527
Freunde, bedenket euch wohl 478
Freunde, treibet nur alles mit Ernst 446
Freust du dich deines Lebens 433
Freut euch des Schmetterlings nicht 470
Friede! Zerreißt mich nur nicht! 482
Fridrich Schiller 526
Frisch atmet des Morgens lebendiger Hauch 201
Frivole Neugier 461
Fröhlich dienen wir 544

Fromme gesunde Natur! 440
Frostig und herzlos ist der Gesang 462
Fünfter 214
⟨Für Alexander Baron von Podmaniczky⟩ 520
⟨Für Amalie von Imhoff⟩ 551
⟨Für August Wilhelm Iffland⟩ 556
⟨Für Bohuslav Tablic⟩ 529
⟨Für Carl Theodor von Dalberg⟩ 556
⟨Für Christian Rausch⟩ 529
⟨Für Christian von Mechel⟩ 557
⟨Für Christoph Ferdinand Moser (I)⟩ 500
⟨Für Christoph Ferdinand Moser (II)⟩ 503
⟨Für Christoph Friedrich Nicolai⟩ 504
⟨Für Daniel⟩ 516
⟨Für denselben⟩ (vgl. Für Karl Wilhelm Justi) 528
Für die historische Kunst 541
⟨Für einen Kunstfreund⟩ 530
⟨Für einen Unbekannten⟩ (*Das Leben ist kurz*) 551
⟨Für einen Unbekannten⟩ (*Freiheit des Geistes*) 526
⟨Für einen Unbekannten⟩ (*Multa renascentur*) 528
⟨Für einen Unbekannten⟩ (*Vale et fave*) 552
⟨Für Friederike Brun⟩ 531
⟨Für Friedrich Immanuel Niethammer⟩ 528
⟨Für Friedrich Ludwig Joseph Bodemann⟩ 550
⟨Für Georg Friedrich Creuzer⟩ 528
⟨Für Gustav Behaghel von Adlerskron⟩ 527
⟨Für Heinrich Friedrich Ludwig Orth⟩ 504
⟨Für Immanuel Elwert⟩ 503

⟨Für Jens Immanuel Baggesen⟩ 527
⟨Für Johann Christian Wekherlin⟩ 502
⟨Für Johan Niclas Lindahl⟩ 551
⟨Für Johannes Büel⟩ 552
⟨Für Johannes Groß⟩ 527
⟨Für Joseph von Stichaner⟩ 526
⟨Für Karl Gotthard Graß⟩ 526
⟨Für Karl Philipp Conz⟩ 504
⟨Für Karl Wilhelm Justi⟩ 528
⟨Für Knut Lyne Rahbek⟩ 510
⟨Für Leopold von Oertzen⟩ 554
⟨Für Sophie Nösselt⟩ 530
⟨Für Wilhelm Gottlieb Spangenberg⟩ 510
Für Töchter edler Herkunft 449
⟨Für Wilhelmina Friederica Schneider⟩ 516
Fürchte nicht 219
Fürchterlich bist du im Kampf 460
Furiose Geliebten sind meine Forcen 475

G. d. Z. 472
G. G. 215, 474
Gabe von obenher ist 445
Gans 456
Ganz hypochondrisch bin ich 218, 458
Garve 462
⟨Gedicht zum Neujahr 1769⟩ 497
Gedikes Pindar 548
Gefährliche Nachfolge 478
Gegen den Aufgang ström ich 547
Geh doch, ein hektisches Bürschgen 543
Geh Karl Reinhard 546
Geh und predige 528
Geht mir dem Krebs in B*** aus dem Weg 455

Geistige Liebe 546
Geistreich nennt man dies Werk? 435
Gelbrot und grün macht das Gelbe 464
Gelehrte Zeitungen 477
Genialische Kraft 443
Genialität 138, 442
Geranium 447
Gern erlassen wir dir 469
Gerne dien' (dien) ich den Freunden 215, 484
Gerne hört man dir zu 540
Gerne plagt ich auch dich 462
Geschichte eines dicken Mannes 461
Geschwindschreiber 478
Gesellschaft von Sprachfreunden 462
Gespräch 401
Geständnis 481
Gesundbrunnen zu ** 217
Gesundbrunnen zu *** 458
Gewiß! bin ich nur überm Strome drüben 401
Gewisse Melodien 461
Gewisse Romane 538
Gewisse Romanhelden 450
Gewissen Lesern 459
Gewissensskrupel 215, 484
Gewölb 544
Glaub' ich, sprichst du 16
Glauben sie nicht der Natur 484
Glaubst du denn nicht 470
Glaubt mir, es ist kein Märchen 432
Glaubt nicht der arme Mensch 548
Glaubwürdigkeit 438
Gleich zur Sache mein Freund 213, 482
Glück auf den Weg 456
Glücklich nenn ich den Autor 445
Glücklicher Säugling! 220
Goldnes Zeitalter 451
Göschen an die deutschen Dichter 474

Gott nur siehet das Herz 136
Gottesurteil 475
Grabschrift 433
Grabschrift eines gewissen – Physiognomen 404
Graf Eberhard der Greiner von Wirtemberg 196
Gräßlich preisen Gottes Kraft 414
Gratiam cecinit 426
Grausam handelt Amor 447
Grenzscheide 544
Griechheit 213, 477
Griechheit was war sie? 477
Griechische und moderne Tragödie 478
Grimmig wirgt der Tod 371
Gröblich haben wir dich behandelt 467
Große Monarchen erzeugtest du 431
Großmächtigster Zar alles Fleisches 386
Gruppe aus dem Tartarus 202
Guerre ouverte 453
Gut, daß ich euch, ihr Herren 213, 482
Gute Männer, mit Not 534
Güte und Größe 435
Guter Rat (*Accipe facundi Culicem*) 473
Guter Rat (*Freunde, treibet nur alles*) 446
Gutes aus Gutem 137, 442
Gutes in Künsten 139, 445
Gutes Jena, dich wäscht 537

H. S. 450
H. W. 446
Ha du bist mir der frechste 542
Haller (*Ach! Wie schrumpfen allhier*) 480
⟨Haller⟩ (*Corpori leges*) 425
Halt Passagiere! 448
Haltet ihr denn den Deutschen so dumm 533
Hängen auch alle Schmierer 460

Hart erscheint noch die kämpfende Kraft 541
Hast du an liebender Brust 445
Hast du auch wenig genug verdient 468
Hast du den Säugling gesehn 85
Hast du etwas 134, 436
Hast du jemals den Schwank 538
Hätte deine Musik 533
Hättest du Phantasie 449
Hausrecht 470
Heil Dir, edler deutscher Mann 511
Heilig wäre mir nichts? 548
Heilig waren vordem die Tore 544
Heilige Freiheit! 468
Hekate! Keusche! 479
Hektors Abschied 133
Helf Gott 449
Herakliden 484
Hercules 484
Hero und Leander 145
Herr Leonhard ** 472
Herr Schatz, a. d. Reichsanzeiger 540
Herrlich kleidet sie euch 86
Herrlich siehst du im Chor 545
Herrn v. T. ins Stammbuch 529
Herzgeliebte Eltern 497
Herzlich ist mir das Laster zuwider 136, 440
Heuchler ferne von mir! 469
Heute vor fünftausend Jahren 515
Hexen lassen sich wohl 451
Hieltest du deinen Reichtum nur halb so zu Rate 452
Hier ist Messe 449
Hier ist William Shakespear 549
Hier liegt ein Eichbaum umgerissen 399
Hier wo deine Freundschaft 529
Hildegard von Hohenthal 540
Himmelan flögen sie gern 440
Hirte (in Lieder aus »Wilhelm Tell«, Eingangslied) 554
Historische Quellen 470

Höchster Zweck der Kunst 474
Hochzeitgedicht auf die Verbindung Henrietten N. mit N. N. 505
Hoffnung (*Allen habt ihr die Ehre genommen*) 464
Hoffnung (*Es reden und träumen die Menschen viel*) 89
Holder Knabe, Dich liebt 551
Hölle, jetzt nimm dich in Acht 479
Hör' ich das Pförtchen nicht gehen? 74
Hör ich über Geduld 462
Horch – die Glocken hallen dumpf zusammen 180
Horch – die Glocken weinen dumpf zusammen 303
Horch – wie Murmeln des empörten Meeres 202
Höre den Tadler! 460
Horen. Erster Jahrgang 472
Hörsäle auf gewissen Universitäten 475
Hört Nachbar 401
Hüben über den Urnen! 480
Humanität 538
Hunderte denken an sich 548
Hundertmal werd ichs euch sagen 463
Hungrig kamen wir an 548
Hüpfe nur leichtes Geschlecht 544
Hymne an den Unendlichen 409

Ich (s. auch Die Philosophen und Shakespears Schatten) 482-486
Ich bin alles was ist 552
Ich bin ein Mann! 209, 312
Ich bin Ich 214
Ich bin ich 483
Ich drehe mich auf einer Scheibe 230
Ich wohne in einem steinernen Haus 230

Ihr – ihr dort außen in der Welt 196
Ihr Matten lebt wohl 554
Ihr verfahrt nach Gesetzen 439
Ihr waret nur für Wenige gesungen 510
Ilias 431
Ille vir, qui nullo bono 500
Ilm 217, 458
Im Hexameter steigt 219
Im Überfahren 542
Im Vorbeigehn stutzt mir 456
Immer bellt man auf euch! 468
Immer für Weiber und Kinder! 462
Immer strebe zum Ganzen 135, 437
Immer treibe die Furcht 440
Immer zerreißet den Kranz 431
Immer zu, du redlicher Voß! 471
Immer zum Glücke des Volks 541
In das Gewölk hinauf 543
In das Grab hinein pflanzte der menschliche Grieche 488
⟨In das Stammbuch Charlottens von Lengefeld⟩ 420
In dem Gürtel bewahrt 139
In den Meinungen Streit 551
In den Ozean schifft 434
In der Art versprechen 541
In der Dichtkunst hat er 459
In der Schönheit Gebiet 543
⟨In die Holy Bible der Frau von Lengefeld⟩ 525
In einem Tal bei armen Hirten 9
In frischem Duft 527
In Juda – schreibt die Chronika 426
In langweiligen Versen 452
Inneres und Äußeres 136
⟨Inschriften für Grabmäler⟩ 425
Invaliden Poeten ist dieser Spittel gestiftet 452
Ioannes Kepplervs 425
Irrtum wolltest du bringen 450

Ist das Knie nur geschmeidig 534
Ist denn die Wahrheit ein Zwiebel 453
Ist der holde Lenz erschienen? 9
Ist dies die Frau des Künstlers Vulkan? 459
Ist ein Irrtum wohl schädlich? 438
Ist einer krank 503
Ist es denn wahr 337
Ist nur erst Wieland heraus 474
Ista quidem mala sunt 535

Ja das fehlte nun noch 469
Ja der Mensch ist ein ärmlicher Wicht 215, 449
Ja! Du siehst mich unsterblich! 480
Ja, ein derber und trockener Spaß 485
Ja ich liebte dich einst 548
⟨Jägerliedchen für Walther Tell⟩ 555
Jahre lang bildet der Meister 213, 478
Jahre lang schon bedien' (bedien) ich mich meiner Nase 215, 483
Jahre lang schöpfen wir schon 215, 452
Jahre lang steh ich so hier 480
Jakob der Kantianer 549
Jambe nennt man das Tier 451
Jamben 451
J-b 453
Jean Paul Richter 452
Jede Wahrheit vertrag ich 546
Jede, wohin sie gehört! 440
Jedem Besitzer das seine! 470
Jeden anderen Meister erkennt man 138, 444
Jeder, siehst du ihn einzeln 474
Jeder, sieht man ihn einzeln 215
Jeder treibe sein Handwerk 476
Jeder wandle für sich 465
Jedermann schürfte 463
Jener fodert durchaus 440
Jener mag gelten 437
Jener steht auf der Erde 440

Jener will uns natürlich 541
Jeremiade 216
Jeremiaden aus dem Reichs-Anzeiger 476
Jetzige Generation 134
Jetzo ihr Distichen 454
Jetzo nehmt euch in Acht 455
Jetzo wäre der Ort 455
Jetzt kein Wort mehr 218, 459
Jetzt noch bist du Sibylle 473
Josephs II. Dictum, an die Buchhändler 474
Journal des Luxus und der Moden 472
Jugend 432
Jupiters Kette 460
Just das Gegenteil 214, 483

K** 460
Kalender der Musen und Grazien 471
Kamtschadalisch lehrt man 451
Kannst du nicht allen gefallen 138, 444
Kannst du nicht schön empfinden 134, 436
Kant und seine Ausleger 216, 453
Kantische Worte 549
Karl von Karlsberg 462
Karthago 196
Kassandra 171
Kastraten und Männer 312
Kaum entschwangen sie sich 368
Kaum hat das kalte Fieber der Gallomanie uns verlassen 213, 477
Kein Augustisch Alter blühte 154
Kein Lebender und keine Lebende 521
Keine Gottheit erschiene 531
Keine lockt mich von euch 447
Keine Rettung 537
Keinem Gärtner verdenk ichs 470
Keiner sei gleich dem andern 135, 441

Keines von beiden! 485
Kennst du das Bild 228
Kennt ihr im Reinecke Fuchs 540
Kennzeichen 534
⟨Keppler⟩ 425
Kinder der verjüngten Sonne 25
Kinder werfen den Ball 437
Klage der Ceres 9
Klatschrose 446
Kleinigkeiten 219
Klingklang 459
Klingklang! Klingklang! 379
⟨Klopstock⟩ 426
Klopstock, der ist mein Mann 460
Klopstok und Wieland 401
Koffers führen wir nicht 449
Kolumbus 19
Komm Komödie wieder 477
Kommst du aus Deutschland? 481
Kommt ihr den Zwillingen nah 455
Komödie 477
König Belsatzer schmaust 450
Konnte denn die Nadel dich nicht 539
Könnte Menschenverstand 467
Köpfe schaffet euch an 480
Kornblume 447
Korrektheit 138, 443
Kriechender Efeu 539
Kritische Studien 465
Kunstgriff 468
Kurz ist mein Lauf 217, 458
Kurze Freude 463

L*** 481
L. B. 446
L. D. 446
L. W. 447
Lächelnd sehn wir den Tänzer 443
Lächerlichster, du nennst 466
Lange kann man mit Marken 453
Lange neckt ihr uns schon 453
Lange werden wir euch noch ärgern 468
Laß dich den Tod nicht reuen Achill 479

Laß die Sprache dir sein 138, 444
Lasset euch ja nicht 535
Laßt sodann ruhig die Gans 456
Laura am Klavier (1. Fassung) 299
Laura am Klavier (2. Fassung) 178
Laura – Sonnenaufgangsglut 411
Laura, über diese Welt zu flüchten 179, 397
Laura! Welt und Himmel weggeronnen 298
Leben atme die bildende Kunst 138
Leben gab ihr die Fabel 137
Lebend noch exenterieren 464
Lebet, ist Leben in euch 546
Lehre an den Kunstjünger 443
Lehret! Das ziemet euch 445
Lehrling (*Dacht' ichs*) 214
Lehrling (*Damit lock' ich*) 214
Lehrling (*Denk ich*) 214
Lehrling (*Desto besser!*) 213
Lehrling (*Gut, daß ich*) 213
Leider von mir ist gar nichts zu sagen 217, 458
Leidlich hat Newton gesehen 464
Les fleuves indiscrets 218, 459
Letzte Zuflucht 439
Licht und Farbe 137, 441
Licht und Wärme 82
Liebe du mächtige 545
Liebe und Begierde 435
Lieben Freunde! Es gab schön're Zeiten 158
Lieber möcht' ich fürwahr 479
Lieblich sieht er zwar aus 433
Lieblich und zart sind deine Gefühle 476
Lieblichen Honig 470
Lieblichen Lohn hast du 546
⟨Lieder aus dem Schauspiel »Die Räuber«⟩ 376
⟨Lieder aus »Wilhelm Tell«⟩ 554
Liegt der Irrtum nur erst 463
Lies uns nach Laune 459

Literarischer Adreßkalender 476
Literarischer Zodiacus 454
Literaturbriefe 461
Lobt ihn, er schmiert 537
Locken der Berenice 455
Louise von Voß 460
Lucian von Samosata 481
Lucri bonus odor 467
⟨Luther⟩ 425
Lyrische Blumenlese 542

M*** 472
M. R. 447
Mach auf, Frau Griesbach 531
Macht des Weibes 86
Mächtig erhebt sich der deutsche Rhein 536
Mächtig führt er den Bogen 545
Mächtig seid ihr 86
Mädchen halt 406
Majestas populi 136
Majestät der Menschennatur! 136
Manch verwandtes Gemüt 546
Manche Gefahren umringen euch noch 456
Manchen Lakai schon 469
Manches Seelenregister 537
Männer richten nach Gründen 433
Männerwürde 209
Mannigfaltigkeit 446
Manso von den Grazien 451
Martial 481
Martial, wenn ihrs nicht wißt 532
Martinvs Lvthervs 425
Mayn 217, 457
Mehr als zwanzig Personen 461
Mein Glaube 136, 439
Meine Antipathie 136, 440
Meine Blumen 315
Meine Burgen zerfallen 217, 457
Meine Freude verdarb er 539
Meine Laura! Nenne mir 176
Meine Reis' ist ein Faden 465
Meine Ufer sind arm 217, 458

Meine Wahrheit bestehet im Bellen 467
Meine zarte Natur 476
Meinem Prinzipal 386
Meinst du, er werde größer 452
Meißners Apollo 542
Meister und Dilettant 534
Melancholie | an Laura 411
Melde mir auch 479
Melodien verstehst du 534
Mensch! Ich bitte 420
Menschenhaß? Nein 473
Menschenhaß und Reue 473
Menschliches Wirken 434
Menschliches Wissen 33
Menschlichkeit kennest du nicht 538
Menschlichkeiten 464
Merkur 472
Messieurs! Es ist der Gebrauch 449
Metaphysiker und Physiker (*Alles will jetzt den Menschen*) 438
Metaphysiker und Physiker (*Welches Treiben zugleich*) 536
Mich umwohnet mit glänzendem Aug 457
Mich umwohnt mit glänzendem Aug' 217
Millionen beschäftigen sich 133
Millionen sorgen dafür 436
Mineralogischer Patriotismus 463
Minerva 472
Mir her, ich sang 482
Mir kam vor wenig Tagen 389
Mit dem hundertsten Teil 535
Mit dem Pfeil, dem Bogen 555
Mit dem Philister stirbt auch sein Ruhm 139, 437
Mit der Eule gesiegelt? 471
Mit der linken regiert er die Leier 540
Mit Erlaubnis 461
Mit erstorbnem Scheinen 404

Mit hartherzger Kritik 540
Mitteilung 134, 436
Mittelmäßigkeit ist von allen Gegner der schlimmste 537
Modephilosophie 466
Moderezension 473
Möge dein Lebensfaden 474
Mögt ihr die schlechten Regenten 453
Monument Moors des Räubers 415
Monument von uns'rer (unsrer) Zeiten Schande 231, 300
Moral der Pflicht und der Liebe 440
Moralische Schwätzer 439
Moralische Zwecke der Poesie 464
Moritz 539
Moses Mendelsohn 480
Mottos 469
Multa renascentur (Für Bohuslav Tablic) 529
Multa renascentur (Für einen Unbekannten) 528
Muse 479
Muse, wo führst du uns hin? 478
Muse zu den Xenien 486
Musen und Grazien! 471
Muß ich dich hier schon treffen 479
Müßig gelt ich dir nichts 544

N. Reisen XI. Band. S. 177 466
N. Z. S. O. A. D. 446
Nach Calabrien reis't er 453
Nach eben demselben (vgl. Nach Martial) 548
Nach Martial 548
Nachäffer 459
Nachbildung der Natur 459
Nächst daran strecket der Bär zu K** 455
Nachtviole, dich geht 446
Nadowessische Totenklage 88
Nahe warst du dem Edeln 537
Nänie 139

Natur und Schule 337
Natur und Vernunft 438
Naturforscher und Transzendental Philosophen 465
Neben an gleich empfängt 455
Neckt euch in Breslau 456
Nehmt hin die Welt! 18
Nein das ist doch zu arg! 468
Nein! Du erbittest mich nicht 462
Nein – länger länger werd ich diesen Kampf nicht kämpfen 324
Nein, länger werd' ich diesen Kampf nicht kämpfen 124
Nekrolog 452
Nelken! wie find' ich euch schön! 447
Nenne Lessing nur nicht 466
Neueste Behauptung 478
Neueste Farbentheorie von Wünsch 464
Neueste Theorie der Liebe 538
Neugier 476
Neuste Kritikproben 476
Neuste Schule 451
Newton hat sich geirrt? 463
Nicht an Reiz noch an Kraft 540
Nicht aus meinem Nektar 431
Nicht bloß Beispielsammlung 461
Nicht der gewaltige Dis 543
Nicht doch! Aber es schwächten 481
Nicht in Welten, wie die Weisen träumen 525
Nicht ins Gewühl der rauschenden Redouten 399
Nicht lange 533
Nicht so, nicht so 547
Nicht viel fehlt dir 476
Nichts als dein erstes 474
Nichts ist der Menschheit so wichtig 475
Nichts kann er leiden 466
Nichts! Man siehet bei uns 485
Nichts mehr davon 432
Nichts mehr von diesem tragischen Spuk 484

Nichts soll werden das Etwas 459
Nicolai (*Nicolai reiset*) 465
Nicolai (*Zur Aufklärung der Deutschen*) 547
Nicolai auf Reisen 547
Nicolai entdeckt 466
Nicolai reiset noch immer 465
Nie erscheinen die Götter 544
Nie verläßt uns der Irrtum 438
Niemand wollte sie frein 539
Nikolais Romane 540
Nimm dem Prometheus die Fackel 445
Nimmer belohnt ihn des Baumes Frucht 437
Nimmer, das glaubt mir 68
Nimmer labt ihn des Baumes Frucht 135
Nimms nicht übel 461
Nimms nicht übel mein Heros 486
Nimmst du die Menschen 535
Noch ein Phantom 542
Noch in meines Lebens Lenze 262
Noch seh ich sie 40
Noch zermalmt der Schrecken unsre Glieder 423
Non fumum ex fulgore 550
Nun erwartet denn auch 472
Nun Freund, bist du versöhnt 481
Nur an des Lebens Gipfel 134, 436
Nur das feurige Roß 443
Nur das leichtere trägt 437
Nur ein weniges Erde beding ich mir 87
Nur Etwas Erde außerhalb der Erde 349
Nur Zeitschriften 467
Nur zwei Tugenden gibts 435

O der du wandelst 275
O die Natur 484
O ich Tor! 480
o Knechtschaft, Donnerton dem Ohre 504

O mihi post ullos 498
O wie schätz ich euch 462
O wie viel neue Feinde der Wahrheit! 432
Ob dich der Genius ruft? 463
Ob die Menschen im Ganzen 451
Obsequium verum 499
Odysseus 19
Oedipus reißt sich die Augen aus 478
Öffnet die Koffers 449
Öffnet die Schranken! 475
Öfters nahmst du das Maul 469
Ohne das mindeste nur dem Pedanten zu nehmen 450
Ominos ist dein Name 470
Omnes homines 510
Ophiuchus 456
Ovid 543

P** bei N*** 458
Pantheon der Deutschen I Band 473
Parabeln und Rätsel 226
⟨Parabeln und Rätsel – Auflösungen (I)⟩ 493
⟨Parabeln und Rätsel – Auflösungen (II)⟩ 552
⟨Parabeln und Rätsel – Auflösungen (III)⟩ 553
⟨Parabeln und Rätsel – Auflösungen (IV)⟩ 553
Parentes, quos diligo 497
Parteigeist 457
Pegasus im Joche 83
Pegasus, von eben demselben (vgl. Schillers Würde der Frauen) 476
Pegnitz 218
Peregrinus Proteus 481
Pfahl im Fleisch 466
Pfarrer Cyllenius 451
Pflicht für jeden 135, 437
Phantasie 442
Phantasie | an Laura 176
Philister und Schöngeist 437

Philosoph 549
Philosophen 482
Philosophen verderben die Sprache 476
Philosophische Annalen 539
Philosophische Querköpfe 465
Philosphscher Roman 477
Phlegyasque miserrimus omnes admonet 480
Pleisse 217, 458
Pöbel! wagst du zu sagen 533
Poesie des Lebens 68
Poetische Erdichtung und Wahrheit 549
Politische Lehre 135
Polizei Trost 537
Polyphem auf Reisen 537
Pompeji 544
Pompeji und Herkulanum 128
Porphyrogeneta, den Kopf unter dem Arme 480
Prächtig habt ihr gebaut 439
Prahlt doch nicht 353
Prangt mit den Farben 447
Preis dir, die du dorten heraufstrahlst 393
Preise dem Kinde die Puppen 473
Preisfrage der Akademie nützl. Wissenschaften 474
Preisfrage zur Aufmunterung des deutschen Genies 541
Priams Feste war gesunken 267
Prinzen und Grafen 475
Procul profani 538
Professor Historiarum 475
Prolog (*Der Frühling kam*) 522
Prolog (*Sie – die, gezeugt*) 509
Prolog zu Wallensteins Lager 488
Prosaische Reimer 452
Puffendorf 215, 483
Punschlied 231
Punschlied. Im Norden zu singen 271
»Pure Manier« 484

Quelle der Verjüngung 432
Querkopf! schreiet 465
Qui gravis es 546
Qui pro quo 538
Quirl 417

Ramler im Gött. M. Alm. 1796 546
Ranunkeln 447
Rasch tritt der Tod den Menschen an 556
⟨Rätsel⟩ 553
⟨Räuberlied⟩ 376
Raum und Zeit 461
Recensendum 542
Rechnungsfehler 482
Recht gesagt Schloßer! 435
Rechtsfrage 215, 483
Redde aquilam 523
Rede leiser mein Freund 481
Rede nicht mit dem Volk! 215, 483
Reget sich was 467
Reich ist an Blumen 446
Reichsanzeiger 471
Reichsländer 535
Rein zuerst sei das Haus 454
Reinecke Fuchs 473
Reiner Bach 465
Reise behutsam o Wahrheit 539
Reiterlied 486
Religion beschenkte dies Gedicht 409
Repräsentant ist jener 436
Resignation (1. Fassung) 327
Resignation (2. Fassung) 129
Revolutionen 457
Rezension 476
Rhapsoden 482
Rhein 217, 457
Rhein und Donau 547
Rhein und Mosel 217, 457
Richter 540
Richter in London 540
Richtet den herrschenden Stab auf leben und handeln 460

Ring und Stab 86
Ringe, Deutscher, nach römischer Kraft 445
Rings um schrie 484
Ritter Toggenburg 33
Ritter, treue Schwesterliebe 33
Roman 477
Rosenknopse, du bist 446
Rousseau (2. Fassung) 231
Roußeau (1. Fassung) 300
Rührt sonst einen der Schlag 466

Saale 217, 458
Sachen so gestohlen worden 475
Sachen so gesucht werden 475
Sag doch Odysseus 543
Sage Freund, wie find ich 481
Sagt! was füllet das Zimmer 447
Sagt, wo sind die Vortrefflichen hin 76, 352
Sagt, wo steht in Deutschland der Sansculott? 469
Sahest du nie die Schönheit 434
Saiten rühret Apol 532
Salmoneus 542
Salzach 218, 458
Sapere aude 529
Säule 544
Schade daß die Natur 450
Schade daß ein Talent 454
Schade fürs schöne Talent 474
Schädliche Wahrheit 438
Schaffen wohl kann sie den Stoff 442
Scharade 556
Schauerlich stand das Ungetüm da 484
Schauspielerin 475
Scheusal! Was bellst du? 542
Schillers Almanach von 1796 471
Schillers Würde der Frauen 476
Schinks Faust 473
Schlechtes zu fertigen 534

Schmeichelnd locke das Tor 219
Schmeichelt der Menge 533
Schneidet, schneidet ihr Herrn 465
Schnell' ich den Pfeil 546
Schon Ein Irrlicht 464
Schön erhebt sich der Agley 446
Schon so lang umarm' ich 217, 457
Schön wie Engel 176, 297
Schöne Frühlingskinder lächelt 315
Schöne Individualität 137, 441
Schöne Naivetät der Stubenmädchen zu Leipzig 477
Schönheit 441
Schönheit ist ewig nur Eine 441
Schöpfung durch Feuer 463
Schreckensmänner wären sie gerne 468
Schreib die Journale nur anonym 468
Schreiben wollt er 547
Schriften für Damen und Kinder 462
Schüttle den Staat 533
Schwänden dem inneren Auge 447
Schwatzet mir nicht 136
Schwer und dumpfig 199
Schwere Prüfungen mußte der griechische Jüngling bestehen 196
Schwindelnd trägt er dich 219
Sechster 214
Sechzig Dukaten erhalt 541
Seele legt sie auch in den Genuß 538
Sehen möcht ich dich Nickel 466
Sehet auch, wie ihr in S*** 455
Sehet wie artig der Frosch 476
Sehnsucht (1. Fassung) 357
Sehnsucht (2. Fassung) 153
Seht! da sitzt er auf der Matte 88
Seht ihr die lustigen Brüder 532
Seht ihr dort die altergrauen Schlösser 145
Seht ihr in Leipzig die Fischlein 456
Seht, was versucht nicht der Mensch 544

Sei mir gegrüßt mein Berg 26, 340
Sei willkommen an des Morgens goldnen Toren 429
Sei willkommen friedliches Gefilde 377
Seid ihr da glücklich vorbei 456
Sein Handgriff 469
Sein Schicksal 536
Seine Antwort 479
Seine Meinung sagt er 465
Seine Schüler hörten nun auf 464
Seine Unsterblichkeit teilt 538
Sektions Wut 464
Selig durch die Liebe 183, 306
Selig ist der Freundschaft himmlisch Band 503
Selig, welchen die Götter 14, 355
Selten erhaben und groß 457
Seltsames Land! 217, 458
Senke, strahlender Gott 23
Setze nur immer Mottos 469
Setzet immer voraus 432
Shakespears Schatten 123
Sicher ruhst du auf uns 544
Sie – die, gezeugt aus göttlichem Geschlechte 509
Sie ist unsterblich 503
Sie kömmt – sie kömmt des Mittags stolze Flotte 194
Sie konnte mir kein Wörtchen sagen 13
Sieben Jahre nur währte 473
Sieben Städte zankten 472
Siebenter 214
Sieh dort erblaßt 548
Sieh in dem zarten Kind 32
Sieh Schätzchen wie der Bub mir gleicht 415
Siehe, voll Hoffnung vertraust du der Erde 83
Sieh, wie sie durcheinander 346
Siehe wie schwebenden Schritts 13
Siehe, wir hassen 434
Siehest du Wieland 481
Sinnreich bist du 462

Sisyphus 480
Skandal 477
So bringet denn die letzte volle Schale 155, 357
So eingeschränkt der Mensch ist 503
So erhaben, so groß 465
So muß man Franzisken belohnen 503
So schlimm steht es 533
So tritt herunter, große Vorsehung 516
So tun sich Ihr alle Herzen auf 503
So unermeßlich ist 136
So war's (wars) immer 138, 443
So willst du treulos von mir scheiden 23, 445
Socrates (*Dich erklärte*) 549
Socrates (*Weil er unwissend*) 549
Sohn der Erde! 543
Sorgend bewacht der Verstand 536
Spaltet immer das Licht! 438
Sperat infestis 504
Spiele, Kind, in der Mutter Schoß! 191
Spinoza 399
Spittler 541
Sprache 138, 444
Sprache gab mir einst Ramler 217, 458
Spree 217, 458
Spruch des Confucius 31
Spruch des Konfucius 51
Stanze, dich schuf die Liebe 219
Stehlen, morden, huren 376
Steil wohl ist er, der Weg 453
Sterilemque tibi Proserpina vaccam 479
Steure mutiger Segler! 19
Still doch von deinen Pastoren 451
Still war's, und jedes Ohr hing an Aeneens Munde 90
Stille kneteten wir 451
Stoßgebet 463
Streiche jeder ein Distichon weg 540

Strenge wie mein Gewissen 135
Suchst du das Höchste 431
Suchst du das Unermeßliche hier 220
Sucht ihr das menschliche Ganze! 536
Südwärts hinter euch 535
Sulzer 480
Summum crede nefas 528
Szenen aus den Phönizierinnen 275

Tabulae votiavae 435
Tadeln ist leicht 444
Tantalus 480
Taschenbuch 471
Tassos Jerusalem von demselben (vgl. Manso von den Grazien) 451
Tausend andern verstummt 434
Teile mir mit, was du weißt 134, 436
Teilt euch wie Brüder! 482
Tempel 544
Teuer ist mir der Freund 137
Thekla. Eine Geisterstimme 156
Theophagen 440
Theophanie 220
Theoretiker 439
Tityos 543
Töchterchen, dein Geschäft 534
Töchtern edler Geburt 449
Todenfeier am Grabe des Hochwohlgebornen Herrn, Herrn Philipp Friderich von Rieger 423
Tonkunst 138
Toren hätten wir wohl 461
Tote Sprachen 445
Tote Sprachen nennt ihr die Sprache des Flakkus 445
Trauer Ode. auf den Tod des Hauptmanns Wildmaister 371
Trauerspiele voll Salz 477

Träum' ich? Ist mein Auge trüber?
204, 320
Treffliche Künste 439
Treibet das Handwerk nur fort 453
Treu, wie dem Schweitzer gebührt
217, 457
Treuer alter Homer! 139
Trille! Trille! blind und dumm 391
Triste supercilium 448
Triumph der Schule 463
Trocken bist du und ernst 472
Trost (*Laß dich den Tod nicht reuen*) 479
Trost (*Mit dem hundertsten Teil*) 535
Trost (*Nie verläßt uns der Irrtum*) 438
Tuberose 446
Tugend des Weibes 433
Tugend und Grazien wetteiferten 503
Tugenden brauchet der Mann 433
Tulpen! ihr werdet gescholten 447

Über das Herz zu siegen ist groß 441
Über der Kammertüre manches Berühmten 550
Über Europa hinweg 543
Über Ströme hast du gesetzt 67, 339
Überall bist du Poet 539
Überall weichet das Weib 433
Überfluß und Mangel 537
Übergang 547
Überrascht dich der stärkere Sinn 538
Überschriften dazu (vgl. Gewisse Melodien) 462
Übersetzung 532
Überspringt sich der Witz 443
Übertreibung und Einseitigkeit 478
Überzeugung sonderst du leicht 533
Übrigens haltet euch ja 456

Um den Szepter Germaniens 87, 339
Umwälzung 468
Unaufhaltsam enteilet die Zeit 220
Unbedeutend sind doch 463
Unbeerdiget irr ich 542
Unberufene Schwärmer! 534
Und abermals Menschlichkeiten 464
Und so finden wir uns wieder 152
Unerschöpflich an Reiz 557
Unerschöpflich wie deine Plattheit 547
Ungebühr 454
Unglückliche Eilfertigkeit 479
Unglückselige Zeit! 541
Unmögliche Vergeltung 469
Unschuldige Schwachheit 460
Unser einer hats halter gut 218, 458
Unser Vorgänger 532
Unsere Reihen störtest du gern 466
Unsere Stimme zum König 535
Unserm teuren Körner 429
Unsre Gedichte nur trifft dein Spott? 460
Unsre Poeten sind seicht 476
Unsre Tragödie spricht 478
Unsrer liegen noch tausend im Hinterhalt 470
Unsterblichkeit 431
Unter allen, die von uns berichten 452
Unter allen Schlangen ist Eine 228
Unter dem leichten Geschlecht 544
Unter der Menge strahlest 446
Unter der Tanzenden Reihn 552
Unter mir, über mir rennen die Wellen 219
Unter vier Augen 474
Unterschied der Stände 134, 436
Untertänigstes Pro memoria 517

VERZEICHNIS DER GEDICHTANFÄNGE 599

Unvermutete Zusammenkunft 481
Urania 472

Vale et fave 552
Venus in der Schlacht 534
Verdienst 468
Verfasser des Hesperus 540
Verfehlter Beruf (*Konnte denn die Nadel*) 539
Verfehlter Beruf (*Schade daß ein Talent*) 454
Verfehler Beruf (*Schreckensmänner*) 468
Vergebliches Geschwätz 443
Vergleichung 401
Verkehrte Wirkung 466
Verkehrter Beruf 535
Verlegene Ware 533
Verleger von P** Schriften 474
Vernünftige Betrachtung 462
Verschiedene Dressuren 467
Verse! Wo irret ihr hin? 544
Verstand 442
Viele Bücher genießt ihr 459
Viele duftende Glocken 446
Viele Läden und Häuser 471
Viele rühmen, sie habe Verstand 474
Viele sind gut und verständig 137, 441
Viele Stimmen 482
Viele Veilchen binde 446
Vielleicht hätte bei Sammlung dieser Gedichte 144
Vielen 446
Vieles hast du geschrieben 468
Vier Elemente 231
Vierter 214
Visitator 449
Vollendet! Heil dir! 415
Völlig charakterlos ist die Poesie der Modernen 478
Von dem Ding weiß ich nichts 214, 483

Von dem unsterblichen Friedrich 461
Von der Akademie (s. Empfindungen der Dankbarkeit) 500
Von der École des Demoiselles (s. ebd.) 501
Von der Sonne fliehen wir 547
Von Perlen baut sich eine Brücke 226
Vor dem Aristokraten 463
Vor dem Raben nur sehet euch vor 455
Vor dem Tod erschrickst du? 431
Vor der nördlichen Krone 535
Vor der zerstörenden Zeit 544
Vor Jahrhunderten hätte 473
Vor seinem Löwengarten 63, 353
Vorerinnerung (Gedichte. 2. T. 1805) 144
Vormals im Leben ehrten 479
Vorn herein liest sich das Lied 476
Vornehm nennst du den Ton 454
Vornehm schaut ihr im Glück 439
⟨Vorrede⟩ (der »Anthologie auf das Jahr 1782«) 387
Vorsatz 467
Vorschlag des R. Anzeigers, die A. L. Z. betreffend 548
Vorschlag zur Güte 482
Vorstellung wenigstens ist! 214, 483
Vorüber die stöhnende Klage! 203
Vorüber war der Sturm 394
Vorwurf, an Laura 406
Vossens Almanach 471
Votivtafeln 133

W×× und J×× 547
W. R. L. K. W. J. 447
W. v. H. 546
Wahl 138, 444
Wahrheit 441
Wahrheit ist niemals schädlich 438
Wahrheit sag ich euch 467

Wahrheit suchen wir beide 135, 437
Wahrlich, es füllt mit Wonne das Herz 460
Wahrlich, nichts lustigers 482
War es immer wie jetzt? 134
Wäre Natur und Genie 473
Wäre sie unverwelklich die Schönheit 442
Warnung (*Deutsche haltet nur fest*) 535
Warnung (*Eine würdige Sache*) 478
Warnung (*Unsrer liegen noch*) 470
Wart! Deine Frau soll dich betrügen 406
Wärt ihr, Schwärmer 438
Warum fährst du nicht zu? 542
Warum kann der lebendige Geist 138, 444
Warum plagen wir 462
Warum sagst du uns das in Versen? 464
Warum schiltst du die einen 470
Warum tadelst du manchen 470
Warum vereint man zwei Liebende nicht? 547
Warum verzeiht mir Amanda 473
Warum will sich Geschmack 138, 443
Was bedeutet dein Werk? 445
Was belohnet den Meister? 445
Was das entsetzlichste sei 452
Was das Luthertum war 457
Was den konfusen Kopf so ganz besonders bezeichnet 537
Was der berühmte Verfasser 462
Was der Gott mich gelehrt 133, 435
Was der Griechen Kunst erschaffen 154
Was die Natur bedarf 538
Was? du hier in der Qual 542
Was du mit Beißen verdorben 534
Was du mit Händen nicht greifst 467

Was ein christliches Auge nur sieht 450
Was? Es dürfte kein Cesar 485
Was für ein Dünkel! 549
Was für Ware du ihnen gebracht 533
Was heißt zärtlicher Tadel? 444
Was ich ohne dich wäre 134, 437
Was in Frankreich vorbei 533
Was ist das schwerste von allem? 536
Was mich bewegt 539
Was mit glühendem Ernst 540
Was nur einer vermag 459
Was nutzt 438
Was rennt das Volk 52
Was schadet 438
Was schneller läuft 554
Was sie gestern gelernt 478
Was sie im Himmel wohl suchen 440
Was? Sie machen Kabale 485
Was uns ärgert 467
Was uns belustigt 538
Was vor züchtigen Ohren 431
Was zürnst du uns'rer frohen Jugendweise 212
Wechselwirkung 437
Wegen Tiresias mußt ich herab 484
Weibliches Urteil 433
Weil der furchtbare Bund 548
Weil du doch alles beschriebst 472
Weil du liesest in ihr 33
Weil du vieles geschleppt 467
Weil ein Vers dir gelingt 139, 444
Weil er unwissend sich rühmte 549
Weil es Dinge doch gibt 214, 482
Weil ihr in Haufen euch stellt 547
Weinend kamen einst die Neune 402
Weisheit und Klugheit 135
Weit in nebelgrauer Ferne 132, 354
Weit von fern erblick ich 446
Welch erhabner Gedanke! 463
Welch unnützes Geschwätz 548
Welche noch kühnere Tat 484

Welche Religion ich bekenne? 136, 439
Welche Verehrung verdient 450
Welche wohl bleibt 139, 439
Welchen Leser ich wünsche? 444
Welches Genie das größte 536
Welches Treiben zugleich 536
Welches Wunder begibt sich? 128
Wem die Verse gehören? 457
Wem zu glauben ist 438
Wenige Treffer 449
Weniger findet man 550
Wenn dein Finger durch die Saiten meistert 178, 299
Wenn du gegessen und getrunken hast 500
Wenn nicht alles mich trügt 475
Wenn rohe Kräfte feindlich sich entzweien 556
Wenn Scham und Weisheit 530
Wenn sie, von Menschenwitterung gelockt 547
Wer glaubts? 463
Wer ist der Wütende da 480
Wer ist zum Richter bestellt? 444
Wer möchte sich an Schattenbildern weiden 68
Wer verleumdet sie denn? 539
Wer von euch ist der Sänger der Ilias? 213, 482
Wer wagt es, Rittersmann oder Knapp 59
Wes Geistes Kind 404
Weser 217, 458
Weser und Elbe 547
Wichtig wohl ist die Kunst 438
⟨Widmung⟩ (der »Anthologie auf das Jahr 1782«) 386
Wie auf dem û fortan 474
Wie beklag ich es tief 437
Wie bewirt ich die Götter? 545
Wie die Himmelslüfte 408
Wie die Nummern des Lotto 477
Wie die Säule des Lichts 86
Wie doch ein einziger Reicher 216, 453

Wie heißt das Ding 230
Wie lieblich erklang 140
Wie schön ist es, auf lorbeervoller Bahn 520
Wie schön, o Mensch, mit deinem Palmenzweige 159
Wie sie die Glieder verrenken 469
Wie sie knallen 471
Wie sie mit ihrer reinen Moral 439
Wie sie sich quälen 538
Wie? So ist wirklich 484
Wie tief liegt unter mir die Welt 87
Wie unterscheidet sich Grobheit von Biederkeit? 534
Wie verfährt die Natur 449
Wiederholen zwar kann der Verstand 137, 442
Wiederholung 463
Wieland, wie reich ist dein Geist! 452
Wieland zeigt sich nur selten 472
Will sich Hektor ewig von mir wenden 133
Willkommen schöner Jüngling! 199
Willst dich, Hektor 297
Willst du alles vertilgen 465
Willst du dich selber erkennen 135, 438
Willst du Freund 135
Willst du in Deutschland 444
Willst du jenem den Preis 443
Willst du nicht das Lämmlein hüten? 272, 358
Windet zum Kranze 35
Wir Fajaken wir suchen 536
Wir modernen, wir gehn 478
Wir stammen, unsrer sechs Geschwister 229
Wir versichern auf Ehre 475
Wird der Poet nur geboren? 454
Wirke Gutes 134, 436
Wirke so viel du willst 435
Wirket ein Buch 539
Wissen möchtet ihr gern 536
Wissen wollt ihr 535

Wissenschaft 216, 454
Wissenschaftliches Genie 454
Witz und Verstand 442
Wo du auch wandelst 220
Wo Franziska hineintritt 503
Wo ich den deutschen Körper zu suchen habe 535
Wo ich sei, und wo mich hingewendet 156
Wo Parteien entstehn 457
Woche für Woche zieht der Bettelkarren 471
Wodurch gibt sich der Genius kund? 138, 442
Woher nehmt ihr denn 485
Wohin segelt das Schiff? 83
Wohin wenden wir uns? 477
Wohl, Ariosto 548
Wohl perlet im Glase 156
Wohlauf Kameraden 486
Wohlfeile Achtung 457
Wohne du ewiglich Eines 137, 441
Wollt ihr in meinen Kasten sehn? 225
Wollt ihr zugleich den Kindern der Welt 216, 450
Woran erkenn' ich den besten Staat? 136
Worauf lauerst du hier? 481
Wozu nützt denn die ganze Erdichtung? 549
Wunderlich finden zuweilen 548
Wunderseltsame Historia 426
Wünscht ihr den Musageten zu sehn 532
Würde der Frauen (1. Fassung) 349
Würde der Frauen (2. Fassung) 141
Würde des Menschen 432
Würden 86

Xenien (*Distichen sind wir*) 448
Xenien (*Koffers führen wir nicht*) 449
Xenien (*Muse, wo führst*) 478

Xenien (*Nicht doch! Aber*) 481
⟨Xenien aus dem »Musen-Almanach für das Jahr 1797«⟩ 448
⟨Xenien Goethes und Schillers aus einer Sammelhandschrift⟩ 532
Xenien nennet ihr euch? 481
Xenien? ruft ihr 532
⟨Xenien Schillers von Anfang 1796⟩ 546

Zehnmal gelesne Gedanken 471
Zeichen der Hunde 535
Zeichen der Jungfrau 455
Zeichen der Waage 455
Zeichen der Zwillinge 455
Zeichen des Bärs 455
Zeichen des Fuhrmanns 455
Zeichen des Krebses 455
Zeichen des Löwen 455
Zeichen des Pegasus 456
Zeichen des Raben 455
Zeichen des Schützen 456
Zeichen des Skorpions 456
Zeichen des Steinbocks 456
Zeichen des Stiers 455
Zeichen des Wassermanns 456
Zeichen des Widders 455
Zeigt sich der Glückliche mir 220
Zeit 537
Zenit und Nadir 220
Zevs zu Herkules 431
Zevs zur Venus 534
Zieh holde Braut 550
Zierde wärst du der Gärten 447
Zu Aachen in seiner Kaiserpracht 264
Zu Archimedes kam ein wißbegieriger Jüngling 67
Zu den Toden immer das Beste 541
Zu Dionys dem Tyrannen schlich Möros 19
⟨Zu Goethes Rätsel »Ein Bruder ist's von vielen Brüdern«⟩ 552

Zu was Ende die welschen Namen 474
Zucht 438
⟨Zueignung⟩ (der »Anthologie auf das Jahr 1782«) 386
Zum erstenmal – nach langer Muße 505
Zum Geburtstag 474
⟨Zum Geburtstag der Frau Griesbach⟩ 531
Zum Kampf der Wagen und Gesänge 69
Zum neuen Leben ist der Tote hier erstanden 406
Zur Abwechslung 451
Zur Aufklärung der Deutschen 547
Zur Erbauung andächtiger Seelen 459
Zur Nation euch zu bilden 457

Zürne nicht auf mein fröhliches Lied 432
Zuversicht der Unsterblichkeit 406
Zwanzig Begriffe wurden mir neulich 475
Zwei Eimer sind man ab und auf 227
Zwei Jahrzehende kostest du mir 541
Zwei Journale gibt er heraus 532
Zwei sind der Wege 90
Zweierlei Dinge laß ich passieren 214, 483
Zweierlei Genien sind's 218
Zweierlei Wirkungsarten 134, 436
Zweiter 214
Zwischen Himmel und Erd 409

Sigrid Damm
Das Leben des Friedrich Schiller
Eine Wanderung
Mit einem Frontispiz
500 Seiten. Gebunden

Nach dem großen Erfolg ihrer ›Recherche‹ *Christiane und Goethe* legt Sigrid Damm ein neues biographisches Porträt vor: *Das Leben des Friedrich Schiller.* Auch dieses vermittelt ein faszinierendes Lebensbild ganz auf der Basis authentischer Zeugnisse: Schiller selbst kommt in ihm zu Wort – als Autor, als Liebhaber, Ehemann und Vater von vier Kindern, als Sohn und Freund, als *der* Weggefährte Goethes.

Nicht Friedrich Schillers Werke sind Gegenstand dieses Buches, sondern die Umstände und Bedingungen ihrer Entstehung, der Alltag eines Schriftstellers, Gelehrten und Theatermannes. Sigrid Damm sucht bei ihrer Wanderung die Orte von Schillers Leben auf. Es ist ein überraschend kleiner Raum – Schiller hat nie die Schauplätze seiner Dramen, Frankreich, Schottland, die Schweiz, gesehen, nie Italien, hat niemals an einem Meer gestanden. Geldmangel prägte sein Leben. Schiller war einer der ersten Autoren, die sich als freier Autor im kommerziellen Literaturbetrieb zu behaupten hatten.

Bei aller äußeren Kargheit war sein Leben dennoch kein ›Leben im Kleinen‹. Schiller spricht nicht nur von ›Freiheit‹, er ist frei, innerlich unabhängig. Die Räume, die seine Gedanken durchschreiten, kennen keine Grenzen.

Schiller für Kinder
»und mich – mich ruft das Flügeltier«
Ausgewählt von Peter Härtling
Illustriert von Hans Traxler
93 Seiten. Halbleinen

Kindern einen klassischen Autor neu zu erschließen ist ein lohnendes Unterfangen. Denn manche Vorurteile sind abzubauen, besser noch, sie sollten gar nicht erst entstehen. Nicht immer bereiten Schillers Balladen im Deutschunterricht nur Freude. Vermutlich kommt es darauf an, *wer* uns die Klassiker vermittelt.

Peter Härtling ist es, gemeinsam mit Hans Traxler, gelungen, einen neuen Zugang zu Schillers Werken zu eröffnen. Sie präsentieren das scheinbar Vertraute in neuer Perspektive und versammeln neben bekannten auch weniger bekannte, komische und humorvolle Texte des Klassikers. Dabei zeigt sich Schiller auch von einer ganz unklassischen Seite, vor allem wenn ihn der Alltag plagte. So als er mit dem *Don Carlos* nicht vorankam: Weil ihn der Lärm einer benachbarten Wäscherei beim Dichten störte, machte er seinem Ärger Luft, indem er an die »weibliche Waschdeputation« eine scherzhafte Bittschrift richtete: »Die Wäsche klatscht vor meiner Tür, / es scharrt die Küchenzofe – / und mich – mich ruft das Flügeltier / nach König Philipps Hofe.«

›Schiller für Kinder‹ lädt ein zu einem unterhaltsamen Spaziergang durch die Lyrik und Prosa des Dichters – ein wundervoll illustriertes Lesebuch für Kinder und Erwachsene.